Andreas Neider
Der Mensch und das Geheimnis der Zeit
Zum Verständnis der Zeit im Werk Rudolf Steiners

Andreas Neider

Der Mensch und das Geheimnis der Zeit

Zum Verständnis der Zeit im Werk Rudolf Steiners

Verlag Freies Geistesleben

Der zitierte Wortlaut Rudolf Steiners folgt der im Rudolf Steiner Verlag erscheinenden Gesamtausgabe (GA). Der Abdruck erfolgt mit freundlicher Genehmigung der Rudolf Steiner Nachlassverwaltung, Dornach/Schweiz.

1. Auflage 2016

Verlag Freies Geistesleben
Landhausstraße 82, 70190 Stuttgart
Internet: www.geistesleben.com

ISBN 978-3-7725-1908-6

© 2016 Verlag Freies Geistesleben
& Urachhaus GmbH, Stuttgart
Schutzumschlag (Foto: A. Laule/Blickwinkel)
und Gestaltung: Thomas Neuerer
Druck: GGP Media GmbH, Pößneck
Printed in Germany

Inhalt

Einleitung 9

Teil I
*Die Entstehung eines neuen Verständnisses der Zeit
1882 bis 1917* 17

1. Der «Doppelstrom» der Zeit 19

2. Die «Korrektur des Zeitbegriffs» in Anknüpfung an Goethe . . . 22

3. Die Korrektur des Zeitbegriffs während der theosophischen Zeit – Das rückwärts verlaufende Leben nach dem Tod 33

4. Die Zusammenführung der «okkult-astralen» Anschauung mit der «Korrektur» des Zeitbegriffs durch die Entdeckung der Dreigliederung des menschlichen Organismus – Evolution und Devolution 42

5. Evolution und Devolution in der geistigen Entwicklung – Der rosenkreuzerische Schulungsweg und die Siebenheit 63

6. Die Siebenheit als zugrunde liegende Zahlengesetzmäßigkeit der beiden Zeitströmungen 72
*Die sieben Planetenkapitäle 72 / Die Evolution der Zeit
   in der Siebenheit 79*

7. Anthroposophie – Der fragmentarische Versuch von 1909-1911 . 91

Teil II
Das Erleben der Zeit im Menschen: Das Leib-Seele-Problem und die Bildung des Gedächtnisses 101

1. Worauf beruht das Erleben der Zeit? 103
2. Das Problem der «Erklärungslücke» – «Von Seelenrätseln» 106
3. Gedächtnisbildung und Erinnerungstätigkeit. 138
4. Die Zeit im Menschen und das Zusammenwirken der vier Wesensglieder 158

Teil III
Zeitliche Dimensionen im Verhältnis zwischen Mensch und Kosmos – Das Verhältnis von Dauer und Entwicklung. . 185

1. Die höheren Wesensglieder und ihr Verhältnis zur Zeit 188
2. Die Perspektivität der Zeit 195
3. Die Polarität von Dauer und Entwicklung 222
4. Der dreigliedrige Mensch und sein Verhältnis zur Zeit 242
5. Wie entwickelt sich unser Ich im Verhältnis zur Zeit? 256
6. Das Verhältnis von Werden und Vergehen zur Dauer 275
7. Das reale Empfinden des Zeitlichen im Verhältnis zum Dauernden. 282
8. Das Geheimnis von Raum und Zeit – Ahrimanische und luziferische Wirksamkeiten im menschlichen Bewusstsein. 286
9. Luzifer und Ahriman im Verhältnis zum Zeiterleben des Menschen 322
10. Das Ätherische als Medium des Zeitlichen – Die Akasha-Chronik. 333

Teil IV
Die «Ich-Dimension» der Zeit – Praktische Konsequenzen
von Rudolf Steiners Zeitanschauung 355

1. Der Sinn alles Zeitlichen im Rahmen der Erdenentwicklung . . . 363

2. Die Evolution des Menschen unter Berücksichtigung
der Zeitanschauung Rudolf Steiners – Der Ursprung der Zeit 373

3. Die mit dem Christus verbundene neue Dimension der Zeit –
Die Liebe als Evolutionsprinzip 385

4. Die «Ich-Dimension» der Zeit – Reinkarnation als Ausdruck
eines dritten Zeitprinzips 405

5. Das Herz als Organ der Zeit 421

6. Zeitdynamik – Verlangsamung und Beschleunigung der Zeit –
Der Zusammenhang der Atmung mit dem Kosmos 439

7. Praktische Konsequenzen der Steiner'schen Zeitanschauung –
Das Ätherische und die Bedeutung einer rhythmischen Gestaltung
des Lebens. 476

Zusammenschau und Ausblick

Die Welt des Ätherischen und der Kampf um ein neues Zeitbewusstsein – Die apokalyptische Zeit 493

Nachwort

Die meditative Erfahrung der Zeit als Zukunftsaufgabe 503

Anmerkungen 507
Literaturverzeichnis 519

Einleitung

Wir stehen heute global angeschaut vor der Aufgabe, das Wesen und Geheimnis der Zeit verstehen zu lernen. Warum? Auf der einen Seite haben wir es im Westen mit einer Tendenz zur technologischen Beschleunigung zu tun. Insbesondere durch die seit dem Ende des 20. Jahrhunderts immer mehr zunehmende Digitalisierung der Lebenswelt beschleunigen sich beinahe alle Lebens- und Arbeitsprozesse, in denen wir uns befinden, und der Mensch muss sich mehr und mehr die Frage stellen, ob er selbst in einer Welt, die sein eigenes Wesen immer mehr auf Maschinen überträgt, nicht bald überflüssig auf dieser Erde werden wird. Was aber wird dann aus dieser Erde?

Auf der anderen Seite kommt von Osten ebenfalls mit dem Ende des 20. Jahrhunderts eine große Welle an spirituellen Angeboten, seien es Yoga-Kurse oder die buddhistische Achtsamkeitsmeditation, die dem Menschen klarmachen, dass sein Ich, oder vielmehr das, was er für sein Ich hält, nicht existiert und nur eine Illusion ist. Die Erfahrung der östlichen Spiritualität führt zu einer Auflösung fest geglaubter materieller Zusammenhänge und zu der Erfahrung eines Überindividuellen, eines geistig Allumfassenden, ob man es Buddha-Natur, Nirvana oder Brahman nennt, spielt dabei keine Rolle. Diese Erfahrung einer Transzendenz des Irdischen führt zwar zu einer spirituelleren Lebensführung, zu mehr Achtsamkeit, und sie ist in vielen Zusammenhängen auch sehr heilsam, kennt aber keine Geschichte, keine Evolution, denn diese gehört auf diesem Hintergrund ebenso der Welt der Täuschung an, wie alles andere, was uns als unser Ich, als Materie oder sonst etwas Irdisches erscheint.

Wir stehen also global gesehen zwischen zwei Extremen, die eine Beschäftigung mit dem Wesen der Zeit und damit ein grundlegendes Verständnis für das, was wir als Evolution und Entwicklung im Kleinen wie im Großen bezeichnen, unabdingbar zu machen scheint. Denn auf der einen Seite verschwindet die Zeit durch zunehmende Beschleunigung und lässt uns atemlos und erschöpft zurück, auf der anderen Seite können wir uns aus dieser Erfahrung in ein transzendentes Erleben der Zeitlosigkeit zurückziehen. Was aber wird dann, so muss man beiden Extremen gegenüber fragen, aus unserer Erde, zu der wir als Menschen dazugehören? Ja, man muss sich fragen: in welcher Weise gehören wir denn als Menschen zu dieser Erde dazu? Kommt es nicht gerade auf uns an, dass wir unsere Aufgabe als eine mit der Evolution allen Lebens aufs Engste verknüpfte verstehen?

Man kann anhand solcher Fragestellungen leicht einsehen, dass von einem Verständnis dessen, was Zeit, was Evolution, was Entwicklung auf der einen, was Ewigkeit, Zeitlosigkeit, Transzendenz auf der anderen Seite eigentlich sind, entscheidend abhängen wird, wie wir als Menschen auf der Erde weiterexistieren und -leben können und werden. Diese Fragestellung bildet mithin den Ausgangs- und Zielpunkt der vorliegenden Arbeit.

***

Anders als bei vielen anderen großen Denkern, Philosophen und Wissenschaftlern sucht man im Werk Rudolf Steiners vergeblich nach Definitionen. Man wird in seinem Werk auch keine prinzipiellen, begrifflich-definitorischen Darstellungen über das Wesen der Zeit finden. Steiner entwickelte seine Anschauungen stets in lebendiger Weise, erweiterte und metamorphosierte sie, wenn er zu neuen Erkenntnissen gekommen war. Aus seinen autobiografischen Darstellungen wissen wir aber, dass er sich mit dem Wesen der Zeit von frühester Jugend an beschäftigt hat.

Die vorliegende Arbeit sucht daher zunächst in genetischer Weise dem Zeitverständnis Rudolf Steiners auf die Spur zu kommen. Sie geht dabei von autobiografischen Aussagen über das frühe Zeitverständnis Steiners um 1881/82 aus und verfolgt dessen weitere Genese über den gesamten Lebensverlauf bis 1924/25. Dieses Zeitverständnis ist aber, anders als man es von dem Physik und Mathematik studierenden Steiner erwarten würde, zunächst kein theoretisch physikalisches, sondern Steiner geht von biologischen Vorstellungen der Evolution des Menschen, wie sie Darwin geschaffen hatte, aus. Denn hier hatte Rudolf Steiner sofort einen Ansatzpunkt, der sich aus seinen bereits 1881/82 vorhandenen übersinnlichen Anschauungen ergab. So forderte er dem Philosophen *Friedrich Theodor Vischer* gegenüber eine «Korrektur des Zeitbegriffs».[1] Dementsprechend befasst sich die vorliegende Arbeit auch nicht mit einem physikalischen Zeitverständnis Steiners, sondern mit seinem Verständnis der Zeit im Hinblick auf die Evolution des Menschen.

Im Laufe der Arbeit an diesem Thema wurde zunehmend deutlich, dass der bereits 1975 von *Hella Wiesberger* in ihrem Aufsatz «Rudolf Steiners Lebenswerk in seiner Wirklichkeit ist sein Lebensgang»[2] gegebene Hinweis, dass die Frage nach dem Wesen der Zeit ein Grundmotiv des gesamten Lebenswerkes Rudolf Steiners darstelle, sich bei genauerem Studium seines Lebensganges tatsächlich als außerordentlich fruchtbar erweisen kann. Die hier vorliegende, den Forschungsansatz Wiesbergers aufgreifende Arbeit, zeigt, dass man diesem Motiv, der Frage nach dem Wesen der Zeit, nachgehend, tatsächlich auf eines der zentralen Lebens- und Forschungsmotive im Werk Rudolf Steiners trifft. Insofern ist die vorliegende Arbeit zugleich der Versuch, das Lebenswerk Rudolf Steiners in seiner Genese und seiner Bedeutung erneut in seiner umfassenden Größe zu umreißen, wenn diese auch nicht den Umfang der monumentalen Arbeiten von *Christoph Lindenberg*[3] und *Peter Selg*[4] entfalten kann, deren grundlegende Darstellungen durch die vorliegende Arbeit in vieler Hinsicht ergänzt werden können.

Sowohl Lindenbergs als auch Selgs Arbeit zeigt, dass das zentrale Forschungsgebiet, auf dem Steiner seine auch ihm persönlich wichtigsten Entdeckungen machen konnte, das Gebiet der anthroposophischen Humanphysiologie war, das Steiner selber als die «Dreigliederung des menschlichen Organismus» bezeichnet hat. Die vorliegende Arbeit kommt nun bei der Untersuchung des Zeitbegriffs im Werk Rudolf Steiners zu demselben Ergebnis, dass nämlich Rudolf Steiners Ausgangsfrage nach dem Wesen der Zeit und seiner Forderung einer «Korrektur des Zeitbegriffs» aus dem Jahre 1882 ihn selbst über 35 Jahre hinweg schließlich zur Entdeckung eben jener Dreigliederung des menschlichen Organismus hinführte. Es war Steiner offensichtlich zeitlebens ein Anliegen, die für ihn bereits seit früher Jugend möglichen übersinnlichen Anschauungen, die sich später in seiner *Geheimwissenschaft im Umriss* zu einer modernen Kosmologie ausweiteten, bis hinunter in die konkreten, naturwissenschaftlichen Tatsachen des menschlichen Organismus hinein darstellen zu können. In diesem, sein gesamtes Lebenswerk umgreifenden Forschungsanliegen, findet sich wie ein zentraler roter Faden eben die Frage nach dem Wesen der Zeit wieder. Sie umfasst nämlich nicht nur die Frage nach der makrokosmischen Evolution des Menschen, sondern eben auch das Leben des Menschen in seiner Zeitlichkeit, in der Gestalt des von Steiner 1917 erstmals beschriebenen dreigliedrigen Organismus.

An die ersten beiden Teile der Untersuchung, die sich mit der oben beschriebenen Thematik auseinandersetzen, schließt sich dann der dritte Teil an, in dem nun Steiners Multiperspektivität im Hinblick auf die Zeitthematik deutlich zu Tage tritt. Wie schon gesagt, war es nie das Anliegen Steiners, Definitionen oder feste Begriffe von einer Sache zu entwickeln, sondern lebendige Begriffe und bewegliche Anschauungen. Im Hinblick auf die Zeitthematik zeigt sich nun, dass Steiner bereits 1918 über die bislang erarbeitete Zeitanschauung hinausging.

Denn diese richtete sich zunächst in der Veranschaulichung des doppelten Zeitstroms von Werden und Vergehen anhand des menschlichen Organismus schwerpunktmäßig auf die Welt des Physischen und des Ätherischen. Nun aber erweiterte Steiner den Blick und bezog das Geistig-Seelische, das er natürlich Zeit seines Lebens ständig im Blick hatte, mit ein.

Aus diesem Perspektivenwechsel ergibt sich nun die neue Thematik: Das Verhältnis von Dauer und Entwicklung. Denn, wie Steiner hier nun weiter ausführt: im Reich der Dauer, also in dem Bereich, in dem das Geistig-Seelische des Menschen eigentlich lebt, gibt es keine Zeit. Zeit tritt nur in Erscheinung im Reich des Physisch-Ätherischen. Grundlegend für dieses Zeitverständnis ist Steiners bereits in den *Einleitungen zu Goethes Naturwissenschaftlichen Schriften* entwickeltes Zeitverständnis: Die Zeit gehört dem Reich der Erscheinungen an und hat mit dem Wesen einer Sache eigentlich nichts zu tun. Aber da, wo ein Wesen in die Erscheinung tritt, äußert sich dieses Wesen nicht nur in räumlicher, sondern eben auch in zeitlicher Form.

Wie aber verhält sich nun das Reich der zeitlichen Entwicklung zum Reich der Dauer? Hierbei zeigt Steiner auf, dass der Mensch, solange er nur im Reich der Erscheinungen lebt, einer Täuschung, nach indischem Vorbild «Maja» genannt, unterliegt. Solange das Geistig-Seelische, das Unvergängliche nicht einbezogen wird, täuscht sich der Mensch im Hinblick auf das Wesen der Zeit. Dabei spielen die von Steiner als «Gegenmächte» bezeichneten Wesen von Luzifer und Ahriman eine entscheidende Rolle.

Es bleibt für den Menschen, so Steiner, eine für alles weitere irdische Leben entscheidende Aufgabe, das Wesen der Zeit – und damit das Wesen des Menschen – zu durchschauen. Erst dadurch wird es möglich, die beiden Gegenmächte, die den Menschen über das Wesen der Zeit täuschen wollen, in ein Gleichgewicht zu bringen.

Dieser Gleichgewichtszustand war den Menschen in alten Zeiten durch geistige Inspirationen mehr oder weniger von Natur aus gegeben. Im gegenwärtigen Zeitalter der Bewusstseinsseele aber muss der Mensch diesen Gleichgewichtszustand erst selbst durch geistige Anstrengung herstellen.

Im vierten Teil zeigt sich dann schließlich, dass Steiner zwischen der Polarität von Dauer und Entwicklung zu einer dritten Dimension der

Zeit vorgestoßen ist, die er als «Schöpfung aus dem Nichts» bezeichnet. Diese dritte Qualität der Zeit steht in enger Beziehung zu der Wesenheit, die zwischen den beiden Polen des Luziferischen und Ahrimanischen vermittelnd wirksam ist, der Christus-Wesenheit. Sie erweist sich in den Betrachtungen Steiners zur *Evolution vom Gesichtspunkte des Wahrhaftigen* als mit dem Wesen der Zeit aufs Engste verbunden. Durch sie entsteht die für den Menschen entscheidende Zeitqualität, die erst durch die Freiheit des Menschen und deren Grundlage in der menschlichen Dreigliederung gegeben ist. Zeit wird somit zur eigentlichen Entwicklungsdimension einer nunmehr vom Menschen selbst ausgehenden Evolution, die sich zuvor lediglich innerhalb der Polarität von Dauer und Entwicklung bewegen konnte.

Dabei erweist sich von der Seite der leiblichen Organisation des Menschen die Funktion des Rhythmischen, vor allem des Herzens und der Atmung, als grundlegend. Die Gestaltung rhythmischer Prozesse, ja der Umgang mit dem Element des Rhythmischen wird somit auch zum zentralen Motiv der von Steiner angeregten Lebenspraxis in der Pädagogik, aber auch auf allen anderen Gebieten, für die er praktische Anregungen gegeben hat.

Das Element des Rhythmischen aber ist das zwischen dem Geistig-Seelischen und dem Physischen vermittelnde Gebiet des Ätherischen, dessen Bewusstmachung und praktische Handhabung Steiner deshalb in einem großen Teil seines Werkes ein zentrales Anliegen war. Wie die Zeit im Element des Ätherischen nicht als ein Nacheinander, sondern in einem räumlichen Nebeneinander, also gleichzeitig, erlebt werden kann, und welche praktischen Konsequenzen sich aus einer solchen Anschauung ergeben, gehört daher mit zu den zentralsten Entdeckungen Steiners überhaupt.

Das Ziel der vorliegenden Untersuchung ist demnach auch kein theoretisches, sondern sie will anhand der Steiner'schen Zeitauffassung das Wesen des Menschen als ein zwischen dem Bereich der zeitlichen Vergänglichkeit und dem des Ewig-Dauernden Lebendes begreifen. Gestaltung der Zeit in diesem Sinne erfordert daher ein Verständnis und Bewusstsein jener Welt des Ätherischen, die sich in rhythmischen Vorgängen und rhythmischen Beziehungen zeigt. Damit erfordert der praktische Umgang mit der Zeit in Steiners Verständnis ein Erwachen für diese Dimension des Ätherischen, ein Aufstieg aus der Welt des räumlichen Nebeneinanders in die Welt des Zeitlich-Räumlichen: «zum Raum wird hier die Zeit», um mit einem Wort aus Richard Wagners *Parsifal* zu sprechen.

Für einen wirklichen Nachvollzug des hier dargestellten Themas ist es erforderlich, sich auf wechselnde und zuweilen scheinbar widersprechende Perspektiven einzulassen. Im Laufe der Darstellung wird es dem Leser zuweilen auch schwer fallen, die von Steiner immer wieder neu eingenommenen Perspektiven mit den bereits zuvor erreichten in Verbindung zu halten. Die Kommentare und Einschübe des Autors sollen es erleichtern, einerseits die Perspektiven zu wechseln, diese am Ende aber dennoch zu einer Gesamtschau zu vereinigen.

Der Charakter der Darstellung ist dabei so gewählt, dass der Leser dem vom Autor bei der Auswahl der Texte und Gesichtspunkte eingeschlagenen Weg wie der Handlung eines Romans folgen kann. Das heißt aber, dass sich dieses Buch nicht wie ein Nachschlagewerk zum Thema «Zeit im Werk Rudolf Steiners» lesen lässt, sondern nur in einem kontinuierlichen Nachvollzug. Der Autor hielt es bei der Komplexität des Themas für sinnvoll, dem Leser aufgrund der Multiperspektivität der Darstellungen Rudolf Steiners im Durchgang der unterschiedlichen Perspektiven einen Gesamtüberblick zu vermitteln, der sich aber eben nur aus der zusammenhängenden Lektüre des Ganzen, nicht aus dem Studium lediglich einzelner Textstellen erschließen kann.

Eine weitere Besonderheit ergab sich bei der Auswahl und Kommentierung der Textstellen dadurch, dass die vom Autor verfolgte Fragestellung nach dem Wesen und dem Verständnis der Zeit im Werk Rudolf Steiners in den meisten Fällen nicht mit der in dem jeweiligen Vortragszusammenhang von Steiner selbst verfolgten Fragestellung übereinstimmt. Ein Beispiel: In dem Zyklus *Die Evolution vom Gesichtspunkte des Wahrhaftigen*, den der Autor wegen der dort enthaltenen Aussagen zur Entstehung der Zeit über längere Passagen in die Auswahl aufgenommen hat, geht es Rudolf Steiner selbst nicht in erster Linie um die Fragestellung dieser Untersuchung: «Wie ist die Zeit entstanden?», sondern um die Schilderung der Evolution als ganzer von einem mehr esoterischen Gesichtspunkt, eben dem des Wahrhaftigen. Dieses gewissermaßen «Gegen-den-Strich-Lesen» der Vortragstexte sollte dem Leser beim Studium im Sinne der in diesem Buch verfolgten übergeordneten Fragestellung immer bewusst sein.

Dieses ist auch der Hauptgrund dafür, warum die vorliegende Darstellung so zahlreiche und umfangreiche Textstellen umfasst. Ohne die Lektüre der hier unter dem Gesichtspunkt des Themas «Zeit im Werk Rudolf Steiners» ausgewählten Textstellen könnte der sich in der Zusammenschau aller Texte ergebende Zusammenhang vom Leser nicht nachvollzogen werden. Ein bloßes Referieren dieser Texte hätte zudem die Gefahr mit sich gebracht, dass durch die jeweiligen Interpretationsperspektiven des Autors dieser Studie der Gehalt der jeweiligen Texte verkürzt oder gar verstellt worden wäre.

Auch sollte sich der Leser beim Lesen der Vortragsauszüge, aus denen die Textauswahl zum überwiegenden Teil besteht, stets bewusst sein, dass Rudolf Steiner das Thema «Zeit» praktisch nie explizit behandelt hat. Wenn er jedoch darauf zu sprechen kam, wie vor allem in den beiden Zyklen über *Die Wissenschaft vom Werden des Menschen* (GA 183) und *Die Polarität von Dauer und Entwicklung* (GA 184), so bemerkt man bei genauerem Studium, dass Steiner sich bei all seinen Vorträgen doch am Auffassungsvermögen seiner Zuhörer orientieren musste. Das heißt, wenn er feststellte, dass seine Darstellungen das Fassungsvermögen der Zuhörer überstiegen, dann wandte er sich einem neuen Thema zu, mit dem er seine Zuhörer besser erreichen konnte. Diese Tatsache ist jedoch nur charakteristisch für den Vortragsstil vor Mitgliedern. In seinen öffentlichen Vorträgen und Schriften mutete Rudolf Steiner den Zuhörern bzw. Lesern stets mehr zu. Vor allem in seinen Schriften wählte er einen Stil, der das Denken des Lesers stets beanspruchte, weshalb seine Texte auch heute noch als schwer verstehbar gelten.

Das bedeutet nicht, dass seine Vorträge vor den Mitgliedern «leicht» gewesen wären, jedoch orientierten diese sich eben doch an der jeweiligen Situation und den aktuellen Fragen der Zuhörerschaft. Das heißt aber auch, dass Steiner auf nicht gestellte und auch latent nicht vorhandene Fragen nicht einging. Dieser Zusammenhang muss bei der Bearbeitung des Themas «Zeit im Werk Rudolf Steiners» auf alle Fälle mitberücksichtigt werden.

Dennoch konnte und wollte die vorliegende Darstellung keine Vollständigkeit anstreben. Dies ist aufgrund der Fülle von Steiner'schen Angaben zum Wesen der Zeit im Rahmen eines noch lesbaren Buches leider nicht möglich. Es mussten also bei der vorliegenden Untersuchung des Verständnisses der Zeit im Werk Rudolf Steiners zunächst die wesentlichen Kernanschauungen und die dazugehörigen Textstellen ausgesucht, dann aber unter dem Gesichtspunkt der Nachvollziehbarkeit und Lesbarkeit so ausgewählt und zusammengestellt werden, dass das Ganze in sich überschaubar bleibt. So lassen sich für einige hier angeführte Textstellen im Werk Rudolf Steiners Parallel- oder ergänzende Stellen finden. Diese sind, soweit dem Autor bekannt, in den Anmerkungen angeführt.

Weiterhin war es nicht Aufgabe dieser Untersuchung, die Zeitanschauung Rudolf Steiners in Beziehung zu historischen und aktuellen Zeitauffassungen zu setzen. Dies wäre Aufgabe einer weiteren Untersuchung, die aber den Rahmen der vorliegenden Arbeit bei Weitem überschritten hätte.

So wäre es ein reizvolles Unterfangen, nach entsprechenden Beziehungen etwa zur Relativitätstheorie *Albert Einsteins* zu Beginn des 20. Jahrhunderts, zur Philosophie *Martin Heideggers* in *Sein und Zeit*, zur *Phänomenologie des inneren Zeitbewusstseins Edmund Husserls* und zur hermeneutischen Zeit- und Geschichtsauffassung etwa *Hans-Georg Gadamers* oder *Paul Ricœurs*, also ebenfalls in der ersten Hälfte des 20. Jahrhunderts entstandenen Anschauungen, oder zu den aktuellen gesellschaftskritischen Arbeiten *Hartmut Rosas* über die Beschleunigung der Zeit[5] zu suchen. Auch das Verhältnis zur Zeit im religiösen Sinne, im Christentum oder im Buddhismus, wäre hier von Interesse. Dabei würden sich interessante Parallelen und sich ergänzende Gesichtspunkte ergeben, die aber außerhalb des Rahmens der vorliegenden Untersuchung liegen.

***

Zu danken habe ich in erster Linie Wolfgang Schad, der nicht nur die Anregung zu dieser Arbeit gegeben, sondern sie auch kritisch und wegleitend begleitet hat. Ohne seine anregende Art und sein forscherisches Interesse wäre diese Arbeit nicht zustande gekommen.

Ferner ist dem Rudolf-Steiner-Fonds für wissenschaftliche Forschung, insbesondere dessen erst kürzlich verstorbenen Vorsitzenden Gerd Schmäche, für die großzügige und vertrauensvolle finanzielle Unterstützung dieser Arbeit zu danken.

Außerdem danke ich Hella Wiesberger, Christoph Lindenberg und Peter Selg für ihre bereits genannten wegweisenden Arbeiten, ohne die die vorliegende Arbeit ebenfalls nicht hätte entstehen können.

Im Weiteren ist der Rudolf Steiner Nachlassverwaltung für das Recht des Abdruckes der zahlreichen Texte aus dem Werk Rudolf Steiners zu danken. Ohne die editorischen Vorleistungen des Rudolf Steiner Archivs wäre eine solche Untersuchung wie die vorliegende natürlich niemals möglich.

Und zuletzt möchte ich meiner Frau Laurence Godard herzlich danken für ihre getreue Begleitung und Unterstützung der vorliegenden Arbeit, die sich über einige Jahre hinweg, von 2009 bis 2014, erstreckt hat. Ohne die durch sie ermöglichte Ruhe und Abgeschlossenheit wäre dieses Werk ebenfalls nicht möglich gewesen.

Andreas Neider

Teil I

Die Entstehung eines neuen Verständnisses der Zeit 1882 bis 1917

1. Der «Doppelstrom» der Zeit

Bei der Frage nach dem Zeitverständnis Rudolf Steiners wird man zunächst auf dessen Entstehung hinschauen müssen. Hierzu gibt es zwei Ansätze, die man deutlich voneinander unterscheiden muss.

Rudolf Steiner spricht in seinen autobiografischen Darstellungen davon, dass er bereits mit 18-20 Jahren von einem «okkult-astralen» Zeitstrom ein Bewusstsein hatte, der dem sinnlich erlebten Zeitstrom entgegenströmt. In diesem Zusammenhang spricht *Édouard Schuré*, dem er davon im Jahr 1907 in einer autobiografischen Notiz (Dokument von Barr) berichtet hatte, von einem «Doppelstrom» der Zeit. In Steiners Notiz an Schuré heißt es wörtlich:

«Sehr früh wurde ich auf Kant hingelenkt. Im fünfzehnten und sechzehnten Jahre studierte ich Kant ganz intensiv, und vor dem Übergang zur Wiener Hochschule beschäftigte ich mich intensiv mit den orthodoxen Nachfolgern Kants, vom Anfange des 19. Jahrhunderts, welche von der offiziellen Wissenschaftsgeschichte in Deutschland ganz vergessen sind und kaum mehr genannt werden. Dann trat hinzu ein eingehendes Vertiefen in Fichte und Schelling. In diese Zeit fiel – und dies gehört schon zu den äußeren okkulten Einflüssen – *die völlige Klarheit über die Vorstellung der Zeit*. Diese Erkenntnis stand mit den Studien in keinem Zusammenhang und wurde ganz aus dem okkulten Leben her dirigiert. *Es war die Erkenntnis, dass es eine mit der vorwärtsgehenden interferierende rückwärtsgehende Evolution gibt – die okkult-astrale*. Diese Erkenntnis ist die Bedingung für das geistige Schauen.» (GA 262, S. 15)

Dieser von Schuré benannte «Doppelstrom der Zeit» taucht im späteren Werk Steiners als Themenkomplex eigentlich nicht auf. Schuré hat das Thema zuerst in seiner Einleitung zur französischen Ausgabe von *Das Christentum als mystische Tatsache* behandelt. Er führt hier aus:

«Es gibt jedoch im Universum nun noch einen gegenläufigen Strom, der sich in entgegengesetzter Richtung bewegt und ständig in den ersten Strom eingreift. Dies ist derjenige der *Involution*, durch welchen die Prinzipien, die Kräfte, die Wesenheiten und die Seelen, die aus der unsichtbaren Welt und der Region des Ewigen kommen, unaufhörlich in die sichtbare Realität eindringen. Keine Evolution des Materiellen wäre verständlich ohne diese ständige Involution des Geistes, ohne diesen okkulten astralen Strom, der mit seiner Hierarchie von machtvollen Wesenheiten der große Anreger alles Lebens ist. ... Von diesem *Doppelstrom* hatte der junge Steiner seit seinem achtzehnten Jahre ein unmittelbares Gefühl, welches die Bedingung für jede geistige Erkenntnis ist. Das Prinzip der zwei Strömungen hatte sich ihm durch eine unwillkürliche und unmittelbare Schau der Dinge ergeben.» (GA 262, S. 28/29)

Hella Wiesberger greift den Ausdruck vom «Doppelstrom» in ihrem Aufsatz von 1975 auf. Dabei bezieht sie sich auf den von Rudolf Steiner lediglich in einer Notizbucheintragung gebrauchten Ausdruck «Doppelstrom der Zeit»[6].

Steiner spricht gegenüber Édouard Schuré im Dokument von Barr von einer «rückwärtsgehenden Evolution», die ihm bereits um 1880 klar gewesen sei. Diese Einsicht stellt er im autobiografischen Vortrag vom 4. Februar 1913 in einen Zusammenhang mit der Begegnung mit Felix Kogutzki, dem «Agenten des Meisters» um 1880/81:

«Mein Felix war gewissermaßen nur der Vorherverkünder einer anderen Persönlichkeit, die sich eines Mittels bediente, um in der Seele des Knaben, der ja in der spirituellen Welt darinnen stand, die regulären, systematischen Dinge anzuregen, mit denen man bekannt sein muss in der spirituellen Welt. Es bediente sich jene Persönlichkeit, die nun wieder so fremd wie möglich allem Klerikalismus gegenüberstand und damit selbstverständlich gar nichts zu tun hatte, eigentlich der Werke Fichtes, um gewisse Betrachtungen daran anzuknüpfen, aus denen sich Dinge ergaben, in welchen doch die Keime zu der ‹Geheimwissenschaft› gesucht werden könnten, die der Mann, der aus dem Knaben geworden ist, später schrieb. Und manches, aus dem die ‹Geheimwissenschaft› geworden ist, wurde damals in Anknüpfung an Fichtes Sätze erörtert. Ebenso unansehnlich im äußeren Berufe war jener ausgezeichnete Mann wie Felix auch. Ein Buch war es, das er gleichsam als Anhaltspunkt benutzte, das wenig in der äußeren Welt bekannt geworden ist und das in Österreich oft wegen seiner antiklerikalen Richtung unterdrückt wurde, durch welches man sich aber zu ganz besonderen geistigen Wegen und geistigen Pfaden anregen lassen kann. *Jene eigenartigen Strömungen, die durch die okkulte Welt gehen, die man nur erkennen kann, wenn man eine aufwärts- und eine abwärtsgehende Doppelströmung ins Auge fasst, traten damals lebendig vor des Knaben Seele.*»[7]

Bei dem genannten Buch handelt es sich nach den Forschungen, die Hella

Wiesberger in der Bibliothek Steiners anstellen konnte, wahrscheinlich um den österreichischen Sozialpolitiker und Autor Lazar von Hellenbach, dessen erstmals 1882 erschienenes Werk *Die Magie der Zahlen als Grundlage aller Mannigfaltigkeit und das scheinbare Fatum* in einer Neuauflage von 1898 in Steiners Bibliothek vorhanden ist.[8]

2. Die «Korrektur des Zeitbegriffs» in Anknüpfung an Goethe

Steiner behielt diese okkulte Schulung ganz für sich, forderte aber 1882 in dem zu Lebzeiten nie erschienenen Aufsatz «Einzig mögliche Kritik der atomistischen Begriffe», den er später als den Ausgangspunkt seiner Geistesforschung bezeichnet hat, eine «Korrektur des Zeitbegriffs». Er bezeichnete diese Abhandlung als eine,
> «die dasjenige verzeichnen sollte, wovon ich auch heute noch sagen kann: es war der erste Anfang von dem, was ich als Geistesforschung bezeichnen möchte. Es waren die ersten Gedanken, die ich niederschreiben konnte aus jener Richtung, jener Strömung, über die ich sprechen will.»[9]

In diesem Aufsatz, der sich 1937 im Nachlass des schwäbischen Philosophen Friedrich Theodor Vischer fand, spricht Steiner nicht von einem rückwärtslaufenden Zeitstrom oder gar einem «Doppelstrom» der Zeit, sondern er erwähnt hier nur, dass er, ebenso wie Vischer es auch getan hatte, eine «Korrektur» der Zeitvorstellungen der materialistischen Naturwissenschaft für notwendig halte. Genauer heißt es:
> «Eine große Anzahl falscher Vorstellungen ist namentlich durch die unrichtigen Begriffe von Raum und Zeit in Umlauf gekommen. Wir müssen diese beiden Begriffe daher einer Diskussion unterwerfen. Die mechanische Naturerklärung bedarf zur Annahme ihrer Atomwelt außer den in Bewegung begriffenen Atomen noch den absoluten Raum, d. i. ein leeres Vakuum, und eine absolute Zeit, d. i. einen unveränderlichen Maßstab des Nacheinander. Was ist aber Raum? ... Wie der Raum nur etwas an den Gegenständen, so ist auch die Zeit nur an und mit den Prozessen der Sinnenwelt gegeben. Sie ist denselben immanent. An sich sind beide bloße Abstraktionen ...»[10]

In seiner Autobiografie äußert er sich dazu:
> «Ein ausschlaggebendes Erlebnis kam mir damals geradezu von der mathematischen Seite. Die Vorstellung des Raumes bot mir die größten inneren Schwierigkeiten. Er ließ sich als das allseitig ins Unendliche laufende Leere, als das er den damals herrschenden naturwissenschaftlichen Theorien zugrunde lag, nicht in überschaubarer Art denken. Durch die neuere (synthetische) Geometrie, die ich durch Vorlesungen

und im Privatstudium kennenlernte, trat vor meine Seele die Anschauung, dass eine Linie, die nach rechts in das Unendliche verlängert wird, von links wieder zu ihrem Ausgangspunkt zurückkommt. Der nach rechts liegende unendlich ferne Punkt ist derselbe wie der nach links liegende unendlich ferne.

Mir kam vor, dass man mit solchen Vorstellungen der neueren Geometrie den sonst in Leere starrenden Raum begrifflich erfassen könne. Die wie eine Kreislinie in sich selbst zurückkehrende gerade Linie empfand ich wie eine Offenbarung. Ich ging aus der Vorlesung, in der mir das zuerst vor die Seele getreten ist, hinweg, wie wenn eine Zentnerlast von mir gefallen wäre. Ein befreiendes Gefühl kam über mich. Wieder kam mir, wie in meinen ganz jungen Knabenjahren, von der Geometrie etwas Beglückendes.

Hinter dem Raumrätsel stand in diesem meinem Lebensabschnitt für mich das von der Zeit. Sollte auch da eine Vorstellung möglich sein, die durch ein Fortschreiten in die ‹unendlich ferne› Zukunft ein Zurückkommen aus der Vergangenheit ideell in sich enthält? Das Glück über die Raumvorstellung brachte etwas tief Beunruhigendes über diejenige von der Zeit. Aber da war zunächst kein Ausweg sichtbar. Alle Denkversuche führten dazu, zu erkennen, dass ich mich insbesondere hüten müsse, die anschaulichen Raumbegriffe in die Auffassung der Zeit hineinzubringen. Alle Enttäuschungen, welche das Erkenntnisstreben bringen kann, traten an dem Zeitenrätsel auf.

Die Anregungen, die ich von Zimmermann für die Ästhetik erhalten hatte, führten mich zum Lesen der Schriften des berühmten Ästhetikers der damaligen Zeit, Friedrich Theodor Vischers. Ich fand bei ihm an einer Stelle seiner Werke eine Hinweisung darauf, dass das neuere naturwissenschaftliche Denken eine Reform des Zeitbegriffes nötig mache. Ich war immer besonders freudig erregt, wenn ich Erkenntnisbedürfnisse, die sich bei mir einstellten, auch bei einem Andern fand. Es war mir in diesem Falle wie eine Rechtfertigung meines Strebens nach einem befriedigenden Zeitbegriffe.»[11]

Wir können also festhalten, dass er einerseits die Einsicht in die rückwärtslaufende Zeit bereits um 1880 gehabt hat, dass diese aber auf okkulte Weise gewonnen wurde und in Zusammenhang steht mit der «Meisterbegegnung». Daher hat Steiner darüber seinerzeit nicht weiter gesprochen. Erst sehr viel später, in der theosophischen Zeit nach 1900 spricht er im Zusammenhang mit dem Leben nach dem Tod von einer rückwärtslaufenden Zeitströmung. Ab 1918 finden wir dann die Anschauung von einer aufwärts- und einer abwärtsgehenden Entwicklung sowohl im Menschen selbst wie auch in den Naturreichen und in der Menschheitsentwicklung als Ganzem.

Die «Korrektur» des Zeitbegriffs, die er in seinem ersten Aufsatz, den er an F. Th. Vischer gesandt hatte, gefordert hatte, wird dagegen im Anschluss an Goethes Naturanschauung weiter ausgearbeitet. Diese Themenkomplexe nehmen dennoch im späteren Werk keine besondere Stellung ein und werden nur in Vorträgen weiterbehandelt. Wir können uns daher folgende Fragen stellen:

1. Warum hat Rudolf Steiner die so zentrale Einsicht von einer rückwärts verlaufenden Zeit, die die Voraussetzung seiner Geistesforschung darstellte, nicht breiter dargestellt und thematisiert?
2. Warum ist ausgerechnet diese Einsicht die Voraussetzung für die Geistesforschung, wie er an verschiedenen Stellen seines Werkes, vor allem in dem Dokument von Barr für Schuré und im autobiografischen Vortrag vom 4. Februar 1913 betont?
3. Im Hinblick auf die Evolution entwickelt Steiner im Anschluss an Goethe einen eigenen Zeitbegriff. Warum ist dabei zunächst jedoch keine Rede von einer allgemein rückwärtslaufenden Evolution?
4. Müssen wir also möglicherweise zunächst unterscheiden zwischen zwei Ansätzen: a) der «okkult-astralen» Anschauung von einer rückwärtslaufenden Zeit und b) der an der Goethe'schen Naturanschauung entwickelten «Korrektur» des Zeitbegriffs, wie sie auch F. Th. Vischer gefordert hatte?
5. Gibt es im späteren Werk womöglich eine Zusammenführung der «okkult-astralen» Anschauung mit der an der Naturwissenschaft entwickelten Anschauung?

Gehen wir zunächst der vierten Frage nach und verfolgen wir den zweiten Ansatz einer «Korrektur» des Zeitbegriffs. Der in dem Aufsatz von 1882 enthaltene Ansatz, den Zeitbegriff neu zu denken, wurde von Steiner zunächst an Goethe weiterverfolgt. Dort heißt es ja: «Wie der Raum nur etwas an den Gegenständen, so ist auch die Zeit nur an und mit den Prozessen der Sinnenwelt gegeben. Sie ist denselben immanent.»[12] Genau diese Auffassung wird nun zunächst in den *Grundlinien einer Erkenntnistheorie der Goetheschen Weltanschauung* (1886) und in der Einleitung zum dritten Band von *Goethes Naturwissenschaftlichen Schriften* (1890) ausgearbeitet.

In den *Grundlinien* heißt es im Kapitel über den Typusbegriff Goethes: «Man darf sich unter diesem Typus nichts Festes vorstellen. Er hat ganz und gar nichts zu tun mit dem, was Agassiz, Darwins bedeutendster Bekämpfer, einen ‹verkörperten Schöpfungsgedanken Gottes› nannte.

Der Typus ist etwas durchaus Flüssiges, aus dem sich alle besonderen Arten und Gattungen, die man als Untertypen, spezialisierte Typen ansehen kann, ableiten lassen. Der Typus schließt die Deszendenztheorie nicht aus. Er widerspricht nicht der *Tatsache,* dass sich die organischen Formen auseinander entwickeln. Er ist nur der vernunftgemäße Protest dagegen, dass die organische Entwicklung rein in den nacheinander auftretenden, tatsächlichen (sinnlich wahrnehmbaren) Formen aufgeht. Er ist dasjenige, was dieser ganzen Entwicklung zugrunde liegt. Er ist es, der den Zusammenhang in dieser unendlichen Mannigfaltigkeit herstellt. Er ist das Innerliche von dem, was wir als äußerliche Formen der Lebewesen erfahren. *Die Darwin'sche Theorie setzt den Typus voraus.*

Der Typus ist der wahre Urorganismus; je nachdem er sich ideell spezialisiert: Urpflanze oder Urtier. Kein einzelnes, sinnlich-wirkliches Lebewesen kann es sein. Was Haeckel oder andere Naturalisten als Urform ansehen, ist schon eine besondere Gestalt; ist eben die einfachste Gestalt des Typus. Dass er zeitlich zuerst in einfachster Form auftritt, bedingt nicht, dass die zeitlich folgenden Formen sich als Folge der zeitlich Vorangehenden ergeben. *Alle* Formen ergeben sich als *Folge des Typus,* die erste wie die letzte sind Erscheinungen desselben. Ihn müssen wir einer wahren Organik zugrunde legen und nicht einfach die einzelnen Tier- und Pflanzenarten *auseinander* ableiten wollen. Wie ein roter Faden zieht sich der Typus durch alle Entwicklungsstufen der organischen Welt. Wir müssen ihn festhalten und dann *mit ihm* dieses große, verschiedengestaltige Reich durchwandern. Dann wird es uns verständlich. Sonst zerfällt es uns wie die ganze übrige Erfahrungswelt in eine zusammenhanglose Menge von Einzelheiten. Ja selbst wenn wir glauben, Späteres, Komplizierteres, Zusammengesetzteres auf eine *ehemalige* einfachere Form zurückzuführen und in dem Letzteren ein Ursprüngliches zu haben, so täuschen wir uns, denn wir haben nur Spezialform von Spezialform abgeleitet.

Friedrich Theodor Vischer hat einmal in Bezug auf die Darwin'sche Theorie die Ansicht ausgesprochen, dass sie eine Revision unseres Zeitbegriffes notwendig mache. Wir sind hier an einem Punkt angekommen, der uns ersichtlich macht, in welchem Sinne eine solche Revision zu geschehen hätte. Sie hätte zu zeigen, dass die Herleitung eines Späteren aus einem Früheren keine Erklärung ist, dass das zeitlich Erste kein prinzipiell Erstes ist. Alle Ableitung hat aus einem Prinzipiellen zu geschehen und höchstens wäre zu zeigen, welche Faktoren wirksam waren, dass sich die eine Wesensart *zeitlich vor* der anderen entwickelt hat.»[13]

Hier wird nun also etwas angedeutet von der Steiner (und Vischer) vorschwebenden Korrektur des Zeitbegriffes. Diese hätte zu zeigen, dass das zeitlich Erste kein prinzipiell Erstes ist. «Alle Ableitung hat aus einem Prinzipiellen zu geschehen und höchstens wäre zu zeigen, welche Faktoren wirksam waren, dass sich die eine Wesensart *zeitlich vor* der anderen entwickelt hat.» Von einem rückwärtslaufenden Zeitstrom, wie es etwa Schuré in seiner Einleitung im Hinblick auf die Evolution formuliert, ist hier jedoch nirgends die Rede. Dagegen können wir hier den Zusammenhang mit jenem Satz aus dem Aufsatz von 1882 herstellen: «Wie der Raum nur etwas an den Gegenständen, so ist auch die Zeit nur an und mit den Prozessen der Sinneswelt gegeben.»

Die Zeit tritt dieser Auffassung nach erst in der Sinneswelt auf. Der Typus aber ist etwas Übersinnliches, etwas Überzeitliches. Er ist dennoch kein Bauplan im Sinne eines «Intelligent Design», nach dem sich die Schöpfung entfaltet: «Er hat ganz und gar nichts zu tun mit dem, was Agassiz, Darwins bedeutendster Bekämpfer, einen ‹verkörperten Schöpfungsgedanken Gottes› nannte.» Steiner erläutert nun diesen neuen Zeitbegriff in seiner Vorrede zur Neuauflage der *Grundlinien* (1923):

«In all dies spielte bei mir hinein eine Gedankenneigung zu der damals blühenden Entwickelungstheorie. Sie hatte in Haeckel Formen angenommen, in denen das selbständige Sein und Wirken des Geistigen keine Berücksichtigung finden konnte. Das Spätere, Vollkommene sollte aus dem Früheren, Unentwickelten im Zeitenlaufe hervorgegangen sein. Mir leuchtete das in Bezug auf die äußere sinnenfällige Wirklichkeit ein. Doch kannte ich die vom Sinnenfälligen unabhängige, in sich befestigte, selbständige Geistigkeit zu gut, um der äußeren sinnenfälligen Erscheinungswelt Recht zu geben. Aber es war die Brücke zu schlagen von dieser Welt zu der des Geistes. Im sinnenfällig gedachten Zeitenlaufe scheint das menschlich Geistige sich aus dem vorangehenden Ungeistigen zu entwickeln.

Aber das Sinnenfällige, richtig erkannt, zeigt überall, dass es Offenbarung des Geistigen ist. Dieser richtigen Erkenntnis des Sinnenfälligen gegenüber war mir klar, dass Grenzen der Erkenntnis, wie sie damals festgestellt wurden, nur der zugeben kann, der auf dieses Sinnenfällige stößt und es so behandelt, wie jemand eine voll gedruckte Seite dann behandeln würde, wenn er die Anschauung nur auf die Buchstabenformen richtete und ohne Ahnung vom Lesen sagte, man könne nicht wissen, was hinter diesen Formen stecke.

So wurde mein Blick auf den Weg von der Sinnesbeobachtung zu dem Geistigen hingelenkt, das mir im inneren erkennenden Erleben feststand. Ich suchte hinter den sinnenfälligen Erscheinungen nicht ungeistige Atomwelten, sondern das Geistige, das sich scheinbar im Innern des Menschen offenbart, das aber in Wirklichkeit den Sinnendingen und Sinnesvorgängen selbst angehört. Es entsteht durch das Verhalten des erkennenden Menschen der Schein, als ob die Gedanken der Dinge im Menschen seien, während sie in Wirklichkeit in den Dingen walten. Der Mensch hat nötig, sie in einem Schein-Erleben von den Dingen abzusondern; im wahren Erkenntnis-Erleben gibt er sie den Dingen wieder zurück.

Die Entwickelung der Welt ist dann so zu verstehen, dass das vorangehende Ungeistige, aus dem sich später die Geistigkeit des Menschen entfaltet, neben und außer sich ein Geistiges hat. Die spätere durchgeistigte Sinnlichkeit, in der der Mensch erscheint, tritt dann dadurch auf, dass sich der Geistesvorfahre des Menschen mit den unvollkommenen ungeistigen Formen vereint, und, diese umbildend, dann in sinnenfälliger Form auftritt.

Diese Ideengänge führten mich über die damaligen Erkenntnistheoretiker, deren Scharfsinn und wissenschaftliches Verantwortungsgefühl ich voll anerkannte, hinaus. Sie führten mich zu Goethe hin.

Ich muss heute zurückdenken an mein damaliges inneres Ringen. Ich habe es mir nicht leicht gemacht, über die Gedankengänge der damaligen Philosophien hinwegzukommen. Mein Leuchtstern war aber stets die ganz durch sich selbst bewirkte Anerkennung der Tatsache, dass der Mensch sich innerlich als vom Körper unabhängiger Geist, stehend in einer rein geistigen Welt, schauen kann.

Vor meinen Arbeiten über Goethes naturwissenschaftliche Schriften und vor dieser Erkenntnistheorie schrieb ich einen kleinen Aufsatz über Atomismus, der nie gedruckt worden ist. Er war in der angedeuteten Richtung gehalten. Ich muss gedenken, welche Freude es mir machte, als Friedrich Theodor Vischer, dem ich den Aufsatz zuschickte, mir einige zustimmende Worte schrieb.

Nun aber wurde mir an meinen Goethe-Studien klar, wie meine Gedanken zu einem Anschauen vom Wesen der Erkenntnis führen, das in Goethes Schaffen und seiner Stellung zur Welt überall hervortritt. Ich fand, dass meine Gesichtspunkte mir eine Erkenntnistheorie ergaben, die die der Goethe'schen Weltanschauung ist.»[14]

Hier kommt Steiner also wieder auf Vischer zu sprechen. Denn wodurch war er auf diesen aufmerksam geworden?

«Es ist nun, 1917, 35 bis 36 Jahre her, dass ich die ersten Keime zu legen versuchte zu demjenigen, was ich heute Geisteswissenschaft nen-

ne. Damals, als ich die ersten Gedanken über diese Weltanschauung niederschrieb, fiel mir in die Hände eine Abhandlung des großen, bedeutenden Ästhetikers und Philosophen Friedrich Theodor Vischer, den man den V-Vischer nennt. Sie befasste sich mit dem außerordentlich interessanten Werk des nunmehr Leipziger Philosophen Johannes Volkelt, mit seinem Buche *Die Traum-Phantasie* (Stuttgart 1875). In dieser Abhandlung Vischers befindet sich ein merkwürdiger Satz, bei dem ich damals stehenbleiben musste, bei dem ich einsetzen musste – ich möchte sagen – mit allem Streben. Ich hatte schon eingesetzt im Grunde – und deshalb musste ich gerade bei diesem Satze stehenbleiben. Es ist ein merkwürdiger Satz, den Vischer da niederschrieb: Die Einheit des seelischen Lebens kann ganz gewiss nicht im Leibe lokalisiert sein, obwohl sie eigentlich nirgends anders als im Leibe vorkommen kann. – Es ist ein vollständig paradoxer Satz. Da sagt jemand: Das, was die einheitliche Seele ist, kann nicht im Leibe sein, kann aber auch nicht außerhalb des menschlichen Leibes sein. – Ein völliger Widerspruch! Und dennoch – ein Widerspruch, zu dem ein gewisses menschliches Denken nicht durch Willkür, sondern durch unbedingte innere Notwendigkeit kommen muss. Und man könnte nicht einen – man könnte Hunderte von solchen Widersprüchen nennen, zu denen das gewöhnliche Denken und auch das gewöhnliche wissenschaftliche Denken kommen muss. Wenn diese nun an einen solchen Widerspruch kommen, was machen sie? – Sie bleiben stehen als an einer Grenze des menschlichen Erkenntnisvermögens. Sie sagen: Der Mensch hat eine bestimmte Fähigkeit des Erkennens, die führt ihn zu Grenzen, diese Grenzen kann er nicht überschreiten. Schon damals musste ich – aus den ersten Keimen, die sich mir ergaben für das, was ich hier Geisteswissenschaft oder Anthroposophie nenne – mir sagen: ein anderes Verhalten, als es das gewöhnliche zu diesen sogenannten «Grenzfragen» ist, das ist es, worauf es ankommt, wenn man eine wirkliche Seelen- und Geisteswissenschaft begründen will. Und ich schrieb dazumal die Gedanken, die ich gerade in Anknüpfung an diesen Satz Vischers hatte, an Vischer, der in außerordentlich entgegenkommender Weise darauf antwortete, dass in der Tat gerade in der Art und Weise, wie ich auch die Zeitvorstellung in Verbindung brachte in dem Aufsatze, den ich ihm geschickt hatte, ein Weg sich eröffne in die Erkenntnis des geistigen Lebens hinein.»[15]
Nicht um einen rückwärtslaufenden Zeitstrom, wie Schuré formuliert, ging es Rudolf Steiner also, sondern um die Frage nach dem Zusammenhang der Wirksamkeit eines Übersinnlichen (der Seele, des Typus)

im Sinnlichen (im Leibe, in der Evolution). Der paradoxe Satz Vischers: «Die Einheit des seelischen Lebens kann ganz gewiss nicht im Leibe lokalisiert sein, obwohl sie eigentlich nirgends anders als im Leibe vorkommen kann» lässt sich nämlich ebenso auf das Verhältnis von Typus und sinnlicher Erscheinung innerhalb der Evolution übertragen. Auch der Typus kann nirgends in der Sinneswelt lokalisiert werden, muss sich aber dennoch innerhalb derselben manifestieren. Und hier kommt nun das Zeitproblem in Betracht: ein Überzeitliches manifestiert sich in der Sinneswelt in zeitlichen Vorgängen. Wie Steiner ganz treffend formuliert, hat man es hier mit einer «Grenzfrage» des Erkennens zu tun, die, richtig angepackt, zur ihrer Lösung beitragen kann.

Diesen Ansatz finden wir nun 1890 in den *Einleitungen zu Goethes Naturwissenschaftlichen Schriften* wieder. Dort heißt es:

«Wenn ich mein Auge einer roten Fläche gegenüberstelle, so tritt die Empfindung des Rot in meinem Bewusstsein auf. Wir haben nun an dieser Empfindung Anfang, Dauer und Ende zu unterscheiden. Der vorübergehenden Empfindung soll nun ein dauernder objektiver Vorgang gegenüberstehen, der als solcher wieder objektiv in der Zeit begrenzt ist, d. h. Anfang, Dauer und Ende hat. Dieser Vorgang aber soll an einer Materie vor sich gehen, die anfang- und endlos, d. i. unzerstörbar, ewig ist. Diese soll das eigentlich Dauernde im Wechsel der Prozesse sein. Die Schlussfolgerung hätte vielleicht einige Berechtigung, wenn der Zeitbegriff in der obigen Weise richtig auf die Empfindung angewendet wäre. Aber müssen wir denn nicht streng unterscheiden zwischen dem Inhalte der Empfindung und dem Auftreten derselben? In meiner Wahrnehmung sind freilich beide ein und dasselbe; denn es muss doch der Inhalt der Empfindung in derselben anwesend sein, sonst käme sie für mich ja gar nicht in Betracht. Aber ist es für diesen Inhalt, rein als solchen genommen, nicht ganz gleichgültig, dass er jetzt in diesem Zeitmomente gerade in mein Bewusstsein ein- und nach so und so viel Sekunden aus demselben wieder austritt? Das, was den Inhalt der Empfindung, d. i. dasjenige, was allein objektiv in Betracht kommt, ausmacht, ist davon ganz unabhängig.

Nun kann aber *das* doch nicht für eine wesentliche Bedingung des Bestandes einer Sache angesehen werden, was für deren Inhalt ganz gleichgültig ist. Aber auch für einen objektiven Prozess, der Anfang und Ende hat, ist unsere Anwendung des Zeitbegriffes nicht richtig. Wenn an einem bestimmten Dinge eine neue Eigenschaft auftaucht, sich während einiger Zeit in verschiedenen Entwicklungszuständen erhält und dann wieder verschwindet, so müssen wir auch hier den *Inhalt* dieser Eigenschaft als das Wesentliche ansehen. Und dieses hat als solches absolut nichts zu tun mit den Begriffen Anfang, Dauer und Ende. Unter dem Wesentlichen verstehen wir hier das, wodurch ein Ding eigentlich gerade das ist, als was es sich darstellt. Nicht *dass* etwas in einem bestimmten Zeitmomente auftaucht, sondern *was* auftaucht, darauf kommt es an. Die Summe aller dieser mit dem ‹Was› ausgedrückten Bestimmungen macht den Inhalt der Welt aus. Nun lebt sich dieses ‹Was› aber in den mannigfaltigsten Bestimmungen, in den verschiedenartigsten Gestalten aus. Alle diese Gestalten sind in Beziehung zueinander, sie bedingen sich gegenseitig. Dadurch treten sie in das Verhältnis des Auseinander nach *Raum* und *Zeit.* Aber nur einer ganz verfehlten Auffassung des Zeitbegriffes verdankt der Begriff der *Materie* seine Entstehung. Man glaubt die Welt zum wesenlosen Schein zu verflüchtigen, wenn man der veränderlichen Summe der Geschehnisse nicht ein in der Zeit Beharrendes, ein Unveränderliches untergelegt dächte, das bleibt, während seine Bestimmungen wechseln. Aber die Zeit ist ja nicht ein Gefäß, in dem die Veränderungen sich abspielen; sie ist nicht *vor* den Dingen und *außerhalb* derselben da. Die *Zeit* ist der sinnenfällige Ausdruck für den Umstand, dass die Tatsachen ihrem Inhalte nach voneinander in einer Folge abhängig sind. Nehmen wir an, wir hätten es mit dem wahrzunehmenden Tatsachenkomplex $a_1 b_1 c_1 d_1 e_1$ zu tun. Von diesem hängt mit innerer Notwendigkeit der andere Komplex $a_2 b_2 c_2 d_2 e_2$ ab; ich sehe den Inhalt dieses letzteren ein, wenn ich ihn ideell aus dem ersteren hervorgehen lasse. Nun nehmen wir an, beide Komplexe treten in die Erscheinung. Denn was wir früher besprochen haben, ist das ganz unzeitliche und unräumliche Wesen dieser Komplexe. Wenn $a_2 b_2 c_2 d_2 e_2$ in der Erscheinung auftreten soll, dann muss $a_1 b_1 c_1 d_1 e_1$ ebenfalls Erscheinung sein, und zwar so, dass nun $a_2 b_2 c_2 d_2 e_2$ auch in seiner Abhängigkeit davon erscheint. D. h. die Erscheinung $a_1 b_1 c_1 d_1 e_1$ muss da sein, der Erscheinung $a_2 b_2 c_2 d_2 e_2$ Platz machen, worauf diese letztere auftritt. Hier sehen wir, dass die Zeit erst da auftritt, wo das *Wesen* einer Sache in die *Erscheinung* tritt. Die Zeit gehört der Erscheinungswelt an. Sie hat mit dem Wesen selbst noch nichts zu tun. Dieses Wesen ist nur ideell zu erfassen. Nur wer diesen Rückgang von der Erscheinung zum Wesen in seinen Gedankengängen nicht vollziehen kann, der hypostasiert die Zeit als ein den Tatsachen Vorhergehendes. Dann braucht er aber ein Dasein, welches die Veränderungen überdauert. Als solches fasst er die unzerstörbare Materie auf. Damit hat er sich ein Ding geschaffen, dem die Zeit nichts anhaben soll, ein in allem Wechsel Beharrendes. Eigentlich aber hat er nur sein Unvermögen gezeigt, von der zeitlichen Erscheinung der Tatsachen zu ihrem Wesen vorzudringen, das mit der Zeit nichts zu tun hat. Kann ich denn von dem Wesen einer Tatsache sagen: es entsteht oder vergeht? Ich kann nur sagen, dass ihr Inhalt einen andern bedingt, und dass dann diese Bedingung als Zeitenfolge erscheint. Das Wesen einer Sache kann nicht zerstört werden; denn es ist außer aller Zeit und bedingt selbst die Letztere. Damit haben wir zugleich eine Beleuchtung auf zwei Begriffe geworfen, für die noch wenig Verständnis zu finden ist, auf *Wesen* und *Erscheinung*. Wer die Sache in unserer Weise richtig auffasst, der kann nach einem Beweis von der Unzerstörbarkeit des Wesens einer Sache nicht suchen, weil die Zerstörung den Zeitbegriff in sich schließt, der mit dem Wesen nichts zu tun hat.»[16]

Hier sehen wir nun ganz deutlich die Korrektur des Zeitbegriffs, wie sie Vischer gefordert hatte, vor uns. Diese Ausführungen entsprechen ganz und gar dem Steiner'schen Ansatz von 1882 in seinem Aufsatz gegen den Atomismus. Seine Äußerungen gehen 1890 deutlich in dieselbe Richtung, wenn er den Materiebegriff im Sinne eines Dauernden kritisiert. Er macht deutlich, dass die Zeit eine Erscheinung der Sinneswelt ist, die erst dann auftritt, wenn ein Wesen, das seiner Natur nach übersinnlich ist, in die sinnliche Erscheinung tritt.

Ausgehend von den Äußerungen Schuré gegenüber und den Äußerungen zu seinem Verhältnis zu F. Th. Vischer müssen wir nun also deutlich zwei Ansätze unterscheiden:

1. Die Korrektur des Zeitbegriffs im Hinblick auf die Naturerscheinungen und deren Evolution. Diese schwebt Steiner schon 1882 vor, als er Vischers diesbezügliche Forderung wahrnimmt. Er arbeitet diese Anschauung einer neuen Anschauung der Zeit an Goethes Naturanschauung weiter aus. Dabei ist nirgends von einem rückwärtslaufenden Zeitstrom die Rede, sondern lediglich von einem außer- oder überzeitlichen *Wesen*, das jedoch in sinnlicher Form, *im zeitlichen Nacheinander erscheint*. Es geht hier also zunächst nur um die Unterscheidung zwischen *Wesen* und *Erscheinung*.
2. Die «okkult-astrale» Anschauung von einer mit der sinnlich sichtbaren Evolution interferierenden Involution, die Schuré als «Doppelstrom der Zeit» bezeichnet. Deren Anschauung hat Steiner nicht durch seine Studien, sondern durch okkulte Schulung gewonnen. Sie sei die Voraussetzung für das übersinnliche Wahrnehmen. Diese wird

jedoch zunächst überhaupt nicht weiter erwähnt und taucht erst in der theosophischen Zeit nach 1900 wieder auf.

Wir können hier also bereits von zwei Zeitanschauungen Steiners vor 1900 sprechen, die sich wesensmäßig voneinander unterscheiden.

3. Die Korrektur des Zeitbegriffs während der theosophischen Zeit – Das rückwärts verlaufende Leben nach dem Tod

In vielen Vorträgen während seiner theosophischen Zeit (1902-1912) spricht Steiner nun sehr häufig, vor allem zwischen 1906 und 1910 vom «Rückwärtserleben» der Zeit im Leben nach dem Tod. Das hänge damit zusammen, dass die Zeit in der astralen Welt wie alles andere dort spiegelbildlich, also rückwärts verlaufe. Daher sei es ein Unding gewesen, dass in traditionellen theosophischen Darstellungen das Leben nach dem Tode einfach an das irdische Leben angestückelt wurde, anstatt es rückwärts, in seinem wahren Verlauf darzustellen.[17]

Auch das Erleben des Eingeweihten in der astralen Welt wird als rückwärts verlaufend dargestellt. In den frühen theosophischen Darstellungen taucht der Begriff «Astralwelt» an der Stelle auf, an der später die «ätherische Welt» steht. Daher besteht hier eine Verwechslungsgefahr. Der rückwärtslaufende Zeitstrom ist in jedem Falle der seelischen Welt oder Astralwelt zuzuordnen, die sich bei einer Gegenüberstellung der früheren, theosophischen Darstellungen mit späteren anthroposophischen Darstellungen aber nicht decken.

Theosophischer Ausdruck	*Anthroposophischer Ausdruck*
Physische Welt	Physische Welt
Astrale Welt, Astralplan	Ätherische Welt
Niederes Devachan	Seelenwelt
Höheres Devachan	Geistwelt

Im geschriebenen Werk, so Steiner, habe er aber die rückwärts verlaufende Zeit bewusst nicht angesprochen, da ihm dieses für das öffentliche Bewusstsein als nicht zumutbar erschienen sei:

> «Da war die Schilderung in der Theosophischen Gesellschaft üblich, wie der Mensch das, was man Kamaloka nannte, nach dem Tode durchmacht. Diese Schilderung, wie sie bei den führenden Persönlichkeiten der Theosophischen Gesellschaft gegeben worden ist, konnte in meinem Buche *Theosophie* nur dadurch umgangen werden, dass ich zu-

nächst mit dem Zeitbegriff dort nicht gerechnet habe. Aber innerhalb der Kreise der Gesellschaft wollte ich mit dem richtigen Zeitbegriff rechnen. So kam es, dass ich innerhalb der damaligen holländischen Sektion der Theosophischen Gesellschaft in verschiedenen Städten Vorträge hielt über das Leben zwischen dem Tode und einer neuen Geburt, und da zum ersten Mal, ganz im Anfange meines Wirkens, aufmerksam darauf gemacht habe, dass es ja ein Unsinn ist, so ohne weiteres vorzustellen, dass, wenn dies das Erdenleben von der Geburt bis zum Tode ist, dann Kamaloka so durchgemacht wird, als ob im Bewusstsein sich einfach ein Stück anstückelte. Ich habe gezeigt, dass da die Zeit rückwärts vorgestellt werden muss, und ich schilderte, wie das Kamaloka-Leben ein Rückwärtsleben ist ... Im äußeren Leben hat ja heute natürlich kein Mensch eine Vorstellung davon, dass dieses Rückwärtsverlaufen eine Realität ist, eine Realität im geistigen Gebiete, denn die Zeit wird einfach als eine gerade Linie vom Anfang zum Ende vorgestellt, und von einem Rückwärtsverlaufen haben die Leute heute gar keinen Begriff.»[18]

Diese rückwärtslaufende Zeit im Leben nach dem Tod hat Steiner nun immer wieder vor theosophischem Publikum dargestellt. Dazu einige Beispiele:

«Wenn der Mensch nun anfängt, astral bewusst zu werden, dann treten ihm die Dinge auf dem Astralplan im Spiegelbild entgegen. 165 dürfen Sie nicht 165 lesen, sondern 561, also wie im Spiegelbild geschrieben. Alles erscheint im Astralplan umgekehrt. Sogar die Zeit ist umgekehrt. Wenn Sie einen Menschen auf dem Astralplan verfolgen, so gehen Sie zunächst aus von dem Orte, wo er ist. Dann können Sie zurückgehen bis zu seiner Geburt. Rückwärts können Sie ihn verfolgen; auf dem physischen Plane – vorwärts, auf dem astralen Plane – zurück.»[19]

«Eine andere Erscheinung ist, dass die Zeit und die Ereignisse nach rückwärts gehen. Zum Beispiel sehen wir im Physischen zuerst die Henne und dann das Ei. Im Astralischen sieht man umgekehrt erst das Ei und dann die Henne, welche das Ei gelegt hat. Im Astralen bewegt sich die Zeit zurück; erst sieht man die Wirkung und dann die Ursache. Daher der prophetische Blick; niemand könnte künftige Ereignisse voraussehen ohne dieses Rückwärtsgehen von Zeitereignissen.»[20]

«Je weiter Sie vom physischen Plan durch die Astralwelt in die Devachanwelt aufsteigen, desto mehr stellt sich Ihnen alles dar als ein Spiegelbild des physischen Planes, das Sie erst lesen lernen müssen. An den Zahlen ist das für den Schüler am leichtesten zu lernen. Angenommen, Sie haben hier auf dem physischen Plan die Zahl 543, so ist diese Zahl auf dem Astralplan als Spiegelbild, also 345 zu lesen. Ebenso sind auch alle anderen Dinge und Ereignisse als Spiegelbilder zu lesen. Ich will gleich ein krasses Beispiel wählen: Hier auf dem physischen Plan verfolgen Sie, wie das alte Huhn das Ei legt und aus dem Ei das junge Huhn sich entwickelt. Betrachten Sie dasselbe Ereignis auf dem Astralplan, so müssen Sie rückwärtsgehen: da haben Sie zuerst das junge Huhn, das Huhn wird immer kleiner und kleiner und geht zuletzt in das Ei hinein. Auch die Zeit geht rückwärts. Sie sehen, wie ungeheuer verwirrend dies beim ersten Anblick für den Schüler sein muss.»[21]

Wir können anhand dieser Beispiele sehen, dass Steiner hier seine übersinnliche Anschauung, wie er sie schon mit 20 Jahren hatte, anhand einiger Beispiele darstellt. Er kann sie aber noch nicht naturwissenschaftlich rechtfertigen. Sie bleibt wie losgelöst von den sinnlichen Erscheinungen für sich als Erkenntnisstufe des Eingeweihten stehen. Konkret bedeutsam wird diese Anschauung für das nachtodliche Leben, denn dieses kann nur verstanden werden, wenn man dem Rückwärtsstrom der Zeit folgen kann:

«Nun haben wir schon den ganz eigenartigen Verlauf dieser Zeit des Lebens angeführt. Wir haben gesehen, dass in dieser Zeit das Leben des Menschen rückwärts verläuft. Das ist etwas, was für den geisteswissenschaftlichen Anfänger zunächst schwer zu verstehen ist. Der Mensch durchläuft die Zeit des Kamaloka – ungefähr ein Drittel der Zeit des gewöhnlichen Lebens nimmt sie in Anspruch – rückwärts. Nehmen wir an, ein Mensch stirbt im vierzigsten Lebensjahr, so durchläuft er alle die Ereignisse, die er während des Lebens durchgemacht hat, in der rückwärtigen Folge. Also zuerst erlebt er die Zeit seines neununddreißigsten Jahres, dann kommt das achtunddreißigste, siebenunddreißigste, sechsunddreißigste Jahr und so weiter an die Reihe. Es ist also wirklich so, dass er das Leben umgekehrt durchläuft bis zum Moment der Geburt. Das liegt dem schönen Satze der christlichen Botschaft zugrunde, der da sagt, wann eigentlich der Mensch in die geistige Welt eintritt oder in die Reiche der Himmel: «Ehe ihr nicht werdet wie die Kinder, könnt ihr nicht kommen in die Reiche der Himmel!» Das heißt, der Mensch lebt zurück bis in die Zeit, wo er seine Kindheitsaugenblicke erlebt, und dann kann er, da er alles wieder rückwärts absolviert hat, in das Devachan oder in das Reich der Himmel eintreten und seine weitere Zeit in der geistigen Welt zubringen. Das ist schwer vorzustellen, weil man so sehr gewöhnt ist, dass die Zeit, wie im Verlauf auf dem physischen Plan, etwas Absolutes ist, sodass schon einiges dazu gehört, sich in diese Vorstellungen einzuleben. Aber das wird schon geschehen.»[22]

Noch konkreter wird dieses in folgender Darstellung:

«Der Mensch lebt nun nach dem Tode einige Zeit, die sich allerdings nur nach Tagen beläuft, in diesen drei Gliedern seiner Wesenheit: in seinem Ich, in seinem astralischen Leib und in seinem Ätherleib. Dann aber geht der wesentlichste Teil seines Ätherleibes wie ein zweiter Leichnam von ihm fort. Es wird immer gesagt – es wurde auch von mir, wie ich glaube, mit Recht angedeutet –, dass dasjenige, was da als zweiter Leichnam abgeht, sich zerstreut in der allgemeinen Ätherwelt, sich auflöst, und der Mensch nur eine Essenz, einen Extrakt, einen Samen mitnimmt in das Leben, das er nun zwischen dem Tod und einer neuen Geburt antritt. So wird dieser Vorgang gewöhnlich dargestellt, aber er ist in Wirklichkeit beträchtlich komplizierter. Was sich da auflöst, was da nach und nach wie ein zweiter Leichnam in die allgemeine Ätherwelt übergeht, das braucht zu seiner völligen Auflösung ziemlich lange, und die letzten Spuren dieses sich auflösenden Ätherleibes seines letzten Lebens sind es, die der Einzuweihende jetzt wie ein Fremdes findet, wenn er bei seiner Rückwanderung sich bis zu dem Punkte der Zeitenfolge hinauf entwickelt hat, wo der Mensch angekommen ist bei seinem letzten Ahnen, von dem er noch etwas ererbt hat. Da trifft er zusammen mit den letzten Überbleibseln seines letzten Ätherleibes. Und jetzt, wenn er seine Einweihung fortsetzt, muss der Mensch gleichsam eindringen in diesen seinen letzten Ätherleib, den er zurückgelassen hat, und dann lebt er wiederum rückwärts, fast, aber nicht ganz solange Zeit, wie er früher durchlebt hat bis zu seinem letzten Ahnen hinauf. Die Zeit bis zum ältesten Ahnen verhält sich zu der Zeit, die er jetzt zu durchleben hat, wie sieben zu fünf. Jetzt durchlebt der Mensch eine Zeit, in der er sozusagen immer mehr und mehr verdichtet findet, was er angetroffen hat als die letzten Überbleibsel seines früheren Lebens. Immer ähnlicher und ähnlicher wird das, indem es sich zusammenzieht für sein Wahrnehmen, seinem letzten Äther- oder Lebensleib, bis er zuletzt ankommt bei der Gestalt, die sein Ätherleib gehabt hat in dem Moment, wo er durch seinen letzten Tod gegangen ist. Und jetzt, nachdem die Gestalt sich immer mehr und mehr zusammengezogen hat, steht er vor seinem letzten Tode. In diesem Augenblicke gibt es für den Menschen, der eingeweiht ist, keinen Zweifel mehr, dass die Reinkarnation eine Wahrheit ist, denn er ist zurückgeschritten bis zu seinem letzten Tode. Damit haben wir das Stück kennengelernt, das der

Mensch vorfindet als Überbleibsel seines letzten Erdenlebens. Man hat das, was da der Mensch erlebt als ihm entgegenkommend von seinem letzten Erdenleben, in der Geisteswissenschaft immer bezeichnet als den Erdenmenschen oder als das ‹Untere›». Sodass also der Mensch fast in der Mitte seiner Einweihungserlebnisse die Verbindung des Oberen mit dem Unteren durchmachte und dann das Untere so weit zurückverfolgte, dass er bis zu seinem letzten Leben heruntersteig. Damit hat der Mensch während seiner Einweihung einen Kreislauf durchgemacht, indem er, in seinen jetzigen Ätherleib eindringend, bis zu dem Ätherleib seines letzten Lebens kam und dann wiederum zurück bis zu seinem gegenwärtigen Leben. Er hat sich im geistigen Anschauen vereinigt mit dem, was er in einer früheren Inkarnation gewesen ist. So etwas nannte man in der Geisteswissenschaft immer einen Kreislauf und drückte dies durch das Symbolum der sich ringelnden und sich selbst erfassenden Schlange aus. Die Schlange ist ein Symbolum für vieles, auch für die Erlebnisse des in die Isis- und Osirismysterien Einzuweihenden, die eben geschildert worden sind.

So sehen wir, dass allerdings mit den Worten ‹Der Mensch hat einen Ätherleib› die Natur dieses Ätherleibes nicht erschöpft ist. Man lernt seine Natur erst kennen, wenn man in ihn hineinsteigt. Dann lernt man die zwei Menschen kennen, die in jedem Menschen vereinigt sind, man lernt das Karma sozusagen an der Arbeit kennen. Man kann sich dann erklären, wie es kommt, dass man in einer ganz bestimmten Weise durch die Geburt ins Dasein schreitet. Man musste warten von seinem letzten Tod bis zur neuen Geburt, bis der alte Äther- oder Lebensleib aufgelöst war, und erst dann konnte der Anfang damit gemacht werden, den neuen Ätherleib zu bilden. Aber was ich eben erzählt habe, das zeigt Ihnen, dass der Mensch tatsächlich dasjenige nicht vollständig überwunden hat, was sich als sein alter Ätherleib aufgelöst hat, denn er findet es noch, wenn er in sein eigenes Innere hinuntersteigt. Warum kann er es wiederfinden? Nun, weil er davon ja eine Essenz, einen Extrakt zurückbehalten hat. Hätte er diesen Extrakt nicht zurückbehalten, dann könnte er auch das Stück seines Äther- oder Lebensleibes, das sich aufgelöst hat, nicht wiederfinden.

So sehen Sie, wie tief begründet das ist, was man ja nur nach und nach in geisteswissenschaftlichen Vorträgen erzählen kann. Wenn sonst, auch in exoterischen Vorträgen, gesagt wurde, dass der Mensch nach dem Tode eine Essenz seines Ätherleibes mitnimmt, so ist das keine Abstraktion. Wir stehen jetzt an dem Punkt, wo Sie erkennen können, wo die Geistesforschung das her hat. Alles, was darüber mitgeteilt wird, beruht auf den denkbar tiefsten Gründen, das beruht alles auf geistiger Forschung. Hier haben Sie ein Stück dieser Forschung, hier haben Sie die Beschreibung, wie gesucht werden diese Stücke, die dann in der äußeren Geisteswissenschaft mitgeteilt werden.»²³

Hier gewährt uns Steiner nun einen seltenen Einblick in die Art seiner geistigen Forschung um 1910. Das Leben zwischen Tod und neuer Geburt wird rückwärts verfolgt von der Geburt an bis zu dem Zeitpunkt, wo der jetzige Ätherleib neu gebildet wurde. Dann schließt der Eingeweihte an den letzten Rest des Ätherleibes der vorangegangenen Inkarnation an und verfolgt diesen bis zum Tod des vorangegangenen Erdenlebens. Von dort aus kehrt er dann wieder vorwärts zurück zur Geburt des diesmaligen Lebens und hat damit einen Kreislauf durchlaufen.

Dadurch aber ergibt sich dem Eingeweihten erst die konkrete Anschauung für die Tatsache der Reinkarnation. Dabei ist noch zu bemerken, dass Steiner in anderen Darstellungen darauf aufmerksam macht, dass bei den Eingeweihten sich nur Teile des Ätherleibes auflösen, die anderen Teile aber, die bereits in Lebensgeist umgewandelt worden sind, lösen sich nicht mehr auf, sondern bleiben erhalten. Daraus ließe sich dann auch schließen, dass es für den in einem vorigen Leben Eingeweihten in einem späteren Leben leichter ist, seine frühere Inkarnation wiederzufinden.

Die angeführten Stellen sind exemplarisch für den Forschungsstand Rudolf Steiners bis etwa 1910. Nun macht er in keiner der bisher angeführten Darstellungen deutlich, woher denn eigentlich dieser rückwärtsgehende Zeitstrom kommt und wieso es diesen überhaupt gibt. Auf diese Frage geht er nun in einer Darstellung aus dem Jahre 1923 ein, wo er noch einmal auf seine früheren Darstellungen des Lebens zwischen Tod und neuer Geburt zurückkommt:

«Wenn man die Vorgänge, die nun der Mensch bewusst durchlebt, nachdem er durch die Pforte des Todes gegangen ist, sich richtig verständnisvoll vor die Seele rücken will, so muss man das Folgende berücksichtigen. Die Götter, das heißt die geistigen Wesen, welchen wir begegnen – ich möchte sagen aus den verwandelten, metamorphosierten Sternen –, die leben in einer ganz anderen kosmischen Richtung als wir Erdenmenschen während unseres Erdendaseins. Ich sage damit eine sehr bedeutsame Wahrheit über die geistigen Welten, eine Wahrheit, die nur gewöhnlich selbst da, wo mehr theoretisch und weniger anschaulich von den geistigen Welten die Rede ist, nicht berücksichtigt wird. Wir Erdenmenschen tragen in unserem Erdendasein dann, wenn wir bewusst sind, einen physischen und einen ätherischen Leib an uns. Dieser physische und dieser ätherische Leib sind so eingerichtet, dass wir unser Erleben so haben, dass wir von dem Früheren zu dem Späteren leben, dass wir uns also in der Zeit in einer gewissen Strömung befinden. Ich will diese Strömung mit einer roten Pfeillinie bezeichnen (siehe Schema a). Das ist die Eigentümlichkeit unseres physischen und Ätherleibes, dass sie im Kosmos diese Richtung haben (roter Pfeil von links nach rechts). Wenn dieses (siehe Schema b) unser physischer Leib ist (Kreis rot) und dieses unser Ätherleib (Kreis gelb), so bewegen sich physischer Leib und Ätherleib in dieser Richtung (Pfeil b von links nach rechts). Und unser ganzes Erleben in der Welt geschieht, sofern wir Menschenwesen sind, in dieser Richtung.

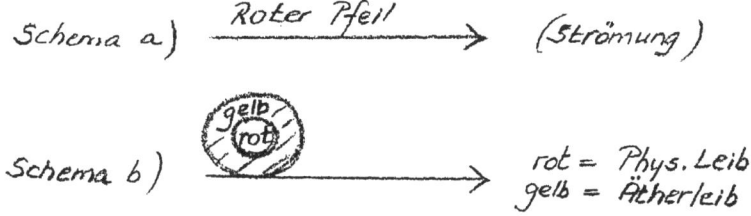

Diejenigen Wesenheiten, denen wir begegnen, wenn wir in das Dasein hinaufrücken zwischen dem Tode und einer neuen Geburt, wo wir das Erleben realisieren, was wir hier während des Schlafes im Bilde erleben, bewegen sich in der entgegengesetzten Richtung. Sie kommen uns fortwährend entgegen. Sodass im Verhältnis zu dem, was wir im Erdenleben die Zeit nennen, wir sagen müssen: Die Götter tragen Geistleiber an sich, meinetwillen Lichtleiber, mit denen sie sich aber von der fernsten Zukunft gegen die Vergangenheit hinbewegen. Sodass also die Götter sich in dieser Richtung bewegen (Pfeil von rechts nach links, Schema c).
Und wenn wir in die Zeit eintreten, die wir verbringen zwischen dem

Tode und einer neuen Geburt, so nehmen wir ebenso, wie wir hier auf Erden aus den physischen Substanzen unseren physischen Leib annehmen, beim Durchgange durch die Zeit zwischen dem Tode und einer neuen Geburt die göttlichen Leiber an. Wir umkleiden uns da mit den göttlichen Leibern; wir umkleiden uns da mit dem göttlichen Leibe desjenigen, was ich in meiner *Theosophie* den Geistesmenschen und den Lebensgeist genannt habe. Sodass also wir selber, indem wir durch die Pforte des Todes treten, anlegen einen Lebensgeist (weiß) und einen Geistesmenschen (grün), aber dadurch die umgekehrte Richtung im Weltenall bekommen und nach dem Tode zunächst unser Leben zurückleben bis zu der Geburt, beziehungsweise bis zur Empfängnis hin.

Wir sind also im Leben hier auf Erden von der Geburt oder Empfängnis gegangen – wenn ich dasjenige, was gerade verläuft, nun als Kreis zeichne, um uns die Sache zu verdeutlichen –, wir sind gegangen während unseres Erdendaseins in dieser Richtung (obere Hälfte des Kreises) und gehen nach dem Erdendasein in dieser Richtung zurück (untere Hälfte des Kreises) bis zu unserem zeitlichen Geburts- oder Empfängnisorte. Geradeso wie wenn wir von unserer Heimat einen Ausgang machen, uns zu irgendeinem Orte hinbegeben und wiederum zurückgehen, wir dann im Raume gewissermaßen einen Umkreis beschreiben, so beschreiben wir der Zeit nach – denn in dieser Welt, in die wir eintreten, ist kein Raum mehr, ist aber die Zeit noch vorhanden – einen Hin- und Hergang, sodass wir hingehen zwischen Geburt und Tod, und zunächst, nachdem wir zwischen Geburt und Tod das durchgemacht haben, rückwärtsgehend durchlaufen die nächtlichen Erdenerlebnisse als geistige Realitäten, bis wir zu unserem Ausgangszeitorte wieder zurückkommen. Wir haben den ersten Umkreis vollendet von denjenigen Umkreisen, die wir nach dem Tode zu vollenden haben.»[24]
Hier wird nun also deutlich, womit es zusammenhängt, dass der Mensch nach dem Tode sein Leben rückwärts durchläuft. Er wird von den Göttern anstelle seines physischen und ätherischen Leibes, die er ja nach dem Tode ablegen musste, umkleidet mit den geistigen Korrelaten dieser Wesensglieder, dem Lebensgeist und dem Geistesmenschen. Und dadurch nimmt der Mensch die rückwärtslaufende Zeitströmung an, die ihren Ursprung bei den Göttern, also den Wesen der höheren Hierarchien hat: *«Sodass im Verhältnis zu dem, was wir im Erdenleben die Zeit nennen, wir sagen müssen: Die Götter tragen Geistleiber an sich, meinetwillen Lichtleiber, mit denen sie sich aber von der fernsten Zukunft gegen die Vergangenheit hinbewegen.»*
Damit hätten wir also den Ursprung des rückwärtslaufenden Zeitstromes gefunden, es sind die hierarchischen Wesenheiten und deren geistige Wesensglieder, die in einem rückwärtslaufenden Zeitstrom von der Zukunft in die Vergangenheit sich bewegen. Diesen Zusammenhang müssen

wir später noch weiter verfolgen, wenn wir auf die oben (S. 24) gestellten Fragen zurückkommen.

So können wir Rudolf Steiners übersinnliche Anschauung des rückwärtslaufenden «okkult-astralen» Zeitstroms bis zu ihrem Ursprung hin verfolgen. Dabei blieb er aber nun nicht stehen, denn wie wir bereits an seiner Korrespondenz mit F. Th. Vischer von 1882 gesehen haben, war es ihm von Anfang an, seit er diese übersinnliche Anschauung hatte, das zentrale Anliegen, diese übersinnliche Anschauung naturwissenschaftlich zu rechtfertigen, um damit eine Korrektur des Zeitbegriffs, wie er der Evolutionslehre Darwins zugrunde liegt, zu erreichen. Das ließ sich aber nur dadurch bewerkstelligen, dass er die geistige Wirksamkeit, die er im Nachtodlichen schon sehr früh beobachten konnte, nun auch in ihrer Wirksamkeit innerhalb der Sinneswelt, also der von der Naturwissenschaft beschriebenen Evolution, aufzeigte. Dieser Forschungsprozess ist nun identisch mit der mehr als 30-jährigen Erforschung des dreigliedrigen menschlichen Organismus. Am Menschen selbst konnte er schließlich ab 1917 nachweisen, wie sich der rückwärtslaufende Zeitstrom in der Evolution des Menschen zeigt.

4. Die Zusammenführung der «okkult-astralen» Anschauung mit der «Korrektur» des Zeitbegriffs durch die Entdeckung der Dreigliederung des menschlichen Organismus – Evolution und Devolution

Unsere oben in der Frage 5 (Seite 24) formulierte Hypothese, dass nämlich Steiner von zwei Seiten her an den Zeitbegriff herangekommen ist, von der «okkult-astralen» Seite und von der naturwissenschaftlichen Seite, und dass er diese beiden Ansätze möglicherweise erst später zusammenführen konnte, bestätigt sich, wenn wir auf sein Werk ab 1917/18 hinblicken.

Erst seit der Darstellung der menschlichen Dreigliederung in seinem 1917 veröffentlichten Werk *Von Seelenrätseln* beginnt er zunächst vor wissenschaftlich Gebildeten, d.h. in öffentlichen Vorträgen von einer Evolution und einer «Devolution» zu sprechen. Es liegt dem die Erkenntnis zugrunde, dass aller Aufwärtsentwicklung immer auch eine Abwärtsentwicklung entgegensteht. Im menschlichen Organismus finden sich daher aufbauende Kräfte, die vor allem im Stoffwechsel-Gliedmaßen-Bereich wirksam sind, und abbauende Kräfte, die vor allem in allen Sinnes-Nerven-Prozessen wirken.

Steiner macht dabei darauf aufmerksam, dass erst da, wo abbauende Kräfte wirksam sind, sich Seelisch-Geistiges entfalten kann. Dadurch unterscheidet sich der Mensch auch von den Tieren, dass in ihm eben abbauende Kräfte wirken, wodurch dem Seelisch-Geistigen des Menschen Platz geschaffen wird für seine Wirksamkeit. Schauen wir uns die Stellen, an denen Steiner diese Erkenntnis öffentlich, meistens vor Studenten der verschiedenen Wissenschaften, ausspricht, an.

«Wenn man so bei den allgemeinen trivialen Entwickelungsvorstellungen stehenbleibt, hat man die Vorstellung, dass der Mensch eben das vollkommenste der Tiere ist, dass sogar seine einzelnen Organe, wenn auch wirklich da oder dort Rückentwickelungen zugegeben werden, im Wesentlichen in aufsteigender Entwickelung zu verstehen sind. Das ist nicht der Fall. Tausende von Tatsachen könnten in dieser Hinsicht angeführt werden. Ich will nur eine streifen. Studieren Sie das menschliche Auge und vergleichen Sie es mit den Augen der Wirbeltiere, mit den Augen etwas tiefer stehender Tiere: Wenn Sie hinuntergehen in der Tierreihe, werden Sie einen komplizierteren Innenbau finden als beim Menschen. Bei ihm ist das Auge wieder einfacher geworden. Ich will nur erwähnen, dass der Schwertfortsatz und der Fächer, die bei den Augen niederer Tiere vorhanden sind, nicht beim Menschen zu finden sind. Die Entwickelung hat sie wieder zurückgedrängt. Das Auge ist beim Menschen ein unvollkommeneres Organ als bei den niedriger stehenden Tieren, ist zurückgebildet. Der ganze menschliche Organismus ist, wenn man ihn wirklich studiert, in gewisser Beziehung gegenüber den tierischen Organismen nicht nur vorwärts gebildet, sondern auch rückgebildet, hat die Entwickelung gewissermaßen wieder zurückgenommen. Was ist da geschehen?

Dadurch, dass bestimmte Kräfte ausgeschaltet worden sind, wieder rückgebildet sind, ist der Mensch fähig geworden, ein Träger des Geistig-Seelischen zu werden, dieses Geistig-Seelische aufzunehmen. Das, was ich bisher genannt habe, ist im Wesentlichen nichts anderes als Rückbildung, ‹Devolution›, im Gegensatze zur ‹Evolution›. Nehmen Sie das, was dem einzelnen Tier die bestimmte Form gibt, die es hat, und einem anderen Tiere eine andere Form: dieser Gedanke bestimmt durch und durch die ganze Organisation des Tieres. Der Mensch dagegen bildet seine Organisation zurück. Sie kommt nicht so weit, durch und durch bestimmt zu werden, sie kommt zurück auf eine frühere Stufe. Dadurch kann er selbst sich die Gleichgewichtslage geben, die die Natur ihm nicht gibt, dadurch befreit er sich von dem, was die Natur den übrigen Wesen aufzwingt. Der ganze Mensch ist in der Bildung zurückgeblieben; dadurch entsteht das, was im Menschen Organ des Denkens wurde, denn selbstverständlich liegen diesem Organe zugrunde. Was dem Denken zugrunde liegt, ist im Wesentlichen dadurch Organ des Denkens, dass es rückgebildet ist, dass es nicht bis dahin gekommen ist, bis wohin die Tierform kommt und äußerlich die Gestalt zum Ausdruck bringt. Der Mensch lebt die Form zurück und kann übersinnlich die Form im Denken ausleben, wie sie das Tier im äußeren Sinnlichen auslebt.

Noch etwas anderes. Wir haben es beim Menschen also nicht bloß mit Evolution zu tun, sondern auch mit Devolution, mit Rückbildung. Und gerade weil der Mensch mehr in Rückbildung ist als das Tier, kann er der Träger eines Geistig-Seelischen überhaupt werden.»[25]

«Wenn man das menschliche Haupt nun durchschaut, gerade die besonderen Verhältnisse der Weichteile zu den Knochenteilen, und dies vergleicht, namentlich auch in ihrer Lage, mit den Verhältnissen der Weichteile zu den Knochenteilen in den anhängenden Gliedmaßen, dann kommt man dazu, sich Vorstellungen zu machen über das innere Wirken der Bildungsgesetze im menschlichen Organismus. Und man kommt dazu einzusehen, dass das menschliche Haupt nicht nur in einer fortgehenden Entwicklung ist, sondern dass es etwas in sich trägt, was man zunächst nicht als eine Evolution anzusehen hat, sondern als eine Devolution, als eine rückgehende Entwicklung, die nur aufrechterhalten wird dadurch, dass dieser Hauptesorganismus mit dem übrigen menschlichen Organismus zusammenhängt und von ihm unterhalten wird.

Man hat es gerade in der menschlichen Hauptesorganisation zu tun mit einem fortwährenden Abbau, der allerdings aber genährt wird von dem, was Anhangsorgane des Hauptes sind. Während das Haupt durch seine Organisation selbst auf den Abbau hin organisiert ist, hat man es durchaus zu tun mit einem kontinuierlichen Sterben im menschlichen Haupt. Die Prozesse, die aufsteigende sind, vitalisierende sind, sind die einen Prozesse; die anderen sind zurückstauende Prozesse, ausgebreitet in der Zeitlinie, was, wenn es in einen Augenblick zusammengedrängt ist, als der Tod des ganzen Organismus erscheint. Man könnte auch sagen: Das, was mit dem Tod in einem Augenblick über den ganzen Organismus kommt, das könnte man betrachten, mathematisch ausgedrückt, wie ein Integral, für das man das betreffende Differenzial sucht. Und man würde dann dazu kommen, in der Differenzialreihe, in die man das Integral aufgelöst hat, verteilt auf die Zeitlinie dasjenige zu finden, was sich abspielt als eine rückgehende Entwicklung, eine Devolution im menschlichen Hauptesorganismus. Diese Devolution aber, die findet man wiederum als die eigentliche Grundlage für den vorstehenden und den Sinnesprozess. Man kann also sagen: Es ist unmöglich, das, was dem menschlichen Wachstum, was der aufsteigenden Entwicklung zugrunde liegt, was gerade die organisierenden Kräfte sind, das auch anzusehen als die Grundlage für die geistig-seelischen Prozesse. Im Gegenteil! Da, wo der Organismus abgebaut wird, da erhebt sich gerade über dem Abbau, gerade über der Zerstörung des Organischen, das Geistig-Seelische. Man erlangt keinen Einblick in den Zusammenhang des Leiblich-Physischen mit dem Geistig-Seelischen im Menschen, wenn man nicht weiß, dass man nicht das, was man als die Grundlage der Organisation ansieht, auch etwa ansehen darf als die

Grundlage des geistig-seelischen Prozesses. Das Leiblich-Physische muss zunächst sich abbauen, muss Platz machen, es muss weichen, damit das Geistig-Seelische im Menschen Platz greifen kann.

Mit diesen Dingen deute ich nur an, wie in der Tat durch die Geisteswissenschaft ein ganz organischer Weg sich eröffnet, der nicht auf irgendwelchen Fantasien aufgebaut ist, sondern auf einer getreulichen Beobachtung der menschlichen Natur, aber auf einer solchen Beobachtung, die das Innere durchdringt. Es geschieht wirklich nicht aus willkürlichen Behauptungen oder vagem Glauben heraus, wenn der Geistesforscher sagt: Dasjenige, was geistig-seelisch ist im Menschen, das ist nicht gebunden an die physische Organisation, sondern an die physische Desorganisation, also an das, was Platz machen muss, damit das Geistig-Seelische auftreten kann. Kein Wunder ist es daher, dass man in den nervösen Organen die geistig-seelischen Prozesse verfolgen kann, denn in demselben Maße, in dem irgendein geistig-seelischer Prozess auftritt, muss er die entsprechende physische Organisation verdrängen, was sich sogar als ein physischer Abbau geltend macht. Und man wird erst dann zu einem wirklichen Zusammenhang zwischen den geistig-seelischen und den physisch-leiblichen Prozessen gelangen, wenn man nicht mehr sucht die physisch-leiblichen Prozesse als den seelischen Prozessen entsprechend, sondern sie versteht als Prozesse der Desorganisation, der Auflösung, der Aussonderung. Wenn man diese Spuren der physisch-leiblichen Aussonderungsprozesse verfolgt, dann hat man das wahre Korrelat für die geistig-seelischen Prozesse; und gerade damit wird ihre besondere Eigentümlichkeit und Selbstständigkeit in wirklich wissenschaftlicher Art garantiert.

Aber wenn man diesen Prozess innerlich durchschaut, gerade als den Prozess des Menschen, dann wird man nicht mehr Physiologie und Pathologie so nebeneinander zu stellen haben, wie es heute geschieht – Sie brauchen nur irgendein bekanntes Lehrbuch in die Hand zu nehmen –, wo man einfach nacheinander die einzelnen Tatsachen aufzählt, sie registriert, ohne sie bewerten zu können nach ihrem Zusammenhang in der ganzen menschlichen Organisation, sodass derjenige, der am Leitfaden einer solchen sogenannten Wissenschaft geführt wird, nichts hat als einzelne, nebeneinanderstehende Tatsachen. Die Dinge verhalten sich eben durchaus anders. Wir haben im menschlichen Organismus auf der einen Seite das, was die aufbauenden Prozesse sind, und auf der anderen Seite ist – im Sinne der Dreigliederung des menschlichen Organismus, die ich in früheren Vorträgen angeführt habe – auch das andere vorhanden, das die abbauenden Prozesse in sich schließt, da räumlich jeder Aufbauprozess zu gleicher Zeit von dem Abbauprozess durchzogen ist. So hat man im menschlichen Organismus nicht einen gradlinig verlaufenden Prozess, sondern man hat einen Prozess, der nach einer Richtung verläuft, und ihm kommt ein anderer Prozess entgegen – ein aufsteigender Prozess, ein absteigender Prozess. Diese beiden Prozesse stehen im sogenannten normalen, im gesunden Leben in einem bestimmten Verhältnis zueinander. Macht sich der eine auf Kosten des anderen in seiner Stärke geltend, dann haben wir in einer solchen Tatsache zu suchen das Auftreten des Krankhaften. Und wir werden, wenn wir die Anschauung, die ich hier ausgeführt habe, differenzieren können – und sie kann differenziert werden für die menschliche Organisation bis ins Kleinste –, wir werden die Möglichkeit haben, in einer rationellen Weise einzudringen in den erkrankten Organismus. Nicht mehr stehen uns rätselhaft gegenüber jene zwei Strömungen in der Physiologie, in der Pathologie, sondern wir wissen, dass dieses Gegenüberstehen in einer gewissen Weise notwendig ist für die menschliche Wesenheit, dass aber durch Prozesse, deren Schilderung jetzt zu weit führen würde, ein Vorwiegen des einen oder des anderen eintreten kann – Sie werden das geschildert finden, wenn Sie sich auf die geisteswissenschaftliche Literatur einlassen.

Ich will Ihnen das an einem speziellen Beispiel zeigen, wie diese Dinge, die ich jetzt mehr in Abstraktheit Ihnen vorgeführt habe, im konkreten Erfassen der menschlichen Organisation sich geltend machen. Sie können es ja studieren, wie zum Beispiel die Epidermiszellen des Menschen zu Sinneszellen umgewandelte Epithelzellen sind, ebenso wie auch die Drüsenzellen umgewandelte Epithelzellen sind. Gerade an diesem Prozess, der den Zusammenhang zwischen den Sinneszellen und den Drüsenzellen auf einem Umwege ergibt, werden Sie bekräftigt finden können, wie das, was ich gestern angeführt habe mit Bezug auf das sinnliche Erfassen nach außen hin und das sinnliche Erfassen des menschlichen Innern, anatomisch-physiologisch verfolgt werden kann an dieser Metamorphose der Zellen selber. Und dann, wenn Sie diese Richtung weiterverfolgen, indem Sie die heute schon durchaus empirisch vorliegenden Tatsachen studieren, so werden Sie finden, dass da ein gewisser Prozess vorliegt, der sie führt von den Epithelzellen zu den Sinneszellen hin; das ist die eine Strömung in der Organisation. Wir können diese Strömung auch im entgegengesetzten Sinne verfolgen: Epithelzellen – Drüsenzellen. Wir haben damit die Möglichkeit, in der Betrachtung der menschlichen Organisation allmählich aufzusteigen zu der Art und Weise, wie aus der Hauptesorganisation und aus der mit ihr verwandten Organisation durch eine gewisse Entfaltung von Kräften, wie von innen nach außen gehend, die Sinne gebildet werden. Wir haben das, was in diesem Prozess zu sehen ist, lokalisiert. Da aber im Menschen die Dinge nicht schematisch lokalisiert sind, so müssen wir sagen, sie sind hauptsächlich lokalisiert im Haupt; sie sind aber auch im übrigen Organismus vorhanden, so wie gewisse Sinne über den ganzen Organismus ausgebreitet sind, während vorzugsweise das Haupt die Sinne enthält. So können wir sehen, wie die eine Seite die menschliche Natur dazu drängt, aus sich die Sinnesorgane herauszubilden; andere Gebiete sind mehr nach der Richtung hin organisiert, welche das Epithel zu dem Drüsenhaften hin entwickelt. Wenn wir diese polarischen Gegensätze sehen, werden wir sagen: Es beruht, innerlich angeschaut – und man muss die menschliche Natur innerlich anschauen, sonst kann man sie nicht durchschauen –, es beruht alles darauf, dass die Strömung in der Organisation einmal von innen nach außen verläuft, das andere Mal sozusagen im entgegengesetzten Sinn, von außen nach innen. Da haben wir wieder etwas, was nach der einen oder der anderen Seite im menschlichen Organismus sich entwickelt.

Und nun, meine sehr verehrten Anwesenden, kann durch ganz bestimmte Verhältnisse in Gebieten des menschlichen Organismus, wo vorzugsweise sonst diejenigen Prozesse veranlagt sind, welche von außen nach innen laufen, das eintreten, dass diese in einer unrichtigen Weise durchzogen werden von Prozessen, die von innen nach außen laufen. So paradox es klingt, man muss sagen, dass in einem Gebiet des menschlichen Organismus, das in seiner normalen Organisation nur dazu veranlagt ist, Drüsiges zu entwickeln, die Tendenz entstehen kann, hinzuführen zu einer Anlage eines Sinnesorgan-Bildungsprozesses. Da lagert sich in einer gewissen Weise in die Epithelbildung die Tendenz ein, die sonst im menschlichen Organismus nur da berechtigt ist, wo sich die Sinne entwickeln. Selbstverständlich kann das auftreten, weil ja in einem schwächeren Maße alles im menschlichen Organismus in allem eingelagert ist, man muss es nur unterscheiden; es kann sich auch im Haupte das aussprechen, was ein Gegenprozess ist gegen den Sinnesbildungsprozess. Man braucht nur daran zu denken, dass überall Absonderungsorgane neben den Sinnesorganen sich geltend machen.

Aber was liegt dann da eigentlich vor? Sehen Sie, da liegt etwas vor, was, wenn man es heute ausspricht, geradezu im höchsten Maße fantastisch erscheint, weil man seine Zuflucht nehmen muss zu Begriffsbildungen, die die heutige Wissenschaft durchaus nicht gelten lassen will, weil sie ihr, trotzdem sie voll im Wirklichen wurzeln, ganz ferne liegen. Aber man wird nicht dasjenige, was wir in der Welt zu beobachten haben, durchdringen können, wenn man nicht in dieser Weise die Metamorphose ernst nimmt, selbst da, wo das Metamorphosierte gar nicht mehr ähnlich ist dem Ursprünglichen, wenn man nicht auch da sozusagen einen fortgebildeten Goetheanismus als ein Ideal für echte Wissenschaftlichkeit ansieht. Man muss nämlich sagen: Es kann in einem gewissen Gebiete des menschlichen Organismus, wo normalerweise sonst nur die Tendenz zur Drüsenbildung vorliegen soll, sich einlagern die Tendenz zu einer Sinnesbildung, zu etwas, das dann einen Sinnesbildungsprozess abgeben wird. Und hier haben wir denjenigen Krankheitsprozess innerlich angeschaut, den man beobachten kann in der Krebsbildung, im Karzinom. Ich will ein konkretes Beispiel anführen, ich will mich nicht genieren, so etwas anzuführen, was heute noch belacht wird. [...]

Und eine solche Pathologie, welche im physiologischen Prozess, also im Prozess der Drüsenbildung, den entgegengesetzten Prozess findet – hier als pathologischen Prozess –, eine solche Wissenschaft kann die Brücke schlagen zu einer Naturgesetzmäßigkeit der Physiologie und der Pathologie. Das sind die Perspektiven, welche gegeben werden möchten von der wirklich durchaus exakten Wissenschaftlichkeit anthroposophisch orientierter Weltanschauung zu demjenigen, was an gewissenhafter Beobachtung und äußerlicher Exaktheit der Methoden in den einzelnen heutigen Fachwissenschaften durchaus anerkannt werden soll. Wenn man aber auf der einen Seite so den Menschen betrachtet nach seinen ab- und aufsteigenden Prozessen, dann wird man auf der anderen Seite draußen in der Natur nicht nur auf- und absteigende Prozesse finden, sondern auch auf- und absteigende Organisationen. Man wird zum Beispiel den Pflanzenbildungsprozess verfolgen. In demjenigen, was Goethe 1790 in seinem «Versuch, die Metamorphose der Pflanzen zu erklären», gegeben hat, sind ja erst die ersten Anfänge, das Einmaleins gegeben. Wenn man aber diese Methode weiter fortbildet, so kommt man dazu einzusehen, wie diese Pflanzenorganisation anzusehen ist in ihren subtilen Gliederungen: wie der Blütenbildungsprozess vor sich geht, was für eine Bedeutung der polarische Gegensatz zwischen der Wurzel, welche nach unten wächst, und der Blüte und der Frucht, die nach oben wachsen, im ganzen Zusammenhang der Naturtatsachen hat.

Man kommt dann zum Beispiel dazu zu prüfen, wie zusammenhängt irgendein Prozess, sagen wir der Säftebewegung im tierischen Organismus mit der Säftebewegung im menschlichen Organismus. Man kommt dazu, von der Pflanze zum tierischen Organismus aufzusteigen und in dem, was in der tierischen Organisation einem entgegentritt, die entsprechenden Vorgänge in der menschlichen Natur zu sehen. Und dann kommt man auch dazu, so etwas zu betrachten wie den Gegensatz, der draußen in dem Prozess der Pflanzenbildung vorliegt und in dem Prozess im Menschen. Die Pflanze baut ihren Leib auf Grundlage des Kohlenstoffes auf. Sie setzt in sich den Kohlenstoff ab, den Sauerstoff sondert sie ab. Der Mensch macht einen ähnlichen Prozess durch in seiner Atmung in Verbindung mit der Blutzirkulation, in der ganzen Aufgabe des Blutzirkulierens – aber was tritt da ein? Da wird der Kohlenstoff an den Sauerstoff gebunden, also Kohlensäure erzeugt. Da haben wir das, was im Pflanzenbildungsprozess sich konsolidiert, was in einer gewissen Weise äußerlich verlaufend ist, im Ansatz im Menschen vorhanden, aber er hat es dann ausgeworfen. Wir bekommen da eine gewisse Beziehung zwischen dem Pflanzenbildungsprozess draußen und demjenigen, was beim Menschen der Atmung zugrunde liegt, die den Prozess verdünnt, abbricht. Und wiederum an die Atmung gliedert sich das an, was sonst im menschlichen Organismus ist, und man kann dann vergleichen dasjenige, was von diesen Prozessen in der menschlichen Organisation an den Abbau gebunden ist und was an den Aufbau gebunden ist in der menschlichen Organisation. Nehmen wir an, man findet irgendetwas in der menschlichen Organisation, was in einer solchen Weise einen Krankheitsprozess darstellt wie der Beginn, der missbildende Beginn eines Sinnesbildungsprozesses im Krebs, so kann man, nach demjenigen sehend, was in der äußeren Natur ist, den entgegengesetzten Prozess suchen. Man wird ihn durch ein Heilmittel in den menschlichen Organismus einführen können und dadurch ebenso heilend wirken, wie es auf den Kohlenstoff im menschlichen Organismus, wenn ich so sagen darf, heilend wirkt, dass der Sauerstoff zugeführt wird. Das ist identisch. So bekommt man eine innere Einsicht in den Zusammenhang zwischen demjenigen, was im Menschen organisiert ist, und der äußeren Natur. Man bekommt eine solche Einsicht, dass man in dem, was in der äußeren Natur entsteht, das Heilmittel in rationeller Weise findet, das für irgendeinen entsprechenden Prozess im menschlichen Organismus dienen kann.» [26]

Hier können wir nun, besonders im zweiten Beispiel, sehen, wie Rudolf Steiner ganz konkret bis in physiologische Details hinein in seiner in 35 Jahren von 1882 bis 1917 gewonnenen Anschauung des dreigliedrigen menschlichen Organismus seine «Korrektur» des Zeitbegriffs mit der bereits vor 1882 vorhandenen «okkult-astralen» Anschauung eines rückwärtslaufenden Zeitstroms miteinander vereinigen konnte.

Wir können uns an diesem Beispiel zunächst die Vorgehensweise Steiners verdeutlichen. Auf der einen Seite besitzt der junge Steiner schon mit etwa 20 Jahren eine konkrete übersinnliche Anschauung von einem rückwärtslaufenden «okkult-astralen» Zeitstrom. Diese Anschauung ist nicht Ergebnis seiner philosophischen Studien, sondern okkulter Schulung, die besonders in der «Meisterbegegnung» um 1882 zum Ausdruck kommt.

Gleichzeitig ist es ihm aber ein Anliegen, auf naturwissenschaftlich-philosophischem Wege zu einer neuen Zeitvorstellung zu kommen. Hier bietet ihm der Kontakt zu F. Th. Vischer die Gelegenheit, seine Vorstellungen in umrisshafter Form in dem Aufsatz von 1882 auszuarbeiten. Es geht ihm also nicht einfach darum, die übersinnliche Anschauung des rückwärtslaufenden Zeitstroms zu haben, sondern er möchte diese Anschauung philosophisch vor dem naturwissenschaftlichen Bewusstsein rechtfertigen können.

Dazu aber muss er dieses Zeitphänomen in den sinnlichen Naturerscheinungen aufsuchen. In einem ersten Schritt kann er zunächst an Goethes Naturanschauung anknüpfen, wo er die Unterscheidung von überzeitlichem Wesen und zeitlichen Erscheinungen herausarbeiten kann. Diese Studien sind bis 1890 nachweisbar.

Nach 1900 stellt er in den theosophischen Kreisen zunächst seine «okkult-astrale» Anschauung des rückwärtsgehenden Zeitstromes dar, die er aber immer nur für das Nachtodliche, also rein übersinnlich, darstellen kann. Erst ab 1917, also mit der endgültigen Erkenntnis der Dreigliederung des menschlichen Organismus, ist es ihm nun möglich, die rückwärtslaufende Zeit als abbauende Kräfte im menschlichen Organismus und in der Evolution nachzuweisen. Er kann jetzt auf konkrete, naturwissenschaftlich nachvollziehbare Tatsachen hinweisen, an denen die beiden Zeitströme sichtbar werden. Allerdings fällt dabei auf, dass er in diesen Darstellungen nicht mehr von einem «okkult-astralen» rückwärtslaufenden Zeitstrom spricht, sondern von abbauenden Kräften bzw. Devolution. Er bedient sich also jetzt einer Ausdrucksweise, die sich ganz an die naturwissenschaftlich nachweisbaren Tatsachen hält.

Bevor wir nun die von Steiner benannten Phänomene im Einzelnen verfolgen, schauen wir uns noch die dritte Stelle, an der Steiner seine Entdeckung darstellt, an, ebenfalls wieder ein Vortrag vor Studenten:

«In dem Augenblick, wo man durch das gestern erwähnte leere Bewusstsein die geistige Welt um sich kennenlernt, wird alles dasjenige, was vorher nur Gegenstand der Sinnesbeobachtung war, Gegenstand der geistigen Beobachtung. Wie der Mensch einem durchgeistigt erscheint, wenn man ihn so betrachtet, so wird die ganze Welt, der Kosmos, durchseelt, durchgeistigt vor dem geistigen Blicke des Menschen. Dann erscheint zum Beispiel oben die Sonne, die wir ja durch das gewöhnliche Anschauen und auch durch die gewöhnliche Wissenschaft als diesen fest begrenzten, scharf konturierten Körper sehen, sie erscheint in dem, was sie uns physisch, dem Anblicke nach darbietet, als physischer Organismus. Dagegen gibt es ein Geistig-Sonnenhaftes, das ist nicht an diesen Raumesteil gebannt, den wir mit den physischen Organen sehen, sondern das erfüllt als Sonnenhaftes den ganzen Kosmos, der uns zugänglich ist. Dieses Sonnenhafte durchdringt alle Reiche der Natur, auch den Menschen. Es ist etwas, was im Menschen wirkt. Und gerade so, wie wir sonst studieren in der Physik, wie das ätherische Sonnenlicht durch das Auge eindringt, wie wir da durch das, was am Auge physischer Apparat oder demselben ähnlich ist, die Lichtwirkungen studieren, so können wir nun auch den geistigen Teil, das Sonnenhafte, den geistigen Teil der Sonnenwirksamkeit studieren. Den treffen wir aber wiederum in allen inneren Organen des Menschen an. Und wir werden gewahr, dass ein großer Teil der Organe – eigentlich alle Organe, aber die verschiedenen Organe mehr oder weniger – nach *einem* Pole hin ein sprießendes, sprossendes, ein nach Wachstum drängendes Leben, ein aufsteigendes Leben haben. Das beginnt mit geringerer sprießender, sprossender Kraft und steigert sich mit sprießender, sprossender Kraft im Wachstumbilden, im Ernährungfördern, auch im Verdauen, Verzehren und so weiter.

Dagegen gibt es in allen Organen ein absteigendes Leben, ein Degenerierendes. Jeder Evolution steht eine Devolution oder Involution entgegen. An dem aufsteigenden Leben der Organe, die wir in uns haben, arbeitet das Sonnenhafte, das durch den Kosmos sich ausbreitet. Das Absteigende kann man besonders am Gehirn beobachten. Dadurch, dass fortwährend durch die Vorstellungtätigkeit Gehirnmaterie herausplastiziert wird, muss fortwährend auch abgebaut werden gerade vom Gehirne aus. Und mit diesen abbauenden Kräften hat nun wiederum das Mondenhafte zu tun. Denn der Mond ist auch nicht bloß dasjenige, als was er uns physisch erscheint, sondern das Physische ist nur die physische Verkörperung desjenigen, was als Mondenhaftes den ganzen uns zugänglichen Kosmos durchdringt. Das dringt in uns und in alle Reiche der Natur ein. Dadurch aber, dass wir studieren können, sagen wir, an den Nieren, dem Herzen, den Lungen, an jedem einzelnen

Organ den Sonnenprozess und den Mondenprozess, das Aufsteigende und Absteigende, das Fruchtende, Wachsende und das Degenerierende, dadurch begreifen wir aus dem Kosmos heraus das einzelne Organ. Es wird nicht früher eine vollständige, totale Physiologie geben, als bis man die Organe des Menschen alle aus dem Geiste des Kosmos heraus in ihrem aufsteigenden und absteigenden Leben begreift.

Und ebenso, wie aus Sonnenhaftem und Mondenhaftem, kann man auch aus anderen Impulsen des Kosmos heraus die inneren Organe des Menschen verstehen. Das Gesundende gehört zum aufsteigenden, das Krankhafte zum absteigenden Leben. Zentripetales, Zentrifugales, das hängt von anderen Impulsen im Kosmos ab als vom Sonnenhaften und Mondenhaften. Dies wollte ich nur als Beispiel anführen. Dieses Sonnen- und Mondenhafte, es schleicht sich auch hinein in das Tierreich, in das Pflanzenreich und in das Mineralreich, in alle Reiche der Natur. Dadurch kommt man zu dem Studium, das zuletzt darin gipfelt: Ich studiere ein menschliches Organ in einer bestimmten Metamorphose. Ich finde, es ist nicht in normalem Zustand. Zum Beispiel sind die Atmungsorgane des Menschen nicht in normalem Zustande, sondern so wie bei Heiserkeit, bei Erkältung. Ich studiere diesen Zustand. Populär ausgedrückt würde ich also sagen, ich studiere den Zustand einer Erkältung. Was ist da im Menschen vorhanden? Es ist in Wirklichkeit dasjenige, was sonst nur beschränkt sein soll auf die menschlichen Sinne, was da als Kräfte nur in ihnen herrschen soll, gewissermaßen hinuntergerutscht in die Atmungsorgane. Sie metamorphosieren sich krankhaft so, dass sie zu stark zu Sinnesorganen werden. Das Sinnenhafte, das sonst nur in den Sinnesorganen sein soll, rutscht in die Atmungsorgane hinunter. Sie werden sporadisch zu Sinnesorganen, dadurch sind sie krank. Woher kommt das? Das kommt daher, dass dasjenige, was sonst in den Sinnesorganen besonders stark wirken kann, das Mondenhafte das Sonnenhafte überwiegt. Das überträgt sich dann aus dem Kosmos heraus auf die Luft, auf andere klimatische Zustände, dass aus der Umgebung des Menschen heraus solche krankhaften Metamorphosen entstehen.

Und nun beobachte ich etwas in der äußeren Natur. Ich schaue zum Beispiel hin auf den Flieder, eine violette Blüte mit besonderen Blütenblättchen. Wenn man diese Pflanze studiert, sie innerlich kennenlernt, so findet man, dass in ihr besonders diejenigen Kräfte wirksam sind, die nun genau im entgegengesetzten Sinne das Sonnen- und Mondenhafte wirksam haben, wie das, was da krankhaft bei der Erkältung im Inneren des Menschen wirkt in dem Falle, den ich geschildert habe.

Und man lernt erkennen, wie das eigentümliche Zusammenwirken von schwefelartigen Kräften mit ätherischen Ölen in der Fliederpflanze in einem polarisch entgegengesetzten Verhältnis steht zu demjenigen, was sich krankhaft bildet im Organismus. [...]

Da gibt es zum Beispiel das von Haeckel stark betonte biogenetische Grundgesetz. Gewiss, das hat mancherlei Korrekturen erfahren. Ich kenne den heutigen Stand der Forschungen in Bezug auf das biogenetische Grundgesetz. Aber im Wesentlichen kann man doch sagen, dass in den morphologischen, den Gestaltungsstufen, die der menschliche Embryo von der Empfängnis bis zur Geburt durchläuft, bis er ein voll gestalteter Mensch ist, wiederholt wird die Gestaltung der einzelnen Tierformen. Wenn der Menschenkeim drei Wochen alt ist, ist er ähnlich einem Fischlein, dann wird er immer ähnlicher anderen Tierformen. Es ist ein approximatives Gesetz. Die Ontogenie, die Entwickelung des einzelnen Wesens, ist eine verkürzte Wiederholung der Phylogenie, der Entwickelung des ganzen Stammes, sagt man.

Nun, wenn man auch dieses Gesetz korrigieren muss in einer gewissen Weise, so ist damit doch eine Anregung gegeben, einen gewissen Zusammenhang der äußeren physischen Wahrnehmung in Bezug auf die organischen Wesen zu konstatieren. Aber nach der anderen Seite hin, der Seite der menschlichen Entwickelung im geschichtlichen Werden, lässt sich in ähnlicher Weise auf einen solchen gesetzmäßigen Zusammenhang kommen. Derjenige, der ein gewisses Lebensalter erreicht hat, der kommt nun allerdings dazu – aber das menschliche Leben gehört ja als Ganzes zum Menschen. Daher ist der Menschenwesenheit auch das eigentümlich, was man an sich selber erst im späteren Greisenalter beobachten kann –, der kann schon durch unbefangene Beobachtung etwas sehr Merkwürdiges ersehen, das dann allerdings erhärtet, klar gemacht wird durch übersinnliche Erkenntnis, wenn man deren fähig ist. Man bemerkt nämlich, dass, wenn es gegen das Alter des Menschen zugeht, allerlei Fähigkeiten da sein könnten. Sie wollen eigentlich innerlich sich entwickeln, diese Fähigkeiten, aber sie können nicht heraus. Es ist im heutigen Menschen gewissermaßen eine so stark verkalkende Tendenz vorhanden, dass gewisse Gestaltungskräfte des Inneren nicht herauskommen können. Sie deuten sich nur an. Deshalb spürt der Mensch, der heute innerlich nun wirklich zur Selbsterkenntnis geeignet ist, gegen das Alter zu dieses Entschlüpfen gewisser Fähigkeiten, die sich eigentlich ausgestalten wollen, die aber von dem hart werdenden Organismus überwuchert werden, die nicht herauskommen können. Und verfolgt man das weiter, geht man in der

Menschheitsentwickelung zurück, so kommt man zu Zeiten in dieser Menschheitsentwickelung, wo diese Fähigkeiten noch herauskommen konnten, wo der menschliche Organismus noch anders war als heute. Die oberflächliche Naturanschauung glaubt ja heute, der menschliche Organismus sei ganz so, wie er immer war, wie er war zum Beispiel auch beim alten Ägypter und vorher. Man denkt nicht daran, dass auch im geschichtlichen und vorgeschichtlichen Leben dieser menschliche Organismus in seiner inneren, tieferen Struktur, seiner Histologie, sich dauernd verändert, steifer, sklerotischer wird. Sodass, wenn wir zurückgehen in ältere Zeiten und verfolgen, was Menschen in späteren Lebensaltern hervorgebracht haben in Literatur, Dichtung und Kunst, wir auch äußerlich empirisch die Bestätigung desjenigen finden, was ich jetzt ausspreche. Man findet, wenn man zurückgeht in ältere Zeiten, dass die Menschen in der Tat bis in ein viel höheres Alter hinein eine gewisse Entwickelung durchgemacht haben, wo ihre körperliche und ihre seelische Entwickelung parallel gegangen sind. Bei uns heute ist das ja eigentlich nur in der Jugend vorhanden. Beim Kinde sehen wir ganz genau: die seelischen Fähigkeiten entwickeln sich parallel mit den physischen Fähigkeiten. Wenn das Kind zum Zahnwechsel kommt, geht mit ihm eine starke seelische Veränderung vor sich. Bei der Geschlechtsreife wiederum. Wer für eine solche Sache noch einen Beobachtungssinn hat, findet auch im Anfang der zwanziger Jahre wiederum, wie im Menschen mit körperlichen Veränderungen parallel noch seelische Veränderungen gehen. Aber dann verschwimmt das ganz. Gegen das Ende der zwanziger Jahre hört es für den heutigen Menschen ganz auf. Der Mensch wird in gewisser Weise in Bezug auf seinen Verstand, in Bezug auf sein Gefühlsvermögen stationär. Er entwickelt ein geistiges Leben, das kann er sogar vervollkommen, aber der Körper unterstützt ihn nicht mehr darin. Er macht nicht mehr dieselbe Entwickelung mit.

Wenn wir zurückgehen zu den Griechen – und mit denjenigen Methoden, die ich geschildert habe, kann man geistig unmittelbar auch die Vergangenheit des geschichtlichen Lebens ebenso beobachten, wie man die eigene seelische Vergangenheit vor der Geburt oder Empfängnis beobachten kann –, indem man zurückbeobachtet in der Imagination das griechische Leben, wie es eigentlich möglich geworden ist, dass es just einen Aeskulap, einen Sophokles, einen Phidias hervorgebracht hat, dann kommt man schon darauf: Es muss das ganze Seelenkörperleben des Menschen ein anderes gewesen sein, es muss eine andere Art, sich in die Welt hineinzufühlen, hineinzuleben vorhanden gewesen sein. Das aber ist darauf zurückzuführen, dass bei den Griechen bis in die Mitte der dreißiger Jahre der physische Leib so war, wie er bei uns jetzt nur in der Jugend ist. Der Mensch, der heute am Ende der zwanziger Jahre aufhört, von seinem physischen Leibe Unterstützung zu haben für das geistige Leben, er hatte während der Griechenzeit bis Mitte der dreißiger Jahre, im ganzen aufsteigenden Leben, etwas, wodurch der physische Leib ihn unterstützte. Und gehen wir weiter zurück, zwei, drei Jahrtausende vor das Mysterium von Golgatha, da finden wir Menschen – anthroposophische Forschung kann durch unmittelbare Anschauung das erkennen –, die bis in die vierziger Jahre hinein so von ihrem Körper abhängig sind, wie bei uns das Kind bis zur Geschlechtsreife. Wir finden, dass in vorhistorischen Zeiten die Menschen bis in ihr hohes Alter hinauf ihre Körper miterlebend haben.

Was heißt das aber? Das heißt, wir haben unseren Körper miterlebend, wenn er im aufsteigenden Wachstum ist, bis zum fünfunddreißigsten Jahr. Wenn er im Absteigen, im Degenerieren ist, da macht er mit dem Seelischen nicht mehr mit. Da nehmen wir nichts wahr durch die Gewalt des Körpers. Gerade wenn der Körper zerfällt, nehmen wir nicht mehr wahr durch ihn. Da sind wir schon unabhängig geworden von dem Körper. Ja, wer selbst noch die Veden studiert mit ihrem wunderbaren Duktus, mit demjenigen, was in ihnen lebt, und wer sich hineinfindet in ihre merkwürdige Spiritualität, welche auch sonst lebt in ähnlichen geistigen Hervorbringungen, der wird auch äußerlich bestätigt finden, was anthroposophische Forschung sagen kann.

Es gab Zeiten, alte Zeiten in der Menschheitsentwickelung, wo der Mensch an seinem Körper nicht nur im aufsteigenden Leben eine parallel mit seinem Seelischen wirkende Wesenheit hatte. Im aufsteigenden Leben werden wir durch das sprießende, sprossende Leben halb betäubt, sodass wir nicht hineinschauen in die geistige Welt, während, indem der Körper zerfällt, wir im zerfallenden Körper mit der Seele um so geistiger schauen. Es gab Zeiten, in denen der Mensch seinen zerfallenden Leib noch miterlebte, und dadurch, dass er im zerfallenden Leibe schaute, mit der Seele umso geistiger schaute. In jener Weltperiode – man möchte sie heute als prähistorische schildern, als wäre sie primitiv gewesen, das war sie aber nicht – lebten die Menschen noch in den fünfziger, sechziger Jahren so, dass ihr geistiges Leben abhängig war von dem Mitmachen der körperlichen Entwickelung, und zwar jetzt der absteigenden Entwickelung. Dadurch war eine gewisse Lebensstimmung in diesen alten Menschen. Wenn man jung war, wenn man noch ein Kind war oder ein Jüngling oder eine Jungfrau, sah man zu den alten Menschen hinauf und sagte sich: Oh, diese alten Menschen, sie erfahren dadurch, dass sie alt werden, etwas, was man nur als alter Mensch wissen kann. Sie wachsen hinein in eine geistige Welt, während ihr Körper zerfällt. Man sah in den ältesten Patriarchenzeiten zu den alten Menschen hinauf, indem man sich sagte: Die wachsen in eine göttlich-geistige Welt einfach vermöge ihrer körperlichen Entwickelung hinein. Oh, man lebte auch dem Altwerden ganz anders entgegen, indem man wusste: Werde ich alt, so werde ich ein Weiser. Es gab allerdings Ausnahmen, aber die gibt es ja auch jetzt in der Jugend. Denken Sie sich die Stimmung, die über eine Sozietät ausgegossen ist, wenn man in dieser Weise zu den Patriarchen aufschaut, weil sie etwas haben können, was man in der Jugend nicht haben kann.

So sehen wir Epochen in der geschichtlichen Menschheit, wo die Menschheit immer jünger und jünger wird, wenn ich mich so ausdrücken darf. Zuerst machten die Menschen bis hinauf in ihr Greisenalter das Körperliche mit. Dann sehen wir solche Menschen, die bis in ihre vierziger Jahre das Körperliche mitmachten, dann die Griechen, die es mitmachten bis in die dreißiger Jahre, und dadurch gerade noch an die Klippe kamen, an jenen großen Umschwung, wo sie hineinschauen konnten in den verfallenden Körper und dadurch jene wunderbare Zusammenstimmung von Körper und Seele in ihren Kunstwerken zum Ausdruck bringen konnten.

Jetzt ist die Menschheit noch jünger geworden. Der Ausdruck ist nicht ganz eigentlich gebraucht. Ich will sagen, sie lebt bewusst die körperlichen Zustände mit bis zum siebenundzwanzigsten Jahr, bis zum achtundzwanzigsten Jahr. Immer jünger und jünger wird in dieser Beziehung die Menschheit werden.

Während wir also sagen, in Bezug auf unsere physische Entwickelung als Embryo tragen wir wiederholend die physische Stammesentwickelung vom einfachsten bis zum vollkommensten Lebewesen in uns – der Embryo macht das durch vom Anfang bis zum Ende –, findet die umgekehrte Entwickelung statt für das Leben der Seele. Wir als ganze Menschheit machten das Leben mit bis ins höhere Alter hinauf in früheren Zeiten. Dann geht das zurück. Die Menschen werden beweglich, innerlich-seelisch lebendig auch durch ihre Körper nur in ihrer Jugend. Das ist es, was man bemerkt, indem man älter wird und eigentlich herausgestalten will dasjenige, was einstmals wirklich sich herausgestaltete, als die physische Organisation noch eine andere war. Und so wie der menschliche Embryo in der dritten Woche wie ein früherer Zustand ist, so ist dasjenige, was Seelenentwickelung der Menschheit ist, im gegenwärtigen Zustande so, als ob frühere Zustände degeneriert wären, verloren gegangen wären. Es ist eine Rückentwickelung. Während die Embryoentwickelung, nun im physischen Sinne, eine Aufwärtsentwickelung ist, ist die geistige Entwickelung eine Rückentwickelung. Das hängt zusammen mit der ganzen Entwickelung der Menschheit. Indem der Mensch früher abhängig war in der geschichtlichen Entwickelung von dem Leibe, wird er immer mehr und mehr angewiesen, die Seele zu emanzipieren vom Leiblichen. Das Leibliche wirkt in ihm immer mehr und mehr nur als Jugend-Leibliches. Dadurch wird er angewiesen, dasjenige, was er früher durch Kräfte des Leibes von selbst in sich entwickelt hat, nun durch geistig-seelische Entwickelung von innen heraus zu machen, sodass dasjenige, was uns im Alter nicht der Leib gibt, die Seele uns ins Alter hinauftragen muss.

In diesem Stile muss die Pädagogik umgestaltet werden, muss alle menschliche Entwickelung umgestaltet werden. Ja, wenn man solche – und es gibt viele solcher Gesetze, welche als Impulse durch die Menschheitsentwickelung, durch die Entwickelung der Geschichte gehen –, wenn man solche Gesetze kennenlernt, dann ergibt sich auch die Möglichkeit, recht Tiefes aus der Geschichtsbetrachtung, die nun vergeistigt ist, für das Leben des Menschen zu lernen. Es ergibt sich einfach die Notwendigkeit der heutigen Gestaltung von Pädagogik und Didaktik im Verhältnis zur Pädagogik und Didaktik in früheren Epochen der Menschheitsentwickelung aus der Tatsache, dass die Menschheit sich gleichsam immer weniger und weniger von der Leibesentwickelung im Alter erhält und immer mehr und mehr von selbst nur hat die Leibesentwickelung der Jugend; dass sie daher durch die Geistesentwickelung in den Leib hineinwirkend dasjenige ersetzen muss, was von selber nicht mehr kommt.»[27]

Schauen wir uns nun die von Rudolf Steiner erwähnten Phänomene im Einzelnen genauer an. Zunächst wird deutlich, dass er nur exemplarisch einige Beispiele nennt, denn «Tausende von Tatsachen könnten in dieser Hinsicht angeführt werden».[28]

Als Erstes nennt er das Auge des Menschen, dessen Bau gegenüber den Augen der Wirbeltiere einfacher im Aufbau sei, «das Auge ist beim Menschen ein unvollkommeneres Organ als bei den niedriger stehenden Tieren».

Damit die menschliche Organisation Träger des Geistig-Seelischen werden konnte, musste sie zurückgebildet werden in einer Art von «Devolution». Dadurch entsteht das Denken, dass Formen, die beim Tiere äußerlich ausgebildet sind, beim Menschen zurückgenommen wurden:

«Was dem Denken zugrunde liegt, ist im Wesentlichen dadurch Organ des Denkens, dass es rückgebildet ist, dass es nicht bis dahin gekommen ist, bis wohin die Tierform kommt und äußerlich die Gestalt zum Ausdruck bringt.» Hier fügt Rudolf Steiner noch an, dass beim Tier die Denkorganisation deswegen nicht ausgebildet sei, weil die verschiedenen Bereiche nicht übereinander, wie beim Mensch liegen, sondern hintereinander. Durch die Aufrechte kommen beim Menschen Denken, Fühlen und Wollen viel enger in Verbindung, weil deren physiologische Grundlagen übereinander angeordnet sind. Er geht also ganz deutlich von der Dreigliederung der menschlichen Organisation aus.

Im nächsten Vortrag geht Steiner wieder von der Kopforganisation aus:
«Man hat es gerade in der menschlichen Hauptesorganisation zu tun mit einem fortwährenden Abbau, der allerdings aber genährt wird von dem, was Anhangsorgane des Hauptes sind. Während das Haupt durch seine Organisation selbst auf den Abbau hin organisiert ist, hat man es durchaus zu tun mit einem kontinuierlichen Sterben im menschlichen Haupt.»[29]

Dieser Abbau sei aber die Grundlage für das Erscheinen des Seelisch-Geistigen im Menschen.

In der Neuauflage seiner *Philosophie der Freiheit*, die 1918 erschien, hat er diese Tatsache deutlich gekennzeichnet:

«Nur wenn man sich zu der in der unbefangenen Beobachtung gewonnenen Anerkennung dieser Wahrheit über die intuitive Wesenheit des Denkens hindurchgerungen hat, gelingt es, den Weg frei zu bekommen für eine Anschauung der menschlichen leiblich seelischen Organisation. Man erkennt, dass diese Organisation an dem *Wesen* des Denkens nichts bewirken kann. Dem *scheint* zunächst der ganz offenbare Tatbestand zu widersprechen. Das menschliche Denken tritt für die gewöhnliche Erfahrung nur an und durch diese Organisation auf. Dieses Auftreten macht sich so stark geltend, dass es in seiner wahren Bedeutung nur von demjenigen durchschaut werden kann, der erkannt hat, wie im Wesenhaften des Denkens nichts von dieser Organisation mitspielt. Einem solchen wird es dann aber auch nicht mehr entgehen können, wie eigentümlich geartet das Verhältnis der menschlichen Organisation zum Denken ist. Diese bewirkt nämlich nichts an dem Wesenhaften des Denkens, sondern sie weicht, wenn die Tätigkeit des Denkens auftritt, zurück; sie hebt ihre eigene Tätigkeit auf, sie macht einen Platz frei; und an dem freigewordenen Platz tritt das Denken auf. Dem Wesenhaften, das im Denken wirkt, obliegt ein Doppeltes: Erstens drängt es die menschliche Organisation in deren eigener Tätigkeit zurück, und zweitens setzt es sich selbst an deren Stelle. Denn auch das Erste, die Zurückdrängung der Leibesorganisation, ist Folge der Denktätigkeit. Und zwar desjenigen Teiles derselben, der das *Erscheinen* des Denkens vorbereitet. Man ersieht aus diesem, in welchem Sinne das Denken in der Leibesorganisation sein Gegenbild findet. Und wenn man dieses ersieht, wird man nicht mehr die Bedeutung dieses Gegenbildes für das Denken selbst verkennen können.»[30]

Das hier angesprochene Zurückweichen der menschlichen Hauptesorganisation entspricht der im Vortrag angesprochenen «Devolution». Im zuvor zitierten Vortrag heißt es genauer: «Man erlangt keinen Einblick in den Zusammenhang des Leiblich-Physischen mit dem Geistig-Seelischen im Menschen, wenn man nicht weiß, dass man nicht das, was man als die Grundlage der Organisation ansieht, auch etwa ansehen darf als die Grundlage des geistig-seelischen Prozesses. Das Leiblich-Physische muss zunächst sich abbauen, muss Platz machen, es muss weichen, damit das Geistig-Seelische im Menschen Platz greifen kann.»[31]

Er bezeichnet diese Abbauprozesse im Physischen der Hauptesorganisation als «das wahre Korrelat für die geistig-seelischen Prozesse».

Nun kommt Steiner im selben Vortrag auf die Pathologie zu sprechen und macht darauf aufmerksam, dass im gesunden Organismus sich die auf- und abbauenden Prozesse in einem Gleichgewicht befänden. Im kranken Organismus würden einseitig entweder die aufbauenden oder abbauenden Prozesse vorherrschen. Dazu gibt er nun ein konkretes Beispiel anhand der Entwicklung der Zellen.

Er geht aus von den Epithelzellen und macht deutlich, das auf der einen Seite die Sinneszellen, auf der anderen Seite die Drüsenzellen umgewandelte Epithelzellen seien. Von einem Mittleren aus haben sich durch Metamorphose zwei Extreme im menschlichen Organismus herausgebildet. Steiner geht also ganz von der Goethe'schen Naturanschauung aus, sucht zwischen zwei Extremen das Mittlere und entdeckt, dass diese durch Metamorphose aus dem Mittleren hervorgegangen sind.

Für den Nachweis des rückwärtslaufenden Zeitstroms im Physischen, von dem er ja bereits in seiner Jugend eine übersinnliche Anschauung hatte, genügte also die übersinnliche Anschauung nicht, sondern es bedurfte anhand von Goethes Metamorphosenanschauung einer 35-jährigen Forschungsarbeit (1882-1917), um die rückwärtslaufende Zeit tatsächlich auch im Physischen nachzuweisen. Anhand der Entwicklung der Zellen im menschlichen Organismus weist Rudolf Steiner also die zwei Strömungen nach:

	Aufsteigende Entwicklung	*Absteigende Entwicklung*
Zellen	Epithelzellen-Drüsenzellen	Epithelzellen-Sinneszellen
Bildetendenz	von außen nach innen	von innen nach außen
Organe	innere Organe	Sinnesorgane
System	Stoffwechselorganisation	Sinnes-Nerven-Organisation

Das Pathologische tritt nun dadurch in Erscheinung, dass in die eine Bildetendenz, die andere in unrichtiger Weise, also z.B. in die Bildetendenz der Drüsenzellen sich die Bildetendenz der Sinneszellen einmischt. Als Beispiel für diese Art von Krankheit nennt Steiner hier den Krebs.

Um die menschliche Organisation und auch ihre Erkrankungen richtig verstehen zu können, war für Rudolf Steiner also ein Doppeltes notwendig: einerseits die übersinnliche Anschauung eines rückwärtslaufenden Zeitstromes, andererseits die Metamorphosenanschauung Goethes:

«Aber man wird nicht dasjenige, was wir in der Welt zu beobachten haben, durchdringen können, wenn man nicht in dieser Weise die Metamorphose ernst nimmt, selbst da, wo das Metamorphosierte gar nicht mehr ähnlich ist dem Ursprünglichen, wenn man nicht auch da sozusagen einen fortgebildeten Goetheanismus als ein Ideal für echte Wissenschaftlichkeit ansieht.»[32]

Beide Anschauungsformen hat Steiner in seiner 35-jährigen Forschungsarbeit durch die Entdeckung der Dreigliederung des menschlichen Organismus zur Deckung gebracht.

Des Weiteren zeigt Rudolf Steiner in besagtem Vortrag nun auch noch die Entwicklung der entsprechenden Heilmittel auf, indem die im Menschen beobachteten Ab- und Aufbauprozesse nun auch in der Natur aufgesucht und in entsprechende Heilmittel umgewandelt werden. Die Anschauung der beiden Zeitströme wird also in eminenter Weise besonders für den Bereich der anthroposophisch erweiterten Medizin in die Praxis umgesetzt.

Deutlich wird hierbei aber auch, dass der rückwärtsgehende Zeitstrom in Form abbauender Prozesse im Physischen dann erscheint, wenn Seelisch-Geistiges sich im Physischen zum Ausdruck bringen will. Steiner kommt also dadurch zu seiner Anschauung, dass er weder das Sinnliche noch das Übersinnliche für sich anschaut, sondern es da beobachtet, wo das Übersinnliche das Sinnliche durchdringt. Das Seelisch-Geistige, das er in seiner theosophischen Zeit lediglich für sich, nämlich nachtodlich zu beobachten in der Lage war, kann er mit Entdeckung der Dreigliederung bis in die physisch-sinnliche Erscheinung hinein verfolgen.

Kann daraus der Schluss gezogen werden, dass der rückwärts verlaufende «okkult-astrale» Zeitstrom, der im Nachtodlichen als rückwärts zu durchlaufendes Erdenleben erlebt wird, dass also dieser seelisch-geistige Zeitstrom im Physischen deshalb abbauende Prozesse hervorbringt, weil er an sich selbst schon rückwärts läuft?

Schauen wir zur Beantwortung dieser Frage – und bevor wir auf die oben aufgeworfenen übrigen Fragen zurückkommen – noch auf den dritten oben zitierten Vortrag, ebenfalls vor Studenten gehalten. Hier werden nun die aufsteigenden, sprießenden, sprossenden Lebensprozesse mit der Sonne in Verbindung gebracht, die absteigenden Abbauprozesse mit dem Mond. Auch hier wird der abbauende Prozess wieder als Sinnesprozess bezeichnet, indem in der Krankheit das betreffende Organ vorübergehend zum Sinnesorgan wird. Auch hier wird wieder das Heilmittel dadurch gefunden, dass man den entsprechenden entgegengesetzten Prozess in der Natur aufsucht.

Anschließend kommt er auf Haeckels biogenetisches Grundgesetz zu sprechen und bringt dazu aber eine Korrektur an. Er macht nämlich darauf aufmerksam, dass in früheren Zeiten, also etwa in der griechischen Kulturepoche, die Menschen viel länger von sich aus sich entwickelten und dadurch reifer wurden. Die Fähigkeiten und Begabungen entwickelten sich auf eine natürliche Weise bis zum 35. Lebensjahr. Heute aber sei das nicht mehr der Fall, denn da entwickeln sie sich nur noch bis zum 28. Lebensjahr. Die vom Wachstum und dem Aufbau herrührenden Kräfte des physischen und ätherischen Leibes wurden länger miterlebt. Und gegen das Alter hin wurden dann die abbauenden Prozesse miterlebt, was dann zur Weisheit führte. Und je weiter man geschichtlich zurückginge, umso mehr würde man finden, wie die Menschen die auf- und abbauenden Prozesse ihrer Leiber miterlebten.

Heute aber hört dieses Miterleben der leiblichen Prozesse mit 28 Jahren bereits auf. Dadurch kann nun aber das Seelisch-Geistige viel stärker wirken. Diesen Vorgang nennt Steiner nun das «Jüngerwerden der Menschheit»:

«So sehen wir Epochen in der geschichtlichen Menschheit, wo die Menschheit immer jünger und jünger wird, wenn ich mich so ausdrücken darf. Zuerst machten die Menschen bis hinauf in ihr Greisenalter das Körperliche mit. Dann sehen wir solche Menschen, die bis in ihre vierziger Jahre das Körperliche mitmachten, dann die Griechen, die es

mitmachten bis in die dreißiger Jahre ... Jetzt ist die Menschheit noch jünger geworden. Der Ausdruck ist nicht ganz eigentlich gebraucht. Ich will sagen, sie lebt bewusst die körperlichen Zustände mit bis zum siebenundzwanzigsten Jahr, bis zum achtundzwanzigsten Jahr. Immer jünger und jünger wird in dieser Beziehung die Menschheit werden.»[33]
Der Sinn dieses «Jüngerwerdens» liegt nun darin, dass dadurch das Seelisch-Geistige sich freier entfalten kann, indem es von der leiblichen Entwicklung unabhängiger wird. Dabei findet aber eine Degeneration statt, indem frühere Zustände der Menschheit, wo die leibliche Entwicklung noch sehr lange auch das Geistig-Seelische beeinflusste und dadurch kulturelle Blüte erzeugt wurde, sich zurückentwickeln und dadurch auch kulturell zunächst ein Verfall erscheint. Denn jetzt müssen sich die geistig-seelischen Kräfte nur durch sich selbst entfalten, was natürlich schwieriger ist, als wenn sie von der leiblichen Entwicklung gewissermaßen getragen werden.

Auch hier macht Rudolf Steiner also auf einen Devolutionsprozess aufmerksam, der mit der Wirksamkeit des Seelisch-Geistigen in Zusammenhang steht.

5. Evolution und Devolution in der geistigen Entwicklung – Der rosenkreuzerische Schulungsweg und die Siebenheit

Ein noch deutlicheres Zeichen in dieser Richtung lässt sich nun finden, wenn man den von Rudolf Steiner angegebenen Schulungsweg, den sogenannten rosenkreuzerischen Schulungsweg in seiner Gesetzmäßigkeit studiert. Auch hier haben wir aufsteigende und absteigende Elemente, wobei diese einmal im Aufbau des Ganzen der sieben Stufen auftreten, dann aber auch als die zwei Grundelemente des Weges selbst.

Schauen wir zunächst auf den Einweihungsweg als Ganzes.

Aufstieg   *Abstieg*

4. Intuition, Erfassung des höheren Selbst

3. Inspiration, verstärkter Wille   5. Erkenntnis des Mikrokosmos

2. Imagination, lebendiges Denken   6. Erkenntnis des Makrokosmos

1. Studium, reines Denken   7. Gottseligkeit

Wir sehen, dass dieser Entwicklungsweg nicht einfach ein kontinuierliches Aufsteigen darstellt, sondern dass am höchsten Punkt, der Intuition, eine Umkehrung stattfindet. Dem Aufstieg über drei Stufen folgt nach dem Höhepunkt auf der vierten Stufe ein Abstieg über weitere drei Stufen.

Denn auf der höchsten Stufe verbindet sich der Mensch durch die Erlangung der intuitiven Erkenntnis mit dem höheren Selbst, seiner eigenen, unsterblichen Wesenheit. Ein höheres Seelisch-Geistiges hat sich mit dem Menschen, der sich geistig entwickelt, vereinigt, geht auf ihn über. Damit dieses sich entfalten kann, muss eine Rückentwicklung stattfinden: «Ich muss abnehmen, damit er zunehmen kann» – das Christus-Prinzip!

Rudolf Steiner hat das, was sich hier abspielt, als die «Begegnung mit dem großen Hüter der Schwelle» bezeichnet. Dieser spricht zu demjenigen, der die höchste Erkenntnisstufe erreicht hat:

«Als einzelner Befreiter möchtest du immerhin schon heute in das Reich des Übersinnlichen eingehen. Dann aber würdest du hinabschauen müssen auf die noch unerlösten Wesen der Sinnenwelt. Und du hättest dein Schicksal von dem ihrigen getrennt. Aber ihr seid alle miteinander verbunden. Ihr musstet alle hinabsteigen in die Sinnenwelt, um aus ihr heraufzuholen die Kräfte für eine höhere. Würdest du dich von ihnen trennen, so missbrauchtest du die Kräfte, die du doch nur in Gemeinschaft mit ihnen hast entwickeln können. Wären sie nicht hinabgestiegen, so hättest es auch du nicht können; ohne sie fehlten dir die Kräfte zu deinem übersinnlichen Dasein. Du musst diese Kräfte, die du *mit* ihnen errungen hast, auch mit ihnen teilen.»[34]

Das bedeutet, dass der Eingeweihte, der bis zu diesem Punkt gekommen ist, nun nicht noch höher steigen darf, sondern wieder hinunter, zur Erde sozusagen zurückkehren muss, um den «Zurückgebliebenen» zu helfen. Ein Prinzip, das uns im Übrigen aus dem Buddhismus in Gestalt der Bodhisattvas bekannt ist. Der Eingeweihte entwickelt sich also nun dadurch weiter, dass er seine eigene Entwicklung sozusagen zurücknimmt und in eine absteigende Entwicklung übergeht. Eine Art von Opfergang, die urbildlich mit dem Christus-Geschehen in Zusammenhang steht:

«Der Eingeweihte weiß aber ganz genau, was ihm bevorsteht, wenn er den Lockungen eines vorzeitigen Aufenthaltes in der übersinnlichen Welt folgt. Ein unbeschreiblicher Glanz geht von dem zweiten Hüter der Schwelle aus; die Vereinigung mit ihm steht als ein fernes Ziel vor der schauenden Seele. Doch ebenso steht da die Gewissheit, dass diese Vereinigung erst möglich wird, wenn der Eingeweihte alle Kräfte, die ihm aus dieser Welt zugeflossen sind, auch aufgewendet hat im Dienste der Befreiung und Erlösung dieser Welt. Entschließt er sich, den Forderungen der höheren Lichtgestalt zu folgen, dann wird er beitragen können zur Befreiung des Menschengeschlechts. Er bringt seine Gaben dar auf dem Opferaltar der Menschheit. Zieht er seine eigene vorzeitige Erhöhung in die übersinnliche Welt vor, dann schreitet die Menschheitsströmung über ihn hinweg. Für sich selbst kann er nach seiner Befreiung aus der Sinnenwelt keine neuen Kräfte mehr gewinnen. Stellt er ihr seine Arbeit doch zur Verfügung, so geschieht es mit dem Verzicht, aus der Stätte seines ferneren Wirkens selbst für sich noch etwas zu holen.»[35]

Wenn wir nun die einzelnen Stufen des rosenkreuzerischen Weges anschauen, so durchdringen sich hier auf- und abbauende Prozesse. Für die Imagination muss das Denken gesteigert und lebendig gemacht werden. Dies geschieht z.B. durch ein gedanklich aufgebautes Bild wie das Rosenkreuz. Für die nächste Stufe, die Inspiration, müssen nun alle die Bilder, die aufgebaut wurden, wieder abgebaut und zurückgenommen werden.

«Die Kraft, welche in der Versenkung aufgewendet worden ist, hat erst die seelisch-geistigen Organe aus der vorher unorganisierten seelisch-geistigen Wesenheit herausgeschaffen. Das, was man sich so anerschaffen hat, nimmt man auch zuerst wahr. Das erste Erlebnis ist daher in gewissem Sinne Selbstwahrnehmung. Es gehört zum Wesen der Geistesschulung, dass die Seele durch die an sich geübte Selbsterziehung an diesem Punkte ihrer Entwickelung ein volles Bewusstsein davon hat, dass sie zunächst *sich selbst* wahrnimmt in den Bilderwelten (Imaginationen), die infolge der geschilderten Übungen auftreten. Diese Bilder treten zwar als lebend in einer neuen Welt auf; die Seele muss aber erkennen, dass sie doch nichts anderes zunächst sind als die Widerspiegelung ihres eigenen durch die Übungen verstärkten Wesens. Und sie muss dieses nicht nur im richtigen Urteile erkennen, sondern auch zu einer solchen Ausbildung des Willens gekommen sein, dass sie jederzeit die Bilder wieder aus dem Bewusstsein entfernen, auslöschen kann. Die Seele muss innerhalb dieser Bilder völlig frei und voll besonnen walten können. Das gehört zur richtigen Geistesschulung in diesem Punkte. Würde sie dieses nicht können, so wäre sie im Gebiete der geistigen Erlebnisse in demselben Falle, in dem eine Seele wäre in der physischen Welt, welche, wenn sie das Auge nach einem Gegenstande richtete, durch diesen gefesselt wäre, sodass sie von demselben nicht mehr wegschauen könnte.»[36]

«Um völlig auf dieser Stufe der Geistesschulung zurechtzukommen, muss der Mensch damit rechnen, dass mit der Verstärkung der Seelenkräfte die Selbstliebe, der Selbstsinn in einem solchen Grade auftreten, den das gewöhnliche Seelenleben gar nicht kennt. Es wäre ein Missverständnis, wenn jemand glauben könnte, dass man auf diesem Punkte nur von der gewöhnlichen Selbstliebe zu sprechen hat. Diese verstärkt sich auf dieser Stufe der Entwickelung so, dass sie das Aussehen einer Naturkraft innerhalb der eigenen Seele annimmt, und es gehört eine starke Willensschulung dazu, um diesen starken Selbstsinn zu besiegen. Dieser Selbstsinn wird durch die Geistesschulung nicht etwa erzeugt; er ist immer vorhanden; er gelangt durch das Geist-Erleben nur zum Bewusstsein. Die Willensschulung muss der andern Geistesschulung durchaus zur Seite gehen. Es ist ein starker Trieb da, sich in der Welt beseligt zu fühlen, welche man sich erst selbst herangeschaffen hat. Und man muss gewissermaßen das in der oben erwähnten Art auslöschen können, um das man sich erst mit aller Anstrengung bemüht hat. In der erreichten imaginativen Welt muss man *sich* auslöschen. Dagegen aber kämpfen die stärksten Triebe des Selbstsinnes an.»[37]

Diese Übungsrichtung des Sich-Zurücknehmens, die Schulung des Willens, wie Steiner sie nennt, ist aber von Anfang an auf dem Schulungsweg eingebaut. Dazu einige Beispiele aus dem Grundlagenwerk des Schulungsweges *Wie erlangt man Erkenntnisse der höheren Welten?*:

«Der Geheimschüler wird darauf verwiesen, sich Augenblicke in seinem Leben zu schaffen, in denen er still und einsam sich in sich selbst versenkt. Nicht den Angelegenheiten seines eigenen Ich aber soll er sich in solchen Augenblicken hingeben. Das würde das Gegenteil von dem bewirken, was beabsichtigt ist. Er soll vielmehr in solchen Augenblicken in aller Stille nachklingen lassen, was er erlebt hat, was ihm die äußere Welt gesagt hat. Jede Blume, jedes Tier, jede Handlung wird ihm in solchen stillen Augenblicken ungeahnte Geheimnisse enthüllen. Und er wird vorbereitet dadurch, neue Eindrücke der Außenwelt mit ganz anderen Augen zu sehen als vorher. Wer nur Eindruck nach Eindruck *genießen* will, stumpft sein Erkenntnisvermögen ab. Wer, nach dem Genusse, sich von dem Genusse etwas *offenbaren* lässt, der pflegt und erzieht sein Erkenntnisvermögen. Er muss sich nur daran gewöhnen, nicht etwa nur den Genuss nachklingen zu lassen, sondern, mit *Verzicht* auf weiteren Genuss, das Genossene durch innere Tätigkeit zu *verarbeiten*.»[38]

Kurz darauf präzisiert Rudolf Steiner diese Übungsrichtung noch weiter und beschreibt die sogenannte «Rückschauübung»:

«*Wenn jemand wirklich nicht mehr Zeit zur Verfügung haben sollte*, so genügen *fünf Minuten* jeden Tag. Es kommt darauf an, wie diese fünf Minuten angewendet werden.

In dieser Zeit soll der Mensch sich vollständig herausreißen aus seinem Alltagsleben. Sein Gedanken-, sein Gefühlsleben soll da eine andere Färbung erhalten, als sie sonst haben. Er soll seine Freuden, seine Leiden, seine Sorgen, seine Erfahrungen, seine Taten vor seiner Seele vorbeiziehen lassen. Und er soll sich dabei so stellen, dass er alles das, was er sonst erlebt, von einem höheren Gesichtspunkte aus ansieht. Man denke nur einmal daran, wie man im gewöhnlichen Leben etwas ganz anders ansieht, was ein anderer erlebt oder getan hat, als was man selbst erlebt oder getan hat. Das kann nicht anders sein. Denn mit dem, was man selbst erlebt oder tut, ist man verwoben; das Erlebnis oder die Tat eines anderen *betrachtet* man nur. Was man in den ausgesonderten Augenblicken anzustreben hat, ist nun, die eigenen Erlebnisse und Taten so anzuschauen, so zu beurteilen, als ob man sie nicht selbst, sondern als ob sie ein anderer erlebt oder getan hätte.»[39]

Zunächst also geht es auf der einen Seite der Übungen immer darum, innere Kräfte auszubilden, das Denken und die Vorstellungskräfte zu verstärken. Auf der anderen Seite aber soll dieser Strebensrichtung eine zweite, gegenläufige hinzugefügt werden, wo nicht weiter verstärkt wird, sondern jetzt wird zurückgeschaut auf das Tageserleben. In der *Geheimwissenschaft im Umriss* fügt Steiner hinzu, dass es wichtig sei, diese Übung am Abend rückwärts durchzunehmen:

«Die eigenen Erlebnisse, die eigenen Freuden und Leiden wie die eines andern ansehen können, ist eine gute Vorbereitung für die Geistesschulung. Man bringt es allmählich zu dem in dieser Beziehung notwendigen Grad, wenn man sich täglich nach vollbrachtem Tagewerk die Bilder der täglichen Erlebnisse vor dem Geiste vorbeiziehen lässt. Man soll sich innerhalb seiner Erlebnisse selbst im Bilde erblicken; also sich in seinem Tagesleben wie von außen betrachten. Man gelangt zu einer gewissen Praxis in solcher Selbstbeobachtung, wenn man mit der Vorstellung einzelner kleiner Teile dieses Tageslebens den Anfang macht. Man wird dann immer geschickter und gewandter in solcher Rückschau, sodass man sie nach längerer Übung in einer kurzen Spanne Zeit vollständig wird gestalten können. Dieses Rückwärts-Anschauen der Erlebnisse hat für die Geistesschulung deshalb seinen besonderen Wert, weil es die Seele dazu bringt, sich im Vorstellen loszumachen von der sonst innegehaltenen Gewohnheit, *nur* dem Verlauf des sinnenfälligen Geschehens mit dem Denken zu folgen. Im Rückwärts-Denken stellt man richtig vor, aber nicht gehalten durch den sinnenfälligen Verlauf. Das braucht man zum Einleben in die übersinnliche Welt. Daran erkraftet sich das Vorstellen in gesunder Art. Daher ist es auch gut, außer seinem Tagesleben anderes rückwärts vorzustellen, z. B. den Verlauf eines Dramas, einer Erzählung, einer Tonfolge usw. – Das *Ideal* für den Geistesschüler wird immer mehr werden, sich den an ihn herantretenden Lebensereignissen gegenüber so zu verhalten, dass er sie mit innerer Sicherheit und Seelenruhe an sich herankommen lässt und sie nicht nach *seiner* Seelenverfassung beurteilt, sondern nach ihrer inneren Bedeutung und ihrem inneren Wert. Er wird gerade durch den Hinblick auf dieses Ideal sich die seelische Grundlage schaffen, um sich den oben geschilderten Versenkungen in symbolische und andere Gedanken und Empfindungen hingeben zu können.»[40]

Neben der Tagesrückschau sollte sich die Rückschau aber auch ausdehnen auf den eigenen Lebensweg als ganzen und sich erweitern zur biografischen Rückschau. Sie erst führt nämlich zum Erleben des höheren Selbst, also der eigenen geistigen Wesenheit:

«Und damit ist schon hingedeutet auf die Richtung, welche eine solche gedankenkräftige Verstärkung des Seelenlebens nimmt. Man lernt in sich etwas erkennen, was der Seele im eigenen Innern als ein zweites Wesen erscheint. Besonders offenbart sich dies, wenn man damit die Gedanken verbindet, welche zeigen, wie man im gewöhnlichen Leben dies oder jenes im Schicksal herbeiführt. Man kann doch wahrnehmen, dieses oder jenes wäre mit dir nicht geschehen, wenn du selbst in einer früheren Zeit nicht dich in einer gewissen Art verhalten hättest. Was dem Menschen heute geschieht, ergibt sich ja vielfach aus dem, was er gestern getan hat. Man kann nun mit dem Ziele, sein Seelenerleben weiter zu führen, als es in einem gewissen Zeitpunkt ist, einen Rückblick anstellen in das bisherige Erleben. Man kann dabei alles aufsuchen, welches zeigt, wie man spätere Schicksalsvorfälle vorher selbst vorbereitet hat. Man kann versuchen, mit einem solchen Rückblick auf das Leben bis zu jenem Zeitpunkte zu kommen, in welchem beim Kinde das Bewusstsein so erwacht, dass es sich im späteren Leben an das erinnert, was es erlebt hat. Stellt man einen solchen Rückblick so an, dass man mit ihm die Seelenstimmung verbindet, welche die gewöhnlichen selbstischen Sympathien und Antipathien mit schicksalsmäßigen Vorfällen ausschaltet, so steht man, wenn man erinnerungsmäßig den bezeichneten Zeitpunkt des Kindeslebens erreicht, sich so gegenüber, dass man sich sagt: da hat wohl die Möglichkeit erst begonnen, dass du dich in dir fühlst und an deinem Seelenleben bewusst arbeitest; dieses dein ‹Ich› war aber auch vorher da, es hat zwar nicht wissend in dir gearbeitet, aber dich sogar zu deiner Wissensfähigkeit wie zu allem andern, wovon du weißt, erst gebracht. Was keine verstandesmäßige Überlegung erkennen kann, das führt die geschilderte Stellung zu dem eignen Lebensschicksale herbei. Man lernt auf die Schicksalsvorfälle blicken; mit Gelassenheit; man sieht sie unbefangen an sich herantreten; aber man erschaut sich selbst in der Wesenheit, welche diese Vorfälle heranbringt. Und wenn man sich in solcher Art schaut, so stellen sich der Seele die Bedingungen des eignen Schicksals, die schon mit der Geburt gegeben sind, verbunden mit dem eigenen Selbst dar. Man ringt sich durch, zu sagen, wie du an dir gearbeitet hast in der

Zeit, nachdem dein Bewusstsein erwacht ist, so hast du auch schon an dir gearbeitet, bevor dein gegenwärtiges Bewusstsein erwacht ist. Ein solches Sich-Hindurcharbeiten zu einem übergeordneten Ichwesen in dem gewöhnlichen Ich führt nicht nur dazu, sich sagen zu können, mein Gedanke bringt mich dazu, ein solches übergeordnetes Ich theoretisch zu ersinnen, sondern es führt dazu, das lebendige Wesen dieses ‹Ich› in seiner Wirklichkeit als Macht in sich zu erfühlen, und das gewöhnliche Ich als ein Geschöpf dieses Anderen in sich zu empfinden. Dieses Fühlen ist ein wahrhafter Anfang des Schauens der Geistwesenheit der Seele.»[41]

Mit dieser Art von Übungen taucht man nun also selbst ein in jenen rückwärtslaufenden Zeitstrom, den das Geistig-Seelische gegenüber der sinnlichen Welt einnimmt. Man steckt ja selbst in diesem Zeitstrom drinnen, nur bemerkt man ihn wegen der eigenen Fixierung auf das sinnliche Erleben nicht. Diese Art von Übungen soll die Seele losreißen vom gewöhnlichen Sinneserleben und durch das Eintauchen in den rückwärtslaufenden Zeitstrom zum Bewusstsein der eigenen seelisch-geistigen Wesenheit führen. Das bedeutet aber zugleich, dass die sonst im Physischen und Ätherischen abbauend wirkenden Kräfte, wie sie Steiner an den angeführten Stellen beschrieben hat, im Bereich des Seelischen zu einer Zurücknahme, ja sogar Auslöschung des als eigenes seelisches Erlebten führen, wogegen sich allerdings der Selbstsinn zunächst wehrt. Das heißt, diese Entwicklung tritt nun nicht mehr wie im Physisch-Ätherischen unbewusst ein, sondern sie muss bewusst herbeigeführt werden in einer Haltung der völligen Selbstlosigkeit, ja sogar des Opfers.

An dieser Stelle können wir nun auf die oben gestellten und bisher noch unbeantworteten Fragen zurückkommen:
– Warum hat Rudolf Steiner die so zentrale Einsicht von einer rückwärts verlaufenden Zeit, die die Voraussetzung seiner Geistesforschung darstellte, nicht breiter dargestellt und thematisiert?
– Warum ist ausgerechnet diese Einsicht die Voraussetzung für die Geistesforschung, wie er an verschiedenen Stellen seines Werkes, vor allem in dem Dokument von Barr für Schuré und im autobiografischen Vortrag vom 4. Februar 1913 betont?
– Im Hinblick auf die Evolution entwickelt Rudolf Steiner im Anschluss an Goethe einen eigenen Zeitbegriff. Warum ist dabei zunächst jedoch noch keine Rede von einer rückwärtslaufenden Evolution?

Wir können zunächst feststellen, dass der rückwärtslaufende Strom der Zeit dem Zeitstrom des Seelisch-Geistigen in der Welt und im Menschen entspricht. Dazu nochmals Rudolf Steiner:

«Wir Erdenmenschen tragen in unserem Erdendasein dann, wenn wir bewusst sind, einen physischen und einen ätherischen Leib an uns. Dieser physische und dieser ätherische Leib sind so eingerichtet, dass wir unser Erleben so haben, dass wir von dem Früheren zu dem Späteren leben, dass wir uns also in der Zeit in einer gewissen Strömung befinden. [...] Diejenigen Wesenheiten, denen wir begegnen, wenn wir in das Dasein hinaufrücken zwischen dem Tode und einer neuen Geburt, wo wir das Erleben realisieren, was wir hier während des Schlafes im Bilde erleben, bewegen sich in der entgegengesetzten Richtung. Sie kommen uns fortwährend entgegen. Sodass im Verhältnis zu dem, was wir im Erdenleben die Zeit nennen, wir sagen müssen: Die Götter tragen Geistleiber an sich, meinetwillen Lichtleiber, mit denen sie sich aber von der fernsten Zukunft gegen die Vergangenheit hinbewegen.»[42]
Will sich der Mensch aber nun schon im Erdendasein mit diesem übersinnlichen Zeitstrom verbinden, so muss er dazu jene Willensübungen, die vor allem in einer stetig gepflegten Rückschau bestehen, ausführen. Rudolf Steiner baut den Schulungsweg, der zum Erfassen des Seelisch-Geistigen hinführen soll, so auf, dass darin von Anfang an auf diesen Zeitstrom hingeblickt wird.

Für Steiners eigenen Erkenntnisfortschritt müssen wir also davon ausgehen, dass er die von ihm deutlich betonte Notwendigkeit einer Willensschulung wohl von Anfang an selbst praktiziert hat, sonst hätte er sie in seinen Schulungsbüchern nicht so genau beschreiben können. Es genügte also weder die schon in der Jugend vorhandene «okkult-astrale» Anschauung noch die ideelle Einsicht in eine außerhalb des Sinnlichen gegebene Wesensebene, es bedurfte neben dem immer genaueren Studium der Natur, der Physiologie usw. eben auch der beschriebenen Willensschulung, die zunächst in der Stufe der Intuition, das heißt der Erkenntnis des eigenen Seelisch-Geistigen, gipfelt. Dort aber verzichtet er auf eine weitere Entwicklung der eigenen Kräfte:

«Für sich selbst kann er nach seiner Befreiung aus der Sinnenwelt keine neuen Kräfte mehr gewinnen. Stellt er ihr seine Arbeit doch zur Verfügung, so geschieht es mit dem Verzicht, aus der Stätte seines ferneren Wirkens selbst für sich noch etwas zu holen.»[43]

Dass diese Entwicklung einer vollkommenen Selbstlosigkeit bis hin zum Verzicht auf eine das eigene Selbst noch weiter fördernde geistige Entwicklung einem Opfergang entspricht («Er bringt seine Gaben dar auf dem Opferaltar der Menschheit.»), wird im Hinblick auf Rudolf Steiners eigene Entwicklung viel zu selten gesehen. Wenn er in seiner Autobiografie sagt: «Auf das geistige Gestanden-Haben vor dem

Mysterium von Golgatha in innerster ernstester Erkenntnis-Feier kam es bei meiner Seelen-Entwickelung an»[44], so hat die Begegnung mit dem Christus-Mysterium in diesem Opfergang wohl ihren eigentlichen Kern.

Anhand der oben gegebenen Übersicht über den Schulungsweg als Ganzes wird zugleich deutlich, dass nach der Erfassung des eigenen Seelisch-Geistigen auf der Stufe der Intuition die weiteren Stufen dann zur Einsicht in den Zusammenhang des Mikrokosmos mit dem Makrokosmos führen. Das heißt, der Eingeweihte kann von nun an immer mehr das Wirken des Seelisch-Geistigen im Physischen verfolgen. So war Steiner dann ab 1917 auch in der Lage, den Zusammenhang des Seelisch-Geistigen mit dem Physischen, d.h. die entsprechenden Vorgänge für den rückläufigen Zeitstrom, nämlich die Abbauprozesse in Mensch und Natur auch in der Sinneswelt konkret nachzuweisen.

Wir können also im Hinblick auf die oben stehenden Fragen feststellen, dass Rudolf Steiner, wie er ja auch selbst immer wieder betont, für die Darstellung der Wirksamkeit des rückläufigen Zeitstroms einen über 30-jährigen Forschungsweg gehen musste, der zugleich auch ein Opfergang war. Wir können ferner feststellen, dass das Thema der rückläufigen Zeit zwar nicht explizit behandelt wird, dass es aber dem geistigen Schulungsweg der Anthroposophie immanent ist und insofern von jedem, der sich auf diesen Weg begibt, zur eigenen Erfahrung werden kann. Denn der rückwärtslaufende Zeitstrom tritt eben überall da in Erscheinung, wo Geistig-Seelisches sich im Physisch-Ätherischen zum Ausdruck bringt.

Diese Tatsache tritt in der äußeren Natur und im menschlichen Organismus als abbauende Prozesse in Erscheinung, im Seelischen selbst aber als die Notwendigkeit eines Sich-selbst-Zurücknehmens, als bewusst zu schulende Haltung der Selbstlosigkeit.

6. Die Siebenheit als zugrunde liegende Zahlengesetzmäßigkeit der beiden Zeitströmungen

Die sieben Planetenkapitäle

Wir haben also bisher sehen können, wie Rudolf Steiner den neuen Zeitbegriff, der einen Doppelstrom der Zeit – Evolution und Devolution – umfasst, entwickelt hat, wie er diesen einerseits aus seiner schon früh vorhandenen «okkult-astralen» Anschauung und andererseits aus seinen Studien an Goethes Naturwissenschaft, drittens aber durch eine eigene geistige Schulung der Willenskräfte entwickeln konnte, die gleichgesetzt werden kann mit einer Ausbildung der vollkommenen Selbstlosigkeit. Wenn er selbst von einem «Gestanden-Haben vor dem Mysterium von Golgatha» spricht, dann ist dabei vor allem an diese Komponente der Selbstlosigkeit zu denken, die schließlich dazu führt, das Geistig-Seelische rein zu erfahren. Denn, so zeigen es nun unsere bisherigen Ergebnisse: Die Erfahrung des Geistig-Seelischen in seiner Wirksamkeit im Physisch-Ätherischen führt eben zu jener Anschauung eines rückwärtslaufenden Zeitstroms.

Wir konnten nun diese Anschauung Steiners nicht nur an seinen naturwissenschaftlichen Studien, die zur Entdeckung der Dreigliederung des menschlichen Organismus führten, nachweisen. Dort führten sie vor allem zu konkreten Angaben für das medizinische Gebiet, indem sich hier die auf- und abbauende Prozesse im menschlichen Organismus und in der Natur als Ausdruck der beiden Zeitströme nachweisen lassen. Der neue Zeitbegriff führte Rudolf Steiner aber auch zu der Entdeckung des «Jünger-Werdens» der Menschheit, mit bedeutenden Konsequenzen für die Pädagogik.

Wir haben auch gesehen, wie der von Steiner entwickelte rosenkreuzerische Schulungsweg zu einer konkreten Erfahrung des rückwärtslaufenden Zeitstroms führen kann, vor allem durch eben jene Willensübungen, die mit der täglich geübten Rückschau im Zusammenhang stehen.

Nun haben wir aber auch das Glück, dass Steiner seine Anschauung eines doppelten Zeitstroms selbst auch in künstlerischer Form zum Ausdruck gebracht hat, und zwar vor allem in den Kapitälformen des ersten Goetheanumbaus. Dabei stoßen wir auf die Gesetzmäßigkeit der Siebenheit. Steiner gibt dazu 1919 einen konkreten Hinweis, indem er aufzeigt, wie in allem Künstlerischen diese beiden Prozesse des Aufbaus und des Abbaus walten, nämlich als Schönheit und Hässlichkeit. Zuvor kommt er auf die Metamorphose zu sprechen und auf das zugrunde liegende Gesetz der Siebenheit:

«Und so wie wir unter dem Irrwahn herumgehen, der Mensch sei ein sinnliches Wesen, nicht ein übersinnliches Wesen, so gehen wir unter anderen Irrwahnen herum. Wir sprechen von Entwickelung und denken immer, nun, das geht so hintereinander vorwärts, immer weiter und weiter. Sie wissen, das war nicht möglich, eine solche Entwickelung künstlerisch zu gestalten an unserem Bau. Als ich die Kapitäle ausgestaltete, da musste ich das erste, zweite, dritte Kapitäl in aufsteigender Entwickelung zeigen, das vierte steht in der Mitte, das fünfte steht in absteigender Entwickelung, das sechste ist wieder einfacher, das siebente am einfachsten wieder. Da musste ich zu der aufsteigenden Entwickelung die absteigende Entwickelung hinzufügen.

Die haben wir tatsächlich in unserem Haupte. Während unser übriger Organismus noch in einer aufsteigenden Entwickelung ist, befindet sich unser Haupt bereits in absteigender Entwickelung. Dann, wenn man glaubt, Entwickelung läge nur im Aufsteigen vor, dann entfernt man sich von der wahren Wirklichkeit, dann redet man so, wie *Haeckel* unter gewissem Irrwahn-Einfluss geredet hat: erst einfache Wesen, dann Weiterentwickelung, wieder kompliziertere Wesen und so weiter ins Unendliche fort, immer komplizierter, immer vollkommener. Das ist Unsinn. Jede Entwickelung, die vorwärtsschreitet, tritt auch wiederum den Rückweg an. Alles Aufsteigen wird gefolgt von einem Absteigen, und alles Aufsteigen trägt schon die Anlage zum Absteigen in sich. Das gehört zu den verfänglichsten Täuschungen der neueren Menschheit, dass dieser neueren Menschheit abhandengekommen ist der Zusammenhang zwischen Evolution und Devolution, Entwickelung und wiederum rückläufigem Werden. Denn wo aufsteigende Entwickelung ist, da muss sich die Anlage zu rückläufiger Entwickelung ergeben. Dann geht in dem Momente, wo eine aufsteigende Entwickelung anfängt rückläufig zu werden, das Physische in die geistige Entwickelung hinein. Denn sobald das Physische beginnt rückläufig zu werden, ist für eine geistige Entwickelung Platz. In unserem Haupte ist für eine geistige Entwickelung Platz, weil eine physisch rückläufige Entwickelung da ist. Wir werden aber nicht früher das Menschenwesen und damit die übrige Welt durchschauen, bevor wir in die Lage kommen, die Dinge im rechten Lichte zu sehen, also unsere Intelligenz wirklich in den Zusammenhang mit der luziferischen Entwickelung zu bringen, so wie ich es dargestellt habe. Denn dann werden wir diese Dinge in der richtigen Weise bewerten und werden wissen, dass unsere Intelligenz einen Einschlag braucht, wenn sie tatsächlich den Menschen an sein Ziel bringen soll. Es muss Luzifer verhindert werden durch das Christus-Prinzip, den Menschen abtrünnig zu machen von seiner ihm vorbestimmten göttlichen Richtung.

Ich sagte schon, eins hängt mit dem anderen zusammen. Sehen Sie, der Mensch ist unter dem Einflusse desselben Irrwahns, der den göttlichen Mächten gewisse luziferische Eigenschaften beigelegt hat, heute geneigt, einseitig in der Darstellung des Schönen zum Beispiel ein Ideal zu sehen. Gewiss, man kann das Schöne als solches darstellen. Aber man muss sich bewusst sein: Würde man sich nur an das Schöne hingeben als Mensch, dann würde man in sich kultivieren diejenigen Kräfte, die in das luziferische Fahrwasser hineinführen. Denn in der wirklichen Welt ist ebenso wenig wie die einseitige Entwickelung – zu der die rückläufige gehört, zu der Evolution die Devolution – einseitig vorhanden das bloße Schöne. Das bloße Schöne, verwendet von Luzifer, um die Menschen zu fesseln, zu blenden, würde gerade die Menschheit frei machen von der Erdenentwickelung und sie nicht mit der Erdenentwickelung zusammenhalten. In der Wirklichkeit haben wir, so wie mit einem Ineinanderspiel von Evolution und Devolution, es zu tun mit einem Ineinanderspielen, und zwar einem harten Kampfe der Schönheit gegen die Hässlichkeit. Und wollen wir Kunst wirklich fassen, so dürfen wir niemals vergessen, dass das letzte Künstlerische in der Welt das Ineinanderspielen, das Im-Kampfe-Zeigen des Schönen mit dem Hässlichen sein muss. Denn allein dadurch, dass wir hinblicken auf den Gleichgewichtszustand zwischen dem Schönen und dem Hässlichen, stehen wir in der Wirklichkeit darinnen, nicht einseitig in einer nicht zu uns gehörigen Wirklichkeit, die aber mit uns erstrebt wird in der luziferischen, in der ahrimanischen Wirklichkeit. Es ist sehr notwendig, dass solche Ideen, wie ich sie eben geäußert habe, in die menschliche Kulturentwickelung einziehen.»[45]

Steiner macht also anhand der beiden Tendenzen des Künstlerischen, des Schönen und des Hässlichen nochmals aufmerksam auf Evolution und Devolution und bringt als Beispiel für eine solche künstlerische Darstellung, in der beide Kräfte wirksam sind, die sieben Säulenkapitäle des ersten Goetheanum, die er 1907 für den Münchner Kongress auch in grafischer Form als Planetensiegel gezeichnet hatte. Dabei stoßen wir nun auf das Gesetz der Siebenheit, wie es uns oben schon im Aufbau des rosenkreuzerischen Schulungsweges begegnet ist: Auf drei Stufen des Aufbaus folgt eine vierte Stufe, die die Mitte bildet, und dann drei Stufen des Abbaus.

Den hier erwähnten Planetensiegeln liegt die planetarische Evolution der Erde selbst zugrunde, wie sie Rudolf Steiner erstmals in seiner *Geheimwissenschaft im Umriss* dargestellt hat. Auch in der Evolution als Ganzem müssen wir von diesen beiden Zeitströmungen der Evolution und der Devolution ausgehen. Bevor wir nun untersuchen, wie Rudolf Steiner dieses Gesetz der Siebenheit in der Menschheits- und Erdevolution im Hinblick auf Evolution und Devolution weiter ausgeführt hat, schauen wir also auf die künstlerische Ausprägung dieser Gesetzmäßigkeit, um sie noch besser verstehen zu können.

Bei seinem Bericht über den Kongress in München 1907 führt er dazu aus:

«Die Kapitäle dieser Säulen stellen die planetarische Entwickelung unseres Erdensystems dar. Unsere Erde ist ja die vierte Verkörperung in einem planetarischen Entwickelungssystem, und sie deutet in den in ihr vorhandenen Anlagen auf drei Zukunftverkörperungen hin. Man bezeichnet die sieben aufeinanderfolgenden Verkörperungen der Erde mit Saturn-, Sonne-, Mond-, Erden-, Jupiter-, Venus- und Vulkanzustand. In den bei der Geheimwissenschaft gebräuchlichen Darstellungen lässt man den Vulkanzustand als einen zu fern liegenden Zukunftszustand weg, und teilt aus Gründen, deren Erörterung hier zu weit führen würde, die Erdenentwickelung in einen Mars- und Merkurzustand. Diese sieben Verkörperungen der Erde: Saturn, Sonne, Mond, Mars, Merkur, Jupiter, Venus werden nun in der Esoterik durch sieben Säulenkapitäle ausgedrückt. In den Formen dieser Kapitäle kommt das innere Leben eines jeden solchen Entwickelungszustandes zur Darstellung. Auch hier ist die Sache so gemeint, dass man nicht verstandesmäßig sich in die Formen der Kapitäle vertiefen soll, sondern ganz gefühlsmäßig, in wirklichem künstlerischen Erleben und in der Imagination. Denn jede Linie, jede Krümmung, alles an diesen Formen ist so, dass man in der Seele schlummernde Kräfte erweckt, wenn man sich in die Sache einlebt; und diese Kräfte führen zu Vorstellungen über die großen Weltgeheimnisse, welche der kosmischen und der damit verbundenen Menschheitsentwickelung der Erde zugrunde liegen. Wer die Ausgestaltung solcher Säulen etwa bemängeln wollte, der sollte bedenken, dass auch zum Beispiel die korinthische und die ionische Säule aus der Verkörperung von Daseinsgeheimnissen hervorgegangen sind, und dass solche Tatsachen nur der materialistischen Vorstellungsart unserer Zeit unbekannt sind. Aus der Art, wie die Weltentwickelungsmotive in diesen Säulenkapitellen ausgedrückt sind, kann man ermessen, wie die Esoterik befruchtend auf die Kunst einwirken soll. [...] In dem Programmbuche findet man fünf Zeichnungen. Es sind die in Vignettenform umgesetzten Motive der ersten fünf der oben erwähnten sieben Säulenkapitäle. Auch in diesen fünf Zeichnungen ist etwas von dem gegeben, was man ‹okkulte Schrift› nennt. Wer sich mit ganzer Seele in die Linienformen und Figuren einlebt, dem wird etwas von dem innerlich aufleuchten, was man als die für Erkenntnis der menschlichen Entwickelung wichtigen Zustände (Saturn-, Sonnen-, Mond-, Mars- und Merkurzustand) bezeichnet.»[46]

In einer weiteren Schilderung der beim Münchner Kongress künstlerisch gestalteten Siebenheit führt Steiner weiterhin aus:

«In den sieben Siegeln sind Initiationsgeheimnisse ausgedrückt; in den sieben Säulen sind sie planetarisch ausgedrückt. Diese Säulen tragen den Himmel, das ist: die ganze Entwickelung. Die Kapitälmotive haben in allen ihren einzelnen Zügen ihre ganz bestimmte Bedeutung. Wenn Sie plastisch empfinden, wie sich das Obere zum Unteren neigt, so werden Gefühle in Ihnen ausgelöst, die von den Strömungen Bescheid geben in den betreffenden Zuständen dieser Weltenkörper. Die Motive der ersten Säule haben einfache Neigungen und Krümmungen. Durch ihre Betrachtung wird ein Empfinden hervorgerufen derjenigen Strömungen, welche die Erde durchzogen, als sie in ihrem ersten Zustand, den man Saturnzustand nennt, verkörpert war. Daher ist das die Saturnsäule.

Wenn Sie den Fortgang in der Gliederung der Motive empfinden bei der Betrachtung der zweiten Säule – das Untere gliedert sich wie der Fruchtknoten einer Pflanze, und von oben herab gliedert es sich so herunter, dass es zum Kelch werden kann –, so lösen sich in Ihnen Gefühle aus, die den Strömungen entsprechen, welche den Erdkörper durchzogen, als er sich im Sonnenzustand befand. Darum sprechen wir hier von der Sonnensäule. Und so ist es bei der Betrachtung der dritten, vierten und weiteren Säulen. Wenn man von einer zur anderen übergeht, entwickeln sich immer wieder andere Gefühlsströmungen.

Die erste Hälfte der Erdentwickelung hat ihre besondere Eigentümlichkeit von dem Einfluss des Mars. Jetzt, in der zweiten Hälfte, steht sie unter dem Einfluss der Kraft, die der Okkultist vom Merkur ausgehen sieht. Die Erdentwickelung wird darum in die beiden Hälften Mars und Merkur geteilt. Wenn wir nun den Vulkanzustand als eine Art Oktave des Saturnzustandes weglassen, so ergibt sich folgende Reihe der Zustände in der Erdentwickelung: Saturn, Sonne, Mond, Mars, Merkur, Jupiter, Venus.

Bei der Merkursäule ist das Saturnmotiv in das Merkurmotiv hineinverwoben. Der Schlangenstab geht organisch hervor aus dem Vorhergehenden. Er entwickelt sich weiter. Und was an Erdströmungen bei der weiteren Fortentwickelung entsteht, das empfinden wir bei der Vertiefung in die weiteren Kapitälmotive. Beim letzten haben wir wieder die Kelchform.

Das Geheimnis der sieben planetarischen Zustände unserer Erde wurde in die Benennungen der sieben Wochentage hineingelegt. Sie heißen: Saturntag: Saturday, Samedi, Samstag; Sonntag; Montag, Monday; Marstag: Mardi oder Ziu, Tuesday, Dienstag; Merkurtag: Mercredi (Mittwoch ist ein profaner Name); Jupitertag: Jeudi, Thor, Donar, Thursday, Donnerstag; Venustag: Vendredi, Freya, Freitag. Tief symbolisch sind die Namen der Wochentage. In ihrer Aufeinanderfolge sehen wir etwas, wodurch die Eingeweihten sagen wollten: Denkt daran, dass ihr hineingestellt worden seid in die lebendige Evolution der Zeit. – So lehrt uns das Höchste das Allernächste verstehen, das man in der unmittelbaren Umgebung hat.

Der Gedanke der Evolution der Menschheit sollte in den Säulen angedeutet sein. Er ist so ausgedrückt, wie er immer in der okkulten Zeichensprache ausgedrückt worden ist. Die Stätten des Okkultismus waren symbolisch gegliedert und ausgestaltet. In der Form, im Bilde, in der Farbe sollte man schauen, was in der Seele lebt. Von außen her soll uns entgegenglänzen, was in der Seele lebt, dann hat man im Sinne der Weltentwickelung gearbeitet. Dass wir an diese große Evolution selbstlos denken müssen, das ist vor allem unsere Aufgabe. Sie wird erfüllt, wenn wir ganz und gar das Innenleben einfließen lassen in das Äußere.»[47]

Allerdings führt Steiner an keiner der angeführten Stellen etwas aus über die beiden Zeitströmungen von Evolution und Devolution wie dann später in dem Vortrag von 1919. Warum? Darüber äußert er sich sehr viel später, als der erste Goetheanumbau schon abgebrannt war, in England anlässlich eines Vortrages des dänischen Künstlers Arild Rosenkrantz:

«Bei diesem Goetheanum musste alles aus der wirklichen künstlerischen Form herausgeholt werden. Es musste jede Linie, jede Formgebung so entstehen, dass die Sache rein innerlich künstlerisch angeschaut wurde.

Daher waren die Formen des Goetheanum eigentlich nicht zum Interpretieren, sondern im Grunde genommen nur zum Anschauen. […]

Ich hatte, wenn ich selbst Freunde führte, in der Regel als Einleitung gesagt: Dasjenige, was ich jetzt den Freunden oder den Besuchern werde zu sagen haben, ist mir außerordentlich unsympathisch. Und ich war noch nie mit einer solchen Antipathie besessen gegen dasjenige, was ich selber sage, als wenn ich diese Formen des Goetheanum erklären sollte; denn sie waren nicht dazu da, um sie zu erklären, um sie in Begriffe zu fassen, sondern sie waren dazu da, angeschaut zu werden, künstlerisch, ästhetisch aufgefasst zu werden! […]

Die Säulen des Zuschauerraumes hatten Kapitäle, welche nicht alle gleich waren, sondern welche in einer fortschreitenden Entwickelung waren, und zwar so, dass das Kapitäl der ersten Säule links und rechts verhältnismäßig einfach war. Die zweite Säule hatte ein etwas komplizierteres Kapitäl. Und so ging das fort. Aber das künstlerische Schaffen an diesen Kapitälen war durchaus so, dass man innerlich in der Empfindung der Linie, in diesem Anschauen der Kurven alles in der Form am zweiten Kapitäl unmittelbar hervorgehen ließ aus dem ersten, das dritte wiederum aus dem zweiten. Und so überließ man sich rein dem Leben in Linien, Flächen, Kurven.

Und dabei ergab sich, dass man von selbst, möchte ich sagen, mit der siebenten Säule fertig war. Da hatte man eine Form bei den Linien, Kurven: darüber ging's nicht mehr hinaus, da musste man stehen bleiben. Da sehen nun die Leute die sieben Säulen und meinen: das ist eine tief mystische Zahl, sie beruht auf einer alten Formel, auf etwas, das im Aberglauben weiterlebt und dergleichen. Aber so ist es nicht! Wenn man rein künstlerisch schafft, muss man beim Siebenten stehen bleiben. So wie der Regenbogen sieben Farben hat, die Musikskala sieben Töne hat von der Prim bis zur Oktave – die Oktave ist die Wiederholung der Prim –, so hat man sieben Säulen.

Aber noch etwas zeigt sich bei einem solchen Schaffen: Nun hat man das zweite Kapitäl durch Metamorphosieren, erlebtes Metamorphosieren aus dem ersten hervorgehen lassen, das dritte aus dem zweiten, und so weiter, hat sieben zustande gebracht. Dann steht man und schaut sich das an. Man schaut sich seine eigenen Sachen an und entdeckt allerlei daran, das man durchaus nicht hineingedacht hat! Da entdeckte ich zum Beispiel, als ich das siebente Säulenkapitäl hatte und es verglich mit dem ersten, dass, natürlich künstlerisch angegriffen, alle Formen, die am ersten konkav waren, konvex waren am letzten; und alle, die am ersten konvex waren, konkav waren am letzten. Sodass, wenn man einiges umlegte, man das letzte ins erste hineinlegen konnte: also das siebente ins erste, das sechste ins zweite, das fünfte ins dritte, und das vierte blieb in der Mitte für sich stehen. Das ergab sich ganz von selbst.

Sehen Sie, da hatte man die Sicherheit, dass man gar nichts von menschlicher Willkür in die Dinge hineingeheimnisst hat, sondern dass man aus dem Leben der Formen selber heraus gearbeitet hat; dass man sich verbunden hat mit der schaffenden kosmischen Welt selber; dass man auch an den Pflanzenmetamorphosen dies umfasst, dass man also auch, was in der Natur waltet und webt, auf einer anderen Stufe erfasst; dass das, was man tat, nicht menschliches Allegorisieren war, sondern dass man sich gewissermaßen hineinverwoben hat in das Naturschaffen, und nun wie die Natur schuf.»[48]

Steiner widerstrebte es zutiefst, das Künstlerische zu erläutern, weil er meinte, das Künstlerische müsse ästhetisch genommen, d.h. im Anschauen selbst verstanden werden, und weil er auch keinerlei abstraktes Prinzip in die Abfolge der sieben Säulen hineingelegt hatte, sondern sich das Prinzip der Siebenheit aus dem künstlerischen Schaffen wie in der Natur selbst ergeben hatte. Insofern suchen wir hier leider vergebens nach weiteren Erläuterungen dieser Gesetzmäßigkeit.

Weiter würde man hier kommen, wenn man nun diese Kapitälformen in ihrer Siebenheit im ästhetischen Sinne, wie von Rudolf Steiner gefordert, studieren würde. Insofern bietet sich hier zwar die Möglichkeit, die Gesetzmäßigkeit der beiden Zeitströme bis in die sinnliche Ausgestaltung durch Steiner selbst zu studieren. Gleichzeitig übersteigt das aber den Rahmen der vorliegenden Arbeit und muss daher dem eigenen anschauenden Studium überlassen werden.

Die Evolution der Zeit in der Siebenheit

Aber wir können anschließend an die obigen Zitate vom Münchner Kongress etwas Anderes hinzufügen:

«Das Geheimnis der sieben planetarischen Zustände unserer Erde wurde in die Benennungen der sieben Wochentage hineingelegt. … Tief symbolisch sind die Namen der Wochentage. In ihrer Aufeinanderfolge sehen wir etwas, wodurch die Eingeweihten sagen wollten: Denkt daran, dass ihr hineingestellt worden seid in die lebendige Evolution der Zeit.»[49]

Und:

«Die plastischen Formen der Kapitäler sind Übersetzungen dessen, was der ‹Seher› hört. Doch sind diese Formen keineswegs willkürlich, sondern so, wie sie sich auf ganz natürliche Art ergeben, wenn der ‹sehende Mensch› die ‹geistige Musik› (Sphärenharmonie), die sein ganzes Wesen durchströmt, auf die formende Hand wirken lässt. Die plastischen Formen sind hier wirklich eine Art ‹gefrorener Musik›, welche die Weltgeheimnisse zum Ausdruck bringt.»[50]

Wir erhalten also zwei Hinweise auf weitere Emanationen der Siebenheit: die Siebenheit der Wochentage als «lebendige Evolution der Zeit» und die Siebenheit der Töne in der Musik bzw. die «Sphärenharmonie». Beide hängen offensichtlich eng miteinander zusammen, denn einerseits macht Steiner hier darauf aufmerksam, dass der Geistesforscher die Siebenheit «hört». Das weist darauf hin, dass ihre Erfahrung mit der Erkenntnisstufe der Inspiration zusammenhängt, also jener Stufe, die eben erst erreicht wird, wenn man nach der Imagination über die Kraft verfügt, das imaginativ Gebildete auch wieder auszulöschen. Wir hatten oben auf die dazu notwendigen Übungen hingewiesen.

Andererseits deutet sich hier an, dass die Siebenheit der Evolution der Zeit selbst entspricht:

«Doch nicht allein ein Himmelskörper schreitet in seiner Entwickelung so vorwärts, sondern *jede* Entwickelung durchläuft sieben Stufen, die man im Sinne der modernen Geisteswissenschaft mit den Ausdrücken für die sieben planetarischen Zustände bezeichnet.»[51]

Über die Siebenheit der Wochentage hat sich Steiner weiterhin aber nur in seiner theosophischen Zeit in den Zusammenhängen der esoterischen Schule geäußert. Einerseits sind von diesen Darstellungen nur Hörernotizen, also keinerlei wörtliche Nachschriften vorhanden, andererseits bieten diese Nachschriften aber für das Verständnis dessen, um was es uns in dieser Darstellung geht, nämlich den neuen Zeitbegriff auf Grundlage der Anschauung eines vorwärts- und eines rückwärtslaufenden Zeitstroms, keinerlei weiterführende Aspekte.

Gehen wir aber weiter und schauen wir uns Schilderungen zum Aspekt der Siebenheit in der Evolution in den Aufsätzen *Aus der Akasha-Chronik* und der *Geheimwissenschaft im Umriss* an, so stoßen wir auch hier auf die Schwierigkeit, dass Steiner keinerlei prinzipielle oder systematische Ausführungen zur Gesetzmäßigkeit der Siebenheit oder gar zum doppelten Zeitstrom gemacht hat.

In der *Geheimwissenschaft im Umriss* (GA 13), die die zuvor veröffentlichten Aufsätze *Aus der Akasha-Chronik* (GA 11) im Hinblick auf die Darstellung der Evolution ersetzte, spricht Rudolf Steiner im Hinblick auf die sieben Wesensglieder des Menschen davon, dass
«in keiner andern Art, nur vom Gesichtspunkte einer höheren Form der Weltbeobachtung aus, von diesen ‹sieben› Gliedern des Menschen gesprochen werden sollte, so wie man von den sieben Farben des Lichtes spricht oder von den sieben Tönen der Tonleiter (indem man die Oktave als eine Wiederholung des Grundtones betrachtet). Wie das Licht in sieben Farben, der Ton in sieben Stufen erscheint, so die *einheitliche* Menschennatur in den gekennzeichneten sieben Gliedern.»[52]
Im Hinblick auf die Siebenheit als der Evolution und Devolution zugrunde liegende Gesetzmäßigkeit deutet er in der *Geheimwissenschaft im Umriss* bei Darstellung der Mondenentwicklung Folgendes an:
«Es darf somit gesagt werden, dass die ganze Mondenentwickelung in sieben Kreisläufen abfließt. Zwischen diesen Kreisläufen liegen Ruhepausen, die auch wiederholt in der obigen Darstellung besprochen worden sind. Doch kommt man mit der Vorstellung der Wahrheit nur dann nahe, wenn man sich keine schroffen Übergänge denkt zwischen Tätigkeits- und Ruhepausen. Es ziehen sich z. B. die Sonnenwesen nach und nach von ihrer Wirksamkeit auf dem Monde zurück. Für sie beginnt eine Zeit, die nach außen als ihre Ruhepause erscheint, während auf dem Monde selbst noch rege selbstständige Tätigkeit herrscht. So erstreckt sich die Tätigkeitsepoche der einen Wesensart in die Ruhepause der andern vielfach hinein. Wenn man solches in Rechnung zieht, dann kann man von einem rhythmischen Steigen und Sinken der Kräfte in Kreisläufen sprechen. Ja es sind ähnliche Abteilungen auch noch innerhalb der sieben angedeuteten Mondenkreisläufe zu erkennen. Man kann dann die ganze Mondenentwickelung einen großen Kreislauf, einen Planetenlauf nennen; dann die sieben Abteilungen innerhalb eines solchen ‹kleine› Kreisläufe und die Glieder dieser wieder ‹kleinere› Kreisläufe. Diese Gliederung in sieben mal sieben Abteilungen ist auch schon bei der Sonnenentwickelung bemerkbar und auch während der Saturnepoche angedeutet. Doch muss man berücksichtigen, dass die Grenzen zwischen den Abteilungen schon bei der Sonne und noch mehr beim Saturn verwischt sind. Diese Grenzen werden immer deutlicher, je weiter die Entwickelung gegen die Erdenepoche zu fortschreitet.»[53]
Schauen wir zur Verdeutlichung der Art der Darstellungen Steiners im Hinblick auf das Gesetz der Siebenheit in der Evolution eine längere Pas-

sage aus einem Vortrag aus der theosophischen Zeit an. Man achte hier besonders auf die Beschreibung des physischen und ätherischen Leibes und vergleiche diese etwa mit der oben zitierten Darstellung über die Metamorphose der Epithelzellen zu Sinneszellen bzw. zu Drüsenzellen.

«Wenn wir uns fragen: Wie hat der Mensch sich seit den urältesten Zeiten bis heute gebildet, wie ist seit Urzeiten der Mensch entstanden? – dann werden wir uns vor allem an das erinnern müssen, was wir über die Wesenheit des Menschen ausgeführt haben. Der Mensch hat sieben Glieder: das erste, der physische Leib, ist sozusagen das untergeordnetste Glied, höher und feiner ist dann schon der Ätherleib, noch höher und feiner ist der Astralleib, von dem Ich-Leib sind erst die Anlagen vorhanden. Es wäre aber falsch, daraus den Schluss zu ziehen, dass man den höchsten Leib, den der Mensch heute hat, auch den vollkommensten nennen könnte und dass der physische Leib der unvollkommenste wäre. Es ist gerade das Gegenteil der Fall, der physische Leib ist das vollkommenste Glied der menschlichen Wesenheit. Später einmal werden freilich die höheren Glieder in viel höherem Maße vollkommen sein, aber heute ist in seiner Art der physische Leib der am höchsten entwickelte. Er ist mit unbeschreiblicher Weisheit aufgebaut. Ich habe Ihnen einmal als Beispiel den Bau des Oberschenkelknochens beschrieben. Jeder einzelne Knochen ist mit seinem kunstvoll gefügten Gebälk in seiner weisen Anordnung so, wie kein Ingenieur heute das Problem lösen könnte, mit der kleinsten Masse die größte Leistung zu erzielen. Und je tiefer man eindringt in den Wunderbau der menschlichen Gestalt, desto bewunderungswürdiger erscheint uns der Aufbau, zum Beispiel der Wunderbau des Gehirns, des Herzens. Das Herz macht keinen Fehler, aber der menschliche Astralleib begeht viele Fehler. Die Triebe und Leidenschaften des Astralleibes stürmen auf den physischen Leib ein und überwältigen ihn. Wenn der Mensch unrichtige Nahrung zu sich nimmt, folgt er wiederum dem Astralleib. Das physische Herz hält den Blutlauf in Ordnung, aber der Astralleib macht unaufhörlich Attacken auf das Herz, weil seine Triebe begehren, was dem Herzen schadet. Kaffee, Tee, Alkohol sind Giftstoffe für das Herz, sie werden ihm oft täglich zugeführt, und das Herz hält dennoch stand. Es ist so dauerhaft konstruiert, dass es siebzig, achtzig Jahre allen Stürmen des Astralleibes trotzt. In der Stufenlage der Leiber ist also der physische Leib der vollkommenste bis in alle Einzelheiten hinein.

Weniger vollkommen ist der Ätherleib, noch weiter zurück in seiner Entwickelung ist der Astralleib, und am wenigsten entwickelt ist der Ich-Leib. Woher kommt das? Das kommt daher, dass der physische

Leib die längste Entwickelung durchgemacht hat. Er ist das älteste Glied der menschlichen Wesenheit. Weniger alt ist der Ätherleib, noch jünger ist der Astralleib, und am jüngsten ist der Ich-Leib.

Um diese Entwickelung der Leiber zu verstehen, muss man wissen, dass nicht nur der Mensch wiederholte Verkörperungen durchmacht, sondern dass das Gesetz der Reinkarnation ein allgemeines Weltgesetz ist. Nicht nur der Mensch macht also fortwährend Verkörperungen durch, sondern alle Wesen und alle Planeten sind diesem Gesetze unterworfen. Unsere ganze Erde mit allem, was darauf ist, hat frühere Inkarnationen durchgemacht, von denen uns zunächst drei besonders beschäftigen sollen.

Bevor die Erde zu diesem Planeten geworden ist, war sie ein anderer. Vor uralten Zeiten war unsere Erde ein Planet, den die Geheimwissenschaft Saturn nennt. Vier sich folgende Verkörperungen sind: Saturn, Sonne, Mond, Erde. Wie zwischen zwei menschlichen Verkörperungen eine Kamaloka- und Devachanzeit liegt, so liegt zwischen je zwei planetarischen Verkörperungen der Erde eine Zeit, in der dieselbe nicht sichtbar ist und kein äußeres Leben führt. Diese Zeit zwischen den Verkörperungen unseres Planeten nannte man das Pralaya, und die Zeit, in der er verkörpert ist, Manvantara. Mit den Namen Saturn, Sonne, Mond sind aber nicht die Himmelskörper gemeint, die heute so genannt werden. Das, was hier Sonne genannt wird, ist nicht unsere heutige Sonne. Unsere heutige Sonne ist ein Fixstern, und im Laufe ihrer Verkörperungen hat sie sich aus der Substanz und Wesenheit eines Planeten zu dem Range eines Fixsterns heraufgearbeitet; die alte Sonne war ein Planet. Ebenso ist das, was der alte Mond genannt wird, nicht der heutige Mond; es war die dritte Verkörperungsstufe der Erde, und so ist es auch mit dem Saturn, er war die erste Entwickelungsstufe der Erde.

Auf dem Planeten Saturn war der Mensch schon vorhanden. Der Saturn leuchtete nicht, aber mit devachanischem Hören hätte man ihn hören können; er tönte. Nachdem er eine Zeitlang dagewesen war, verschwand er nach und nach, wurde eine lange Zeit unsichtbar und leuchtete dann wieder hervor als Sonne. Diese machte dann denselben Prozess durch und kam als Mond wieder hervor. Zuletzt kam in gleicher Weise die Erde.

Man darf sich aber diese vier Planeten, Saturn, Sonne, Mond, Erde, nicht als vier voneinander getrennte Planeten vorstellen; das wäre ganz falsch. Es sind vier Erscheinungszustände eines und desselben Planeten. Es sind richtige Metamorphosen des einen Planeten, und alle Wesen auf demselben metamorphosieren sich mit ihm. Der Mensch war nie auf einem anderen Planeten, aber die Erde war in verschiedenen Zuständen da.

Als unsere Erde Saturn war, gab es nur die allerersten Keime zu unserem Menschenreich. Was heute als menschlicher Leib so kunstvoll aufgebaut ist, war auf dem Saturn nur Anlage, nichts weiter als allererste Anlage. Es gab kein Mineral, keine Pflanzen, kein Tier. Der Mensch ist der Erstling unserer Schöpfung. Aber der Saturnmensch war wesentlich anders als der heutige Mensch. Er war zum großen Teil ein geistiges Wesen. Man hätte ihn noch nicht mit physischen Augen sehen können. Es gab auch noch keine physischen Augen. Nur ein Wesen mit devachanischem Schauen hätte diesen Menschen wahrnehmen können. Dieses menschliche Gebilde war wie eine Art aurisches Ei und darin ein merkwürdiges schaliges Gebilde in Form einer kleinen Birne, wie zusammengefügte Austernschalen, eine Art von Wirbeln. Der Saturn war ganz durchsetzt von solchen Anfängen physischer Gebilde; es waren gleichsam Ausschwitzungen, die sich aus dem Geistigen verdichteten. Aus diesen Gebilden, die man nur als ganz leise Andeutungen des Späteren hätte ansehen können, hat sich im Laufe der Entwickelung der physische Leib des Menschen gebildet. Es war eine Art Urmineral, um das sich noch nicht ein Ätherleib gebildet hatte. Darum kann man sagen: Der Mensch ging durch das Mineralreich hindurch. Doch war das nicht unser heutiges Mineralreich, so zu denken wäre ganz unrichtig. Außer diesem Menschenreich gab es überhaupt kein anderes Reich auf dem Saturn.

Wie nun der Mensch gewisse Lebensstadien durchmacht, als Kind, Jüngling, Jungfrau, Mann, Frau, Greis, Greisin, so macht auch ein Planet Lebensstadien durch. Ehe der Saturn die in ihm abgelagerten Flocken zeigte, war er ein Arupa-Devachangebilde, dann ein Rupa-Devachangebilde, nachher ein Astralgebilde. Hierauf verschwinden nach und nach die Flocken, und der Saturn geht diese Stufen wieder zurück ins Dunkel des Pralaya. Solch eine Metamorphose vom Geistigen ins Physische und wieder zurück nennt man in der theosophischen Literatur eine ‹Runde› oder einen ‹Lebenszustand›. Jede Runde zerfällt wieder in sieben Unterabteilungen: Arupa, Rupa, Astral, Physisch, dann wieder Astral, Rupa, Arupa; diese hat man mit Unrecht ‹Globen› genannt: Es sind Formzustände. Man hat es aber nicht mit sieben aufeinanderfolgenden Kugeln zu tun, es ist immer derselbe Planet, der sich verwandelt, und die Wesen machen die Verwandlungen mit durch. Der Saturn hat sieben solcher Runden oder Lebenszustände durchgemacht.

In jeder Runde wird das Gebilde vervollkommnet, sodass es erst in der siebenten Runde in seiner Art vollkommen ist. In jeder Runde werden sieben Verwandlungen beziehungsweise Formzustände durchgemacht, mithin hätte der Saturn sieben mal sieben, also neunundvierzig Metamorphosen. Das hat der Saturn durchgemacht, ebenso die Sonne, der Mond, und die Erde macht dasselbe durch, und dann folgen in der Zukunft noch drei andere Planeten: Jupiter, Venus und Vulkan.

Es sind also sieben Planeten mit je sieben mal sieben Zuständen, also geheimwissenschaftlich geschrieben 777. In der Geheimschrift bedeutet die Sieben an der Einerstelle die Globen, an der Zehnerstelle die Runden, an der Hunderterstelle die Planeten. Diese Zahlen müssen miteinander multipliziert werden. Mithin hat unser Planetensystem 7 mal 7 mal 7 oder 343 Verwandlungen durchzumachen.

In der *Geheimlehre* von *H.P.B.* finden wir eine merkwürdige Stelle. Die *Geheimlehre* ist zu einem großen Teil des Inhalts von einer der höchsten geistigen Individualitäten inspiriert worden. Aber die großen Eingeweihten haben sich immer sehr vorsichtig ausgedrückt, sie haben nur angedeutet. Vor allen Dingen lassen sie die Menschen selbst immer etwas arbeiten. So ist diese Stelle voller Rätsel; H.P.B. wusste das. Der Lehrer sagte nichts von aufeinanderfolgenden Inkarnationen, er sagte nur: Lernt das Rätsel von 777 Inkarnationen zu lösen. – Er wollte, dass man lernen sollte, dass dies 343 sind. In der *Geheimlehre* steht zwar die Aufgabe, aber nicht die Lösung; die ist erst in jüngster Zeit gefunden worden.

Der erste Keimzustand des Menschen war also auf dem in urferner Zeit sich entwickelnden Saturn. Dieser verschwand dann ins Pralaya und trat aus demselben wieder hervor als Sonne, und mit ihr trat aus dem Dunkel des Pralaya auch der Mensch wieder hervor, der alte Bewohner des Weltalls. Aber mittlerweile hatte der Mensch die Kraft bekommen, etwas aus sich herauszusondern, wie die Schnecke ihr Haus. Er konnte schalenförmige Gebilde heraussondern als schwebende Gestalten und behielt die feineren Stoffe in sich zurück, um sich höher zu entwickeln. So bildete der Mensch das Mineralreich aus sich heraus; aber diese Mineralien waren eine Art lebender Mineralien. Der Mensch entwickelte sich nun auf der Sonne so, dass der Ätherleib hinzutrat, wie bei den heutigen Pflanzen. Er machte also auf der Sonne das Pflanzenreich durch, und wir haben nun auf der Sonne zwei Reiche, das Mineralreich und das Pflanzenreich; das Letztere war der Mensch. Aber diese Pflanzenformen waren ganz verschieden von unseren heutigen. Wer in die tieferen Beziehungen eindringt, betrachtet die Pflanze als einen umgekehrten Menschen. Sie hat unten die Wurzel, dann nach oben den Stängel, Blätter, Blüte, Staubgefäße und Stempel; die Stempel enthalten die weiblichen, die Staubgefäße die männlichen Befruchtungsorgane. In naiver Unschuld streckt die Pflanze die Befruchtungsorgane der Sonne entgegen, denn die Sonne ist die Anregung der Befruchtungskraft. Die Wurzel ist in Wahrheit das Haupt der Pflanze, welche die Befruchtungsorgane in den Weltenraum hinausstreckt und deren Kopf von dem Innern des Erdzentrums angezogen wird. Der Mensch ist umgekehrt, er hat das Haupt oben und die Organe, die die Pflanze zur Sonne hinaufstreckt, unten. Das Tier steht in der Mitte, es hat den Leib horizontal. Wird die Pflanze halb gedreht, so ergibt sich die Stellung des Tieres, wird sie ganz umgedreht, die des Menschen.

Das hat die alte Geheimwissenschaft in einem uralten Symbol ausgedrückt, im Kreuz, und hat gesagt, wie *Plato* es nach den alten Mysterien ausdrückt: Die Weltenseele ist ans Kreuz des Weltenleibes geschlagen. – Das heißt, die Weltenseele ist in allem enthalten, aber sie muss sich hinaufarbeiten durch diese drei Stufen hindurch; sie macht ihre Reise am Kreuz des Weltenleibes durch.

Auf der Sonne war der Mensch als Pflanzenwesen, also genau umgekehrt wie der heutige Mensch. Er lebte ja in der Sonne, er gehörte zum Leib der Sonne. Die Sonne war ein Lichtkörper, sie bestand aus Lichtäther; der Mensch war noch Pflanze und mit seinem Kopfe zum Mittelpunkt der Sonne gerichtet. Als dann später die Sonne heraustrat, musste die Menschenpflanze sich umdrehen, sie blieb der Sonne treu.

In der ersten Runde ist die Sonne nur eine Wiederholung der Saturnzeit; erst bei der zweiten Runde beginnt die weitere Entwickelung des Menschen. Als die Sonne sich dann in den sieben Runden so weit entwickelt hatte, wie sie konnte, verschwand sie im Dunkel des Pralaya und kam erst wieder hervor als Mond.

Die erste Mondenrunde war wiederum nur eine Wiederholung des Saturndaseins in etwas anderer Gestalt. Die zweite Mondenrunde brachte auch noch nichts Neues, sie war eine Wiederholung des Lebens auf der Sonne. In der dritten Mondenrunde erst kam etwas Neues hinzu: Der Mensch bekam den Astralleib zu seinen zwei früheren Leibern. Da ist er in seiner äußeren Gestalt dem Tier von heute zu vergleichen: Er hat drei Leiber. Damals ist er angekommen auf der Stufe des Tierreiches. Der Mensch erhob sich zum Pflanzenreich durch Abstoßung des Mineralreiches, er erhebt sich nun zum Tierreich durch Abstoßung des Pflanzenreichs. So stehen nun zwei Reiche neben ihm. Dann stößt er wieder einen kleineren Teil von sich ab, sondert ihn von sich aus und geht höher hinauf.

In dieser dritten Mondenrunde geht nun auch ein wichtiger kosmischer Prozess vor sich: Sonne und Mond trennen sich. Es entstehen zwei Körper; der Mond spaltet sich von der Sonne ab. Im Anfang der zweiten Mondenrunde ist die Sonne noch unverändert, dann zeigt sich eine kleine Einschnürung unten an dem Sonnenkörper, er schnürt sich ab, und in der dritten Mondenrunde sind zwei Körper nebeneinander.

Die Sonne hat die edleren Teile behalten, sie schickt von außen ihre Strahlen auf den Mond und gibt ihm und allen Wesen darauf das Nötige. Das ist das Avancement der Sonne, sie ist jetzt Fixstern geworden, und sie beschäftigt sich nicht mehr selbst mit den drei Reichen, sondern gibt nur ab, was sie zu geben hat. Sie beherbergt höhere Wesen, die sich jetzt entwickeln können, nachdem die Sonne die niederen Teile ausgesondert hat. In der vierten Mondenrunde vervollkommnet sich das alles, und in der fünften gehen dann die zwei Körper wieder ineinander über und verschwinden darauf als Eines im Pralaya.

Der alte Mond hatte noch keine feste Erdkruste, auf der man herumgehen konnte, wie auf den Felsen unserer Erde. Das Mineralreich war damals etwa wie eine lebendige Torfmoormasse oder wie gekochter Spinat. Diese lebendige, innerlich wachsende Masse war durchsetzt von holzartigen Gebilden. Daraus erwuchs das damalige Pflanzenreich, Pflanzen, die eigentlich Pflanzentiere waren. Sie hatten Empfindungen und würden einen Druck schmerzlich empfunden haben. Und der Mensch im damaligen Tierreich war nicht wie das heutige Tier, sondern stand zwischen Mensch und Tier. Er war höherstehend als das heutige Tier und konnte in viel planvollerer Weise seine Triebe ausführen. Er stand aber niedriger als der heutige Mensch, denn er konnte noch nicht zu sich Ich sagen. Er hatte noch nicht den Ich-Leib.

Diese drei Reiche lebten auf dem lebendigen Mondenkörper. Wichtig ist, dass diese Mondmenschen nicht so geatmet haben wie der heutige Mensch. Sie atmeten nicht Luft, sondern Feuer ein und aus. Mit dem Feuereinatmen durchdrangen sie sich mit Wärme; beim Ausatmen gaben sie die Wärme wieder von sich und wurden kalt. Die heutige innere Blutwärme hatte der Mensch auf dem Mond als Atmungswärme. Viele alte hellsehende Maler symbolisierten das in dem feueratmenden Drachen; sie haben eben gewusst, dass es in uralten Zeiten solche Mondwesen gegeben hat, die Feuer atmeten.

Nach seiner Entwickelung durch 7 mal 7 mal 7 Zustände ging der Mond ins Pralaya zurück und kam dann als Erde wieder hervor. In der ersten Erdenrunde wiederholt sich das ganze Saturndasein, in der zweiten das Sonnen- und in der dritten das Mondendasein. Während der dritten Runde wiederholte sich auch die Abspaltung von Sonne und Mond.

In der vierten Erdenrunde fängt die Erde an, sich herauszubilden. Nun geschieht ein hochwichtiger kosmischer Vorgang: Die Erde hat im Entstehen eine Begegnung mit dem Planeten Mars. Die zwei Planeten durchdringen einander, die Erde geht durch den Mars hindurch. Der Mars hatte einen Stoff, den die Erde damals nicht besaß: das Eisen. Dieses Eisen ließ der Mars in dampfförmigem Zustand in der Erde zurück. Wäre dies nicht geschehen, wäre die Erde alleingeblieben mit dem, was früher schon vorhanden war, dann hätten es die Menschen wohl bis zum Tierreich, wie es damals vorhanden war, gebracht; sie hätten Wärme atmen, aber niemals warmes Blut haben können. Hätte der Mars der Erde nicht das Eisen eingelagert, dann hätten die Menschen kein warmes Blut bekommen, denn im Blute ist Eisen enthalten. So sagt die Geheimwissenschaft: Die Erde verdankt bei ihrer Entwickelung dem Mars so viel, dass man sie in der ersten Hälfte ihres Seins Mars nennt. Für die zweite Hälfte hat eine ebenso wichtige Bedeutung der Merkur. Die Erde trat in alter Zeit in Beziehung zum Merkur und bleibt bis zum Ende ihrer Entwickelung mit ihm in Verbindung. Darum spricht man in der Geheimwissenschaft nicht von Erde, sondern von Mars und Merkur.

Auf dieses Stadium folgen in der Zukunft noch drei Stadien: Jupiter, Venus, Vulkan. Diese sieben Erdstadien, wie sie die Geheimwissenschaft angibt, haben sich erhalten in den Namen der Wochentage, die allerdings in der deutschen Sprache ziemlich verstümmelt sind:

Saturn	Saturday, Samedi	Samstag
Sonne	Sunday	Sonntag
Mond	Monday, Lundi	Montag
Mars	Mardi, oder Ziu – Tuesday	Dienstag
Merkur	Mercredi, Wednesday	Mittwoch
Jupiter	Jeudi, Tor, Donar – Thursday	Donnerstag
Venus	Vendredi, Freya – Friday	Freitag

So haben Sie in den Namen der Wochentage die geheimwissenschaftliche Lehre von dem Durchgang der Erde durch diese verschiedenen Perioden: eine wunderbare Chronik, die es dem Menschen ermöglicht, sich diese Wahrheiten immer wieder zu vergegenwärtigen. Wir werden im Verlaufe der nächsten Tage dann immer mehr sehen, wie die Theosophie uns erst wieder zum Verständnis bringt, was unsere Urväter einst einfach im Namen ausgedrückt haben, und wie das Alltäglichste mit dem Allertiefsten zusammenhängt.»[54]

Auch in dieser Darstellung aus der theosophischen Zeit, und es ließen sich hier zahlreiche weitere Darstellungen anfügen, finden wir keinerlei systematische Ausführungen zum Zeitbegriff oder dem doppelten Zeitstrom. Lediglich am Anfang, wo es um die Wirkungen des Astralleibes geht, spricht Steiner implizit über die abbauenden Kräfte des Astralischen im physischen und ätherischen Leib, führt das aber nicht weiter aus, so als ob er an dieser Stelle noch auf keine genaueren Studien zurückgreifen konnte. Auch weist er auf den Unterschied von jüngeren und älteren Wesensgliedern hin, bringt aber auch hier den Doppelstrom oder einen gegenläufigen Zeitstrom nicht zur Sprache.

Einerseits müssen wir davon ausgehen, dass sich Rudolf Steiner in dieser Zeit immer noch an die in der Theosophischen Gesellschaft übliche Terminologie hielt, um sich verständlich zu machen, andererseits zeigen uns alle bisherigen Ausführungen über die Siebenheit, dass es ihm in dieser Epoche seines Werkes am deutlichsten in der künstlerischen Form der sieben Planetenkapitäle gelungen ist, die Gesetzmäßigkeit der Evolution mit ihrem auf- und absteigenden Zeitenstrom darzustellen.

Die Darstellung des Doppelstroms der Zeit in den physischen Tatsachen des menschlichen Leibes und der Natur aber, finden wir wie schon gesagt tatsächlich erst ab 1917/18 in den oben zitierten Vorträgen vor wissenschaftlich gebildetem Publikum. Erst ab 1917 war es ihm also möglich, diese Gesetzmäßigkeit bis in ihre sinnlich-sichtbare Form hinein tatsächlich nachzuweisen. Gegenüber der oben zitierten Darstellung von 1906 treten in den Darstellungen der Evolution des Menschen ab 1917 die kosmologischen Inhalte eindeutig zurück, auch wird das Gesetz der Siebenheit nicht mehr so in den Vordergrund gestellt. Stattdessen treten nun, wie oben dargestellt, die physiologischen Einzelheiten in den Vordergrund, anhand derer Steiner dann den doppelten Zeitstrom detailliert nachweisen kann.

Die hier zitierten Darstellungen aus der *Geheimwissenschaft* und dem Vortrag von 1906 deuten also darauf hin, dass Steiner zwar das Grundgesetz der Evolution schon längst erkannt hatte, dass er es aber zu diesem

Zeitpunkt noch nicht naturwissenschaftlich aufzeigen konnte. Wir müssen davon ausgehen, dass er zwar seine übersinnlichen Anschauungen der Evolution immer weiter verfeinern konnte, dass er aber die Studien der Sinneserscheinungen und insbesondere des menschlichen Organismus noch nicht so weit gebracht hatte, um darin die übersinnlichen Vorgänge, insbesondere den rückläufigen Zeitstrom, aufzuzeigen.

Wohl auch aus diesem Grund bleibt der um 1910 herum unternommene Versuch einer Anthropologie auf anthroposophischer Grundlage lediglich ein Fragment.[55] Dieses Fragment wollen wir im nächsten Kapitel im Hinblick auf das ab 1917 Erscheinende noch genauer ansehen.

Um so bedeutsamer muss uns dem gegenüber die Erkenntnis der Dreigliederung des menschlichen Organismus in einen Kopfpol, der den abbauenden Kräften entspricht, also dem rückwärtslaufenden Zeitstrom, einen Gliedmaßenpol, der den aufbauenden Kräften, dem vorwärtslaufenden Zeitstrom entspricht und einem dazwischen liegenden rhythmischen System, das in Einatmung und Ausatmung zwischen beiden vermittelt, erscheinen. Die Siebenheit als Grundlage aller Entwicklung tritt in den Darstellungen nach 1917 nicht mehr in den Vordergrund, ihre künstlerische Ausgestaltung in Form der sieben Säulenkapitäle erscheint als die vollendetste Form, in der Steiner auf dieses Gesetz hinweisen konnte.

7. Anthroposophie – Der fragmentarische Versuch von 1909-1911

Dem erwähnten Fragment von 1910 (GA 45) gehen Vorträge aus dem Jahre 1909 über Anthroposophie voraus (GA 115). In diesen möchte Steiner nun näher an die sinnlichen Erscheinungen des Übersinnlichen herantreten und den theosophischen Betrachtungen der Phase von 1902 – 1909 einige detailliertere Schilderungen des Menschen selbst hinzufügen: «Wir haben hier in Berlin und an andern Orten, an denen unsere Theosophische Gesellschaft verbreitet ist, in den letzten Jahren so vieles gehört aus dem Gesamtgebiete der Theosophie, das entnommen war aus sozusagen hohen Regionen der hellseherischen Forschung, dass einmal das Bedürfnis entstehen musste, oder besser gesagt, müsste, einiges zu tun für eine ernste und würdige Fundamentierung unserer geistigen Strömung. Und es wird wohl gerade die jetzige Generalversammlung, welche unsere lieben Mitglieder vereinigt nach dem siebenjährigen Bestande unserer Deutschen Sektion, ein richtiger Anlass dazu sein, etwas beizutragen zu einer festeren Fundamentierung, zum Schaffen einer festeren Ordnung unserer Sache. Dies soll von mir in den vier Vorträgen unter dem Titel ‹Anthroposophie› in diesen Tagen versucht werden. [...] Das gewöhnliche menschliche Erkennen geht in der Welt der Tatsachen herum von Einzelheit zu Einzelheit. Die Theosophie steigt auf einen hohen Bergesgipfel hinauf, und je höher sie hinaufsteigt, desto größer wird der Umkreis, den sie überschaut. Sie muss aber dann besondere Mittel anwenden, um überhaupt noch etwas von dem Unteren zu sehen. Die Mittel, die da angewendet werden müssen, sind oft und oft beschrieben worden, auch in meiner Schrift *Wie erlangt man Erkenntnisse der höheren Welten?*. Da ist gezeigt, wie es dem Menschen möglich ist, zu diesem idealen Gipfel emporzudringen, ohne dass er die Möglichkeit verliert, unten überhaupt noch etwas zu sehen.

Nun gibt es aber – und das kann unmittelbar hervorgehen aus diesem Vergleich – noch eine dritte Möglichkeit: Man steigt nicht ganz zum Bergesgipfel hinauf, man bleibt sozusagen in der Mitte stehen. Wenn man unten ist, so sieht man lauter Einzelheiten vor sich; man hat keinen Überblick, und man sieht das Obere von unten her. Wenn man oben ist, hat man nichts über sich außer dem göttlichen Himmel, und man sieht unter sich alles nur undeutlich, verschwommen, in Dunst gehüllt. Wenn man in der Mitte ist, so ist das ein besonderer Standpunkt: man hat etwas unter sich und etwas über sich, und man kann die beiden Aussichten miteinander vergleichen.

Jeder Vergleich hinkt selbstverständlich, aber es war auch nur beabsichtigt, Ihnen vor Augen zu führen, wodurch Theosophie zunächst sich von Anthroposophie unterscheidet. Theosophie ist das Stehen auf dem Berggipfel, Anthroposophie das Stehen in der Mitte, sodass man hinauf- und hinunterschaut. Der Standort und der Gesichtspunkt ist nur ein anderer. Jetzt aber reicht der Vergleich nicht mehr aus, um das Folgende zu bezeichnen. Wenn man sich der Theosophie ergibt, so ist es notwendig, dass man über die menschliche Anschauung hinaufsteigt, dass man sich vom niederen Selbst zum höheren Selbst erhebt, und dass man mit den Organen des höheren Selbst zu schauen vermag. Denn der Gipfel, von dem aus die Theosophie zu schauen vermag, liegt über dem Menschen, das gewöhnliche menschliche Erkennen hingegen liegt eigentlich unterhalb des Menschen, und der Mensch selber steht mitten zwischen Natur- und Geisteswelt drinnen. Das Obere reicht in ihn hinein, denn er ist durchsetzt, erfüllt vom Geiste. Er kann den Geist über sich sehen; er nimmt aber nicht seinen Ausgangspunkt vom Geiste, vom Gipfel, sondern so, dass er den Gipfel über sich hat. Zugleich aber sieht er das, was bloß Natur ist, unter sich, denn das ragt von unten in ihn hinein. Theosophie unterliegt der Gefahr, dass, wenn nicht jene Mittel angewendet werden, die zum Beispiel in meiner Schrift *Wie erlangt man Erkenntnisse der höheren Welten?* beschrieben worden sind, das Menschliche überflogen wird und dass der Mensch die Möglichkeit verliert, überhaupt noch etwas Zureichendes zu erkennen. Bei der Theosophie liegt die Gefahr nahe, zu ihren Füßen nicht mehr die Wirklichkeit zu sehen. Sie braucht die Möglichkeit selbstverständlich nicht zu verlieren, wenn jene richtigen Mittel angewendet werden zur Entwickelung derjenigen Organe, mit welchen gesehen wird durch das höhere Selbst.»[56]

Hier macht Steiner selbst also auf einen Mangel der bisherigen theosophischen Darstellungen aufmerksam, so, als wäre er auch mit seinen eigenen Darstellungen des Menschen bisher nicht zufrieden. Er möchte deshalb der sinnlichen Erscheinung des Menschen nähertreten, und – aus der Perspektive unserer Betrachtungen zum Zeitbegriff – die sinnlichen Erscheinungsformen des übersinnlichen, rückwärtslaufenden Zeitstroms auch in den Sinneserscheinungen der Natur und des Menschen aufsuchen.

Schauen wir, wie weit ihm das in diesen Vorträgen von 1909, in dem sich anschließenden schriftlichen Fragment von 1910 und in Vorträgen von 1911 zur okkulten Physiologie gelungen ist.

Rudolf Steiner beginnt seine Betrachtungen, wie zu erwarten ist, mit dem Menschen selbst:

«Der Mensch ist wirklich das wichtigste Objekt unserer Betrachtung. Schon wenn wir auf das erste Glied des menschlichen Wesens, den physischen Leib, eingehen, wenn wir darüber nachdenken, was wir durch die Theosophie gewonnen haben und näher darauf eingehen, dann werden wir gewahr, was für ein kompliziertes Gebilde dieser physische Leib eigentlich ist. Damit Sie sich zunächst wenigstens eine gefühlsmäßige Erkenntnis dessen verschaffen, was Anthroposophie eigentlich will, so denken Sie einmal über Folgendes nach: Das, was wir heute den physischen Menschenleib nennen, ist sozusagen ein altes Produkt. Wir wissen, dass seine erste keimhafte Anlage auf dem alten Saturn entstanden ist und sich verändert hat auf der alten Sonne, auf dem alten Monde und auf der Erde. Der Ätherleib ist hinzugekommen auf der Sonne, der astralische Leib auf dem Monde. Immer haben sich diese Glieder der menschlichen Wesenheit im Verlaufe der Entwickelung geändert. Was uns heute entgegentritt als der komplizierte Menschenleib mit Herz und Nieren, Augen und Ohren und so weiter, das ist das Produkt einer langen Entwickelung. Alles ist entstanden aus einer Form, die auf dem alten Saturn in höchst einfacher Gestalt im Keime vorhanden war. Das hat sich durch Jahrmillionen immer wieder verändert und verwandelt, sodass es endlich zur heutigen Vollkommenheit und Kompliziertheit aufsteigen konnte. Betrachten Sie heute irgendein Glied dieses physischen Leibes, das Herz oder die Lunge, so können Sie es nicht verstehen, wenn Sie nicht jenen tieferen Einblick haben, wie diese Glieder entstanden sind und sich gebildet haben. Von dem, was heute die Form des Herzens, die Form der Lunge ist, war auf dem alten Saturn natürlich noch nichts vorhanden. Ganz nach und nach haben diese Organe ihre heutige Form angenommen. Eines hat sich früher, das andere später gebildet und ist dem physischen Leibe eingegliedert worden. Ein Organ können wir geradezu ansprechen als ein Sonnenorgan, weil es sich während des alten Sonnenzustandes zuerst angegliedert und gezeigt hat. Ein anderes können wir ansprechen als Mondenorgan und so weiter. So können wir uns die Begriffe holen aus dem Weltenall, aus der Betrachtung der ganzen Welt, wenn wir verstehen wollen, wie dieses komplizierte Gebilde, der physische Menschenleib, eigentlich entstanden ist und was er heute bedeutet.

Das ist eine theosophische Betrachtung des Menschen. Was ist dagegen die anthropologische Betrachtung des Menschen? Wenn man ihn anthropologisch betrachtet, so nimmt man das Herz und betrachtet es für sich, man nimmt den Magen und betrachtet ihn für sich. Man untersucht sie in ihrem Nebeneinander, als ob es gleichgültig wäre, welches Organ jünger und welches älter ist. Darauf nimmt man keine Rücksicht, da wird alles als Einzelheit mechanisch nebeneinandergestellt. Theosophie geht auf die höchsten Höhen hinauf und erklärt aus dem Geistigen alles Einzelne. Anthropologie bleibt ganz unten stehen, geht aus von dem Einzelnen und ist heute bei dem äußersten Extrem angekommen: sie betrachtet die einzelnen Zellen in ihrem Nebeneinander, als ob es gleichgültig wäre, dass ein Zellenkomplex zur alten Mondenzeit, ein anderer auf der alten Sonne entstanden ist. Die einzelnen Zellenkomplexe sind wirklich zu verschiedenen Zeiten entstanden. Man kann äußerlich die Einzelheiten anführen, aber man wird sie nicht verstehen, wenn man sie nicht vom geistigen Gesichtspunkte aus betrachtet. So wandelt Anthropologie ganz unten herum, und Theosophie nimmt den höchsten Gipfel ein.

Nun denken Sie, dass sich die Sache noch mehr kompliziert. Das menschliche Herz zählt zu den Organen, die zu den allerältesten gehören, wenigstens in der Keimanlage. So wie es heute aussieht, hat es sich freilich erst in späterer Zeit ausgebildet. Und nun betrachten wir die alte Sonnenzeit. Da war zum Beispiel diese Keimanlage des menschlichen Herzens abhängig von den Kräften, die auf der alten Sonne herrschten. Dann ging die Entwickelung weiter. In der ersten Periode der Mondenzeit war der alte Mond mit der Sonne vereinigt, da machte das Herz wieder eine Entwickelung durch. Da trat aber das große Ereignis ein, dass die Sonne sich trennte. Sie wirkte nun von außen, sodass von da ab das Herz eine ganz andere Entwickelung durchmachte. Die Entwickelung verlief von jener Zeit ab so, dass ein Sonnen- und ein Mondenanteil da war, und man kann das Herz nur verstehen, wenn man unterscheiden kann den Sonnen- und den Mondenanteil. Dann vereinigte sich die Sonne wieder mit dem Monde. Während der Erdenentwickelung trat die Sonne zuerst wiederum heraus und wirkte von außen schärfer auf die Entwickelung ein. Dann trat die Mondentrennung ein und der Mond wirkte von außen, sodass wir eine neue Phase in der Entwickelung dieses alten Organs haben.

So sehen wir hineinscheinen in den menschlichen physischen Leib die verschiedensten Kräfte von den verschiedensten Standpunkten aus. Weil das Herz zu den ältesten Organen gehört, so haben wir da wirklich einen Sonnenanteil, einen Mondenanteil, einen zweiten Sonnenanteil und einen zweiten Mondenanteil und dann noch extra einen Erdenanteil nach der Herausgliederung der Erde. Wenn alle diese Anteile an einem Organ oder an dem menschlichen physischen Leib so zusammenstimmen, wie sie in der Harmonie des Kosmos zusammenstimmen, dann ist Gesundheit beim Menschen vorhanden. Sobald einer der Anteile überwiegt, sagen wir zum Beispiel, es werde der Sonnenanteil zu groß gegenüber dem Mondenanteil in Bezug auf das Herz, dann wird das Herz krank. Und Sie verstehen diese Krankheit, wenn Sie wissen, wie durch irgendwelche Umstände der Mondenanteil sozusagen ins Hintertreffen gekommen ist. Alle Krankheit der Menschen beruht darauf, dass diese verschiedenen Anteile in Unordnung kommen, unregelmäßig geworden sind. Alle Heilung bestände darin, dass die Harmonie wieder hervorgebracht werde. Aber nur sprechen davon genügt nicht, man muss diese Harmonie wirklich kennen, man muss wirklich in die Weisheit der Welt hineinsteigen, um an jedem Organ die verschiedenen Anteile finden zu können.

So ist der physische Leib ein ungeheuer kompliziertes Gebilde. Das können Sie schon ahnen aus dem, was wir bisher betrachtet haben. Sie können ahnen, was eine wirklich okkulte Physiologie und Anatomie ist, die mit allen diesen Faktoren rechnen muss und welche den Menschen aus dem ganzen Kosmos heraus begreift. Sie spricht vom Sonnen- und Mondenanteil im Herzen, Kehlkopf, Gehirn und so weiter. Da aber alle diese Anteile im Menschen selber wirken, so wie der Mensch heute vor uns steht, so ist er sozusagen das verfestigte, kristallisierte Produkt all der Vorgänge, die geschehen sind vom Saturn aus auf Sonne, Mond und Erde. So steht im Menschen etwas vor uns, worin verfestigt sind alle diese Anteile.

Sieht man nun nicht hinaus in die Welt, sondern in den Menschen selber hinein und versteht die einzelnen Organe, den physischen Leib, Ätherleib, astralischen Leib, Empfindungsseele, Verstandesseele, Bewusstseinsseele, so wie der Mensch heute ist, so ist das Anthroposophie. Wir werden auch bei der Anthroposophie auszugehen haben von dem Untersten, um allmählich zum Höchsten aufzusteigen. Das Unterste für den Menschen ist die sinnlich-physische Welt, das, was durch die Sinne und den sinnlich-physischen Verstand gegeben ist. Sie betrachten wir in der Theosophie, ausgehend vom Weltganzen, in den kosmischen Zusammenhängen mit den sinnlich-physischen, den äußeren Erscheinungen. Das ist theosophische Betrachtungsweise. Anthroposophische Betrachtung muss in Bezug auf die sinnlich-physische

Welt vom Menschen ausgehen, muss das betrachten an dem Menschen, was an ihm sinnlich-physisch ist. Sie muss ausgehen vom Menschen und ihn betrachten, insofern er ein Sinneswesen ist. Das wird das Erste sein. Dann werden wir den menschlichen Ätherleib zu betrachten haben, dann den astralischen Leib und das Ich, das, was an ihm selber zu finden ist.»⁵⁷

Wir sehen hier exakt die gleiche Ausgangslage wie in den in Abschnitt 4 zitierten Vorträgen von 1918: Steiner unterscheidet die Organe, er erwähnt sogar das Sonnenhafte und das Mondenhafte wie im Vortrag vom 11. April 1921 (GA 82), er bringt das Gesunde und das Kranke ins Spiel, aber er spricht noch nicht von Aufbau und Abbau und unterscheidet noch nicht die drei Systeme, weil er die Anschauung der menschlichen Dreigliederung noch nicht so weit entwickelt hatte. Er kann den geistigen Ursprung genau nachweisen, weil er, gemäß dem Aufbau des rosenkreuzerischen Einweihungsweges, die höchste Stufe der Intuition längst erreicht hatte. Die darauf folgenden Erkenntnisstufen, die ja, wie wir in Abschnitt 5 gesehen haben, einem Abstieg entsprechen, hat er aber offensichtlich zu diesem Zeitpunkt noch nicht vollständig hinter sich. Er selbst spricht am Anfang des Vortrages sogar in Form des Bildes vom Berge von diesem Abstieg. Wir sehen ihn hier gewissermaßen auf einer Vorstufe der Entdeckung der Dreigliederung, aber die beiden Zeitströme in ihrer sinnlichen Erscheinung sehen wir hier noch nicht vor uns. Dazu bedurfte es offensichtlich noch einer weitergehenden Erkenntnisstufe, die erst 1917 vollendet wird.

Von der Stelle aus, an der er jetzt, 1909, steht, betrachtet er nun die einzelnen Wesensglieder des Menschen und spricht im Hinblick auf den physischen Leib von der Sinneslehre, die er dann bis 1917 noch weiter verfeinert. Sie ergibt aber im Hinblick auf unser Thema, das neue Zeitverständnis Steiners, keine weiteren Hinweise.

Interessant erscheinen hier noch die im Zusammenhang mit dem Ätherleib auftauchenden sieben Lebensprozesse. Sie werden in dem Fragment von 1910 genauer dargestellt, aber es fehlt auch hierbei die Anschauung des dreigliedrigen Organismus mit dem Gegensatz von aufbauenden Kräften im Stoffwechselsystem und abbauenden Kräften im Sinnes-Nerven-System. Der physische Leib wird mit seinen Sinnesorganen als dem Ich entsprechend dargestellt, der Ätherleib dagegen wird als vom Astralleib her aufgebaut geschildert. Die unteren Wesensglieder entsprechen also jeweils einem der oberen Wesensglieder, werden von ihnen aufgebaut. Aber es fehlt hier deutlich noch die Anschauung, dass Abbau überall da stattfindet, wo Ich und Astralleib sich als Bewusstsein des Menschen äußern. Allen Bewusstseinsprozessen liegt Abbau des physischen und ätherischen Leibes zugrunde als Folge des Auftretens der höheren Wesensglieder. Diese Erkenntnis, die erst auf der Grundlage der Anschauung der Dreigliederung des menschlichen Organismus möglich wurde, fehlt hier noch. Man kommt deshalb beim Lesen dieser Ausführungen nicht umhin zuzugestehen, dass es sich bei diesem Versuch tatsächlich noch um ein Fragment handelt, und man versteht gut, warum Steiner an dieser Stelle zunächst nicht weitergemacht hat.

Schauen wir uns aber nun noch den dritten Versuch Steiners aus dieser Epoche an, seine *Okkulte Physiologie*. Diese Vorträge wurden ein Jahr später 1911 in Prag gehalten, weil offensichtlich schon damals von medizinischer Seite aus großes Interesse an weiteren Ausführungen zum Wesen des menschlichen Leibes vorhanden war. Ohne hier in die Details dieses sehr anspruchsvollen Vortragszyklus zu gehen, kann man diesen als deutliche Vorstufe der Entdeckung der Dreigliederung ansehen. Es wird zunächst jedoch immer von einer Zweiheit, nämlich der Hauptesorganisation und der Stoffwechselorganisation ausgegangen, auch wird immer wieder das Herz als Mittelpunktsorgan angesprochen, aber die Begriffe von Evolution und Devolution von Auf- und Abbau, die für unsere Frage nach der Entwicklung des Zeitbegriffes entscheidend sind, tauchen noch nicht auf.

Interessant für Rudolf Steiners eigene Entwicklung, die ja von unserem Gesichtspunkt mit der Entwicklung eines neuen Zeitbegriffs einherging, ist eine Nachbesprechung, die er im Anschluss an seinen Zyklus zur okkulten Physiologie noch in Prag abhielt. Dort kommt er auf das Verhältnis von Theosophie und Philosophie zu sprechen. Dahinter zeigt sich sein Bestreben, seine übersinnlichen Anschauungen bis hinunter auf die naturwissenschaftliche Ebene zu verfolgen, das er ja schon mit den Vorträgen über «Anthroposophie» 1909 und dem 1910 verfassten Fragment seiner «Anthroposophie» in Angriff deutlich gemacht hatte. So führt er hier aus:

«Theosophie hat es nicht so gut wie die heutige Philosophie, welche sich in abstrakten Regionen hält und welche durchaus nicht sehr geneigt sein würde, in ihre Betrachtungen solche Begriffe wie, sagen wir, zum Beispiel des Blutes oder der Leber oder der Milz, also Inhalte des Tatsächlichen aufzunehmen. Es würde diese Philosophie sehr davon zurückschrecken, die Brücke von ihren abstrakten Begriffsbildungen zu schlagen nach den konkreten, unmittelbar tatsächlich an uns herantretenden Ereignissen und Dingen. Die Theosophie ist in dieser Beziehung waghalsiger und kann gerade deshalb gegenüber der Philosophie

sehr leicht angesehen werden als eine Geistesbetätigung, die kühn und unberechtigt eine Brücke schlägt von dem Geistigsten bis zu dem Allertatsächlichsten herunter.»[58]
Und dann kommt er auf die Schwierigkeiten zu sprechen, die sich bei diesem Bemühen ergeben:
«Die Theosophie nun muss ihre Begriffe auf eine ganz andere Weise gewinnen; sie muss zu übersinnlicher Erkenntnis aufsteigen und ihre Begriffe aus dem Übersinnlichen herunterholen, sie muss aber auch in die Seite der Realität sich hineinvertiefen und muss die aus der Beobachtung der sinnlichen Welt gewonnenen philosophischen Begriffe beherrschen. Wenn wir uns das einmal schematisch vorstellen wollen, so haben wir auf der einen Seite in der Philosophie Begriffe, die durch äußere Wahrnehmung gewonnen werden, auf der anderen Seite die Begriffe, die aus dem Übersinnlichen durch geistige Wahrnehmung gewonnen werden. Und wenn wir das Feld der Begriffe uns denken, durch die wir uns verständigen, so müssen wir sagen: Wenn Theosophie als etwas Berechtigtes gelten soll, dann müssen unsere Begriffe von beiden Seiten her genommen werden, auf der einen Seite von der sinnlichen Wahrnehmung, auf der anderen Seite von der geistigen Wahrnehmung, und auf dem Felde unserer Begriffe müssen diese beiden Seiten sich treffen.»
Dieses Anliegen kommt nun 1917 mit dem Buch *Von Seelenrätseln*, in dem die menschliche Dreigliederung erstmals in schriftlicher Form beschrieben wurde, deutlich an sein Ziel. Dort heißt es im Kapitel «Anthropologie und Anthroposophie»:
«Sind die beiden Wege, der anthroposophische und der anthropologische, in rechtmäßiger Art durchwandert, so treffen sie in einem Punkte zusammen. Die Anthroposophie bringt bei diesem Zusammentreffen das Bild des lebendigen Geistmenschen mit und zeigt, wie dieser durch das Sinnensein das zwischen Geburt und Tod bestehende Bewusstsein entwickelt, indem das übersinnliche Bewusstseinsleben abgelähmt wird. Die Anthropologie zeigt bei dem Begegnen das Bild des im Bewusstsein sich selbst erfassenden Sinnesmenschen, der aber aufragend in das geistige Dasein in dem Wesen lebt, das über Geburt und Tod hinaus liegt. Bei diesem Zusammentreffen ist eine wirklich fruchtbare Verständigung zwischen Anthroposophie und Anthropologie möglich. Diese muss eintreten, wenn beide sich zur Philosophie über den Menschen fortbilden.»[59]
So können wir hier vorläufig abschließend sagen, dass Rudolf Steiners eigentliches Anliegen einer «Philosophie über den Menschen» in der

Zusammenführung seiner übersinnlichen Anschauung der beiden Zeitströme mit den sinnlich-naturwissenschaftlich beschreibbaren Tatsachen über die hier beschriebenen Stufen schließlich 1917 zu seiner Vollendung findet.

Wir können aus dem bisher Erarbeiteten mithin vorläufig drei Phasen der Darstellung des Doppelstroms der Zeit unterscheiden:

1. Die ideell an Erkenntnis orientierte Phase ab 1882, in der zunächst die übersinnliche Schau des rückwärtslaufenden Zeitstroms unvermittelt neben der ideellen Einsicht in diese Gesetzmäßigkeit und ihre Ausdrucksformen in der physischen Welt steht. Hier gelingt es Steiner bis 1907, seine übersinnliche Anschauung immer weiter zu verfeinern bis hin zur Gesetzmäßigkeit der Siebenheit in der Evolution und im Aufbau des Menschen sowie in den Jahrsiebten seines Lebenslaufes. Die Erkenntnis der sinnlichen Erscheinungen, der Physiologie des Menschen, bleibt dahinter jedoch noch zurück. Es handelt sich vornehmlich noch um kosmologische Darstellungen. In diese erste Phase fällt auch die Darstellung des siebenstufigen rosenkreuzerischen Einweihungsweges, der zur Erkenntnis des Doppelstroms und damit der rückwärtslaufenden Zeit des Geistig-Seelischen in der Welt und im Menschen hinführt.

2. Die künstlerische Phase ab 1907, in der Steiner nun die übersinnlich geschaute Gesetzmäßigkeit des Doppelstroms der Zeit als Siebenheit, mit drei Stufen des Aufbaus, einer mittleren Stufe und drei Stufen des Abbaus in Form der plastischen Säulenkapitäle des ersten Goetheanums ausgestaltet, ohne diese weiter vertiefend zu erläutern. Stattdessen weist er eindrücklich darauf hin, dass die geistigen Gesetze der Evolution hier ästhetisch angeschaut werden sollen. Die dem entsprechenden Sinneserscheinungen, vor allem des menschlichen Organismus, können noch nicht in Form der Dreigliederung nachgewiesen werden. Der Ansatz zu einer am Leib des Menschen orientierten Anthroposophie wird ab 1909 in Angriff genommen, bleibt zunächst noch fragmentarisch und gipfelt in der *Okkulten Physiologie* von 1911. Besonderen Wert legt Steiner seit Erscheinen des *Seelenkalenders* 1912/13 auf das Erfassen rhythmischer Vorgänge im Jahreslauf. Dazu werden 1923 ausführliche Darstellungen gegeben, die auf die auf- und abbauenden Kräfte, wie sie am Menschen auftreten, auch in den Erscheinungen des Jahreslaufes aufmerksam machen. Auch hier werden in Form der Jahreszeitenimaginationen stoffliche Vorgänge genauer berücksichtigt. Auf diese Aspekte werden wir im vierten Teil noch genauer hinschauen.

3. Die wissenschaftlich-praktische Phase ab 1917, in der Steiner nun die übersinnliche Erkenntnis des Geistig-Seelischen mit der Erkenntnis des Physisch-Ätherischen so miteinander verbinden kann, dass es möglich wird, den übersinnlichen, rückwärtslaufenden Zeitstrom als abbauende Tätigkeit in der Dreigliederung des menschlichen Organismus nachzuweisen. Durch die Erkenntnis des dreigliedrigen menschlichen Organismus sind die Erkenntnisgrundlagen für das praktische Wirken, vor allem in der Medizin, aber auch der Pädagogik gelegt. Rudolf Steiner hat damit sein über dreißigjähriges Bestreben nach einer «Philosophie über den Menschen» in gewisser Weise vollendet.

Wir können daran erkennen, wie Steiners frühe Einsicht in den «okkult-astralen» Zeitstrom sich stufenweise immer mehr konkretisiert und wie diese Grundeinsicht sich als ein unsichtbarer roter Faden durch sein gesamtes Lebenswerk hindurch zieht. Die konkrete Anwendung seiner übersinnlichen Anschauung vom Wesen der Zeit wollen wir im Detail im anschließenden zweiten Teil weiterverfolgen.

Teil II

Das Erleben der Zeit im Menschen: Das Leib-Seele-Problem und die Bildung des Gedächtnisses

1. Worauf beruht das Erleben der Zeit?

Wenn die Zeit, wie Steiner bereits in seinem ersten Aufsatz, den er an F. Th. Vischer geschickt hatte, und in dem er von einer Korrektur des Zeitbegriffes sprach, nur in den Prozessen der Sinneswelt in Erscheinung treten kann:
«Wie der Raum nur etwas an den Gegenständen, so ist auch die Zeit nur an und mit den Prozessen der Sinnenwelt gegeben. Sie ist denselben immanent.»[60]
dann musste die Lösung der Zeitproblematik folglich in einer Lösung der Frage nach dem Zusammenhang des Übersinnlichen des Menschen mit dem Sinnlichen, in der Lösung des Leib-Seele-Problems liegen. Deshalb ist in der Werkbiografie Steiners die Beschäftigung mit der Leib-Seele-Problematik und die Beschäftigung mit der Zeitproblematik auch identisch. Deshalb auch hören wir von Rudolf Steiner nie, dass er sich 35 Jahre mit der Zeitproblematik, sondern eben 35 Jahre mit der Leib-Seele-Problematik beschäftigt habe, weil die Zeitproblematik der Frage nach dem Zusammenhang von Leib und Seele immanent ist!

Wenden wir uns daher jetzt mit diesem Bewusstsein im Hintergrund erneut der Leib-Seele-Thematik in der Werkbiografie Steiners zu.

Bisher haben wir das Entstehen eines neuen Verständnisses der Zeit und damit des Verständnisses des Leib-Seele-Zusammenhanges anhand der Werkbiografie Rudolf Steiners gewissermaßen wie von außen verfolgt. Wir haben gesehen, wie das okkulte Erschauen eines doppelten Zeitstromes sich mehr und mehr vertiefte in Richtung einer konkreten Anschauung der Wirksamkeit der beiden Zeitströme in der Natur des Menschen einerseits und in der makrokosmischen Evolution andererseits. Dabei haben sich die beiden Zeitströme als Evolution und Devolution gezeigt, die im Menschen ihren Ausdruck in den aufbauenden Kräften des Stoffwechsel-Gliedmaßen-Systems einerseits und den abbauenden Kräften des Nerven-Sinnes-Systems andererseits finden.

Nun stellen sich hier aber gleich mehrere neue Fragen, die weiterverfolgt werden sollen:
1. Bisher haben wir Rudolf Steiners Entwicklung eines neuen Zeitverständnisses bis zum Jahre 1917 verfolgt. Sein Verständnis einer Sache blieb aber niemals – auch bei anderen Forschungsfragen – bei

einem einmal erreichten Stand stehen, sondern es entwickelte sich stets weiter zu neuen Anschauungen. Das war auch bei der Entdeckung der Dreigliederung des menschlichen Organismus der Fall, die ja die Grundlage für den Ausdruck der beiden Zeitströme im Physischen des Menschen bildet. Wie entwickelte Steiner also die Dreigliederung weiter?

2. Dazu brachte Steiner nun, wie wir in diesem zweiten Teil ausführlich darlegen wollen, die Dreigliederung in Beziehung zu den vier Wesensgliedern, dem Ich, dem Astralleib, dem Ätherleib und dem physischen Leib. Wodurch konnte er diese Beziehung herstellen? Indem er in den vier Elementen von Wärme, Luftigem, Flüssigem und Festem die leiblichen Grundlagen der vier Wesensglieder entdeckte und diese vier Elemente nun ihrerseits in Zusammenhang mit der leiblichen Dreigliederung brachte. Daraus ergab sich die konkrete Anschauung, wie in den drei Systemen des menschlichen Organismus die vier Elementarzustände der Wärme, des Luftigen, des Flüssigen und des Festen zusammenwirken, um dadurch das seelische Erleben des Menschen zustande zu bringen.

3. Daraus aber folgt die zweite Frage, der wir hier nun zuerst nachgehen wollen, nämlich: Wie sieht das Erleben der Zeit für den Menschen selbst im seelischen Erleben, also gewissermaßen von innen, aus? Oder anders ausgedrückt: Wie kommt aus den von außen beschreibbaren physiologischen Zusammenhängen des dreigliedrigen Organismus und der vier Elemente das konkrete seelische Erleben des Menschen zustande?

Dabei stoßen wir nun auch auf ein weiteres Problem, das Problem der sogenannten «Erklärungslücke», mit der wir es in den Naturwissenschaften im Hinblick auf die Bewusstseinsvorgänge im Menschen immer zu tun haben und mit der es auch Rudolf Steiner zu tun hatte, nämlich die Frage: Wie kommt aus den physiologisch beschreibbaren Zusammenhängen das subjektive seelische Erleben zustande?

Zunächst zum Ausdruck «Erklärungslücke» einige Worte: Der Begriff stammt von dem Amerikaner Joseph Levine, der 1983 in dem Aufsatz «The explanatory gap»[61] und 1993 in dem Aufsatz «On leaving out what it's like»[62] auf dieses Problem der Bewusstseinsforschung erneut aufmerksam gemacht hatte. Levine schloss an einen Aufsatz von Thomas Nagel an, der in *What it is like to be a bat* 1974 erklärt hatte, dass sich ein Bewusstseinszustand von innen niemals naturwissenschaftlich erklären lassen würde.

In unserem Falle muss die Frage dann lauten: Wie kommt aus den

Auf- und Abbauprozessen im menschlichen Organismus, wie wir sie im ersten Teil beschrieben haben, das subjektive seelische Erleben und mithin auch das Erleben der Zeit zustande? Oder anders ausgedrückt: Wie hängt die Dreigliederung des menschlichen Organismus, wie wir sie im ersten Teil kennengelernt haben, mit dem seelischen Erleben der Zeit zusammen?

Zur Beantwortung dieser Frage wird uns der soeben angedeutete Zusammenhang der vier Elemente im menschlichen Organismus als Ausdruck des Zusammenhanges der vier Wesensglieder weiterführen.

4. Daraus ergibt sich nun unsere eigentliche Fragestellung: Worauf beruht, leiblich betrachtet, das seelische Erleben des Menschen eigentlich, und auf Grundlage welcher leiblichen Vorgänge wird folglich auch die Zeit seelisch erlebt?

Diese Fragestellung verbirgt sich, wenn man nun noch einmal genauer auf die Entwicklung des Zeitverständnisses im Werk Rudolf Steiners hinblickt, bereits in der Werkbiografie der Jahre 1910 bis 1917. Dieser verborgenen Seite kommen wir dadurch näher, indem wir uns dem in der Werkbiografie Steiners zum Ausdruck kommenden Forschungsproblem noch einmal von einer anderen, wenn man so will, seiner eigentlichen Seite zuwenden.

Die Frage nach dem Wesen der Zeit und ihrem Ausdruck in der Entwicklung des Menschen ist, wie wir nun gesehen haben, nichts anderes als die Frage nach dem Zusammenhang des Seelisch-Geistigen mit dem Leiblichen des Menschen. Dieses sogenannte Leib-Seele-Problem kommt erkenntnistheoretisch gesehen in dem Problem der «Erklärungslücke» zum Ausdruck: Wie kommt aus den leiblich beobachtbaren Zuständen das seelische Erleben im Bewusstsein zustande? Gehen wir dieser Frage im Werk Rudolf Steiners nach, so werden wir sehen, wie deren Beantwortung uns zu den leiblichen Grundlagen des seelischen Erlebens überhaupt hinführt, die sich aber, wie sich zeigen wird, zugleich als die Grundlagen des seelischen Erlebens der Zeit erweisen werden.

2. Das Problem der «Erklärungslücke» – «Von Seelenrätseln»

Wenn wir das Leib-Seele-Problem und das Problem der «Erklärungslücke» im Werk Rudolf Steiners verfolgen, so fällt auf, dass er sich den damit zusammenhängenden erkenntnistheoretischen und physiologischen Fragen ab etwa 1910/11 ausdrücklicher zuwendet. Insbesondere in dem legendären Vortrag vom 8. April 1911 vor dem 4. internationalen Philosophenkongress in Bologna brachte er seine diesbezüglichen Anschauungen zum Ausdruck, ohne aber die eigentliche Leib-Seele-Problematik damit tatsächlich schon auflösen zu können. Die Bedeutung dieses Vortrages lag daher auch weniger in dem Echo, das der Vortrag dort erhielt. Dieses war, wie Eckart Förster nachgewiesen hat, äußerst gering und überwiegend negativ.[63] Was machte ihn dennoch für Rudolf Steiner so bedeutsam?

Steiner erforschte, wie er später bekannte und wie wir anhand der Verfolgung der Entwicklung eines neuen Zeitverständnisses im ersten Teil gesehen haben, die Leib-Seele-Problematik seit 1882. Stufenweise arbeitete er sich dabei immer mehr vor zur tatsächlichen Durchdringung des Verhältnisses, in dem sich die Seele zum Leibe verhält. 1911 war er dabei ein entscheidendes Stück näher an die damit verbundenen physiologischen Fragen herangekommen. Davon zeugen die unmittelbar vor dem Bologna-Vortrag in Prag gehaltenen Vorträge zur *Okkulten Physiologie*[64], in denen er auch auf das Leib-Seele-Verhältnis zu sprechen kam.

Neu war dann aber in Bologna die Formulierung:
«Und man wird deshalb zu einer besseren Vorstellung über das ‹Ich› erkenntnistheoretisch gelangen, wenn man es nicht innerhalb der Leibesorganisation befindlich vorstellt, und die Eindrücke ihm ‹von außen› geben lässt; sondern wenn man das ‹Ich› in die Gesetzmäßigkeit der Dinge selbst verlegt, und in der Leibesorganisation nur etwas wie einen Spiegel sieht, welcher das außer dem Leibe liegende Weben des Ich im Transzendenten dem Ich durch die organische Leibestätigkeit zurückspiegelt.»[65]

Mit der Metapher vom Leib als Spiegel verband Rudolf Steiner seine sich konkretisierenden physiologischen Anschauungen mit dem erkenntnistheoretischen Grundproblem, wie ein außerhalb des Leibes liegender

Vorgang der Seele mithilfe des Leibes als «Spiegel» zugänglich gemacht werden kann, ohne dass die Seele dabei den realen Bezug zum außerhalb des Leibes liegenden Vorgang verliert. Das konnte nur dadurch geschehen, dass die Seele nicht im, sondern außerhalb des Leibes angenommen wurde. Wie aber sollte die Beziehung zum Spiegel zustande kommen? Woher stammte dann die Beziehung der Seele zum Spiegel, wenn sie sich außerhalb des Leibes befand? Daraufhin hieß es in Bologna:
«Denn es ist ja festzuhalten, dass man es in der physischen Organisation nicht mit einem von dem Übersinnlichen unabhängigen Spiegelungsapparat im *absoluten Sinne* zu tun hat. Der Spiegelungsapparat muss eben doch als das Ergebnis der sich in ihm spiegelnden übersinnlichen Wesenheit gelten. Der relativen gegenseitigen Unabhängigkeit der einen und der anderen von obigen Betrachtungsweisen muss ergänzend eine andere, in die Tiefe gehende, gegenübertreten, welche die Synthesis des Sinnlichen und Übersinnlichen anzuschauen in der Lage ist.»[66]
Schon an diesen Formulierungen erkennt man die Vorläufigkeit dessen, was Rudolf Steiner bis 1911 erarbeitet hatte. Deshalb stellte für ihn selbst der Bologna-Vortrag im Hinblick auf den Leib-Seele-Bezug nur den Ansatz einer Lösung, nicht etwa diese selbst dar. Auch der am Schluss des Vortrages geäußerte Satz brachte dies zum Ausdruck:
«Das Ich – mit dem ganzen menschlichen Wesenskern – kann angesehen werden als eine Wesenheit, welche ihre Beziehung zu der objektiven Welt innerhalb dieser selbst erlebt, und die ihre Erlebnisse als Spiegelbilder des Vorstellungslebens aus der Leibesorganisation empfängt. Die Absonderung des menschlichen Wesenskernes von der Leibesorganisation darf naturgemäß nicht räumlich gedacht werden, sondern muss als relatives dynamisches Losgelöstsein gelten.»[67]
Was sollte mit dem Ausdruck «relatives dynamisches Losgelöstsein» gemeint sein? Rudolf Steiner rührte hiermit wieder an jene Grenzfrage des Erkennens, von der seine Erforschung des Leib-Seele-Problems 1882 ihren Ausgangspunkt genommen hatte. Damals hatte er bei Friedrich Theodor Vischer den Satz gelesen, der ihn auf eine Spur gesetzt hatte:
«Wenn ich etwas Persönliches hier anführen darf, so muss ich sagen, dass vor dreißig bis fünfunddreißig Jahren dasjenige, das mich selbst zu der besonderen Richtung der Geisteswissenschaft, die ich hier pflege, hingeführt hat, insbesondere die Erlebnisse waren, die ich an den Weltanschauungen solcher Menschen machen konnte, denen Erkenntnis nicht ein äußerer Beruf ist, nicht etwas Angelerntes, sondern etwas, was das Innerste ihres Seelenlebens, ihres ganzen Sehnens und Empfindens ausmacht. Wenn man zum Beispiel bei einem heute gar nicht mehr ge-

nug gewürdigten Denker, Friedrich Theodor Vischer – aber ich könnte auch viele andere anführen – auf Worte stößt, die er hervor ringt aus tiefen Erkenntnisrätseln, die ihm gekommen sind, als er nachgesonnen hat über den Zusammenhang zwischen Leib und Seele des Menschen, auf Worte wie die: Die Seele des Menschen kann nicht im Leibe sein, aber sie kann auch nicht außerhalb des Leibes sein –, dann stößt man in lebendigem Zusammenhang mit einem ursprünglichen, elementarischen Denker an solche Grenzen, an die das menschliche Seelenleben, wenn es sich erkenntnismäßig betätigen will, kommen muss.»[68]

«Nicht im Leibe, aber auch nicht außerhalb…», wie aber sollte dann das Verhältnis von Leib und Seele konkret aussehen? Darauf gab der Bologna-Vortrag nur mit der Metapher vom Leib als Spiegel eine Antwort, ließ aber offen, wie das Verhältnis der Seele zum Spiegel des Leibes konkret zu denken sei.

Deutlich wurde hier aber in jedem Fall gemacht, dass das Leib-Seele-Problem nicht allein von der Naturwissenschaft gelöst werden kann, da dieser nur der Leib, nicht aber die Seele zugänglich ist. Daher braucht es die Geisteswissenschaft, die sich dem Wesen der Seele zuwendet, so wie die Naturwissenschaft dem Wesen des Leibes, des «Spiegels». Erst aus ihrem Zusammenwirken aber kann eine Lösung des Leib-Seele-Problems erwartet werden.[69]

Und damit stoßen wir auf das zentrale Problem, an dem die Leib-Seele-Problematik am deutlichsten wird. Auch dieses blieb in Bologna ungelöst: das Problem der Erklärungslücke.

Das Problem der Erklärungslücke wird im Amerikanischen auch als *the hard problem of consciousness* bezeichnet. Konkret gesprochen handelt es sich um das Problem, wie aus den physikalisch-physiologisch messbaren Vorgängen in der Außenwelt, in den Sinnesorganen, in den Nervenbahnen und im Gehirn, etwa bei der Wahrnehmung der Farbe Rot, der konkret erlebte seelische Eindruck des Rot wird. Der seelische Eindruck, den wir subjektiv erleben, weist in nichts auf die parallel messbaren physikalisch-physiologischen Daten hin. Diese ihrerseits weisen nirgends auf das seelische Erleben, das aus ihnen hervorgeht bzw. das mit ihnen parallel geht, hin. Man hat es mit zwei parallel auftretenden Phänomenen zu tun, deren Zusammenhang und Auseinander-Hervorgehen aber ungeklärt erscheinen.

Die damit verbundene Problematik lässt sich auch so beschreiben: Während ich alle Messdaten der naturwissenschaftlichen Untersuchung des Wahrnehmungsvorganges aus der Dritten-Person-Perspektive verfolgen kann, kann das Bewusstsein der Farbe Rot, das «*Wie es sich anfühlt, Rot zu sehen»* immer nur in der Ersten-Person-Perspektive erlebt werden. Diese Perspektive aber ist naturwissenschaftlich insofern unbrauchbar, als sie die Wiederholbarkeit und damit die Vergleichbarkeit, die für jedes naturwissenschaftliche Experiment als unabdingbar gilt, ausschließt.

Die Erklärungslücke stellte für Rudolf Steiner eine zentrale Forschungsfrage dar. Erstmals macht er in seiner *Philosophie der Freiheit* 1893 in dem Kapitel «Die Welt als Wahrnehmung» auf diese Lücke aufmerksam.

Die Naturwissenschaft findet bei der Untersuchung der Entstehung des Bewusstseins von einem Tisch immer nur äußere Daten, die sie zwar messen kann, die Schwingungen des Lichtes, die Erregung von Rezeptoren im Auge, die Strömungen in den Nervenbahnen, aber nirgends findet sich die Wahrnehmung, das Bewusstsein der Farbe Rot selbst:

«Außerdem enthält die ganze Schlussfolgerung einen Sprung. Ich bin in der Lage, die Vorgänge in meinem Organismus bis zu den Prozessen in meinem Gehirne zu verfolgen, wenn auch meine Annahmen immer hypothetischer werden, je mehr ich mich den zentralen Vorgängen des Gehirnes nähere. Der Weg der *äußeren* Beobachtung hört mit dem Vorgange in meinem Gehirne auf, und zwar mit jenem, den ich wahrnehmen würde, wenn ich mit physikalischen, chemischen usw. Hilfsmitteln und Methoden das Gehirn behandeln könnte. Der Weg der *inneren* Beobachtung fängt mit der Empfindung an und reicht bis zum Aufbau der Dinge aus dem Empfindungsmaterial. Beim Übergang von dem Hirnprozess zur Empfindung ist der Beobachtungsweg unterbrochen.»[70]

Wie aus den messbaren Daten der Physiologen das Bewusstsein der Farbe Rot hervorgeht, das eben kann die Naturwissenschaft nicht erklären, es bleibt eine *Erklärungslücke*. Diese ist für die Bewusstseinsforschung mit dem oben genannten Problem des Perspektivenwechsels verbunden. Rudolf Steiner ging es in der *Philosophie der Freiheit* allerdings noch nicht um die Schließung der *Erklärungslücke,* sondern um die Frage der Wirklichkeitserkenntnis und damit die Frage nach der Intentionalität. An der bezeichneten Stelle machte er auf die Erklärungslücke aufmerksam, schließen konnte er sie jedoch noch nicht. Ihm ging es hier darum zu zeigen, dass durch die naturwissenschaftliche Untersuchung des Wahrnehmungsvorganges nicht die Subjektivität der Wahrnehmung bewiesen werden könne. Die Wirklichkeit des wahrgenommenen Tisches kann erst durch das Hinzukommen des Begriffes desselben hergestellt werden, und der liegt im Wahrnehmungsvorgang nicht vor, er muss vom Denken erst hinzugebracht werden. Durch das Denken entsteht auch die

Intentionalität, die Gerichtetheit des Bewusstseins, die Erfassung von Sinnzusammenhängen.

Die Intentionalität des Bewusstseins konnte Steiner also mit seinem philosophischen Ansatz erklären, nicht aber das Problem der Erklärungslücke lösen. Wie also aus den physiologischen Vorgängen der Bewusstseinsinhalt hervorgeht, das genauer zu verstehen, war Rudolf Steiner deshalb weiterhin ein zentrales Anliegen. 1893 war er von einer genaueren Erklärung des Leib-Seele-Problems jedenfalls noch weit entfernt.

Ein wichtiger weiterer Schritt auf diesem Weg ergab sich, wie oben bereits erwähnt, in den Jahren 1910/11 im Zusammenhang mit dem Fragment gebliebenen Versuch einer Zusammenführung von Anthropologie und Anthroposophie. In den Vorträgen zu einer *Okkulten Physiologie* deutete er auf diesen Zusammenhang hin, indem er von einer *Ätherisation des Blutes* sprach. Hier versuchte Steiner physiologisch das Entstehen der Gedächtnisvorstellung nachzuweisen, indem er auf Ätherisierungsvorgänge des Blutes aufmerksam machte. Der Blutstrom würde, so könne er beobachten, auf dem Wege vom Herzen zum Gehirn, von einem ätherischen Strom begleitet.

«Solche übersinnlichen Realitäten, solche übersinnlichen Strömungen im menschlichen Organismus drücken sich dadurch aus, dass sie sich auch ein physisch-sinnliches Organ schaffen, welches wir wie eine Versinnlichung solcher Strömungen anzusehen haben. So haben wir ein Organ, welches sich im mittleren Gehirn befindet, das der physisch-sinnliche Ausdruck ist für das, was als Gedächtnisvorstellung sich bilden will. [...] Das physische Organ, das die Gedächtnisvorstellung bilden will, ist die Zirbeldrüse ...»[71]

In der Zirbeldrüse (Epiphyse) und ihrem Pendant, der Hirnanhangsdrüse (Hypophyse) sah Steiner zu diesem Zeitpunkt 1911 den Ort, wo Innenleben und Außenwelt sich begegnen, wo also physiologische, unbewusste Vorgänge und bewusste seelische Erfahrungen zusammentreffen:

«Ich habe schon gestern darauf hingewiesen, dass das Außenleben und das Innenleben des Menschen, wie es sich im Ätherleibe auslebt, in einem Gegensatz zueinander stehen und dass dieser Gegensatz von Außenleben und Innenleben in Spannungen zum Ausdruck kommt, die, wie wir gesehen haben, am stärksten werden in den Organen des Gehirnes, die wir als Zirbeldrüse und Gehirnanhang bezeichnen. [...]

So stehen wir als Menschen in der Tat als eine Zweiheit in der Welt, und wir haben heute diese Zweiheit gesehen: Auf der einen Seite bewusstes Erleben der Außenwelt durch das Gehirn-Rückenmark-Ner-

vensystem, welches die äußeren Eindrücke bis zum Blut, dem Werkzeuge des Ich, bringt; auf der anderen Seite unbewusstes Erleben der Innenwelt, unbewusst, weil es durch das sympathische Nervensystem vom Blute zurückgehalten wird. Diese beiden Gegensätze stehen sich auf der ganzen Linie gegenüber. Aber wir finden ihren besonderen Ausdruck in der Spannung zwischen diesen beiden Organen, von denen wir gesprochen haben: der Zirbeldrüse und dem Hirnanhang.»[72]
Im Anschluss an diese Vorträge zur *Okkulten Physiologie* hielt Steiner noch einen mehr philosophisch gehaltenen Vortrag,[73] in dem er erkenntnistheoretisch der Frage nach einer Überwindung der Subjekt-Objekt-Spaltung nachging. Dieser Vortrag fand seine Fortsetzung dann in dem oben bereits besprochenen *Bologna-Vortrag*.

Durch beide Darstellungen wurden aber, wie schon gesagt, das Leib-Seele-Problem und die *Erklärungslücke* nicht wirklich geklärt. Und dessen war sich Rudolf Steiner selbst wohl bewusst, denn der Versuch einer geisteswissenschaftlichen Anthropologie blieb, zumindest, was die schriftliche Ausarbeitung betraf, noch ein Fragment.

Was war bis hierher geschehen? Steiner hatte auf der leiblichen Seite den Zusammenhang von physischen Vorgängen mit Vorgängen innerhalb des Ätherleibes unter dem Begriff der «Ätherisation des Blutes» genauer gefasst. Das Blut war als Grundlage des Ich Ausdruck seiner physischen Verkörperung. Durch dessen Ätherisation deutete sich ein Zusammenhang mit dem Seelischen an. Damit war aber noch nicht der Leib-Seele-Zusammenhang als ganzer beschrieben.

Genauer betrachtet bieten also weder die *Okkulte Physiologie* noch der *Bologna-Vortrag* eine Lösung des Leib-Seele-Problems, beide deuten diese nur an, ohne sie aber tatsächlich auszuführen. Versuchen wir uns also zunächst deutlich zu machen, woran Rudolf Steiner zu diesem Punkt noch scheiterte.

Anthroposophisch gesprochen erscheinen das Leib-Seele-Problem und die Schließung der «Erklärungslücke» als das Problem, wie man den Zusammenhang der vier Wesensglieder, des physischen Leibes, des Ätherleibes, des Astralleibes und des Ich nachweisen kann. Klar ist zunächst, dass das Ich nicht einfach so in den physischen Leib eingreifen kann, und umgekehrt dieser dem Ich nicht einfach auf direktem Wege etwas übermitteln kann. Das seelische Erleben benötigt einen Leib, nämlich den Astralleib. Erst durch diesen können Erlebnisse im Bewusstsein für ein Ich gegeben sein. Der physische Leib aber kann die Wahrnehmungsprozesse in den Sinnesorganen und im Nervensystem nicht einfach in Seelisches, sprich in Bewusstsein umwandeln. Dazu benötigt er den Ätherleib. Kon-

kreter gesprochen konzentrieren sich also die Erklärungslücke und das Problem der Intentionalität auf die folgenden Fragen:
1. Welche physiologischen Prozesse liegen dem Auftreten des Seelisch-Geistigen zugrunde?
2. Wie werden diese Prozesse im physischen Leib dem Ätherleib zugänglich gemacht?
3. Wie werden die Prozesse im Ätherleib dem Astralleib zugänglich? Wie wird aus Leben Erleben?
4. Wie wird das seelische Erleben für das Ich generiert und wodurch entsteht die Intentionalität des Bewusstseins?

Diese Fragen waren es, die sich Rudolf Steiner stellen musste und damit verbunden die Herausforderung, neue Erkenntnisweisen zu entwickeln, die den besagten Wesensgliedern entsprechen. Die Naturwissenschaft verfügt nur über die Erkenntnisform für den physischen Leib. Die Philosophie befasst sich mit der Frage nach dem Ich unseres alltäglichen Bewusstseins. Die Geisteswissenschaft musste also die Erkenntnisformen für den Ätherleib, den Astralleib und das hinter dem alltäglichen Ich sich verbergende «höhere Ich» erst entwickeln. Darauf hatte Steiner im ersten Teil seines Vortrages in Bologna auch deutlich hingewiesen und war damit entschieden weiter gelangt als die Naturwissenschaft und Philosophie seiner Zeit.

Wie aber konnten diese Fragen nun einer tatsächlichen Lösung nähergebracht werden? Es mussten erstens die Erkenntnisse auf den verschiedenen Erkenntnisstufen ausgebildet, dann aber diese verschiedenen Erkenntnisformen auch zueinander in die richtige Beziehung gebracht werden. Das aber schien offensichtlich 1911 nur im Ansatz möglich zu sein.

Bisher haben wir allerdings eine ganze Reihe von Vorträgen noch bewusst ausgeklammert, die wir bereits am Ende des ersten Teiles kurz erwähnt haben: Es sind die heute in GA 115 aus den Jahren 1909-1911 zusammengefassten Vorträge über *Anthroposophie, Psychosophie und Pneumatosophie*. Mit ihnen versuchte Steiner erstmals in gedrängter Form, die Leib-Seele-Problematik vor der Mitgliedschaft zu behandeln. Dem parallel ging die Erstellung des Fragment gebliebenen Manuskriptes zur «Anthroposophie». Im Hinblick auf unsere eigentliche Fragestellung nach dem Erleben der Zeit und seinem Zusammenhang mit dem seelischen Erleben ist nun der Vortrag vom 4. November 1910 innerhalb des Zyklus «Psychosophie» von entscheidender Bedeutung. Ihn wollen wir daher nachfolgend ausführlich zitieren.

Worum geht es Rudolf Steiner in dem Zyklus «Psychosophie». Es geht hier um die Klärung der Frage nach der Natur des Seelischen. Worin besteht seelisches Erleben eigentlich?

Da unterscheidet Steiner nun zunächst die beiden Grundgesten alles seelischen Lebens: das denkerische Erfassen eines Inhaltes und dessen Beurteilung, also alles, was mit unserer Intelligenz zu tun hat, die sich vor allem im Urteilen äußert. Das ist die eine Richtung. Die andere Richtung aber besteht in der Hinwendung an die Außenwelt, im Wahrnehmen und Begehren, in Liebe und Hass oder anders ausgedrückt, im Interesse an der Welt.

Wahrnehmendes Interesse auf der einen Seite, denkendes Beurteilen auf der anderen Seite, in dieser Polarität lebt die Seele. Nun aber unterscheidet Steiner von diesen beiden Richtungen noch ein drittes Element, nämlich das Bewusstsein.

«Und nun wollen wir in unseren psychosophischen Betrachtungen fortfahren. Erinnern wir uns, dass innerhalb unseres Seelenlebens wirken Urteile und die Erlebnisse von Liebe und Hass, die aus dem Begehrungsvermögen stammen. Wir können auch noch in anderer Weise, als wir es gestern getan haben, zusammentragen, was in unserer Seele einerseits lebt als urteilende Kraft, indem wir uns erinnern, dass uns diese Urteilskraft da entgegentritt, wo wir von der Verstandesfähigkeit der Seele reden, von der Fähigkeit, die Wahrheiten der Welt zu verstehen, und wenn wir andererseits daran denken, dass uns eine ganz andere Seelenkraft entgegentritt, wenn wir davon sprechen: eine Seele ist in der oder jener Weise an der Außenwelt interessiert. – Je nachdem die Erlebnisse von Liebe und Hass wirken, ist eine Seele an der Außenwelt interessiert. Aber diese Phänomene von Liebe und Hass selbst haben nichts zu tun mit der Denkfähigkeit, mit der Intelligenz. Urteilsfähigkeit und Interessiertheit sind zwei in der Seele verschieden wirksame Kräfte. Das zeigt schon eine einfache Beobachtung. Wer glaubt, dass das Wollen noch etwas Besonderes in der Seele sei, der kann sehen, wenn er in seine Seele blickt, dass er in ihr nur begegnet dem Interesse an dem Gewollten. Kurz, außer Interesse durch Liebe und Hass und Urteilsfähigkeit, die sich äußert in dem Urteilen, außer diesen beiden Gebieten werden Sie im Binnengebiet der Seele nichts finden. Damit haben Sie das Seelenleben in Bezug auf seinen Inhalt erschöpft. Aber eines lassen Sie dabei vollständig unberücksichtigt, was zum Wichtigsten gehört, was uns sogleich am Seelenleben entgegentritt, nämlich das Bewusstsein. Zum Seelenleben gehört Bewusstsein. Das heißt, wenn wir den Inhalt des Seelenlebens nach allen Seiten zu durchforschen trachten, treten uns entgegen Urteilsfähigkeit und Interesse; wenn wir aber auf die innere Eigentümlichkeit, auf die Artung des Seelenlebens sehen, so müssen wir sagen: Wir dürfen nur insofern die Erlebnisse von Liebe und Hass und die Urteilsfähigkeit zum Seelenleben rechnen, als wir sie mit dem Wort ‹Bewusstsein› belegen. Wir müssen uns daher fragen: Was ist denn Bewusstsein? Das werde ich Ihnen nun wieder nicht definieren, sondern ich werde es charakterisieren.

Wenn Sie mit Hilfe dessen, was wir schon betrachtet haben, an das menschliche Bewusstsein herantreten, werden Sie gerade gegenüber dem fortfließenden Strom der Vorstellungen, die Sie aufgenommen haben, sagen: Es zeigt sich, dass in der Seele die Bewusstheit doch nicht zusammenfällt mit dem Seelenleben. Denn wir haben ja gesehen, dass ein gewisser Unterschied ist zwischen dem Seelenleben überhaupt und der Bewusstheit. Eine Vorstellung, die wir vor Tagen, Wochen oder Jahren einmal aufgenommen haben, lebt in uns weiter, denn wir können uns ihrer erinnern. Aber wenn wir uns ihrer in diesem Augenblick nicht erinnern, sondern vielleicht erst nach zwei Tagen, so hat diese Vorstellung zwar weitergelebt, aber sie war in diesem Augenblick nicht bewusst, das heißt, sie war in unserer Seele, aber nicht im Bewusstsein.

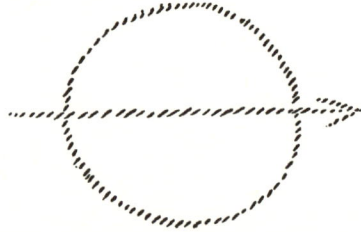

Also der Strom des Seelenlebens fließt dahin, und das Bewusstsein ist wieder etwas anderes noch als der fortfließende Strom des Seelenlebens. Kurz, wir müssen sagen: Wenn wir die Vorstellungen, an die wir uns einmal wieder erinnern können, bezeichnen mit einem Strom, der – die Seele als Kreis gedacht – in der Richtung des Pfeiles geht (siehe Zeichnung), dann kann dieser Strom in sich enthalten alle Vorstellungen, die sozusagen in unserer Seele fließen von der Vergangenheit in die Zukunft hinein; aber wenn sie bewusst werden sollen, müssen sie aus der Art, wie sie unbewusst in der Seele leben, erst durch ein Streben heraufgeholt werden ins Bewusstsein. Bewusstheit ist also etwas, was zur Seele gehört. Aber Bewusstheit gehört nicht so zum Seelenleben, dass alles, was in der Seele ist, in das Bewusstsein hereinfallen müsste.

Es fließt der Strom des Vorstellungslebens weiter, und das Bewusstsein beleuchtet nur in einem gewissen Momente einen gewissen Teil unseres Seelenlebens.

Weil wir nun doch auch mit andern Leuten zu tun haben und auf Einwendungen gefasst sein müssen, so muss Folgendes wie in Parenthese gesagt werden. Es könnte jemand jetzt einwenden: Was du den fortfließenden Strom der Vorstellungen nennst, ist nichts weiter als die Seelen- oder Gehirndisposition, die einmal hergestellt worden ist und dann bleibt; und es braucht dann nichts weiter zu erfolgen, als dass die Gehirndisposition in einem gewissen Momente vom Bewusstsein beleuchtet würde. – Das wäre dann der Fall, wenn es nicht notwendig wäre, dass gleich nach dem Wahrnehmen etwas losgelöst würde von der Wahrnehmung, damit dieselbe weitergetragen werden kann. Wenn wirklich von der Wahrnehmung schon die Disposition geschaffen wäre zur Erinnerung, brauchte nicht erst etwas losgelöst werden von dem ganzen Prozess und die Wahrnehmung in eine Vorstellung umgeändert zu werden. Die Wahrnehmung entwickelt sich am äußeren Gegenstande, die Vorstellung aber nicht, Die Vorstellung ist eine Antwort von innen heraus. Wir haben also in uns dasjenige, was erlebt worden ist an der Welt, und was mit dem Strom der Zeit weiterfließt von der Vergangenheit in die Zukunft, aber doch nicht immer mit dem Bewusstsein zusammenfällt, sondern erst von dem Bewusstsein beleuchtet werden muss, wenn es erinnert werden soll.

Wie geschieht es nun, dass auf den fortfließenden Strom der Vorstellungen in unserer Seele Licht geworfen werden kann, sodass Teile davon sichtbar werden können in der Erinnerung oder sonstwie? Eine Tatsache des gewöhnlichen Seelenlebens, wie es sich auf dem physischen Plan abspielt, kann uns darauf führen, wie das geschieht. Das ist folgende Tatsache, die ja in der äußeren Psychologie überhaupt nicht berücksichtigt wird, weil man da nicht mit den Tatsachen, sondern mit den Vorurteilen arbeitet. Wir aber wollen unbefangen mit den Tatsachen arbeiten.

Unter den Gefühlen des Menschen gibt es mancherlei Arten. Ich will nur auf einige aufmerksam machen, die wir gestern schon genannt haben, und auf einige andere, auf Gefühle zum Beispiel, welche sich aussprechen in der Sehnsucht, in der Ungeduld, in der Hoffnung, im Zweifel; ich will Sie verweisen auf solche Gefühle, wie Angst und Furcht sind. Was sagen uns denn alle derartigen Gefühle? Wenn wir sie wirklich prüfen, haben sie alle etwas merkwürdig Gemeinsames: sie beziehen sich alle auf die Zukunft, sie beziehen sich auf das, was eintreten kann, oder von uns als eintretend gewünscht wird. Der Mensch also lebt in seiner Seele so, dass ihn in seinen Gefühlen nicht nur die Gegenwart, sondern auch die Zukunft interessiert. Und sogar recht lebhaft interessiert ihn die Zukunft! Sie können weitergehen: Sie können die Tatsache, dass Gefühle in uns leben, die sich auf die Zukunft beziehen, mit einer andern vergleichen. Versuchen Sie in Ihren Erinnerungen wachzurufen irgendetwas, was Sie in Ihrer Jugend oder vielleicht auch erst vor kurzer Zeit erlebt haben als Freude oder als Schmerz. Versuchen Sie einmal, nur ein klein wenig zu vergleichen, was in Ihren Gefühlen lebt von der Vergangenheit herein von einem überstandenen Schmerz oder auch von einer erlebten Freude, und wie unendlich blaß die Erinnerung an solche Dinge nur wieder aufgefrischt werden kann. Wenn sie etwas hinterlassen haben, wenn sie auf unsere Gesundheit oder sonstwie eingewirkt haben, da machen sie sich geltend, da drängen sie sich in das Bewusstsein herein. Da ist es aber die Gegenwart! Was wir aber in der Vergangenheit erfahren haben in Bezug auf unser Gefühlsleben, das verblaßt, je mehr wir uns davon entfernen. Und nun denken Sie, wie es bei den ausgesprochenen Begehrungen ist. Wenn Sie etwas begehren, was Ihnen in der Zukunft beschert werden soll, da versuchen Sie einmal das Rumoren in der Seele so recht zu beobachten. Ich möchte aber wissen, wie viele Leute darüber jammern, dass ihnen dieses oder jenes vor zehn Jahren nicht zugekommen ist, wenn es sich nicht etwa in die Gegenwart fortgesetzt hat und einen gegenwärtigen Mangel bewirkt. Da ist ein gewaltiger Unterschied zwischen unserem Interesseleben, insofern wir der Zukunft entgegenschauen und insofern wir nach der Vergangenheit den Blick richten. So weit Sie sich auch umsehen, wenn Sie alles zu Rate ziehen, gibt es nur eine Erklärung für die Ihnen eben charakterisierte Tatsache. Die Tatsache ist ja offenbar; Erklärungen aber gibt es nur die eine einzige: dass das, was wir begehren, überhaupt nicht in derselben Richtung fließt wie der dahinfließende Strom der Vorstellungen, sondern dass es diesem Strom entgegenkommt. Sie werden einen ungeheuren Lichtblitz auf Ihr ganzes Seelenleben werfen können, wenn Sie das eine Einzige nur voraussetzen: dass alles, was Begehrungen, Wünsche, Interessiertsein, was die Phänomene von Liebe und Hass sind, einen Strom darstellen im Seelenleben, der gar nicht fließt von der Vergangenheit in die Zukunft, sondern der uns entgegenkommt von der Zukunft, der von der Zukunft in die Vergangenheit fließt (siehe Zeichnung, D-C). Mit einem Male wird die ganze Summe der Seelenerlebnisse klar! Ich brauchte Tage, um das weiter auszuführen, und kann daher jetzt nur Folgendes sagen.

Wenn Sie voraussetzen, dass der Strom der Phänomene von Liebe und Hass, von Begehrungen und so weiter Ihnen entgegenkommt aus der Zukunft und sich begegnet mit dem Strom der Vorstellungen, den wir vorhin charakterisiert haben, was ist dann im Moment unser Seelenleben? Es ist nichts anderes als die Begegnung eines Stromes aus der Vergangenheit in die Zukunft, und eines Stromes, der aus der Zukunft in die Vergangenheit fließt. Und wenn der gegenwärtige Augenblick in unserem Seelenleben eine solche Begegnung ist, dann werden Sie leicht begreifen, dass diese zwei Ströme in der Seele selber zusammenkommen, sozusagen übereinanderschlagen. Dieses Übereinanderschlagen ist das Bewusstsein. Es gibt keine andere Erklärung für das Bewusstsein, als die eben gegebene. So nimmt also unsere Seele teil an allem, was aus der Vergangenheit weiterfließt in die Zukunft, und an allem, was uns aus der Zukunft entgegenkommt. Wenn Sie also in irgendeinem Moment in Ihr Seelenleben schauen, können Sie sagen: Da ist etwas wie eine Durchdringung von dem, was aus der Vergangenheit in die Zukunft fließt, mit dem, was aus der Zukunft in die Vergangenheit fließt und sich dem ersteren entgegenstemmt als Begehrungen, als Interessiertheit, als Wünsche und so weiter. Zweierlei durchdringt sich.»[74]
Wie also entfaltet sich das Seelenleben, worin besteht es eigentlich? Die drei Elemente des Begehrens, des Interesses, des Liebens und Hassens einerseits, der fortlaufenden Vorstellungen und denkerischen Urteile und die Bewusstheit hängen in der Weise zusammen, dass sie in ein zeitliches Erleben aufgegliedert sind:
– Vorstellen und Urteilen strömen aus der Vergangenheit in die Zukunft,
– Wünschen und Begehren kommen uns aus der Zukunft entgegen.
– Bewusstsein entsteht als Gegenwartserleben da, wo die beiden Ströme sich begegnen!
Seelisches Erleben ist also nichts anderes als das Erleben von Zeit, oder umgekehrt gesprochen, erst das Erleben des Zusammenströmens

zweier Zeitströme in der Gegenwart ermöglicht uns das seelische Erleben. Nun aber ordnet Rudolf Steiner diese Richtungen des Seelenlebens den Wesensgliedern zu:

«Wir wollen, weil das ganz deutlich zu unterscheiden ist, diesen Strömungen im Seelenleben zwei Namen geben. Wenn ich jetzt so vor einem Publikum sprechen würde, als ob es gar keine geisteswissenschaftliche Bewegung gäbe, so würde ich möglichst sonderbare Namen wählen, welche die zwei Strömungen bezeichnen sollen. Aber es kommt ja nicht auf die Namen an. Ich möchte in diesem Augenblick Namen wählen, in denen Sie wiedererkennen, was Sie schon von anderer Seite her kennengelernt haben, sodass Sie es jetzt von zwei Seiten betrachten können: einmal von der Seite des reinen Empirikers, der Ihnen die Seelenphänomene schildert, wie sie sich auf dem physischen Plan abspielen, und der daher Namen wählen kann für etwas, was er konstatiert hat, so wie er will; und dann können Sie es betrachten von der Seite der okkulten Forschung. Betrachten wir zunächst diese letzte Seite. Namen sind da ganz gleichgültig, aber ich möchte doch solche Namen wählen, wie sie derjenige wählt, der vom Standpunkte der Hellsichtigkeit die Dinge anschaut und sie daher wirklich ineinanderfließen sieht, Namen aus der Geisteswissenschaft, durch welche Sie in der Psychosophie wiedererkennen werden, was Sie in der Geisteswissenschaft gelernt haben. Bezeichnen wir daher den Strom, der die für den Moment unbewussten Vorstellungen birgt, der aus der Vergangenheit kommt und in die Zukunft fließt, als den Ätherleib, und den andern Strom, der von der Zukunft in die Vergangenheit geht, der sich mit dem ersteren staut und zum Schnitt bringt, als den Astralleib. Und was ist das Bewusstsein? Das sich gegenseitige Treffen des Astralleibes und des Ätherleibes.

Versuchen Sie einmal die Probe darauf zu machen: Alles, was Sie aus den Forschungen des hellsichtigen Bewusstseins gelernt haben über den Ätherleib, versuchen Sie es anzuwenden auf das hier Gesagte. Sie werden es schon wiedererkennen. Und versuchen Sie alles, was Sie über den Astralleib gelernt haben, mit dem zu vergleichen, was hier gesagt worden ist: Sie werden auch damit zurechtkommen und Ihre Wahrheiten von dort wiedererkennen. Sie brauchen sich nur die Frage vorzulegen: Was ist es, was da die Stauung hervorbringt, was den Durchschnitt hervorbringt? – Dass sich da etwas staut, das liegt daran, dass sich die beiden Ströme im physischen menschlichen Leben beggegnen. Nehmen Sie an, der physische menschliche Leib sei weggenommen, und der Ätherleib sei auch weggenommen. Das ist aber der Fall nach dem Tode, wo die von der Vergangenheit in die Zukunft gehende Strömung nicht mehr da ist. Dann hat die von der Zukunft in die Vergangenheit drängende Strömung, das heißt der Astralleib, freien Lauf und macht sich nun nach dem Tode unmittelbar geltend. Und die Folge ist, dass das Leben in Kamaloka rückwärts verläuft, wie es Ihnen erzählt worden ist.

So sehen Sie, dass wir auf psychosophischem Gebiet wiederfinden, was wir auf geisteswissenschaftlichem Gebiet gelernt haben. Ich möchte allerdings, dass Sie dabei noch eines bemerken: dass in der Tat manchmal ein recht weiter Weg ist von dem Wissen der geisteswissenschaftlichen Wahrheiten aus Mitteilungen hellseherischer Forschung heraus zu dem, was auf dem physischen Plan wirklich erfahren werden kann, denn dies muss erst in Ordnung gebracht werden. Wenn es aber in Ordnung gebracht ist, dann werden Sie überall finden, dass die Forschungen des hellsichtigen Bewusstseins sich durch die Beobachtungen des physischen Planes überall rechtfertigen lassen.»[75]

Bewusstsein entsteht also, das wird hiermit klar, an der Schnittstelle von Ätherleib und Astralleib. Damit hat Steiner sozusagen den Kern, um den es bei der Leib-Seele-Problematik geht, anthroposophisch genau fest gemacht.

Im letzten Absatz deutet Steiner aber bereits an, dass

«in der Tat manchmal ein recht weiter Weg ist von dem Wissen der geisteswissenschaftlichen Wahrheiten aus Mitteilungen hellseherischer Forschung heraus zu dem, was auf dem physischen Plan wirklich erfahren werden kann, denn dies muss erst in Ordnung gebracht werden.»

Diese Ordnung aber musste auch für Steiner erst noch gefunden werden.

Verfolgen wir aber zunächst die Ausführungen vom 4. November 1910 noch etwas weiter. Hier macht Steiner nun den Zusammenhang von Ätherleib und Astralleib mit den beiden anderen Wesensgliedern deutlich: Wie setzt das Ich auf die Begegnung von Ätherleib und Astralleib auf? Welche Rolle spielt dabei der physische Leib? Es geht an keiner Stelle um Physiologisches, sondern Rudolf Steiner bewegt sich noch immer in der Terminologie der vier Wesensglieder.

Dabei stellt er zunächst fest, wie die Ich-Vorstellung im Kinde entsteht und entwickelt daran die Stellung von Ich und physischem Leib in der Gesamtkonstitution:

«Wenn wir das, was wir jetzt gesagt haben, festhalten, was muss denn dann geschehen in dem Moment, wo das Ich anfängt, alle Vorstellungen sozusagen in sich hereinzunehmen, wo das Ich bewusst wird? Da muss das Ich sich verbinden mit dem fortfließenden Strom, mit dem, was wir den Ätherleib genannt haben. Und in der Tat, in dem Moment, wo das Kind anfängt, sein Ich-Bewusstsein zu entwickeln, da hat der Strom des Seelenlebens einen Eigeneindruck auf den Ätherleib gemacht. Dadurch entsteht aber auch die Ich-Vorstellung. Denn bedenken Sie einmal, dass die Ich-Vorstellung Ihnen niemals von außen gegeben werden kann. Alle andern Vorstellungen, die sich auf die physische Welt beziehen, sind Ihnen von außen gegeben. Die Ich-Vorstellung, schon die Ich-Wahrnehmung kann Ihnen niemals von außen zufließen. Das wird Ihnen erst erklärlich, wenn Sie sich jetzt vorstellen, dass das Kind, bevor es die Ich-Vorstellung hat, unfähig ist, den eigenen Ätherleib zu verspüren; in dem Augenblick, wo es anfängt, das Ich-Bewusstsein zu entwickeln, verspürt es seinen Ätherleib, und es spiegelt zurück in das Ich das Wesen des eigenen Ätherleibes. Da hat es den ‹Spiegel›. Während also alle andern Vorstellungen, die sich auf den physischen Raum und auf das Leben im physischen Raum beziehen, durch den physischen Leib des Menschen aufgenommen werden, nämlich durch die Sinnesorgane, entsteht überhaupt das Ich-Bewusstsein dadurch, dass das Ich den Ätherleib ausfüllt und sich gleichsam an seinen Innenwänden spiegelt. Das ist das Wesentliche des Ich-Bewusstseins, dass es der nach innen sich spiegelnde Ätherleib ist.

Durch was kann das Ich denn nur veranlasst werden, sich so im Innern zu spiegeln? Dadurch allein kann es dazu veranlasst werden, dass der Ätherleib einen gewissen inneren Abschluss erlangt. Wir sahen ja, dass dem Ätherleib entgegenkommt der Astralleib. Es ist also sozusagen das Ich, welches den Ätherleib ausfüllt und sich dieses Ätherleibes als solchem, wie durch innere Spiegelung, bewusst wird.

Aber eines hat diese Ich-Vorstellung, dieses Ich-Bewusstsein: es wird mächtig ergriffen von aller Interessiertheit und von allen Begehrungen. Denn die setzen sich gehörig fest in dem Ich. Aber trotzdem sich die Interessiertheit, die Begehrungen so in dem Ich festsetzen – was wir als die verschiedenen Egoismen bezeichnen –, müssen wir sagen: Diese Ich-Wahrnehmung hat wieder etwas sehr Eigentümliches. Sie hat in gewisser Beziehung doch wieder etwas Unabhängiges von den Begehrungen. Es gibt nämlich eine gewisse Forderung in der Menschenseele, die sie sich selbst stellt und die ja sehr leicht für die Seele selber beglaubigt werden kann. Es wird sich jede Seele sagen: Durch das bloße Begehren kann ich unmöglich mein Ich hervorrufen. Wenn ich noch so sehr mein Ich wünsche: dadurch ist es nicht da, dass ich es wünsche. – Ebenso wenig wie das Ich etwa nur besteht aus dem fortfließenden Strom der

Vorstellungen, ebenso wenig besteht es aus dem andern Strom, der aus der Zukunft in die Vergangenheit geht, dem Strom der Begehrungen. Es ist ein von beiden Strömen grundverschiedenes Element, das aber beide Ströme in sich aufnimmt.

Das können wir uns grafisch darstellen – und die grafische Darstellung entspricht in diesem Falle vollständig dem Tatbestand –, indem wir den Strom des Ich senkrecht auf den Strom der Zeit [auffallen] lassen. So muss man es nämlich tun, wenn man alle Seelenerscheinungen richtig in Betracht zieht. Sie kommen zurecht mit den Seelenerscheinungen, wenn Sie außer den beiden Strömen – dem aus der Vergangenheit in die Zukunft und dem aus der Zukunft in die Vergangenheit (Pfeil C-D) – noch eine solche Strömung in der menschlichen Seele annehmen, welche senkrecht auf den beiden andern steht (Pfeil E-F). Das ist die, welche dem menschlichen Ich-Einschlag selber entspricht.

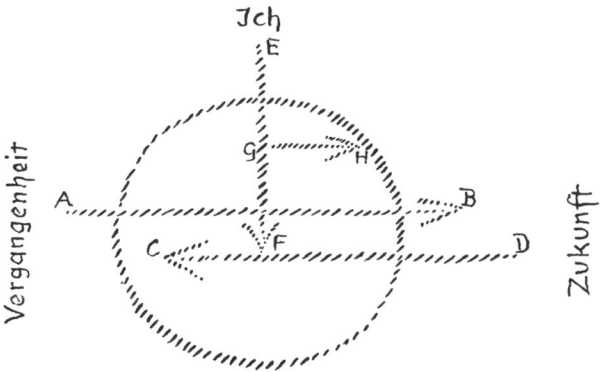

Nun ist aber mit dem Ich etwas verbunden, was Sie auch wieder durch eine bloße Beobachtung des Seelenlebens leicht finden können, nämlich die Urteilsfähigkeit. Mit dem Ich schlägt die Urteilsfähigkeit herein. Sie können das an einer solchen Erscheinung wie der der Überraschung ganz leicht jetzt begreifen. Wenn das Ich – seitlich allerdings – wirkt, kann ein Ereignis an Sie herantreten, das Ihnen entgegenbringen wird eine Fülle von Interessiertheit. Aber wenn nicht seitlich zugleich einschlagen kann die urteilende Tätigkeit des Ich, dann ist es unmöglich, dass sich das Ereignis mit dem Urteil begegnet. Aber was geschieht denn, wenn das Ich seitlich einschlägt? Wir haben gesehen, es ist die Ich-Wahrnehmung wie eine innere Spiegelung in der Seele. Die Spiegelung müsste so geschehen, dass das Ich förmlich die Vorstellungen hinter sich hätte, die da unbewusst fließen. Das würde dann der Fall sein, wenn die Ich-Strömung so einströmte, dass sie tatsächlich in ihrem eigenen Einströmen die Richtung hat, die ich mit dem Pfeil E–F bezeichnet habe, im Leben aber die Richtung hätte, die ich mit dem Pfeil G–H bezeichne, nämlich der Zukunft entgegen. Nun nehmen Sie an, das Ich wäre, insofern es in den Ätherleib eingeschlagen hat, selber ein Spiegel geworden. Die Sache stimmt in ganz auffälliger Weise. Wenn das Ich die Vorstellungen, die unbewusst weiterfließen, hinter sich hat, was hat es denn dann vor sich, wenn es nach der Zukunft schaut, wie es ja die Natur des Ich ist, der Zukunft entgegenzuleben? Was müsste da sein?

Denken Sie sich: Sie stehen vor einem Spiegel und sehen hinein. Wenn auf der Rückseite des Spiegels kein Spiegelbelag ist, sehen Sie überhaupt nichts; dann sehen Sie in die unendliche Ferne hinein. Das ist zunächst der Blick des Menschen in die Zukunft. So sieht der Mensch in der Tat in den Strom hinein, der von der Zukunft hereinkommt. Der fließt seelisch auf ihn zu: er sieht nichts. Wann nur sieht er etwas? Wenn er dadrinnen – im Spiegel – etwas sieht von der Vergangenheit. Dann sieht er natürlich nicht die Zukunft, sondern die Vergangenheit! Sie sehen nicht die Gegenstände, welche vor Ihnen sind, wenn Sie in den Spiegel schauen, sondern die, welche hinter Ihnen sind. Wenn das Ich – in dem Augenblick, wo das Kind zum Selbstbewusstsein kommt, das dadurch entsteht, dass das Ich einschlägt in den Ätherleib – sich innerlich spiegelt, so bedeutet alles seelische Leben von da ab ein Mitspiegeln der Erlebnisse, ein Mitspiegeln der Eindrücke. Daher können Sie sich an nichts erinnern, bevor sich das Ich zum Spiegelapparat gemacht hat. Die allerersten Kindheitseindrücke bleiben außer der Erinnerung. Das Wesentliche ist nämlich, dass das menschliche Ich, insofern es in den Ätherleib hineinschlägt, das heißt, aufnimmt die Vorstellungen aus der Vergangenheit, dadurch selber zu einem Seelen-Spiegelungsapparat wird. Und für alles, was es von da ab hereinnimmt in seinen Spiegelungsapparat, ist es zugänglich. Was muss denn also geschehen, damit nun das Ich sozusagen Vergangenes wirklich widerspiegeln kann?

Man könnte sagen: Wenn Sie einen äußeren Eindruck haben, wie ich ihn vorhin geschildert habe – wenn Sie ein Bild neuerdings sehen, das Sie schon gesehen haben –, so wird dadurch die Spiegelung bewirkt in Bezug auf die alte Seelenvorstellung, die früher unbewusst war; die wird dadurch von der andern Seite so in ihrer Strahlung zurückgehalten, dass sie in den inneren Seelenspiegel hereinfällt. Wenn aber kein

neuer Eindruck, keine Wiederholung irgendeines alten Eindruckes geschieht, so muss das Ich selbst herbeiziehen, was als Spiegelung auftreten soll; da muss es von der andern Seite wirken und Ersatz schaffen für das, was sonst der äußere Eindruck bewirkt hat. Was ist denn aber dieses Ich zunächst, wie es sich im physischen menschlichen Leben auslebt? Es ist die innere Erfüllung des Ätherleibes. Also es muss innerlich diesen Ätherleib, damit es sich an seinen Innenwänden spiegeln kann, zum Spiegeln gebracht haben. Das kann nur dadurch geschehen, dass der Ätherleib wirklich abgeschlossen wird. Für die äußeren Sinneseindrücke wird er abgeschlossen, indem Sie im physischen Leibe sind, denn dadurch sind Sie mit Augen, Ohren und so weiter umgeben, und was innerhalb des Ätherleibes lebt, kann dadurch zurückgeworfen werden. Für das aber, dessen Sie sich frei erinnern sollen, müssen Sie eine andere Kraft haben, denn wenn der Ätherleib spiegeln soll, muss er einen Spiegelbelag haben. Diesen Spiegelbelag geben für die neuen Eindrücke die Sinnesorgane, das heißt der physische Leib. Wenn aber der physische Leib nicht wirkt, wie das bei einer freien Erinnerung ist, wenn wir keine neuen Eindrücke zur Auffrischung haben, so muss der Belag von der andern Seite hergenommen werden. Das kann nur dadurch geschehen, dass wir das, was entgegenschlägt dem Ich, wir könnten sagen, seitlich entgegenschlägt dem Ich, als eine Hauptkraft verwenden, indem wir das Begehren heranziehen, den uns entgegenkommenden Strom hereinschieben und ihn zum Spiegelbelag machen. Das heißt, nur durch eine entsprechende Stärkung unseres Astralleibes können wir bewirken, dass wir die Strebenskräfte, die Begehrungskräfte entwickeln können, die uns fähig machen, eine Vorstellung, die sich weigert zur Spiegelung zu kommen, in die Erinnerung heraufrufen. Nur dadurch, dass wir unser Ich, wie es sich in der physischen Welt auslebt, stärker machen, sind wir allein imstande, diesen Strom, der sonst nicht von uns ergriffen wird, der von der Zukunft kommt, tatsächlich hereinzuziehen und ihn zum Spiegelbelag zu machen. Also nur durch eine Stärkung unseres Ich, nur durch den Umstand, dass wir das Ich zum Meister des Astralleibes, des Stromes aus der Zukunft machen, können wir das Ich zur Erinnerungsfähigkeit bringen von Vorstellungen, die sich nicht spiegeln wollen, die sich weigern, sich uns zu ergeben. Es ist da ein Kampf, den wir kämpfen mit den unbewussten Vorstellungen. Das Ich ist nicht stark genug, sie herbeizuholen, und da müssen wir eine Anleihe machen bei dem, was uns entgegenkommt.»[76]
Jetzt wird also beschrieben, wie das Ich mit den beiden Strömungen, dem

aus der Vergangenheit in die Zukunft strömenden ätherischen Strom und dem aus der Zukunft in die Vergangenheit strömenden astralischen Strom umgeht. Oder anders gesagt, wie aus Bewusstsein das Ich-Bewusstsein hervorgeht.

Das Ich nutzt den ätherischen Strom, um zur Ich-Vorstellung zu kommen, indem es den mit dem Ätherleib verbundenen physischen Leib und dessen Sinne als Spiegelfläche nutzt. So kommt die gewöhnliche Ich-Vorstellung zustande. Wie aber entstehen dann die Erinnerungsvorstellungen? Dazu nutzt das Ich den aus der Zukunft kommenden, astralischen Strom. Jetzt wird die Spiegelung vom Ich her durch den Astralleib erzeugt. Dazu gibt Steiner ein Beispiel:

«Um das zu verdeutlichen, will ich ein Beispiel nehmen aus der Lebenspraxis, um zu zeigen, wodurch es geschehen kann, dass Sie tatsächlich eine Stärkung Ihres Ich herbeiführen. Gewöhnlich erleben Sie die Lebensereignisse so, dass Sie einfach dem fortlaufenden Strom des Erlebens folgen. Wenn eine Glocke tönt, einmal, ein zweites, ein drittes Mal anschlägt, so hören Sie zuerst den ersten, dann den zweiten und dann den dritten Ton. Dann sind Sie aber fertig. Wenn Sie ein Drama anhören, hören Sie die einzelnen Teile hintereinander; dann sind Sie fertig. Das heißt, Sie leben in dem Ätherleibe mit dem fortlaufenden Strom. Nehmen wir aber an, Sie betreiben es systematisch, den umgekehrten Strom sich anzueignen, Sie gewöhnten sich daran, Dinge, die Sie sonst nur in der einen Richtung verfolgen, auch umgekehrt zu verfolgen. Zum Beispiel, Sie nehmen sich vor, einige Ereignisse des Tages in umgekehrter Reihenfolge zu erinnern. Wenn Sie so das Tagesleben rückwärts betrachten, dann folgen Sie nicht dem gewöhnlichen Ich-Strom, der dadurch zustande kommt, dass das Ich im Ätherleibe lebt, sondern Sie folgen dann dem entgegengesetzten Strom, dem Strom des Astralleibes. Wenn Sie zum Beispiel das Vaterunser statt, wie Sie gewohnt sind, es vorwärts zu beten, es jetzt rückwärts beten, dann folgen Sie einem dem gewöhnlichen Strom der Ereignisse entgegengesetzten Strom. Das ist nicht der gewöhnliche Strom, der dadurch zustande kommt, dass das Ich den Ätherleib ausfüllt. Und die Folge ist, dass Sie Ihrem Ich dadurch eine Kraftzufuhr bereiten aus dem astralischen Strom heraus. Dann tritt in der Tat eine Erinnerungsfähigkeit ein in ganz gewaltigem Maße. Ich selbst habe in meiner Erziehertätigkeit bei meinen Schülern dahin gewirkt, damit sie eine Stärkung des Gedächtnisses für später haben sollten, dass sie gewisse Dinge, die man sonst nur in einer Richtung lernt, auch in der umgekehrten Richtung lernten und immer wieder und wieder üben mussten. So wird die

Härteskala der Mineralien gewöhnlich in der folgenden Reihenfolge gelernt: 1. Talk, 2. Steinsalz, 3. Kalkspat, 4. Flussspat, 5. Apatit, 6. Orthoklas oder Kalifeldspat, 7. Quarz, 8. Topas, 9. Korund, 10. Diamant. Da habe ich nun die Schüler neben dieser Aufzählung auch immer wieder die umgekehrte Reihenfolge üben lassen: Diamant, Korund, Topas, Quarz, Orthoklas, Apatit, Flußspat, Kalkspat, Steinsalz, Talk. Das ist eine außerordentlich gute Übung – besonders wenn sie zu guter Zeit im Kindheitsalter vorgenommen wird – für die Stärkung der Gedächtniskraft.

Eine andere Übung gibt es dafür noch, eine Übung, die wieder mit alledem zusammenhängt, was wir in den verflossenen Tagen und auch heute betrachtet haben, und die besteht in Folgendem. Nehmen wir an, jemand leide an auffallendem Gedächtnisschwund, und er gibt sich die Mühe, irgendeine Beschäftigung, die er in der Jugend vorgenommen hat, mit voller Hingabe wieder vorzunehmen. Denken Sie, der Betreffende stände jetzt im siebenundvierzigsten Lebensjahr, und er habe sich mit fünfzehn Jahren besonders befasst mit einem Buche, das ihm damals sehr große Freude gemacht hat, und er nimmt dieses Buch jetzt wieder vor und versucht es von Neuem durchzugehen. Wenn Sie in einem solchen Falle dieselben Tatsachen wieder vor Ihre Seele rufen, kommt Ihnen der neue Strom entgegen, und Sie stärken sich aus dem astralischen Strom, der Ihnen aus der Zukunft entgegenkommt. Wenn das ausgeführt wird von einem Menschen, wenn er zum Beispiel als ein Greis wieder an Beschäftigungen geht, die er zwischen dem siebenten und vierzehnten Jahre getrieben hat, dann ist das eine ganz besondere Hilfe zur Aufbesserung des Gedächtnisses.

Diese Dinge können Ihnen also zeigen, dass tatsächlich unser Ich sich stärken muss aus dem dem Strom des Ätherleibes entgegenkommenden astralischen Strom, wenn es die Erinnerungsfähigkeit fördern will. Das alles sind außerordentlich wichtige Dinge für die Lebenspraxis. Und wenn zum Beispiel beim Unterricht mehr Aufmerksamkeit auf solche Dinge verwendet würde, so könnte man dadurch ungeheuer segensreich wirken. So könnte man zum Beispiel segensreich wirken, wenn man die aufeinanderfolgenden Schulklassen in einer siebenklassigen Schule so einteilen würde, dass man sozusagen eine Mittelklasse einrichtete, die gewissermaßen für sich dann bestünde, und dass dann in der fünften Klasse – verändert – sich das wiederholen würde, was in der dritten durchgenommen worden ist, und ebenso in der sechsten Klasse sich wiederholen würde, was in der zweiten, und in der siebenten, was in der ersten Klasse behandelt worden ist. Das würde eine vorzügliche Stärkung des Gedächtnisses bedeuten, und die Menschen würden schon sehen, wenn sie dies in die Praxis einführten, wie segensreich sich diese Dinge auswirken würden, einfach aus dem Grunde, weil sie den Gesetzen des wirklichen Lebens entstammen.

Daraus sehen wir zugleich, dass der Mensch in seiner Ich-Vorstellung, in seinem Ich-Bewusstsein überhaupt etwas hat, was erst entsteht. Es entsteht ja erst im kindlichen Alter. Und wir haben auch hingewiesen darauf, wodurch es entsteht: nämlich dadurch, dass sich der Ätherleib nach innen spiegelt. Kein Wunder daher – für denjenigen, der die Geisteswissenschaft kennt, gewiss nicht, da er weiß, dass der Mensch in der Nacht außer dem physischen Leib und Ätherleib ist –, dass das Ich-Bewusstsein in der Nacht nicht da sein kann, weil sich das Ich nicht im Ätherleibe spiegeln kann. Wir sind also gar nicht überrascht, wenn wir hören, dass die Ich-Vorstellung während des Schlafzustandes auch in die Unbewusstheit hinuntergehen muss, denn der Ätherleib ist der fortlaufende Strom der Zeit; er enthält die Vorstellungen, die erst von der andern Seite beleuchtet werden müssen, das heißt vom Astralleib. Dann kann das, was im Ätherleib sozusagen vorwärtsschwimmt, beleuchtet werden vom Seelenleben. Was der Mensch als Ich-Vorstellung hat, ist selbst nur im Ätherleibe; das ist selbst nur der gesamte Ätherleib von innen gesehen. Die Ich-Vorstellung ist selbst nur im Ätherleibe wirksam, nicht aber das Ich selber, denn – haben wir gesagt – das Ich ist die seitlich einfallende Urteilskraft. In dem Augenblick, wo Sie das Ich begreifen wollen, dürfen Sie nicht zum Ich-Bewusstsein gehen, sondern da müssen Sie zum Urteil gehen. Und merkwürdigerweise erklärt sich das Urteil ziemlich souverän gegenüber dem Ich-Bewusstsein. Wir haben ganz genau unterschieden zwischen dem, was vom Urteilen ergriffen ist, und dem, was noch nicht davon ergriffen ist. Wenn wir den Eindruck der roten Farbe haben, so ist noch kein Urteil gefällt vom Seelenleben. Da steht die Urteilsfähigkeit still. Es brandet von außen herein, was entscheidet über den Eindruck. In dem Augenblick, wo wir das einfachste Urteil fällen: ‹Rot ist›, wenn wir dem Rot das Sein zuschreiben, findet schon eine Urteilsfällung des Seelenlebens statt. In dem Augenblick, wo wir Urteile fällen, regt sich das Ich. Wenn nun das Ich seine Urteile fällt aufgrund der Ergebnisse der äußeren Eindrücke, so kommen die äußeren Eindrücke ins Urteil herein, dann sind die äußeren Eindrücke Gegenstand des Urteilens, zum Beispiel ‹Rot ist›. Was muss denn aber möglich sein, wenn das Ich eine Wesenheit ist, verschieden von allen Vorstellungen und auch von seiner eigenen Wahrnehmung? Wenn das Ich der Veranlasser ist der Ich-Wahrnehmung, was muss da sein? Dann muss eine Urteilsmöglichkeit sein. Unter den verschiedenen Urteilen in unserem Seelenleben muss es eines geben, dem gegenüber sich das Ich souverän fühlt, nicht angewiesen auf einen äußeren Eindruck. Das tritt in der Tat ein, wenn Sie das Urteil fällen: ‹Ich ist›. ‹Ich bin› ist ja nur ein anderer Ausdruck dafür. Da haben Sie das, was sonst im Ich lebt, was Sie aber noch nicht zum Bewusstsein gebracht haben, mit Urteilsfähigkeit ausgefüllt im ‹Ich ist› oder ‹Ich bin›. Was vorher eine leere Blase war, die wie Schaum zerfließt, wenn das Seelenleben unbewusst wird, das haben Sie ausgefüllt mit Urteilskraft.

Wenn das so ist, wenn das Ich sich selber ausfüllt, was geschieht dann? Urteilen ist eine Seelentätigkeit. Seelentätigkeiten entstehen im Seelenbinnenleben, innerlich. Sie führen zu Vorstellungen. Im Bereiche dieser Vorstellungen taucht auch auf die Ich-Vorstellung. Aus der Ich-Vorstellung haben wir aber nichts über das Ich selbst lernen können. Aber eines zeigt sich jetzt: Nichts von äußeren Eindrücken kann uns zur Ich-Vorstellung bringen. Mit andern Worten: Die Ich-Vorstellung stammt nicht aus der physischen Welt. Da sie also nicht aus der physischen Welt stammt, sonst aber ganz den Charakter hat wie Vorstellungen, die aus der physischen Welt stammen, und da doch das Urteilen in der Seele, das eben zu den elementaren Inhalten des Seelenlebens gehört, auf das Ich angewendet wird, so muss das Ich von woanders her in das Seelenleben hereinkommen. Das heißt, wir haben damit zur Evidenz gezeigt, dass geradeso wie die Vorstellung ‹Rot› von der äußeren Welt in die Seele hereinkommt und vom Ich durch das Urteil umspannt wird, so von der andern Seite her etwas in die Seele hereinkommt, das vom Urteil umspannt wird. Nehmen wir den Eindruck ‹Rot› und umspannen ihn mit einem Urteil, so haben wir ‹Rot ist›. Nehmen wir in ähnlicher Weise das Ich und sagen ‹Ich ist›, so nehmen wir einen Eindruck aus derjenigen Außenwelt, die wir die geistige Welt nennen, auf und umspannen ihn mit einem Urteil. ‹Rot› als solches entspricht den Daseinsformen der physischen Welt. ‹Rot ist› ist ein Urteil und kann nur innerhalb des Seelenlebens zustande kommen. ‹Ich› ist eine Tatsache, wie ‹Rot› eine Tatsache ist, und es kann nur in das Seelenleben eintreten, das heißt, von einem Urteil umspannt werden, wenn das Urteil von der andern Seite der Seele entgegenkommt und das Ich umspannt mit dem Urteil und sagt ‹Ich bin› oder ‹Ich ist›. ‹Ich ist› ist nur die Umkehrung des ‹Ich bin› nach der andern Seite. Der Sprachgenius ist eben sehr gescheit und drückt die Dinge sehr prägnant aus.»[77]

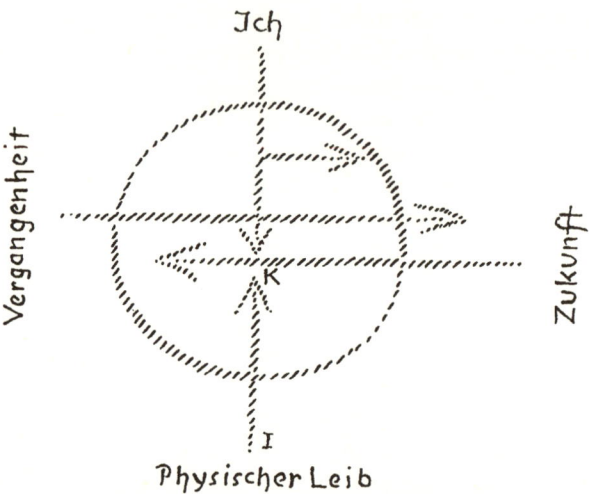

Zusammenfassend schließt Rudolf Steiner dann ab:
«Die Eindrücke der physischen Welt gehen also, grafisch dargestellt, von unten nach oben und offenbaren sich in der Seele als Sinneseindrücke. Auf der einen Seite sind entgegengesetzt das Ich und seine physisch-leiblichen Sinnesorgane, auf der andern Seite stehen sich entgegen die Strömung des Ätherleibes und die des Astralleibes. Wenn nun das Ich aufstößt an das, was der physische Leib ist, wenn es gerade hinströmt gegen sein Auge, gegen sein Ohr, so bekommt es die Eindrücke der physischen Welt. Die werden in der Seele weitergebracht dadurch, dass die Seele ein Bewusstsein hat durch das Gegenströmen von astralischer und ätherischer Welt. Und aus dem ganzen Bilde können Sie sich klarmachen, dass man verhältnismäßig eine gute grafische Darstellung bekommt von dem Verhältnis der verschieden zusammen wirkenden Welten in der menschlichen Seele, wenn man sich sagt: Auf der einen Seite ist entgegengesetzt Ich und der physische Leib mit seinen Sinnesorganen; die stehen sich direkt gegenüber. Dann stehen sich direkt gegenüber, indem sie gleichsam zu den beiden andern Strömungen einen rechten Winkel bilden, Ätherleib und Astralleib.

Nun kann ich Ihnen die Versicherung geben, dass sich Ihnen unzählige Rätsel der Seele lösen werden, wenn Sie dieses Schema zugrunde legen. Sie werden dann schon begreifen, dass in diesem Kreuz, das von einem Kreis durchzogen ist, ein sehr gutes Schema des Seelenlebens gegeben ist, wie es angrenzt an das Geistige nach oben, an das Physische nach unten, an das Ätherische nach links und an das Astralische nach rechts. Nur müssen Sie sich dabei zu der Vorstellung aufschwingen, dass der Strom der Zeit nicht nur etwas ruhig Dahinfließendes ist, sondern dass ihm etwas entgegenkommt, dass aber das Ich-Leben und das Sinnesleben nur begriffen werden können, wenn sie wieder im rechten Winkel auf die Zeitströmung auftretend verstanden werden. Wenn Sie dies ins Auge fassen, werden Sie wohl verstehen, dass in unserer Seele wirklich recht verschiedene Kräfte sich treffen. Unsere Seele ist gewissermaßen der Schauplatz, auf dem sich Kräfte treffen der verschiedensten Richtungen.»[78]

Hier erkennen wir, wie die Zeitthematik aufs Engste verknüpft ist mit der Leib-Seele-Thematik. Denn im Auftreffen der Seele auf den Leib entsteht für den Menschen das zeitliche Erleben.

Im Kern verbirgt sich hinter der Frage nach dem Zusammenwirken der beiden Zeitströme im Menschen die Frage nach dem Zusammenwirken von abbauenden und aufbauenden Kräften. Der Abbau, so können wir jetzt sagen, findet im Wesentlichen durch das Eingreifen des Astralleibes in den Ätherleib statt, durch alles, was mit Bewusstsein und Wahrnehmung zu tun hat. Da dominiert der astrale Zeitstrom von der Zukunft in die Vergangenheit. Aufbau aber findet auf zwei Ebenen statt: auf einer natürlichen Ebene im Verhältnis von Ätherleib und physischem Leib und auf geistiger Ebene im Verhältnis von Ich und physischem Leib.

In den Anthroposophischen Leitsätzen Nr. 10 und 11 wird dieses Verhältnis so ausgedrückt:

«10. Das Bewusstsein entsteht *nicht* durch ein Fortführen derjenigen Tätigkeit, die aus dem physischen und dem Ätherleib als Ergebnis kommt, sondern diese beiden Leiber müssen mit ihrer Tätigkeit auf den Nullpunkt kommen, ja noch unter denselben, damit ‹Platz entstehe› für das Walten des Bewusstseins. Sie sind nicht die Hervorbringer des Bewusstseins, sondern sie geben nur den Boden ab, auf dem der Geist stehen muss, um innerhalb des Erdenlebens Bewusstsein hervorzubringen. Wie der Mensch auf der Erde einen Boden braucht, auf dem er stehen kann, so braucht das Geistige innerhalb des Irdischen die materielle Grundlage, auf der es sich entfalten kann. Und so wie im Weltenraum der Planet den Boden nicht braucht, um seinen Ort zu behaupten, so braucht der Geist, dessen Anschauung nicht durch die Sinne auf das Materielle, sondern durch die Eigenkraft auf das Geistige gerichtet ist, *nicht* diese materielle Grundlage, um seine bewusste Tätigkeit in sich rege zu machen.

11. Das Selbstbewusstsein, das im ‹Ich› sich zusammenfasst, steigt aus dem Bewusstsein auf. Dieses entsteht, wenn das Geistige in den

Menschen dadurch eintritt, dass die Kräfte des physischen und des ätherischen Leibes diese abbauen. Im Abbau dieser Leiber wird der Boden geschaffen, auf dem das Bewusstsein sein Leben entfaltet. Dem Abbau muss aber, wenn die Organisation nicht zerstört werden soll, ein Wiederaufbau folgen. So wird, wenn für ein Erleben des Bewusstseins ein Abbau erfolgt ist, genau das Abgebaute wieder aufgebaut werden. In der Wahrnehmung dieses Aufbaues liegt das Erleben des Selbstbewusstseins. Man kann in innerer Anschauung diesen Vorgang verfolgen. Man kann empfinden, wie das Bewusste in das Selbstbewusste dadurch übergeführt wird, dass man aus sich ein Nachbild des bloß Bewussten schafft. Das bloß Bewusste hat sein Bild in dem durch den Abbau gewissermaßen leer Gewordenen des Organismus. Es ist in das Selbstbewusstsein eingezogen, wenn die Leerheit von innen wieder erfüllt worden ist. Das Wesenhafte, das zu dieser Erfüllung fähig ist, wird als ‹Ich› erlebt.»[79]

Dadurch aber wird der Zeitstrom wieder umgestellt, und dem aus der Zukunft wirkenden astralen Zeitstrom setzt nun das Ich den in die Zukunft gehenden neuen Zeitstrom entgegen, der die eigentliche Grundlage des moralischen Handelns bildet, wie wir später noch sehen werden.

Es geht also um eine doppelte Umwandlung des Zeitenstromes. Die erste Stufe ist die, wo der Astralleib von der Zukunft her den Ätherstrom, der von der Vergangenheit her strömt, aufgreift. Diesen Vorgang, der in dem Vortrag vom 4. November 1910 noch relativ unscharf gefasst wird, konnte Rudolf Steiner erst dadurch wirklich konkret anschaulich beschreiben, da er die zugrunde liegenden physiologischen Tatsachen entdeckte und darstellen konnte. Nämlich dadurch, dass er bemerkte, dass die vom Astralleib her kommenden Denkkräfte umgewandelte Lebenskräfte sind. Der Astralleib befreit die Lebenskräfte aus ihrem leiblichen Gebundensein und nutzt diese zur Vorstellungsbildung, das heißt zum bewussten, seelischen Erleben.

Der aus der Zukunft strömende Denkstrom begegnet dem aus der Vergangenheit strömenden Lebensstrom und schafft dadurch Bewusstsein, auf das nun das Ich sich mithilfe des physischen Leibes stützen kann.

Dieser Zusammenhang bildet nun zugleich den Abschluss für das Problem der Erklärungslücke, denn dadurch konnte Rudolf Steiner nun bis in die Physiologie hinein weiterverfolgen, wie Leib und Seele tatsächlich ineinandergreifen, d.h. wie aus physiologisch messbaren Vorgängen ein seelisches Erleben hervorgeht. Dieser Prozess vollzieht sich zwischen 1911 und 1917.

Um das genauer zu verstehen, werden wir im Folgenden jeden einzelnen Schritt genauer anschauen und aufgrund der heutigen anthroposophischen Forschungslage sehen, wie dieser Zusammenhang bis heute tatsächlich erklärbar geworden ist.

Danach aber geht es um den zweiten Schritt, nämlich um die Frage, wie nun das Ich aus den durch die frei gewordenen Ätherkräfte gebildeten Vorstellungen zu freien Handlungen kommen kann.

Wenn man im übertragenen Sinne sprechen wollte könnte man auch sagen: Zunächst ging es Rudolf Steiner um den ersten Teil seiner *Philosophie der Freiheit*: Wie ist Erkenntnis möglich? Das war der Weg von 1882 bis 1917, die Leib-Seele-Thematik. Dann aber ging es ihm um die letztlich entscheidende zweite Frage des zweiten Teils der *Philosophie der Freiheit*: Wie ist ein freies Handeln aus Erkenntnis möglich? Das war im Wesentlichen der Inhalt seiner letzten Lebensjahre von 1917 bis 1924.

Dass dabei der Zeitstrom erneut umgekehrt wird: der aus der Zukunft in die Vergangenheit strömende Denkstrom wird weiter verwandelt in einen neuen, nun wieder in die Zukunft führenden Tatenstrom, in neues, moralisches Leben – dem werden wir uns im dritten und vierten Teil unserer Untersuchung zuwenden.

Damit wird aber auch immer deutlicher, dass die Zeitthematik im Leben Rudolf Steiners eben mit seinen beiden zentralen Lebensmotiven zusammenhing: mit der Erkenntnisfrage, der Leib-Seele-Thematik einerseits und mit der Frage nach dem freien, moralischen Handeln andererseits. Wenn wir dazu die zusammenfassende Grafik aus dem Vortrag vom 4. November 1910 nehmen, können wir sagen:
– die waagerechte Achse von Ätherleib und Astralleib, wo die beiden Zeitströme sich entgegenstehen, hat mit dem Erkennen zu tun,
– die senkrechte Achse von Ich und physischem Leib, die in der Begegnung der beiden Zeitströme ansetzt und damit die Gegenwart bestimmt, mit dem moralischen Tun und Handeln.

Kommen wir nun also zurück zu unserer Frage nach dem Leib-Seele-Zusammenhang und damit zum Problem der Erklärungslücke.

So weit Rudolf Steiner 1910/11 die Grundlagen des seelischen Erlebens und damit auch des Erlebens des Zeitlichen schildern konnte, kam er zwar auf die vier Wesensglieder, noch nicht aber auf deren physiologische Grundlagen, «was auf dem physischen Plan erfahren werden kann», zu sprechen. Der Leib-Seele-Zusammenhang wurde noch nicht wirklich ergriffen. Gerade der Vortrag vom 4. November 1910 zeigt, wenn man ihn in seiner Gänze nimmt, den vorläufigen, den Entwurfscharakter in jeder Zeile. Denn erst musste diese Seelenlehre noch an die physiologisch-naturwissenschaftliche Außenperspektive, an die konkreten leiblichen Bezüge angebunden werden, um die Erklärungslücke wirklich zu schließen. Das erfolgte zwischen 1911 und 1915/16 und mündete 1917 in die Veröffentlichung des Buches *Von Seelenrätseln*.

In diesem Buch legte Rudolf Steiner die Ergebnisse seiner 35-jährigen Forschungsarbeit (1882-1917) dar. Entscheidend für die Lösung des Leib-Seele-Problems war, dass er das Seelische jetzt, entsprechend den drei Stufen der höheren Erkenntnis, in dreierlei Weise, nämlich als Vorstellen, Fühlen und Wollen fassen und gleichzeitig die entsprechenden Beziehungen zum Leib aufzeigen konnte. Das heißt, es geht bei der Beziehung von Leib und Seele gar nicht um eine einfache, sondern um eine dreifache Beziehung.

Und als die leibliche Grundlage des dreifachen Seelischen stellte er das Nerven-Sinnes-System, das rhythmische System und das Gliedmaßen-Stoffwechsel-System dar. Um also die Erklärungslücke schließen zu können, darf man sich überhaupt nicht auf die Nervenprozesse im Gehirn beschränken, sondern man muss rhythmische und Stoffwechselprozesse in die Betrachtung miteinbeziehen.

«Der *Leib als Ganzes,* nicht bloß die in ihm eingeschlossene Nerventätigkeit ist physische Grundlage des Seelenlebens.»[80]

So konnte Rudolf Steiner anhand eines Beispiels, nämlich dem Erleben des Musikalischen, nun sehr konkret werden. Denn musikalisches Erleben ist Zeiterleben: Da liegt der Zusammenhang des Zeitproblems mit dem Leib-Seele-Problem, deshalb wird das Seelische am musikalischen Erleben festgemacht!

«Das Erleben des Musikalischen beruht auf einem Fühlen. Der Inhalt des musikalischen Gebildes aber lebt in dem Vorstellen, das durch die Wahrnehmungen des Gehörs vermittelt wird. Wodurch entsteht das musikalische Gefühls-Erlebnis? Die *Vorstellung* des Tongebildes, die auf Gehörorgan und Nervenvorgang beruht, ist noch nicht dieses musikalische Erlebnis. Das Letztere entsteht, indem im Gehirn der Atmungsrhythmus in seiner Fortsetzung bis in dieses Organ hinein, sich begegnet mit dem, was durch Ohr und Nervensystem vollbracht wird. Und die Seele lebt nun nicht in dem bloß Gehörten und Vorgestellten, sondern sie lebt in dem Atmungsrhythmus; sie erlebt dasjenige, was im Atmungsrhythmus ausgelöst wird dadurch, dass gewissermaßen das im Nervensystem Vorgehende heranstößt an dieses rhythmische Leben. Man muss nur die Physiologie des Atmungsrhythmus im rechten Lichte sehen, so wird man umfänglich zur Anerkennung des Satzes kommen: die Seele erlebt fühlend, indem sie sich dabei ähnlich auf den Atmungsrhythmus stützt wie im Vorstellen auf die Nervenvorgänge.»[81]

Damit konnte Rudolf Steiner nun gleich mehrere der oben angeführten Fragen mindestens im Ansatz lösen:
1. Welche physiologischen Prozesse liegen dem seelischen Erleben, in dem vorliegenden Beispiel dem Erleben des Musikalischen zugrunde: «... was durch Ohr und Nervensystem vollbracht wird.»
2. Wie wird dieses vom Ätherleib ergriffen: «... indem im Gehirn der Atmungsrhythmus in seiner Fortsetzung bis in dieses Organ (das Ohr) hinein sich begegnet mit dem, was durch Ohr und Nervensystem vollbracht wird.»
3. Wie wird daraus seelisches Erleben des Astralleibes: «Das Erleben des Musikalischen beruht auf einem Fühlen. ... die Seele erlebt fühlend, indem sie sich dabei ähnlich auf den Atmungsrhythmus stützt wie im Vorstellen auf die Nervenvorgänge.»
4. Wie entsteht daraus die Vorstellung für das Ich: «Das Erleben des Musikalischen beruht auf einem Fühlen. Der Inhalt des musikalischen Gebildes aber lebt in dem Vorstellen, das durch die Wahrnehmungen des Gehörs vermittelt wird.»

Nun ergeben sich aus dieser Darstellung natürlich vor allem im Hinblick auf die Physiologie konkrete Fragen: Wie wirken im Gehirn der Atmungsvorgang, der letztlich Träger des Seelischen ist, zusammen mit dem, was vom Nervensystem und Gehörsorgan geliefert wird? Hier deutete Steiner gegenüber Künstlern die zugrunde liegenden physiologischen Tatsachen an und kam dabei nochmals auf die Erklärungslücke und auf Du Bois-Reymond zu sprechen:[82]

«Es ist wahr, was *Du Bois-Reymond* sagt: dass Naturanschauung nie dahin kommen kann, dasjenige zu erfassen, was im Raume spukt. – Wenn der Naturforscher von Materie spricht, die da im Raum vorhanden ist – die ergibt sich nicht dem, womit wir die Wirklichkeit zu ergreifen suchen. Für das gewöhnliche Bewusstsein bleibt es so, dass wir auf der einen Seite das Innenleben haben, das an die Wirklichkeit nicht herandringt, auf der anderen Seite die äußere Wirklichkeit, die sich dem Innenleben nicht ergibt. Dazwischen ist ein Abgrund. Dieser Abgrund, den man kennen muss, er ist ein Hindernis für die menschliche Erkenntnis. Er wird auf keine andere Weise überwunden als dadurch, dass sich in der Seele übersinnliches Schauen entwickelt […]

Versuchen wir das in Anlehnung an die musikalische Kunst uns vor Augen zu führen. Während der Mensch musikalische oder andere Vorstellungen entwickelt und im gewöhnlichen Bewusstsein wahrnimmt, gehen in seinem leiblichen Inneren komplizierte Zustände vor sich. Von denen weiß er nichts, aber sie spielen sich ab. Das hellseherische Bewusstsein dringt vor zu diesem innerlichen, komplizierten, wunderbaren leiblichen Erleben. Das Gehirnwasser, in dem das Gehirn sonst eingebettet ist, ergießt sich beim Ausatmen in den Rückenmarksack, dringt hinunter, drängt das Blut zu den Unterleibsvenen, beim Einatmen wird alles hinaufgedrängt. Ein wunderbarer Rhythmus findet statt, der alles das begleitet, was wir vorstellen und wahrnehmen. Dieses Atmen, diese Plastik in ihrer Rhythmik drängt sich herein und heraus im Gehirn. Es findet ein Prozess statt, der mitwirkt im menschlichen Erleben. Es ist etwas, das im Unterbewussten vor sich geht und von dem die Seele weiß. Die heutige Physiologie und Biologie ist in Bezug auf diese Dinge noch fast vollständig unwissend; aber das wird eine ausgebreitete Wissenschaft werden.»

In einem anschließend gehalten Vortrag ergänzte er diese Darstellung noch:[83]

«Wir glauben, dass im Musikgenuß das Ohr beteiligt ist und vielleicht das Nervensystem unseres Gehirns, aber das nur in einer sehr äußerlichen Anschauung. Die Physiologie ist auf diesem Gebiete durchaus im Anfange, sie wird erst zu einer gewissen Höhe kommen, wenn künstlerische Gedanken in dieses physiologische und biologische Gebiet einfließen werden.»

Diese methodische Bedingung steht der Anerkennung der Dreigliederung bis heute entgegen, weil das wissenschaftliche Denken bis in die Gegenwart nicht bereit ist, das Denken in künstlerische Gedankenformen zu bringen. Die Dreigliederung ist eine Anwendung von Goethes Typus, erfordert also Ideen-Realismus. Daran scheitert die Rezeption bis heute.

«Es liegt etwas ganz anderes zugrunde als der bloße Gehörvorgang oder dasjenige, was im Nervensystem unseres Gehirns vorgeht. Was dem Musikempfinden zugrunde liegt, lässt sich so darstellen: Jedes Mal wenn wir ausatmen, wird das Gehirn, der Kopfraum, der Innenraum des Hauptes, durch das Atmen veranlasst, sein Gehirnwasser herabsteigen zu lassen durch den Rückenmarksack bis in die Zwerchfellgegend; ein Herabsteigen wird veranlasst. Dem Einatmen entspricht wieder der umgekehrte Vorgang: Das Gehirnwasser wird gegen das Gehirn getrieben. Es ist ein fortwährendes rhythmisches Auf- und Abwogen des Gehirnwassers vorhanden. Wäre das nicht so, dann würde das Gehirn nicht so viel von seinem Gewichte verlieren, als notwendig ist, damit es die darunterliegenden Blutadern nicht zerdrückt; würde es nicht so viel von seinem Gewicht verlieren, würde es unsere Blutadern zerdrücken. Dieses Gehirnwasser wogt auf und ab im Arachnoidcalraum, in Ausweitungen, die elastisch und weniger elastisch sind, sodass beim Herauf- und Herabsteigen das Gehirnwasser über die weniger elastischen Ausweitungen, über manches mehr oder weniger sich Ausweitendes fließt. Das gibt eine ganz wundersame Art des Wirkens innerhalb eines Rhythmus. Der ganze menschliche Organismus, abgesehen vom Haupt und den Gliedern, drückt sich aus in diesem inneren Rhythmus. Was durch das Ohr als Ton einströmt, was als Tonvorstellung in uns lebt, wird zur Musik, indem es sich begegnet mit der inneren Musik, die betrieben wird dadurch, dass der ganze Organismus ein merkwürdiges Musikinstrument ist, wie ich eben beschrieben habe.»

Rudolf Steiner deutet hier nun also auf die konkreten physiologischen Unterlagen des seelischen Erlebens hin, die in einem Zusammenhang zwischen dem im Rückenmarkskanal auf- und abströmenden Gehirnwasser und der Atmung bestehen: das Gehirnwasser als Träger des Ätherischen, als Mittler zwischen Nervenprozessen und seelischem Erleben, die Atmung als Träger des Seelischen und als Mittler zwischen ätherisiertem Physischen und bewusster Vorstellung. Erst aus der übersinnlichen Forschung[84] lässt sich der Zusammenhang des Seelischen mit dem Leiblichen genau beschreiben und somit ein Weg zur Schließung der Erklärungslücke weisen.[85]

Wie die Physiologie des 19. und frühen 20. Jahrhunderts entdeckt hat, entspricht jedem Einatmungsvorgang ein Ansteigen, jedem Ausatmen ein Absteigen des Gehirnwassers im Rückenmarkskanal. Diese Atembewegung des Gehirnwassers ist nach Rudolf Steiner die physiologische Grundlage des Gefühlslebens überhaupt. Indem sich im Gehirn die Ätherströmung, die vom Sinnesorgan kommt, mit dem im Gehirnwasser lebenden Atem begegnet, kommen die gefühlsgesättigte Vorstellung und die künstlerische Gestalterfassung zustande.

Schauen wir uns diesen Zusammenhang, den Schlussstein der Brücke über die Erklärungslücke, noch genauer an. Zunächst ist wichtig zu erkennen, wodurch das Gehirnwasser gebildet wird. Es entsteht im Inneren des Gehirns in den sogenannten Aderhautgeflechten. Dort wird arterielles Blut, das im Organismus der Versorgung dient, in Gehirnwasser und venöses Blut verwandelt. Arterielles Blut dient dem Ätherleib als Versorgungslinie, durch dieses Blut können die für die Erhaltung des Organismus notwendigen Stoffe an ihren richtigen Ort gebracht werden. Das Gehirnwasser aber ist von solchen Stoffen vollkommen frei, weshalb der Ätherleib an dieser Stelle frei wird. Er kann hier keine Stoffe mehr bewegen, dafür wird er nun zum Bildner der Vorstellungstätigkeit, die vom Astralleib her kommt. Zitieren wir hier nochmals die zentrale Aussage Rudolf Steiners:

«Wodurch entsteht das musikalische Gefühls-Erlebnis? Die *Vorstellung* des Tongebildes, die auf Gehörorgan und Nervenvorgang beruht, ist noch nicht dieses musikalische Erlebnis. Das Letztere entsteht, indem im Gehirn der Atmungsrhythmus in seiner Fortsetzung bis in dieses Organ hinein, sich begegnet mit dem, was durch Ohr und Nervensystem vollbracht wird. Und die Seele lebt nun nicht in dem bloß Gehörten und Vorgestellten, sondern sie lebt in dem Atmungsrhythmus; sie erlebt dasjenige, was im Atmungsrhythmus ausgelöst wird dadurch, dass gewissermaßen das im Nervensystem Vorgehende heranstößt an dieses rhythmische Leben.»[86]

Und in dem schon zitierten Vortrag heißt es dazu:

«Dieses Gehirnwasser wogt auf und ab im Arachnoidealraum, in Ausweitungen, die elastisch und weniger elastisch sind, sodass beim Herauf- und Herabsteigen das Gehirnwasser über die weniger elastischen Ausweitungen, über manches mehr oder weniger sich Ausweitendes fließt. Das gibt eine ganz wundersame Art des Wirkens innerhalb eines Rhythmus. Der ganze menschliche Organismus, abgesehen vom Haupt und den Gliedern, drückt sich aus in diesem inneren Rhythmus. Was durch das Ohr als Ton einströmt, was als Tonvorstellung in uns lebt, wird zur Musik, indem es sich begegnet mit der inneren Musik, die betrieben wird dadurch, dass der ganze Organismus ein merkwürdiges Musikinstrument ist, wie ich eben beschrieben habe.»[87]

Dabei wird auch dem alltäglichen, dafür sensiblen Bewusstsein deutlich, dass das seelische Erleben mehr oder weniger unbewusst außerhalb des Leibes beim erlebten Klang lebt, dieses dann auf dem Wege der Atmung in den Organismus hinein führt, wo es schließlich bis auf das Gehirnwasser hinüber wirkt und uns dadurch zum Bewusstsein kommen kann. Im Gehirnwasser begegnet das auf den Wegen des Atems erlebte Seelische nun dem Leiblichen, also den vom Organismus vollzogenen Bewegungen, die zu der im Innenohr aus den physikalischen Vorgängen des Klanges potenzierten Bewegungen geworden sind. Dadurch wird die Tonvorstellung bewusst, das heißt die physikalisch-physiologischen Tatsachen als seelisches Erleben möglich. Am Hörerlebnis ist also der *ganze* Mensch physisch-ätherisch und seelisch-geistig beteiligt.

Dabei sieht man nun, wenn man alle vier Wesensglieder in Betracht zieht, das Folgende:

- Das seelische Erleben als solches, das Miterleben der Töne der Musik erfolgt intentional, das heißt die Zusammenhänge der Töne erfassend vom Ich her.
- Diese werden seelisch gefühlsmäßig vom Astralleib erlebt, dessen Grundlage der Atemvorgang beim Hören ist, das wiederum auf den feinen Bewegungen des ganzen Organismus beruht und wie schon gesagt willensartiger Natur ist.
- Diese beiden Vorgänge vollziehen sich außerhalb des Leibes, mehr oder weniger unbewusst, dort, wo das Gehörte sich befindet. Ich höre und erlebe das Singen eines Vogels nicht in meinem Kopf, sondern dort, wo er singt, auf einem Baum zum Beispiel.
- Bewusst wird das Hörerlebnis durch die gleichzeitig ablaufenden physikalisch-physiologischen Vorgänge, die einerseits zum Nervensystem hin verlaufen, also im physischen Leib, andererseits im Ätherischen durch die beschriebenen Flüssigkeitsvorgänge hin zur Atembewegung der Luft. In der Begegnung des Flüssigen mit der Luft begegnen sich Ätherleib und Astralleib. Erst dadurch entsteht die musikalische Vorstellung.

So können wir hier den Astralleib als den eigentlichen Hervorbringer des Gehirnwassers erfassen. Er drängt sozusagen den Stoffwechsel zurück und befreit damit den Ätherleib aus seiner Bindung an die stoffliche Versorgung des Organismus im arteriellen Blut. Dadurch entsteht im Aderhautgeflecht das Gehirnwasser, die ätherischen Kräfte werden zu freien Kräften, und die bildende Tätigkeit des Ätherleibes dient jetzt als leibliche Grundlage der seelischen Erlebnisse, die damit bewusst erfasst werden können.

Damit ist der Weg aufgezeigt, auf dem die oben beschriebene Erklärungslücke von Rudolf Steiner geschlossen werden konnte. Letztlich ist dazu aber die Ausbildung der höheren Erkenntnisfähigkeiten, wie sie Rudolf Steiner eben entwickelt hatte, erforderlich. Für uns bleibt daher zunächst nur die theoretische Einsicht, auf welchem Wege die Erklärungslücke tatsächlich zu erfüllen ist. Zu ihrer Überbrückung gehört die Einbeziehung des ganzen Menschen, nicht nur seines Gehirns. Vorstellen, Fühlen und Wollen, Nervens-Sinnes-System, rhythmisches System und Stoffwechsel-Gliedmaßen-System sind am Sinnesvorgang beteiligt.

3. Gedächtnisbildung und Erinnerungstätigkeit

Kehren wir nun aber zurück zu unserer Ausgangsfrage, zur Frage des Zeiterlebens. Dieses kommt durch das Zusammenwirken von «Geistseele» und «Körperleib» zustande. In dem ersten Vortrag der *Allgemeinen Menschenkunde* für die zukünftigen Waldorflehrer benutzt Rudolf Steiner diese beiden Ausdrücke. Wir zitieren hier diesen Wortlaut, in dem nun auch der oben beschriebene Zusammenhang des Geistig-Seelischen mit dem Physisch-Leiblichen als pädagogische Aufgabenstellung genauer ins Auge gefasst wird:

«Betrachten Sie das Kind, das hereingewachsen ist in die Welt, mit der genügenden Unbefangenheit, so werden Sie richtig wahrnehmen: Hier in dem Kind ist noch unverbunden Seelengeist oder Geistseele mit Leibeskörper oder Körperleib. Die Aufgabe der Erziehung, im geistigen Sinn erfasst, bedeutet das In-Einklang-Versetzen des Seelengeistes mit dem Körperleib oder dem Leibeskörper. Die müssen miteinander in Harmonie kommen, müssen aufeinander gestimmt werden, denn die passen gewissermaßen, indem das Kind hereingeboren wird in die physische Welt, noch nicht zusammen. Die Aufgabe des Erziehers und auch des Unterrichters ist das Zusammenstimmen dieser zwei Glieder.

Nun, fassen wir diese Aufgabe etwas mehr im Konkreten. Unter all diesen Beziehungen, welche der Mensch zur Außenwelt hat, ist die allerwichtigste das Atmen. Aber das Atmen beginnen wir ja gerade, indem wir die physische Welt betreten. Das Atmen im Mutterleib ist noch sozusagen ein vorbereitendes Atmen, es bringt den Menschen noch nicht in vollkommenen Zusammenhang mit der Außenwelt. Dasjenige, was im rechten Sinn Atmen genannt werden soll, beginnt der Mensch erst, wenn er den Mutterleib verlassen hat. Dieses Atmen bedeutet sehr, sehr viel für die menschliche Wesenheit, denn in diesem Atmen liegt ja schon das ganze dreigliedrige System des physischen Menschen.

Wir rechnen zu den Gliedern des dreigliedrigen physischen Menschensystems zunächst den Stoffwechsel. Aber der Stoffwechsel hängt an dem einen Ende mit dem Atmen innig zusammen; der Atmungsprozess hängt stoffwechselmäßig mit der Blutzirkulation zusammen. Die Blutzirkulation nimmt die auf anderem Wege eingeführten Stoffe der äußeren Welt auf in den menschlichen Körper, sodass gewissermaßen auf der einen Seite das Atmen mit dem ganzen Stoffwechselsystem zusammenhängt. Das Atmen hat also seine eigenen Funktionen, aber es hängt doch auf der einen Seite mit dem Stoffwechselsystem zusammen.

Auf der anderen Seite hängt dieses Atmen auch zusammen mit dem Nerven-Sinnesleben des Menschen. Indem wir einatmen, pressen wir fortwährend das Gehirnwasser in das Gehirn hinein; indem wir ausatmen, prellen wir es zurück in den Körper. Dadurch verpflanzen wir den Atmungsrhythmus auf das Gehirn. Und wie das Atmen zusammenhängt auf der einen Seite mit dem Stoffwechsel, so hängt es auf der anderen Seite zusammen mit dem Nerven-Sinnesleben. Wir können sagen: Das Atmen ist der wichtigste Vermittler des die physische Welt betretenden Menschen mit der physischen Außenwelt. Aber wir müssen uns auch bewusst sein, dass dieses Atmen durchaus noch nicht so verläuft, wie es zum Unterhalt des physischen Lebens beim Menschen voll verlaufen muss, namentlich nach der einen Seite nicht: es ist beim Menschen, der das physische Dasein betritt, noch nicht die richtige Harmonie, der rechte Zusammenhang hergestellt zwischen dem Atmungsprozess und dem Nerven-Sinnesprozess.

Betrachten wir das Kind, so müssen wir in Bezug auf sein Wesen sagen: Das Kind hat noch nicht so atmen gelernt, dass das Atmen in der richtigen Weise den Nerven-Sinnesprozess unterhält. Da liegt wiederum die feinere Charakteristik desjenigen, was mit dem Kind zu tun ist. Wir müssen zunächst die Menschenwesenheit anthropologisch-anthroposophisch verstehen. Die wichtigsten Maßnahmen in der Erziehung werden daher liegen in der Beobachtung alles desjenigen, was in der rechten Weise den Atmungsprozess hineinorganisiert in den Nerven-Sinnesprozess. Im höheren Sinne muss das Kind lernen, in seinen Geist aufzunehmen dasjenige, was ihm geschenkt werden kann dadurch, dass es geboren wird zum Atmen. Sie sehen, dieser Teil der Erziehung wird hinneigen zu dem Geistig-Seelischen: dadurch, dass wir harmonisieren das Atmen mit dem Nerven-Sinnesprozess, ziehen wir das Geistig-Seelische in das physische Leben des Kindes herein. Grob ausgedrückt, können wir sagen: Das Kind kann noch nicht innerlich richtig atmen, und die Erziehung wird darin bestehen müssen, richtig atmen zu lehren.

Aber das Kind kann noch etwas anderes nicht richtig, und dieses andere muss in Angriff genommen werden, damit ein Einklang geschaffen werde zwischen den zwei Wesensgliedern, zwischen dem Körperleib und zwischen der Geistseele. Was das Kind nicht richtig kann im Anfang seines Daseins – es wird Ihnen auffallen, dass gewöhnlich das, was wir geistig betonen müssen, der äußeren Weltenordnung zu widersprechen scheint –, was das Kind nicht richtig kann, das ist, den Wechsel zwischen Schlafen und Wachen in einer dem Menschenwesen entsprechenden Weise zu vollziehen. Man kann freilich sagen, äußerlich betrachtet: Das Kind kann ja ganz gut schlafen; es schläft ja viel mehr als der Mensch im späteren Lebensalter, es schläft sogar in das Leben herein. – Aber das, was innerlich dem Schlafen und Wachen zugrunde liegt, das kann es noch nicht. Das Kind erlebt allerlei auf dem physischen Plan. Es gebraucht seine Glieder, es isst, trinkt und atmet. Aber indem es so allerlei macht auf dem physischen Plan, indem es abwechselt zwischen Schlafen und Wachen, kann es nicht alles dasjenige, was es auf dem physischen Plan erfährt – was es mit den Augen sieht, den Ohren hört, den Händchen vollbringt, wie es mit den Beinchen strampelt –, es kann nicht das, was es auf dem physischen Plan erlebt, hineintragen in die geistige Welt und dort verarbeiten und das Ergebnis der Arbeit wieder zurücktragen auf den physischen Plan. Sein Schlaf ist gerade dadurch charakterisiert, dass er ein anderer Schlaf ist als der Schlaf der Erwachsenen. Im Schlafe des Erwachsenen wird vorzugsweise das verarbeitet, was der Mensch erfährt zwischen dem Aufwachen und dem Einschlafen. Das Kind kann das noch nicht in den Schlaf hineintragen, was es erfährt zwischen Aufwachen und Einschlafen, und es lebt sich daher noch so in die allgemeine Weltenordnung mit dem Schlafen hinein, dass es nicht mitbringt in diese Weltenordnung während des Schlafes dasjenige, was es äußerlich in der physischen Welt erfahren hat. Dahin muss es gebracht werden durch die richtiggehende Erziehung, dass das, was der Mensch auf dem physischen Plan erfährt, hineingetragen wird in dasjenige, was der Seelengeist oder die Geistseele tut vom Einschlafen bis zum Aufwachen. Wir können als Unterrichter und Erzieher dem Kinde gar nichts von der höheren Welt beibringen. Denn dasjenige, was in den Menschen von der höheren Welt hineinkommt, das kommt hinein in der Zeit vom Einschlafen bis zum Aufwachen. Wir können nur die Zeit, die der Mensch auf dem physischen Plan verbringt, so ausnützen, dass er gerade das, was wir mit ihm tun, allmählich hineintragen kann in die geistige Welt und dass durch dieses Hineintragen wiederum in die physische Welt zurückfließen kann die Kraft, die er mitnehmen kann aus der geistigen Welt, um dann im physischen Dasein ein rechter Mensch zu sein.

So wird zunächst alle Unterrichts- und Erziehungstätigkeit gelenkt auf ein recht hohes Gebiet, auf das Lehren des richtigen Atmens und auf das Lehren des richtigen Rhythmus im Abwechseln zwischen Schlafen und Wachen. Wir werden selbstverständlich solche Verhaltungsmaßregeln beim Erziehen und Unterrichten kennenlernen, die nicht etwa auf eine Dressur des Atmens hinauslaufen oder auf eine Dressur von Schlafen und Wachen. Das wird alles nur im Hintergrund stehen. Das, was wir kennenlernen werden, werden konkrete Maßregeln sein. Aber wir müssen uns bis in die Fundamente hinein bewusst sein dessen, was wir tun. So werden wir uns bewusst werden müssen, wenn wir einem Kinde diesen oder jenen Lehrgegenstand beibringen, dass wir dann in der einen Richtung wirken auf das mehr in den physischen Leib Hineinbringen der Geistseele und in der anderen Richtung mehr auf das Hereinbringen der Körperleiblichkeit in die Geistseele.»[88]

In dieser Schilderung wird nun deutlich, dass das Leib-Seele-Verhältnis zwei Seiten hat, nämlich eine Tagseite und eine Nachtseite. Gäbe es nur die von uns bisher ins Auge gefasste Tagseite, dann würden alle die Eindrücke und Erlebnisse, die wir am Tage haben, zwar am Leibe gespiegelt werden, aber der Spiegel könnte sie nicht festhalten. Das heißt, alle diese Bewusstseinsinhalte würden, nachdem sie aus dem Bewusstsein gegangen sind, auch wieder verschwinden und nicht mehr auftauchen. Erst durch das, was nun in der Nacht geschieht, können unsere seelischen Erlebnisse, die am Leib gespiegelt wurden, zu etwas Bleibendem werden.

Genauer betrachtet wird aber auch erst dadurch das Erleben von Zeit überhaupt möglich, dass wir ein gegenwärtiges Erleben mit etwas früher schon Erlebtem in Verbindung setzen können. Die Begegnung der beiden Zeitströme, die jeweils in der Gegenwart stattfindet, benötigt, um zu einer Vorstellung des Zeitlichen zu kommen, den Untergrund des Gedächtnisses. *Unser Gedächtnis ist das aus dem Zeitlichen unseres Ätherleibes in das Räumliche unseres physischen Leibes geronnene Seelische.*

Wie aber kommt dieses, was Rudolf Steiner als dem Schlaf zugehörig betrachtet, zustande? Wie bildet sich unser Gedächtnis, und was hat Steiner weiter dazu ausgeführt? Diesen Fragen wollen wir uns nun im Folgenden zuwenden.

Bisher haben wir das Leib-Seele-Verhältnis des «Tagmenschen» beschrieben. Wir können nun auch fragen: Was aber geschieht während der Nacht? Was geschieht mit all den Vorstellungen, die wir tagsüber in unserem Bewusstsein getragen haben? Sie werden ja zunächst vergessen. Wie aber gehen die vergessenen Vorstellungen nun in unser Gedächtnis über?

Dazu ist es interessant zu sehen, dass die physiologische Grundlage der Vorstellungsbildung, das Gehirnwasser, ja keine konstante Flüssigkeit darstellt, sondern dass diese in den Gehirnventrikeln gebildet wird

(700 ml pro Tag) und dann aber vom venösen Blut auch wieder aufgenommen, resorbiert wird. So wie das Gehirnwasser wieder verschwindet, so verschwinden auch unsere Vorstellungen. Sie werden, wenn man nun Rudolf Steiners wenigen Andeutungen folgt, vom übrigen Organismus resorbiert. Ich zitiere hierzu zwei Stellen, an denen Steiner auf die Gedächtnisfunktion der übrigen Organe des Menschen zu sprechen kommt. Die erste Stelle ist entnommen aus einem öffentlichen Vortrag vor Basler Staatsschullehrern, die zweite Stelle entstammt einem Vortrag vor Mitgliedern in Dornach am darauffolgenden Tag. Steiner weist zu Beginn der folgenden Stelle zunächst auf das wache Erleben bei Tage hin, indem er auf Goethes Farbenlehre rekurriert, dann aber geht er über zum nächtlichen, unbewussten Erleben:

«Goethe macht da im Anfang ganz besonders darauf aufmerksam, wie eine lebendige Wechselwirkung besteht zwischen dem Organ des Auges und der Außenwelt; nicht nur eine lebendige Wechselwirkung, die so lange dauert, als wir das Auge irgendeinem Farbenvorgange in der Außenwelt exponieren, sondern auch noch nachher. Goethe behandelt ja ganz besonders die Nachbilder, die sich als Folge des unmittelbaren Eindrucks ergeben. Sie kennen alle diese Nachbilder, die sich im Sinnesorgane selbst, also in diesem speziellen Falle im Auge ergeben. Sie brauchen bloß eine Zeit lang das Auge zu exponieren, sagen wir irgendeiner grünen Fläche, von dieser grünen, scharf umrissenen Fläche weg auf weiß zu schauen, und Sie werden dieselbe Fläche in der Nachwirkung subjektiv rot sehen. Nachwirkungen ergeben sich. Das Organ steht eine Zeit lang noch unter der Einwirkung dessen, was es mit der Außenwelt erlebt hat.

Sehen Sie, das ist der elementare Vorgang, wie er sich in den Sinnesorganen abspielt. In den Sinnesorganen spielt sich etwas ab in der Zeit, in welcher das Sinnesorgan dem Vorgange oder den Dingen der Außenwelt exponiert ist, und es spielt sich nachher noch etwas ab, um dann abzuklingen. Aber schon äußerlich wird der Mensch doch eine gewisse Ähnlichkeit bemerken können zwischen dem, was sich im Sinnesorgan da in kurzer Zeit abspielt, und dem, was sich abspielt im menschlichen Organismus für das Erinnerungsvermögen, für das Gedächtnis. So wie das Rot dem Grün nachklingt kurze Zeit, so klingt nach aus dem Organismus heraus die Erinnerungsvorstellung der unmittelbar erlebten Vorstellung. Nur die Zeitverhältnisse sind völlig verschieden.

Und außerdem ist noch etwas anderes verschieden. Das führt schon wiederum näher zum Verständnis der Verschiedenheit der Zeitverhältnisse. Wenn wir das Auge einem Farbeindruck exponieren und dann eine Nachwirkung haben, so ist es etwas ganz Partielles, es ist ein einzelnes Organ an der Peripherie des menschlichen Organismus, das die Nachwirkung hervorruft. Wenn eine Erinnerungsvorstellung aus dem Menscheninnern auftaucht, die wiedergibt etwas, was vor Jahren da war, dann ist der ganze Mensch – das kann man ja empfinden, das ist augenscheinlich – an diesem Wiederheraufholen beteiligt, dann tritt ein Nachklingen ein, an dem eben der ganze Mensch beteiligt ist.

Was geht da eigentlich im Innern des Menschen vor sich? Ja, das kann man nur verstehen, wenn man intimer eingeht gerade auf gewisse Wirkungsweisen im menschlichen Organismus, auf die ich hingedeutet habe im Beginne der heutigen Betrachtung. Ich will auch hier aufmerksam machen auf eine Tatsache, die in ein ganz falsches Licht gerückt ist durch die moderne naturwissenschaftliche Betrachtung. Das ist der Gang und die Aufgabe unseres Herzorganismus im ganzen menschlichen Organismus. Sie finden heute überall das Herz so geschildert wie eine Art von Pumpe, die das Blut nach allen Teilen des menschlichen Organismus hinpumpt. Gewissermaßen der Herzaktivität wird die ganze Blutzirkulation aufgebürdet. Dass das der Embryologie widerspricht, dass das feinere Beobachten auch des Herzstoßes und dergleichen Widersprechendes ergibt, auf das will man durchaus heute noch nicht in einer gehörigen Weise hinschauen. Es sind eigentlich nur wenige Leute, wie zum Beispiel der ausgezeichnete Arzt *Schmid*, der schon in den achtziger Jahren des vorigen Jahrhunderts eine Abhandlung über diese Sache geschrieben hat, und dann wiederum der Kriminalanthropologe *Moritz Benedikt*, die auf diese Sache aufmerksam gemacht haben; aber alles das ist nicht hinlänglich; ist nur elementar; es sind einige wenige nur, die eigentlich aufmerksam darauf geworden sind, dass die Herzbewegungen eine Folge der Blutbewegung sind, dass die Blutbewegung selber das elementar Lebendige ist, dass das Herz nicht pumpt, sondern dass das Herz selber in seinen Bewegungen unter dem Einfluss des lebendig beweglichen Blutes steht. Das Herz ist nichts weiter als dasjenige Organ, welches gewissermaßen die beiden Blutzirkulationen ausgleicht, nämlich die des oberen Menschen, des Kopfmenschen, und diejenige des Gliedmaßenmenschen. Da stauen sich diese beiden Blutbewegungen im Herzen. Aber das Blut ist nichts Totes, das bloß wie ein Wasserstrom gepumpt wird, sondern das Blut ist selbst innerlich lebendig und gibt sich selbst seine Bewegungen und überträgt diese Bewegungen auf das Herzorgan, das in seinem Bewegen bloß widerspiegelt die Bewegungen des Blutes. Ebenso aber, wie man sagen kann, es gibt einen Parallelismus zwischen dem mehr oder weniger festen Organ und zwischen den seelischen Vorgängen, so gibt es einen Parallelismus, ich habe das gestern ausgeführt, zwischen dieser Bewegung des Blutes und den seelischen Vorgängen.

Solch ein Organ wie das Herz, was hat es denn gegenüber dem Seelischen für eine Aufgabe? Ich möchte jetzt so fragen: wenn wir uns unter dem Einflusse einer wirklich richtigen Naturwissenschaft sagen, das Blut selber ist lebendig bewegt, und die Herzbewegung, die ganze Tätigkeit dieses Organes des Herzens, ist eigentlich nur eine Folge der Blutzirkulation, es stellt sich nur hinein in die lebendige Blutzirkulation, ja, was hat denn das Herz dann für eine Aufgabe?

Für ein unbefangenes Beobachten ergibt sich, dass, wenn man das Auge exponiert der äußeren Welt, die Erlebnisse, die das Auge beim Exponieren hat, nachklingen, aber bald verschwinden. Indem wir unsere Gefühlswelt entwickeln, steht diese Gefühlswelt im engen Zusammenhange mit der ganzen Blutzirkulation. Mit anderem auch noch, aber ich greife die Blutzirkulation heraus. Denken Sie sich doch nur einmal, wenn wir das Gefühl der Scham haben, werden wir rot; jeder Mensch weiß, es rührt davon her, dass das Blut nach der Peripherie hintreibt; wenn wir Angst haben, werden wir blaß: das Blut treibt nach dem Zentrum hin. So wie in diesem extremen Falle – und das kann in einzelnen Fällen studiert werden – der Kopenhagener Physiologe *Lange* hat ausgezeichnete Studien über diesen Zusammenhang der Blutbewegung, überhaupt der Vorgänge im Organismus und der Seelenvorgänge gemacht –, so wie man in radikalen Fällen beobachten kann, wie das seelische Gefühlserleben der Angst, der Scham auf die Blutzirkulation wirkt, so wirkt fortwährend das normale Seelenleben auf die Blutzirkulation. Unser Gefühlsleben ist fortwährend rege. Es beeinträchtigt nur die normale Blutzirkulation nach der einen oder anderen Seite hin, wenn es sich nach der einen oder anderen Seite ins Extrem gestaltet. Aber geradeso wie wir fortwährend atmen, so fühlen wir fortwährend; so wie fortwährend Blutzirkulation ist, so fühlen wir fortwährend, und Sie werden sehen, dass wir sogar im Schlafe fühlen, wenn wir diese Vorgänge weiterverfolgen werden.

Dasjenige, was im Blute zirkuliert, ist der äußerliche körperliche Ausdruck unseres Fühl-Erlebens. Unser Gefühlsleben wiederum verbindet sich mit unserem Vorstellungsleben. Nun, was wir da einprägen unserem Zirkulationsleben, das alles vibriert im Herzen des Menschen mit. Und das Herz ist eben – Goethe gebraucht den Ausdruck vom Auge, dass es ein inneres lebendiges Organ ist –, das Herz ist ebenso ein lebendiges Organ. Es hat nicht bloß die Aufgabe, dem Blute zu

dienen, es ist etwas, was im ganzen menschlichen Organismus eine große Bedeutung hat. Während das Auge gewissermaßen nur für kurze Zeit sich dem äußeren Lichteindrucke anpasst, macht das Herz fortwährend die kleinen Schwingungen mit, in die das Blut versetzt wird unter dem Eindruck des Gefühlslebens und des mit dem Gefühlsleben zusammenhängenden Vorstellungslebens. Nach und nach nimmt das Herz selber in die Konfiguration seines Vibrationslebens dasjenige auf, was insbesondere im Gefühls- und in dem damit zusammenhängenden Vorstellungsleben lebt. Und eines der Glieder, welches mitwirkt, wenn wiederum Erinnerungen an Erlebnisse zurückgebracht werden, ist das Herz. Alle Organe des Menschen, die teilnehmen an dem menschlichen Flüssigkeitsstrome im Organismus, die da eingeschaltet sind in den Flüssigkeitsstrom – wie eingebettet die Nieren sind in den Absonderungsstrom, wie eingeschaltet die Leber ist in den Verdauungsstrom und so weiter –, alle diese Organe vibrieren mit, indem mitvibrieren mit unserem Gefühls- und Willensleben die Zirkulation und das Stoffwechselleben. Und so wie aus dem Auge das Nachbild kommt, so kommt aus unserem ganzen Menschen differenziert, spezifiziert in der Erinnerung, dasjenige zurück, was wir erleben an der Außenwelt. Der ganze Mensch ist ein Organ, welches nachvibriert, und die Organe, denen man gewöhnlich nur zuschreibt, dass sie da physisch eines neben dem anderen lagern, die sind in Wirklichkeit dazu da, um dasjenige, was der Mensch auch seelisch-geistig erlebt, innerlich zu verarbeiten und es in einer gewissen Weise aufzubewahren. Wir werden schon sehen, dass das nur scheinbar eine materialistische Anschauung ist; wir werden sehen, wie das gerade dahin führt, den Menschen als Geisteswesen richtig zu erkennen. Aber schon heute können Sie, indem ich Sie auf das aufmerksam mache, ersehen, wie durch eine solche Anschauung der ganze Mensch nicht nur so erfasst wird, wie es heute die materialistische Naturwissenschaft tut, indem sie nebeneinanderstellt die einzelnen Organe, sie nebeneinanderzeichnet und dann ihnen sogar materielle mechanische Wirkungen beilegt, wie dem Herzen als ‹Pumpe›, dem es gar nicht einfällt, eine Pumpe zu sein. Die geisteswissenschaftliche Anschauung zeigt, dass dieser ganze Mensch zugleich Leib, Seele und Geist ist, und wir eigentlich nur in der Vorstellung trennen nach diesen drei Gesichtspunkten, nach Leib, Seele und Geist. In Wirklichkeit sind Leib, Seele und Geist fortwährend im Menschen miteinander verbunden.»[89]
Die zweite Aussage vom nächsten Tag greift dieses Motiv erneut auf: «Sehen Sie, ich möchte hier ausgehen von etwas, was ich gestern an

ganz anderem Orte und in ganz anderem Zusammenhange vor anderem Publikum entwickelt habe, was aber auch hier aufklärend in unserem jetzigen Zusammenhange wirken kann. Es wäre wirklich heute sehr vonnöten, dass die Menschen, die sachverständig auf diesem Gebiete sein wollen, zur *Goethe'schen* naturwissenschaftlichen Betrachtung, insbesondere zur Betrachtung seiner Farbenlehre ein wenig ihre Zuflucht nehmen würden. In dieser Farbenlehre ist eigentlich eine ganz andere Methode der naturwissenschaftlichen Betrachtung eingeschlagen, als man sie heute gewohnt ist. Gleich im Beginne ist die Rede von den sogenannten subjektiven Farben, von den physiologischen Farben, und da wird sehr sorgfältig untersucht, wie das menschliche Auge als ein Lebendiges Erlebnisse hat an der Umgebung, wie diese Erlebnisse durchaus nicht einfach nur so lange dauern, als das Auge der Außenwelt exponiert ist, ausgesetzt ist, sondern wie eine Nachwirkung da ist. Sie kennen ja alle die einfachste Erscheinung auf diesem Gebiete: Sie sehen auf eine begrenzte, sagen wir zum Beispiel rote Fläche, wenden dann das Auge rasch ab und sehen auf eine weiße Fläche: Sie sehen das Rot in der grünen Nachfarbe. Das heißt, das Auge steht noch in einem gewissen Sinne unter dem Eindrucke desjenigen, was es erlebt hat. Nun, wir wollen jetzt nicht die Gründe untersuchen, warum gerade eine grüne Nachfarbe erscheint, sondern wir wollen nur an der mehr allgemeinen Tatsache festhalten, dass das Auge nachher das Erlebnis noch nachklingen lässt.

Da haben wir es zu tun mit einem Erlebnis an der Peripherie unseres menschlichen Leibes. Das Auge liegt an der Peripherie des menschlichen Leibes. Wir finden, wenn wir auf das Erlebnis des Auges hinschauen, dass durch eine gewisse begrenzte Zeit das Auge dieses Erlebnis noch ausklingen lässt. Dann ist das Erlebnis ganz abgeklungen. Dann kann das Auge unbeeinflusst durch das, was es erlebt hat, sich anderen Erlebnissen zuwenden. Betrachten wir rein anschauungsgemäß zunächst einmal eine Erscheinung, die nun nicht an ein einzelnes lokalisiertes Organ unseres Organismus gebunden ist, sondern an den ganzen Menschen gebunden ist, und wir werden, wenn wir uns unbefangener Beobachtung hingeben, nicht verkennen können, wie eben schon vor dieser Beobachtung dieses Erlebnis verwandt ist mit dem Erlebnis an dem lokalisierten Auge. Sie setzen sich einer Erscheinung, einem Erlebnis aus, Sie exponieren sich als ganzer Mensch diesem Erlebnis. Indem Sie sich als ganzer Mensch diesem Erlebnis exponieren, nehmen Sie es auf, so wie das Auge das Erlebnis der Farbe aufnimmt, gegenüber welcher es exponiert ist. Und jetzt können Sie erleben, dass noch nach Monaten, nach Jahren das Nacherlebnis, das Nachbild, in Form des Gedächtnisbildes aus Ihnen herauskommt. Es ist die ganze Erscheinung etwas anders, aber Sie werden das Verwandte des Erinnerungsbildes mit einem Nachbilde des Erlebnisses, das auf kurze, beschränkte Zeit das Auge hat, nicht verkennen können.

So werden Fragen vor den Menschen in Richtigkeit hingestellt, und der Mensch kann ja nur etwas über die Welt erfahren, indem er in der richtigen Weise fragen lernt. Fragen wir uns einmal: Wie hängen diese beiden Erscheinungen zusammen, das Nachbild des Auges und das Erinnerungsbild an ein bestimmtes Erlebnis, das – wir wollen es ganz unbestimmt lassen woher – aus uns aufsteigt? – Sehen Sie, wenn man solche Fragen aufwirft und nach einer sachgemäßen Antwort sucht, so versagt sogleich die ganze Methode der gegenwärtigen naturwissenschaftlichen Betrachtung. Sie versagt aus dem Grunde, weil ja diese Betrachtung eines nicht weiß: sie weiß nicht die universelle Bedeutung der Metamorphose. Die ganze universelle Bedeutung der Metamorphose, die kennt die gegenwärtige Naturwissenschaft nicht. Diese Metamorphose ist etwas, was eben beim Menschen in dem einen Leben nicht abgeschlossen ist, was beim Menschen sich erst abschließt in den aufeinanderfolgenden Erdenleben.

Sie wissen, wir unterscheiden zunächst einmal, um eine Ansicht gewinnen zu können über den ganzen Menschen – wenn wir von der Dreigliedrigkeit absehen, nur auf zwei Glieder sehen, wobei wir das zweite und dritte zusammenfassen –, wir unterscheiden zunächst die menschliche Kopforganisation und den übrigen Menschen. Wir müssen, wenn wir die menschliche Kopforganisation studieren wollen, verstehen können, wie diese Kopforganisation mit der ganzen Entwickelung des Menschen zusammenhängt. Sie ist eine spätere Metamorphose, sie ist die Umbildung des ganzen übrigen Menschen hinsichtlich seiner Kräfte. Was Sie, indem Sie sich kopflos denken – natürlich mit alledem, was vom Kopf in den übrigen Organismus hineingehört und zum Kopf eigentlich gehört –, was Sie da im übrigen Menschen sind, das fassen Sie ja natürlich zunächst substanziell auf. Aber dieses Substanzielle kommt nicht in Betracht, sondern der Kräftezusammenhang dieser Substanz metamorphosiert sich im All zwischen dem Tode und einer neuen Geburt und wird im nächsten Erdenleben Kopforganisation. Das heißt, was Sie jetzt in Ihrem außer dem Kopf befindlichen Menschen an sich tragen, ist eine frühere Metamorphose der späteren Kopforganisation. Wenn Sie aber verstehen wollen, wie diese Metamorphose zusammenhängt, dann müssen Sie das Folgende ins Auge fassen.

Nehmen Sie einmal irgendein Organ – Leber oder Niere – Ihres übrigen Menschen und vergleichen Sie das mit Ihrer Kopforganisation, so finden Sie einen wesentlichen, durchgreifenden Unterschied. Sie finden nämlich den Unterschied, dass die ganze Tätigkeit der Organe Ihres außerkopflichen Menschen nach innen gerichtet ist. Wenn Sie zum Beispiel das Nierenorgan nehmen, so ist die ganze Tätigkeit nach dem Innern der Körperhöhle gerichtet. Dorthin ist die Tätigkeit des Nierensystems gerichtet. Und es ist diese Tätigkeit sogar auf Ausscheidung berechnet. Wenn Sie dieses Organ vergleichen mit irgendeinem Organ, das gerade für das Haupt, für den Kopf des Menschen charakteristisch ist, so können Sie das Auge nehmen. Das ist genau entgegengesetzt konstruiert, das ist ganz nach außen gerichtet. Und was es als Wechselbeziehung nach außen hat, das gibt es nach dem Innern des Menschen, nach dem Verständnis, nach dem Verstande ab. Sie haben in einem Organe des Hauptes das volle polarische Gegenbild eines Organes des übrigen Menschen. Der übrige Mensch hat seine Organe ganz nach dem Innern der Organisation des Organismus gerichtet. Das Haupt hat seine wesentlichen Organe nach außen geöffnet. Daher kann ich schematisch Folgendes zeichnen: Nehmen wir einmal an, das wäre die eine Metamorphose, das wäre die andere Metamorphose, die hier in Betracht kommt, so müssen Sie sich vorstellen: erstes Leben, zweites Leben; dazwischen ist dann das Leben zwischen dem Tode und einer neuen Geburt. Wir haben ein inneres Organ. Dieses innere Organ ist nach innen geöffnet. Indem die Metamorphose wirksam ist zwischen dem Tode und einer neuen Geburt, kehrt sich die ganze Stellung und alles, was an dieses Organ geknüpft wird, um. Das Organ wird nach außen geöffnet. Es ist also so, wie wenn dasjenige, was da nach innen seine Tätigkeit entfaltet, in der nächsten Inkarnation nach außen seine Tätigkeit entfaltet. Sie müssen sich also vorstellen, dass da etwas vorgegangen ist zwischen den zwei Inkarnationen, was man nur vergleichen kann damit, dass Sie sich denken, Sie haben hier einen Handschuh, den ziehen sie an; und nunmehr nehmen Sie ihn und drehen ihn um, sodass dasjenige, was an die Hand anliegt, nach außen kommt und das, was früher nach außen, nach der Luft zu lag, nach innen kommt. Also die Metamorphose hat sich nicht nur so vollzogen, dass dasjenige, was da die übrigen Organe sind, sich etwa bloß umgebildet hat, nein, es hat sich auch umgestülpt. Es ist das Innere, das nach innen Gewendete zum Äußeren, zum nach außen Gewendeten geworden. Sodass wir sagen können: Die Organe – ich werde jetzt sprechen von Körper und Kopf als dem Gegensatze –, die Organe des Körpers metamorphosieren sich, indem sie sich umstülpen. Also unsere Augen wären in unserer vorhergehenden Inkarnation irgendetwas in unserem Bauche gewesen, wenn ich den Ausdruck eben gebrauchen darf. Das hat sich umgestülpt in seinen Kräften und ist jetzt Augen geworden, und die haben die Fähigkeit erlangt, Nachbilder zu erzeugen. Diese Fähigkeit, Nachbilder an der Außenwelt zu erzeugen, die muss auch von etwas herkommen. Wovon kommt diese Fähigkeit, Nachbilder zu erzeugen, her?

Nun, betrachten wir einmal die Augen, die Aufgabe der Lebenstätigkeit des Auges, betrachten wir das einmal ganz unbefangen. Die Nachbilder beweisen uns ja nur, dass das Auge etwas Lebendiges ist, die Nachbilder beweisen uns ja nur, dass das Auge die Tätigkeit ein wenig festhält. Warum hält das Auge die Tätigkeit ein wenig fest? Lassen Sie uns von etwas Einfacherem ausgehen. Nehmen Sie einmal an, Sie greifen Seide an. Greife ich Seide an, so bleibt mir im Organ, im Gefühlsorgan eine Nachwirkung der Seidenglätte. Wenn ich wiederum an die Seide herankomme, so erkenne ich Seide wiederum an dem, was es in mir bewirkt hat. So ist es auch beim Auge. Das Nachbild hat etwas zu tun mit dem Wiedererkennen. Die innere Lebendigkeit, die da in Betracht kommt, damit das Nachbild entsteht, die hat etwas zu tun mit dem Wiedererkennen. Aber da draußen, wenn es sich um das Wiedererkennen handelt, da bleiben die Dinge. Sie bleiben draußen. Wenn ich jetzt jemanden von Ihnen sehe und ihn morgen wiedertreffe und ihn wiedererkenne, da steht er leibhaftig da.

Vergleichen wir das jetzt einmal mit dem, woraus das Auge als Metamorphose sich entwickelt hat in Bezug auf die Tätigkeit. Sehen wir auf das Organ in unserem inneren Organismus, aus dem sich das Auge entwickelt hat. Da muss in einer gewissen Weise veranlagt sein dasjenige, was als die Fähigkeit des Nachbildens, als die Lebendigkeit des Auges erscheint, nur muss es nach innen gewendet sein. Da muss auch das etwas zu tun haben mit dem Wiedererkennen. Aber ein Erlebnis wiedererkennen heißt, sich daran erinnern. Suchen Sie also die ursprüngliche Metamorphose für die Tätigkeit des Auges in einem früheren Leben, so müssen Sie fragen nach der Tätigkeit des Organs, die wirkt für die Erinnerung. Diese Dinge lassen sich natürlich nicht so bequem und einfach darlegen, wie man es heute liebt; aber sie lassen sich eben dem Wege nach andeuten. Und verfolgen Sie den Weg, dann werden Sie finden: alle unsere Sinnesorgane, die nach außen gerichtet sind, haben ihre Gegenbilder in unseren inneren Organen. Und diese inneren Organe sind ja zu gleicher Zeit die Organe der Erinnerung. Mit dem Auge sehen Sie dasjenige, was im äußeren

Leben wiederkehrt; mit dem, was in Ihrer Leibeshöhle entspricht der früheren Metamorphose des Auges, erinnern Sie sich an die Bilder, die Ihnen das Auge vermittelt. Mit dem Ohre hören Sie die Töne; mit demjenigen, was in Ihrer Leibeshöhle dem Ohr entspricht, erinnern Sie sich an die Töne. Und so wird der ganze Mensch, indem er seine Organe nach dem Innern öffnet, zum Erinnerungsorgan. Der ganze Mensch ist Erinnerungsorgan. Und wir stellen uns dem äußeren Leben gegenüber, wir nehmen dieses äußere Leben auf. Die materialistische Naturwissenschaft sagt, wir nehmen zum Beispiel Augenbilder auf; ihre Wirkungen übertragen sich auf den Augennerv. Damit ist es aber aus. Der ganze übrige Organismus ist für den Erkenntnisprozess das fünfte Rad am Wagen. Das ist aber nicht wahr. Dasjenige, was wir wahrnehmen, geht in den übrigen Organismus über, und die Nerven haben mit der Erinnerung unmittelbar gar nichts zu tun, sondern die übrigen Organe, die Organe, welche ihre Tätigkeit nach innen öffnen. Der ganze Mensch ist Erinnerungswerkzeug, nur spezialisiert nach den verschiedenen Organen. Der Materialismus erlebt die furchtbare Tragik – ich habe darauf schon aufmerksam gemacht –, dass er gerade das Materielle nicht erkennen kann, denn er bleibt in Abstraktionen stecken. Und der Materialismus wird immer abstrakter, das heißt filtrierter, geistiger, und er kann nicht in das Wesen der materiellen Erscheinungen eindringen. Er begreift nicht die Geistigkeit der materiellen Erscheinungen. Zum Beispiel begreift er nicht, dass mit unserem Gedächtnisse unsere inneren Leibesorgane viel mehr zu tun haben als das Gehirn, das nur die Vorstellungen vorbereitet, damit sie von den übrigen Leibesorganen aufgenommen werden. In dieser Beziehung ist unsere Wissenschaft – was denn eigentlich? – die fortgesetzte Askese, das fortgesetzte einseitige Asketentum. Worin besteht denn dieses einseitige Asketentum? Darinnen, dass man nicht die materielle Welt in ihrer Geistigkeit begreifen, sondern sie verachten, sie überwinden will, mit ihr nichts zu tun haben will. Unsere Wissenschaft hat schon von der Askese das gelernt, dass sie überhaupt nichts mehr begreift von der Welt; dass sie ausdenkt, die Augen und die übrigen Sinnesorgane nehmen die Wahrnehmungen auf, übertragen sie aufs Nervensystem und dann auf irgendetwas, was man im Unbestimmten lässt. Nein, dann geht das über in den übrigen Organismus. Da entstehen zunächst die Erinnerungen durch das Zurückschwingen der Organe.»[90]

Hier ergänzt Steiner nun die erste, öffentlich gegebene Darstellung durch die Erweiterung des Blickes über Leben und Tod hinaus und fügt hinzu, wie die oberen Organe eine Metamorphose der unteren Organe des vorhergehenden Erdenlebens darstellen. Die unteren Organe bilden die Erinnerungsorgane, das Gedächtnis für das von den oberen Organen in der Sinneswelt Empfangene.

Wie aber geht das genau vor sich und wie können wir diese Einsichten Steiners in Beziehung zu den Erkenntnissen der modernen Neurobiologie bringen? Die Neurobiologie weiß über die Gedächtnisbildung beim Menschen selbst relativ wenig, da sie die meisten ihrer Experimente nicht am lebenden Menschen durchführen kann, weil man einem lebenden Menschen nur bedingt, auch mit modernsten Methoden, den sogenannten bildgebenden Verfahren, ins Gehirn sehen kann. Daher werden die meisten Untersuchungen der Neurobiologie, insbesondere, was die Gedächtnisbildung anbelangt, an niederen Tieren wie zum Beispiel der Meeresschnecke *Aplysia* oder der Taufliege *Drosophila* vorgenommen, weil deren Gehirngewebe sich erstens leichter sezieren lassen und zweitens viel einfacher strukturiert sind.[91]

Nimmt man diese heutigen Erkenntnisse der Neurobiologie, so weisen diese dennoch deutlich darauf hin, dass die Synapsenverbindungen und Vernetzungen von Nervenzellen im Gehirn, die später die Grundlage des Gedächtnisses bilden, schon am Tage, während wir wachend erleben, angelegt werden. Wie sonst könnten wir ein Kurzzeitgedächtnis ausbilden? Entscheidend für unser Langzeitgedächtnis ist aber, dass diese am Tage veranlagten Verbindungen nun in der Nacht konsolidiert werden. Man weiß aus diversen Untersuchungen, dass während des Schlafes die am Tage gelegten Verbindungen erneut aktiviert werden. Was sich dabei aber konkret vollzieht, ist nur durch Rückschlüsse möglich. Man vermutet, dass eben durch die Reaktivierung eine Konsolidierung eintritt. In jedem Falle ist aber klar, dass es sich hierbei um Stoffwechselprozesse handelt. Darauf werden wir noch zurückkommen.

Nun stimmt aber dieser Befund der nächtlichen Reaktivierung von am Tage veranlagten Synapsenverbindungen in erstaunlicher Weise mit den Einsichten der Geisteswissenschaft überein. Denn Rudolf Steiner macht mehrfach darauf aufmerksam, dass wir die Erlebnisse des Tages in der Nacht in einer Art von Rückschau erneut erleben, allerdings in rückwärtiger Reihenfolge.

«Und so erlebt der Mensch zwischen dem Einschlafen und dem Aufwachen tatsächlich eine Art von rückwärtiger Wiederholung desjenigen, was er während des Tages verrichtet hat. Es ist nicht bloß, dass der Mensch vom Einschlafen bis zum Aufwachen – der Schlaf kann auch kurz sein, dann schieben sich eben die Dinge zusammen –, es ist nicht nur so, dass der Mensch zwischen dem Einschlafen und dem Aufwachen etwa einen Rückblick hat auf seine Tageserlebnisse, einen unbewussten Rückblick – es müsste ja natürlich ein unbewusster Rückblick sein –, nein, wenn die Seele wirklich hellseherisch wird während des Schlafes, oder wenn sie sich hellseherisch rückerinnert an dasjenige, was sie erlebt hat zwischen dem Einschlafen und dem Aufwachen, da zeigt sich, dass der Mensch wirklich das rückwärtslaufend erlebt, was er erlebt hat seit dem letzten Aufwachen. Wenn man also regelmäßig lebt in der Nacht, so macht man rückwärts ablaufend das durch, was man bei Tag getan hat. Das letzte Ereignis spielt sich ab unmittelbar nach dem Einschlafen und so fort. Der ganze Schlaf wirkt dabei eben merkwürdig ausgleichend.»[92]

Welche Rolle spielt bei diesen Vorgängen im Geistig-Seelischen der Ätherleib, der zwischen dem Astralleib und Ich und dem physischen Leib gewissermaßen die Brücke bildet? Sehen wir uns dazu den Tagmenschen und den Nachtmenschen in einem Vergleich genauer an. Bei Tage befinden wir uns in der Vertikalen, also aufrecht. Die Druckverhältnisse innerhalb des Gehirnwassers sind dabei so, dass der Druck nach oben hin abnimmt, wir nach oben hin gewissermaßen leichter werden, während der Druck nach unten hin deutlich zunimmt und wir dort mehr der Schwere hingegeben sind. Dadurch wird unser Bewusstsein erst möglich, dass unser Gehirn, im Gehirnwasser schwimmend, der Leichte und nicht der Schwere ausgesetzt ist. Aber dieses Bewusstsein hat eben auch nur Spiegelcharakter. Das heißt, unsere Vorstellungen sind nichts Reales, Bleibendes, es sind lediglich Spiegelbilder, die wieder verschwinden, wenn das sich Spiegelnde, der Sinneseindruck, nicht mehr da ist.

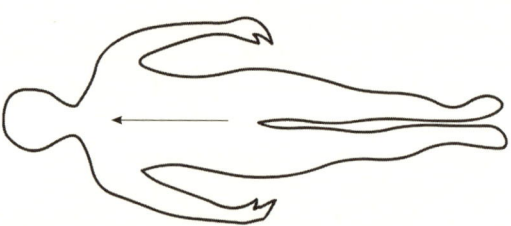

Ausgeglichene Schwere und Leichte

Der liegende Mensch mit ausgeglichenen Druckverhältnissen und nach oben strömendem Blutkreislauf.

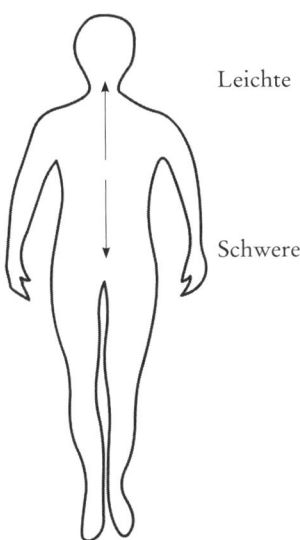

Der aufrechte Mensch mit nach oben abnehmenden, nach unten zunehmenden Druckverhältnissen.

In der Nacht aber kommen die Druckverhältnisse zu einem Ausgleich, weil wir da nicht vertikal, sondern horizontal gelagert sind. Dadurch kann das, was sich tagsüber im unteren Menschen abgespielt hat, der Resonanzraum der Organe, der die Erlebnisse, wie Steiner es in den von uns zitierten Vorträgen beschrieben hat, aufnimmt, auf den oberen Menschen zurückwirken. Der untere Mensch teilt sich im Schlaf gewissermaßen dem oberen Menschen mit. Dieser Vermittlungsvorgang wird nun vom Ätherleib, und, wie wir später noch sehen werden vom Herzorgan her dirigiert. Sie sorgen dafür, dass die tagsüber gemachten Vorstellungen nun in den Strukturen des Gehirns engrammartig eingetragen werden und dadurch dauerhaften Charakter bekommen. Hier, in unserer Willenssphäre, im Stoffwechselbereich werden unsere Erfahrungen dem Leib gewissermaßen eingebildet.

Der Sprachgeist weiß davon, wenn er sagt: «ich muss das erstmal verdauen», oder «ich nehme mir das zu Herzen», oder «das schlägt mir auf den Magen», oder «das geht an die Nieren». Hier wird die Bedeutung der Organe für die Verarbeitung der Erfahrungen deutlich.

Die Gedächtnisbildung ist unserem Bewusstsein also entzogen, sie findet, was das Langzeitgedächtnis betrifft, weitgehend im Schlaf statt, was das Kurzzeitgedächtnis betrifft auch während des Tages. Aber Steiner weist aufgrund der Dreigliederung des menschlichen Organismus immer wieder darauf hin, dass wir in unserem Gliedmaßen-Stoffwechsel-System auch tagsüber schlafen. Der Resonanzraum unserer Organe ist unserem Bewusstsein also entzogen. Hier aber spielt sich parallel zu den in unserem Bewusstsein ablaufenden Vorgängen ein zweiter Vorgang ab:

«Das Erinnern wird überhaupt ganz falsch vorgestellt. Eine Vorstellung, die ich durch eine äußere Wahrnehmung jetzt gewinne und jetzt habe, die lebt in mir überhaupt nicht als etwas Reales, sondern als Spiegelbild, das sich die Seele bildet durch die Spiegelung des Leibes. Wir werden davon näher im dritten Vortrage sprechen. Und es lebt diese Vorstellung nur jetzt! Wenn ich sie aus dem Seelenleben verloren habe, dann ist sie nicht mehr da. Es gibt das gar nicht: Hinuntertauchen von Vorstellungen und Wiederherauftauchen – und so Erinnerungen bilden. Die triviale Vorstellung der Erinnerung ist schon falsch.

Worauf es ankommt, ist: wenn man die Kraft der Seele für das geistige Schauen geschärft hat, so sieht man – wie man in der Außenwelt beobachtet, so kann man im Geiste das beobachten –, dass, während wir eine Vorstellung gewinnen durch eine Wahrnehmung, noch ein anderer Vorgang vor sich geht. Und nicht der Vorstellungsvorgang, sondern dieser andere, unterbewusste Vorgang, der sich parallel dem Vorstellen abspielt, erzeugt in uns etwas, das, indem ich die Vorstellung habe, gar nicht unmittelbar ins Bewusstsein kommt, das aber fortlebt. Habe ich jetzt eine Vorstellung, so entsteht ein unterbewusster und jetzt rein an das Körperliche gebundener Prozess. Wenn später durch irgendeine Veranlassung dieser Prozess wieder aufgerufen wird, dann bildet sich, indem die Seele jetzt hinblickt auf diesen Prozess, der ein rein leiblicher ist, aufs Neue die Vorstellung. Eine erinnerte Vorstellung ist eine aus den Tiefen des Leibeslebens heraufgebildete neue Vorstellung, die der alten gleicht, weil sie durch den unterbewussten Prozess, der sich gebildet hat im leiblichen Leben, heraufgerufen wird. Die Seele liest gewissermaßen das Engramm, das in dem Leibe eingegraben ist, wenn sie sich an eine Vorstellung erinnert.»[93]

Oder an einer weiteren Stelle:

«Ich sehe einen Gegenstand an, stelle ihn auch vor zu gleicher Zeit –, bleibe erhalten. Was ich da gewinne, was ich noch als eine Nachwirkung habe, wenn ich den Gegenstand aus dem Auge lasse, das ist ein bloßes Spiegelbild, das ist nichts, was wieder auftreten kann; das ist etwas, was da ist und dann wirklich vergeht, so wie das Spiegelbild vergangen ist, wenn ich an dem Spiegel vorbeigehe und außer den Bereich des Spiegels komme. Also es ist eine irrtümliche Vorstellung, sich ein Reservoir der Seele zu denken, in das etwa hineingehen würden die Vorstellungen, die dann wiederum herausgeholt würden aus diesem Reservoir. Die Vorstellungen verweilen nicht, die Vorstellungen bleiben nicht! Sondern während ich vorstelle, geht zugleich ein unterbewusster Prozess, der aber imaginativ beobachtet werden kann, also ein fürs gewöhnliche Bewusstsein unterbewusster Prozess vor sich; und dieser unterbewusste Prozess, der bewirkt im Organismus dasjenige, was wieder abläuft durch neue Veranlassungen, wenn erinnert wird. Wenn ich eine Vorstellung an einem Gegenstand dadurch gewinne, dass der Gegenstand auf meine Sinne wirkt, dann *entsteht* die Vorstellung; wenn ich eine Vorstellung habe, die ich als Erinnerungsvorstellung gewinne, so ist es genau ebenso, nur dass nicht der äußere materielle Gegenstand mir den Eindruck macht, und ich mir aufgrund des äußeren Gegenstandes die Vorstellung bilde, sondern ich schaue gewissermaßen in mein Inneres hinein, auf das, was unbewusst aufgenommen worden ist, und bilde mir danach die Vorstellung. Wenn ich das schematisch ausdrücken will: ich bilde mir jetzt eine Vorstellung ‹zehn›; nach einiger Zeit taucht die Vorstellung ‹zehn› wieder auf; es ist aber nicht wahr, dass die Vorstellung ‹zehn› dieselbe ist – dass sie vergangen ist und nachher wieder da ist. Was bleibt, ist ein unbewusstes Engramm, dieses unbewusste Engramm, das sich als Parallelprozess gebildet hat, während ich die Vorstellung hatte, das bleibt; und das nehme ich wahr, wenn ich wiederum vorstelle. Wenn also ‹zehn› auftritt, so tritt es auf als Ergebnis einer Anregung von außen; wenn ‹zehn› wieder auftritt, tritt es auf als Ergebnis einer Anregung von innen, und ich nehme von innen heraus wahr, was ich erinnere. Das ist der Vorgang, den man geisteswissenschaftlich sehr gut beobachten kann, der pädagogisch gut verwertet werden kann, der auch beobachtet werden kann von einem aufmerksamen Pädagogen, wenn er nur sein Aufmerksamkeitsvermögen in einer entsprechenden Weise orientiert hat.

Denken Sie doch nur einmal daran, wie auswendig gelernt wird. Beobachten Sie da genau. Da können Sie es handgreiflich haben: was man alles für Veranstaltungen macht, dass der Parallelprozess sich abspielt! Die Vorstellung ist aufgenommen, aber man will den Parallelprozess sich so abspielen lassen, dass man ihn gewissermaßen einpaukt in etwas, was unterbewusst bleibt. Sie können beim Einpauken beobachten:

die Vorstellungen werden nicht irgendwie zur Erinnerung führen, sondern ein Prozess, der als Unterstützungsprozess des bloßen Vorstellens entstehen muss und wirklich im Unterbewussten liegt. Und dieses Arbeiten im Unterbewussten – sehen Sie nur, wenn jemand ein Gedicht einpaukt, was da alles zu Hilfe genommen wird!»[94]

Diese wenigen Andeutungen Rudolf Steiners machen einerseits deutlich, dass er die Vorgänge bei der Gedächtnisbildung und beim Erinnern nicht weiter ausgearbeitet hat, denn außer diesen wenigen mündlichen Aussagen gibt es von ihm keinerlei schriftliche Ausarbeitung. Vieles von dem, was wir hier zugrunde legen können, ist daher nur skizzenhaft und erfordert eine weitere geisteswissenschaftliche Erforschung, die bisher nicht geleistet worden ist.

Aber auch aufgrund des Skizzenhaften lässt sich in Übereinstimmung mit den Naturwissenschaften dennoch mit Gewissheit sagen: Der Erinnerungsvorgang ist kein Nerven-Sinnesprozess, sondern ein an das Gliedmaßensystem gebundener Stoffwechselprozess, der mithin also willensartiger Natur ist. Während das bewusste Erleben am Tage hauptsächlich ein an das Sinnes-Nerven-System gebundener Spiegelprozess ist, erfolgt die eigentliche Verleiblichung des Zeitlichen mithilfe von an die übrigen Organe anschließenden Stoffwechselprozessen erst in der Nacht.

Nur durch unseren Stoffwechselorganismus also kommt zeitliches Erleben tatsächlich zustande, denn das Gedächtnis entsteht erst aus der Wechselwirkung von unterem und oberem Menschen:

«Und gerade so, wie das Haupt und der übrige Organismus ganz verschiedenes Tempo haben mit Bezug auf ihr Wachstum, so hat dasjenige, was kraftet und lebt im Ätherleib des Hauptes, und was lebt im Ätherleib des übrigen Organismus, ganz verschiedene innere Kraftentwickelungen, die verschiedene innere Imaginationen hervorrufen. Und kommt man überhaupt zur imaginativen Welt, dann tritt einem die Imagination des Ätherleibes des Kopfes in Wechselwirkung mit der Imagination des Ätherleibes des übrigen Organismus entgegen. Und dieses lebendige Zusammenwirken im menschlichen Ätherorganismus ist dasjenige, was der Inhalt einer höheren Selbsterkenntnis ist. Dadurch, dass der Mensch auf diese Weise dazu kommt, sich nun wirklich zu erkennen, gelangt er auch dazu, gewisse Seelenerlebnisse in der richtigen Weise bewerten zu können. Wäre das, was ich angeführt habe, nicht so, wie ich es geschildert habe, so würde der Mensch niemals das haben können, was man eine Erinnerung nennt. Der Mensch würde sich nach den Sinneseindrücken Vorstellungen bilden können, die würden aber immer vorübergehen. Dass der Mensch sich an das einmal Erlebte erinnern kann, das beruht darauf, dass, indem der Ätherleib des Hauptes in Wechselwirkung tritt mit dem Ätherleib des übrigen Organismus, dasjenige, was im Ätherleib des Hauptes wirkt, in dem Ätherleib des übrigen Organismus Veränderungen hervorruft, die bleibend sind, und die heraufwirken bis in den physischen Organismus. Jedes Mal, wenn etwas im Menschen Platz greift in seinem seelisch-leiblichen Leben, was dem Gedächtnis angehört, tritt zunächst in dem durch die imaginative Erkenntnis vorstellbaren Ätherorganismus eine Veränderung auf; die aber setzt sich fort in den physischen Organismus. Und dadurch allein haben wir die Möglichkeit, wiederum heraufzuholen gewisse Gedanken, dass sich das, was vom Ätherorganismus des Hauptes in den übrigen Ätherorganismus hineingesendet wird, ausprägt in der physischen Leiblichkeit. Nur dadurch, dass irgendetwas bis in unsere physische Leiblichkeit Eindrücke gemacht hat, sind wir imstande, es gedächtnismäßig zu behalten.»[95]

Erst durch das Zusammenwirken der Wesensglieder von Ich und Astralleib und Ätherleib und physischem Leib und der dreigliedrigen Organisation derselben ist zeitliches Erleben möglich.

Räumlich	physischer Leib	fest	Sinnes-Nerven-System	Wahrnehmen
Zeitlich	Ätherleib	flüssig	Blutkreislauf/Liquor	
		freie Kräfte	rhythmisches System	Verstehen
Unräumlich	Astralleib	Luft	Atmung	
Überzeitlich	Ich	Wärme	Stoffwechselsystem	Erinnern

Im Folgenden werden wir nun die Wesensglieder und ihr Verhältnis zum Zeitlichen noch genauer untersuchen.

4. Die Zeit im Menschen und das Zusammenwirken der vier Wesensglieder

«Nun ist es aber so beim Menschen, dass man in ihm alle diese Verhältnisse ganz anders findet als außerhalb des Menschen. Wenn man ins Außermenschliche schaut mit dem in der Art geschärften Blick, wie ich es Ihnen angedeutet habe, da findet man sozusagen die Welt zunächst aufgebaut aus dem Physischen, unmittelbar an der Erde haftend; dem Ätherischen, das schon den Kosmos erfüllt; dem Astralischen, das da einströmt, wesenhaft einströmt. Sodass man wirklich nicht etwa bloß ein allgemeines abstrakt astralisches Weben hat, sondern Wesen da hereinkommen, Wesen, die seelisch-geistig sind, so wie der Mensch auch in seinem Körper seelisch-geistig ist. Das schaut man.

Schaut man dann auf den Menschen zurück, so findet man auch im Menschen für dasjenige, was draußen ätherisch ist, entsprechend seinen Ätherleib. Aber dieser Ätherleib zeigt sich nicht so, dass Sie sagen können: da ist der physische Mensch, dann ist das der Ätherleib. Gewiss, man kann es so zeichnen, aber das ist nur ein festgehaltener Ausschnitt. Sie sehen niemals bloß den gegenwärtigen Ätherleib, sondern wenn Sie einen Menschen in Bezug auf seinen Ätherleib betrachten, dann sehen Sie diesen Ausschnitt, den man zeichnen kann, angrenzend an dasjenige, was vorangeht. Sie sehen immer den ganzen Ätherleib bis zu der Geburt hin. Das Zeitliche ist ein Einheitliches. Sie können nicht, wenn Sie einen zwanzigjährigen Menschen vor sich haben, den zwanzigjährigen Ätherleib bloß sehen, sondern Sie sehen alles, was im Ätherleib geschehen ist bis zu der Geburt hin und noch etwas darüber hinaus. Da wird wirklich die Zeit zum Raum. So wie Sie, wenn Sie in eine Allee hineinschauen und die Bäume durch die Perspektive einander immer nähergerückt werden, so wie Sie also in die ganze Allee hineinsehen dem Raume nach: so schauen Sie den Ätherleib, wie er gegenwärtig ist, an, sehen aber zurück das ganze Gebilde, das ein zeitliches Gebilde ist. Der Ätherleib ist ein Zeitorganismus. Der physische Leib ist ein Raumesorganismus. Der physische Leib ist jetzt ja abgeschlossen. Der Ätherleib ist immer als Ganzes da, entsprechend der vergangenen Lebensdauer während dieses Lebens. Das ist eine Einheit. Daher könnten Sie eigentlich den Ätherleib nur zeichnen oder malen, wenn Sie Wandelbilder malen könnten; nur mit einer größeren Geschwindigkeit müssten Sie malen. Was man als augenblickliche Gestaltung zeichnet oder malt, ist eben nur ein Durchschnitt, verhält sich dem ganzen Ätherleib gegenüber so, wie wenn Sie einem Baum den Stamm durchschneiden und dann zeichnen, was Sie da sehen im Durchschnitt. So ist es, wenn Sie den Ätherleib in einem Schema zeichnen, eben nur ein Durchschnitt, denn der ganze Ätherleib ist ein zeitlicher Verlauf. Und man kommt, indem man diesen zeitlichen Verlauf überblickt, sogar etwas über die Geburt, ja sogar über die Empfängnis hinaus bis zu einem Punkte, wo man schaut, wie der Mensch heruntergestiegen ist aus seinem vorirdischen Dasein zu diesem jetzigen Erdendasein, und sich sozusagen als Letztes, das er durchgemacht hat, bevor er von einem Elternpaar konzipiert wurde, Substanzialität aus dem allgemeinen Weltenäther herangezogen und zu seinem eigenen Ätherleib gebildet hat.

Sodass Sie also, sobald Sie vom Ätherleib sprechen, nicht anders sprechen können, als indem Sie das zeitliche Leben des Menschen bis über die Geburt hinaus überblicken. Das, was man als den Ätherleib in einem bestimmten Zeitmomente ansieht, ist nur eine Abstraktion; das Konkrete ist der zeitliche Verlauf.

Beim astralischen Leib ist es noch anders. Auf den astralischen Leib des Menschen kommt man in der Art, wie ich Ihnen das gestern gesagt habe.

Das kann ich Ihnen nur schematisch zeichnen. Es muss ja auch in der Zeichnung für Sie der Raum zur Zeit werden. Nehmen wir an, am 2. Februar 1924 betrachten Sie den astralischen Leib eines Menschen. Hier wäre der Mensch und wir betrachten seinen astralischen Leib. Ja, es macht der Mensch diesen Eindruck: da ist sein physischer Leib, da ist sein Ätherleib, und da kann man auch seinen astralischen Leib betrachten. Es macht den Eindruck, wie ich es in meinem Buche *Theosophie* beschrieben habe. Es ist so. Aber kommt man zu der eigentlich inspirierten Erkenntnis, wie ich sie gestern beschrieben habe, die gegenüber dem leeren Bewusstsein auftritt, dann gelangt man zu folgender Einsicht. Dann sagt man sich: Dasjenige, was da als astralischer Leib im Menschen gesehen wird, das ist eigentlich nicht am 2. Februar 1924 vorhanden, sondern wenn der Mensch, dessen astralischen Leib man betrachtet, zwanzig Jahre alt geworden ist, so muss man die Zeit zurückverfolgen. Sie kommen dann hin, meinetwillen zu dem Januar 1904, und Sie bekommen die Einsicht: da eigentlich ist erst in Wirklichkeit dieser astralische Leib da, und weiter zurück ins Unbegrenzte, weiter zurück, da ist er eigentlich erst. Er ist gar nicht mitgegangen durch das Leben, er ist da geblieben. Hier ist nur eine Art Schein. – Es ist so, wie wenn Sie in eine Allee hineinschauen würden: da geht es weiter, es sind die letzten Bäume, sie sind sehr nahe; dahinten steht eine Lichtquelle. Ja, Sie können hier den Schein des Lichtes noch haben, aber die Lichtquelle ist doch dahinten, die ist nicht hervorspaziert, damit hier der Schein des Lichtes ist.

So ist der astralische Leib auch da geblieben, wirft nur seinen Schein in das Leben herein. Der astralische Leib ist eigentlich in der geistigen Welt geblieben, ist nicht mitgegangen in die physische Welt. Wir stehen unserem astralischen Leibe nach immer *vor* unserer Empfängnis, vor unserer Geburt und Empfängnis in der geistigen Welt drinnen. Es ist so, wie wenn wir, wenn wir 1924 zwanzig Jahre alt geworden sind, eigentlich doch geistig noch lebten vor dem Jahre 1904, und nur einen Fühler vorgestreckt hätten in Bezug auf den astralischen Leib.

Sie werden sagen: Das ist eine schwierige Vorstellung. Schön, aber Sie wissen, es hat einmal einen spanischen König gegeben, dem hat man gezeigt, wie kompliziert das Weltengebäude ist. Da hat der spanische König gemeint, wenn er das Weltengebäude gemacht hätte, hätte er es einfacher gemacht. Das mag schon der Mensch denken, aber die Welt ist eben in Wirklichkeit nicht einfach, und der Mensch schon gar nicht, sondern man muss sich etwas anstrengen, um das zu erfassen, was der Mensch ist.

Sie schauen also, indem Sie nach dem astralischen Leib schauen, direkt in die geistige Welt hinein. Astralisches um sich haben Sie nur in der außermenschlichen Welt. Wenn Sie die Menschen anschauen, schauen Sie in die geistige Welt hinsichtlich ihrer astralischen Leiber hinein. Sie sehen direkt dasjenige, was der Mensch selber, bevor er auf die Erde heruntergestiegen ist, in der geistigen Welt durchgemacht hat.

Sie werden sagen: Aber mein astralischer Leib wirkt doch in mir. Das tut er auch, selbstverständlich tut er das; aber denken Sie sich, hier wäre irgendein Wesen, das hätte irgendwelche Stricke und würde durch diese Stricke, die mechanisch verbunden wären, etwas verrichten. Weit weg im Raume tritt die Wirkung von einem Wesen auf, das eben hier ist. So ist es hier mit der Zeit. Ihr astralischer Leib ist da geblieben, aber er streckt seine Wirkungen eben durch das ganze Leben aus. Wenn Sie also heute eine Wirkung Ihres astralischen Leibes beachten, so hat die ihren Ursprung in der Zeit, die längst vergangen ist, wo Sie, noch bevor Sie auf die Erde heruntergestiegen sind, in der geistigen Welt waren. Die Zeit wirkt da herein. Die Zeit ist, mit anderen Worten, da geblieben für das Geistige. Und derjenige, der glaubt, dass das Vergangene in dem, was in der Zeit wirklich lebt, nicht mehr da sei, der gleicht einem Menschen, der in einem Eisenbahnzug sitzen würde, fortführe, und einer sagte ihm: Du, das war doch eine schöne Gegend, die wir da durchfahren haben –, und der Mensch, der also einfältig wäre, würde sagen: Ja, schöne Gegend, aber sie ist ja verschwunden, sie ist ja gar nicht mehr da. – Solch ein Mensch würde also glauben, wenn er mit dem Eilzug vorübergefahren ist an einer Gegend, dann sei sie verschwunden, sei nicht mehr da. Geradeso gescheit ist es, wenn der Mensch glaubt, was in der Zeit vergangen ist, sei nicht mehr da. Es ist eben fortwährend da, es wirkt in ihn herein. Der 3. Januar 1904 in seinem geistigen Bestande ist noch da, geradeso wie das Räumliche da ist, wenn Sie durchgefahren sind; es ist da, und es ist so da, dass es hereinwirkt in die Gegenwart.

Sodass, wenn Sie Ihren astralischen Leib so beschreiben, wie ich es in meiner *Theosophie* getan habe, dann müssen Sie, um die Einsicht zu einer vollständigen zu machen, eben sich bewusst werden, dass das, was da wirkt, der Schein desjenigen ist, was eigentlich weit zurückliegend wirkt. Sie sind als Mensch wirklich ein Komet, der seinen Schweif weit zurück in die Vergangenheit erstreckt. Man kann nicht anders eine wirkliche Einsicht in die menschliche Wesenheit gewinnen als dadurch, dass man auf die neuen Begriffe kommt.

Die Menschen, die glauben, dass man mit denselben Begriffen, die man hier für die physische Welt hat, auch in die geistige Welt eintreten kann, die sollten Spiritisten werden, nicht Anthroposophen. Da, nicht wahr, versucht man alles Geistige, nur ein bisschen dünner, gerade auch in den gewöhnlichen Raum, wo die physischen Menschen herumgehen, hereinzuzaubern. Aber das ist eben kein Geistiges. Das sind nur feine Ausschwitzungen, selbst die *Schrenck-Notzing'schen* Phantome sind nur feine Ausschwitzungen des Physischen, sehr dünne Ausschwitzungen, die noch in ihrer Gestaltung den Nachklang des Ätherischen haben. Es sind bloße Phantome; sie sind nicht ein wirklich Geistiges.

Wenn Sie die Sache so betrachten, dann werden Sie sich sagen: In der außermenschlichen Natur sind die höheren Welten gegenwärtig. Beim Menschen kommen wir sogleich in die Zeit hinein, in seinen zeitlichen Verlauf, wenn wir die aufeinanderfolgenden Welten betrachten. Man kann aber beim Menschen auch noch weiterdringen in der Erkenntnis. Und da mündet die Erkenntnis ein in ein Element, von dem man heute in unserer philiströs-materialistischen Zeit nicht zugeben will, dass es auch ein Erkenntniselement sein kann.

Ich habe Ihnen als die erste Stufe der Erkenntnis diejenige vorgewiesen, die – nun ja, die groben, robusten physischen Dinge um uns herum erblickt durch die Sinne. Die zweite Art war die des erkrafteten Denkens, wo man die sich bewegenden Bilder der Welt in sich auffasst. Die dritte Art war die inspirierte, wo man dasjenige wahrnimmt, was sich wesenhaft in diesen Bildern ausspricht, was hineintönt wie ein Sphärenmusikalisches, aber wesenhaft. Nimmt man das beim Menschen wahr, dieses wesenhaft Sphärische, dann wird man nicht bloß aus der Materie hinausgeführt, sondern aus der Gegenwart hinausgeführt in das vorirdische Leben des Menschen, in sein Dasein, das er gehabt hat als geistig-seelisches Wesen, bevor er auf die Erde herabgestiegen ist. Diese inspirierte Erkenntnis erlangt man, wenn man das leere Bewusstsein herstellt, nachdem man vorher das erkraftete Denken gehabt hat.

Den weiteren Aufstieg in der Erkenntnis erlangt man dadurch, dass man die Kraft der Liebe zu einer Erkenntniskraft macht. Nur darf es nicht die triviale Liebe sein, von der allein in unserer materialistischen Zeit zumeist gesprochen wird, sondern es muss diejenige Liebe sein, die imstande ist, sich eins zu fühlen mit einem Wesen, das man selber nicht ist innerhalb der physischen Welt; also wirklich fühlen können das, was in dem anderen Wesen vorgeht, ebenso wie das, was in einem selbst vorgeht, ganz aus sich herausgehen können und wieder aufleben in dem anderen Wesen. Im gewöhnlichen Menschenleben bringt sich dieses Lieben nicht bis zu einem solchen Grade, der notwendig ist, um die Liebe zu einer Erkenntniskraft zu machen. Da muss man schon zuerst dieses leere Bewusstsein hergestellt haben, muss auch einige Erfahrungen mit dem leeren Bewusstsein gemacht haben. Ja, dann macht man etwas durch, was freilich viele Menschen nicht suchen, indem sie nach höherer Erkenntnis streben. Da macht man nämlich etwas durch, was man nennen könnte den Erkenntnisschmerz, das Erkenntnisleid.

Wenn der Mensch irgendwo eine Wunde hat, dann schmerzt ihn das. Warum? Weil sein geistiges Wesen dadurch, dass der physische Leib verletzt wird, an dieser Stelle den physischen Leib nicht richtig durchdringen kann. Aller Schmerz rührt davon her, dass man irgendwie den physischen Leib nicht durchdringen kann. Und wenn man an etwas Äußerlichem Schmerz erlebt, so ist es auch aus dem Grunde, weil man sich damit nicht vereinigen kann. Hat man das leere Bewusstsein erlangt, in das eine ganz andere Welt als diejenige, an die man gewöhnt ist, hereinflutet, dann hat man für die Momente, in denen man diese inspirierte Erkenntnis hat, den ganzen physischen Menschen nicht, dann ist alles wund, dann schmerzt alles. Das muss man zunächst durchmachen. Man muss sozusagen das Verlassen des physischen Leibes als richtigen Schmerz, als richtiges Leid durchmachen, um zur inspirierten

Erkenntnis zu gelangen, um dazu zu gelangen im unmittelbaren Anschauen, nicht bloß im Begreifen. Das Begreifen natürlich kann ganz schmerzlos vor sich gehen und sollte von den Menschen erlangt werden, indem sie eben auch nicht durch den Initiationsschmerz hindurchgehen. Aber um zu dem zu kommen, dasjenige bewusst zu erleben, was der Mensch eigentlich an sich hat aus dem vorgeburtlichen Dasein, was noch aus der geistigen Welt geblieben ist und in einen hereinwirkt, um dazu zu kommen, dazu gehört zunächst das Hinübergehen über den Abgrund des ganz allgemeinen, ich möchte sagen universellen Leides, universellen Schmerzes.

Und dann kann man die Erfahrung des Auflebens in einem ganz Andern haben, dann lernt man erst die höchstpotenzierte, die höchstgradige Liebe, die darinnen besteht, dass man wirklich nicht abstrakt sich selbst vergessen kann, sondern sich ganz außer Acht lassen kann und ganz in das Andere hinüberkommen kann. Und wenn diese Liebe in Verbindung mit der höheren, inspirierten Erkenntnis auftritt, dann hat man eigentlich erst die Möglichkeit, mit all der Lebenswärme, mit all der Gemütsinnigkeit, mit all der Herzensinnigkeit, die natürlich etwas Seelisches ist, in das Geistige hineinzukommen. Und das muss man, wenn man weiterkommen will in der Erkenntnis. Die Liebe muss in diesem Sinne eine Erkenntniskraft werden. Denn wenn diese Liebe, die als Erkenntniskraft dann auftritt, eine gewisse Höhe erreicht hat, eine gewisse Intensität, dann kommen Sie hinüber durch Ihr vorirdisches Dasein in das vorige Erdenleben. Sie schlüpfen hinüber durch das Ganze, was Sie durchgemacht haben zwischen Ihrem letzten Tode und dem gegenwärtigen Erdenleben, in das frühere Erdenleben, in das, was man die vorhergehenden Inkarnationen nennt.

Sehen Sie, dazumal sind Sie auch in einem physischen Leibe auf der Erde gewandelt, selbstverständlich. Aber von all dem, was da physischer Leib an Ihnen war, ist ja nichts geblieben; das ist alles in die Erdenelemente aufgesogen worden, von dem ist nichts da. Dasjenige, was Ihr innerstes Wesen war in der damaligen Zeit, das ist ganz geistig geworden, das lebt in Ihnen als ganz Geistiges.

Wahrhaftig, unser Ich wird, indem es durch die Pforte des Todes geht, durch die geistige Welt geht bis zu einem neuen Erdenleben, ganz geistig. Und wer glaubt, es mit ganz gewöhnlichen Kräften des alltäglichen Bewusstseins erringen zu können, der kann es nicht erringen. Man kann es nur erringen, wenn die Liebe in der Weise höchstgesteigert ist, wie ich es angeführt habe. Denn der, der wir waren im früheren Dasein, der ist ebenso außer uns, wie ein anderer Mensch in der Gegenwart außer uns ist. Derselbe Grad von Außensein haftet unserem Ich an. Gewiss, es wird dann unser Eigentum. Wir erleben es als uns selbst, aber wir müssen erst so lieben lernen, dass diese Liebe gar nichts Egoistisches hat. Es wäre ja etwas Furchtbares, wenn man in seine vorige Inkarnation sich verlieben würde im gewöhnlichen Sinne des Wortes. Es muss die Liebe im höchsten Sinne gesteigert werden, dass man eben diese vorige Inkarnation zugleich als etwas ganz anderes erleben kann. Und dann dringt man, wenn die Kraft der Erkenntnis durch das leere Bewusstsein aufsteigt zu der Kraft der Erkenntnis durch die höchstgesteigerte Liebe, dann gelangt man zu dem vierten Gliede der menschlichen Wesenheit, zu dem eigentlichen Ich.

Der Mensch hat seinen physischen Leib. Durch den lebt er in jedem Augenblick in der physischen Gegenwart der Erde. Der Mensch hat seinen Ätherleib. Durch den lebt er eigentlich fortdauernd bis ein Stückchen vor seine Geburt hin, wo er sich den Ätherleib gesammelt hat aus dem allgemeinen Weltenäther. Nun hat er seinen Astralleib. Durch den lebt er durch das ganze Dasein zwischen seinem vorigen Tode und diesem Heruntersteigen auf die Erde. Und dann hat er sein Ich. Da lebt er ins vorige Erdenleben hinein. Sodass wir beim Menschen überall, wo wir von seiner Gliederung sprechen, sprechen müssen von seiner Ausdehnung in der Zeit. Wir tragen unser voriges Ich-Bewusstsein unterbewusst in der Gegenwart in uns. Und wie tragen wir es in uns? Ja, wenn Sie das studieren wollen, wie wir es in uns tragen, dann müssten Sie aufmerksam werden darauf – und das ist auch der Weg dazu, an das Ich heranzukommen –, wie der Mensch nun hier in der physischen Welt nicht nur fester Leib ist, nicht nur ein flüssiger Mensch, ein luftförmiger Mensch, sondern wie der Mensch ja ein Wärmeorganismus ist. Primitiv, wenigstens sehr partiell weiß das schon jeder; wenn er Fieber misst, so bekommt er verschiedene Fieberangaben, je nach den verschiedenen Stellen des Organismus, wo er misst. Aber so ist es durch den ganzen menschlichen Organismus hindurch. Eine andere Temperatur haben Sie oben im Kopfe, eine andere in der großen Zehe, eine andere innerlich in der Leber, eine andere innerlich in der Lunge. Sie sind ja nicht nur das, was Sie in einem anatomischen Atlas in festen Konturen gezeichnet finden; Sie sind ein Flüssigkeitsorganismus, der in fortwährender Bewegung ist; Sie sind ein Luftorganismus, der Sie immerfort durchdringt, wie wenn Sie da immer ein mächtiges Symphonisches, Musikorganisches durchdränge. Und Sie sind bei alledem ein wogendes, warm-kalt Organisiertes, ein Wärmeorganismus, und in diesem Wärmeorganismus leben Sie selber drinnen. Das spüren

Sie auch. Schließlich haben Sie nicht ein sehr starkes Bewusstsein davon, dass Sie, sagen wir, in einem Schienbein- oder in einem anderen Knochen leben, auch nicht ein starkes Bewusstsein davon, dass Sie in Ihrer Leber leben oder in den Säften Ihrer Gefäße. Aber dass Sie in Ihrer Wärme leben, davon haben Sie ein starkes Bewusstsein, wenn Sie das auch nicht differenzieren, wenn Sie auch nicht sagen: Da ist meine Wärmehand, da ist mein Wärmebein, da ist meine Wärmeleber und so weiter; aber es ist da, und ist es einmal gestört, ist nicht die menschlich angemessene Differenzierung im Wärmeorganismus vorhanden, dann spüren Sie es als Erkrankung, als Schmerz.

Wenn man das Ätherische schaut, wenn man mit dem entwickelten Bewusstsein zur Bildhaftigkeit, zur Imagination gedrungen ist, dann hat man webende Bilder. Nimmt man das Astralische wahr, hat man die Weltensphärenmusik. Die dringt an einen heran, oder auch sie dringt aus uns heraus. Denn unser eigener Astralleib führt uns zurück in unser vorirdisches Dasein. Und gehen wir weiter zu jener Erkenntnis, die sich aufschwingt bis zur intensivsten Liebe, wo die Liebeskraft Erkenntniskraft wird, wo wir zunächst unser eigenes Dasein aus einem vorigen Erdenleben hereinfluten sehen in unser gegenwärtiges Erdenleben, so spüren wir dieses vorangehende Erdenleben in der normalen Differenzierung unseres Wärmeorganismus, in dem wir drinnen leben. Das ist die wirkliche Intuition. Da leben wir drinnen. Und wenn irgendein Impuls in uns aufsteigt, das oder jenes zu tun, so wirkt dies ja nicht nur, wie es im astralischen Leib ist, aus der geistigen Welt heraus, sondern von noch weiter zurück aus dem früheren Erdenleben. Das frühere Erdenleben wirkt in die Wärme Ihres Organismus herüber und erzeugt diesen oder jenen Impuls. Schauen wir in dem irdisch festen Menschen den physischen Leib, in dem flüssigen den ätherischen Leib, in dem luftförmigen den astralischen Leib, so schauen wir in dem Wärmemäßigen des Menschen das eigentliche Ich. Das Ich der gegenwärtigen Inkarnation ist nie fertig; das bildet sich. Das eigentliche, in den unterbewussten Tiefen wirkende Ich ist das des vorigen Erdenlebens. Und vor dem schauenden Bewusstsein nimmt sich ein Mensch, dem Sie gegenübertreten so aus, dass Sie sagen: Hier steht er; ich erblicke ihn zunächst so wie er dasteht, mit meinen äußeren Sinnen. Ich schaue dann das Ätherische, ich schaue das Astralische, dann aber hinter ihm den anderen Menschen, der er war in der vorigen Inkarnation.

In der Tat, je weiter dieses Bewusstsein ausgebildet wird, desto mehr erscheint – perspektivisch macht sich das so – das menschliche Haupt der gegenwärtigen Inkarnation, etwas darüber das menschliche Haupt der vorigen Inkarnation, etwas darüber das menschliche Haupt der noch weiter zurückliegenden Inkarnation. In Zivilisationen, die von diesen Dingen durch ein instinktives Bewusstsein noch etwas geahnt haben, finden Sie Bilder, wo hinter dem deutlich gezeichneten Antlitz, das auf das gegenwärtige Erdenleben bezogen wird, ein anderes, etwas weniger deutlich gemaltes ist, und ein noch weniger deutlich gemaltes als drittes. Es gibt solche ägyptische Bilder. Derjenige, der erblickt, wie eigentlich hinter dem Menschen der Gegenwart der Mensch der vorigen Inkarnation und der weiter zurückliegenden Inkarnation aufsteigt, versteht solche Bilder. Und es ist erst eine Realität, von dem Ich zu sprechen als dem vierten Gliede der menschlichen Natur, wenn man zugleich das zeitliche Dasein zu den vorigen Inkarnationen zurückerweitert.

Das alles wirkt im Wärmemenschen. Die Inspiration kommt noch an einen heran von außen oder von innen. In der Wärme steht man selber drinnen. Da ist die Intuition, die wahre Intuition. Ganz anders erlebt man die Wärme als irgendetwas anderes an sich.

Jetzt aber, wenn Sie das so betrachten, dann kommen Sie über eines hinaus, was gerade dem Menschen der Gegenwart, wenn er wirklich unbefangen mit seiner Seele zu Werke geht, ein großes Rätsel aufgeben sollte. Ich habe von diesem Rätsel gesprochen. Ich sagte, wir fühlen uns moralisch verbindlich gegenüber gewissen Impulsen, die uns rein geistig gegeben sind. Wir wollen sie ausführen. Wie das in die Knochen, in den Muskel schießt, wozu wir uns moralisch verbunden fühlen, das kann man zunächst nicht einsehen. Wenn man aber weiß, dass man sein Ich aus der vorigen Inkarnation, das schon ganz geistig geworden ist, in sich trägt, dass dieses Ich in die Wärme hereinwirkt, dann hat man den Übergang da in diesem Wärmemenschen. Auf dem Umwege durch das Ich der vorigen Inkarnation wirken die moralischen Impulse. Da bekommen Sie erst den Übergang vom Moralischen ins Physische. Wenn Sie bloß die gegenwärtige Natur betrachten und den Menschen als einen Ausschnitt aus der Natur, bekommen Sie diesen Übergang nicht.

Denn wenn Sie die gegenwärtige Natur betrachten, so können Sie Folgendes sagen: Nun ja, da draußen ist die Natur; der Mensch nimmt ihre Stoffe auf, baut sich seinen Organismus auf – so naiv kindlich stellt man sich das vor –, ist also ein aus den Stoffen der Natur zusammengeschweißter Ausschnitt aus der Natur. Schön. Jetzt fühlt er aber plötzlich: es gibt moralische Impulse, und er soll sich danach richten.

Er soll nur einen einzigen Schritt machen im Sinne dieser moralischen Impulse. Ich möchte wissen, wie dieser Ausschnitt aus der Natur das anfängt? Der Stein kann es nicht; das Kalzium kann es nicht; das Chlor kann es nicht; der Sauerstoff kann es nicht; der Stickstoff kann es nicht, alles das kann es nicht. Der Mensch, der aus dem zusammengeschweißt ist, soll es plötzlich können: er empfindet einen moralischen Impuls, und er soll sich danach richten, da er doch aus alledem zusammengeschweißt ist, was das nicht kann.

Aber in alledem, was da zusammengeschweißt ist, entsteht etwas, namentlich auf dem Umwege durch den Schlaf, was durch den Tod geht, was immer geistiger und geistiger wird und ein nächstes Mal in den Leib hineingeht. Nun ist es in diesem auch schon darinnen, weil es aus der vorigen Inkarnation kommt. Das ist geistig geworden. Das wirkt in die Inkarnation hinein. Dasjenige, was jetzt aus den Stoffen der Erde zusammengeschweißt ist, wird in der nächsten Inkarnation in den Wärmemenschen hineinwirken. Da strömt das Moralische von einem Erdenleben des Menschen in das andere hinein.

Da begreift man den Übergang von der physischen Natur zur geistigen, und wiederum zurück von der geistigen zur physischen. Mit einem Erdenleben kann man das nicht, wenn man sich nicht einer seelisch-geistigen Erkenntnisunredlichkeit hingibt oder sich über das Ganze hinweg betäubt.

Sehen Sie, was man als die Elemente des Irdischen betrachten kann, das feste Irdische, das Flüssige, das Gas- oder Luftförmige, das Wärmeartige, das ist überall durchzogen von dem, was man bezeichnen kann als das Physische – da ist es unmittelbar es selber –, das Ätherische, das Astralische und das Ichmäßige. Und so bekommt man im Zusammenhange mit dem Weltendasein, mit dem Universum, die Gliederung des Menschen. Und man kann sich eine Vorstellung davon bilden, inwiefern der Mensch ein Ausschnitt ist aus der Zeit, nicht nur aus dem Raume. Aus dem Raume ist er es nur seiner physischen Körperlichkeit nach. Aber das Vergangene ist für die geistige Betrachtung ein fortdauerndes Gegenwärtiges. Die Gegenwart ist zu gleicher Zeit eine wirkliche Ewigkeit.»[96]

Hier bekommt nun die Anschauung aus dem oben ausführlich betrachteten Vortrag vom 4. November 1910 eine neue Wendung, indem der Mensch selbst als ein auf vierfache Weise in der Zeit lebendes Wesen angesehen werden kann:

Wesensglied	zeitliche Dimension	Elementarzustand
physischer Leib	Gegenwart	Festes
Ätherleib	Vorgeburtliches	Flüssiges
Astralleib	Leben zwischen Tod und neuer Geburt	Luftiges
Ich	vorhergehendes Erdenleben	Wärme

Durch die Elementarzustände wirken die vier Zeitdimensionen in das jetzige Erdenleben hinein. Dadurch bekommen die drei höheren Wesensglieder ihre leibliche Verankerung. Was im Vortrag vom 4. November 1910 in Bezug auf das seelische Erleben gesagt wurde, wird hier nun auf die menschliche Wesenheit als Ganzem erweitert.

Wir sehen auch hieran wieder, dass Rudolf Steiner nie an einmal gewonnenen Einsichten festgehalten hat, sondern dass sich seine geistige Forschung fortwährend weiterentwickelte und zu den schon gewonnenen Standpunkten stets neue hinzufügte.

Dabei vermied er es jedoch, ein System zu errichten, wie es etwa noch der Deutsche Idealismus, insbesondere Hegel gepflegt hatte. Man könnte daher beinahe geneigt sein, Steiners Forschungsgang als unsystematisch zu bezeichnen. Aber auch das würde nicht zutreffen, denn bei genauerem Hinsehen ergänzen sich die jeweils neu gewonnenen Standpunkte, wenn man sie innerlich wirklich nachvollzieht. Und nur eine äußerliche Betrachtungsweise, die sich auf den jeweiligen Standpunkt nicht wirklich einlassen kann, wird von Widersprüchen sprechen, wo ein innerlich nachvollziehbarer Zusammenhang lebt.

Ergänzen wir das hier Gesagte in diesem Sinne noch durch einen weiteren Vortrag, in dem das zeitliche Erleben im Menschen nochmals erweitert betrachtet wird. Hier spricht Steiner kurze Zeit nach dem vorangehend zitierten Vortrag wiederum von den vier Wesensgliedern, und er deutet ihren Zusammenhang mit dem Kosmos an, indem er auf das Ätherische im Kosmos und das Astralische im Kosmos näher eingeht. In diese Betrachtung eingebettet ist nun eine Art Meditation über die Natur des Zeitlichen im Zusammenhang mit der Christus-Wesenheit. Um diese Meditation genauer zu verstehen, zitieren wir hier den Gesamtzusammenhang dieses Vortrages:

«Wenn wir die Wirkungsweise des Karma betrachten, so müssen wir ins Auge fassen, wie das menschliche Ich, das ja die eigentliche Wesenheit, die innerste Wesenheit des Menschen darstellt, gewissermaßen drei Werkzeuge hat, durch die es sich darlebt in der Welt: den physischen Leib, den ätherischen Leib und den astralischen Leib. Der Mensch trägt eigentlich den physischen Leib, den ätherischen Leib und den astralischen Leib an sich. Er ist keiner dieser Leiber, denn er ist im eigentlichen Sinne das Ich. Und das Ich ist es auch, welches Karma erleidet und Karma bildet.

Nun handelt es sich aber darum, dass man das Verhältnis des Menschen als des Ich-Wesens zu diesen drei, ich möchte sagen, werkzeuglichen Gestaltungen, zu dem physischen, dem ätherischen und dem Astralleib, in Betracht ziehen kann, um gerade daraus Grundlagen für das Wesen des Karma zu erlangen. Und man wird mit Bezug auf das Karma einen Gesichtspunkt für die Betrachtung des Physischen, des Ätherischen, des Astralischen im Menschen gewinnen, wenn man Folgendes berücksichtigt.

Physisches, wie wir es sehen im mineralischen Reiche, Ätherisches, wie wir es wirksam finden im pflanzlichen Reiche, Astralisches, wie wir es auch wirksam finden im tierischen Reiche, wir finden das alles im Umkreise des Menschen auf der Erde. Wir haben im Kosmos rings um die Erde, ich möchte sagen, jenes Weltenall, nach dem sich die Erde nach allen Seiten fortsetzt. Wir spüren schon eine gewisse Verwandtschaft dessen, was auf der Erde vorgeht, mit dem, was in dem Umkreise des Kosmos vorgeht. Aber die Frage entsteht doch für die Geisteswissenschaft: Ist diese Verwandtschaft, ich möchte sagen, so trivial, wie sie die heutige naturwissenschaftliche Weltanschauung vorstellt?

Die heutige naturwissenschaftliche Weltanschauung untersucht, was auf der Erde lebt und auch nicht lebt, nach den physischen Eigenschaften. Sie untersucht dann die Sterne, die Sonne, Mond und so weiter, und sie findet ja – und ist besonders stolz darauf, das gefunden zu haben –, dass eigentlich diese Weltenkörper im Grunde genommen dasselbe seien wie die Erde.

Zu dieser Anschauung kommt man aber nur durch eine Erkenntnis, die nirgends den Menschen selber erfasst, die eigentlich nur das Außermenschliche erfasst. In dem Augenblicke, wo man den Menschen als drinnenstehend im Weltenall wirklich erfasst, in dem Augenblicke kann man ja die Beziehungen finden zwischen den einzelnen menschlichen werkzeuglichen Gliedern, dem physischen Leib, dem ätherischen

Leib, dem Astralleib, und den entsprechenden Entitäten, dem entsprechenden Wesenhaften im Kosmos.

Nun finden wir für den ätherischen Leib des Menschen draußen im Kosmos überall den Weltenäther. Gewiss, der ätherische Leib des Menschen hat eine bestimmte menschliche Gestaltung, er hat in sich gewisse Bewegungsformen und so weiter, die anders sind als beim Weltenäther. Aber immerhin ist es durchaus so, dass der Weltenäther gleichartig mit dem ist, was im menschlichen ätherischen Leib sich findet. Ebenso können wir von einer Ähnlichkeit desjenigen sprechen, was im menschlichen astralischen Leibe sich findet, und einem gewissen Astralischen, das draußen im Kosmos durch alle Dinge und alle Wesen hindurch wirkt. Dabei kommen wir nun auf etwas außerordentlich Wichtiges, auf etwas, was in seiner Wesenheit dem heutigen Menschen eigentlich ganz fremd ist.

Gehen wir von einer schematischen Vorstellung aus: Wir denken uns auf der Erde den Menschen mit seinem ätherischen Leibe, dann im Umkreise der Erde den Weltenäther (gelb), der von einerlei Art ist mit dem menschlichen Äther. Nun haben wir auch im Menschen den astralischen Leib (dunkle Schraffierung innerhalb des Gelben). Im kosmischen Umkreis ist auch Astralität, aber wo soll man sie finden? Wo ist sie? Sie ist schon zu finden, nur muss man darauf kommen, was im Kosmos die Astralität verrät, was sie offenbart: Irgendwo, muss man sagen, ist die Astralität. Aber ist die Astralität im Kosmos ganz unsichtbar, ganz unwahrnehmbar, oder ist sie doch irgendwie wahrnehmbar? Natürlich, an sich ist auch der Äther für physische Sinne zunächst unwahrnehmbar. Wenn Sie, wenn ich mich so ausdrücken darf, ein kleines Stück Äther anschauen, so sehen Sie mit den physischen Sinnen nichts, Sie sehen einfach durch; es ist der Äther wie nichts. Wenn Sie aber den gesamten Umkreis des Äthers ins Auge fassen, so ist der Grund, warum Sie den blauen Himmel sehen, der eigentlich ja auch nicht da ist, der, dass Sie da das Ende des Äthers wahrnehmen. Sie nehmen also den Äther wahr als Blau des Himmels. Die Wahrnehmung der Bläue des Himmels ist richtig die Wahrnehmung des Äthers. Sodass wir schon sagen können: Indem wir die Bläue des Himmels wahrnehmen (s. Zeichnung, blau), nehmen wir den Äther um uns herum wahr.

Wir sehen zunächst durch den Äther durch. Das lässt er sich gefallen zunächst, aber er macht sich doch selber wahrnehmbar in der Bläue des Himmels. Das Dasein der Bläue des Himmels wird daher für die Wahrnehmung des Menschen in der richtigen Weise ausgedrückt, wenn man sagt: Der Äther ist zwar nicht wahrnehmbar, aber er erhebt sich zur

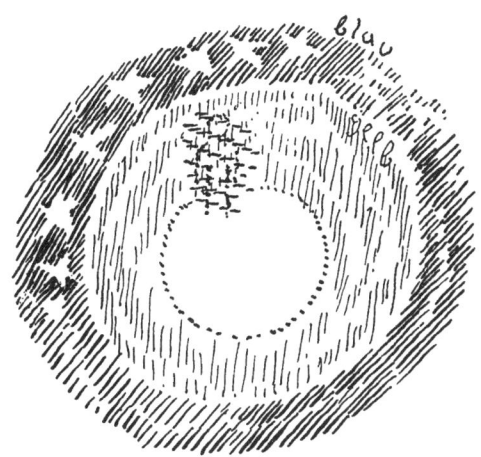

Wahrnehmbarkeit wegen der großen Majestät, mit der er sich im Weltenall hinstellt, indem er sich kundgibt, offenbart in der Himmelsbläue.

In der physischen Wissenschaft denkt man materialistisch über die Himmelsbläue nach. Nun ist es für die physische Wissenschaft schwer, über die Himmelsbläue in vernünftiger Weise nachzudenken, einfach aus dem Grunde, weil ja die physische Wissenschaft sich klar sein muss: Dort ist nichts vom Physischen, wo die Bläue des Himmels ist. Aber immerhin, man renkt sich den Verstand aus, um zu erklären, wie Lichtstrahlen auf eine besondere Weise gebrochen werden und reflektiert werden, um diese Bläue des Himmels hervorzurufen. Aber hier beginnt eben bereits das Walten des Übersinnlichen. Und im Kosmos ist es so, dass schon das Übersinnliche wahrnehmbar wird, nur muss man ausfindig machen, wo es wahrnehmbar wird.

Der Äther wird also durch die Himmelsbläue wahrnehmbar. Nun ist irgendwo das Astralische des Kosmos. Der Äther guckt durch die Himmelsbläue in die Sinnlichkeit herein. Wo guckt denn das Astralische des Kosmos in die Sichtbarkeit, in die Wahrnehmbarkeit herein?

Sehen Sie, in Wirklichkeit ist jeder Stern, den wir am Himmel glänzen sehen, ein Einlasstor für das Astralische, sodass überall, wo Sterne hereinglänzen, das Astralische hereinglänzt. Sehen Sie also den gestirnten Himmel in seiner Mannigfaltigkeit – da die Sterne in Gruppen gehäuft, dort mehr zerstreut, voneinander gestellt –, dann müssen Sie sich sagen: In dieser wunderbaren Leuchtekonfiguration macht sich der unsichtbare, der übersinnliche Astralleib des Kosmos sichtbar. Daher darf man auch nicht die Sternenwelt ungeistig ansehen. Hinaufschauen in die

Sternenwelt und von brennenden Gaswelten zu reden, das ist geradeso – verzeihen Sie den paradoxen Vergleich, aber er ist absolut bis aufs i-Tüpfelchen stimmend –, wie wenn Sie aus Liebe jemand streichelt und die Finger etwas auseinanderhält beim Streicheln, und Sie sagen: Das, was Sie da spüren im Streicheln, das sind kleine Bänder, die Ihnen über die Backe gelegt werden. Ebenso wenig wie Ihnen kleine Bänder über die Backe gelegt werden beim Streicheln, ebenso wenig sind da oben diejenigen Wesenhaftigkeiten, von denen die Physik spricht; sondern der Astralleib des Weltenalls, der übt fortwährend seine Einflüsse, so wie das Streicheln auf Ihrer Backe, auf die Ätherorganisation aus.

Nur ist er auf sehr starke Dauer organisiert. Daher dauert das Halten eines Sternes, was immer ein Beeinflussen des Weltenäthers von seiten der astralischen Welt ist, länger als das Streicheln. Das Streicheln würde der Mensch nicht so lange aushalten, aber es ist eben so, dass das im Weltenall länger dauert, weil im Weltenall gleich Riesenmaße auftreten. Sodass also in dem Sternenhimmel eine Seelenäußerung des Weltenastralischen zu sehen ist.

Es ist damit zu gleicher Zeit ungeheures, und zwar sogar seelisches Leben, wirklich seelisches Leben, in den Kosmos hineingebracht. Denken Sie doch nur einmal, wie tot der Kosmos ist, wenn man da hinausschaut und nur brennende Gaskörper sieht, die leuchten! Denken Sie sich, wie lebendig das alles wird, wenn man weiß: Diese Sterne sind der Ausdruck der Liebe, mit der der astralische Kosmos auf den ätherischen Kosmos wirkt! Das ist ein ganz richtiger Ausdruck.

Aber nun denken Sie an die rätselhaften, nur durch physische Dinge, bei denen man ja eigentlich doch nichts begreift, erklärten Vorgänge des Aufleuchtens gewisser Sterne zu bestimmten Zeiten. Sterne, die noch nicht da waren, sie leuchten auf, sie verschwinden wiederum. Also auch kurzes Streicheln ist im Weltenall vorhanden. In Epochen, in denen, ich möchte sagen, die Götter hereinwirken wollen aus der astralischen Welt in die ätherische Welt, da sieht man solche aufleuchtenden und gleich wiederum sich abdämpfenden Sterne.

So haben wir in uns durch unseren astralischen Leib Wohlbefinden in der mannigfaltigsten Art; so haben wir im Kosmos durch den astralischen Leib die Konfiguration des Sternenhimmels. Kein Wunder daher, dass eine alte instinktiv hellsehende Wissenschaft dieses dritte menschliche Glied den astralischen Leib genannt hat, denn es ist von gleicher Art mit dem, was sich in den Sternen offenbart. Nur das Ich finden wir in diesem Umkreis nicht sich offenbarend. Warum? Nun, warum das so ist, das finden wir gerade heraus, wenn wir darauf hinsehen, dass dieses Ich des Menschen, so wie es sich auf der Erde – also in dem Kosmos, der eigentlich eine dreigliedrige Welt ist, eine physische, eine ätherische, eine astralische –, so wie es sich da äußert, ja immer die Wiederholung früherer Erdenleben ist. Und es ist immer wieder im Leben zwischen dem Tode und einer neuen Geburt drinnen.

Da aber, wenn man es beobachtet, hat für dieses Ich die ätherische Welt, die wir im Umkreise der irdischen haben, keine Bedeutung; der ätherische Leib wird ja bald nach dem Tode abgelegt. Nur die astralische Welt, die durch die Sterne hereinschaut, die hat für das Ich in dem Leben zwischen Tod und neuer Geburt eine Bedeutung. Und in dieser Welt, die da hereinscheint durch die Sterne, in dieser Welt leben dann die Wesen der höheren Hierarchien, mit denen der Mensch zwischen dem Tod und einer neuen Geburt sein Karma formt.

Aber wenn wir dieses Ich betrachten in seinem aufeinanderfolgenden Sich-Entwickeln durch Leben zwischen Geburt und Tod und zwischen Tod und neuer Geburt, so können wir ja gar nicht im Raume bleiben. Zwei Erdenleben, die aufeinanderfolgen, können ja nicht in demselben Raume sein, also auch nicht in dem Weltenall, das auf Gleichzeitigkeit, auf Räumlichkeit angewiesen ist. Da kommen wir aus dem Raume heraus, kommen in die Zeit hinein. Und in der Tat, man kommt aus dem Raume heraus, man kommt in den reinen Zeitenfluss, wenn man das Ich in den aufeinanderfolgenden Erdenleben betrachtet.

Nun denken Sie aber: Im Raume ist ja natürlich auch die Zeit vorhanden; aber man hat gar keine Mittel, um innerhalb des Raumes die Zeit als solche zu erleben. Man hat keine Mittel. Man muss die Zeit immer durch den Raum und seine Vorgänge erleben. Sie schauen, wenn Sie die Zeit erleben wollen, zum Beispiel die Uhr an, oder schauen meinetwillen auch den Sonnengang an, die Uhr ist ja nur ein irdisches Abbild des Sonnenganges. Aber was sehen Sie denn da? Sie sehen Zeigerstellungen oder Sonnenorte: Räumliches. Dadurch, dass sich die Orte der Zeiger oder der Sonne ändern, also dadurch, dass Räumliches in Veränderung vor Ihnen steht, haben Sie eine Ahnung von der Zeit. Aber da im Raum ist ja eigentlich nichts von der Zeit. Da sind nur verschiedene räumliche Anordnungen, verschiedene Zeigerstellungen, verschiedene Sonnenorte. Die Zeit erleben Sie erst im seelischen Erleben. Da aber erleben Sie die Zeit wirklich, und da kommen Sie auch aus dem Raum heraus. Da ist die Zeit eine Realität. Die Zeit ist innerhalb der Erde gar keine Realität.

Was muss man denn daher erleben, wenn man aus dem Raum, in dem man zwischen Geburt und Tod lebt, eintreten will in die Raumlosigkeit, in der man zwischen dem Tod und einer neuen Geburt lebt, was muss man erleben? Ja, meine lieben Freunde, man muss sterben! Und nehmen Sie nur in aller Schärfe, nehmen Sie in aller Tiefe dieses, dass man auf der Erde die Zeit nur durch den Raum erlebt, durch Raumorte, durch Stellungen von räumlichen Dingen, dass man die Zeit auf der Erde gar nicht in ihrer Wirklichkeit erlebt, dann werden Sie ja im Grunde ein anderes Wort finden für etwas, was da ist, wenn Sie sagen: Um in die Zeit als Wirklichkeit hineinzukommen, muss man aus dem Raume heraus, alles Räumliche wegschaffen – und das heißt: sterben!

Nun haben wir den Blick hinzuwenden auf diese kosmische Welt, die uns im Umkreis des Irdischen umgibt, mit der wir ähnlich sind durch unseren Ätherleib, mit der wir ähnlich sind durch unseren astralischen Leib, und wir schauen auf das Geistige dieser kosmischen Welt. Es hat Völker gegeben, Menschengruppen gegeben, die haben nur auf das Geistige dieser räumlich-kosmischen Welt hingeschaut. Da verging ihnen die Möglichkeit, Gedanken zu haben über die wiederholten Erdenleben. Denn Gedanken über die wiederholten Erdenleben hatten nur diejenigen Menschen und Menschengruppen, welche die Zeit in ihrer Reinheit, in ihrer Raumlosigkeit vorstellen konnten. Und wenn wir dasjenige aussondern, was wir als irdische Welt und ihre Umgebung, kurz, als unseren Kosmos, als unser Universum haben, und das Geistige davon erblicken, so haben wir ungefähr dasjenige, von dem wir sagen können: Es muss da sein, damit wir als irdische Menschen in unser Dasein hereintreten können. Es muss da sein.

Ja, in dieser Vorstellung: All das, was ich jetzt charakterisiert habe, muss da sein, damit wir als Erdenmenschen in das irdische Dasein hereintreten können –, liegt ungeheuer viel. Es liegt namentlich dann ungeheuer viel darinnen, wenn wir das Geistige von alldem, was so charakterisiert ist, vorstellen. Und wenn wir dieses Geistige in dieser, ich möchte sagen, Abgeschlossenheit in sich, in dieser Reinheit in sich vorstellen, dann haben wir ungefähr das, was diejenigen Völker, die sich auf die Anschauung des Raumes beschränkt haben, Gott genannt haben.

Diese Völker haben wenigstens in ihren Weisheitslehren empfunden, dass der Kosmos durchwallt und durchwebt ist von einem Göttlichen, und dass von diesem Göttlichen dasjenige unterschieden werden kann, was auf der Erde selber in unserer Umgebung in der physischen Welt ist. Dann kann das, was sich als das Ätherische offenbart in diesem Kosmischen, Göttlichen, Geistigen, das uns in der Bläue des Himmels anblickt, unterschieden werden; es kann weiterhin das Astralische in diesem Göttlichen, das uns durch die Konfiguration des Sternenhimmels anblickt, unterschieden werden.

Versetzen wir uns so recht in die Situation, dass wir auf der Erde stehend als Menschen im Weltenall, uns sagen: Wir Menschen haben den physischen Leib – wo ist das Physische im Weltenall? Da komme ich zurück auf das, was ich schon angedeutet habe. Die physische Wissenschaft möchte im Weltenall alles dasjenige suchen, was auch auf Erden ist. Aber die eigentliche physische Organisation ist nicht im Weltenall. Der Mensch fängt an mit der physischen Organisation, hat dann die ätherische, dann die astralische; das Weltenall fängt gleich mit der ätherischen Organisation an. Da draußen ist nirgends das Physische. Das Physische ist nur auf der Erde, und es ist einfach Fantastik, vom Physischen im Weltenall zu sprechen. Im Weltenall ist das Ätherische, und dann das Astralische. Was es als drittes noch hat, wird noch heute vor unsere Seelen hintreten. Aber die Dreigliederung des außerirdischen Kosmos ist anders als die Dreigliederung des Kosmos, zu dem wir die Erde dazurechnen.

Wenn wir uns aber mit einer solchen Empfindung hinstellen auf die Erde, wenn wir empfinden das Physische unseres unmittelbaren Erdenwohnortes, empfinden das Ätherische, das auf der Erde ist und im Weltenall, und von der Erde und aus dem Weltenall zusammenwirkt als Ätherisches, wenn wir schauen auf das Astralische, welches durch die Sterne auf die Erde herunterglänzt, am intensivsten aus dem Sonnenstern herunterglänzt, wenn wir auf all das hinschauen und uns die Majestät dieses Weltengedankens vor die Seele stellen, dann finden wir es wohl berechtigt, dass in jenen Zeiten, in denen aus einem mehr instinktiven Hellsehen heraus nicht nur Abstraktionen gedacht worden sind, sondern die Majestät von Vorstellungen empfunden werden konnte, den Menschen begreiflich gemacht worden ist: Solch einen majestätischen Gedanken in seiner Fülle, man kann ihn nicht immerfort denken; man muss ihn einmal ins Auge fassen, in seiner ganzen ungeheuren Glorie auf die Seele einwirken lassen und dann ihn im Inneren des Menschen – ohne durch das Bewusstsein ihn zu verderben, zu korrumpieren – wirken lassen. Und wenn wir nachdenken, durch was das alte instinktive Hellsehen eine solche Gesinnung wahrgemacht hat, so bleibt uns in der gegenwärtigen Zeit von alldem, was da zusammengeflossen ist, um diesen Gedanken wahrzumachen innerhalb der Menschheit, die Einsetzung des Weihnachtsfestes.

Wenn der Mensch in der Weihnachtsnacht sich vorstellt, wie er auf Erden steht mit seinem physischen, mit seinem ätherischen, mit seinem astralischen Leib, verwandt ist mit dem dreigliedrigen Kosmos, der ihm in seinem Ätherischen in der Bläue des Himmels so majestätisch, aber auch so zauberisch-magisch in der Nacht erscheint, wie er gegenübersteht dem Astralischen des Weltenalls in den hereinglänzenden Sternen: dann empfindet er in dieser Heiligkeit des Umkreises im Zusammenhange mit dem, was im Irdischen ist, wie er in die Räumlichkeit hereinversetzt ist mit seinem eigentlichen Ich-Wesen. Und dann darf er anschauen das Weihnachtsmysterium, das geborene Kind, den Menschheitsrepräsentanten auf der Erde, der, insofern er seine Kindheit antritt, in diese Räumlichkeit hereingeboren wird. Und er sagt, wenn er den Weihnachtsgedanken in seiner Fülle und in dieser seiner Majestät im Anblicke des zu Weihnachten geborenen Kindes erblickt: Ex Deo nascimur. – Aus dem Göttlichen bin ich geboren, dem Göttlichen, das den Raum durchwellt und durchwebt.

Aber dann, wenn der Mensch dieses empfunden hat, sich innerlich durchdrungen hat damit, dann kann er sich erinnern an dasjenige, was ihm als Wahrheit über den Sinn der Erde durch Anthroposophie aufgegangen ist. Dieses Kind, zu dem wir hinblicken, ist ja die äußere Umhüllung desjenigen, was eben hineingeboren wird in den Raum. Und woraus wird es geboren, um hineingeboren zu werden in den Raum? Das kann nach unseren heutigen Ausführungen nur die Zeit sein. Aus der Zeit heraus wird es geboren.

Und wenn wir dann das Leben dieses Kindes verfolgen, seine Durchgeistigung mit der Christus-Wesenheit, dann kommen wir darauf: von der Sonne kommt dieses Wesen, dieses Christus-Wesen. Und wir blicken jetzt zur Sonne hinauf und sagen uns: Indem wir zur Sonne hinaufblicken, müssen wir an dem Sonnenschein die für das Räumliche verborgene Zeit erblicken. Im Inneren der Sonne ist die Zeit. Und aus dieser im Inneren der Sonne webenden Zeit heraus ist der Christus in den Raum hineingekommen auf die Erde. Und was haben wir nun in dem Christus auf der Erde? Wir haben in dem Christus auf der Erde dasjenige, was sich von außerhalb des Raumes mit der Erde verbindet, was von außerhalb kommt.

Nun denken Sie einmal, wie sich uns die Vorstellung des Weltenalls gegenüber der gewöhnlichen Vorstellung verwandelt, wenn wir all das wirklich nehmen, was wir jetzt vor unsere Seele haben hintreten lassen! Da haben wir im Weltenall die Sonne mit alldem, was uns zunächst im Verein mit der Sonne im Universum, im Kosmos erscheint, dasjenige, was eingeschlossen ist innerhalb der Bläue des Himmels, die Sternenwelt. Da haben wir auch irgendwo die Erde mit der Menschheit. Aber indem wir von der Erde zur Sonne hinaufschauen, blicken wir zugleich in den Fluss der Zeit hinein.

Daraus folgt jetzt etwas sehr Bedeutsames. Es folgt das, dass der Mensch zur Sonne nur dann richtig blickt, wenn er, indem er auch meinetwillen nur im Geistigen zur Sonne aufblickt, den Raum vergisst und nur auf die Zeit Rücksicht nimmt. Die Sonne strahlt damit nicht nur das Licht aus, sondern den Raum selber. Und wenn wir in die Sonne schauen, schauen wir aus dem Raume heraus. Deshalb ist die Sonne dieser ausgezeichnete Stern, weil man durch sie aus dem Raum herausschaut. Aber aus diesem Außerhalb-des-Raumes ist der Christus zu den Menschen gekommen. Der Mensch war, als das Christentum auf Erden durch den Christus begründet wurde, allzulange schon in dem bloßen Ex Deo nascimur. Er war ihm verwandt geworden. Er hatte die Zeit völlig verloren. Er war zu einem völligen Raumwesen geworden.

Wir verstehen so schwer mit dem heutigen zivilisatorischen Bewusstsein die alten Überlieferungen, weil diese eigentlich überall mit dem Raum rechnen und nicht mit dem Zeitlichen, mit dem Zeitlichen nur wie mit einem Anhängsel des Räumlichen.

Da kam der Christus und brachte den Menschen wiederum das Zeitliche. Und indem sich das Menschenherz, die Menschenseele, der Menschengeist mit dem Christus verbinden, gewinnen sie wiederum den Strom der Zeit von Ewigkeit zu Ewigkeit. Was können wir Menschen anderes tun als, wenn wir sterben, also aus der Raumeswelt hinausgehen, uns anklammern an dasjenige, was uns dann wieder die Zeit gibt, da die Menschheit zur Zeit des Mysteriums von Golgatha so stark Raumeswesen geworden ist, dass ihr die Zeit abhandengekommen war! Der Christus hat den Menschen wiederum die Zeit gebracht.

Und wollen die Menschen beim Hinausgehen aus dem Raum nicht auch mit ihrer Seele ersterben, dann müssen sie in dem Christus sterben. Wir können immerhin Raumesmenschen sein, dann können wir sagen: Ex Deo nascimur. – Dann können wir zu dem Kinde hinblicken, das aus der Zeit heraus in den Raum dringt, um mit den Menschen den Christus zu vereinigen.

Aber wir können nicht an die Grenze des irdischen Lebens, an das Sterben denken seit dem Mysterium von Golgatha, wenn wir nicht den Verlust der Zeit mit dem Verlust des Christus büßen wollen, wenn wir nicht hereingebannt werden wollen in den Raum und als Gespenst im Raume bleiben wollen. Da müssen wir in dem Christus sterben. Da müssen wir uns durchdringen mit dem Mysterium von Golgatha. Da müssen wir zu dem Ex Deo nascimur das In Christo morimur dazu finden. Da müssen wir zu dem Weihnachtsgedanken den Ostergedanken hinzubringen.

Und so lässt das Ex Deo nascimur den Weihnachtsgedanken vor unsere Seele treten, so lässt das In Christo morimur den Ostergedanken vor unsere Seele treten.

Wir können sagen: Auf der Erde hat der Mensch sein Physisches, sein Ätherisches, sein Astralisches. Das Ätherische ist auch draußen im Kosmos; das Astralische ist auch draußen in dem Kosmos; das Physische ist allein auf der Erde, es gibt draußen im Kosmos kein Physisches. So müssen wir sagen: Erde: Physisches, Ätherisches, Astralisches; Kosmos: das Physische ist nicht da, aber das Ätherische und das Astralische.

Dreigegliedert ist aber auch der Kosmos. Was er unten nicht hat, das setzt er oben an. Bei ihm ist das Ätherische das Unterste; auf der Erde ist das Physische das Unterste. Auf der Erde ist das Astralische das Höchste; im Kosmos ist das Höchste dasjenige, was ja der Mensch heute nur in Rudimenten in sich hat, dasjenige, woraus einmal gewoben sein wird sein Geistselbst. Wir können sagen: Im Kosmos ist die Geistselbstigkeit als drittes.

Und jetzt erscheinen uns die Sterne als die Äußerungen von irgendetwas. Ich vergleiche sie mit dem Streicheln; die Geistselbstigkeit, die dahinter ist, ist das streichelnde Wesen. Nur dass da das streichelnde Wesen nicht eine Einheit ist, sondern die ganze Welt der Hierarchien. Schaue ich einen Menschen an seiner Gestalt nach, schaue ich seine Augen, die mir entgegenleuchten, höre ich seine Stimme, so ist das die Äußerung des Menschen. Schaue ich in die Weltenweiten hinauf, schaue ich auf die Sterne, so sind es die Äußerungen der Hierarchien, die Empfindung erregenden Lebensäußerungen der Hierarchien. Schaue ich in die Unendlichkeit des blauen Weltenfirmaments hinein, so sehe ich nach außen sich offenbaren deren ätherischen Leib, der aber das Unterste ist für diese ganze hierarchische Welt.

Dann aber ahnen wir, wenn wir in den Kosmos und seine Weiten hinausschauen, etwas, was nun über das Irdische hinausgeht, so wie die Erde mit ihren physischen Substanzen und Kräften unter das Kosmische hinuntergeht. Und die Erde hat ein Unterkosmisches im Physischen, der Kosmos hat ein Überirdisches in der Geistselbstigkeit.

Erde
Physisches-Unterkosmisches
Ätherisches
Astralisches

Kosmos

Ätherisches
Astralisches
Überirdisches-Geistselbstigkeit

Die physische Wissenschaft spricht von einer Bewegung der Sonne. Sie kann das. Denn man kann ja innerhalb des Raumesbildes, das uns als Kosmos umgibt, an gewissen Erscheinungen sehen, dass die Sonne in Bewegung ist. Aber es ist eben nur das in den Raum hereinragende Abbild der Sonnenbewegung. Und wenn man von der wirklichen Sonne spricht, so ist es einfach ein Unsinn, zu sagen, die Sonne bewegt sich im Raume. Weil der Raum von der Sonne ausgestrahlt wird! Die Sonne strahlt nicht nur das Licht aus, die Sonne macht auch den Raum. Und die Bewegung der Sonne selber ist nur innerhalb des Raumes eine räumliche; außerhalb des Raumes ist sie eine zeitliche. Das, was da von der Sonne erscheint, dass sie dem Sternbilde des Herkules zueilt, das ist nur ein Abbild einer zeitlichen Entwickelung des Sonnenwesens.

Ja, seinen intimen Jüngern hat der Christus gesagt: Sehet hin auf das Leben der Erde. Es ist verwandt mit dem Leben des Kosmos. Insofern ihr schaut auf die Erde und den umliegenden Kosmos, ist es der Vater, der dieses Weltenall durchlebt. Der Vatergott ist der Gott des Raumes. Ich aber habe euch zu künden, dass ich von der Sonne gekommen bin, von der Zeit, von der Zeit, die den Menschen nur aufnimmt, wenn er stirbt. Ich habe euch mich selbst gebracht aus der Zeit heraus. Nehmet ihr mich auf, sagte der Christus, so nehmet ihr die Zeit auf und verfallt nicht dem Raume. Aber da müsst ihr auch den Übergang finden von der einen Dreiheit – dem Physischen, Ätherischen, Astralischen – zu der anderen Dreiheit: dem Ätherischen, Astralischen bis zu der Geistselbstigkeit. Die Geistselbstigkeit ist ebenso wenig im Irdischen zu finden, wie das Physisch-Irdische im Kosmos zu finden ist. Aber ich bringe euch von ihm die Botschaft, denn ich bin aus der Sonne.

Ja, die Sonne hat einen dreifachen Aspekt. Lebt man innerhalb der Sonne und sieht von der Sonne auf die Erde, so hat man Physisches, Ätherisches, Astralisches zu sehen. Oder man schaut auf dasjenige, was in der Sonne selber ist, dann hat man fortwährend zu sehen Geistselbstigkeit. Man sieht Physisches, wenn man sich an die Erde erinnert oder hinschaut auf sie. Schaut man weg, so blickt man nach der anderen Seite auf die Geistselbstigkeit. Man pendelt hin und her zwischen dem Physischen und der Geistselbstigkeit. Stabil bleibt dazwischen nur das Ätherische und das Astralische. Sieht man aber hinaus in das Weltenall, dann verschwindet das Irdische vollständig. Ätherisches, Astralisches und Geistselbstigkeit ist da. Das wird Euer Anblick sein, wenn Ihr in die Sonnenzeit kommt zwischen dem Tod und einer neuen Geburt.

Man stelle sich also vor, der Mensch kapsele sich ganz ein mit seiner Seelenverfassung in dem Erdenwesen: er kann das Göttliche empfinden, denn aus dem Göttlichen heraus ist er geboren. Ex Deo nascimur.

Stellen wir uns vor, er kapsele sich nicht bloß innerhalb der Raumeswelt ein, sondern er nehme an den Christus, der aus der Zeitenwelt in die Raumeswelt hereingekommen ist und die Zeit selber in den Raum der Erde gebracht hat. Damit überwindet er im Tode den Tod. Ex Deo nascimur. In Christo morimur.

Aber der Christus bringt die Botschaft: Dann, wenn der Raum überwunden ist und man die Sonne als den Schöpfer des Raumes kennenlernt, in der Sonne sich fühlt durch den Christus, in die lebendige Sonne sich hineinversetzt fühlt, dann verschwindet das Physisch-Irdische; das Ätherische, das Astralische ist da. Das Ätherische lebt auf, jetzt nicht als Himmelsbläue, sondern als hellrötliche Erglänzung des Kosmos. Und aus diesem Hellrötlichen glänzen nicht die Sterne herunter, sondern die Sterne berühren uns mit ihren Liebewirkungen. Und der Mensch kann sich fühlen – wenn er sich in all das wirklich hineinversetzt – stehend auf der Erde, das Physische abgestreift, das Ätherische da, ihn durchstrahlend und ausstrahlend als das Lilarötliche; die Sterne nicht glänzende Punkte, sondern Liebesstrahlungen wie das menschliche Liebestreicheln.

Aber indem man dieses empfindet, das Göttliche in sich, das göttliche Weltenfeuer als das Wesen des Menschen aus ihm herausflammend, sich fühlend im ätherischen Weltenall, erlebend die Geistesäußerungen im astralischen Welten-Erstrahlen: dann bringt das hervor in dem Menschen das innere Erleben des Geist-Erstrahlenden, zu dem der Mensch berufen ist im Weltenall.

Als diejenigen, denen Christus das verkündet hatte, genügend lange sich durchdrungen hatten von diesem Gedanken, da empfanden sie die Wirkung dieses Gedankens in den feurigen Zungen des Pfingstfestes. Da empfanden sie das Sterben durch das Abfallen und Abtropfen des Physischen der Erde. Da empfanden sie aber: das ist nicht der Tod, sondern für das Physische der Erde geht die Geistselbstigkeit des Universums auf: Per Spiritum Sanctum reviviscimus.

So kann man hinblicken auf diese Dreigliederung der einen Jahreshälfte: Weihnachtsgedanke – Ex Deo nascimur; Ostergedanke – In Christo morimur; Pfingstgedanke – Per Spiritum Sanctum reviviscimus.

Und es bleibt die andere Hälfte des Jahres. Versteht man sie ebenso, so geht für den Menschen auch wiederum die andere Seite seines Lebens auf. Versteht man jene Beziehung des Physischen zum Seelischen des Menschen und zum Überphysischen, welche die Freiheit in sich schließt, deren der Erdenmensch teilhaftig wird auf der Erde, dann versteht man in den Zusammenhängen zwischen Weihnachts-, Oster- und Pfingstfest den freien Menschen auf der Erde. Und versteht man ihn aus diesen drei Gedanken, dem Weihnachtsgedanken, dem Ostergedanken und dem Pfingstgedanken heraus, und lässt sich dadurch auffordern, das übrige Jahr zu verstehen, so tritt die andere Hälfte des menschlichen Lebens auf, die ich Ihnen andeutete dadurch, dass ich sagte: Blickt man hin auf das menschliche Schicksal – die Hierarchien erscheinen dahinter, die Arbeit, das Weben der Hierarchien. Deshalb ist es so groß, wirklich in ein menschliches Schicksal hineinzublicken, weil man sieht, wie die ganzen Hierarchien dahinterstehen.

Aber es ist ja im Grunde genommen die Sprache der Sterne, die uns aus dem Weihnachts-, Oster- und Pfingstgedanken entgegentönt: aus dem Weihnachtsgedanken, insofern die Erde ein Stern im Weltenall ist, aus dem Ostergedanken, insofern uns der glänzendste Stern, die Sonne, seine Gnadengaben gibt, aus dem Pfingstgedanken, indem uns dasjenige, was jenseits der Sterne verborgen ist, in die Seele hereinleuchtet und in den feurigen Zungen wiederum herausleuchtet aus der Seele.

Wenn Sie das, was in dieser Art nun von dem Vater, dem Träger des Weihnachtsgedankens, der aber den Sohn schickt, damit der Ostergedanke voll werde, und dann von diesem Sohne, der wiederum die Kunde von dem Geist bringt, damit im Pfingstgedanken das menschliche Leben auf Erden sich in Dreiheit vollende, wenn Sie dieses ausmeditieren, wenn Sie darüber recht nachdenken, dann bekommen Sie zu all den geschilderten Grundlagen, die ich Ihnen zum Begreifen des Karma gegeben habe, eine Empfindungsgrundlage.»[97]

In diesen nur durch meditative Vertiefung voll zu erfassenden Ausführungen verbindet sich nun die Betrachtung des Menschen als zeitliches Wesen mit der Zeit im Kosmos. Die Verbindung des menschlich Zeitlichen mit dem kosmisch Zeitlichen wird dabei durch die zentrale Wesenheit der gesamten Erd- und Menschheitsentwicklung, die Christus-Wesenheit geschaffen. Und mit ihr erscheint die Sonne nicht nur als Erzeuger des Räumlichen, sondern als die eigentliche Quelle der Zeit.

Die in diesem Vortrag zusammengefassten Anschauungen Rudolf Steiners über die Zeit sind so zentral, dass wir die betreffenden Aussagen hier nochmals zusammenstellen:

«Und in der Tat, man kommt aus dem Raume heraus, man kommt in den reinen Zeitenfluss, wenn man das Ich in den aufeinanderfolgenden Erdenleben betrachtet.»

«Im Raume ist ja natürlich auch die Zeit vorhanden; aber man hat gar keine Mittel, um innerhalb des Raumes die Zeit als solche zu erleben. Man hat keine Mittel. Man muss die Zeit immer durch den Raum und seine Vorgänge erleben.»

«Die Zeit erleben Sie erst im seelischen Erleben. Da aber erleben Sie die Zeit wirklich, und da kommen Sie auch aus dem Raum heraus. Da ist die Zeit eine Realität. Die Zeit ist innerhalb der Erde gar keine Realität.»

«Um in die Zeit als Wirklichkeit hineinzukommen, muss man aus dem Raume heraus, alles Räumliche wegschaffen – und das heißt: sterben!»

«Indem wir zur Sonne hinaufblicken, müssen wir an dem Sonnenschein die für das Räumliche verborgene Zeit erblicken. Im Inneren der Sonne ist die Zeit.»

«Und indem sich das Menschenherz, die Menschenseele, der Menschengeist mit dem Christus verbinden, gewinnen sie wiederum den Strom der Zeit von Ewigkeit zu Ewigkeit. Was können wir Menschen anderes tun als, wenn wir sterben, also aus der Raumeswelt hinausgehen, uns anklammern an dasjenige, was uns dann wieder die Zeit gibt, da die Menschheit zur Zeit des Mysteriums von Golgatha so stark Raumeswesen geworden ist, dass ihr die Zeit abhandengekommen war! Der Christus hat den Menschen wiederum die Zeit gebracht.»

«Die Sonne strahlt nicht nur das Licht aus, die Sonne macht auch den Raum. Und die Bewegung der Sonne selber ist nur innerhalb des Raumes eine räumliche; außerhalb des Raumes ist sie eine zeitliche.»

«Nehmet ihr mich auf, sagte der Christus, so nehmet ihr die Zeit auf und verfallt nicht dem Raume.»

Indem wir die Zeit erleben, erleben wir dasjenige, was das Geistig-Seelische mit dem Irdisch-Räumlichen verbindet.

Im Menschen kommt diese Verbindung in der Dreigliederung seines Leibes zum Ausdruck, weil der Mensch selber Ausdruck dieser Verbindung des Geistig-Seelischen mit dem Physisch-Leiblichen ist.

Verbinden wir die Aussagen aus dem obigen Vortrag mit den zuvor betrachteten Ergebnissen von Rudolf Steiners 35-jähriger Forschungstätigkeit, so können wir sagen:

Das Räumlich-Physische ist repräsentiert durch die Nerven-Sinnes-Organisation, das Zeitliche durch seine rhythmische Organisation und das Astralische durch seine Gliedmaßenorganisation:

Erde	Kosmos	Mensch
Physisches		Nerven-Sinnes-Organisation
Ätherisches	Ätherisches	rhythmische Organisation
Astralisches	Astralisches	Gliedmaßenorganisation
		Geistselbstigkeit

Mit diesem Vortrag verlassen wir nun das Kapitel, das uns das Erleben der Zeit im Menschen in Rudolf Steiners Darstellungen vor Augen geführt hat, und gehen nunmehr über zur Betrachtung der zeitlichen Dimensionen im Verhältnis zwischen Mensch und Kosmos.

Teil III

Zeitliche Dimensionen im Verhältnis zwischen Mensch und Kosmos – Das Verhältnis von Dauer und Entwicklung

Die bisherigen Betrachtungen haben uns auf den Wegen der Steiner'schen Erforschung des Verhältnisses von Geistig-Seelischem zum Leiblich-Physischen den dreigliedrigen menschlichen Organismus als Ausdruck des Zeitlichen im Menschen selbst erkennen lassen. Die weitere Betrachtung soll nun hinführen zur Frage nach der Zeit im Verhältnis des Menschen zum Kosmos und damit zur Evolution als solcher.

Gegen Ende des Ersten Weltkrieges, im September 1918, also ein Jahr nach Veröffentlichung seiner Erkenntnisse über die Dreigliedrigkeit des menschlichen Organismus, kam Rudolf Steiner in einer längeren Reihe von Vorträgen auf seinen Zeitbegriff zu sprechen und entwickelte damit erstmals sein umfassendes Verständnis der Zeit in relativ konzentrierter Form. Für das Verständnis von Steiners Zeitanschauungen sind diese Vorträge daher von zentraler Bedeutung.

1. Die höheren Wesensglieder und ihr Verhältnis zur Zeit

Grundlegend für diese Ausführungen ist nun das Ergebnis, zu dem uns der erste Teil dieser Untersuchungen geführt hat: Alle zeitliche Entwicklung ist geprägt durch einen Doppelstrom von aufsteigender und absteigender Entwicklung, von Evolution und Devolution. Diese Anschauung vom Doppelstrom der Zeit in der Evolution führt Steiner hier nun weiter aus, indem er zunächst auf das nachtodliche Erleben eingeht, das, indem es ein von irdischer Leiblichkeit freies Erleben ist, weitgehend bestimmt wird vom Erleben des Devolutiven, das heißt, des die irdische Welt Zerstörenden. Dieses für den irdischen Menschen schrecklich und grausam erscheinende Element nimmt sich jedoch von der anderen Seite des Lebens weder schrecklich noch grausam aus. Um ein wirkliches Verständnis hierfür zu erreichen, zitieren wir diese Vorträge ausführlich im Zusammenhang.

«Nun wollen wir heute zunächst einmal versuchen, den Toten ebenso zu beschreiben, wie man sonst den Lebenden beschreibt. Da kann man zunächst anfangen mit demjenigen Gliede des toten Menschen, welches noch viel Zusammenhang – nicht Verwandtschaft, aber Zusammenhang – hat mit dem, was der Mensch hier durchlebt zwischen der Geburt und dem Tode. Da hat man es also dann mit dem ersten Gliede der Menschennatur zu tun, das man auch das Ich nennen kann, wie man gewissermaßen für hier das zunächst höchste Glied der Menschennatur zwischen Geburt und Tod nennt. Wir sehen jetzt davon ab, dass es zunächst, unmittelbar nach dem Tode, noch die Hülle des Ätherleibes hat, der dann abgelöst wird, und noch die Hülle des Astralleibes hat, die auch im Laufe der Zeit abgelöst wird; das sind Bestandteile, die gewissermaßen nicht dazugehören. Wenn man von dem toten Menschen spricht, so ist als ureigenes Glied dieses toten Menschen doch zunächst nur anzuerkennen das Ich. Ich sagte, es ist ein Zusammenhang mit dem Ich des Erdenlebens, nicht aber eine eigentliche Verwandtschaft; denn in der Tat stellt sich dieses Ich nach dem Tode in einer ganz andern Weise dar, als das Ich erlebt wird zwischen der Geburt und dem Tode. Zwischen der Geburt und dem Tode ist das Ich gewissermaßen etwas Flüssiges, etwas, was in sich die Kraft fühlt, jeden Tag anders zu werden. Denken Sie nur, wie schrecklich es im leiblichen Leben zwischen Geburt und Tod wäre, wenn Sie nicht imstande wären, den Gedanken zu fassen: Ich habe gestern irgendetwas Schlimmes getan, aber ich kann das wiederum ausbessern, ich kann dafür etwas Gutes tun. – Oder wenn Sie, noch jünger, sagen müssten: Ich habe wenig gelernt, aber ich kann nichts dazulernen. – In keinem Momente des Lebens zwischen der Geburt und dem Tode ist das Ich etwas so Festes, dass es nicht gewissermaßen durch seine eigene Willenskraft von innen heraus geändert werden könnte. Dasjenige, was Sie erleben als Ich nach dem Tode, das ist etwas Festgewordenes, das hat gewisse Eigenschaften angenommen, die nun nicht unmittelbar geändert werden können; das bleibt so, wie es ist. Die Umwandlung des im Leben zwischen Geburt und Tod fortdauernd flüssigen Ich in ein festes Gebilde, in dem nichts sich ändern kann, das so bleibt, wie es sich im Leben geformt hat, das ist das Wesentliche, das festgehalten werden muss zum Verständnis dieses Ich nach dem Tode. Von einer Entwickelung, von der wir ja sprechen müssen für das Ich zwischen Geburt und Tod, kann nach dem Tode nicht die Rede sein. Nach dem Tode ist das Ich gewissermaßen ein festes Geistgebilde, das herausentspringt aus dem Anblick des Todes selber, und es kann nichts an diesem Ich geändert werden. Man könnte sagen, wenn man diese Sache mehr oder weniger banal aussprechen wollte: Der Mensch ist verurteilt, nach dem Tode alle Einzelheiten seines Lebens wie etwas Festes anzusehen. Wie Sie, wenn Sie über einen Acker hinsehen, die nahen Pflanzungen und die fernen Pflanzungen nebeneinander sehen, und wie Sie dadrinnen nichts Flüssiges, sondern ein festes, ausgedehntes, zunächst bleibendes Gebilde sehen, so übersehen Sie die ganze Strecke Ihres Lebenslaufes, aber so, dass nicht immer, wie es im Leben des physischen Leibes ist, das Vordere durch das Hintere ausgelöscht wird, sondern Sie übersehen es als ein bleibendes konkretes Feld, in dem Sie durch den bloßen Anblick zunächst nichts ändern können. Es wäre auch schlimm für den Toten, wenn das nicht so wäre; denn sein Blick, der Blick des Toten ist eigentlich zunächst hauptsächlich in Anspruch genommen von diesem Ich. Er ist wie hineingebannt in dieses Ich. Und würde dieses Ich verschwinden, so würde es für den Toten ebenso sein, als wenn für den Lebenden die umliegende Welt der Sinne verschwinden würde. Der einzelne Mensch in seinem Ich ist tatsächlich für sich selbst, wenn ich mich so ausdrücken darf, so wichtig – damit sprechen wir aber eine bedeutsame Wahrheit aus – wie die ganze Sinnenwelt, die wir als Menschen gemeinsam haben, für den Menschen hier im physischen Leben ist. Ein ungeheurer Abgrund täte sich auf, der Abgrund des Nichts geradezu, wenn wir nach dem Tode nicht imstande wären, das erstarrte Ich, das aus dem flüssigen Zustande erstarrte Ich im Anblick zu haben.

Als zweites haben wir eine Art von Geistwesen, das wir in Analogie mit dem, was wir schon kennen, auch Geistselbst nennen können. Als zweites Glied also der menschlichen Wesenheit nach dem Tode haben wir eine Art Geistwesenheit. Diese Geistwesenheit wird dem Menschen hauptsächlich so bewusst, dass ihm dieses Bewusstsein des Geistselbst wie von innen aufgeht. Während das Ich eine Art äußeren Anblick darbietet, geht das Bewusstsein dieses Geistselbst von innen heraus auf. Und in demselben Maße, in dem man fühlt: Dieses Geistselbst belebt sich –, in demselben Maße treten herauf aus dem Bewusstsein, sodass man weiß, sie sind da, die Wesenheiten der höheren Hierarchien. Ich nenne dieses also: ‹das Geistselbst› – ich muss es genau so definieren, wie ich es jetzt auf die Tafel schreibe, sonst würde ich Ihnen etwas Ungenaues schreiben – ‹gerichtet durch die Hierarchien auf das Ich›.

Das, was ich jetzt geschrieben habe, gibt ungefähr den Tatbestand ganz richtig. Sie haben das Gefühl: Da ist ein Wesen aus der Hierarchie der Angeloi, aus der Hierarchie der Exusiai, das richtet jetzt den Blick auf Ihr Ich. Indem Sie Ihren Blick auf das Ich richten, das eine Mal durch irgendein Wesen einer Hierarchie, das andere Mal dadurch, dass Sie wissen, jetzt ist Ihr Blick auf das Ich durch ein Wesen der andern Hierarchie gerichtet, lernen Sie diese Hierarchie innerhalb des Wirkens Ihres Geistselbst kennen. Also in Ihrer eigenen Betätigung lernen Sie die Hierarchien kennen. Sie fangen an, durch Ihr Geistselbst sich in Gesellschaft der Hierarchien zu befinden. Und während Sie, bevor dieses Geistselbst aufleuchtet, noch das Gefühl haben, nur Sie selbst beschäftigen sich damit, den Blick hinzurichten auf das eigene Ich, bekommen Sie immer deutlicher das Gefühl, dass sich immer mehr und mehr Wesenheiten der höheren Hierarchien um Sie kümmern und sich hineinmischen in Ihr Schauen, Ihre Blicke lenken. Sie fühlen sich, indem Sie Ihre höhere Sinnestätigkeit entwickeln, durch das Geistselbst immer mehr und mehr so, dass in dieser Sinnestätigkeit mittätig sind die Wesen der höheren Hierarchien. Was unerträglich wäre für den Menschen der Sinneswelt hier, das wird geradezu das Lebenselement für den Menschen im Zustande nach dem Tode.

Denken Sie sich einmal, Sie stünden hier am Fenster und schauten hinaus und sollten die Umgebung betrachten. Einer von Ihnen stellte sich dahin und wollte die Umgebung betrachten, und der erste, der hier sitzt, geht hin, dreht Ihnen den Kopf nach der einen Seite, damit

Sie irgendetwas betrachten nach jener Richtung; ein zweiter geht hin, dreht Ihnen den Kopf ein bisschen hinauf, damit Sie etwas anderes betrachten; ein dritter wiederum ein bisschen herum, damit Sie wieder etwas anderes betrachten, und so würde die ganze Gesellschaft, die hier sitzt, von hinten Ihnen sich nähern, und Sie würden nur dadurch den Aspekt Ihrer Umgebung draußen haben, dass dasjenige, was hier herinnen sitzt, Ihnen den Kopf fortwährend danach hinrichtet. Denken Sie das jetzt nicht von außen angesehen, sondern als inneres Erlebnis, als inneres Empfinden, dann haben Sie aber etwas, was recht analog ist diesem Erleben, das Sie als Ihr Geistselbst haben. Sie leben sich in das Leben der höheren Hierarchien dadurch immer mehr hinein, dass diese höheren Hierarchien in Ihre Blickrichtung hineinkommen.

In dem Auflösen der Worte, von dem wir schon gesprochen haben, wirken schon die Wesenheiten der höheren Hierarchien. Das ist eine Seite desjenigen, was da erlebt wird. Aber es ist ja die fortdauernde Bereicherung des Lebens, die dadurch entsteht, dass man nach und nach immer mehr und mehr mit den Hierarchien bekannt wird. Und in einer ganz ähnlichen Weise wird man bekannt mit den Wesenheiten, mit denen man irgendwie karmisch vor dem Tode verbunden war. Und da fühlt man, dass man gewissermaßen geleitet und gelenkt wird. Das ist dasjenige, was gesagt werden kann über das zweite Glied der menschlichen Wesenheit in dem Leben zwischen dem Tod und einer neuen Geburt.

Das dritte Glied ist etwas, was zunächst vielleicht auf das Verständnis des Menschen etwas schockierend wirken könnte. Man fühlt sich nach und nach, indem man sich in dieses Leben nach dem Tode hineinlebt, durchsetzt von einer gewissen Kraft, ich könnte vielleicht sagen, von einem Kräftezusammenhang. Indem man zuerst gefühlt hat, die Hierarchien kommen heran und leiten einen bei der übersinnlichen Sinnestätigkeit – wenn ich den Ausdruck bilden darf –, fühlt man nach und nach: diese Hierarchien durchträufeln einen mit Kraft, geben einem Kraft. Man fühlt sich nach und nach erfüllt von dieser Kraft, welche die Hierarchien mit einfließen lassen, indem sie sich in einen hineinsetzen, indem sie ihr Wesen in einen hineinträufeln. Diese Kraft fühlt man allmählich. Man fühlt, dass man durch die Hierarchien nicht nur hingelenkt wird auf das oder jenes, sondern man fühlt, dass man durch diese Tätigkeit der Hierarchien, die zunächst auftritt wie eine das Schauen vermittelnde Tätigkeit, selbst innerlich krafterfüllt wird. Man fühlt die Kräfte des Kosmos, wirklich des Kosmos in sich einströmen wie belebende Säfte. Aber nun, was das Schockierende ist, das ist, dass die Kräfte, die man jetzt in sich einströmen fühlt, von einer ganz eigentümlichen Art sind. Es sind Kräfte, welche zunächst durchaus nicht fördernd, sondern auflösend, vernichtend sind für das, was man hier in der physischen Welt Leben nennt. Man fühlt sich nach und nach erfüllt von kosmischer, todbringender Weltenkraft.

Es ist wichtig, solche merkwürdigen Vorstellungen in sich aufzunehmen, weil nur dadurch die geistige Welt wirklich begriffen werden kann. Denken Sie sich einmal eben in Ihrer geistig-seelischen Wesenheit nach und nach erfüllt von Kräften, von denen Sie das Bewusstsein erhalten, indem Sie sie in sich erleben: Durch diese Kräfte wird alles dasjenige, was hier auf der Erde lebt, wenn Sie es berühren würden, getötet. – Also Sie kleiden sich drittens in das, was ich, in Analogie mit etwas, was wir schon kennen, nennen kann den Lebensgeist.

Sie kleiden sich in etwas, was man Lebensgeist nennen kann, was aber seine hauptsächlichsten Eigenschaften dadurch hat, dass es ertötend ist für dasjenige, was man sonst die Kraft des Lebensleibes nennen kann. Und Sie bekommen ein drittes Glied Ihrer Wesenheit, durch das Sie in der Lage sind, jeden Ätherleib, der Ihnen in die Quere kommt, zu töten. Alles, was Sie berühren durch dieses Glied Ihrer Wesenheit, wird in dem Sinne tot, in dem man von dem Tode hier auf Erden spricht. Und indem Sie durch das, was Sie da an Kräften bekommen, töten, wecken Sie aus dem Getöteten Geistiges auf, zunächst eigentlich Seelisches auf. Es ist dieses ein merkwürdiges Erlebnis, das darin besteht, dass durch die Berührung von Lebendigem das Lebendige getötet wird, aber aus dieser Tötung Seelisches entspringt, Seelisches erlöst wird. Es ist ein Töten, aber es ist zu gleicher Zeit eine Erlösung des Seelischen aus den Banden des Lebens. Sodass man sagen kann: Der Lebensgeist tötet irdisch Lebendiges, in ihm Seelisches auslösend. Und man kommt zu dieser merkwürdigen Erfahrung dadurch, dass in dem Leben, in dem Lebendigen gewissermaßen Seelisches verzaubert ist, und dass durch diesen Vorgang, der da nach dem Tode geübt wird, das verzauberte Seelische aus dem Lebendigen herauserlöst wird. Man könnte geneigt sein, in der Tötung, in der ja im Wesentlichen die Kraft wirkt, von der wir hier reden, etwas Furchtbares, Unsympathisches zu sehen. Für das Leben nach dem Tode ist das nicht der Fall, weil in dem Töten, in der tötenden Kraft das fortwährende Aufleuchten des Seelischen liegt, weil dadurch das fortwährende Entstehen des Seelischen entzündet wird. Aber dieses Bewusstsein muss der Tote haben: nicht nur, dass er immer hinsieht auf den Tod, den er selbst durchgemacht hat, sondern er muss auch bewusst sein dessen, dass dasjenige, was das Wesen seines Todes ist, sich gewissermaßen auf dem Untergrunde alles desjenigen ausbreitet, was er nun in der geistigen Welt erlebt. Es ist, wie wenn man in der geistigen Welt nunmehr so lebte, dass man sagen kann: Hier in dieser geistigen Welt entstehen fortwährend geistige Gebilde, zunächst eigentlich seelische Gebilde; Seelisches leuchtet auf in der verschiedensten Weise. Aber wenn man nachfragen würde, was der Boden ist, aus dem all dieses Seelische heraussprießt, so ist es diese Tötekraft, die wir soeben besprochen haben. Eine solche, das gewöhnliche hier auf der Erde befindliche Leben zerstörende Kraft ist also unser wesentliches Seelisches, das wir uns aneignen müssen zwischen dem Tod und einer neuen Geburt, wie wir uns hier im Leben aneignen müssen unseren fleischlichen Leib.

Als viertes Glied kann ich, wiederum in Analogie mit dem, was wir schon kennen, sagen: der Geistesmensch. Dieser Geistesmensch, der wird als etwas, was man in der Zeit zwischen dem Tod und einer neuen Geburt zu sich zu rechnen geneigt ist, dadurch empfunden, dass nun wiederum mit den Kräften, die schon eingeträufelt werden durch die Hierarchien, wie ich geschildert habe, einem jetzt die Möglichkeit eingeträufelt wird, nicht nur Leben – was man hier auf Erden Leben nennt – zu töten, zu zerstören, aufzulösen, sondern Formen zu vernichten beziehungsweise auch in andere zu verwandeln.

1. Das Ich
2. Das Geistselbst   gerichtet *durch* die Hierarchien auf das Ich
3. Der Lebensgeist   tötet irdisch Lebendiges,
                              in ihm Seelisches auslösend
4. Der Geistesmensch.

Es wird natürlich immer schwieriger, diese Dinge zu schildern. Aber im Wesentlichen ist die Kraft dieses Geistesmenschen, wie man sie hat zwischen dem Tod und einer neuen Geburt, darin bestehend, dass man die entgegengesetzte Tätigkeit – wenn ich mich so ausdrücken darf – von alldem verrichtet, was man nennen könnte: Erzeugung von Formen im weitesten Sinne. Hier – wenn ich mich bei einem speziellen Beispiele beruhigen will – zeichnet man Dreiecke, Vierecke und so weiter. Nach dem Tode, vermöge der Kräfte, die hier entwickelt werden, ‹entzeichnet› man, man löst alles Gezeichnete, die Formen auf. Aber das Eigentümliche ist, dass dies nicht bloß bedeutet, dass man etwas entzeichnet, sondern das ist zu gleicher Zeit eine kosmische Tätigkeit. Man ist jetzt selber in der kosmischen Tätigkeit drinnen, man ist verknüpft mit der kosmischen Tätigkeit. Denn dieses Entzeichnen, dieses Entformen, dieses Auflösen von Formen, das ist eine kosmische Tätigkeit, und der Mensch, indem er sich angeeignet hat, nachdem er mit dem Lebensgeiste durchzogen war, diese Kraft der Entformung, ist mit ein Stück der kosmischen Welt geworden. Er wirkt im Kosmos drinnen.

Es hat dasjenige, was hier auf der Erde Zerstörung, Untergang heißt, viel zu tun mit Entstehung, mit Bildung in den geistigen Welten, und umgekehrt. Was hier wie Zerstörung, wie Untergang, wie Entformen, Entzeichnen aussieht, hat viel zu tun mit Entstehung in den andern, in den geistigen Welten. Sodass, wenn ich von Entzeichnen, Entformen spreche, ich nicht von Untergang in der geistigen Welt, sondern nur von Untergang in der seelischen Welt, dagegen von Auftauchen von geistig Neuem in der geistigen Welt spreche.»[98]

In der geistigen Welt herrscht gegenüber unserer irdischen Welt eine umgekehrte Zeitströmung:
– Lebensgeist vernichtet Lebendiges und erzeugt damit Seelisches,
– Geistesmensch vernichtet Seelisches und erzeugt Geistig Neues

Wir haben in dem Ersteren den im irdischen Menschen sichtbar werdenden Gegensatz von Leben und Bewusstsein. Seelisches kann im Organismus des Menschen nur dort erscheinen, wo kein Leben herrscht. Diese Gesetzmäßigkeit hatten wir oben bereits bei der Umwandlung von Lebenskräften in Denk- und Vorstellungskräfte betrachtet.

In der Gesetzmäßigkeit des Geistesmenschen hingegen haben wir die Voraussetzung dafür, dass in der Welt überhaupt geistig Neues entstehen kann. Nur dann, wenn vorhandene Formen verschwinden, können neue Formen entstehen.

2. Die Perspektivität der Zeit

Diese Betrachtung des Nachtodlichen wird nun im darauf folgenden, hier vollständig zitierten Vortrag fortgesetzt, in dem Rudolf Steiner nun in einmaliger Weise, dafür aber für unser gewöhnliches Verständnis umso schwieriger zu begreifen, seine Auffassung der Zeit darlegt:

«Schon die Betrachtungen, die wir in diesen Tagen angestellt haben, können Sie darauf aufmerksam machen, dass es darauf ankommt, hinzuschauen auf die absteigende Entwickelung, auf dasjenige, was gewissermaßen nicht in der Evolution, sondern in der Devolution ist, was in der Rückentwickelung ist. Unsere ganze Erdenentwickelung ist in der Rückentwickelung. Da hören gewisse Fähigkeiten, gewisse Kräfte auf, die in der vorhergehenden Zeit der aufsteigenden Entwickelung da waren, und andere müssen für diese aufhörenden Kräfte und Fähigkeiten eintreten. Und so ist es insbesondere mit Bezug auf gewisse innere seelische Fähigkeiten des Menschen. Man kann sagen: Bis zum vierten nachatlantischen Zeitraum, bis gegen die Zeit des Mysteriums von Golgatha hin, waren in den Menschen noch die Fähigkeiten vorhanden, mit der übersinnlichen Welt einen gewissen Zusammenhang zu haben. Wir wissen, dass in der mannigfaltigsten Weise diese Fähigkeiten verschwunden sind. Sie sind nicht mehr als elementarische Fähigkeiten vorhanden, sie sind gewissermaßen dahingeschwunden. Nicht nur hat sich das Leben des Menschen auf der Erde zwischen der Geburt und dem Tode geändert mit Bezug auf solche Fähigkeiten, sondern eigentlich, und noch radikaler, hat sich das Leben der Menschen zwischen dem Tod und einer neuen Geburt geändert. Und da muss gesagt werden, dass für diesen Zeitraum, vom Tode bis zur neuen Geburt, es im gegenwärtigen Menschheitszyklus, der also schon zu den absteigenden gehört, so ist, dass die Menschen, wenn sie durch die Pforte des Todes treten, gewisse Erinnerungen haben müssen an dasjenige, was sie sich erworben haben hier im physischen Leibe, wenn sie die richtige Stellung und das richtige Verhältnis zu den Ereignissen, denen sie ausgesetzt sind zwischen dem Tod und einer neuen Geburt, finden wollen. Es gehört geradezu zu den notwendigen Vorbedingungen eines rechten Lebens nach dem Tode, dass die Menschen immer mehr und mehr hier vor dem Tode gewisse Vorstellungen sich erwerben über das Leben nach dem Tode, denn nur, wenn sie sich erinnern an diese Vorstellungen, die sie sich hier erworben haben, können sie sich orientieren in der Zeit zwischen dem Tod und einer neuen Geburt. Es ist sachlich unrichtig, wenn behauptet wird, man könne warten bis zum Tode mit solchen Vorstellungen über das Leben zwischen dem Tod und einer neuen Geburt. Würden die Menschen fortfahren, in diesen Vorurteilen zu leben, würden sie es fortdauernd ablehnen, Vorstellungen schon hier gewinnen zu wollen über das Leben zwischen dem Tod und einer neuen Geburt, so würde dieses Leben, dieses leibfreie Leben für sie ein finsteres werden, ein unorientiertes werden; sie würden nicht – durch alles dasjenige, was ich Ihnen gestern geschildert habe – in der richtigen Weise in ihre geistige Umgebung eindringen können. Bis nahe zum Mysterium von Golgatha war es so, dass die Menschen sich hier ins physische Leben Fähigkeiten hereingebracht haben, die aus der geistigen Welt stammten. Daher hatten sie atavistisches Hellsehen. Dieses atavistische Hellsehen kam davon, dass gewisse geistige Fähigkeiten sich aus dem Zustand vor der Geburt hereinerstreckten in dieses Leben. Das hörte auf. Die Menschen haben keine Fähigkeiten mehr hier im physischen Leben, die sich hereinerstrecken aus dem vorgeburtlichen Leben. Das wissen Sie ja. Aber dafür muss umgekehrt das Andere eintreten: Die Menschen müssen sich immer mehr und mehr hier auf der Erde Vorstellungen über das Post-mortem-Leben, das Leben nach dem Tode, erwerben, damit sie sich erinnern können nach dem Tode, damit sie durch des Todes Pforte etwas durchtragen können.

Das ist dasjenige, was ich zu dieser Vorfrage insbesondere bemerken will. Also die bequeme Rede, dass man warten könne bis zum Tode mit solchen Vorstellungen, die gilt nicht, wenn man im Konkreten ins Auge fasst, in welchem Zeitpunkt der Erdenentwickelung wir uns eigentlich befinden. Und das muss man wirklich immer im Konkreten ins Auge fassen. Denn Ansichten, die absolut gelten, die zu allen Zeiten gelten, die gibt es nicht, sondern es gibt immer nur Anschauungen, welche für einen gewissen Zeitraum den Menschen orientieren können. Das ist dasjenige, was man gerade durch Geisteswissenschaft sich in so eminentem Sinne aneignen muss.

Und nun möchte ich auf einiges eingehen, das unsere Betrachtungen zu einem vorläufigen kleinen Abschluss bringen kann. Wir sind ausgegangen davon, dass der gegenwärtige Mensch eine Kluft empfindet zwischen dem, was er Ideale nennt, seien es moralische oder sonstige Ideale, was er auch Ideen nennt, und dem, was er als seine Anschauungen empfindet über die rein natürliche Weltenordnung. Die Begriffe und Anschauungen, die sich der Mensch macht über die natürliche Weltenordnung, die befähigen ihn nicht, anzunehmen, dass dasjenige, was er als Ideale in seinem Herzen trägt, reale Macht hat, sich wirklich so wie eine Naturkraft realisieren kann.

Das Wesentliche, was für diese Frage in Betracht kommt, ist nun das Folgende: Wir wissen jetzt, wie es mit der Gliederung des Menschen hier auf der physischen Erde steht. Wir wissen auch, wie es steht mit der Gliederung des Menschen in der geistigen Welt zwischen dem Tod und einer neuen Geburt. Ich habe vor einiger Zeit eine Frage aufgeworfen, welche eigentlich schon als eine konkrete Frage vor die menschliche Seele tritt, wenn der Mensch das Leben betrachtet, welche aber gerade eine Frage ist, der gegenüber man gar nichts sagen kann, wenn man vor der eben charakterisierten Kluft zwischen Idealismus und Realismus steht, das ist die Frage: Wie kommt es, dass in unserer Weltenordnung manche Menschen ganz jung sterben, schon als Kinder oder als junge Leute oder im mittleren Lebensalter, andere erst sterben, wenn sie alt geworden sind? Mit was in der Weltenordnung hängt dieses zusammen? – Weder der Idealismus auf der einen Seite, noch der Realismus auf der andern Seite, der die Ideale nicht als reale Mächte ansehen kann, können irgendetwas über solche Fragen, die aber Lebensfragen sind, ausmachen. Diesen Fragen kann man auch nur dann nahetreten, wenn man etwas ganz Bestimmtes ins Auge fasst. Und das ist, wenn man ins Auge fasst, dass der gegenwärtige Mensch, so wie er einmal als Erdenmensch vor uns steht, verhältnismäßig leicht fertig wird mit dem Raume, aber er wird nicht in gleicher Weise fertig mit der Zeit. In dieser Beziehung bieten die sämtlichen philosophischen Anschauungen, die es bis heute gibt, eigentlich keinen irgendwie nennenswerten Aufschluss, und die Frage nach dem Wesen der Zeit ist eigentlich bisher nur in engsten menschlichen Kreisen behandelt worden. Es ist auch nicht so ganz leicht, über die Zeit und ihr Wesen populär zu sprechen, aber vielleicht gelingt es doch, bei Ihnen eine Vorstellung hervorzurufen von dem, was ich eigentlich meine, wenn ich die Zeit in Analogie mit dem Raume einmal zur Erörterung bringe. Ich muss da allerdings Ihre Geduld etwas in Anspruch nehmen, weil scheinbar, aber eben nur scheinbar, die kurze Betrachtung, die ich darüber anstellen will, einen etwas abstrakten Charakter hat.

Wenn Sie einfach ein Stück der Räumlichkeit überschauen, so wissen Sie, dass dasjenige, was Sie da überschauen, sich Ihnen offenbart in einem perspektivischen Charakter. Sie müssen mit der Perspektive des Raumes rechnen, wenn Sie ein Stück Raum überschauen. Wenn Sie nun das Stück Raum, das Sie überschauen und dem Sie ganz instinktiv einen perspektivischen Charakter zuschreiben, auf eine Fläche bringen, dann berücksichtigen Sie die Perspektive dabei. Nicht wahr, wenn Sie in eine Allee hineinschauen, so sehen Sie die entfernten Bäume der Allee kleiner und näher aneinandergerückt. Das können Sie in der Perspektive ausdrücken, und Sie können in einer gewissen Weise perspektivisch auf einer Fläche zum Ausdruck bringen, was Sie im Raume sehen.

Nun ist es klar, dass dasjenige, was Sie im Raume sehen, in der Fläche nebeneinander ist. Im Raume ist es nicht nebeneinander; da sind diese zwei Bäume da vorne (siehe Zeichnung), und zwei Bäume sind weit entfernt. Aber indem Sie den überschaubaren Raum in die Fläche bringen, setzen Sie dasjenige, was hintereinander ist, nebeneinander. Sie haben wiederum instinktiv die Fähigkeit, das, was Sie so malerisch oder zeichnerisch auf einer Fläche sehen, gewissermaßen in das Räumliche umzusetzen. Dass Sie diese Fähigkeit haben, das rührt davon her, dass der Mensch, so wie er jetzt einmal als Erdenmensch ist, sich von dem Raume als solchem verhältnismäßig stark losgelöst hat.

Nicht in gleicher Weise hat sich der Mensch von der Zeit losgelöst. Und das ist etwas ungeheuer Eingreifendes und Wichtiges, aber etwas leider kaum Bemerktes, kaum von der Wissenschaft Bemerktes. Der Mensch glaubt, wenn er sich in der Zeit entwickelt, die Zeit zu überschauen, die Zeit zu haben. Aber er hat in Wirklichkeit nicht die reale Zeit. Er hat gar nicht die reale Zeit, sondern das, was Sie als Zeit erleben, das ist eigentlich im Verhältnis zu der wirklichen Zeit etwas, was man ein Abbild nennen kann. So wie dieses Bild [siehe Zeichnung] in der Fläche sich zu dem Raume verhält, so verhält sich das, was der gewöhnliche Mensch Zeit nennt, zu der wirklichen Zeit. Der gewöhnliche Mensch erlebt nämlich nicht die wirkliche Zeit, sondern er erlebt ein Abbild der Zeit, er erlebt tatsächlich ein Abbild der Zeit. Und das kann man sich so sehr schwer vorstellen.

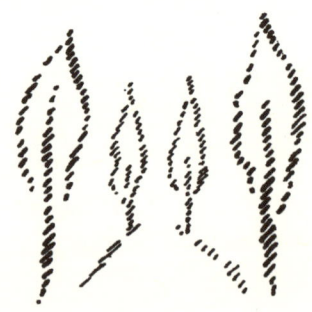

Sie können sich zum Beispiel außerordentlich schwer vorstellen, dass dasjenige, was heute wirkt, gar nicht im jetzigen Zeitpunkt vorhanden zu sein braucht, sondern in einem viel früheren Zeitpunkte real ist und im heutigen Zeitpunkte nicht real ist. Sie sehen gleichsam dasjenige, was in sehr frühem Zeitraume vorhanden ist, perspektivisch in Ihre eigene Zeit hereinwirken.

Das, was ich jetzt gesagt habe, hat eine sehr bedeutsame Folge. Das hat nämlich die Folge, dass alles das, was wir Natur nennen, einen ganz andern Charakter trägt als alles dasjenige, was wir als einen gewissen Teil des Menschen selbst betrachten müssen. In der Natur draußen wirkt zum Beispiel auch Ahriman, beziehungsweise es wirken die ahrimanischen Mächte; aber die ahrimanischen Mächte wirken in der Natur draußen niemals gegenwärtig. Wenn Sie die gesamte Natur überschauen, so wirkt schon Ahriman in der Natur, aber er wirkt von einer entfernten Zeit her. Von der Vergangenheit her wirkt Ahriman. Und ob Sie das mineralische, das pflanzliche, das tierische Reich überblicken, Sie dürfen niemals sagen, in dem, was gegenwärtig vor Ihren Augen sich ausbreitet, liege etwas, worin Ahriman tätig ist. Und doch ist Ahriman drinnen tätig; aber von der Vergangenheit her. Wenn ich also die Sache zeichnen wollte, so müsste ich sagen: Hier ist die Entwickelungslinie von der Vergangenheit in die Zukunft hin, und hier überblicken Sie die Natur.

Ja, nun müssen Sie es sich so denken, dass Sie da hineinschauen. In dem, was Sie als Gegenwärtiges überschauen, ist nichts von ahrimanischen Mächten enthalten, aber aus der Vergangenheit, aus einer bestimmten Vergangenheit wirkt Ahriman herüber in die Natur.

Und Ihnen erscheint Ahriman in der Natur, wenn Sie ihn da gewahr werden, perspektivisch. Würden Sie sagen: Ahriman wirkt gegenwärtig – dann begehen Sie der Natur gegenüber denselben Fehler, wie wenn Sie sagen würden: Überschaue ich einen Raum, so stehen die entfernten

Bäume, weil sie sich perspektivisch in die Fläche hineinstellen lassen, so neben den nahen Bäumen (siehe Zeichnung oben).

Eine Grundforderung für ein reales Schauen in der geistigen Welt ist dieses, dass man zeitlich perspektivisch sehen lernt, dass man lernt, zeitlich jegliches Wesen an seinen richtigen Zeitpunkt zu setzen.

Wenn ich nun gestern gesagt habe: Das Ich wird nach dem Tode gewissermaßen aus dem flüssigen Zustand heraus in eine Art festen Zustandes versetzt –, so ist das noch nicht alles, sondern es kommt noch das andere dazu. Nehmen Sie an, Sie lebten hier auf der Erde mit Ihrem Ich vom Jahre 1850 bis zum Jahre 1920, und im Jahre 1920 werden Sie Ihr Ich gewahr. Ich meine also: Wohl werden Sie es schon früher gewahr, aber nun blicken Sie zurück, mit dem Geistselbst durch die Hierarchien blicken Sie auf Ihr Ich zurück; da sehen Sie Ihr Ich immer als stehengeblieben vom Jahre 1850 bis 1920. Das Ich bleibt da, bleibt stehen. Das heißt: Ihre Erlebnisse gehen bald nach Ihrem Tode nicht mit Ihnen, sondern Sie sehen auf sie zurück, Sie schauen nun von einer zeitlich entfernten Perspektive auf das zurück, und Sie sehen in die Zeitenlänge hinein, wie Sie hier in der physischen Welt in die Raumeslänge hineinsehen. Ich kann es auch so ausdrücken: Indem Sie, sagen wir, 1920 sterben, leben Sie mit alldem, was ich Ihnen gestern als die Glieder Ihres Wesens geschildert habe, dann weiter; aber Sie sehen zurück auf die Zeitstrecke, in der Sie hier auf Erden mit Ihrem Ich gelebt haben. Und diese Zeitstrecke bleibt dort, und Sie sehen sie immer, indem Sie perspektivisch weiterleben, an der Zeitstelle, wo sie war. Und so müssen Sie sich vorstellen, dass Ahriman wirksam ist draußen in der Natur, aber von einer früheren Zeitstelle aus.

Das ist sehr wichtig. Das ist etwas, was sehr wenig berücksichtigt wird. Wenn man die Welt verstehen will, wenn man geisteswissenschaftlich von der Zeit sprechen will, so muss man durchaus die Zeit raumähnlich vorstellen und muss dieses Verbundenbleiben des Wesenhaften mit der Zeit ins Auge fassen. Das ist sehr wichtig.

Nun ist das, was ich Ihnen mit Bezug auf die ahrimanischen Mächte gesagt habe, dass sie von der Vergangenheit her wirken, für die Natur so richtig. Aber beim Menschen wird es gerade anders. Beim Menschen wird es eben, während er hier zwischen Geburt und Tod lebt, dadurch anders, dass für ihn alles in der Zeit Ablaufende eben zur Maja, zur Täuschung wird. Der Mensch lebt, während er hier lebt, selber im Laufe der Zeit drinnen, und indem er eine gewisse Anzahl von Jahren durchlebt, durchlebt er den Zeitlauf mit. Indem die Zeit abläuft, läuft er selber mit der Zeit ab. Das ist mit dem Raume nicht der Fall.

Wenn Sie eine Allee entlanggehen, bleiben die Bäume zurück und Sie schreiten vorwärts, und Sie nehmen die Bäume, die zurückgeblieben sind, also auch Ihre Eindrücke, nicht so mit, dass Sie, indem Sie einen Schritt machen würden, die Meinung hätten, es ginge das Baumbild mit Ihnen mit. Mit dem Zeitbilde machen Sie das. Hier im physischen Leibe machen Sie das tatsächlich so – weil Sie selbst in der Zeit sich weiterentwickeln –, dass Sie sich über die Zeit in Bezug auf ihre Perspektive einer Täuschung hingeben. Sie merken die Perspektive der Zeit nicht. Und insbesondere merkt es nicht das Unterbewusstsein des Menschen. Das Unterbewusstsein des Menschen merkt erst recht dieses Mitleben mit der Zeit nicht, gibt sich einer vollständigen Täuschung mit Bezug auf die Perspektive der Zeit hin. Das aber hat eine ganz bestimmte Folge. Das hat die Folge, dass nun in demjenigen, was im Menschen geschieht, ahrimanische Mächte als gegenwärtige Mächte wirken können. Ins menschliche Seelenleben herein wirken ahrimanische Mächte als gegenwärtige Mächte. Sodass der Mensch der Natur so gegenübersteht: Indem er in die Natur hinaussieht, ist im Gegenwärtigen nichts Ahrimanisches. In ihm wirkt das Ahrimanische als Gegenwärtiges, eben gerade als Maja, als Täuschung. Aber der Mensch ist dieser Täuschung über die Dinge, die ich Ihnen auseinandergesetzt habe, hingegeben, sodass durch den Menschen die ahrimanischen Mächte die Möglichkeit gewinnen, in die Gegenwart hereinzukriechen, in die Gegenwart hereinzuwandeln. Wir können sagen: Die ahrimanischen Mächte – und so ist es nun auch mit den luziferischen Mächten, wenn auch von einem gewissen andern Gesichtspunkte aus, wovon wir gleich sprechen werden – wirken in der Natur so, dass sie eigentlich mit der Gegenwart nichts zu tun haben, sondern von der Vorzeit herein ihre Wirkungen erstrecken. Im Menschen wirken diese ahrimanischen Mächte gegenwärtig.

Was ist die Folge? Die Folge davon ist, dass der Mensch in seinem tiefsten Seelischen in Bezug auf den eben auseinandergesetzten Punkt sich nicht verwandt mit der Natur fühlen kann. Er sieht auf sein Wesen, beziehungsweise fühlt sich in seinem Wesen, empfindet das naturgemäße Wesen. Weil in ihm ahrimanische Mächte Gegenwartsmächte sind, in der Natur ahrimanische Mächte Vergangenheitsmächte sind, erscheint ihm alles dasjenige, was naturgemäß ist, anders als dasjenige, was sich in ihm selbst entwickelt. Den Unterschied, den der Mensch zwischen sich und der Natur merkt, den enträtselt er sich nicht in der richtigen Weise. Würde er sich ihn in der richtigen Weise enträtseln, so wäre es so, wie ich es eben auseinandergesetzt habe. Er würde sagen: Draußen in der Natur wirkt Ahriman von der Vergangenheit aus; in mir wirkt Ahriman als eine gegenwärtige Macht. – Dadurch aber kommt es, wenn er auch den Unterschied nicht weiß, dass er sich im Sinne dieses Unterschiedes verhält, und die Natur als geistlos empfindet. Er empfindet es schon, dass in der Gegenwart die ahrimanischen Mächte nicht in der Natur unmittelbar wirksam sind, aber er empfindet die Natur als geistlos, weil er sich nicht sagt: Ahriman wirkt von der Vergangenheit her –, sondern er sieht nur auf die gegenwärtige Natur. Darinnen wirkt nicht Ahriman.

Nun ist aber Ahriman, so sonderbar das klingen mag, diejenige Macht, deren sich die allgemeine Weltenschöpfung bedient, um die Natur hervorzubringen. Wenn man von dem Geist der Natur spricht, wenn man vom reinen Geist der Natur spricht, müsste man eigentlich von dem ahrimanischen Geiste sprechen. Da ist er vollberechtigt, der ahrimanische Geist. Die Wesenheiten der normalen Hierarchien, die bedienen sich des ahrimanischen Geistes, um das hervorzubringen, was sich als Natur um uns herum ausbreitet. Dass wir die Natur nicht durchgeistigt empfinden, das rührt eben davon her, dass im gegenwärtigen Leben der Natur der Geist nicht enthalten ist, sondern dass er von der Vergangenheit her wirkt. Und das ist das Geheimnis, möchte ich sagen, der weltschöpferischen Mächte, dass sie sich eines Geistes, den sie stehen gelassen haben auf einer früheren Stufe, bedienen zur Wirkung auf einer späteren Stufe, aber ihn von der Vergangenheit hereinwirken lassen.

Wir müssten, wenn wir von der Natur sprechen, nicht von Stoff sprechen, auch nicht von Kräften sprechen, wir müssten von ahrimanischen Wesenheiten sprechen; aber wir müssten dann so sprechen, dass wir diese ahrimanischen Wesenheiten in die Vergangenheit setzten. Sodass das Sonderbare herauskommt: Nehmen Sie an, irgendein Naturphilosoph sinnt, sinnt nach, was hinter den Erscheinungen der Natur ist. Nun, da macht er sich allerlei Theorien und Hypothesen über Atomzusammenhänge und dergleichen. So ist aber die Sache nicht. Hinter dem, was sich da sinnenfällig um uns herum ausbreitet, ist eigentlich nicht das, was die Naturphilosophen gewöhnlich vermuten, sondern hinter alldem ist die Summe der ahrimanischen Mächte, aber nicht als gegenwärtige. Ist also der Naturphilosoph genötigt, sagen wir, hinter den chemischen Elementen irgendwelche Atomstrukturen zu vermuten, so ist das falsch; hinter den chemischen Elementen stehen ahrimanische Mächte. Aber wenn Sie das, was Sie sehen von den chemischen Elementen, abheben könnten und dahinter schauen, so würden Sie in der Gegenwart nichts dahinter sehen: da wäre es hohl, wo man die Atome sucht, und das, was wirkt, wirkt in diesen Hohlraum aus der Vergangenheit herein. So ist es in Wirklichkeit. Daher diese vielen verunglückten Theorien über dasjenige, was das ‹Ding an sich› ist; denn dieses ‹Ding an sich› ist in der Gegenwart überhaupt nicht da. Sondern es ist an der Stelle, wo das ‹Ding an sich› gesucht wird, nichts; aber die Wirkung ist dort aus der Vergangenheit herein. Sodass man sagen könnte, wenn *Kant* sein ‹Ding an sich› gesucht hat, so hätte er sagen müssen: Da, wo ich an das ‹Ding an sich› heran will, da kann ich nicht heran. – Das hat er ja auch gesagt. Aber er ist nicht darauf gekommen, dass er da überhaupt zunächst gegenwärtig nichts gefunden hätte, und dass er, wenn er hinter den Schleier der Dinge gegangen wäre, hätte weit zurückgehen müssen; dann hätte er ahrimanische Mächte gefunden. Im Menschen selbst ist es anders. Gerade dadurch, dass der Mensch lebendig in die Zeit versetzt wird, dadurch ist es den ahrimanischen Mächten möglich gewesen, durch die Pforte der Menschheit in unsere Welt einzudringen und innerhalb des Menschen als solchem zu wirken. Und die Folge davon, dass die ahrimanischen Mächte im Menschen wirken, ist die, dass der Mensch loslöst dasjenige, was er in der Gegenwart sieht, von dem Geistigen, dass der Mensch sein Gegenwartsdasein löst von dem Geistigen. Das ist die Folge dessen, dass wir die ahrimanischen Mächte innerhalb der Maja in uns tragen. Sodass man sagen kann: So wie wir die Welt materiell ansehen, losgelöst vom Geiste, als bloße Naturordnung, die ihren Gipfel zu finden glaubt in dem Gesetz der Erhaltung der Kraft und des Stoffes – was eine Illusion ist –, was wir da als eine Naturordnung sehen, es ist lediglich durch den Umstand herbeigeführt, dass wir die ahrimanischen Mächte in uns tragen, und dass sie in der Natur draußen als gegenwärtige Mächte nicht sind. – Es stimmt deshalb dasjenige, was wir über die Natur denken, indem wir sie bloß materiell denken, nicht mit der Natur überein, stimmt nur mit der gegenwärtigen Natur überein. Aber diese gegenwärtige Natur ist eben ein Abstraktum, weil in ihr der vergangene Ahriman immer hereinwirkt.

Nun wirkt in den Menschen nicht nur das Ahrimanische, sondern auch das Luziferische herein. Dieses Luziferische aber, das hat gewissermaßen eine andere Tendenz im Weltenall als das Ahrimanische. Vergegenwärtigen wir uns die Tendenz des Ahrimanischen, so wie wir die Sache jetzt ausgesprochen haben. Die Tendenz des Ahrimanischen in uns besteht darin, die Welt materialistisch vorzustellen. Dass wir die Welt materialistisch vorstellen, dass wir uns eine bloße Naturordnung denken, ist die Folge davon, dass wir Ahrimanisches in uns tragen. Dass wir Ideale in uns tragen, welche sich loslösen von der allgemeinen Natur, nach denen wir uns in unserem gegenseitigen Verhalten richten wollen, die uns aber doch nur wie Träume erscheinen müssen innerhalb der gegenwärtigen Weltanschauung, die ausgeträumt sind, wenn nach der Naturordnung die Erde an ihrem Endzustand angekommen ist, das ist die Folge davon, dass die luziferischen Mächte, die ebenso wie die ahrimanischen in uns leben, immerfort das Bestreben haben, den Teil von uns, der ihnen zugänglich ist, ganz aus der Naturordnung herauszureißen und vollständig zu vergeistigen. Die luziferischen Mächte haben nämlich zu ihrer Haupttendenz, insofern sie in uns wohnen, uns so geistig wie möglich zu machen, uns womöglich loszureißen von allem materiellen Leben. Daher gaukeln sie uns solche Ideale vor, die keine Naturmächte sind, sondern die machtlos sind in der gegenwärtigen Naturordnung. Und verfiele der Mensch ganz und gar im Laufe der zukünftigen Erdenperiode dem luziferischen Einfluss, sodass er glauben würde, Ideale seien eben nur gedachte Dinge, nach denen sich das Gemüt richten kann, so würde dieser Mensch den luziferischen Mächten folgen. Die materielle Erde, zu der wir gehören, würde verfallen, zerstieben im Weltenall, würde ihren Zweck nicht erfüllen, und die luziferischen Mächte würden den Menschen in eine andere geistige Welt führen, in die er nicht gehört. Dazu brauchen sie den Kniff, uns Ideale vorzugaukeln, die eigentlich bloße Träume sind. Wie uns Ahriman nach der einen Seite eine Welt vormacht, welche eine bloße Naturordnung ist, so macht uns Luzifer auf der andern Seite eine Welt vor, die rein nur in gedachten Idealen besteht.

Das ist etwas sehr Bedeutungsvolles. Und gegenwärtig wird nur ein Ausgleich, möchte ich sagen, in den Gebieten herbeigeführt, die noch im menschlichen Unbewussten liegen. Aber die Menschen müssen sich dieser Sache immer mehr und mehr bewusst werden, sonst kommen sie aus diesem Dilemma nicht heraus, kommen nicht dazu, eine Brücke zwischen dem Idealismus und dem Realismus zu bauen, welche Brücke aber notwendig ist.

Dasjenige, was gegenwärtig noch eine Art Ausgleich schafft, das ist das Folgende. Wenn gegenwärtig ganz junge Menschen sterben, zum Beispiel Kinder, so haben diese Kinder – bei jungen Menschen ist es ebenso – eben in die Welt hereingeschaut; sie haben nicht voll das Dasein hier auf dem physischen Plane ausgelebt. Mit einem auf dem physischen Plane unausgelebten Leben kommen sie hinüber in die andere Welt, die zwischen dem Tode und einer neuen Geburt verlebt wird, so verlebt wird, wie ich es gestern geschildert habe. Dadurch, dass sie einen Teil nur des Erdenlebens gelebt haben, bringen sie etwas vom Erdenleben mit hinüber in die geistige Welt, das man nicht hinüberbringen kann, wenn man alt geworden ist. Man kommt anders in der geistigen Welt an, wenn man alt geworden ist, als wenn man jung stirbt. Wenn man jung stirbt, so hat man das Leben so durchlebt, dass man noch viele Kräfte in sich hat vom vorgeburtlichen Leben. Man hat als Kind und als junger Mensch das leibliche Leben so durchlebt, dass man darinnen noch viel von den Kräften in sich hat, die man vor der Geburt in der geistigen Welt hatte. Dadurch hat man eine innige Verbindung geschaffen zwischen dem Geistigen, das man mitgebracht hat, und dem Physischen, das man hier erlebt hat. Und durch diese innige Verbindung kann man etwas, was man auf der Erde erwirbt, in die geistige Welt mit hinübernehmen. Kinder oder sonst jung gestorbene Leute nehmen von dem Erdenleben etwas in die geistige Welt mit hinüber, was gar nicht mit hinübergenommen werden kann, wenn man als älterer Mensch stirbt. Das, was da mitgenommen wird, ist dann drüben in der geistigen Welt, und was da hinübergetragen wird durch Kinder und junge Leute, das gibt der geistigen Welt eine gewisse Schwere, die sie sonst nicht haben würde, derjenigen geistigen Welt, in der dann die Menschen gemeinsam drinnen leben, das gibt eine gewisse Schwere der geistigen Welt und verhindert die luziferischen Mächte, die geistige Welt ganz loszutrennen von der physischen.

Also denken Sie, auf welches riesige Geheimnis wir da blicken! Wenn Kinder und junge Leute sterben, so nehmen sie von hier etwas mit, wodurch sie die luziferischen Mächte verhindern an deren Bestreben, uns ganz loszulösen von dem Erdenleben. Das ist außerordentlich wichtig, dass man dies ins Auge fasst.

Wird man älter hier auf der Erde, so kann man in der geschilderten Weise den luziferischen Mächten die Rechnung noch nicht verderben; denn von einem gewissen Alter an hat man nicht mehr jene innige Verbindung zwischen dem, was man mitgebracht hat bei der Geburt, und dem physischen Erdenleben. Ist man alt geworden, so löst sich diese innerliche Verbindung, und es tritt gerade das Umgekehrte ein. Von einem gewissen Lebensalter an träufeln wir in einer gewissen Weise dem innerhalb der physischen Erde befindlichen Geistigen unser eigenes Wesen ein. Wir machen die physische Erde geistiger als sie sonst wäre. Also von einem bestimmten Alter an vergeistigen wir in einer gewissen Weise, die man nicht mit äußeren Sinnen wahrnehmen kann, die physische Erde. Wir tragen Geistiges in die physische Erde hinein, wie wir Physisches in die geistige Welt hinauftragen, wenn wir jung sterben; wir pressen gewissermaßen Geistiges aus, wenn wir alt werden, ich kann es nicht anders sagen. Das Altwerden besteht im geistigen Sinne von einem gewissen Aspekt aus darinnen, dass man Geistiges hier auf der Erde auspresst. Dadurch wird wiederum die Rechnung des Ahriman verhindert. Dadurch kann Ahriman nicht auf die Dauer heute schon so intensiv auf die Menschen wirken, dass völlig erlöschen könnte die Meinung, Ideale hätten doch eine gewisse Bedeutung. Aber wir sind im heutigen Zeitraume schon sehr, sehr nahe daran, dass die Menschen in die furchtbarsten Irrtümer gerade mit Bezug auf das Gesagte verfallen. Auch Gutmeinende verfallen leicht in Bezug auf das Gesagte in solche Irrtümer. Und diese Irrtümer werden immer größer und größer werden und mit zunehmender Erdenentwickelung eben riesig werden können.

Um Ihnen ein Beispiel anzuführen: Ein recht geistvoller Philosoph hat 1882 eine ‹Anthroposophie› geschrieben, *Robert Zimmermann*. Ich habe das schon einmal in einem Zusammenhange erwähnt. Diese ‹Anthroposophie› ist nicht dasjenige, was wir Anthroposophie jetzt nennen, sie ist mehr oder weniger ein Begriffsgestrüpp. Aber das ist ja aus dem Grunde, weil eben Robert Zimmermann nicht in die geistige Welt hineinsehen konnte, sondern nur Herbartianischer Philosoph war. Nun hat er diese ‹Anthroposophie› geschrieben. Aber gerade in dieser ‹Anthroposophie› beschäftigt sich Robert Zimmermann von seinem Gesichtspunkte aus mit der Frage, die ich in diesen Tagen an die Spitze unserer Betrachtungen gestellt habe. Er sieht auf der einen Seite die Ideen, logische Ideen, ästhetische Ideen, ethische Ideen; er sieht auf der andern Seite die Naturordnung. Und er kann nicht irgendwie eine Brücke finden zwischen den logischen, den ästhetischen, den ethischen Ideen und der Naturordnung, sondern er bleibt doch dabei stehen: Da ist auf der einen Seite die Naturordnung, und auf der andern Seite sind die Ideen. Und wozu er zuletzt kommt, das ist doch außerordentlich interessant, denn es ist eigentlich typisch für einen Menschen der Gegenwart. Er kommt dahin, zu sagen, es sei ein für allemal dem Menschen versagt, die Natur mit Ideen zu bevölkern und den Ideen Naturgewalt beizulegen. Die beiden Welten seien eigentlich nur im Kopfe des Menschen miteinander zu verbinden. So sagt er. Und daher meint er an einer Stelle, wo er geradezu alles zusammenfasst, was er sagt und was er denkt: ‹Die Verwirklichung der Ideen ist weder eine Tatsache, die in der Vergangenheit, noch eine solche, die in der Gegenwart, sondern eine Aufgabe, deren Erfüllung in der Zukunft und in den

Händen des Menschen liegt. Der Traum eines ‹goldenen Zeitalters›, von welchem ein nüchterner Rationalist wie Kant als von jenem des ‹ewigen Friedens›, wie ein extremer Positivist wie Comte als dem ‹état positif› schwärmte, wird dann erfüllt sein, wenn die gesamte Ideenwelt real geworden und die gesamte Wirklichkeit von den Ideen durchdrungen, das heißt: wenn dasjenige, was Schiller ‹das Kunstgeheimnis des Meisters› nannte, die ‹Vertilgung des Stoffes durch die Form› offenbar, oder, wie Schleiermacher es ausdrückte ‹wenn die Ethik Physik und die Physik Ethik› geworden sein wird.›

Ja, aber das kann nie werden! Es kann nur das werden, dass die Menschen in ihrer sozialen Ordnung die Ideen realisieren. Wenn aber die Erde einmal an ihrem Ende angelangt sein wird, so wird der ganze Ideentraum ausgeträumt sein. Ein anderes ist nach einer solchen Philosophie nicht möglich. Daher bleibt eine solche Philosophie immer abstrakt und muss zuletzt gestehen: ‹Eine Philosophie, welche, wie die vorstehende, sich weder wie die Theosophie auf einen menschlichem Wissen *unzugänglichen* theozentrischen Standpunkt versetzt, um von ihm aus den ‹Vernunfttraum› als längst geschaffene Wirklichkeit, noch wie die Anthropologie auf den zwar anthropozentrischen aber *unkritischen* Standpunkt gemeiner Erfahrung stellt, um von ihm aus eine ideenerfüllte Wirklichkeit als ‹Traum der Vernunft› anzusehen, welche sonach zugleich *anthropozentrisch,* das ist von menschlicher Erfahrung ausgehend und doch *Philosophie,* das ist, an der Hand des logischen Denkens über dieselbe hinausgehend sein will, ist *Anthroposophie.*› ‹Anthroposophie› ist also hier das Eingeständnis, dass man niemals über diese Kluft hinüberkommen könne zwischen unrealen Ideen und ideenloser Realität.

Nun ist aber im Menschen selbst ein Naturwesen, das also der Naturordnung angehört, verbunden mit einem Geistwesen, das in sich aufnehmen kann das Geistige. Das leugnet ja auch nicht ein solcher Anthroposoph wie Robert Zimmermann. Aber von der gegenwärtigen Wissenschaft kann auch der Mensch nicht so betrachtet werden, dass sich durch den Menschen, durch diesen Mikrokosmos, das Rätsel lösen würde.

Blicken wir jetzt zurück auf etwas, was wir auch schon während des diesmaligen Aufenthaltes erwähnt haben. Wir haben gesagt, dass wir eigentlich den Menschen gliedern müssen in drei Teile, natürlich nicht so bequem, wie es am Skelett ist, das habe ich schon ausgeführt. Aber ich habe mich ja darüber auch ausgesprochen in den Schlussnotizen zu meinem Buche *Von Seelenrätseln.* Wir können den Menschen gliedern in drei Teile: den Hauptesmenschen, den Rumpfmenschen und den Extremitätenmenschen, indem zum Extremitätenmenschen alles dasjenige gehört, was inwärts der Extremitäten gelegen ist, also auch alles Sexuelle zum Extremitätenmenschen gehört. Wenn wir den Menschen so gliedern und jetzt anwenden dasjenige, was wir schon wissen: dass die Kopfbildung, die Kopfform auf Kräfte hinweist der vorigen Inkarnation, der Extremitätenmensch hinweist auf die zukünftige Inkarnation und eigentlich nur der Rumpfmensch der Gegenwart angehört, so werden Sie nach dem, was ich heute ausgeführt habe, es nicht mehr sehr unbegreiflich finden, wenn ich Ihnen sage: Insofern der Mensch sein Haupt trägt, weist dieses Haupt auf die frühere Inkarnation zurück, in die Vergangenheit. Ins Haupt herein wirken Kräfte der Vergangenheit, ahrimanische Kräfte, und dasjenige, was für die ahrimanischen Kräfte im Allgemeinen gilt, gilt für das menschliche Haupt im Besonderen. Alles, was eigentliche Hauptesbildung im Menschen ist, gehört nicht eigentlich der Gegenwart an, sondern in das Haupt wirken hinein die Kräfte der vorgehenden Inkarnation; und die schöpferischen Mächte bedienen sich der ahrimanischen Mächte, um unser Haupt zu formen, um unserem Haupte die eigentliche Formung zu geben. Würden nicht die schöpferischen Mächte sich der ahrimanischen Geister bedienen, um unser Haupt zu formen, dann würden wir alle – verzeihen Sie, aber es ist so – zwar ein viel weicheres Haupt tragen, aber wir würden alle ein tierisches Haupt tragen: der eine, welcher in seinem Charakter stiermäßig ist, würde ein Stierhaupt, der andere, der in seinem Charakter lammmäßig ist, würde ein Lämmerhaupt tragen und so weiter. Von dem Einfluss der ahrimanischen Mächte, deren sich die schöpferischen Gewalten bedienen, um uns zu formen, rührt es her, dass dieses tierische Haupt, das wir sonst tragen würden, nicht wirklich uns aufsitzt, so wie es die Ägypter gezeichnet haben an manchen ihrer Figuren; dass wir nicht so herumgehen wie diese ägyptischen Gestalten, die ihre guten Gründe haben, weil in den ägyptischen Mysterien auch, wenn auch von einem atavistischen Standpunkte aus, solche Dinge gelehrt worden sind, wie sie jetzt wieder gelehrt werden können; dass wir auch nicht so noch herumgehen wie in den Rosenkreuzerbildern etwa, wo jede Frau mit einem Löwenkopf, jeder Mann mit einem Ochsenkopf gemalt wird. So ist ja das Rosenkreuzergemälde des Menschen. Die Rosenkreuzer haben mehr ein Durchschnittstier gewählt und haben daher das, was für die Frauen am meisten ähnlich ist, den Löwenkopf, den Frauen aufgesetzt, und dem Manne, was ihm am meisten ähnlich ist, den Ochsenkopf, den Stierkopf. Sie sehen daher auf rosenkreuzerischen Figuren Mann und Frau nebeneinandergestellt: die Frau mit dem schönsten Löwenkopf, den Mann mit einem Stierkopfe. Dies ist aber durchaus richtig. Dass die Metamorphose – jetzt goethisch gesprochen – sich vollziehen kann, dass unser in seiner Form nach der Tierheit tendierendes Haupt so gestaltet wird, dass es Menschenhaupt ist, rührt von dem Einfluss der ahrimanischen Mächte her. Würden sich nicht die Gottheiten Ahrimans bedienen, um unser knöchernes Haupt zu formen, dann würden wir mit Tierhäuptern herumgehen.

Aber die göttlichen Mächte bedienen sich auch der luziferischen Geister. Würden sie sich dieser luziferischen Geister nicht bedienen, so würde wiederum unser Extremitätenmensch von der jetzigen zu der nächsten Inkarnation sich nicht umwandeln können. Dazu sind die luziferischen Wesenheiten notwendig. Den luziferischen Wesenheiten verdanken wir es wiederum, dass, indem wir sterben, umgewandelt wird nach und nach die Form, die jetzt noch der Extremitätenmensch hat, in die weitere Form, die sie in der nächsten Inkarnation haben soll. Da muss dann in der Mitte des Weges zwischen dem Tod und einer neuen Geburt Ahriman eintreten, um die andere Aufgabe zu übernehmen: um das Haupt wiederum in der entsprechenden Weise umzuformen. Wie wir mit Tierhäuptern herumgehen würden, wenn wir es Ahriman nicht zu verdanken hätten, dass wir einen Menschenkopf bekommen, so würde unsere Extremitätennatur sich nicht ins Menschliche metamorphosieren bis zur nächsten Inkarnation, sondern sie würde ins Dämonische übergehen. Unseren Kopf, wie wir ihn jetzt haben, verlieren wir ja unter allen Umständen durch den Tod, nicht nur als Materie, die sich mit der Erde vereinigt, sondern auch als Form; in die nächste Inkarnation tragen wir ja das, was Kopf wird, vom Extremitätenmenschen hinüber. Aber das würde ein dämonisches Wesen werden, wenn wir es nicht den luziferischen Mächten, die mit uns verbunden sind, zu verdanken hätten, dass die Umgestaltung stattfinden könne vom Dämon, der ein bloß Geistig-Seelisches wäre, in die Menschengestalt der nächsten Inkarnation.

So müssen bei unserem Menschenwerden ahrimanische und luziferische Mächte mitwirken, und es kann das Menschliche nicht begriffen werden, ohne dass das Ahrimanische und das Luziferische zu Hilfe gerufen wird. Der Menschheit kann es gegen die Zukunft hin nicht erspart werden, die Wirksamkeit Ahrimans und Luzifers wirklich zu verstehen. Mit vollem Rechte sagt die Bibel, dass jene Gottheit, von der im Anfange der Bibel die Rede ist, dem Menschen den lebendigen Odem einhauchte. Aber der lebendige Odem wirkt im Rumpfmenschen. Insofern wir es also zu tun haben mit den normal wirkenden göttlichen Wesenheiten, haben wir es nur mit dem Rumpfmenschen zu tun. Insofern wir es mit dem Kopfmenschen zu tun haben, haben wir es mit einem Gegner der Jahvemächte zu tun, dadurch auch mit einem Gegner des Christus. Und auch insofern wir es mit dem Extremitätenmenschen zu tun haben, haben wir es mit dem luziferischen Gegner zu tun.

Daher wird man den Menschen nur verstehen, wenn man ihn unter diesen drei Aspekten vorstellt. Sie haben daher in unserer Mittelpunktsgruppe für unseren Bau eben diese Trinität: den Menschheitsrepräsentanten, der aber so ausgebildet ist, dass in ihm vorzugsweise die Kräfte der Atmung, des Rumpfes wirken, die Herztätigkeit und so weiter – das ist die mittlere Figur –, dann diejenige Figur, in der alles Hauptmäßige, Kopfmäßige wirkt: Ahriman; diejenige Figur, in der alles Extremitätenmäßige wirkt: Luzifer.

Man muss das Menschliche in dieser Weise auseinandernehmen, wenn man den Menschen verstehen will, denn im Menschen ist der Mensch als solcher mit Ahriman und Luzifer vereint. Das ist gleichzeitig wohl darauf hinweisend, dass alles, was mehr oder weniger mit dem menschlichen Denken zusammenhängt, welches ja in Bezug auf seinen physischen Zusammenhang an den Kopf gebunden ist – das menschliche Denken verfließt aufgrund der Wahrnehmungen als eines Äußerlich-Sinnenfälligen –, dass alles das einen ahrimanischen Charakter hat. Durch die Sinne des Kopfes nehmen wir ja vorzugsweise die Natur wahr, und wir bauen uns ein Naturbild auf mit dem eben vorhin geschilderten ahrimanischen Charakter, weil wir selbst das Ahrimanische in der Bildung, in der Formung unseres Kopfes an uns tragen.

Die Ideale wiederum haben innerlich, psychologisch – darauf komme ich dann in der nächsten Zeit noch zurück –, sehr viel mit der Liebe zu tun, mit alldem, was dem Extremitätenmenschen angehört. Daher hat zu den Idealen die luziferische Macht den besonderen Zutritt. Durch unser Haupt fasst uns Ahriman, durch unsere Extremitäten fasst uns Luzifer. Durch unser Haupt verführt uns Ahriman dazu, die Natur geistlos vorzustellen; durch unseren Extremitätenmenschen verführt uns Luzifer dazu, die Ideale ohne Naturgewalt vorzustellen.

Das aber ist die Aufgabe des gegenwärtigen Menschen, dadurch, dass er solches überschaut, zu einer richtigen Übersicht zu kommen. Denn sehen Sie: In uns ist eine gewisse Grenzscheide, gerade in unserem Brustmenschen, in unserem Rumpfmenschen, wodurch die Gewalten des Hauptes, welche ahrimanische Gewalten sind, abgetrennt werden von den luziferischen Gewalten, die dem Extremitätenmenschen angehören. Würden wir, indem wir mystisch in uns hineinschauen, uns ganz durchschauen können, dann würden wir zwar durch das Haupt die Naturordnung begreifen, aber wir würden auch durch die Naturordnung in uns selbst hineinschauen. Und würden in uns die luziferischen Mächte entscheiden, dann würden die luziferischen Mächte uns auch über die ahrimanischen Mächte aufklären, und wir würden auf diese Weise zu einer Verbindung zwischen Naturordnung und Geistordnung kommen. Aber das können wir aus einem gewissen Grunde nicht, und zwar aus dem Grunde, weil wir ein Gedächtnis haben. Dasjenige, was wir aus der Natur aufnehmen an Vorstellungen und Begriffen, an Eindrücken, das speichern wir in unserem Gedächtnisse auf. Und wenn das da hier (siehe Zeichnung) – schematisch nur gezeichnet – der Hauptesmensch, das der Brust- und Rumpfmensch, das der Extremitätenmensch ist, so ist im Rumpfmenschen die Scheidewand, die dazu führt, dass dasjenige, was wir durch das Haupt aufnehmen an Naturordnung, uns wiederum als Gedächtnisstoff zurückkommt. Dadurch sehen wir nicht bis zum Luziferischen hinunter, und dadurch bemerken wir das Ahrimanische nicht, wie wir das nicht sehen, was hinter einem Spiegel ist, sondern dasjenige, was sich spiegelt. Hier spiegelt sich die Naturordnung in dem, was zu gleicher Zeit unser Ahrimanisches von unserem Luziferischen abtrennt, und was die Grundlage ist für das sich bildende Gedächtnis, für die sich bildende Erinnerungskraft. Wenn wir uns nicht an die erlebten Dinge erinnern könnten, wenn diese Scheidewand nicht da wäre, wenn wir uns, in uns blickend, durchschauen würden, so würden wir bis zum Luziferischen hinunterblicken in uns. Dann würden wir auch das Ahrimanische wahrnehmen.

Aber jetzt bedenken Sie: Dasjenige gerade, was uns durch diesen Spiegel erscheint, das ist ja dasjenige, was wir im Lebenslauf durchleben, das ist, worauf wir nach dem Tode zurückblicken, das ist, was aus einem flüssigen Ich zu einem festen Ich wird. Darauf blicken wir zurück. Das ist dasjenige, womit wir leben. Und Ahriman und Luzifer wirken mit uns, wirken mit uns so, dass Ahriman uns dahin bringt, ein Menschenhaupt zu tragen, Luzifer uns dahin bringt, nicht zum Dämon zu werden, sondern die Möglichkeit zu haben, zu einer nächsten Inkarnation zu kommen.

Ich habe Ihre Geduld etwas in Anspruch genommen mit Dingen, die ja vielleicht etwas schwieriger verständlich sind, allein ich wollte zunächst wenigstens ein Gefühl dafür hervorrufen, wodurch eigentlich die Kluft entsteht zwischen Idealismus und Realismus. Sie entsteht dadurch, dass das Luziferische in uns den Idealismus erregt, der machtlos ist in der Natur, dass das Ahrimanische in uns die bloße Naturordnung hervorruft, welche uns geistlos erscheint. So stehen eigentlich die Idealisten, die abstrakten Idealisten unter luziferischem Einfluss, die Materialisten unter ahrimanischem Einfluss. Es ist schon notwendig, dass man auf diese Dinge sich einlässt, dass man nicht bloß schematisch die sogenannte Theosophie treibt, sondern auf diese genaueren Dinge sich einlässt. Denn es ist notwendig, dass der Mensch sich bewusst werde, er müsse etwas dazu tun, um mit dem Geiste für den Rest der Erdenentwickelung vereint bleiben zu können. Es ist eine unbequeme Wahrheit, man könnte sagen, sogar auch eine gehasste Wahrheit, richtig eine gehasste Wahrheit, denn sie widerspricht ja so vielem, was den Menschen sympathisch ist, aus Bequemlichkeit sympathisch ist. Nichts wird dem Menschen heute schwieriger, als wenn man ihm sagt: Wenn du dir in Zukunft deine Verbindung mit dem Geiste erhalten willst, so musst du etwas dazu tun. – Es möchten ja die meisten Menschen, dass das Mysterium von Golgatha aus dem Grunde verflossen wäre, damit sie nur ja nichts zu tun haben zu ihrer Angelegenheit, damit sie durch Christus von ihren Sünden erlöst werden und ohne ihr Zutun in den Himmel kommen können. Und deshalb werden ja die meisten Theologen so wütend auf die Anthroposophie, weil das selbstverständlich von anthroposophischer Seite niemals zugegeben werden kann, dass der Mensch nichts zu tun habe, um seine Verbindung mit dem Geiste aufrechtzuerhalten, dass das ganz ohne sein Zutun auch in der Zukunft der Erdenentwickelung vor sich gehen könne. Die Verbindung zwischen dem Physischen und dem Geistigen, zwischen dem, was die Glieder des Menschen sind zwischen Geburt und Tod, und dem, was die Glieder des Menschen sind zwischen Tod und neuer Geburt, diese Verbindung wird infrage gestellt durch die zukünftige Erdenentwickelung, und sie wird nur dann nicht in Unordnung kommen, wenn sich die Menschen mit dem Geistigen gegen die Zukunft hin wirklich befassen werden. Dafür gibt es heute schon geisteswissenschaftliche Beweise. Diese geisteswissenschaftlichen Beweise, sie sind höchst, höchst unbequeme Wahrheiten, aber sie werfen Licht auf Wichtiges, auf Bedeutungsvolles.

Der Zusammenhang zwischen dem Seelisch-Geistigen und dem Physisch-Ätherischen im Menschen der Gegenwart ist, möchte ich sagen, schon sehr locker geworden, und der Mensch hat es notwendig, immer mehr und mehr bei sich Wache zu stehen, damit nicht in dem Zusammenhang zwischen seinem Physisch-Ätherischen und Seelisch-Geistigen etwas geschieht, was ihn gewissermaßen aussaugen könnte, was ihn seelisch-geistig aussaugen könnte. Denn wenn solche Vorurteile immer reger werden, man brauche im Leben nichts zu wissen über die Art, wie es nach dem Tode aussieht, oder wenn die Kluft immer größer wird zwischen sogenanntem Idealismus und rein natürlicher Ordnung, ist die Gefahr, der die Menschen entgegengehen, dass sie immer mehr und mehr ihre Seele verlieren könnten. Heute ist noch, ich möchte sagen, diesem Verlieren der Damm vorgesetzt, der dadurch gegeben ist, dass, wenn junge Leute sterben, der geistigen Welt eine gewisse Schwere verliehen wird und Luzifer die Rechnung verdorben wird, und wenn alte Leute sterben, so viel ausgepresst wird an Geistigkeit in die physische Welt herein, dass Ahriman die Rechnung verdorben wird. Aber man darf nicht vergessen, dass dadurch, dass die Menschen sich lossagen vom geistigen Gebiet, die ahrimanischen und die luziferischen Mächte immer mächtiger und mächtiger werden, und dass nach und nach, indem die Devolution der Erde immer weiter und weiter geht, dieser Damm nicht mehr voll wirken könnte.

Das ist dasjenige, was ich gern möchte, dass es sich als eine Art Bodensatz aus unseren Betrachtungen ergäbe wie ein Gefühl – und Gefühle sind immer das Wichtigste, was aus dem geisteswissenschaftlichen Leben hervorgehen kann – von der Notwendigkeit, sich vom gegenwärtigen Erdenzyklus ab mit dem Geistigen zu befassen. Von den verschiedensten Gesichtspunkten aus habe ich dieses betont, dass es von der Gegenwart aus notwendig ist, dass die Menschen sich mit dem Geistigen befassen. Und anders wird man sich nicht mit dem Geistigen befassen können in der Zukunft als dadurch, dass man sich Verständnis erwirbt und sich nicht sträubt, solche auch schwierigere Betrachtungen wirklich in sich aufzunehmen, wie wir sie in diesen Tagen und insbesondere auch heute gepflogen haben. Es muss unter die Menschen kommen das Verständnis von der Perspektivität der Zeit. Wenn dieses Verständnis von der Perspektivität der Zeit unter die Menschen kommt, dann werden sie nicht mehr sagen: Hier ist der Idealismus, der aber nur ein bloßer Traum ist, der keine Naturgewalt hat, und auf der andern Seite liegt die Naturordnung –, sondern die Menschen werden darauf kommen, anzuerkennen, dass, was als Ideale in uns lebt, Keim ist für die Zukunft, und dass, was Naturordnung ist, Frucht ist der Vergangenheit.

Dieser Satz ist eine goldene Regel: Jedes Ideal ist Keim für zukünftiges Naturgeschehen; jedes Naturgeschehen ist Frucht vergangenen Geistgeschehens. – Nur durch diese Regel findet man die Brücke zwischen Idealismus und Realismus. Aber dazu ist eines notwendig: Irgendein Ideal könnte nie und nimmermehr Keim für ein zukünftiges Naturgeschehen werden, wenn dieses zukünftige Naturgeschehen durch das gegenwärtige Naturgeschehen verhindert würde. Wir können uns irgendeine Hypothese vor die Augen führen. Nehmen wir die Möglichkeit an, die heute gilt, dass einmal durch das sogenannte Gesetz der Entropie die Erdenentwickelung in eine Art von allgemeiner Durchwärmung übergehe, und dass alle andern Naturkräfte aufhören, so würde innerhalb dieses Endzustandes natürlich alles Ideale erstorben sein. Dieser Endzustand, der folgt ganz gut, wenn man annimmt, dass sich nach reiner Kausalität die gegenwärtigen physikalischen Zustände eben weiter fortsetzen werden. Denkt man so, wie die gegenwärtige Physik denkt, dass nach dem Gesetze der Erhaltung der Kraft und des Stoffes einmal ein solcher Endzustand da sein wird, dann ist in diesem Endzustand kein Platz dafür, dass in ihm einmal ein Ideal als das zukünftige Naturgeschehen aufgehe, denn das zukünftige wird einfach die Folge des gegenwärtigen Naturgeschehens sein. Aber so ist es nicht, so stellt es sich nicht der gegenwärtigen Naturbetrachtung dar, sondern es stellt sich dieses anders dar. Dasjenige, was heute an Stoffen, an Kräften existiert, alles das wird in einer bestimmten Zukunft nicht da sein. Das Gesetz der Erhaltung des Stoffes und der Kraft gibt es nicht. Da, wo man den Stoff sucht, ist überhaupt nichts als ein Hereinwirken eines vergangenen Ahrimanischen, und dasjenige, was uns umgibt im Sinnenfälligen, wird in einer gewissen Zukunft nicht mehr da sein. Und dann, wenn von alledem, was jetzt physisch ist, nichts mehr da ist, wenn das ganz aufgelöst ist, dann ist die Zeit da, wo sich die gegenwärtigen Ideale als Naturgeschehen anreihen werden an das, was jetzt zugrunde gehen wird.

So ist es im großen Weltenall. Und für den einzelnen Menschen ist es so, dass er in der nächsten Welteninkarnation wieder inkarniert wird, wenn partiell alles dasjenige überwunden ist, in das er mit der gegenwärtigen Inkarnation hineingewachsen ist, wenn also für ihn eine Umgebung hergestellt werden kann, die anders ist als die gegenwärtige Umgebung, wenn aus der gegenwärtigen Umgebung all das heraus sein kann, was ihn jetzt hier auf der Erde hält. Wenn sich das alles so geändert hat, dass er Neues erleben kann, dann wird er wieder inkarniert. Die gegenwärtigen Ideale, die im Menschen sich bilden können, werden Natur sein, wenn alles dasjenige, was jetzt Natur ist, nicht mehr da sein wird, sondern Neues entstanden sein wird. Aber das Neue, das entsteht, ist eben nichts anderes als das Natur gewordene Geistige.»[99]
Fassen wir die zentralen Aussagen bezüglich des Verhältnisses des Menschen zur Zeit nochmals zusammen:

«In dieser Beziehung bieten die sämtlichen philosophischen Anschauungen, die es bis heute gibt, eigentlich keinen irgendwie nennenswerten Aufschluss, und die Frage nach dem Wesen der Zeit ist eigentlich bisher nur in engsten menschlichen Kreisen behandelt worden. Es ist auch nicht so ganz leicht, über die Zeit und ihr Wesen populär zu sprechen, aber vielleicht gelingt es doch, bei Ihnen eine Vorstellung hervorzurufen von dem, was ich eigentlich meine, wenn ich die Zeit in Analogie mit dem Raume einmal zur Erörterung bringe.»

«In der Natur draußen wirkt zum Beispiel auch Ahriman, beziehungsweise es wirken die ahrimanischen Mächte; aber die ahrimanischen Mächte wirken in der Natur draußen niemals gegenwärtig. Wenn Sie die gesamte Natur überschauen, so wirkt schon Ahriman in der Natur, aber er wirkt von einer entfernten Zeit her. Von der Vergangenheit her wirkt Ahriman.»

«Eine Grundforderung für ein reales Schauen in der geistigen Welt ist dieses, dass man zeitlich perspektivisch sehen lernt, dass man lernt, zeitlich jegliches Wesen an seinen richtigen Zeitpunkt zu setzen.»

«Wenn man die Welt verstehen will, wenn man geisteswissenschaftlich von der Zeit sprechen will, so muss man durchaus die Zeit raumähnlich vorstellen und muss dieses Verbundenbleiben des Wesenhaften mit der Zeit ins Auge fassen.»

«Wenn Sie eine Allee entlanggehen, bleiben die Bäume zurück und Sie schreiten vorwärts, und Sie nehmen die Bäume, die zurückgeblieben sind, also auch Ihre Eindrücke, nicht so mit, dass Sie, indem Sie einen Schritt machen würden, die Meinung hätten, es ginge das Baumbild mit Ihnen mit. Mit dem Zeitbilde machen Sie das. Hier im physischen Leibe machen Sie das tatsächlich so – weil Sie selbst in der Zeit sich weiterentwickeln –, dass Sie sich über die Zeit in Bezug auf ihre Perspektive einer Täuschung hingeben. Sie merken die Perspektive der Zeit nicht.»

«Hinter dem, was sich da sinnenfällig um uns herum ausbreitet, ist eigentlich nicht das, was die Naturphilosophen gewöhnlich vermuten, sondern hinter alldem ist die Summe der ahrimanischen Mächte, aber nicht als gegenwärtige. Ist also der Naturphilosoph genötigt, sagen wir, hinter den chemischen Elementen irgendwelche Atomstrukturen zu vermuten, so ist das falsch; hinter den chemischen Elementen stehen ahrimanische Mächte.»

«Sodass man sagen könnte, wenn *Kant* sein ‹Ding an sich› gesucht hat, so hätte er sagen müssen: Da, wo ich an das ‹Ding an sich› heran will, da kann ich nicht heran. – Das hat er ja auch gesagt. Aber er ist nicht darauf gekommen, dass er da überhaupt zunächst gegenwärtig nichts gefunden hätte, und dass er, wenn er hinter den Schleier der Dinge gegangen wäre, hätte weit zurückgehen müssen; dann hätte er ahrimanische Mächte gefunden.»

«Gerade dadurch, dass der Mensch lebendig in die Zeit versetzt wird, dadurch ist es den ahrimanischen Mächten möglich gewesen, durch die Pforte der Menschheit in unsere Welt einzudringen und innerhalb des Menschen als solchem zu wirken. Und die Folge davon, dass die ahrimanischen Mächte im Menschen wirken, ist die, dass der Mensch loslöst dasjenige, was er in der Gegenwart sieht, von dem Geistigen, dass der Mensch sein Gegenwartsdasein löst von dem Geistigen.»

Das Verhältnis des Menschen zur Zeit bestimmt also sein Verhältnis zur Wirklichkeit in folgender Weise:
- Weil der Mensch nicht bemerkt, dass in der äußeren Natur nicht ein gegenwärtiges, sondern ein vergangenes Geistiges wirkt, nimmt er die Natur als materielle Natur war, nimmt er das Geistige in ihr nicht wahr und gibt sich der Täuschung des Materialismus hin. Diese wird in ihm dadurch bewirkt, dass die ahrimanischen Mächte, die in der Natur

nicht als gegenwärtige, sondern nur als vergangene wirksam sind, im Menschen selber zur gegenwärtigen Wirksamkeit kommen.
– Da wo der Mensch in der Natur die Wirklichkeit sucht, «das Ding an sich», kann er nichts finden, weil die in der Natur wirksamen Kräfte nur aus der Vergangenheit, nicht in der Gegenwart wirken.

Auf der anderen Seite aber wirken die luziferischen Mächte und lassen das, was der Mensch an Idealen ausbildet, als von der Natur getrennt erscheinen, als nicht in der Natur wirksam, sodass sich der Mensch als losgelöst von der Natur erlebt. Dadurch versuchen die luziferischen Mächte das Geistige vom Physischen zu lösen.

Ein Ausgleich wird nur dadurch erzeugt, dass gewisse Menschen früh sterben, andere dagegen erst, wenn sie alt geworden sind. Die jung Verstorbenen bringen nun den Ausgleich gegen das luziferische Element, weil sie ein sich auf das Irdische beziehendes Geistiges, nämlich ihre Ideale, hineinbringen in die geistige Welt, die dadurch stärker an das Irdische gebunden wird.

Die alten Menschen bringen hingegen durch ihr noch irdisches Dasein in das Irdische mehr Geistiges hinein, weil sie sich schon davon lösen. So wird Ahrimans Wirksamkeit unterbunden, indem Geistiges in das Irdische hineingebunden wird.

Wir sehen also auch hier wieder, dass für Rudolf Steiner die Anschauung der Zeit, das Rätsel der Zeit, aufs Engste verbunden ist mit der Frage nach der Verbindung des Geistige-Seelischen mit dem Irdisch-Physischen. Denn die Grundfrage dieses hier zitierten Vortrages ist ja das Verhältnis von Idealismus zu Realismus, das Verhältnis von der geistigen Welt der Ideale im Menschen zu den Naturerscheinungen.

Steiner zitiert hier den Philosophen Robert Zimmermann und seine Schrift *Anthroposophie im Umriss* vor allem deshalb, weil dieser in seiner «Anthroposophie» von 1882 geradezu das Gegenteil von dem, was zeitlebens Rudolf Steiners innerstes Bestreben war, behauptete, nämlich die Unvereinbarkeit des Geistig-Idealen mit dem Physisch-Realen. Deshalb aber hatte Steiner bereits 1882 seine Widerlegung der materialistischen Täuschung verbunden mit der Forderung nach einer Korrektur des Zeitbegriffes, wie wir im ersten Teil gesehen haben.

Anthroposophie im Sinne Steiners ist die Erkenntnis der real bestehenden Verbindung des Geistig-Seelischen mit dem Irdisch-Physischen. Und zu dieser Erkenntnis bedarf es, wie wir hier abermals einsehen können, eben der Enträtselung des Geheimnisses der Zeit. Wir müssen lernen, die Zeit in ihrer Perspektivität zu erkennen und verstehen dadurch, wie sich das Geistig-Seelische mit dem Physisch-Leiblichen verbindet.

Was aber hält uns von dieser Erkenntnis ab? Wodurch unterliegen wir der Täuschung, die uns die Perspektivität der Zeit verhüllt und die uns ein Vergangenes als gegenwärtig erscheinen lässt?

Hier kommen wir nun zu der zweiten zentralen Aussage dieses Vortrages. Steiner hält der «Anthroposophie» des Philosophen Zimmermann nun seine eigene «Anthroposophie» entgegen und schildert die Ergebnisse seiner 35-jährigen Forschungsarbeit, die Dreigliederung des menschlichen Organismus. Und in dieser Organisation ist eben das, was für die Natur gilt, ebenso wirksam. Der Mensch trägt die Ergebnisse eines vergangenen Erdenlebens an sich, und das ist seine Hauptesorganisation. Er trägt aber auch an sich, das, womit er seine Ideale in die Natur hereintragen kann, seine Gliedmaßenorganisation:

«So müssen bei unserem Menschenwerden ahrimanische und luziferische Mächte mitwirken, und es kann das Menschliche nicht begriffen werden, ohne dass das Ahrimanische und das Luziferische zu Hilfe gerufen wird. Der Menschheit kann es gegen die Zukunft hin nicht erspart werden, die Wirksamkeit Ahrimans und Luzifers wirklich zu verstehen. Mit vollem Rechte sagt die Bibel, dass jene Gottheit, von der im Anfange der Bibel die Rede ist, dem Menschen den lebendigen Odem einhauchte. Aber der lebendige Odem wirkt im Rumpfmenschen. Insofern wir es also zu tun haben mit den normal wirkenden göttlichen Wesenheiten, haben wir es nur mit dem Rumpfmenschen zu tun. Insofern wir es mit dem Kopfmenschen zu tun haben, haben wir es mit einem Gegner der Jahvemächte zu tun, dadurch auch mit einem Gegner des Christus. Und auch insofern wir es mit dem Extremitätenmenschen zu tun haben, haben wir es mit dem luziferischen Gegner zu tun.»

«Man muss das Menschliche in dieser Weise auseinandernehmen, wenn man den Menschen verstehen will, denn im Menschen ist der Mensch als solcher mit Ahriman und Luzifer vereint. Das ist gleichzeitig wohl darauf hinweisend, dass alles, was mehr oder weniger mit dem menschlichen Denken zusammenhängt, welches ja in Bezug auf seinen physischen Zusammenhang an den Kopf gebunden ist – das menschliche Denken verfließt aufgrund der Wahrnehmungen als eines Äußerlich-Sinnenfälligen –, dass alles das einen ahrimanischen Charakter hat. Durch die Sinne des Kopfes nehmen wir ja vorzugsweise die Natur wahr, und wir bauen uns ein Naturbild auf mit dem eben vorhin geschilderten ahrimanischen Charakter, weil wir selbst das Ahrimanische in der Bildung, in der Formung unseres Kopfes an uns tragen.

Die Ideale wiederum haben innerlich, psychologisch – darauf komme ich dann in der nächsten Zeit noch zurück –, sehr viel mit der Liebe zu tun, mit alldem, was dem Extremitätenmenschen angehört. Daher hat zu den Idealen die luzifersche Macht den besonderen Zutritt. Durch unser Haupt fasst uns Ahriman, durch unsere Extremitäten fasst uns Luzifer. Durch unser Haupt verführt uns Ahriman dazu, die Natur geistlos vorzustellen; durch unseren Extremitätenmenschen verführt uns Luzifer dazu, die Ideale ohne Naturgewalt vorzustellen.»

Nun aber gibt es eben dazwischen eine Grenzscheide, die Brustorganisation, in der das gegenwärtig wirksame Geistige, die göttlichen Schöpfermächte des Menschen, wirksam ist. Hier ergibt sich auch wiederum die Verbindung zum Vortrag vom 4. November 1910, wo es hieß, dass sich unser gegenwärtiges Bewusstsein dadurch ergibt, dass sich die beiden Zeitströmungen, die des Ätherischen und die des Astralischen im menschlichen Bewusstsein begegnen.

Aber der Mensch durchschaut nicht, dass in ihm bei diesem Zusammenschlagen der beiden Zeitströme aus der Vergangenheit das Ahrimanische und aus der Zukunft das Luziferische wirksam ist. Er bemerkt diese Wirksamkeiten in der Bildung seines Hauptes aus der Vergangenheit und der Bildung seiner Gliedmaßen aus der Zukunft nicht, weil er einen Spiegel in sich trägt, der ihm diese Wirksamkeit zudeckt. Und das ist der Spiegel seines Gedächtnisses, durch den ihm die Wirksamkeit der beiden Zeitströme verhüllt wird:

«Das aber ist die Aufgabe des gegenwärtigen Menschen, dadurch, dass er solches überschaut, zu einer richtigen Übersicht zu kommen. Denn sehen Sie: In uns ist eine gewisse Grenzscheide, gerade in unserem Brustmenschen, in unserem Rumpfmenschen, wodurch die Gewalten des Hauptes, welche ahrimanische Gewalten sind, abgetrennt werden von den luziferischen Gewalten, die dem Extremitätenmenschen angehören. Würden wir, indem wir mystisch in uns hineinschauen, uns ganz durchschauen können, dann würden wir zwar durch das Haupt die Naturordnung begreifen, aber wir würden auch durch die Naturordnung in uns selbst hineinschauen. Und würden in uns die luziferischen Mächte entscheiden, dann würden die luziferischen Mächte uns auch über die ahrimanischen Mächte aufklären, und wir würden auf diese Weise zu einer Verbindung zwischen Naturordnung und Geistordnung kommen. Aber das können wir aus einem gewissen Grunde nicht, und zwar aus dem Grunde, weil wir ein Gedächtnis haben. Dasjenige, was wir aus der Natur aufnehmen an Vorstellungen und Begriffen, an Eindrücken, das speichern wir in unserem Gedächtnisse auf. Und wenn das da hier (siehe Zeichnung S. 211) der Hauptesmensch, das der Brust- und Rumpfmensch, das der Extremitätenmensch ist, so ist im Rumpfmenschen die Scheidewand, die dazu führt, dass dasjenige, was wir durch das Haupt aufnehmen an Naturordnung, uns wiederum als Gedächtnisstoff zurückkommt. Dadurch sehen wir nicht bis zum Luziferischen hinunter, und dadurch bemerken wir das Ahrimanische nicht, wie wir das nicht sehen, was hinter einem Spiegel ist, sondern dasjenige, was sich spiegelt. Hier spiegelt sich die Naturordnung in dem, was zu gleicher Zeit unser Ahrimanisches von unserem Luziferischen abtrennt, und was die Grundlage ist für das sich bildende Gedächtnis, für die sich bildende Erinnerungskraft. Wenn wir uns nicht an die erlebten Dinge erinnern könnten, wenn diese Scheidewand nicht da wäre, wenn wir uns, in uns blickend, durchschauen würden, so würden wir bis zum Luziferischen hinunterblicken in uns. Dann würden wir auch das Ahrimanische wahrnehmen.»

Unser Gedächtnis also ist es, was uns das Geheimnis der Zeit verhüllt! Denn nur durch unser Gedächtnis können wir ein Vergangenes als gegenwärtig empfinden, können wir das Vergangene mit uns tragen. Dadurch verhüllt sich uns die Perspektivität der Zeit.

Erst durch unser Gedächtnis können wir aber auch unser Ich ausbilden. Darauf schauen wir daher nachtodlich immer zurück, auf das durch unser Gedächtnis Zusammengehaltene, die Erträgnisse eines Erdenlebens:

«Aber jetzt bedenken Sie: Dasjenige gerade, was uns durch diesen Spiegel erscheint, das ist ja dasjenige, was wir im Lebenslauf durchleben, das ist, worauf wir nach dem Tode zurückblicken, das ist, was aus einem flüssigen Ich zu einem festen Ich wird. Darauf blicken wir zurück. Das ist dasjenige, womit wir leben.»

Unser Ich-Bewusstsein ist der Preis, den wir bezahlen, und der uns das ahrimanische und luziferische Wirken verhüllt. Alles Bisherige zusammenfassend führt Steiner abschließend aus:

«Der Zusammenhang zwischen dem Seelisch-Geistigen und dem Physisch-Ätherischen im Menschen der Gegenwart ist, möchte ich sagen, schon sehr locker geworden, und der Mensch hat es notwendig, immer mehr und mehr bei sich Wache zu stehen, damit nicht in dem Zusammenhang zwischen seinem Physisch-Ätherischen und Seelisch-Geistigen etwas geschieht, was ihn gewissermaßen aussaugen könnte, was ihn seelisch-geistig aussaugen könnte.»

«Es muss unter die Menschen kommen das Verständnis von der Perspektivität der Zeit. Wenn dieses Verständnis von der Perspektivität der

Zeit unter die Menschen kommt, dann werden sie nicht mehr sagen: Hier ist der Idealismus, der aber nur ein bloßer Traum ist, der keine Naturgewalt hat, und auf der andern Seite liegt die Naturordnung –, sondern die Menschen werden darauf kommen, anzuerkennen, dass, was als Ideale in uns lebt, Keim ist für die Zukunft, und dass, was Naturordnung ist, Frucht ist der Vergangenheit.

Dieser Satz ist eine goldene Regel: Jedes Ideal ist Keim für zukünftiges Naturgeschehen; jedes Naturgeschehen ist Frucht vergangenen Geistgeschehens. – Nur durch diese Regel findet man die Brücke zwischen Idealismus und Realismus.»

Das Verständnis der Zeit ist also für die zukünftige Entwicklung der Menschheit von ganz entscheidender Bedeutung.

3. Die Polarität von Dauer und Entwicklung

Nun führt Rudolf Steiner diese Betrachtungen in den auf diesen Vortrag folgenden Vorträgen zwischen dem 7. September und 12. Oktober 1918 im Hinblick auf sein Verständnis der Zeit noch weiter aus. Hier kam er in einmalig konzentrierter Form immer wieder auf das Geheimnis der Zeit zu sprechen. Daraus ergeben sich uns weitere Aspekte, die wir hier anfügen wollen. Dabei dürfen wir jedoch nichts Abgeschlossenes oder gar Systematisches bezüglich des Verständnisses der Zeit erwarten, sondern wiederum eher Aphoristisches, das wir jedoch versuchen werden, im Hinblick auf ein Gesamtverständnis der Steiner'schen Zeitauffassung zu ergänzen.

Zunächst geht Steiner von dem Verständnis der menschlichen Wesenheit als zusammengesetzt aus Geistig-Seelischem und Leiblich-Physischen aus, das sich aber nur demjenigen enthüllt, der den Schlafzustand des Menschen imaginativ anschauen lernt. Denn erst im Schlaf zeigt sich, wie Geistig-Seelisches und Leiblich-Physisches tatsächlich zusammenhängen. Nur dadurch aber kommt man auf ein wirkliches Verstehen des Irdisch-Physischen als zeitlich Vergänglichem und des Geistig-Seelischen als nicht Vergänglichem, also Dauerhaften:

«Ein völliger Einblick in die Verhältnisse, die wir jetzt berühren, ist doch nicht möglich, ohne dass man genauer hinsieht auf das Wesen des Menschen in der Zeit vom Einschlafen bis zum Aufwachen, im Schlafzustande. Schematisch ist Ihnen ja allen dieser Schlafzustand bekannt: Es trennt sich dasjenige, was man, wenn man es so nennen will, Ich und astralischen Leib nennt, von dem physischen Leib und dem Ätherleib. Wenn man aber das Wesen des Schlafes genauer ins Auge fassen will, dann muss man doch darauf aufmerksam werden, dass der Mensch gerade im Schlafzustande die Wirklichkeit dessen erlebt, wovon wir gestern so gesprochen haben, dass wir sagten: Augustinus sucht im inneren Erleben die wirkliche, wahrhaftige Gewissheit über die Welt zu erfassen. – Aber der Mensch erfasst im Wachzustande nicht völlig sein Inneres. Man muss sich klar darüber sein, dass dasjenige, was man als Ich und als astralischen Leib bezeichnet, im Wachzustande durchaus nicht wirklich zum Bewusstsein des Menschen kommt, sondern dass in diesem Wachzustande nur ein Abbild, ein Spiegelbild von

Ich und astralischem Leib zum Bewusstsein des Menschen kommt. Im Schlafzustande, also vom Einschlafen bis zum Aufwachen, würde der Mensch, wenn er sich bewusst wäre – wir können auch sagen, wenn er sich bewusst wird durch jene Übungen, die Ihnen zur Verfügung stehen, die Sie ja beschrieben finden in den verschiedenen Schriften –, es würde der Mensch durch den Schlafzustand, wenn er sich bewusst würde, was er da erlebt, gewissermaßen die wahre Gestalt von Ich und astralischem Leib erleben, nicht das Spiegelbild, wie im Wachzustande, sondern die wahre Gestalt. Da muss man aber dann sich klar sein darüber, dass diese wahre Gestalt von Ich und astralischem Leib so vor des Menschen Seele tritt, so vor das imaginative Bewusstsein tritt, dass während des Schlafzustandes der Mensch in dem inneren Erleben das wirklich in sich, innerhalb seines Ich und seines astralischen Leibes erlebt, also in sich erlebt, was wir dritte Hierarchie nennen, die Hierarchie der Angeloi, Archangeloi und Archai.

Während des Wachzustandes erlebt der Mensch diesen innigen Zusammenhang, in dem er eigentlich sein ganzes Leben hindurch mit den als Angeloi, Archangeloi und Archai bezeichneten Wesenheiten steht, nicht. Und darinnen besteht eben für den Wachzustand die Täuschung, dass es bleibt bei dem abstrakten Ich, das der Mensch erlebt, und bei den schattenhaften Vorstellungen und Gedanken, die des Menschen Seele erfüllen – denn schattenhaft sind sie doch –, oder gar bei dem halb traumhaft vor sich gehenden Gefühl der Wollungen. Das ist das Wesentliche, dass der Mensch während des Wachzustandes dabei bleiben muss, dieses Schattenhafte seines Ich und seines astralischen Leibes zu erleben, und dass er sich nicht bewusst werden kann, dass in sein Ich hereinwirken die Wesenheiten der dritten Hierarchie. In dem Augenblicke, wo der Mensch wirklich im Schlafe aufwachen würde, wenn ich den Ausdruck gebrauchen darf, würde er nicht eine äußere Natur um sich herum haben, aber er würde in sich erfühlen die Wesenheiten der Engel, Erzengel und der Zeitgeister. Und davon kommt es, dass wir in unserer Seelenverfassung etwas haben, was wir sonst nicht hätten. Würde in unser Ich und in unseren astralischen Leib nicht die Hierarchie der Angeloi hereinwirken, so würden wir uns nicht als Persönlichkeit fühlen können. Also dadurch, dass die Hierarchie der Angeloi hereinwirkt in unsere geistig-seelische Wesenheit, fühlen wir uns als freie Persönlichkeit.

Dadurch, dass die Hierarchie der Archangeloi hereinwirkt, fühlen wir uns als Angehörige der ganzen Menschheit. Wir könnten auch sagen, dadurch, dass die Erzengelwesen in unser geistig-seelisches Sein hereinleuchten, dass sie dieses inspirieren, fühlen wir uns eigentlich als Mensch. Und dadurch, dass die Wesenheit der Archai, der Zeitgeister, in unser Wesen hereinpulsiert, es intuitiert, fühlen wir uns als Erdenwesen, das heißt als Angehörige nicht nur der gegenwärtigen Menschheit, sondern als Angehörige der ganzen Erdenmenschheit vom Anfange des Erdenwerdens bis zum Ende des Erdenwerdens. Dadurch also fühlen wir uns als Glieder der ganzen Erdenentwickelung. Wir fühlen das ja nur dumpf, weil wir eben die Zeitgeister dumpf in uns erfühlen.

Wir können nicht sagen, dass wir uns als Persönlichkeit *schauen;* das können wir erst dann, wenn wir zum imaginativen Bewusstsein kommen. Es bleibt dieses imaginative Bewusstsein eine Art Spiegelung, solange wir unsere Gedanken nur so erleben, dass wir durch das freie Gedankenleben uns als Persönlichkeit fühlen. Werden wir uns noch einmal klar darüber, wodurch wir uns als Persönlichkeit fühlen: Wir fühlen uns als Persönlichkeit dadurch, dass wir willkürlich einen Gedanken an den andern setzen können. Sie würden sogleich aufhören, sich als Persönlichkeit zu fühlen, wenn Sie gezwungen wären, einen Gedanken an den andern anzureihen so, wie eine Naturerscheinung sich an die andere anreiht. Dieses Erlebnis der inneren Freiheit – in der Fortführung unseres Denkens liegt das Sich-Erfühlen als Persönlichkeit –, das ist noch, was am klarsten dem Menschen zum Bewusstsein kommt während des Tagwachens. Und es kommt während des Tagwachens dadurch zum Bewusstsein, dass vom Einschlafen bis zum Aufwachen der Mensch durchtränkt ist von seinem Engelwesen, dass dieses Engelwesen zu unserem Ich gehört.

Schon viel apathischer, viel weniger stark und intensiv fühlen wir uns als Angehöriger der ganzen Menschheit, weil wir natürlich dem Erzengelwesen, welches macht, dass wir uns als Mensch fühlen können, ferner stehen als dem Engelwesen. Und dasjenige, was uns hereinsetzt als Persönlichkeit in die ganze menschliche Entwickelungsströmung, das bleibt für die meisten Menschen etwas recht, recht Schattenhaftes. Wir versuchen ja, auf dem Boden der Geisteswissenschaft gerade dieses Sich-Erfühlen in der ganzen Erdenmenschheit wachzurufen, indem wir uns klarwerden: In der fünften nachatlantischen Zeit erlebt der Mensch in dieser Weise, in der vierten nachatlantischen Zeit hat er in jener Weise erlebt, in der dritten nachatlantischen Zeit in anderer Weise. Wie sich die Seelenverfassung ändert durch die verschiedenen Zeitperioden hindurch, bewirkt durch die verschiedenen Zeitgeister, die Wesenheiten aus der Hierarchie der Archai, davon verschaffen wir uns auf dem Boden der Geisteswissenschaft ein Bewusstsein. Dieses

Bewusstsein gibt ja eigentlich erst dem Menschen die Möglichkeit, sich als geschichtliches Wesen zu fühlen, darauf aufmerksam zu werden: Ich lebe als Persönlichkeit im 20. Jahrhundert. Den meisten Menschen kommt es ja gar nicht zum Bewusstsein, dass ihre Persönlichkeit nur denkbar ist, nur real sein kann als Persönlichkeit dadurch, dass sie in eine bestimmte Zeitperiode hineingestellt ist. Dieses lebendige Durchtränktsein der menschlichen Geist-Seelenwesenheit von den Wesenheiten der dritten Hierarchie, das ist dasjenige, was dem Menschen zum Bewusstsein kommen würde, wenn er imaginative Erkenntnis in etwas intensiver Weise anstrebte.

Nun, im gewöhnlichen Gang der Menschheitsentwickelung ist, wie Sie ja einsehen, diese imaginative Erkenntnis nicht da. Es dämpft sich ab vom Einschlafen bis zum Aufwachen die Wirklichkeit des Ich und des astralischen Leibes, und im Wachen verliert der Mensch den Zusammenhang mit den Wesenheiten der dritten Hierarchie. Das rührt davon her, dass namentlich in unserem Zeitenzyklus der Mensch während des Wachens auch einer Täuschung hingegeben ist. Er ist ja, wie wir eben gesehen haben, während des Schlafens der Täuschung hingegeben, als ob sein Ich und sein astralischer Leib dann untätig wären. Sie sind nicht untätig; sie sind in lebendiger Wechselwirkung mit den Wesenheiten der dritten Hierarchie. Im Wachzustande, da ist die Sache so, dass uns im jetzigen Zeitenzyklus unser physischer Leib und unser Ätherleib gewissermaßen, man könnte sagen, widerrechtlich unser Geist-Seelenwesen absorbieren; sie durchtränken sich mit diesem Geist-Seelenwesen. Normal wäre es für den Menschen ganz anders; normal wäre es für den Menschen so, dass der Mensch im Wachzustande sich als Ich und astralischer Leib erfühlt und den physischen Leib und den Ätherleib wie eine Art Schale fühlt, in die er hineinschlüpft, wie etwas, das er mit sich trägt. Aber so fühlt sich eben der Mensch nicht. Er fühlt sich so, wie wenn der physische Leib und der Ätherleib er wären. Das ist er gar nicht. Wir sind schon dieses Geist-Seelenwesen, das des physischen und des Ätherleibes sich wie eines Werkzeuges bedient, aber wir können uns über die Täuschung nicht erheben, die liegt in den Wirkungen unseres Zeitenzyklus. Wir müssen gleichsam dasjenige, was uns beim normalen Bewusstsein vorkommen würde wie der Hammer, den wir in der Hand haben und mit dem wir schlagen, wir müssen uns mit unserem physischen Leib und unserem Ätherleib identisch fühlen; wir müssen uns der Täuschung hingeben, wir seien es, die da fleischlich durch den Raum gehen. Das sind aber nicht wir; das ist nur so, weil widerrechtlich das Bewusstsein unseres Ich absorbiert wird von unserem physischen Leib und unserem Ätherleib. Und dieses rührt davon her, dass im gegenwärtigen Zeitenzyklus die ahrimanischen Mächte mächtiger sind, als sie in der Normalentwickelung der Menschheit sein würden. Sie ziehen gewissermaßen das Ich und den Astralleib an den physischen und Ätherleib heran und bewirken beim Menschen die Täuschung, dass dieser Kopf, den er an sich trägt, er selber sei, dass diese Hände und der ganze Leib er selber sei. Widerrechtlich eignet sich der physische Leib das Bewusstsein an, sodass es so erscheint, als ob unser physischer Leib unsere Persönlichkeit bewirkte. Wer glaubt, dass sein physischer Leib irgendwie seine Persönlichkeit bewirkt, der unterliegt derselben Täuschung wie jemand, der vor einen Spiegel sich hinstellt und glaubt, der Spiegel produziert ihn, weil er sein eigenes Bild zurückgestrahlt bekommt. Zu sagen: dieses Fleischgebilde, das wir an uns tragen, seien wir, ist nicht gescheiter, als wie wenn jemand seine Hand vor den Spiegel hält und glaubt, der Spiegel produziere ihm seine Hand heraus. Und dennoch, unter dieser Täuschung lebt die ganze heutige Wissenschaft. Die ganze heutige Wissenschaft glaubt, dass dasjenige, was wir innerlich als Persönlichkeit erleben, irgendetwas zu tun habe mit dem physischen Leib und dem Ätherleib, und glaubt nicht, dass der physische Leib und der Ätherleib dieses Ich und astralische Wesen zurückstrahlen, jenes Scheinbild formen, das wir vom Aufwachen bis zum Einschlafen anerkennen als unser Ich und als unsere Gedanken, das heißt, unseren astralischen Leib.

Das ist gewissermaßen die Fundamentalwahrheit, die man zunächst einsehen muss. Mit Bezug auf diese Fundamentalwahrheit nun geben sich die jetzigen Menschen aus den Kräften unseres jetzigen Zeitenzyklus heraus einer Bewusstseinstäuschung hin, die eben in dem besteht, was ich gerade gesagt habe: Wir glauben, was wir innerlich an Gedanken oder auch an Gefühlen erleben, erhalten wir von unserem Leibe. Aber der Mensch unterliegt naturgemäß dieser Täuschung, er kann sich dieser Täuschung bei seinem heutigen Bewusstseinszustande nicht entziehen. Geradeso wie die Sonne, wenn sie unten am Horizont ist, größer erscheint, als wenn sie oben ist – man weiß, es ist eine Täuschung, aber es erscheint doch so –, so muss es dem Menschen erscheinen, dass er gewissermaßen als Fleisch und Blut sich für seine Persönlichkeit hält. Das ist eine Bewusstseinstäuschung. Aber dieser Bewusstseinstäuschung, welcher der Mensch heute unterliegt, unterlag er nicht immer, sondern diese Bewusstseinstäuschung ist eigentlich wesentlich eine charakteristische Eigenschaft der Menschheit in der nachchristlichen Zeit, nach dem Mysterium von Golgatha. Vor dem

Mysterium von Golgatha war nicht eine Bewusstseinstäuschung vorhanden, sondern eine andere Art von Täuschung. Vor dem Mysterium von Golgatha glaubte der Mensch nicht sein Bewusstsein mit seinem physischen Leib verbunden. Davon erzählt natürlich die Geschichte nichts, aber es ist doch so. Einem Menschen des 2., 3. Jahrtausends vor der christlichen Zeitrechnung zuzumuten, dass er seine Seele irgendwie produziert gehalten hätte von seinem physischen Leibe, ist ein Unsinn. Kein Mensch hat in alten Zeiten sein seelisch-geistiges Wesen so an den Leib gebunden gefühlt wie der heutige Mensch.

Dafür aber hatte dieser Mensch der vorchristlichen Zeiten ein lebendiges Bewusstsein von den Wesenheiten der dritten Hierarchie. Das hatte er schon. Dadurch, dass er wusste: meine Seele ist nicht mit meinem Leibe identisch, dadurch hatte er ein deutliches Bewusstsein, dass diese Seele nicht gebunden ist an das Blut oder an die Muskeln und so weiter, sondern dass diese Seele gebunden ist an die Wesenheiten der dritten Hierarchie. Nur ergab sich für ihn eine andere Täuschung, nicht eine Bewusstseinstäuschung, sondern eine Lebenstäuschung. Er hielt diese Seele mit den Wesenheiten der dritten Hierarchie in ähnlicher Weise gebunden an die äußere Natur, wie der heutige Mensch seine Seele an seinen physischen Leib gebunden meint. Der heutige Mensch gibt sich der Bewusstseinstäuschung hin, seine Seele sei an seinen physischen Leib gebunden, und dadurch sieht er Engel, Erzengel und Archai nicht, weil sie ihm sein physischer Leib verdunkelt. Der alte Mensch – trotzdem er ein deutliches Bewusstsein hatte, dass die Wesenheiten der dritten Hierarchie da sind, mit seiner Seele verbunden – sah auch nicht unmittelbar, sondern dunkel in die äußere sinnenfällige Natur. Der heutige Mensch in seiner Bewusstseinstäuschung glaubt, dass seine Seele an seinen Leib gebunden ist; der alte Mensch glaubte, dass die Wesenheiten der dritten Hierarchie an die äußere Natur gebunden seien, die er mit seinen Sinnen wahrnahm. Damals vermischte er göttliche Wesenheiten, die Wesenheiten der dritten Hierarchie, mit Naturerscheinungen, und er sah sie durch Naturerscheinungen ausgedrückt. Der heutige Mensch versetzt seine Seele in sein Fleisch und Blut, der alte Mensch die Wesenheiten der dritten Hierarchie in die äußere Natur hinein. Er hatte ja keine Naturwissenschaft, wie wir heute, sondern er betrachtete die Naturerscheinungen als bewirkt von diesem oder jenem Dämon, mehr oder weniger geistig-göttlichen Wesenheiten, über die er sich einer Lebenstäuschung hingab. Er gab sich einer Lebenstäuschung hin deshalb, weil er sie gewissermaßen sinnlich vorstellte, wie in Naturerscheinungen wirksam. Das ist wichtig, dass mit der Entwickelung der Menschheit dies vorgegangen ist, dass der Mensch in der vorchristlichen Zeit sich der charakterisierten Lebenstäuschung hingegeben hat, während der Mensch nach dem Mysterium von Golgatha sich hingibt einer Bewusstseinstäuschung. Die Wirksamkeit des Christus Jesus – davon werden wir dann noch morgen sprechen – soll gerade darinnen bestehen, in ähnlicher Weise, wie das durch die alten Mysterien für die alte Lebenstäuschung der Fall war, diese Bewusstseinstäuschung im Menschen wenigstens dem Bewusstsein nach aufzuheben; durch das ‹Christus in mir› soll der Mensch fühlen, dass dasjenige, was Ich und astralischer Leib ist, in freier Geistigkeit lebt, nicht an sein Fleisch und Blut gebunden ist. Schauen kann er es natürlich nur auf geisteswissenschaftlichem Wege; fühlen kann er es durch das Paulinische ‹Nicht ich, der Christus in mir›.

Aus dem, was ich Ihnen dargestellt habe, werden Sie die Gründe dafür sehen, dass der Mensch gewissermaßen die Zweiheit zu erleben hat, auf der einen Seite die Naturordnung, die keine Ideale enthält, die notwendig das eine Geschehen an das andere knüpft, in dem rein bloß Ursache an Wirkung und Wirkung an Ursache gegliedert wird, sodass man niemals denken kann: durch dasjenige, was in der Natur selbst vor sich geht, werden moralische oder sonstige Ideale verwirklicht. Auf der andern Seite wird sich der Mensch bewusst, dass er kein menschenwürdiges Dasein entfalten würde, wenn er nicht Ideale hätte, wenn er nicht an etwas anderes sich halten würde als Mensch, denn an die bloße äußere Naturordnung. Aber er kann nicht, mit dem gangbaren Bewusstsein, mit dem er heute ausgestattet ist, seine Ideale so sehen, dass er sie wirksam glauben könnte wie Elektrizität oder Magnetismus oder wie die Wärmekraft, sodass diese Ideale imstande wären, in die Naturordnung einzugreifen. Daher stellt sich ihm die Naturordnung und die ideale Ordnung nebeneinander, und er kann die Brücke nicht schlagen. Er kann die Brücke nicht schlagen aus dem Grunde, weil er in die Welt bei Tag und bei Nacht nicht blickt, wo diese Brücke zu schlagen ist. Würde der Mensch bei Tag das Normalbewusstsein, das ahrimanfreie Bewusstsein haben: Ich bin als Persönlichkeit nicht anders gebunden an meinen physischen Leib und an meinen Ätherleib, als ich gebunden bin, wenn ich vor einem Spiegel stehe und der Spiegel mir mein Bild zurückstrahlt –, würde der Mensch dieses Bewusstsein über sein Ich und seinen astralischen Leib haben, würde er dieses Ich und diesen astralischen Leib als ein Wirkliches, nicht als ein bloßes Spiegelbild erkennen, dann würde er auch durch dasjenige, was er als Ideale hat, anerkennen: Das sind reale Kräfte wie Elektrizität und Magnetismus, nur wirken sie nicht in der Gegenwart, sondern sie erobern sich ihre Wirksamkeit von der jetzigen Inkarnation bis zur nächsten Inkarnation, von diesem Erdendasein bis in das nächste Erdendasein hinüber.

Und würde der Mensch im Wachzustande erkennen, dass sein Ich und sein astralischer Leib verbunden sind mit den Wesenheiten der dritten Hierarchie, würde der Mensch mit andern Worten sich wirklich voll durchschauen, nicht bloß erfühlen als freie Persönlichkeit, als Mensch und als Erdenmensch, würde der Mensch das so in sich erfühlen, wie er falsch nacherfühlt, er sei ein Mensch aus Fleisch und Blut, dann würde er auch nicht glauben, dass die Naturordnung draußen, die sich seinen Sinnen darbietet, dasjenige ist, was stark genug ist an Wirklichkeit, um der Kraft der Ideale zu widerstehen. Er würde wissen, dass dasjenige, was heute Naturordnung ist, zerfällt mit allen Stoffen, dass es keine Erhaltung des Stoffes gibt, sondern dass dasjenige, was Natur ist, sich vernichtet. Und wenn das nicht mehr da ist, was heute Natur ist, dann wird ein anderes äußeres sinnenfälliges Wirkliches an die Stelle getreten sein: das, was heute Ideale sind, wird die Natur der nächsten Zeiten sein. Sodass wir sagen können: Wir erleben heute Naturordnung und ideale Ordnung. Der Physiker glaubt, es gäbe eine Erhaltung der Kraft und des Stoffes, die Naturordnung gehe fort, dieselben Atome und dieselben Kräfte, die spielen in alle Zukunft hinein. Er weiß dann nichts anderes zu sagen, dieser Physiker, wenn er ehrlich ist, als: Die ideale Ordnung, die ist ein Traum gewesen, die muss versinken und verschwinden, wie der Traum selber, sodass also am Endzustande der Erde der Idealtraum nicht mehr da sein wird, begraben sein wird.

Geisteswissenschaft zeigt, dass dies eine Unwahrheit ist, eine Täuschung. Wir haben die Naturordnung, aber es gibt keine Erhaltung der Kraft und des Stoffes, sondern dasjenige, was Naturordnung ist, hört auf an einer bestimmten Stelle, und dasjenige, was heute Idealordnung ist, das bildet die Fortsetzung der Naturordnung. Von dem – ich habe es schon ausgeführt –, was heute um unsere Augen herum ist, um unsere Ohren herum ist, um unsere gesamten Sinne herum ist, wird, wenn die Erde in den Venuszustand gekommen ist, nichts mehr vorhanden sein. Dann wird in jenem Nichts darinnen die Möglichkeit gegeben sein, dass die Ideale der heutigen Menschheit äußere Naturordnung geworden sind. Keine Weltanschauung, die nicht die Vernichtung des Sinnlichen erkennt, kann irgendeine Hoffnung haben, dass das Ideale die Kraft hat, sich zu verwirklichen; denn wenn das Sinnliche ewig wäre, wenn es eine Erhaltung der Kraft und des Stoffes gäbe, so würde die ideale Welt ein bloßer Traum sein. Das ist das ungeheuer Bedeutungsvolle, dass der Menschheit in der Gegenwart diese Aufklärung kommen muss, dass die Ideale der Gegenwart die Natur der Zukunft sind, und dass es eine große Täuschung ist, wenn geglaubt wird, dass die Atome, dass die Kräfte ewig seien; die sind eben gerade nicht das Ewige, die sind das Zeitliche. Das ist ja, man möchte sagen, auch die Fatalität der Geisteswissenschaft, dass sie einer Anschauung widersprechen muss, die geradezu der heutigen landläufigen Wissenschaft als die allergewisseste gilt, und die doch nichts anderes ist als eine ahrimanische Täuschung.»[100]

Hier kommt Rudolf Steiner also nochmals auf den Zusammenhang der Ideale mit der Naturordnung zurück, die er zuvor in einer «goldenen Regel» schon formuliert hatte:

«Jedes Ideal ist Keim für zukünftiges Naturgeschehen; jedes Naturgeschehen ist Frucht vergangenen Geistgeschehens.»

Hier erfahren wir nun aber auch, was es ist, das uns als Menschen die Dauer und Unvergänglichkeit erleben lässt, allerdings nur unbewusst und im Schlaf: es sind die Wesen der dritten Hierarchie, es ist vor allem der uns zugehörige Angelus. Nur geben wir uns am Tage der Täuschung hin, unser Wesen sei im physischen und ätherischen Leibe und daher materieller Natur. Dadurch aber ergibt sich auch die Täuschung über das Wesen der Zeit, über das uns Steiner nun in den folgenden Vorträgen weiter aufklären will. Dem schickt er zunächst eine nochmalige Betrachtung unseres Verhältnisses zur dritten Hierarchie im Schlaf voran:

«Nun aber sagten wir, sobald der Mensch nur die erste Stufe des Hineinschauens in die geistige Welt absolviert, so merkt er, dass vom Einschlafen bis zum Aufwachen dasjenige, was wir das Ich des Menschen und seinen astralischen Leib nennen – also das eigentliche Geist-Seelenwesen des Menschen –, von innen so verbunden ist mit dem Wesen der Angeloi, Archangeloi und Archai, wie der Mensch sonst hier während des Wachens verbunden ist mit Tierreich, Pflanzenreich, Mineralreich. Nur weil der Mensch durch die weltgegnerischen Mächte sein Bewusstsein herabgedämpft erhält im Schlafe, kann er nicht merken, dass er während des Schlafes mit der Hierarchie der Angeloi, Archangeloi, Archai verbunden ist, dass die sein Ich und seinen astralischen Leib mit ihrer eigenen Wesenheit durchtränken, dass die seinen astralischen Leib und sein Ich halten und tragen. Und wir haben ausgeführt, wie von diesem Zusammenhang des Menschen mit den Geistwesen dreierlei herrührt: Erstens, dass wir mehr oder weniger deutlich auch im gewöhnlichen Bewusstsein das Gefühl der Persönlichkeit haben. Wir wissen uns als ein Ich. Wir würden uns nimmermehr als ein Ich mit dem nur wissen, was uns während des Wachens zur Verfügung steht. Wie eine Nachwirkung desjenigen, was wir während des Schlafes erleben, ist das während des Tages, während des Wachens fortdauernde Gefühl der freien Persönlichkeit. Das rührt davon her, dass vom Einschlafen bis zum Aufwachen das Engelwesen aus der geistigen Welt, zu dem wir gehören, mit uns verbunden ist. Aber auch das Erzengelwesen oder eigentlich eine Reihe von Erzengelwesen ist mit unserem Geist-Seelenwesen verbunden. Und davon rührt her als Nachwirkung im Wachen, dass wir uns wissen als Angehörige der ganzen Menschheit, dass wir uns überhaupt als Mensch auf der Erde erkennen.

Das Bewusstsein von seiner freien Persönlichkeit, wenn auch nicht ganz deutlich, hat eigentlich jeder Mensch. Schon schattenhafter steht im Hintergrunde das Bewusstsein, dass man Mensch im Allgemeinen ist. Ja, gewisse Philosophen, wie *Feuerbach* oder wie selbst *Auguste Comte*, sie haben die Meinung vertreten, dass das schon eine bedeutende Entdeckung ist für den Menschen, wenn er darauf kommt, sich als Mensch im Allgemeinen, als Angehöriger der ganzen Menschheit zu fühlen. Und gestern haben wir gehört, wie Auguste Comte von dem Großen Wesen spricht; damit meint er nichts anderes als den Menschen. Aber Comte spricht vom Standpunkte der gewöhnlichen materialistischen Wissenschaft; er weiß nicht, was spirituell zugrunde liegt diesem im Hintergrunde unseres Seelenlebens liegenden Bewusstsein, dass man Mensch ist. Man würde gar nichts davon ahnen können, dass man Mensch ist, wenn nicht dasjenige, was im Schlafe getrennt ist von unserem physischen und Ätherleib, durchtränkt wäre von dem Erzengelwesen.

Und wiederum sind wir von dem sogenannten Zeitgeist, von dem Wesen aus der Hierarchie der Archai durchtränkt. Das, was davon stammt, bleibt aber schon ein recht dunkles, schattenhaftes Bewusstsein. Ja, die heutige Menschheit hat es gar nicht, wenn sie sich nicht hineingestellt fühlt in die Geschichte, in das geschichtliche Leben. Die orientalische Weltanschauung ist überhaupt nicht vorgedrungen bis zu diesem Bewusstsein, als Erdenmensch zu leben. Das ist im Besonderen die Aufgabe gewesen der abendländischen Kultur, sich als geschichtliches Wesen zu fühlen, als Wesen – also, sagen wir für uns –, die dem 19., 20. Jahrhundert angehören. Aber viel mehr als die Jahreszahl und noch einige äußerliche historische Daten – wir werden gleich nachher hören, wie wenig diese für das wirkliche Leben eigentlich Bedeutung haben –, viel mehr kennt davon das gegenwärtige materialistische Menschheitsbewusstsein nicht. Denn erst die Geisteswissenschaft führt uns dahin, zu erkennen, wie sich die Seelenverfassung des Menschen von Jahrtausenden zu Jahrtausenden ändert, wie der Mensch ein anderer wird, und wie wir jetzt zurückblicken nach alten Zeiten und wissen, dass die Menschen der dritten nachatlantischen Zeit, die ägyptisch-chaldäischen Völker, eine ganz andere Seelen- und Menschheitsverfassung hatten als wir heute. Dieses Sich-drinnenstehend-Fühlen in der ganzen Entwickelung der Menschheit, das haben wir als einen Nachklang unserer Verbindung mit dem Archéwesen, mit dem Arché, während der Zeit vom Einschlafen bis zum Aufwachen. Sodass wir also vom Einschlafen bis zum Aufwachen mit dieser dritten geistigen Hierarchie uns verbunden wissen sollten.

Nun, wie ist der Unterschied unseres Lebens vom Einschlafen bis zum Aufwachen, also jeden Tag, von dem Leben zwischen dem Tod und einer neuen Geburt? Jeden Abend beim Einschlafen legen wir, ich möchte sagen, provisorisch, auf Widerruf, unseren physischen und Ätherleib ab. Der bleibt uns erhalten. Da sind wir mit diesen genannten Wesenheiten der dritten Hierarchie verbunden; wir kehren beim Aufwachen wiederum zurück in unseren physischen und Ätherleib. Anders ist es, wenn wir nicht mehr zurückkehren können, wenn wir gestorben sind. Da wird unser physischer und Ätherleib den Triebkräften des Irdisch-Werdenden übergeben, scheinbar. Wir wissen, dass das scheinbar ist, wir haben ja davon neulich gesprochen, dass das scheinbar ist; aber für unser Erleben wird unser physischer und Ätherleib den Erden- und den Himmelsräumen übergeben. Wir aber kommen dann in dieser Zeit zwischen Tod und neuer Geburt nicht nur wie im Schlafe in Berührung mit diesen Wesenheiten der dritten Hierarchie, sondern in ebenso innige Berührung mit den Wesen der zweiten Hierarchie, mit den Exusiai, also den Geistern der Form, mit den Dynameis, den Geistern der Bewegung, mit den Geistern der Weisheit, Kyriotetes, und auch mit den Wesenheiten der ersten Hierarchie, mit den Seraphim, Cherubim, Thronen. So wie wir hier unser Menschheitswesen hinrichten auf die Welt und im Umkreis der Welt uns alles dasjenige erscheint, was in den Reichen der Natur enthalten ist, so werden wir uns, jetzt nicht äußerlich, sondern innerlich, bewusst des Hereinspielens der höheren Hierarchien zwischen dem Tod und einer neuen Geburt. Das ist im Wesentlichen von einem bestimmten Gesichtspunkte aus der Unterschied zwischen dem Schlaf und dem Totsein des Menschen, dass wir eigentlich nur während des Schlafens unmittelbar – mittelbar auch – mit den Wesenheiten der dritten Hierarchie zusammenhängen, nach dem Tode aber mit den Wesenheiten aller drei Hierarchien, bis hinauf zu den höchsten geistigen Wesenheiten.

Nun, wenn Sie dies festhalten, dann werden Sie weiter einsehen können, wie der Mensch überhaupt sich in das ganze Weltenall hineinstellt, wie der Mensch als Mikrokosmos mit dem ganzen Weltenall, mit dem Makrokosmos zusammenhängt. Vergegenwärtigen wir uns das, was ich gesagt habe, einmal schematisch. Sagen wir also: Unser Geistwesen steht nach dem Tode innerlich im Zusammenhange mit den Wesen der dritten Hierarchie, mit den Wesenheiten der zweiten Hierarchie, mit den Wesenheiten der ersten Hierarchie, so wie es äußerlich hier in Zusammenhang steht mit Tierreich, Pflanzenreich, Mineralreich, aus denen es sich selber aufbaut. Nun besteht aber ein anderer Zusammenhang. Wenn Sie kennenlernen alles dasjenige, was die Wesenheiten der dritten Hierarchie zunächst wirken – sie haben noch andere Aufgaben, aber wir sprechen ja immer nur partieweise von den Dingen, nicht wahr, es sind ja die Wesen der dritten Hierarchie einzelne individuelle Wesen, die jedes einzeln für sich, und auch durch ihre Wirkungen zusammen tätig sind, die etwas hervorbringen, etwas schaffen –, wenn Sie sich vergegenwärtigen, was diese Wesenheiten der dritten Hierarchie wirken, so ist das zunächst alles dasjenige, zunächst sage ich, was vorgeht im geschichtlichen Leben der Menschheit. Sie können den Gedanken auch so fassen: Niemand weiß etwas von der Wirklichkeit des geschichtlichen Lebens der Menschheit, der nicht eine Ahnung davon hat, dass dasjenige, was eigentlich Geschichte ist, in Wirklichkeit nicht von den Menschen gemacht wird, sondern von den Wesenheiten der dritten Hierarchie. Die Wesenheiten der dritten Hierarchie – Angeloi, Archangeloi, Archai – machen eigentlich die Geschichte, und der Mensch nimmt teil an dem Werk dieser dritten Hierarchie, indem er daraus in der charakterisierten Weise sein Bewusstsein als Persönlichkeit hat, sein Bewusstsein als Mensch, als geschichtliches Erdwesen. Also dass der Mensch drinnen steht in der Welt, das ist, weil diese Wesenheiten das geschichtliche Leben machen, und der Mensch das, was er innerlich ist und wodurch er innerlich zusammenhängt mit dem geschichtlichen Leben, wiederum von diesen Wesenheiten hat. Das äußere geschichtliche Leben, das die landläufige Geschichte verzeichnet, das ja im Wesentlichen doch eine Fable convenue ist, das ist nur ein Abbild von dem innerlich geschichtlichen Leben, das geschaffen wird in seinem Werdegange von den Wesen der dritten Hierarchie.[101]

Das Geschichtliche, also das, was wir als irdischer Mensch als Zeitverlauf erleben, ist ebenso eine Täuschung, wie wir die Zeit als solche nur als

Täuschung erleben. Ihre eigentliche Wirklichkeit hat die Geschichte in dem, was die Engel, Erzengel und Zeitgeister im Menschen wirken. Das ist das eigentlich Wirksame der Geschichte. Hieran anknüpfend kommt Rudolf Steiner nun auf die Täuschung über das Wesen der Zeit als solcher nochmals zu sprechen:

«Ich habe, als ich vor einiger Zeit hier sprach, Ihnen eine gewisse Zumutung gestellt. Ich habe davon gesprochen, dass die Zeit, so wie wir sie erleben, eigentlich eine Täuschung ist, dass die Zeit in Wirklichkeit etwas ganz anderes ist, als sie der Mensch erlebt, weil der Mensch die Zeit nicht perspektivisch nimmt, so sagte ich dazumal. Den Raum erlebt der Mensch schon perspektivisch; die ferneren Bäume sieht er kleiner als die nahen Bäume. In Wirklichkeit ist auch die Zeit ebenso perspektivisch zu sehen. Die in der Zeit entfernten Ereignisse sind anders zu sehen als die in der Zeit nahen Ereignisse. Es ist aber nur die Grundlage dafür, dass die Zeit wirklich das ist, als was die Forscher aller Zeiten sie angesehen haben: die Zeit ist das wichtigste Medium der menschlichen Täuschung. Wir denken uns, dass zum Beispiel die Wesen der höheren Hierarchien auch so durch die Zeit fließen, wie unser eigenes Seelenleben durch die Zeit fließt: es ist keine Wahrheit darin. In Wahrheit liegt das Wesen der höheren Hierarchien in abgeflossenen Zeiten, aber sie wirken herüber aus den abgeflossenen Zeiten, wie im Raume von einem entfernten Orte man herüberwirken kann, meinetwegen durch Lichtsignale oder so etwas, auf in einem nahen Orte im Raume liegende Wesen. Die Zeit ist nicht das, als was sie die Menschen ansehen, die Zeit ist auch nicht das, als was sie solche Philosophen wie *Kant* ansehen, sondern die Zeit ist in ihrer Wirklichkeit etwas ganz anderes. Und das, was der Mensch als Wirklichkeit ansieht, ist eben auch eine Maja, eine große Täuschung. Vor allen Dingen bleibt immer das stehen, wovon wir glauben, indem wir in der Zeit als Täuschung leben, dass es vergangen sei. Es bleibt aber da; die Zeit wird wirklich zu etwas wie zu einem Raume. Und man sieht auf die rückwärtigen Ereignisse so, wie man auf entfernte Gegenstände im Raume sieht, wenn man wahrhaftig sieht. Die Zeit ist eine Täuschung.

Und weiter weiß die Geisteswissenschaft, dass die Quellen zu andern großen Täuschungen in menschlichen Weltanschauungen davon herrühren, dass der Mensch in Bezug auf die Zeit der Täuschung unterliegt. Wenn unter Ihnen viele Physiker wären, würde ich selbst rein physikalisch mich hier aussprechen können. Ich würde Ihnen an physikalischen Formeln zeigen können, dass so, wie der Physiker die Zeit – das t, wie er es bloß nennt – in die physikalischen Formeln einführt, diese Zeit nur eine Zahl ist, also etwas ganz Unbekanntes, keine Wirklichkeit, sondern ein reiner Schein ist. Ein Wirkliches ist immer nur die Geschwindigkeit, aber die gerade sieht der Physiker als eine Folge der Zeit an. Da Sie ja keine Physiker sind und sich wahrscheinlich auf das Verständnis der Sache nicht einlassen werden, will auch ich mich nicht weiter darauf einlassen.

Die Zeit ist Täuschung, das ist eine schwerwiegende Wahrheit, weil die Zeit als Täuschung vielen andern Täuschungen des Lebens zugrunde liegt. So zum Beispiel sieht man alle Dinge falsch, wenn man im geschichtlichen Leben die Zeit falsch anwendet. So denken etwa die Menschen, in den ersten drei christlichen Jahrhunderten hätten sich gewisse Dinge zugetragen, die seien jetzt vorbei. – In Wirklichkeit müssten sie denken: Der Erzengel oder die Wesenheit aus der Hierarchie der Archai, die dazumal die Ereignisse geleitet hat, ist noch da; das wirkt in anderer Weise weiter. – Das Vergangensein ist nur eine Täuschung. Es hängt viel davon ab, dass man gegenüber der geistigen Wirklichkeit gerade den perspektivischen Charakter der Zeit kennenlernt, dass man weiß, man muss sich über die Ereignisse im Zeitenlaufe ebenso täuschen – während man das nicht glaubt –, wie man sich über die Ereignisse im Raume täuscht, wenn man keine Perspektive zugibt. Denken Sie einmal, wie groß die Täuschung wäre, wenn Sie keine Perspektive zugeben würden, wenn Sie das Entfernte im Raume als so wirksam auf sich selbst betrachten würden wie das Nahe. Sie schauen auf einen fernen Berg hin. Von der Luft, die Sie umgibt, hängt wesentlich Ihre Gesundheit ab; von der Luft auf dem fernen Berge nicht, denn wollen Sie sie als gesundheitsfördernd haben, so müssen Sie hingehen. Die Wirklichkeit hängt im Wesentlichen, sobald es um die Wirklichkeit im Leben sich handelt, mit der Perspektive zusammen. So ist es aber auch mit Bezug auf die Zeit. Wir leben richtig in der Gegenwart, wenn wir nicht glauben, dass die ferneren Ereignisse der Vergangenheit ebenso gewogen werden können wie die nahen Ereignisse. Wenn wir im dritten nachatlantischen Zeitraum die ägyptisch-chaldäische Zeit betrachten und nur dasjenige ins Auge fassen, was die Dokumente liefern, und sie so registrieren, wie sie die Torengeschichte registriert, die Fable convenue, die sich eben heute Geschichte nennt, dann machen wir den perspektivischen Fehler. Denn es hat überhaupt für das heutige Leben gar keine Bedeutung, was die Menschen äußerlich an Taten während der ägyptischen Zeit gemacht haben, aber was die Engel und Erzengel und Archai gemacht haben, das hat Bedeutung; das tritt aber nur in der perspektivisch gebildeten

Betrachtung hervor. Daher ist es ein Grundsatz, und nicht nur heute, wo wir alle diese Dinge wiederentdecken müssen auf dem Boden der Anthroposophie, sondern in allen Zeiten war es ein Grundsatz für alle geistigen Forscher, dass die Zeit als solche eine Täuschung ist, und niemals wurde von einem wirklichen Kenner der Wirklichkeit mit der Zeit so gerechnet, dass sie für eine Wahrheit gehalten wurde, dass sie selbst für eine wahre Wirklichkeit gehalten worden wäre.»[102]

Steiner versucht auch hier nochmals, uns die Realität des Historischen deutlich zu machen. Zunächst ging es ja in den vorangegangenen Betrachtungen über die Perspektivität der Zeit nur um das persönliche Erleben der Zeit, wo sich unser Gedächtnis als Quelle der Täuschung über die Perspektivität der Zeit ausnimmt. Durch unser Gedächtnis gewinnen wir ja den Eindruck, das Vergangene sei eben vergangen, erleben es dann aber in der Erinnerung so, als ob wir das äußere Bild im Raum, das wir haben, mit uns nehmen könnten, wenn wir den Ort verlassen, an dem wir uns gerade befinden. Im Raum geben wir uns nicht der Täuschung hin, dass die Bäume mit uns gehen würden. Durch das Gedächtnis aber können wir die Erlebnisse in der Zeit mit uns nehmen. In Wirklichkeit aber bleiben die Ereignisse in der Zeit stehen, so wie die Dinge im Raum stehen bleiben, und behalten darin auch ihre Wirksamkeit.

Dasselbe gilt nun auch für alles historische Geschehen. Entscheidend ist nun aber, wo die Ebene der Wirksamkeit zu suchen ist. Die liegt nämlich nicht in dem, was äußerlich räumlich sich zuträgt, also in dem, was wir gewöhnlich für das Wirksame in der Geschichte halten, sondern in dem, was die mit dem Menschen verbundene dritte Hierarchie durch die Menschen bewirkt. Die Wirklichkeit des Historischen und damit des Zeitlichen liegt also weder in dem, was wir als Raum, noch in dem, was wir als Zeit erleben, sondern in der geistigen Realität, die hinter dem äußeren Erleben, das an die materiellen Erscheinungen gebunden ist, liegt.

Greifen wir auch hier die wesentlichen Aussagen zur Zeit nochmals heraus:

«Denn es hat überhaupt für das heutige Leben gar keine Bedeutung, was die Menschen äußerlich an Taten während der ägyptischen Zeit gemacht haben, aber was die Engel und Erzengel und Archai gemacht haben, das hat Bedeutung; das tritt aber nur in der perspektivisch gebildeten Betrachtung hervor.»

«Wir leben richtig in der Gegenwart, wenn wir nicht glauben, dass die ferneren Ereignisse der Vergangenheit ebenso gewogen werden können wie die nahen Ereignisse.»

«So denken etwa die Menschen, in den ersten drei christlichen Jahrhunderten hätten sich gewisse Dinge zugetragen, die seien jetzt vorbei. – In Wirklichkeit müssten sie denken: Der Erzengel oder die Wesenheit aus der Hierarchie der Archai, die dazumal die Ereignisse geleitet hat, ist noch da; das wirkt in anderer Weise weiter.»

«Ich würde Ihnen an physikalischen Formeln zeigen können, dass so, wie der Physiker die Zeit – das t, wie er es bloß nennt – in die physikalischen Formeln einführt, diese Zeit nur eine Zahl ist, also etwas ganz Unbekanntes, keine Wirklichkeit, sondern ein reiner Schein ist. Ein Wirkliches ist immer nur die Geschwindigkeit, aber die gerade sieht der Physiker als eine Folge der Zeit an.»

«Vor allen Dingen bleibt immer das stehen, wovon wir glauben, indem wir in der Zeit als Täuschung leben, dass es vergangen sei. Es bleibt aber da; die Zeit wird wirklich zu etwas wie zu einem Raume. Und man sieht auf die rückwärtigen Ereignisse so, wie man auf entfernte Gegenstände im Raume sieht, wenn man wahrhaftig sieht.»

«... die Zeit ist das wichtigste Medium der menschlichen Täuschung. Wir denken uns, dass zum Beispiel die Wesen der höheren Hierarchien auch so durch die Zeit fließen, wie unser eigenes Seelenleben durch die Zeit fließt: es ist keine Wahrheit darin. In Wahrheit liegt das Wesen der höheren Hierarchien in abgeflossenen Zeiten, aber sie wirken herüber aus den abgeflossenen Zeiten, wie im Raume von einem entfernten Orte man herüberwirken kann ...»

Damit greift Steiner auf seine bereits in den *Einleitungen zu Goethes Naturwissenschaftlichen Schriften* dargelegte Auffassung der Zeit zurück, die wir ganz am Anfang unserer Betrachtungen (s. oben S. 30 f.) bereits zitiert haben:

«Aber die Zeit ist ja nicht ein Gefäß, in dem die Veränderungen sich abspielen; sie ist nicht *vor* den Dingen und *außerhalb* derselben da. Die *Zeit* ist der sinnenfällige Ausdruck für den Umstand, dass die Tatsachen ihrem Inhalte nach voneinander in einer Folge abhängig sind. Nehmen wir an, wir hätten es mit dem wahrzunehmenden Tatsachenkomplex

$a_1 b_1 c_1 d_1 e_1$ zu tun. Von diesem hängt mit innerer Notwendigkeit der andere Komplex $a_2 b_2 c_2 d_2 e_2$ ab; ich sehe den Inhalt dieses letzteren ein, wenn ich ihn ideell aus dem ersteren hervorgehen lasse. Nun nehmen wir an, beide Komplexe treten in die Erscheinung. Denn was wir früher besprochen haben, ist das ganz unzeitliche und unräumliche Wesen dieser Komplexe. Wenn $a_2 b_2 c_2 d_2 e_2$ in der Erscheinung auftreten soll, dann muss $a_1 b_1 c_1 d_1 e_1$ ebenfalls Erscheinung sein, und zwar so, dass nun $a_2 b_2 c_2 d_2 e_2$ auch in seiner Abhängigkeit davon erscheint. D. h. die Erscheinung $a_1 b_1 c_1 d_1 e_1$ muss da sein, der Erscheinung $a_2 b_2 c_2 d_2 e_2$ Platz machen, worauf diese letztere auftritt. Hier sehen wir, dass die Zeit erst da auftritt, wo das *Wesen* einer Sache in die *Erscheinung* tritt. Die Zeit gehört der Erscheinungswelt an. Sie hat mit dem Wesen selbst noch nichts zu tun. Dieses Wesen ist nur ideell zu erfassen. Nur wer diesen Rückgang von der Erscheinung zum Wesen in seinen Gedankengängen nicht vollziehen kann, der hypostasiert die Zeit als ein den Tatsachen Vorhergehendes. Dann braucht er aber ein Dasein, welches die Veränderungen überdauert. Als solches fasst er die unzerstörbare Materie auf. Damit hat er sich ein Ding geschaffen, dem die Zeit nichts anhaben soll, ein in allem Wechsel Beharrendes. Eigentlich aber hat er nur sein Unvermögen gezeigt, von der zeitlichen Erscheinung der Tatsachen zu ihrem Wesen vorzudringen, das mit der Zeit nichts zu tun hat. Kann ich denn von dem Wesen einer Tatsache sagen: es entsteht oder vergeht? Ich kann nur sagen, dass ihr Inhalt einen andern bedingt, und dass dann diese Bedingung als Zeitenfolge erscheint. Das Wesen einer Sache kann nicht zerstört werden; denn es ist außer aller Zeit und bedingt selbst die letztere.»[103]

In seinen Vorträgen über die Wirklichkeit der Zeit wendet Steiner nun seine Zeitauffassung auf die Geschichte an. Die Wirklichkeit liegt in den Wesen, die aber in der Zeit erscheinen.

Deshalb spricht Steiner auch vom menschlichen Wesen, dem Ich, immer so, dass es nicht in der Zeit lebt, sondern dass unser Ich außerhalb von Raum und Zeit lebt. Nur durch unseren physischen und ätherischen Leib kann das Ich in Raum und Zeit erscheinen. Wir müssen Wesen und Erscheinung aber dennoch getrennt betrachten. Schieben wir eine seiner diesbezüglichen Aussagen an dieser Stelle ein:

«Fragen wir uns – und hier berühren wir ein bedeutsames Geheimnis der geistigen Wissenschaft –: Wie steht es denn eigentlich mit diesen Gliedern, die wir als die Glieder der menschlichen Natur kennengelernt haben? Nun, wir kennen als das zunächst höchste Glied der menschlichen Natur unser Ich. Wir lernen unser Ich aussprechen zu einer gewissen Zeit unseres Kindesalters. Wir gewinnen ein Verhältnis zu diesem Ich von der Zeit an bis zu der wir uns in späteren Jahren zurückerinnern. Wir wissen es aus den verschiedensten geisteswissenschaftlichen Betrachtungen: bis zu dem Zeitpunkt hat das Ich selber formend und gestaltend an uns gewirkt, bis zu dem Moment, da wir ein bewusstes Verhältnis zu unserem Ich haben. Beim Kind ist dieses Ich auch da, aber es wirkt in uns, es bildet in uns erst den Leib aus. Zunächst schafft es mit den übersinnlichen Kräften der geistigen Welt. Wenn wir durch die Empfängnis und die Geburt gegangen sind, schafft es sogar noch einige Zeit, die Jahre dauert, an unserem Leibe, bis wir unseren Leib als Werkzeug so haben, dass wir uns bewusst als ein Ich erfassen können. Es ist ein tiefes Geheimnis mit diesem Hineintreten des Ich in die menschliche Leibesnatur verbunden. Wir fragen den Menschen, wenn er uns entgegentritt: Wie alt bist du? – Er gibt uns als sein Alter an die Jahre, die verflossen sind seit seiner Geburt. Wie gesagt, wir berühren hier ein gewisses Geheimnis der Geisteswissenschaft, das uns im Laufe der nächsten Zeit immer klarer werden wird, das ich aber heute nur erwähnen will, gleichsam mitteilen will. Was uns der Mensch also als sein Alter angibt zu einer bestimmten Zeit seines Lebens, das bezieht sich auf seinen physischen Leib. Er sagt uns nichts anderes als: sein physischer Leib ist so und so lange in der Entwickelung gewesen seit seiner Geburt. Das Ich macht diese Entwickelung dieses physischen Leibes nicht mit. Das Ich bleibt stehen.

Und das ist das schwer zu fassende Geheimnis, dass das Ich eigentlich in dem Zeitpunkte, bis zu dem wir uns zurückerinnern, stehenbleibt. Es wird nicht mit dem Leibe geändert, es bleibt stehen. Gerade dadurch haben wir es immer vor uns, dass es uns, indem wir hinschauen, unsere Erlebnisse entgegenspiegelt. Das Ich macht unsere Erdenwanderung nicht mit. Erst wenn wir durch die Pforte des Todes gegangen sind, müssen wir den Weg, den wir Kamaloka nennen, wiederum zurück machen bis zu unserer Geburt, um unser Ich wieder anzutreffen, und es dann auf unserer weiteren Wanderung mitzunehmen. Der Körper schiebt sich in den Jahren vor – das Ich bleibt zurück, das Ich bleibt stehen. Schwierig zu begreifen ist es aus dem Grunde, weil man sich nicht vorstellen kann, dass in der Zeit etwas stehenbleibt, während die Zeit weiterrückt. Aber es ist doch so. Das Ich bleibt stehen, und zwar bleibt es aus dem Grunde stehen, weil dieses Ich eigentlich sich nicht verbindet mit dem, was vom Erdendasein an den Menschen herankommt, sondern weil es verbunden bleibt mit denjenigen Kräften, die wir in der geistigen Welt die unsrigen nennen. Das Ich bleibt da, das Ich bleibt im Grunde in der Form, wie es uns verliehen ist, wie wir wissen, von den Geistern der Form. Dieses Ich wird in der geistigen Welt gehalten. Es muss in der geistigen Welt gehalten werden, sonst könnten wir niemals als Menschen während unserer Erdenentwickelung der Erde ursprüngliche Aufgabe und ursprüngliches Ziel wieder erreichen. Was der Mensch hier auf der Erde durch seine Adamsnatur durchgemacht hat, wovon er eine Abprägung in das Grab trägt, wenn er als Adam stirbt, das ist haftend am physischen Leibe, Ätherleib und Astralleib, kommt von diesen. Das Ich wartet, wartet mit alledem, was in ihm ist, die ganze Zeit, die der Mensch auf der Erde durchmacht, sieht nur hin auf die weitere Entwickelung des Menschen – wie der Mensch es sich wieder holt, wenn er durch die Pforte des Todes gegangen ist, indem er den Weg zurück macht. Das heißt, wir bleiben – in einem gewissen Sinne ist das gemeint – mit unserem Ich gewissermaßen in der geistigen Welt zurück. Dessen soll sich die Menschheit bewusst werden. Und sie konnte sich dessen nur dadurch bewusst werden, dass in einer gewissen Zeit aus jenen Welten, denen der Mensch angehört, aus den geistigen Welten, der Christus herunterkam und sich in dem Leibe des Jesus vorbereitete, in der Weise, wie wir es wissen – doppelt –, das, was als Leib ihm auf der Erde dienen sollte.»[104]

Die von uns oben bereits ausführliche behandelte *Spiegelfunktion* unserer Leibesorganisation (s. oben S. 106 ff.), die Steiner in seinem auf dem Philosophenkongress in Bologna 1911 gehaltenen Vortrag erstmals öffentlich darstellte, sie bewirkt eben nicht nur unser Bewusstsein als solches, sondern sie erzeugt eben auch die Täuschung des zeitlichen Erlebens. In Wirklichkeit lebt unser Ich ja nicht in dem Spiegelbild unseres Leibes. Und nur der Leib ist es, der sich zeitlich verändert. Unser Ich lebt außerhalb des Spiegels, also außerhalb von Raum und Zeit:

«Was uns der Mensch also als sein Alter angibt zu einer bestimmten Zeit seines Lebens, das bezieht sich auf seinen physischen Leib. Er sagt uns nichts anderes als: sein physischer Leib ist so und so lange in der Entwickelung gewesen seit seiner Geburt. Das Ich macht diese Entwickelung dieses physischen Leibes nicht mit. Das Ich bleibt stehen.»

Unser eigentliches Wesen wird, wie Steiner hier ausführt, von den Geistern der Form gehalten. Luzifer und Ahriman hingegen binden uns an den Leib und erzeugen durch diesen Spiegel unser irdisches, d.h. zeitliches Bewusstsein.

Dabei entsteht aber nun eine für unser Verständnis der Zeit zentrale Frage:

– Wenn unser eigentliches Wesen, unser Ich nicht in das Irdische, zeitliche Erleben eintritt, sondern sich darin nur spiegelt, wenn es also gewissermaßen vor dem Zeitpunkt, an dem wir beginnen Ich zu uns zu sagen, «stehen bleibt» und die zeitlichen Abläufe unseres Erdenlebens gar nicht mitmacht, wenn es sich zu dem Irdischen so verhält wie jemand, der vor einem Spiegel steht – wie kann dann das zeitliche Erleben, das Spiegelbild überhaupt das ewige Wesen des Ich verändern? Kann ein Spiegelbild denjenigen, der vor dem Spiegel steht, überhaupt beeinflussen?

Es ist die Frage vom Verhältnis des Dauernden zu dem sich Entwickelnden. Denn zeitliche Entwicklung findet demnach ja nur im Irdischen, nur auf der Erde statt. In der geistigen Welt, der Welt der Dauer aber, gibt es ja kein Zeitliches, sie steht außerhalb des Zeitlichen. Aber entwickelt sie sich deshalb nicht?

Rudolf Steiner drückt sich ja diesbezüglich sehr deutlich aus: «Das Ich macht unsere Erdenwanderung nicht mit. Erst wenn wir durch die Pforte des Todes gegangen sind, müssen wir den Weg, den wir Kamaloka nennen, wiederum zurück machen bis zu unserer Geburt, um unser Ich wieder anzutreffen, und es dann auf unserer weiteren Wanderung mitzunehmen. Der Körper schiebt sich in den Jahren vor – das Ich bleibt zurück, das Ich bleibt stehen.»

Und noch weiter könnte man fragen: Entwickeln sich denn dann die Hierarchien, die ja nur im Geistigen und nicht auf der Erde leben, überhaupt nicht? Bleiben sie stehen? Diese Frage aber zeigt schon, dass es absurd wäre anzunehmen, geistige Wesen würden sich, weil sie nicht in das Irdisch-Zeitliche eintreten, nicht entwickeln können. Steiner spricht diesbezüglich ja sogar von normaler und von «zurückbleibender» Entwicklung. Die ahrimanischen Wesen zum Beispiel bezeichnet er als auf einer gewissen Stufe der Entwicklung zurückgebliebene Wesen.

Wodurch also, so kann man nun fragen, entwickelt sich ein geistiges Wesen weiter, wenn doch alles irdisch-zeitliche Erleben nur eine Maja ist, eine Täuschung, die dadurch entsteht, dass wir uns während des Erdenlebens mit unserem physischen Leib identifizieren?

Teilen wir die Frage auf, so können wir fragen:
1. Wodurch entwickelt sich der Mensch als geistiges Wesen, also als Ich, eigentlich weiter, wenn das Ich nicht in die irdisch-zeitliche Entwicklung eintritt?
2. Wodurch entwickeln sich die geistigen Wesen, also zum Beispiel die Engel, weiter, die gar nicht in ein zeitliches Erleben eintreten?

4. Der dreigliedrige Mensch und sein Verhältnis zur Zeit

Um die erste Frage zu beantworten, kommen wir noch einmal zurück auf die Dreigliederung der menschlichen Gestalt. Diese hatte Rudolf Steiner zu Beginn seiner Vorträge im Herbst 1918 schon einmal deutlich herausgearbeitet. Wir zitieren diese Schilderungen hier wiederum als ganzen Zusammenhang:

«Auf den dreigeteilten Menschen habe ich gestern schematisch hingewiesen. Es ist ja durchaus so, dass aus unserem gegenwärtigen Geistesleben heraus wenig Empfindungen vorhanden sind für das Verständnis des Wesens des Menschen, so wie es erfasst werden muss vom geisteswissenschaftlichen Standpunkte. Allein, wir müssen uns doch bemühen, an dieses Menschenwesen heranzukommen. Die wichtigsten Vorstellungen, die man auch über das Gesamtleben des Menschen gewinnen muss, über die Entwickelung des Menschen zwischen dem Tode und einer neuen Geburt, auch sie sind nur zu beherrschen, wenn man ausgeht von einem solchen Verständnisse, das an diesen dreigeteilten Menschen anknüpft. Betrachten wir für heute einmal im einzelnen diesen dreigeteilten Menschen.

Es wurde ja gestern schon darauf aufmerksam gemacht, dass wir da zunächst auf das Haupt des Menschen hinweisen können. In einem gewissen Sinne ist dieses Haupt des Menschen wirklich eine Art selbstständige Formwesenheit. Sie können sich ja selber hinstellen vor ein Menschenskelett, und Sie können leicht das Haupt abheben. Wie eine Kugel können Sie es abheben. In Wirklichkeit ist allerdings die Trennung zwischen den drei Gliedern der menschlichen Natur nicht so einfach, dass man sagen könnte: Dasjenige, was man da vom übrigen Skelett so bequem abhebt wie eine Kugel, das ist dieser Hauptesteil. – So streng sind die Dinge nicht geschieden. Aber man muss sich ja allmählich herausarbeiten aus dem bloßen Schematismus, auch aus dem, den einem die Natur selbst nahelegt, zu einer lebendigen Empfindung. Und ich musste ja gestern schon, wie Sie gesehen haben, nicht etwa drei nebeneinanderliegende Kreise aufzeichnen, sondern einen Kreis für das Haupt, einen zweiten Kreis, der dieses Haupt übergriff, und einen dritten Kreis, der wiederum beide übergriff. Sodass, wenn man schematisch den dreigeteilten Menschen zeichnen würde nach seiner physischen Wesenheit, man eben ihn so zu zeichnen haben würde, dass man sagt: Der Hauptesteil (siehe Zeichnung roter Kreis A), der Rumpfteil (oval, gelb), und dann der Gliedmaßenteil (orange) –, eigentlich drei Kugeln, wenn auch diese Kugeln in die Länge gezogen werden müssen. Mit dem Hauptesteil, also mit dem, was hier als roter Kreis A bezeichnet worden ist, mit diesem Hauptesteil steht das Geistige, das, wie Sie gestern gesehen haben, eine junge Bildung ist, im Zusammenhange (hell schraffierter kleiner Kreis, weiß). Dieses Geistige des Hauptes, das ist eine junge geistige Bildung, während das Haupt selbst eine alte physische Bildung, eine physische Formwesenheit ist. Bei dem Haupte ist daher vor allen Dingen richtig, was man sonst im Allgemeinen für den Menschen anführt, was aber in dieser Allgemeinheit, wie man es anführt, nicht ganz richtig ist; für das Haupt ist es richtig. Was ich hier als Weißes, Geistiges bezeichnet habe in Bezug auf das Haupt, das ist, wenn Sie schlafen, heraußen aus dem Haupte. Wenn Sie wachen, ist es mit dem Haupt vereinigt, ist zum größten Teile im physischen Haupte drinnen. Es kann sich also am leichtesten vom physischen Haupte trennen; es geht heraus und geht wiederum zurück, hinein.

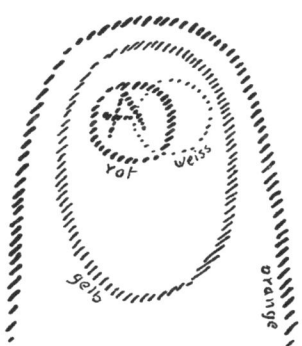

Das ist schon durchaus nicht so für den mittleren Menschen, nennen wir ihn meinetwillen den Brustmenschen. Alles dasjenige, was vom Thorax, vom Brustkorbe eingeschlossen ist, von den Rippen und vom Rückgrat, das ist mit dem Geistigen verbunden, aber es ist nicht so ausgesprochen das Geistige heraußen, wenn Sie schlafen. Das Geistige steht schon auch während des Schlafens für diesen mittleren Menschen in einer starken Verbindung mit dem Physischen. Und für den dritten Menschen, für den Gliedmaßenmenschen, wozu auch der sexuelle

Mensch gehört, da ist eigentlich praktisch eine Trennung zwischen Schlafen und Wachen in Wirklichkeit doch nicht vorhanden. Da kann man gar nicht sagen, dass wirklich das Geistig-Seelische im Schlafe sich trennt; die bleiben mehr oder weniger auch im Schlafe vereint. Sodass man nach einem andern Schema den wachenden Menschen gut so zeichnen könnte, dass man sagte: Wenn das der physische Mensch ist, wachend (siehe Zeichnung a, dunkel schraffiert, rot), so würde dieses der geistige Mensch sein (hell schraffiert, weiß). Das würde der schlafende Mensch sein (siehe Zeichnung b, rot und weiß); es bliebe also dieses mehr oder weniger mit dem Leiblichen vereint, und nur *das* geht eigentlich heraus (siehe Zeichnung b). Das würde von einem gewissen Gesichtspunkte aus die eigentliche Zeichnung sein für den Gegensatz des wachenden und schlafenden Menschen.

Nun werden Sie die wichtigen Dinge, die wir zu besprechen haben, nur dann verstehen, wenn Sie diese Gliederung des dreigeteilten Menschen, die wir eben besprochen haben, für sich durchkreuzen mit einer andern Gliederung des Menschen, die anknüpft an dasjenige, was ich die vorige Woche hier auseinandergesetzt habe.

Wenn wir so noch einmal das Haupt, den Rumpfmenschen, den Gliedmaßenmenschen durchsprechen, so können wir ja sagen: Im eigentlichsten Sinne Mensch ist nur der Rumpfmensch. Der ist daher auch derjenige, dem der lebendige Odem eingehaucht ist durch die Elohim. Er ist der atmende Mensch. Da ist die Teilung nicht so ganz bequem wie beim Skelett; der Atmungsvorgang durch Nase und Mund gehört schon zum Rumpfmenschen. Also, nicht wahr, es ist die Teilung in Wirklichkeit nicht so schematisch bequem zu machen, wie man es sich gern aufzeichnen möchte, aber das sind ja natürlich die Schwierigkeiten des Verständnisses für eine solche Sache.

Also der eigentliche Mensch, der Erdenmensch, ist der Rumpfmensch. Und der Kopfmensch, als physische Gestaltung, das ist eigentlich nicht etwas durch und durch Menschliches. Man kann nicht sagen, dass der Menschenkopf etwas durch und durch Menschliches ist. Der Menschenkopf hat eben sehr viel Ahrimanisches in sich. Er ist im Wesentlichen so gegliedert, wie er gegliedert ist, aus dem Grunde, weil gewisse Bildungsprinzipien in ihm namentlich diejenigen sind, die noch von der alten Sonne, also von diesem zweiten Erdenstadium – Saturn, Sonne –, zurückgeblieben sind. Unser Haupt mit seiner ganzen komplizierten Bildung wäre nicht so, wie es ist, wenn es nicht seine erste Bildung bekommen hätte in diesen uralten Zeiten der alten Sonne. Und es sind also eigentlich alte, uralte Bildungsprinzipien, die heute hereinragen in die Erdensphäre, und die wir aus diesem Grunde als ahrimanische bezeichnen müssen. Zurückgebliebene Prinzipien müssen wir ja immer als luziferische oder ahrimanische, je nach den Gesichtspunkten, ansehen. Dasjenige, was den Menschen als Erdenmenschen ausmacht, wo die Prinzipien des Erdenwerdens hauptsächlich spielen, das ist der Brust-, der Rumpfmensch.

Der Gliedmaßenmensch ist auch nicht rein der Mensch, sondern der hat sehr viel Luziferisches in sich, und seine Bildungsprinzipien sind eigentlich noch nicht volle Bildungsprinzipien, sondern sie sind solche, welche ihre volle Ausgestaltung erst haben werden, wenn die Erde ins Venusstadium gekommen sein wird, wenn also das Jupiterstadium vorausgegangen und im Übergange sein wird in das Venusstadium. Dann werden die Bildungsprinzipien, die heute, ich möchte sagen, noch diesen Schatten von einem Wesen ausbilden, der der Extremitätenmensch ist, dieses dritte menschliche Wesen, in ihrer vollen Intensität, in ihrer richtigen Gestalt wirken: wenn die Venuszeit da sein wird. Also das nimmt der Mensch voraus, was in der Venuszeit erst da sein wird und bildet es heute unvollkommen, keimhaft, lässt es nicht über das Keimhafte hinauskommen.

So ist die Sache kosmisch betrachtet. Kosmisch betrachtet also sind wir in unserer Gestaltung so, dass wir in unserem Haupte gewissermaßen nach den Kräften die alte Sonnenzeit wiederholen, in unserer Brust das Erdenwerden tragen; indem wir Extremitätenmenschen sind, tragen wir die Keime zum Venuswerden in uns. Das ist kosmisch betrachtet.

Humanistisch betrachtet ist es etwas anderes. Da müssen wir auf die menschliche Individualität sehen, wie diese menschliche Individualität von Inkarnation zu Inkarnation schreitet. Da müssen wir sagen: Was wir heute in dieser Inkarnation als Haupt an uns tragen, das hat sich verwandt erwiesen unserer vorigen Inkarnation; dasjenige, was wir jetzt als Brustmenschen in uns tragen, das ist eigentlich rein verwandt unserer gegenwärtigen Inkarnation; und dasjenige, was wir als

Extremitätenmensch in uns tragen, das wird ja Haupt in der nächsten Inkarnation, das ist verwandt schon mit der nächsten Inkarnation. Ich habe Ihnen in der vorigen Woche gesagt: Das Haupt hat etwas Verräterisches, insbesondere in seinem Negativ. Wenn Sie einen Abdruck nehmen würden von der Physiognomie des Hauptes und diese Physiognomie anschauen würden, so würden Sie in dieser negativen Physiognomie Ihres Hauptes viel von dem erkennen, was Sie in einer vorigen Inkarnation angestellt haben.

Umgekehrt ist es mit dem Extremitätenmenschen. Da können Sie aber nicht einen Abdruck nehmen, sondern da müssen Sie anders vorgehen. Denken Sie sich vom Menschen das Haupt und den Rumpfmenschen weg, aber denken Sie sich alles das, was nun Ihre Hände und Beine tun, machen Sie sich ein Bild von dem, was Ihre Hände und Beine tun. Sie müssen sich da eine Art Landkarte machen. Nicht wahr, jedes Mal, wenn Sie mit Ihren Händen das oder jenes tun, geschieht es ja an einem andern Orte. Sie gehen ja außerdem herum, Sie kommen in Beziehung zu andern Wesen. Wenn Sie das alles malen würden, was Ihre Hände und Beine tun, und ein Bild im Laufe Ihres Lebens entwerfen würden – es würde ein sehr bewegtes Bild werden – von dem, was Ihre Hände und Füße, Arme und Beine tun, dann würden Sie in dieser Zeichnung eine komplizierte Landkarte erblicken; aus der würden Sie viel von dem verraten bekommen, was Ihnen karmisch aufbewahrt ist für Ihre nächste Inkarnation. Darinnen würden Sie viel ablesen können von dem Karma der nächsten Inkarnation. Es ist durchaus bedeutsam: So wie der Negativabdruck der Physiognomie in seiner Ruhe, in seiner festen, konturierten Zeichnung verräterisch ist für das, was in der vorigen Inkarnation schon geschehen ist, so würde dasjenige, was man abpunktieren könnte von dem, wie sich Arme, Hände, Beine, Füße verhalten, außerordentlich instruktiv sein für das, was der Mensch in der nächsten Inkarnation ausführen wird. Namentlich ist es auch instruktiv für das, was der Mensch in der nächsten Inkarnation ausführt, wohin er geht, wohin ihn seine Beine tragen. Wenn Sie alle die Orte, wenn Sie einfach den Weg verfolgen würden, wohin Sie Ihre Beine tragen, so würde da eine Landkarte daraus werden. Sie würden merkwürdige Figuren bekommen. Nicht ganz ohne Einfluss sind die Neigungen der Menschen auf diese Figuren. Es spricht sich viel von den geheimen Neigungen in diesen Figuren aus. Die sind sehr verräterisch, diese Spuren, die da bleiben, für dasjenige, was die nächste Inkarnation dem Menschen bringt. Also das wäre humanistisch betrachtet. Das andere war kosmisch betrachtet.

Diese Gliederung des Menschen, die, ich möchte sagen, abzielt auf die Gegenwart, bedeutet aber wiederum eine Verbindung mit den Geheimnissen der alten Mysterien, in denen man mehr atavistisch die Sache gewusst hat, aber in denen man solche Geheimnisse, wie sie jetzt eben angeführt worden sind, schon gekannt hat. Es gibt eine schöne Sage, anknüpfend an den König *Salomo*, über die Bestimmtheit, mit welcher der Mensch seine Füße dorthin setzt, wo er seinen Tod finden soll. Gleichsam ist der Sinn dieser Sage, dass ein bestimmter Ort auf der Erde ist, wo der Mensch seinen Tod finden soll – Sie werden einen Zweigvortrag finden, wo ich gerade über diese Salomo-Sage vorgetragen habe –, dahin setzt der Mensch dann seine Füße. Das hängt zusammen mit dem alten Mysterienwissen von diesen Dingen.

Nun, der Mensch hat ja eigentlich, wenn er so im Allgemeinen lebt, nur sein gewöhnliches Bewusstsein; aber er ist, wie Sie sehen, ein recht kompliziertes Wesen, der Mensch. Wenn er wachend ist, wenn er sein jüngstes geistiges Glied, das Haupt, in seinem physischen Haupte drinnen hat, dann weiß er ja nichts von seinem Haupte. Sie werden mit Recht sagen: Gott sei Dank, dass man nichts vom Haupte weiß; denn weiß man vom Haupte, so ist es nur der Kopfschmerz. – Auf eine andere Weise wird sich der Mensch seines Hauptes nicht bewusst, als wenn er Kopfschmerz kriegt; dann weiß er, dass er ein Haupt hat. Sonst bleibt das unbewusst, im eminentesten Sinne unbewusst, viel unbewusster, als ein übriges Glied des menschlichen physischen Leibes. Der Mensch darf ganz froh sein, wenn er im normalen Bewusstsein von seinem Haupte nichts weiß. Aber unter diesem Bewusstsein des Hauptes, das gewöhnlich eigentlich nur von der Außenwelt Kenntnis nimmt, das nur darauf ausgeht, zu wissen von dem, was in der Umgebung ist, unter diesem Wissen ruht ein anderes, eine Art Traumbewusstsein, ein Traumeswissen. Ihr Haupt träumt fortwährend. Und während Sie von der Außenwelt wissen in der Art, wie Ihnen das wohl bekannt ist, träumen Sie eigentlich unter der Schwelle des Bewusstseins, im Unterbewusstsein, fortwährend. Und was Sie da träumen, dieses Träumen im Haupte, wenn Sie es voll auffassen könnten, wenn Sie es ganz in das Bewusstsein hereinbringen könnten, so würde Ihnen das ein Bild geben, ein richtiges, zusammenfassendes Bild Ihrer vorigen Inkarnation. Denn Ihre vorige Inkarnation träumen Sie unterbewusst in Ihrem Haupte. Das ist schon so. Es ist immer ein leises Bewusstsein vorhanden, das nur übertäubt ist von dem stärkeren Lichte des gewöhnlichen Bewusstseins, ein träumendes Bewusstsein von der vorigen Inkarnation.

Mit dem Jahre 747 vor dem Mysterium von Golgatha ist das äußere

Bewusstsein so stark geworden, dass nach und nach dieses Unterbewusstsein der vorigen Inkarnation völlig ausgelöscht worden ist. Aber vor diesem Jahre 747 hat man viel gewusst von diesem Traumesbewusstsein des Hauptes. Daher finden Sie auch überall auf dem Grunde der alten Kulturen die wiederholten Erdenleben als eine Tatsache angeführt. Das rührt einfach davon her, dass dazumal dieses Unterbewusstsein des Hauptes noch nicht so völlig in den Hintergrund getreten war wie jetzt, wie das geschehen ist durch den vierten, namentlich durch den fünften nachatlantischen Zeitraum.

Von dem, was seelisch-geistig mit dem Brustkorb und dem Rumpf des Menschen zusammenhängt, wissen Sie ja auch im gewöhnlichen Bewusstsein sehr wenig. Das ist schon an sich ein Traumhaftes. Es schlägt nur manchmal, und dann sehr chaotisch, unregelmäßig, dieses Rumpf- und Brustkorbbewusstsein in das Bewusstsein des Menschen im Traume herauf. Wenn der Mensch regelmäßig atmen kann, wenn sein Herzschlag regelmäßig ist, also wenn alle seine Funktionen des Brustkorbes und Rumpfes regelmäßig sind, so verläuft das Bewusstsein des Rumpfes nicht so hell wie das Kopfbewusstsein, sondern es verläuft auch im gewöhnlichen Leben traumhaft. Man träumt im Gefühle – ich habe das im vorigen Jahre hier ausgeführt – von diesem mittleren Menschen. Aber dieses, was da im Gefühle liegt, was der Mensch nur im Gefühle erlebt, wenn es heraufgeholt wird durch ein mehr hellseherisch werdendes Bewusstsein, wenn mit andern Worten der Mensch das, was in seinem Brustkorb sich abspielt, ebenso bewusst zu überschauen lernt, wie er sonst im wachen Zustande nur das überschaut, was in seinem Hauptesbewusstsein ist, ja, dann teilt sich dieses Rumpf- und Brustkorbbewusstsein deutlich in zwei Teile. Der eine Teil träumt zurück in die ganze Zeit zwischen dem vorigen Tod und der jetzigen Geburt oder Empfängnis. Also während Sie traumhaft, in sehr tiefen Träumen in Ihrem Hauptesbewusstsein unterbewusst haben dasjenige, was in der vorigen Inkarnation war, haben Sie das, was seit der vorigen Inkarnation bis zu der jetzigen Geburt in der Zwischenzeit verflossen ist, in den Träumen des Brustkorbes. Und in den Träumen, die mehr nach den unteren Partien des Brustkorbes gelegen sind, haben Sie ein starkes Bewusstsein von dem, was zwischen Ihrem kommenden Tode und dem nächsten Erdenleben ist. Also das Bewusstsein, das im Brustkorb konzentriert ist, das aber mehr oder weniger unterbewusst bleibt für den gegenwärtigen Menschen, das ist eigentlich ein traumhaftes Bewusstsein sowohl für die Zeit vor dieser Geburt wie für die Zeit nach diesem Tode. Was zwischen unserem letzten Erdentode und unserer nächsten Erdenempfängnis liegt, mit Ausnahme desjenigen oder auch mit Einschluss desjenigen, was wir jetzt erleben zwischen Geburt und Tod, das enträtselt sich für dieses Unterbewusstsein des mittleren Menschen.

Und in demjenigen, was recht sehr stark durch das ganze Leben hindurch unterbewusst bleibt, was nur heraufgezogen werden kann, wenn der Mensch imstande ist, es durch immerwährendes Sich-Beschäftigen mit geisteswissenschaftlichen Studien und Übungen heraufzuziehen, sodass gewisse Momente des Schlaflebens, die sonst eben schlafend, unbewusst vor sich gehen, heraufgehoben werden und der Mensch mitten aus dem Schlaf heraus bewusst wird, da kann sich das Tableau von der nächsten Erdeninkarnation aus diesem dritten Menschen, aus dem Unterbewusstsein des Extremitätenmenschen herausentwickeln. Dasjenige, was der Mensch als sein gewöhnliches, heute wachendes Bewusstsein hat, ist eigentlich eine Art Seitentrieb des Menschen; das strahlt in das Haupt herein von außen. Aber hinter diesem Bewusstsein liegt ein anderes Bewusstsein, das sich verbreitet über die vorige Inkarnation, über das Leben von der vorigen Inkarnation bis zu dieser, über das Leben von dieser Inkarnation bis zur nächsten, und dann wiederum über die nächste Inkarnation. Nur verschläft der Mensch dieses Bewusstsein.

Es ist das Bewusstsein der vorigen Inkarnation im Haupte. In all den Organen, die vorzugsweise dem Ausatmen dienen, wirkt ein starkes Bewusstsein für das Leben zwischen der vorigen Inkarnation und dieser. In all den Funktionen, die vorzugsweise dem Einatmen dienen, wirkt ein Bewusstsein von der jetzigen Inkarnation bis zur nächsten Erdeninkarnation. Und in dem Gliedmaßenmenschen, in all den geheimnisvollen Vorgängen des Gliedmaßenmenschen wirkt ein sehr, sehr unterbewusst bleibendes Bewusstsein der nächsten menschlichen Inkarnation.

Diese Bewusstseine sind mehr oder weniger verdeckt worden seit dem Beginn der vierten nachatlantischen Zeit, seit 747 vor dem Mysterium von Golgatha. Und der Beruf unserer Zeit ist wiederum, aus dem allgemeinen chaotischen Menschenbewusstsein heraus die bestimmten Bewusstseine von diesen konkreten Vorgängen der kosmischen und der Menschheitsevolution herauszuholen.

Mit alldem, was ich jetzt entwickelt habe, muss sich eine andere Einsicht in die Menschenwesenheit, ich möchte sagen, kreuzen. Ja, es ist schon notwendig, dass wir uns in so schwierige Erörterungen einlassen, wir kommen sonst nicht zum genaueren Verständnisse. Ich hätte

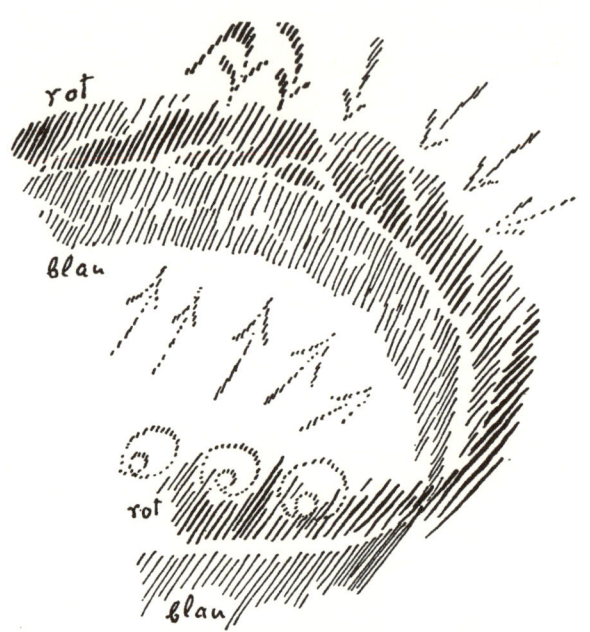

ja so gerne, wenn für diese schwierigen Erörterungen nicht nur ein gewisses Über-sich-ergehen-Lassen waltete, sondern wenn gerade für diese schwierigen Dinge – weil das der gegenwärtigen Menschheit so notwendig wäre – ein bisschen Enthusiasmus, ein bisschen temperamentvolles Eingehen aufzubringen wäre, was ja in einer Gesellschaft der heutigen Zeit so unendlich schwierig ist.

Sehen Sie, Sie richten Ihre Sinne nach außen. Da finden Sie durch Ihre Sinne die Außenwelt als eine sinnenfällige ausgebreitet. Ich zeichne das schematisch, was da nach außen als sinnenfällig ausgebreitet um uns herum liegt. Bitte, es soll das, was da außen herum liegt, dieses (siehe Zeichnung, blau) sein. Wenn Sie Ihre Augen, Ihre Ohren, wenn Sie Ihren Geruchssinn, was Sie wollen, auf die Außenwelt richten, so wendet sich Ihnen gewissermaßen entgegen, es wendet sich diesen Sinnen entgegen dasjenige, was die Innenseite dieses Außen ist – also bitte: die Innenseite dieses Außen (links). Nehmen Sie an, Sie wenden Ihre Sinne dem zu, was ich da gezeichnet habe (siehe Zeichnung, Pfeile), so sind diese Sinne auf diese Außenwelt gerichtet und Sie sehen das, was sich innen hier hineinneigt. Nun folgt die schwierige Vorstellung, auf die ich aber schon kommen muss. Alles das, was Sie da anschauen, zeigt sich Ihnen von innen. Denken Sie sich, dass das auch eine Außenseite haben muss. Nun, ich will es schematisch dadurch vor Ihre Seele rufen, dass ich sage: Wenn Sie so hinausschauen, sehen Sie als Grenze Ihres Schauens das Firmament: das hier ist ja fast so, nur dass ich es klein gezeichnet habe. Aber jetzt denken Sie sich, Sie könnten flugs da hinausfliegen und könnten da durchfliegen und von der andern Seite gucken, Ihre sinnenfälligen Eindrücke von der andern Seite angucken. Also Sie könnten so hinschauen (siehe Zeichnung, Pfeile oben). Bitte, das sehen Sie natürlich nicht; aber könnten Sie so hinschauen, so würde das der andere Aspekt sein. Sie würden aus sich heraus müssen und würden von der andern Seite Ihre ganze sinnenfällige Welt anschauen müssen. Sie würden also das, was sich Ihnen als Farbe zuwendet, von der Rückseite betrachten, das, was sich Ihnen als Ton zuwendet, von der Rückseite betrachten und so weiter; was sich Ihnen als Geruch zuwendet, würden Sie von der Rückseite betrachten, Sie würden von der Rückseite den Geruch in die Nase fassen. Also von der andern Seite denken Sie sich die Weltbetrachtung: wie einen Teppich ausgebreitet die sinnenfälligen Dinge, und nun den Teppich von der andern Seite einmal angesehen. Ein kleines Stück sehen Sie nur, ein sehr, sehr kleines Stück von dieser Rückseite. Dieses sehr kleine Stück, das kann ich hier nur dadurch zur Darstellung bringen, dass ich die Sache so mache: Denken Sie sich jetzt, ich zeichne das, was Sie da von der andern Seite sehen würden, rot ein; sodass ich sagen kann, schematisch sieht man das Sinnenfällige so: Wie man es gewöhnlich sieht, so sieht es blau aus; sieht man es von der andern Seite, so sieht es rot aus, aber das sieht man natürlich nicht. In diesem, was man da rot sehen würde, steckt erstens alles das drin, was erlebt werden kann zwischen dem Tod und einer neuen Geburt, zweitens alles das, was beschrieben ist in der *Geheimwissenschaft im Umriss* als Saturn-, Sonnen-, Monden-, Erdenentwickelung und so weiter. Dasjenige liegt da aufgespeichert, was eben verborgen ist für die sinnenfällige Anschauung. Das ist da auf der andern Seite der Kugel. Aber ein kleines Stück sehen Sie davon; das kann ich nur so zeichnen, dass ich jetzt sage: Nehmen Sie dieses kleine Stück von dem Roten, das ginge da herüber (siehe Zeichnung, unten) und durchkreuzt sich mit dem Blauen, sodass das Blaue, statt dass es jetzt vorne ist, dahinter ist. Ich müsste eigentlich hier vierdimensional zeichnen, wenn ich es *wirklich* zeichnen würde, ich kann es daher nur ganz schematisch zeichnen. Also *da* (links) sind die Sinne jetzt hier dem Blauen zugewendet; *da* sind sie nicht zugewendet dem Blauen, sondern dem Roten, das Sie sonst nicht sehen. Aber hinter dem Rot hat sich jetzt gekreuzt das, was sonst gesehen wird, und das ist jetzt darunter. Und dieses kleine Stück, das da sich kreuzt mit dem andern, das sehen Sie fortwährend im gewöhnlichen Bewusstsein. Das sind nämlich Ihre aufgespeicherten Erinnerungen. Alles, was als Erinnerung entsteht, entsteht nicht nach Gesetzen dieser äußeren Wahrnehmungswelt, sondern es entsteht nach den Gesetzen, die dieser hinteren Welt da entsprechen. Dieses Innere, das Sie als Ihre Erinnerungen haben, das entspricht wirklich dem, was da auf der andern Seite ist (rechts). Indem Sie in sich hineinblicken, in alles das, was Ihre Erinnerungen sind, sehen Sie tatsächlich die Welt auf einem Stück von der andern Seite; da ragt das andere ein wenig herein, da sehen Sie die Welt von der andern Seite. Und wenn Sie jetzt durch Ihre Erinnerungen, wie sie so aufgeschrieben sind, durchschlüpfen könnten – ich habe vor acht Tagen davon gesprochen –, wenn Sie da hinunter könnten, unter Ihre Erinnerungen sehen und sie von der andern Seite anschauen könnten, von da drüben (siehe Zeichnung, links), da würden Sie die Erinnerungen als Ihre Aura sehen. Da würden Sie den Menschen sehen als ein geistig-seelisches aurisches Wesen, wie Sie sonst die äußere Welt sinnenfällig in den Wahrnehmungen sehen. Nur wäre es ebenso wenig angenehm – wie ich das vor acht Tagen hier charakterisiert habe –, weil da der Mensch noch nicht schön ist von dieser andern Seite.

Also das ist das Interessante, was man kreuzen muss mit dem andern Verständnis des dreigliedrigen Menschen. Diese Kreuzung hier, die liegt nun im mittleren Menschen, im Brustmenschen. Sie erinnern sich an die Zeichnung, die ich vor acht Tagen gemacht habe, wo ich ja die in sich gewundenen Lemniskaten mit den zurückgeschlagenen Schleifen hatte: die müsste ich hier zeichnen. Hier müsste ich diesen Brustmenschen zeichnen mit den zurückgeschlagenen Lemniskaten (siehe Zeichnung Seite 250, links unten): das würde zusammenfallen mit der Erinnerungssphäre. Sodass dieser dreigliedrige Mensch hier in seinem mittleren Teil diese Umwendung des Menschen hat, wo das Innere äußerlich und das Äußere innerlich wird, wo Sie ein Tableau, das Sie sonst als Welttableau, als die große Welterinnerung sehen würden, nun als Ihre eigene kleine mikrokosmische Erinnerung sehen. Sie sehen in Ihrem gewöhnlichen Bewusstsein dasjenige, was sich zugetragen hat von Ihrem dritten Jahre an bis jetzt: das ist eine innere Aufzeichnung, ein kleines Stück für das, was gleichartig mit dem ist, was sonst Aufzeichnung für die ganze Weltenevolution ist, was auf der andern Seite liegt.

Nicht ohne Grund habe ich seinerzeit, wie den meisten von Ihnen wohl bekannt sein wird, davon gesprochen – und ich habe es ja wiederum ausgeführt in meinem letzten Buche *Von Seelenrätseln* am Schluss

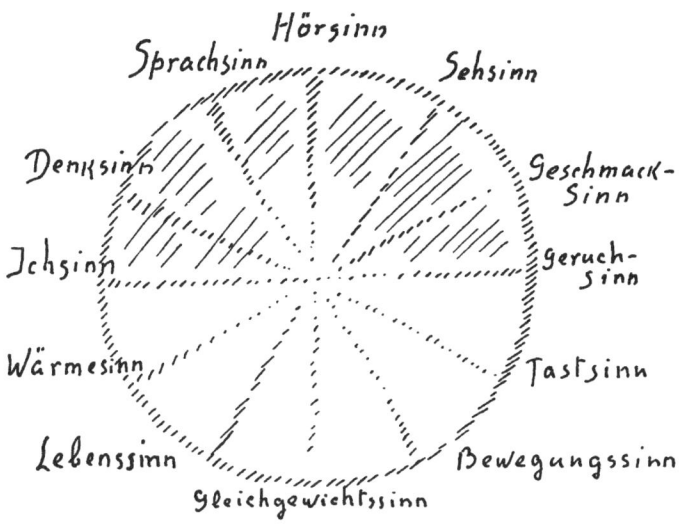

in der Anmerkung –, nicht ohne Grund habe ich davon gesprochen, dass der Mensch eigentlich zwölf Sinne hat. Diese Sinne müssen wir uns so denken, dass eine Anzahl von diesen zwölf Sinnen nach dem Sinnenfälligen zugewendet ist, eine andere Anzahl von diesen zwölf Sinnen ist aber nach rückwärts gerichtet. Sie sind auch da unten (siehe Zeichnung) nach dem gerichtet, was schon das Gewendete ist. Und zwar sind nach dem äußeren Sinnenfälligen gerichtet: Ichsinn, Denksinn, Sprachsinn, Hörsinn, Sehsinn, Geschmackssinn, Geruchssinn. Diese Sinne sind gerichtet nach dem Sinnenfälligen. Die andern Sinne kommen ja eigentlich dem Menschen deshalb nicht zum Bewusstsein, weil sie zunächst nach seinem eigenen Inneren und dann nach dem Umgekehrten der Welt gerichtet sind. Das sind vorzugsweise: Wärmesinn, Lebenssinn, Gleichgewichtssinn, Bewegungssinn, Tastsinn. Sodass wir sagen können: Für das gewöhnliche Bewusstsein liegen sieben Sinne im Hellen (oben) und fünf Sinne im Dunkeln (unten). Und diese fünf Sinne, die im Dunkeln liegen, die sind der andern Seite der Welt zugewendet, auch im Menschen der andern Seite (siehe Zeichnung).

Sie können daher einen vollständigen Parallelismus haben zwischen den Sinnen und zwischen etwas anderem, wovon wir gleich sprechen werden (siehe Zeichnung, Kreis). Also nehmen wir an, wir hätten als Sinne zu verzeichnen den Hörsinn, den Sprachsinn, den Denksinn, den Ichsinn, den Wärmesinn, den Lebenssinn, den Gleichgewichtssinn, den Bewegungssinn, den Tastsinn, den Geruchssinn, den Geschmackssinn, den Sehsinn, so haben Sie im Wesentlichen alles dasjenige, was vom Ichsinn geht bis zum Geruchssinn, im Hellen liegend, in dem, was dem gewöhnlichen Bewusstsein zugänglich ist (siehe Zeichnung, schraffiert). Und alles dasjenige, was abgewendet ist vom gewöhnlichen Bewusstsein, so wie die Nacht vom Tag abgekehrt ist, das gehört den andern Sinnen an.

Es ist natürlich die Grenze auch wiederum nur schematisiert; es fällt etwas ineinander; es sind die Wirklichkeiten nicht so bequem. Aber diese Gliederung des Menschen nach den Sinnen ist so, dass Sie schon im Schema an die Stelle der Sinne nur zu zeichnen brauchen die Himmelszeichen, so haben Sie: Widder, Stier, Zwillinge, Krebs, Löwe, Jungfrau, Waage – sieben Himmelszeichen für die helle Seite; fünf für die dunkle Seite: Skorpion, Schütze, Steinbock, Wassermann, Fische: Tag, Nacht; Nacht, Tag. Und Sie haben einen vollständigen Parallelismus zwischen dem mikrokosmischen Menschen – dem, was zugewendet ist seinen Sinnen, und dem, was abgewendet ist, aber eigentlich zugewendet ist seinen unteren Sinnen – und zwischen dem, was im äußeren Kosmos den Wechsel bedeutet von Tag und Nacht. Es geht gewissermaßen im Menschen dasselbe vor, was im Weltengebäude vorgeht. Im Weltengebäude wechseln Tag und Nacht, im Menschen wechselt auch Tag und Nacht, nämlich Wachen und Schlafen, wenn sich auch beide voneinander emanzipiert haben für den gegenwärtigen Bewusstseinszyklus des Menschen. Während des Tages ist der Mensch zugewendet den Tagessinnen; wir können ebensogut sagen: Widder, Stier, Zwillinge, Krebs, Löwe, Jungfrau, Waage, wie wir sagen könnten: Ichsinn, Denksinn, Sprachsinn und so weiter. Sie können jedes Ich eines andern Menschen sehen, Sie können die Gedanken des andern Menschen verstehen, Sie können hören, sehen, schmecken, riechen: das sind die Tagessinne. In der Nacht ist der Mensch so, wie sonst die Erde nach der andern Seite gewendet ist, den andern Sinnen zugewendet, nur sind diese noch nicht voll entwickelt. Sie werden erst nach der Venuszeit so voll entwickelt sein, dass sie wahrnehmen können, was da nach der andern Seite ist. Sie sind noch nicht so voll entwickelt, dass sie das wahrnehmen können, was da nach der andern Seite ist. Sie sind in Nacht gehüllt, wie beim Durchgang durch die andern Himmelsregionen, durch die andern Bilder des Tierkreises, die Erde in der Nacht ist. Das Durchschreiten des Menschen durch seine Sinne ist ganz zu parallelisieren mit dem Gang – ob Sie nun sagen der Sonne um die Erde oder der Erde um die Sonne, das ist ja schließlich für diesen Zweck gleichgültig; aber diese Dinge hängen zusammen. Und diese Zusammenhänge kannten die Weisen der alten Mysterien sehr gut.»[105]

Hier schildert Rudolf Steiner nun den dreigliedrigen Aufbau der menschlichen Gestalt, so, dass wir in ihr das Verhältnis des Zeitlichen, also des Irdischen, zum Überzeitlichen, zum Dauernden direkt ableiten können. Die menschliche Gestalt verweist als Erscheinung auf das dreifache Wirken des menschlichen Ich-Wesens:

– Das Haupt verweist uns wie ein negativer Abdruck auf die vorangegangene Inkarnation. In ihm ist das, was wir in der vorangegangenen Inkarnation irdisch mit unserer Gliedmaßenorganisation getan haben, wiederverkörpert.

– In unserer Brustorganisation leben wir nicht nur in der Gegenwart, sondern wir träumen die Zeit zwischen gegenwärtiger und vergangener Inkarnation und die Zeit zwischen gegenwärtiger und zukünftiger Inkarnation.

– In unserem Gliedmaßenmenschen leben wir die zukünftige Inkarnation vorweg, bereiten sie, allerdings vollkommen unbewusst und schlafend, vor. Aus ihr geht die Kopforganisation der zukünftigen Inkarnation hervor.

Diese Gliederung bringt Steiner hier nun in Beziehung zu den beiden Erkenntnisgrenzen des Menschen, nach außen und nach innen. Da, wo er an das Geistige der äußeren Natur heranstößt, und wofür er nur die abstrakten Begriffe hat, stellt sich die eine Erkenntnisgrenze hin, da, wo er nach innen in sich selbst hineinschauen möchte, stellt sich als zweite Erkenntnisgrenze unser Gedächtnis hin und lässt uns nicht in unser inneres Wesen hineinschauen. Raum und Zeit verstellen uns den Blick in die geistige Realität. Dieser Zweiteilung unseres Erkenntnisvermögens entspricht nun die Gliederung der menschlichen Sinne in eine Tagesseite und eine Nachtseite, wie oben von Rudolf Steiner beschrieben.

5. Wie entwickelt sich unser Ich im Verhältnis zur Zeit?

In den bereits zitierten Vorträgen vom September 1918 geht Steiner nun auf das Verhältnis von Dauer und Entwicklung noch expliziter ein. Dabei kommt er auf unsere vorangehende Ausgangsfrage zurück, nämlich die Frage: Wie entwickelt sich unser geistiges Wesen, unser Ich, wenn es doch außerhalb der Zeit sich befindet? Zunächst schildert er dazu das Verhältnis der verschiedenen Lebensalter des Menschen zueinander:

«Wir wissen, dass dieses ganze Menschenleben, genau und objektiv betrachtet, in verschiedene Perioden zerfällt. Sie können von diesen Perioden lesen in meinem kleinen Büchelchen *Die Erziehung des Kindes vom Gesichtspunkte der Geisteswissenschaft*. Wir wissen, dass man den Menschen nur versteht, wenn man das Leben betrachtet zunächst von der Geburt bis zum Zahnwechsel, von dem Zahnwechsel bis zur Geschlechtsreife, von der Geschlechtsreife bis zum Anfang der Zwanzigerjahre, sagen wir im Mittel bis zum einundzwanzigsten Jahre; dann wiederum bis zum achtundzwanzigsten Jahre. Man kann das Leben des Menschen so verstehen, wie man irgendetwas naturwissenschaftlich zu verstehen sucht, wenn man eingeht auf diese Periodizität des menschlichen Lebens von sieben zu sieben Jahren.

In jeder dieser Perioden spielt sich im menschlichen Leben Bedeutsames ab. Nach dem, was wir gestern wieder angeführt haben, wissen Sie, dass der Mensch dasteht im Leben, sich einordnend in den Kosmos – ich habe Sie an das Bild von der Magnetnadel gestern erinnert –, sodass zum Beispiel seine Hauptesformation weit, weit in urferne Vergangenheit, seine Extremitätenformation in ferne Zukunft weist, so wie die Magnetnadel mit einem Pol nach Norden, mit dem andern Pol nach Süden weist.

Diese Zuordnung zum Kosmos, sie ist aber anders in jeder einzelnen der menschlichen Hauptperioden. In jeder einzelnen der menschlichen Hauptperioden greifen andere Kräfte in die Menschheitsorganisation ein. In unseren ersten sieben Lebensjahren waltet im Grunde genommen ganz etwas anderes in uns, als in den zweiten sieben Lebensjahren. Alles das, was im siebenten Jahre ungefähr dadurch zum Ausdrucke kommt, dass sich, man möchte sagen, wie an einem Ufer das ganze

Wachstum staut, indem es die bleibenden Zähne herausstaut, das alles, was da staut im Vorstoßen der bleibenden Zähne, das spielt aus den Kräften des Kosmos heraus in den ersten sieben Lebensjahren. Und wiederum ist etwas da, was der Mensch zurücknimmt in seiner Bildung. Dasjenige, was der Mensch zurücknimmt in seiner Bildung, indem er geschlechtsreif wird, das, womit er sich da, ich möchte sagen, tingiert, es bildet sich dadurch, dass gewisse Entwickelungskräfte, die durchaus im Kosmos begründet sind, sich in der zweiten Lebensepoche ausbilden und so weiter.

Nun ist die Sache aber so, dass man sagen muss: Im ganzen Menschen stehen die verschiedenen Glieder doch in Wechselwirkung. Das Kind bis zum Zahnwechsel, es entwickelt auch eine gewisse psychische Tätigkeit; und diese psychische Tätigkeit ist gerade in diesen ersten Lebensjahren außerordentlich wichtig. Ich erinnere nur an den wahrhaftig weisen Ausspruch *Jean Pauls,* der gesagt hat, dass man im Beginne seines Lebens von seiner Amme zweifellos mehr für das Leben lernt, als von seinen sämtlichen Professoren in den akademischen Jahren. In diesem Ausspruch ist schon irgendetwas sehr Weises, etwas sehr Richtiges. Man muss nur die Dinge in der richtigen Weise einschätzen. Man lernt vieles in diesen ersten sieben Lebensjahren, nur bleibt das Erlernte gewissermaßen intellektuell und auch sonst in der Dumpfheit des Seelenlebens, das noch fast ein körperhaftes Leben ist, drunten. Aber lesen Sie nur einmal nach in meinem Büchelchen *Die geistige Führung des Menschen und der Menschheit*, so werden Sie sehen, dass man dieses Leben, das da das Kind in den ersten sieben Lebensjahren entfaltet, auch anders bewerten kann, als man das gewöhnlich tut. In diesen ersten sieben Jahren waltet wirklich nicht geringe Weisheit im menschlichen Organismus. Wenn das Kind – wie der Bourgeoisausdruck lautet – ‹das Licht der Welt› erblickt hat, ist sein Gehirn noch ziemlich undifferenziert. Es differenziert sich erst im Laufe der Zeit, und dasjenige, was da an Gehirnstrukturen auftritt, das entspricht wahrhaftig, wenn man es studiert, den Einflüssen einer tieferen Weisheit als alles, was wir im späteren Leben, wenn wir Maschinen konstruieren oder irgendetwas wissenschaftlich treiben, an Weisheit aufbringen können. Wir können das natürlich nicht später in bewusster Weise, was wir unbewusst vollbringen, wenn wir eben erst, wie gesagt, das Licht der Welt erblickt haben. Da waltet kosmische Vernunft in uns, jene kosmische Vernunft, von der wir auch sprechen mussten, als wir die Entwickelung der Sprache anführten. Wahrhaftig, eine hohe kosmische Vernunft waltet in dem Menschen in den ersten sieben Lebensjahren.

Diese kosmische Vernunft richtet sich dann in den zweiten sieben Lebensjahren darauf, den Menschen zu tingieren mit dem, was zur Sexualreife führt; da waltet sie, diese kosmische Intellektualität, in einem geringen Maße schon. Man möchte sagen: Dasjenige, was da bleibt, was nicht im Inneren verwendet wird, ja, das steigt halt in den Kopf herauf. Der bekommt so etwas ab – es ist ja meistens auch danach! Aber dasjenige, was da der Kopf abbekommt, das ist eigentlich etwas, was im Inneren des Menschen, im Unbewussten des Seelenlebens, erspart wird. Und dann geht es weiter in den siebenjährigen Perioden.

Nun studiert man heute gewöhnlich das ganze Menschenleben, das sogenannte normale Menschenleben nicht; denn um dieses normale Menschenleben zu studieren, ist eine gewisse Hingabe notwendig, erst an den wahren Menschen selbst, dann aber auch an die großen kosmischen Gesetzmäßigkeiten. Und so kurios es klingt, dasjenige, was in den ersten Kinderjahren, in den ersten sieben Jahren in dem Menschen waltet, man kann es nicht verstehen, selbstverständlich nicht als Kind, auch nicht als Jüngling oder Jungfrau, auch nicht, wenn man sich schon einbildet, das ganze Leben zu fassen, in den Zwanzigerjahren. Man kann es nicht verstehen. Man kann zu einigem Verständnis kommen von dem, was sich in der Kindheit abspielt, wenn man dieses Verständnis innerlich im Menschen, in innerlichem Erleben sucht, so etwa zwischen seinem sechsundfünfzigsten und dreiundsechzigsten Lebensjahre. Das höchste Alter, das Greisenalter, gibt uns erst die Möglichkeit, einen geringen Einblick zu bekommen in dasjenige, was in uns waltet in den ersten sieben Kinderjahren. Das ist eine unbequeme Sache; denn der Mensch will heute, wenn er kaum den jungen Dachsjahren entwachsen ist, ein Vollmensch sein. Und unbequem ist es heute, sich zu gestehen, dass es hier auf der Welt etwas gibt, sogar an einem selbst etwas gibt, wozu, um es zu verstehen, man die Wende der Fünfzigerjahre erreichen muss. Und wiederum, wenn es sich um Verständnis handelt, um innerlich-menschliches Verständnis, wie wir es zunächst als Mensch erringen können, so kann man von demjenigen, was in den Jahren, in denen sich die Geschlechtsreife ausbildet, also sich vom siebenten bis zum vierzehnten Lebensjahre in der Menschennatur abspielt, einiges verstehen lernen so zwischen dem neunundvierzigsten und sechsundfünfzigsten Jahre, im Beginn der Fünfzigerjahre.

Es wäre nun gut, wenn solche Wahrheiten Geltung gewännen, denn durch solche Wahrheiten würde man eben das Leben verstehen lernen, während die andern Wahrheiten, die man gewöhnlich über den

Menschen aufstellt, solche sind, wie man sie wünscht. Man merkt das nur nicht, dass unbewusste Wünsche da sind. Und wiederum, dasjenige, was sich in uns abspielt von der Geschlechtsreife bis zum einundzwanzigsten Jahre, darüber bekommt man einigen innerlichen, erlebten Aufschluss, sodass man ein gewisses Urteil darüber haben kann, zwischen dem zweiundvierzigsten und neunundvierzigsten Lebensjahr, und wiederum, was sich in den Zwanzigerjahren bis zum achtundzwanzigsten Jahre abspielt, darüber kann man einigen Aufschluss bekommen zwischen dem fünfunddreißigsten und zweiundvierzigsten Lebensjahr. Das, was ich in Bezug auf diese Dinge sage, das beruht auf wirklicher Lebensbeobachtung, die man machen muss, indem man sich in die geisteswissenschaftliche Beobachtung einarbeitet, und nicht jenen Firlefanz von Selbsterkenntnis treibt, der heute oftmals Selbsterkenntnis genannt wird, sondern wirkliche Selbsterkenntnis, das heißt, Menschenerkenntnis treibt. Und just nur in der Zeit vom achtundzwanzigsten bis fünfunddreißigsten Jahre ungefähr kann man etwas erleben, was man gleichzeitig, indem man es erlebt, auch verstehen kann; da ist ein gewisses Gleichgewicht zwischen Verstehen und Denken. In der ersten Hälfte des Lebens kann man Verschiedenes denken, kann man Verschiedenes vorstellen; um das verständnisvoll zu erleben, was man in der ersten Hälfte des Lebens vorstellen kann, muss man die zweite Hälfte des Lebens abwarten.

Es ist eine unbequeme Wahrheit, aber es ist so im Leben. Ich kann mir sogar Menschen denken, die sagen: Ja, wenn der Mensch in seiner ganzen inneren Gesetzmäßigkeit so abgezirkelt ist, wo bleibt denn da der freie Wille des Menschen? Wo bleibt die Freiheit? Wo bleibt das Bewusstsein vom Menschtum? – Gewiss, ich kann mir auch vorstellen, dass jemand sich unfrei empfindet aus dem Grunde, weil er nicht gleichzeitig in Europa und in Amerika sein kann, dass jemand sich unfrei empfindet, weil er den Mond nicht herablangen kann. Aber nach den menschlichen Wünschen richten sich eben die Tatsachen nicht, sondern auch da, wo es sich darum handelt, dass der Mensch über sich selber Aufschluss gewinne, auch da ist es notwendig, dass die Tatsachen ins Auge gefasst werden. Diese Tatsachen liegen so: Wir leben nicht umsonst ein sich modifizierendes, ein sich metamorphosierendes Leben. Wir leben dieses Leben so, dass jede Lebensperiode im Verhältnis zu anderen ihren Sinn und ihre Bedeutung hat. Und dazu leben wir, wie wir sagen, das normale Leben, wenn uns ein solches gegönnt ist, bis in die Sechzigerjahre hinein – über das frühe Sterben werden wir auch von diesem Gesichtspunkte aus morgen noch reden –, dass sich uns in

einer gewissen Weise erst in der zweiten Lebenshälfte aufklärt, was in der ersten Lebenshälfte in uns waltet.»[106]
Steiner beschreibt hier also eine gewisse, wenn man so will, räumliche Gliederung des menschlichen Lebenslaufes, die dazu führt, dass das, was sich in dem einen Zeitraum abspielt, erst begriffen werden kann, wenn man in dem gegenüberliegenden Raum angelangt ist.

Im darauffolgenden Vortrag nun macht Rudolf Steiner jedoch deutlich, wie sich dieser zeitliche Verlauf unseres Lebens zu dem Dauernden unseres Wesens, zu unserem Ich eigentlich verhält.

«Wer das geistig-seelische Leben des Menschen betrachtet, kann mancherlei Vorstellungen nicht brauchen, die insbesondere im gegenwärtigen Leben und in den gegenwärtigen Anschauungen gang und gäbe sind. Eine solche Vorstellung, die nicht brauchbar ist, wenn es sich um das geistig-seelische Leben des Menschen handelt, ist zum Beispiel die Vorstellung vom Entwickeln, die Vorstellung, dass eins aus dem andern, oder ein Zustand aus dem andern, besser gesagt, hervorgehe. Um nicht missverstanden zu werden, betone ich ausdrücklich, dass ich nicht etwa nun etwas sagen will über die Unbrauchbarkeit einer solchen Vorstellung wie die der Entwickelung. Wir haben gestern zum Beispiel in ausgiebiger Weise von der Vorstellung der Entwickelung Gebrauch gemacht; aber wenn man von dem seelisch-geistigen – nicht von dem seelisch-leiblichen – Leben des Menschen spricht, dann kann man die Vorstellung der Entwickelung nicht brauchen. Wir haben gestern über das seelisch-leibliche Leben gesprochen, wie es verläuft zwischen der Geburt und dem Tode; da brauchten wir die Vorstellung der Entwickelung. Anders liegt die Sache, wenn man von dem geistig-seelischen Leben des Menschen spricht. Da kommen, wenn man wirklichkeitsgemäß spricht, andere Begriffe, andere Ideen infrage, als zum Beispiel die Idee der Entwickelung.

Das geistig-seelische Leben des Menschen, so wie man es innerhalb der äußeren sinnenfälligen Wirklichkeit kennt, verläuft ja, wie wir wissen, in Denken, Fühlen und Wollen. Nun, wenn man den geistig-seelischen Verlauf des Lebens nach Denken, Fühlen und Wollen wirklichkeitsgemäß verstehen will, dann muss man auf Folgendes Rücksicht nehmen. Indem der Mensch im Denken, Fühlen und Wollen lebt, also indem er irgendetwas fühlt und das Gefühlte durch Gedanken zum Ausdruck kommt, oder auch indem er etwas von der äußeren Welt wahrnimmt, das Wahrgenommene dann in Gedanken zum Ausdruck kommt, oder indem der Mensch handelt, seinen Willen also in die Tat umsetzt, kurz, indem er geistig-seelisch sein Leben verlebt, kommen immer Verhältnisse in Betracht, die sich abspielen zwischen geistigen Wesenheiten. Man darf, wenn man das Geistig-Seelische, in dem der Mensch drinnen steht mit seiner Seele, schildern will, nicht davor zurückschrecken, von den Beziehungen zu reden, die zwischen den geistig-seelischen Wesenheiten stattfinden.

Nehmen wir zum Beispiel an, der Mensch sei mehr denkend. Nun, ganz getrennt sind in der Wirklichkeit niemals die Tätigkeiten Denken, Fühlen und Wollen. Wenn man denkend ist und sich also Gedanken bildet, so waltet schon der Wille, indem man denkt; in dem Prozess, in dem Vorgang des Denkens waltet der Wille drinnen. Und auch indem man etwas will, indem man etwas ausführt, waltet in dem Gewollten, in dem Ausgeführten der Gedanke darin. Es ist so, dass der Mensch bald mehr denkend ist und weniger wollend, wenn er denkt, wenn er sinnt; dass er mehr wollend ist und weniger denkend, wenn er handelt, oder auch wenn er sich irgendeinem Gefühlserlebnis hingibt. Aber all das, was wir so besprechen, wie ich es jetzt eben getan habe, ist ja nur eine ganz äußerliche Charakteristik der Sache. Will man die Wirklichkeit treffen über diese Dinge, die wir gerade berühren, so muss man ganz, ganz anders sprechen. Da muss man zum Beispiel sein Augenmerk darauf richten: Ich nehme irgendetwas in der Außenwelt wahr; das regt mich an, mir Vorstellungen darüber zu bilden. Ich handele nicht; mein Wollen beschränkt sich auch darauf, meine Körperlichkeit auf die äußere Welt zu richten und die Welt wahrzunehmen, Gedanken aneinanderzureihen. Also ich bin mehr sinnend, wahrnehmend betätigt, das heißt aber in Wirklichkeit: ich versetze mich in eine geistige Region, in welcher gewisse geistige Wesenheiten, die mehr hinneigen zur ahrimanischen Natur, die Oberhand haben. Gewissermaßen stecke ich meinen Kopf, bildlich gesprochen, in eine Region hinein, in welcher Wesenheiten, die mehr ahrimanischer Natur sind, die Oberhand haben. Statt also zu sagen, was nur dem Scheine entspricht: Ich sinne über etwas nach –, müsste ich der Wirklichkeit gemäß sagen: Ich betätige mich in einer geistigen Region, in welcher über andere geistige Wesen, gewissermaßen sie dämpfend, Wesenheiten die Oberhand haben und in diesem Oberhand-Haben ihnen die Waage halten, welche mehr zur ahrimanischen Natur hinneigen.

Solch eine Sache, wenn man sie ausspricht, macht zunächst einen vagen, einen unbestimmten Eindruck. Aber man kann diese Dinge nicht anders aussprechen als vage, denn sie verlaufen eben in der Region des Geistigen, und unsere Sprache ist für das Sinnenfällig-Wirkliche gebildet. Man kann aber solche Dinge bildhaft zum Ausdruck bringen, indem man gewissermaßen den Vorgang aus dem Menschen herausnimmt und ihn mehr ins Kosmische rückt. Deshalb wird die Wissenschaft der Eingeweihten die Tatsache, die man äußerlich dadurch charakterisiert, dass man sagt: Ich sinne über etwas nach, was mich angeregt hat –, bildhaft ausdrücken etwa in der folgenden Weise:

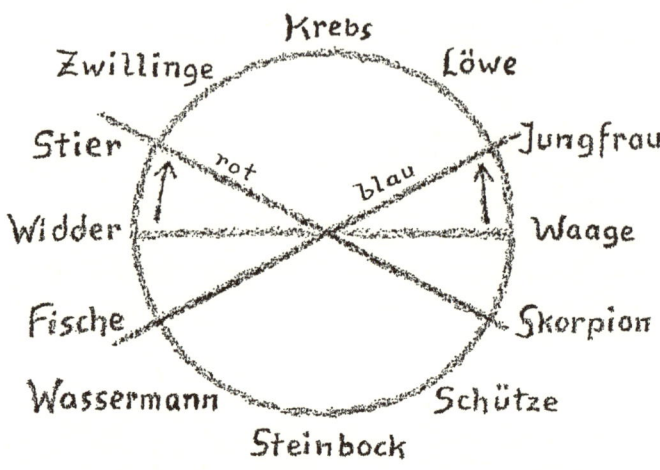

Der Mensch lebt – so wie ich es dargestellt habe in diesen Tagen im Bilde der Magnetnadel, die kosmisch nach Norden und Süden weist, also nicht ihre Richtung von innen heraus bestimmt – kosmisch im Kosmos drinnen, und er ist im Kosmos orientiert. Er lebt so, dass wir in einer gewissen Weise seine Orientierung ins Auge fassen, wenn wir sagen: Er ist kosmisch so orientiert, dass, gewissermaßen wechselnd und pendelnd, seine Orientierungsrichtungen nach den Tierkreiszeichen gehen können (siehe Zeichnung, Tierkreis). Er ist wechselnd orientiert nach Widder, Stier, Zwillingen, Krebs, Löwe, Jungfrau, Waage, Skorpion, Schütze, Steinbock, Wassermann, Fische. Er ist aber auch so orientiert, dass zunächst eine hauptsächliche Zuordnung stattfindet, dass er mit dem, was seine Hauptesnatur betrifft, wenn man diese Orientierung des Tierkreises zugrunde legt, nach oben, mit dem, was seine Extremitätennatur betrifft, nach unten orientiert ist. Deshalb kann man sagen: Es besteht schon etwas in dieser Orientierung wie ein Waagebalken, der das Obere von dem Unteren trennt (siehe Zeichnung). Und was würde die kosmische Orientierung des Menschen – wenn wir ihn so betrachten würden, wie ich Sie jetzt mir nicht wünsche –, wenn wir ihn so betrachten würden, dass er weder denkt noch handelt, sondern einfach lässig sich dem allgemeinen Lebensgefühl überlässt, halb schläft und halb wach ist, wenn er weder passiv noch aktiv, sondern passiv-aktiv ist, wenn er so hinlullt im Leben: Da geht natürlich in ihm auch sehr viel vor, nur merkt er nichts davon. Aber wenn wir diesen Zustand charakterisieren wollten – wie gesagt, in welchem ich Sie in diesem Augenblicke nicht wünsche –, dann würden wir sagen, der Waagebalken liegt horizontal (siehe Zeichnung). – Wollten wir aber den Menschen so charakterisieren, dass er in einem Zustand der Seelenverfassung ist, wie ich Sie jetzt mir zum Beispiel wünschen möchte: Sinnend, angeregt und aufnehmend dasjenige, wovon eben die Rede ist, dann müsste man den Waagebalken anders zeichnen, dann müsste man sagen: Alle die Seelen, die hier sitzen, oder wenigstens eine Anzahl von Seelen, die hier sitzen, die versetzen sich in eine Region, wo gewisse Wesenheiten den Waagebalken auf der einen Seite heben. – Im physischen Leben würde man, wenn die Waage in Tätigkeit tritt durch irgendein Übergewicht, sagen: der Waagebalken senkt sich. Wir reden aber jetzt vom Geistigen; da muss man sagen: der Waagebalken hebt sich. Es werden also gewisse Wesenheiten, wenn der Mensch im ‹Sinnen› ist, in der Region, in die er sich dann versetzt, den Waagebalken heben in der Richtung von der Waage zur Jungfrau hin (siehe Zeichnung, blau); sodass ich dann den Waagebalken so zeichnen muss, dass gewisse Wesenheiten, die zur ahrimanischen Natur neigen, den Waagebalken so heraufheben: Es würde das also der Mensch im Sinnen sein (siehe Zeichnung, Pfeil, blau, Waagebalken von Jungfrau zu Fischen). Man kann also fragen: Was bedeutet es, wenn der Mensch im Sinnen ist? Das bedeutet, dass er seine Lage als Mensch im ganzen Kosmos drinnen so ausnützt, dass er die Kräfte, in denen er schwingt, ausnützt, um in eine kosmische Region hineinzukommen, in welcher dieser Gleichgewichtszustand herrscht. Also Sie denken sich im Sinnen; und indem Sie sich im Sinnen denken, müssen Sie sich denken, dass Ihr – wenn ich jetzt so sagen darf – geistiger Raum, in den Sie sich dann versetzen, drinnen steht in einer Region, wo ein zur Ruhe gekommener Kampf stattfindet: Die Wesenheiten hier links würden die Wesenheiten rechts, und umgekehrt, bekämpfen. Aber indem Sie im Sinnen sind, ist der Kampf nicht da, sondern er ist zur Ruhe gekommen. Doch die Ruhe bedeutet, dass gewisse zur ahrimanischen Wesenheit hinneigende Wesen die Oberhand haben, so wie wenn ein Waagebalken in schiefer Lage zur Ruhe kommt, nicht mehr schwankt, weil etwas hinunterzerrt. Das würde die Wirklichkeit sein, die dem Sinnen, der denkenden Betätigung entspricht.

Dasjenige, was der Mensch im gewöhnlichen sinnenfälligen Dasein Denken nennt, das ist nur ein Majagebilde, das ist nur eine Illusion. Dasjenige, was Denken in Wirklichkeit ist, müssen Sie kosmisch so schildern, dass Sie nach der ganzen Lage des Menschen, wie er dann im Kosmos drinnen steht, fragen. Und diese Lage des Menschen, wie er im Kosmos drinnen steht, die Ihnen Antwort gibt, was gewisse Wesenheiten der geistigen Welt tun, die antwortet Ihnen auch darauf, was denkende Betätigung, was Sinnen ist. Also es ist im Grunde genommen eine Illusion, wenn wir das Denken so schildern, wie wir es im gewöhnlichen Leben schildern. Wir müssten, wenn wir es der Wirklichkeit gemäß schildern wollten, sagen: Wir befinden uns in einer solchen Region, in der in unserem Denkraum die Gedanken dadurch zustande kommen, dass gewisse zum Ahrimanischen hinneigende Wesenheiten die Waagschale gehoben haben auf der einen Seite. Das ist der wirkliche Vorgang.

Betrachten wir einen anderen Vorgang im menschlichen Geist-Seelenleben: Dass wir handeln, nicht toben, sondern handeln, dass also unsere Handlungen von Absichten, das heißt, von Gedanken durchzogen sind. So wie man das im gewöhnlichen Leben beschreibt, es sich im gewöhnlichen Leben vorstellt, ist es wiederum eine bloße Illusion. Denn auch wenn wir handelnd sind, versetzen wir uns in eine gewisse kosmische Region. Da ist es aber jetzt so, dass in dieser kosmischen Region gewisse Wesenheiten, welche zum luziferischen Wesen hinneigen, die Waagschale in dem andern Sinne zum Steigen bringen, sodass wir dann den kosmischen Waagebalken so zu zeichnen haben (siehe Zeichnung, rot), und die Richtung, in welcher von der ruhigen Lage abweichend diese Wesenheiten den Waagebalken heben, würde durch diesen Pfeil angedeutet werden. Wir sind, indem wir mit Absicht, also wollend, wirklich wollend handeln, dann in einer gewissen Region des Kosmos orientiert, in welcher der Waagebalken von gewissen luziferischen Wesenheiten so gehalten wird. Nur ist es jetzt so, dass die Ruhe vorangegangen ist, und eben, indem wir uns in die Region des Handelns versetzen, fangen diese luziferischen Wesenheiten an, den Waagebalken erzittern zu machen; wir versetzen uns dann in eine Art von Kampf, der im Kosmos stattfindet. Die luziferischen Wesenheiten fangen an, gegen ahrimanische Wesenheiten zu kämpfen, und in der labilen Lage, in dem Schwanken des Waagebalkens drückt sich der Kampf aus, der in unserem Wollen sich wirklich abspielt zwischen ahrimanischen und luziferischen Wesenheiten. Das also, was wir im gewöhnlichen Sprechen und im gewöhnlichen Vorstellen als Wollen schildern, das ist nur eine Maja, das ist nur die äußere Illusion. Wir sprechen richtig von dem Wollen, wenn wir sagen: Als wollende Menschen sind wir in einer Region, in welcher eine Hebung stattgefunden hat des Weltenwaagebalkens durch die luziferischen Wesenheiten (siehe Zeichnung, von Stier zu Skorpion gehend); aber diese Hebung, die hat stattgefunden ohne uns. Wir versetzen uns in eine solche Region, wo eine solche Hebung ohne uns stattgefunden hat. Wir suchen eine solche Region auf, und gerade solch eine Region, wo die Ruhe beginnt in Bewegung überzugehen, wo die Ruhe beginnt, in ein rhythmisches Spiel überzugehen.

Ich habe in dem ersten unserer Mysteriendramen angedeutet – dort musste es natürlich im dramatischen Bilde angedeutet werden –, dass wir uns nicht vorstellen sollen, es ginge, wenn der Mensch seelisch-geistig etwas denkt oder fühlt, nur in ihm etwas vor, sondern Weltenkräfte werden da bewegt. Und bildhaft ist das in dem einen szenischen Bilde so ausgedrückt, dass, während Capesius und Strader sich in einer gewissen Weise verhalten, große kosmische Vorgänge vor sich gehen. Die gehen wirklich vor, wenn auch nicht in der sinnlichen, sondern in der übersinnlichen Welt; in der sinnlichen Welt kann man sie eben nur so versinnlichen, wie es dort in dem Drama versinnlicht ist. Das ist aber dort im Drama ganz deutlich ausgesprochen, dass das Verhalten des Menschen hier, wie wir es schildern, eigentlich nur ein Abglanz ist der Wirklichkeit; dass im Kosmos Bedeutsames vorgeht, wenn der Mensch in seiner Seele das Kleinste will oder denkt. Wir können niemals in unserer Seele etwas wollen oder denken, ohne dass wir uns in Regionen versetzen, in denen geistige Kämpfe stattfinden oder geistige Kämpfe zur Ruhe kommen, oder geistige Kämpfe schon ausgefochten worden sind und wir uns in das Ergebnis des Ausfechtens versetzen und so weiter.

Das, was ich Ihnen jetzt geschildert habe, das ist im menschlichen seelisch-geistigen Wesen vorhanden. Nur ist es verborgen vor dem Leben, das der Mensch zwischen Geburt und Tod verlebt; aber es ist die Wahrheit im Geistigen. Ich habe in anderem Zusammenhange in diesen Tagen davon gesprochen, dass der Mensch, indem er mehr intellektualistisch sich zur Welt verhält, wie es in der modernen Welt Sitte ist, eigentlich in Halluzinationen lebt. Im Grunde sind die Vorstellungen, die wir uns bilden über unser Denken, Fühlen und Wollen, Halluzinationen, und die Wirklichkeit, die dahintersteckt, die ist jene, die wir auf diese Weise bildlich veranschaulichen können. In Wirklichkeit steckt hinter unseren geistig-seelischen Vorgängen das eben Geschilderte; es offenbart sich für den Menschen im Abglanz so, dass es ihm erscheint als Denken, Fühlen und Wollen. Und sobald wir den Menschen betrachten, wie er geistig-seelisch ist, findet der Begriff der Entwickelung, der Evolution, keine Anwendung. Es wäre ein völliger Unsinn, wenn man davon sprechen würde, dass zum Beispiel der Mensch erst in einem gewissen Lebensalter sinnig wird, vorher mehr einer tobenden Willensnatur hingegeben ist, und dass sich das eine aus dem andern entwickle. In der geistigen Region entwickelt sich in dieser Weise nichts, sondern wir können nur sagen, wenn wir beim Kinde sehen, dass es anders vorstellt, fühlt und will als der Greis, so ist das Kind eben versetzt in eine andere geistige Region, wo die Kämpfe zwischen den verschiedenen Wesenheiten sich anders abspielen. In dieser geistigen Region findet eine solche Entwickelung nicht statt wie diejenige, von der wir gestern gesprochen haben. In dieser geistigen Region verstehen wir das Vergangene nur, wenn wir sagen, das Kampfbild, das Beziehungsbild, das Bild von den Wechselverhältnissen der Wesenheiten, die wir hinter den höheren Hierarchien suchen, dieses Bild ist ein anderes als das Bild, das wir in dem Wechselspiel der Hierarchien haben, wenn wir von der Gegenwart reden. Und wiederum kommt ein anderes Bild heraus, wenn wir von der Zukunft reden. Wir sehen andere Bilder in dem Verhältnisse zwischen den verschiedenen Wesenheiten der Hierarchien an, je nachdem wir Vergangenheit, Gegenwart und Zukunft ansehen. Und ein Unding wäre es, zu sagen, das Kampfesbild der Zukunft entwickle sich aus dem Kampfesbild der Vergangenheit. Diese Dinge sind in der Region des Geistigen in einer gewissen Beziehung nebeneinander, nicht nacheinander. Daher kann auch nicht von Entwickelung gesprochen werden, sondern nur von einer geistigen Perspektive, worauf ich Sie in anderem Zusammenhange schon aufmerksam gemacht habe. Sodass man sagen kann: Wenn wir den Menschen als geistig-seelisches Wesen betrachten, so hat es keinen Sinn, von ihm zu sagen, dass er erst Kind ist, Zahnwechsel durchmacht, dass er dann geschlechtsreif wird und dergleichen. Das, was in der Region des Leiblich-Seelischen als Evolution, als Entwickelung erscheint, das ist gebunden an ein Geistig-Seelisches, in dem von Entwickelung nicht gesprochen werden kann, sondern nur von dem Übergehen, im Wechselverhältnis zwischen den Wesen der höheren Hierarchien, von einem Bilde zu einem andern, in diesem Wechselverhältnis also zwischen den Wesen der höheren Hierarchien.

Sie bekommen kein wirkliches Verständnis von dem Verhältnis des Zeitlichen zum Ewigen, wenn Sie das nicht in Betracht ziehen, was ich im Zusammenhange von gestern zu heute auseinandergesetzt habe. Denn in dem Zusammenhange von gestern zu heute habe ich auseinandergesetzt, wie der Mensch als leiblich-seelisches Wesen in der Entwickelung der Zeit so drinnen steht, dass er sogar erst als Greis dasjenige verstehen kann, was sich in ihm abspielt, während er Kind ist: da haben wir es voll zu tun mit dem Begriff der Entwickelung. Wir müssen jedoch anerkennen, dass der Mensch als geistig-seelisches Wesen gar nicht in einer Entwickelung drinnen steht, dass der Begriff der Zeit in der Form, wie wir ihn im äußeren sinnenfälligen Leben kennen, gar nicht anwendbar ist, wenn wir vom geistig-seelischen Wesen des Menschen sprechen, dass wir fehlgehen, wenn wir die Zeit hineintragen in die Sphäre der höheren Hierarchien. In der Sphäre der höheren Hierarchien dauert alles. Da verlaufen die Dinge nicht in der Zeit, da haben wir es nur zu tun mit Perspektiven, in denen wir die Kämpfe und Wechselverhältnisse zu sehen haben. Der Zeitbegriff ist nicht anwendbar auf die Wechselverhältnisse in den höheren Hierarchien, und wir treiben nur eine Verbildlichung des Wesens der höheren Hierarchien, wenn wir den Zeitbegriff anwenden. Daher können Sie in meiner *Geheimwissenschaft im Umriss* verfolgen, wie vorsichtig ich andeute, dass dasjenige natürlich zeitlich im Bilde dargestellt werden muss, namentlich wo ich von der Saturn- und Sonnenzeit rede, wo das so geschildert wird, dass ich eigentlich sehr scharf darauf aufmerksam mache, dass der Zeitbegriff nur bildhaft auf dasjenige angewendet wird, was der Sonnenzeit vorangegangen ist, und noch auf die halbe Sonnenzeit selbst. Sie können das in meiner *Geheimwissenschaft* nachlesen. Solche scheinbar nebensächlichen Bemerkungen in diesem Buche aus der Geisteswissenschaft sind von allerhöchster Wichtigkeit, denn gerade in dieser nebensächlichen Bemerkung liegt die Grundlage für das Verständnis des Unterschiedes zwischen Zeitlich-Vergänglichem und Ewig-Dauerndem.

Wenn Sie das ins Auge fassen, was ich jetzt eben gesagt habe, dann können Sie sagen, ich hätte gestern versucht, Ihnen das Menschenwesen zu schildern rein in der Zeit, und es spielte der Zeitbegriff in der gestrigen Schilderung des Menschenwesens eine sehr, sehr erhebliche Rolle, eine solche Rolle, dass es ja von der Zeit abhängt, ob man ein gewisses Begreifen hat, nämlich von der Zeit, die man durchlebt hat bis zur Greisenhaftigkeit, oder die man noch nicht durchlebt hat, bei der man sich noch in der Kindhaftigkeit befindet. Alles das, was wir gestern auseinandersetzten, war im strengsten Sinne auf den Zeitbegriff gebaut. Da haben wir im Lichte des Geistigen geschildert, was leiblich-seelisch dem Menschenwesen zugrunde liegt. Heute habe ich dasjenige geschildert, was geistig-seelisch dem Menschen zugrunde liegt. Und das kann nur geschildert werden, wenn man es in der Region der Dauer schildert, wenn man es so schildert, dass man – was ja schwierig ist – doch darauf führt, dass auf diese Region, in der wir sind als geistig-seelischer Mensch, der Zeitbegriff gar keine Anwendung hat.

Wir sind also tatsächlich in dieser Beziehung ein zwiespältiges Wesen, und indem wir uns durch das Leben hindurch entwickeln, entwickeln wir uns so, dass wir ruhig und in Geduld auf der einen Seite abwarten müssen, bis unser leiblich-seelisches Wesen reif wird, irgendetwas zu verstehen. Auf der andern Seite stehen wir fortwährend ohne Entwickelung in der Region der Dauer darinnen, wo wir gewissermaßen nur einmal in der Kindheit auf einen Ort in der Region der Dauer blicken, während der Greisenhaftigkeit auf einen andern Ort in der Region der Dauer blicken. Hier auf der Erde ist der Mensch so lebend, dass dasjenige, was sich in der Region der Dauer abspielt, herunterstrahlt in das andere, was sich in der Region der Zeit abspielt; die beiden vermischen sich miteinander.

Die Wissenschaft des Eingeweihten hat die Aufgabe, dasjenige, was sich vermischt, auseinanderzuhalten, denn nur im Auseinanderhalten kann es verständlich werden. Die Wissenschaft der Eingeweihten hat immer dasjenige, was in der Region der Dauer ist, das Obere, dasjenige, was in der Region des Vergänglichen ist, das Untere genannt. Aber indem der Mensch hier auf der Erde lebt, ist er für seine Anschauung eine Vermischung des Oberen und des Unteren, und er kann niemals zu irgendeinem Verständnisse seines eigenen Wesens kommen, wenn er dasjenige anschaut, was sich hier vermischt hat; er kann nur zu einem Verständnisse seines Wesens kommen, wenn er die beiden Dinge, die sich vermischen, auseinanderzuhalten versteht. Daher werden Sie es begreiflich finden, dass gegenüber dem Aspekte, den das Erdenleben gibt, Sie im normalen Bewusstsein nicht festhalten können, dass die Dinge so sind, wie ich sie gestern geschildert habe; auch können Sie mit dem gewöhnlichen Bewusstsein nicht festhalten, dass die Dinge so sind, wie ich sie heute geschildert habe. Und derjenige, der nur auf das gewöhnliche Bewusstsein bauen will, der kann sagen: Du hast uns ja gestern über den Menschen etwas geschildert, was wir nicht sehen, was gar nicht Wirklichkeit ist, denn der Mensch entwickelt sich nicht so, wie du es gestern geschildert hast; mancher ist in der Jugend schon sehr reif – und so weiter. Das ist aber eine Einwendung vom Standpunkte der Täuschung aus. Die Wirklichkeit ist so, wie ich sie Ihnen gestern und heute geschildert habe, und der Mensch verfällt in der Gegenwart in den Dualismus, weil er das Untere nicht so flüssig sieht, wie ich es gestern dargestellt habe. Der Eingeweihte muss dem Starren, welches das Untere hat, die Starrheit nehmen und es in Fluss bringen. Die gewöhnliche Anschauung sieht den Menschen an, der vor einem steht; der Eingeweihte muss den Vorgang betrachten, der sich abspielt zwischen Geburt und Tod: er muss den Menschen im Flusse sehen.

Und wiederum, indem der Eingeweihte Denken, Fühlen und Wollen betrachtet, das im Flusse ist, muss er den Fluss zum Stillstand bringen, und er muss dasjenige, was dadurch, dass es an den Leib gebunden ist, scheinbar in der Zeit verläuft, in der Region der Dauer schauen, in der Region des Nebeneinander, aber des geistigen Nebeneinander. Die Menschen streben ja nach der Wissenschaft der Eingeweihten, und sie geben auch äußerlich gern zu: Die Umwelt, so wie sie der Mensch beobachtet, die sinnenfällige Umwelt ist eine Maja, eine große Täuschung, eine Illusion. Aber wenn es auf den Ernst ankommt, dann gehen die Menschen doch nicht darauf ein, sondern möchten sowohl die obere Region wie die untere Region mit dem Majabegriff schildern. Man soll hübsch schematisierte Zeichnungen geben, die ganz nach dem Muster der Majavorstellungen gemacht sind, und soll damit in die geistige Welt hinauf- oder hinunterrücken, über oder unter das Bewusstsein. Die Menschen sagen einem: Ja, du schilderst ja nicht so, dass ich begreifen kann. – Aber hinter diesem: Du schilderst ja nicht so, dass ich begreifen kann –, steht nur das: Du forderst mich auf, zu andern Ideen und Vorstellungen zu kommen, als diejenigen sind, die in der Maja sind; du forderst mich auf, zu Vorstellungen zu kommen, die in der Region des Wirklichen sind.

Es kann auch einen andern Einwand geben. Es kann jemand sagen: Ja, was geht mich schließlich das alles an, was da im Unteren vorgeht! Wenn nur der Zeitbegriff im Ernst auf die menschliche Entwickelung angewendet wird, oder wenn man hinblickt auf die Region der Dauer im Leben, kommt man ja ganz gut aus. – So können die Menschen sagen, wenn man in der Maja stehen bleibt, wenn man sich die Begriffe bildet, die gekommen sind von dem Vermischten, und in der Maja stehen bleibt. Ja, zur Not leben, schlafend leben können Sie ja noch, indem Sie nur in der Region der Dauer bleiben. Aber erstens: Sie können mit diesen Begriffen, die Sie sich hier bilden – und wenn sie noch so scharfsinnige Begriffe wären, wenn sie noch so sehr vor den Gelehrten der

Gegenwart bestehen könnten –, Sie können mit diesen Begriffen zur Not, aber auch nur zur Not, leben, aber Sie können mit diesen Begriffen nicht sterben. Sterben kann niemand mit diesen Begriffen, die hier gebildet werden. Und da, sobald man dieses Geheimnis streift, beginnt der große Ernst der geisteswissenschaftlichen Erkenntnis. Diejenigen Begriffe, die gebildet werden ohne die Wissenschaft der Eingeweihten, diese Vorstellungen, die führen nach dem Tode in eine unrechtmäßige, ahrimanische Region. Sie kommen nicht in die Region des Menschlichen, für die sie eigentlich vorbestimmt sind, wenn Sie es verschmähen, Begriffe zu bilden, wie sie die Wissenschaft der Eingeweihten gibt.

In früheren Zeiten haben höhere geistige Wesenheiten den atavistisch hellseherisch veranlagten Menschen auf übersinnlichem Wege die Begriffe der Einweihung gelehrt. Daher war – und zwar im Wesentlichen bis zum Jahre 333 nach dem Mysterium von Golgatha – für die Menschen eine Art übersinnlicher Unterricht vorhanden, der sie nicht nur geeignet machte zum Leben, sondern auch zum Sterben. Seit diesem Zeitpunkte ist die Notwendigkeit eingetreten, dass der Mensch hier auf der Erde durch seine Anstrengungen, durch sein Begreifen sich zubereitet die Seele, die in der richtigen Weise durch die Pforte des Todes gehen kann. Vor der Wissenschaft der Eingeweihten gibt es nicht leicht einen frivoleren Ausspruch als denjenigen, der da besagt: Man könnte ja warten, bis man eintritt in die Region nach dem Tode, um zu sehen, was es da gibt. – Die Wissenschaft der Eingeweihten sagt einem: Wer also wartet, der versündigt sich gegen das Leben. – Denn Sie würden furchtbar erschrecken, wenn Ihnen irgendein Eingeweihter – per impossibile – schildern würde, was Sie für Missgeburten wären, wenn Sie dieselbe Gesinnung Ihr Leben hindurch zwischen dem Tod und dieser Geburt gehabt hätten, wenn Sie sich da zwischen dem Tod und dieser Geburt hindurch gesagt hätten: Ich warte ab, bis ich auf die Erde hingehören werde; da werde ich ja sehen, wie das Wesen ist, das dann mit Fleisch überzogen ist, das im Blute lebt. – Da können Sie durch den allerdings wohltätigen Einfluss nicht absehen davon, sich zuzubereiten diejenigen Kräfte, die Sie vor dem Geborenwerden als Missgeburt bewahren. Da behüten Sie höhere Wesenheiten. Dieses geistige Leben zwischen dem Tod und einer neuen Geburt – so sagen die Wesen, die drüben lehren –, das ist nicht bloß da für unsere Region, das ist da, auf dass in der rechtmäßigen Weise vorbereitet werde die Region des Unteren, damit nicht Missgeburten dort entstehen, sondern wirklich edel gebildete Menschen entstehen.

Aber auch das Leben hier auf der Erde ist nicht allein für die Erde da, sondern es ist da, dass der Mensch auch sterben kann in der richtigen menschlichen Weise. Es muss der Mensch sich hier durch das Aufnehmen von Begriffen der höheren Region seine untere Natur so zubereiten, dass er nicht in eine ahrimanische Region eintritt, die eine unberechtigte ist. Natürlich gibt es auch berechtigte ahrimanische Regionen, aber diese wäre eine unberechtigte, die nicht seinem Menschtum entsprechen würde. Das ist das Erste.

Das Zweite aber ist dieses, dass Sie zur Not als einzelner Mensch leben können – aber man lebt ja nicht in der Wirklichkeit als einzelner Mensch –, wenn Sie von der Region der Dauer absehen, aber Sie können nicht innerhalb der menschlichen sozialen Ordnung leben. Die menschliche soziale Ordnung ist gelenkt und geleitet von den Wesenheiten der höheren Hierarchien. Und wenn Sie auch nur die geringfügigste Beziehung eingehen von Mensch zu Mensch – und unser ganzes Leben besteht in Beziehungen zwischen Mensch und Mensch – und es fließt dasjenige, was in diese Beziehungen hineinströmt, nicht aus dem Bewusstsein des Drinnenstehens in der geistigen Region, der Region der Dauer, dann verderben Sie das soziale Zusammensein, dann wirken Sie mit an den katastrophalen Erscheinungen, an den Erscheinungen der Zerstörung, der Vernichtung auf dem Erdball. Und eine soziale oder politische Anschauung, welche nicht vom Geistigen ausgehen würde, wirkt vernichtend, zerstörerisch. Lebendig auf das Werdende wirkt nur eine Anschauung, welche mit der Region der Dauer rechnet im politischen, im sozialen, überhaupt im menschlichen Zusammenleben. Das ist die große, ernste Wahrheit, welche durch die Wissenschaft der Eingeweihten immer mehr und mehr an die Menschen herantreten muss. Und die Zeichen der Zeit sprechen heute so, dass eben die Zeit abgelaufen ist, in welcher wie bis zum Jahre 333 höhere Wesenheiten übersinnlichen Unterricht erteilten, an dem der Mensch nicht bewusst teilzunehmen brauchte, weil ihm dieser Unterricht zum großen Teil im Schlafe oder im Dämmerzustand erteilt worden ist. Jetzt muss der Mensch das, was er so zu erhalten notwendig hat, als Mensch unter Menschen erfahren. Da muss der Mensch jenen Hochmut einfach ablegen, der ihn veranlasst zu sagen, dass er sich immer die eigene Überzeugung bilden könne. In der Region der Vergänglichkeit muss er etwas begreifen, wie: dass der alte Mensch dem jungen etwas zu sagen hat, was eben nur der alte Mensch dem jungen sagen kann. Und wenn man schon das begreift, warum sollte nicht auch begriffen werden, dass es eben eine Wissenschaft der Eingeweihten gibt, die man von Mensch zu Mensch aufnimmt. Das ist ja auch ein Ferment des sozialen Lebens, wie es sich in die Zukunft hineinentwickeln muss, dass der Mensch dasjenige, was er in irgendeinem Zeitpunkt – wenn wir jetzt von der Region der Zeit sprechen – nicht selbst erkennen kann, von seinen Mitmenschen aufnimmt. Und ich habe Ihnen gestern ja gesagt: Es ist durch die Entwickelung in der Zeit die Sache so eingerichtet, dass man nicht auf bloßen Autoritätsglauben hin die Dinge aufzunehmen braucht, sondern dass man in dem, was man sich als Vorstellung bildet, schon eine Art von Überzeugung, die auch aus dem eigenen Inneren quillt, haben kann. – Ich habe das in einer ganzen Reihe meiner Bücher betont, dass auf dem Boden der Geisteswissenschaft der Autoritätsglaube nicht blühen soll. Aber das muss sicher sein für alle diejenigen, die wirklich auf dem Boden der Geisteswissenschaft stehen: Man ist nicht eingeweiht dadurch, dass man einfach sich im Sinne der heutigen Zeit wie der Hahn auf den Mist stellt und von seiner eigenen Überzeugung zu krähen beginnt in jedem beliebigen Lebensalter! Damit kann man alle möglichen Programme, von denen man glaubt, dass sie die Welt beherrschen können, aufstellen, aber niemals eine Wissenschaft liefern, welche in das Leben und Walten der Welt wirklich hineinläuft. Immer mehr und mehr wird für das Leben und Walten der Welt die Wissenschaft der Eingeweihten eben notwendig sein.»[107]

Hier wird nun erstmalig eine völlig neue Anschauung der Dreigliederung des menschlichen Seelenlebens entwickelt:
– Das menschliche Seelenleben verläuft nicht in der Zeit, sondern es lebt in den Beziehungen geistiger Wesen untereinander. Wir leben mit unserem Denken und Wollen in geistigen Regionen (des Tierkreises), in denen jeweils eine bestimmte Art von geistigen Wesenheiten die Oberhand hat.
– Indem der Mensch denkt, hebt er sich aus einem Ruheverhältnis mit seinem Denken in eine geistige Region, in der mehr die ahrimanischen Wesen die Oberhand haben.
– Indem der Mensch etwas tut, hebt er sich mit seinem Wesen in eine geistige Region, in der mehr die luziferischen Wesen die Oberhand haben.

Die zentrale Aussage gegenüber der zeitlichen Entwicklung des menschlichen Lebens ist nun die darauf folgende:
«Wir sehen andere Bilder in dem Verhältnisse zwischen den verschiedenen Wesenheiten der Hierarchien an, je nachdem wir Vergangenheit, Gegenwart und Zukunft ansehen. Und ein Unding wäre es, zu sagen, das Kampfesbild der Zukunft entwickle sich aus dem Kampfesbild der Vergangenheit. Diese Dinge sind in der Region des Geistigen in einer

gewissen Beziehung nebeneinander, nicht nacheinander. Daher kann auch nicht von Entwickelung gesprochen werden, sondern nur von einer geistigen Perspektive, worauf ich Sie in anderem Zusammenhange schon aufmerksam gemacht habe.»

«Das, was in der Region des Leiblich-Seelischen als Evolution, als Entwickelung erscheint, das ist gebunden an ein Geistig-Seelisches, in dem von Entwickelung nicht gesprochen werden kann, sondern nur von dem Übergehen, im Wechselverhältnis zwischen den Wesen der höheren Hierarchien, von einem Bilde zu einem andern, in diesem Wechselverhältnis also zwischen den Wesen der höheren Hierarchien.»

Und zusammenfassend wird gesagt:
«Wir müssen jedoch anerkennen, dass der Mensch als geistig-seelisches Wesen gar nicht in einer Entwickelung drinnen steht, dass der Begriff der Zeit in der Form, wie wir ihn im äußeren sinnenfälligen Leben kennen, gar nicht anwendbar ist, wenn wir vom geistig-seelischen Wesen des Menschen sprechen, dass wir fehlgehen, wenn wir die Zeit hineintragen in die Sphäre der höheren Hierarchien. In der Sphäre der höheren Hierarchien dauert alles. Da verlaufen die Dinge nicht in der Zeit, da haben wir es nur zu tun mit Perspektiven, in denen wir die Kämpfe und Wechselverhältnisse zu sehen haben. Der Zeitbegriff ist nicht anwendbar auf die Wechselverhältnisse in den höheren Hierarchien, und wir treiben nur eine Verbildlichung des Wesens der höheren Hierarchien, wenn wir den Zeitbegriff anwenden.»

Anschließend macht Steiner deutlich, wie es in doppelter Weise notwendig ist, sich klare Begriffe vom Zeitlichen, von Entwicklung und vom Überzeitlichen, von der Dauer zu bilden, weil man nur solche geisteswissenschaftlichen Begriffe im Nachtodlichen für sich als Mensch behalten kann. Die falschen «Majabegriffe» führen im Nachtodlichen hingegen ins Ahrimanische hinein. Außerdem verursachen die falschen Begriffe eine Zerstörung des sozialen Lebens, weil sie auch dort nicht wirklich anwendbar sind.

Damit aber haben wir einen ganz zentralen Punkt unserer Untersuchung erreicht, an dem nun am Menschen selber deutlich wird, dass wir ihn zum Verstehen der Zeit in ein Oberes und ein Unteres zu teilen haben. Das Untere, der Körperleib, also das Physisch-Ätherische unterliegt einer Entwicklung, in der innerhalb von neun Jahrsiebten das neunte zum ersten, das achte zum zweiten und so weiter in Beziehung stehen. Das Obere, die Geist-Seele, also Astralleib und Ich, unterliegen keiner

Entwicklung, weil sie gewissermaßen vor der Geburt stehen bleiben. Sie entwickeln sich also nicht im zeitlichen Sinne, aber sie treten in unterschiedliche Beziehungen zu den Wesen der geistigen Welt, insbesondere zu Luzifer und Ahriman, je nachdem, wie sich der Mensch in welchem Lebensalter einmal mehr denkend, ein anderes Mal mehr wollend verhält.

Und es geht nach Rudolf Steiner, wenn wir das Geheimnis der Zeit wirklich verstehen wollen, darum, das Untere in strömender Entwicklung, das Obere in mehr räumlich-perspektivischen Verhältnissen von Geistwesen zu begreifen. Zeit in diesem Sinne verstanden ist also das komplexeste Verhältnis, was wir uns vorstellen können, nämlich das Verhältnis zwischen diesen beiden verschiedenen Dimensionen eines Nacheinanders im Unteren und eines Nebeneinanders im Oberen.

Wir werden diese Komplexität im abschließenden vierten Teil noch genauer verstehen, wenn wir die Evolution als Ganzes in Betracht ziehen, im Laufe derer der Mensch und das Wesen der Zeit ja erst entstanden sind. An dieser Stelle wird aber jetzt schon deutlich, dass das Geheimnis der Zeit im Menschen selber zum Ausdruck kommt und dann am besten zu verstehen ist, wenn man den Menschen in seiner ganzen Wesenheit wirklich anzuschauen lernt.

6. Das Verhältnis von Werden und Vergehen zur Dauer

Folgen wir nun den weiteren Ausführungen Rudolf Steiners im Vortrag vom 15. September 1918. Hier setzt er sich mit den Begriffen des Emanationismus und des Kreationismus auseinander und zeigt auf, wie diese mit dem Geheimnis der Zeit aufs Engste verbunden sind.

«Wenn Sie das Leben so überschauen, wie es heute vorurteilsvoll illusionistisch überschaut wird, ja, da sprechen Sie nicht von dem Ganzen vom Leben, da sprechen Sie eigentlich nur von einem sehr geringen Teile des Lebens. Ich habe die Probe darauf gemacht. Ich kenne zum Beispiel die verschiedenen Goethe-Biografien, die existieren. Was in diesen Goethe-Biografien steht, gewiss, es gibt Aufschluss über mancherlei, was *Goethe* getan und getrieben und gedacht und vorgestellt hat zwischen seiner Geburt und seinem Tode. Aber sobald diese Goethe-Seele durch die Pforte des Todes getreten ist, hat das, was in Biografien von dem Standpunkte der gegenwärtigen illusionistischen Weltanschauung aus geschildert wird, nicht die allergeringste Bedeutung für die Region, in welche die Menschenseele eintritt nach dem Tode, und die eine andere Mischung bildet zwischen der Region der Dauer und der Region der Vergänglichkeit. Denn auch diese ist ja vergänglich: der Mensch tritt wieder durch eine neue Geburt ins Dasein. Für diejenige Region, in die der Mensch eintritt durch die Pforte des Todes, kann man mit alledem, was man durch die illusionistische Weltanschauung erkundet, durch die illusionistische Biografie, die das Leben zwischen Geburt und Tod verzeichnet, nichts anfangen. Da entscheidet allein die Frage: Wie hat die Seele zum Kosmos gesprochen? – Was ein Mensch seinen Mitmenschen mitgeteilt hat, und wären es die schönsten Dinge hier auf Erden gewesen, das ist nicht zum Kosmos gesprochen, wenn es nicht selbst aus geistiger Erkenntnis herausgeflossen ist. Aber zum Kosmos ist gesprochen, was Goethe durchlebt hat, wenn man sein Leben so betrachtet, dass man die siebenjährigen Perioden gerade in Bezug auf das Goethe-Leben schildert. Wie hat sich Goethe von sieben zu sieben Jahren geändert! Wie fiel merkwürdigerweise die große Umkehr seines Lebens in den Ablauf einer siebenjährigen Periode, als er nach Italien ging, oder wenigstens den Beschluß fasste, nach Italien zu gehen! Dasjenige, was sich unter der Region, welche die Biografien im gewöhnlichen Sinne bildet, von sieben zu sieben Jahren abspielt, das spricht in den Kosmos hinein; damit ist auch etwas anzufangen, wenn der Mensch durch die Pforte des Todes getreten ist. Und dasjenige, was Goethe geäußert hat, indem auf ihn gewirkt haben die Wesenheiten aus der Region der Dauer, was so geschildert werden kann, wie ich heute geschildert habe, das hat wiederum eine Beziehung zu der Region, in die man eintritt nach dem Tode. Schildern Sie das Goethe-Leben von dem Gesichtspunkte aus, der sich ergibt aus der gestrigen Betrachtungsweise von sieben zu sieben Jahren: was Goethe gespürt hat, wenn er eine solche Devise geschrieben hat über einzelne Kapitel seiner Werke wie: ‹Was man in der Jugend wünscht, hat man im Alter die Fülle›. Wer Goethes Leben betrachtet vom Standpunkte der Vergänglichkeit, vom Standpunkte der Entwickelung, und auf ein solches Wort stößt wie das, das Goethe als Motto über das eine Kapitel seiner Werke hingeschrieben hat: ‹Was man in der Jugend wünscht, hat man im Alter die Fülle›, wer mit geisteswissenschaftlicher Erkenntnis an ein solches Wort stößt, er stößt gewissermaßen an den ewigen Goethe. Und wer wiederum mit geisteswissenschaftlicher Gesinnung an irgendetwas bei Goethe stößt, wo hereintönt in das, was Goethe sagt, dasjenige, was aus der Region der Dauer fließt, wo die Hierarchien ihr Wechselspiel verlaufen lassen, der wiederum stößt an dasjenige, was der ewige Goethe ist. Kennenzulernen nicht bloß das Zeitliche in der Welt, sondern das Ewige, das man nur kennenlernen kann auf dem Umwege der Geisteswissenschaft, das ist die Aufgabe, die von der Gegenwart an den Menschen erwächst durch die Entgegennahme der Wissenschaft der Initiation. Dasjenige, was frühere Zeiten darbieten, muss der Mensch der Gegenwart in dem Lichte sehen, das ihm von der Gegenwartswissenschaft der Initiation herkommen kann.

Innerhalb der katholischen Kirche gibt es etwas, was man vergleichen kann mit der Wirkung eines roten Tuches auf ein gewisses Wesen. Wenn derjenige Katholik, der sich heute oftmals für den waschechten hält, irgendeiner Weltanschauung aufmutzen kann, sie wäre eine Weltanschauung der ‹Emanation›, sie stellte die Welt vom Gesichtspunkte der Emanation vor, dann ist diese Weltanschauung verurteilt – für ihn selbst vielleicht weniger, aber für die gläubigen Schäfchen sicher, für die er schreibt oder spricht. Man braucht nur einer Weltanschauung anhängen zu können das Prädikat, sie sei eine emanierende! Dieser emanationistischen Weltanschauung stellt derjenige, der sich heute als den waschechten Katholiken glaubt, entgegen die kreationistische

Weltanschauung, die Weltanschauung der Schöpfung aus dem Nichts, die Erschaffung aus dem Nichts. Und man stellt – wiederum in dualistischer Weise – die wie das rote Tuch wirkende emanationistische Weltanschauung auf der einen Seite hin, die kreationistische Weltanschauung, die Schöpfung aus dem Nichts, auf der andern Seite. Die kreationistische Weltanschauung nimmt man an, die emanationistische weist man ab. Der Emanationismus ist insbesondere dasjenige, was auf dem Umwege durch die Gnosis im Abendlande bekannt geworden ist. So wie er im Abendlande bekannt geworden ist – Literatur, die zugrunde liegt, ist ja zum größten Teile vernichtet worden –, so ist dieser Emanationismus schon eine Art von Zerrbild; und weil im Grunde genommen auf katholischer Seite nur das Zerrbild gekannt wird, so entsteht das große Missverständnis. Denn was man da kennt als Emanationslehre, als Hervorgehen des einen Äon aus dem andern Äon, wo immer der weniger vollkommene oder der weniger hohe Äon aus dem vollkommeneren Äon hervorgeht, das, was gewöhnlich äußerlich-exoterisch als die Gnosis geschildert wird, ist eigentlich schon eine korrumpierte Sache. Das weist zurück auf eine Weltanschauung, die ganz anderer Natur war, und die insbesondere für die alten Zeiten, in denen noch die geistigen Lehrer aus dem Übersinnlichen selbst die Menschen gelehrt haben, möglich war; es weist zurück der Emanationismus, der eben, wie gesagt, schon eine Korruption ist, zurück auf eine Wissenschaft, die eben in alter Form sich bezog auf die Region der Dauer, auf das Obere. Und für dieses Obere kann man in einer gewissen Weise den Emanationismus verteidigen, nicht in der Form, wie man ihn korrumpiert kennt, sondern in der Form, wo eigentlich innerhalb der Emanationslehre nur von einer Perspektive in der Zeit, nicht von einer eigentlichen Entwickelung gesprochen wird. Wo aber, eben weil von einer eigentlichen Entwickelung nicht gesprochen wird, auch nicht von einem Hervorgehen aus dem Nichts gesprochen werden konnte, denn das wäre ja auch eine Entwickelung, wenn auch eine Entwickelung am radikal extremen Punkt, da kann nicht davon gesprochen werden, dass eins aus dem andern hervorgeht, aber so, wie wir – indem wir heute über die Region der Dauer gesprochen haben – auch nicht gesprochen haben von einem Hervorgehen, sondern von einem Wechselverhältnis in den Wesen, denen eben die Dauer eignet.

Wenn man aber wiederum von der Region der Vergänglichkeit spricht, dann kann man allerdings von der Entwickelung sprechen; dann aber auch von dem extremen Fall der Entwickelung, von dem wir im Grunde genommen, implizite, in diesen Tagen sehr viel gesprochen haben. Denn ist es nicht ein fortwährendes Entstehen aus dem, was der Welt gegenüber nichts ist, wenn wir sagen: die gegenwärtigen Ideale sind die Keime der Zukunft, und die gegenwärtigen Realitäten sind die Früchte der Vergangenheit? Dieses richtig angesehen, gibt wiederum den wahren, nicht den korrumpierten Kreationismus. Die Forderung, die heute ergeht an die Menschen, ist diese: Dasjenige, was gemeint war im Emanationismus, im richtigen Lichte zu sehen und es anzuwenden auf die geistig-seelische Welt; dasjenige, was im wahren, nicht im korrumpierten Kreationismus vorgestellt wird, im richtigen Lichte zu sehen und es anzuwenden nicht auf die Schöpfer, sondern auf die Schöpfung, auf das Leiblich-Seelische. In der Anerkennung der Dualität, in dem Durchschauen der Dualität, nicht in dem nebulosen Vermischen des dualistisch Orientierten, liegt die Errettung, die Erlösung der Weltanschauung, richtig zu sehen die Region der Dauer, und richtig zu sehen die Region der Vergänglichkeit, und sie auseinanderhalten zu können. Dann kann man sagen: Beschaue ich die Wirklichkeit, die vor mir steht, so ist sie ein Abglanz, aber zu gleicher Zeit eine Auswirkung, ein Abglanz, indem sie der Region der Vergänglichkeit angehört, von der Evolution beherrscht ist; eine Auswirkung, indem sie der Region der Dauer angehört und von dem beherrscht wird, was man eben bekommt, wenn man in richtiger Weise das sieht, was wir heute für das geistig-seelische Leben charakterisiert haben. Derjenige, der richtig spricht, der sagt nicht, der Kreationismus ist richtig und die Emanation ist falsch, oder die Emanation ist richtig und der Kreationismus ist falsch, sondern der weiß, dass beides notwendige Faktoren sind, um das Vollleben zu begreifen. Die Überwindung des Dualismus kann nicht in der Theorie herbeigeführt werden, sondern nur im Leben selber. Derjenige, der theoretisch einen Ausweg sucht zwischen der Region des Oben und der Region des Unten, der Region der Vergänglichkeit und der Region der Dauer, der theoretisch durch Begriffe, durch Vorstellungen, durch Ideen einen Ausgleich sucht, der kommt nicht zu Rande, der wird immer in eine verworrene Weltanschauung hineinkommen, weil er durch den Intellekt dasjenige sucht, was im Leben gesucht werden soll. Im Leben aber sucht man die Wahrheit nur dann, wenn man weiß: Man muss den Blick hinrichten auf der einen Seite in die Region der Dauer und da dasjenige erkennen, was allerdings in der äußeren Wirklichkeit sich nicht darstellt, und dann auch in die Region der Vergänglichkeit, und da auch alle Menschen und alle Wesen so betrachten, wie es eigentlich der äußeren Wirklichkeit widerspricht. Aber wenn man ausgerüstet mit beidem ist und entgegentritt irgendeinem Wirklichen, dann fließt es, indem man dieses Wirkliche erlebt, es erlebend erschaut, aus den Elementen zusammen, aus denen es selber entstanden ist: aus der Auswirkung der Region der Dauer und dem Abglanz der Region der Vergänglichkeit. Dadurch ergreift man es im Leben, wenn man nicht eine theoretische Weltanschauung haben will, die in Begriffen, in Ideen sich auslebt, sondern wenn man zwei Weltanschauungen haben will: die eine für die Region des Geistig-Seelischen, die andere für die Region des Leiblich-Seelischen, und in dem lebendigen Zusammenleben der beiden Weltanschauungen, nicht in einer Theorie dasjenige haben will, was das Leben nährt und befruchtet. Dann kommt man allein aus dem Dualismus heraus.

Das ist es, was als eine Forderung an die Menschheit der Gegenwart herantritt. Nicht darum handelt es sich, dass Religionsstifter auftreten, welche den Menschen Spiritualismus lehren, nicht darauf kommt es an, dass auf der andern Seite irgendwelche wissenschaftlichen Sektenstifter auftreten, die den Menschen Materialismus lehren; sondern darauf kommt es an, dass man die Materie materiell in der Evolution, das Geistige immateriell, spirituell begreift in der Region der Dauer, und die Wirklichkeit aus diesem zusammen ansieht. Das Materielle beleuchten lassen vom Geistigen, das Geistige erhärten lassen vom Materiellen, das ist dasjenige, was in die Weltanschauung der Zukunft einfließen muss. Nicht darauf kommt es an, dass Philosophen auftreten, welche den Menschen Definitionen der Wahrheit geben, oder auf der andern Seite Definitionen auch geben von dem, was die Wissenschaft lehrt, um in theoretischer Weise einen sogenannten monistischen Einklang zu stiften, sondern darauf kommt es an, dass der Dualismus zwischen Wahrheit und Wissenschaft erkannt werde, und im lebendigen Leben das Verhältnis gesucht werde zwischen Wahrheit und Wissenschaft, um so zu einer lebendigen, nicht zu einer theoretischen Erkenntnistheorie zu kommen. Nicht Wahrheit oder Wissenschaft, sondern sowohl Wahrheit wie Wissenschaft: die Wissenschaft getragen von dem Gewichte der Wahrheit, das Gewicht der Wahrheit durchleuchtet von dem Lichte der Wissenschaft, anerkennend, dass der Mensch dualistisch in der Welt drinnen steht und erst in seinem Leben, in seinem Werden überwinden kann dasjenige, was als Dualistisches zu überwinden ist. Nicht Kantianismus, der da glaubt, dass dasjenige, was in der äußeren Welt lebt, nicht das ‹Ding an sich› darbietet, sondern Wahrheit und Wissenschaft ist die Aufgabe der Menschheit der Zukunft auch auf denkerischem Gebiete, das heißt, die Anerkennung, dass allerdings dasjenige, was um uns herum ist, Maja ist, aber Maja ist dadurch, dass wir uns als Mensch in dieser Weise in die Welt hineinstellen, und dass wir, solange wir uns so hineinstellen, dualistisch hineingestellt sind. Wir machen durch dieses unser Hineinstellen die Maja, und überwinden, indem wir selber lebendig werden, diese Maja im Leben, nicht in der Idee, nicht in der Theorie.»[108]

Nun ergeben sich aus dem hier Gesagten wiederum neue Fragen bezüglich des Steiner'schen Zeitverständnisses.

– Wie verhält sich der hier entwickelte Begriff von Entwicklung im menschlichen Lebenslauf zu der bisher erarbeiteten Anschauung von Werden und Vergehen, von Evolution und Devolution in allem Irdisch-Zeitlichen?

– Wie verhält sich wiederum das Werden und Vergehen zu der Region der Dauer mit ihrer Perspektivität, wo die Zeit ein räumliches Nebeneinander bildet?

– Was besagt der Vergleich von Emanationismus und Kreationismus für das Steiner'sche Zeitverständnis?

Letztere Frage lässt sich vorläufig durch zwei Zitate aus obigem Vortrag beantworten, wo Rudolf Steiner zusammenfassend ausführt:

«Denn ist es nicht ein fortwährendes Entstehen aus dem, was der Welt gegenüber nichts ist, wenn wir sagen: die gegenwärtigen Ideale sind die Keime der Zukunft, und die gegenwärtigen Realitäten sind die Früchte der Vergangenheit? Dieses richtig angesehen, gibt wiederum den wahren, nicht den korrumpierten Kreationismus. Die Forderung, die heute ergeht an die Menschen, ist diese: Dasjenige, was gemeint war im Emanationismus, im richtigen Lichte zu sehen und es anzuwenden auf die geistig-seelische Welt; dasjenige, was im wahren, nicht im korrumpierten Kreationismus vorgestellt wird, im richtigen Lichte zu sehen und es anzuwenden nicht auf die Schöpfer, sondern auf die Schöpfung, auf das Leiblich-Seelische.»

Emanation begreift Steiner also als ein Nebeneinander von Entwicklungen im Geistigen, Kreation als ein Nacheinander im Räumlichen, aber so, dass das Räumliche stets in Beziehung zum Unräumlichen, zum Geistigen, das Geistige stets in Beziehung zum Räumlich-Physischen gedacht wird.

«Im Leben aber sucht man die Wahrheit nur dann, wenn man weiß: Man muss den Blick hinrichten auf der einen Seite in die Region der Dauer und da dasjenige erkennen, was allerdings in der äußeren Wirklichkeit sich nicht darstellt, und dann auch in die Region der Vergänglichkeit, und da auch alle Menschen und alle Wesen so betrachten, wie es eigentlich der äußeren Wirklichkeit widerspricht. Aber wenn man ausgerüstet mit beidem ist und entgegentritt irgendeinem Wirklichen, dann fließt es, indem man dieses Wirkliche erlebt, es erlebend erschaut, aus den Elementen zusammen, aus denen es selber entstanden ist: aus der Auswirkung der Region der Dauer und dem Abglanz der Region der Vergänglichkeit. Dadurch ergreift man es im Leben, wenn man nicht eine theoretische Weltanschauung haben will, die in Begriffen, in Ideen sich auslebt, sondern wenn man zwei Weltanschauungen haben will: die eine für die Region des Geistig-Seelischen, die andere für die Region des Leiblich-Seelischen, und in dem lebendigen Zusammenleben der beiden Weltanschauungen, nicht in einer Theorie dasjenige haben will, was das Leben nährt und befruchtet.»

Um das Geheimnis der Zeit in diesem Sinne zu verstehen, ist das Verständnis für die Bereiche der Dauer und der Entwicklung sowie für deren Beziehung zueinander erforderlich.

7. Das reale Empfinden des Zeitlichen im Verhältnis zum Dauernden

Bevor wir die am Ende des vorigen Abschnitts gestellten beiden Fragen weiterbehandeln, sollen zunächst die in diesem Zusammenhang von Rudolf Steiner im Weiteren gehaltenen Vorträge auszugsweise wiedergegeben werden, um dadurch zu einem vollständigeren Verständnis der Steiner'schen Zeitkonzeption kommen zu können. Diese zeigt sich, wie wir ja jetzt sehen können, als äußerst komplex und vielschichtig, und ihr Verständnis erfordert daher auch einen etwas längeren Atem, als wir das bei anderen Zusammenhängen gewohnt sind.

«Auch die Zeit ist nicht als jenes Abstraktum von den alten Menschen empfunden worden, als welches wir sie heute empfinden; nur ging das konkrete Erleben der Zeit noch früher verloren als das konkrete Erleben des Raumes. Liest heute einer mit wirklichem Verständnis Plato oder Aristoteles, nicht so, wie mancher Schulmeister ihn liest – ich habe Ihnen ja öfter jene Notiz, die sich *Hebbel* in sein Tagebuch geschrieben hat, angeführt, wo ein Schulmeister vor der Tatsache steht, dass der wiederverkörperte Plato in seiner Schule als Schüler sitzt, und siehe da, der Schullehrer liest mit seiner Klasse gerade einen Dialog des Plato und der wiederverkörperte Plato bekommt von diesem Schulmeister eine recht schlechte Zensur; das hat sich Hebbel in sein Tagebuch notiert –, wer also heute mit wirklichem, tieferem Verständnis Plato und Aristoteles liest, der liest überall noch in Plato und Aristoteles, wie in dem 6., 7., 8. Jahrhundert der vorchristlichen Zeit eigentlich ein gutes Gefühl dafür noch voll vorhanden war. Wenn es auch schon abgeschattet war bei Plato und Aristoteles, so ist es doch noch deutlich fühlbar, dieses Erfühlen vom Raum, von dem ich gesprochen habe. Aber das Gefühl für das lebendige Erlebnis der Zeit ist noch früher verloren gegangen. So ganz und gar lebendig war es im zweiten nachatlantischen Zeitraum, in der urpersischen Zeit, wo es natürlich bei den Zarathustra-Schülern ein Frösteln hervorgerufen hätte, wenn man ihnen davon gesprochen hätte, dass die Zeit so eine Linie ist, die ganz gleichmäßig von der Vergangenheit in die Zukunft verläuft.

Wiederum war in der Gnosis ein mehr schattenhaftes Gefühl vorhanden – aber kaum, dass es noch zu erkennen ist – von dem Lebendigen der Zeit, indem man nicht davon sprach, dass da so eine Linie von der Vergangenheit in die Zukunft verläuft, sondern indem man von Äonen sprach, von den Schöpfern, die früher da waren und aus denen die späteren hervorgegangen sind, wo ein Äon an den andern immer die Impulse der Schöpfung übergeben hat. Gewissermaßen war die Zeit in der Imagination so vorgestellt, dass in der Hierarchienfolge das vorhergehende Wesen immer an das nächstfolgende die Impulse abgab, und das nächstfolgende war gewissermaßen immer hervorgebracht von dem vorhergehenden, das vorhergehende war das nächstfolgende umfassend. Man blickte hinauf zum Vorhergehenden als zu dem Göttlicheren gegenüber dem Nachfolgenden. ‹Später› erlebte man als ungöttlicher, ‹früher› erlebte man als göttlicher. Dieses Hinblicken auf die Wendung, welche die Entwickelung vom Göttlichen ins Ungöttliche nimmt, das war im lebendigen Erleben und Erfahren der Zeit enthalten. Es würde alles auseinanderfallen, wenn sich nicht zur Einheit weben wollte das Göttliche und das Ungöttliche, was identisch ist mit unseren heutigen Abstraktionen von Vergangenem und Zukünftigem. Aber in diesem Bilde der Zeit, zurückblickend und immer Umfassenderes und Umfassenderes umfassend, bis zum ‹Alten der Tage›, in dieser Imagination empfand man das Abbild des Einheitsgottes. So wie der dreigeteilte Raum, der dreifaltige Raum als das Abbild erlebt worden ist der Dreifaltigkeit des Gottes, so wurde die Zeit empfunden als das Abbild der Einheitlichkeit des Gottes. Der Grund des Monotheismus liegt im alten Zeiterleben; der Grund, die Trinität zu empfinden, liegt in dem alten Raumerleben. So hat sich der Menschen Seelenverfassung geändert; so ist gewissermaßen abstrakt und nüchtern geworden, was lebendig war. So paradox es klingen mag: Der gegenwärtige Mensch stellt sich ganz gewiss etwas Abstraktes vor, wenn er vom Raume spricht, und er stellt sich, wie ich glaube, eine lebendige Beziehung vor, wenn er von einem Freunde spricht. Aber jene Konkretheit, jenes elementare Erleben, das heute von Freund zu Freund spricht, das ist zum Beispiel noch abstrakt gegen das intensive Welterleben, das der alte Mensch hatte, indem er Raum und Zeit erlebte, die ihm die Abbilder der Einheit und der Dreiheit des Göttlichen waren.

So sind wir nüchtern geworden und abstrakt mit Bezug auf Raum und Zeit, und ein anderes muss an die Stelle von Raum und Zeit treten, das wir wiederum erleben müssen, das verinnerlichter werden muss, verinnerlichter sein muss. Wir müssen lernen, jenen Dualismus, jenen Gegensatz in der Welt zu empfinden, von dem ich in der letzten Woche gesprochen habe. Denken Sie sich einmal, jemand würde nur die

sich kräuselnde Wasseroberfläche sehen. Diese sich kräuselnde Wasseroberfläche ist im Grunde eine abstrakte Linie. Was ist das Konkrete? Da unten das Wasser, und da oben die Luft. Und aus der Zweiheit Luft und Wasser, in dem Zusammenwirken ihrer Kräfte, entsteht die Maja, die sich kräuselnde Oberfläche. So ist aber unsere Welt die sich kräuselnde Oberfläche, und so sind wir als Menschen, wenn wir uns nur so anschauen, wie wir uns innerhalb der Maja anschauen. Schauen wir uns in Wirklichkeit an, so müssen wir uns hier auch sehen: unten das Wasser, oben die Luft. Unten das Wasser – wir sehen es, indem wir die vergängliche Entwickelung beobachten, wie ich sie in der letzten Woche Ihnen vorgeführt habe, wo der Mensch sich so entwickelt, dass er dasjenige, was er als Kind vorstellen kann, erst als Greis begreifen würde. Was er in der Zeit der Geschlechtsreife vorstellt, weiß er etwas früher, aber doch auch erst gegen die Greisenhaftigkeit zu und so weiter, wie ich den menschlichen Lebenslauf dargestellt habe, wo man erst im Alter dasjenige an sich selber begreift, was man in der Kindheit und Jugend gewesen ist. Es verläuft das Leben nicht scheinbar, sondern in Wirklichkeit so an der Oberfläche. Ich habe gesagt: Solch eine Übersicht brauche man vielleicht zum Leben auch heute an der Oberfläche nicht, aber zum Sterben braucht man sie. – Das ist die Vorstellung vom Unteren; dazu gehört die Vorstellung des realen Oberen, der Region der Dauer, von der ich Ihnen am letzten Sonntag gesprochen habe, wo der Mensch nicht sich entwickelt, sondern das, was der Dauer angehört, auch sein ganzes Leben hindurch von der Geburt bis zum Tode hat. Aber heute können wir nicht betrachten, wie das Untere und das Obere sich verweben, wenn wir nicht das Untere da erfassen, wo es droht, starr zu werden, wo es droht, sich zu verhärten; und wenn wir nicht das Obere da erfassen, wo es droht, sich zu verflüchtigen, sich zu vergeistigen; wenn wir nicht die Empfindung entwickeln für den Gegensatz: Göttliches – Luziferisches – Ahrimanisches. Der alte Mensch hatte etwas Lebendiges in seiner Seele, wenn er von seinem Raumerlebnis, von seinem Zeiterlebnis sprach; der Mensch der Erdenzukunft muss innerliche Begriffe, innerliche Vorstellungsimpulse entwickeln: Göttliches – Ahrimanisches – Luziferisches.»[109]
Unsere heutige Auffassung von Raum und Zeit, das war ja bereits die Anschauung des einundzwanzigjährigen Rudolf Steiner, ist eine vollkommen abstrakte und irreale, sie gab es in früheren Zeitaltern noch nicht, sondern da erlebte der Mensch Zeit und Raum als etwas sehr Konkretes. Um diese Konkretheit den Menschen wieder erfahrbar zu machen, brauchte Steiner in den hier ausführlich dokumentierten Vorträgen einen

langen Atem, den auch wir jetzt noch aufbringen müssen, um den Gesamtzusammenhang des Geheimnisses der Zeit wirklich voll zu erfassen. Folgen wir daher den weiteren Ausführungen, um die angesprochenen Verhältnisse zum Luziferischen, zum Ahrimanischen und zum Göttlichen zu verstehen.

8. Das Geheimnis von Raum und Zeit – Ahrimanische und luziferische Wirksamkeiten im menschlichen Bewusstsein

Um die luziferischen und ahrimanischen Wirksamkeiten im Menschen genauer zu erfassen, fasst Rudolf Steiner in dem nun folgenden Vortrag das bisher Erreichte noch einmal zusammen und bringt nun den Bereich der Dauer in Beziehung zum Luziferischen, den Bereich der Entwicklung in Beziehung zum Ahrimanischen.

«Rekapitulieren wir uns noch einmal kurz, was wir ausgeführt haben mit Bezug auf diese zwei Strömungen in der Menschenerkenntnis, und versuchen wir dann, uns die nötigen Anforderungen einer Wirklichkeitsanschauung auf dieser Grundlage zu verschaffen. Ich sagte Ihnen: Das Menschenleben verläuft eigentlich so, dass der Mensch erst in der zweiten Lebenshälfte begreifen kann, was er in der ersten Lebenshälfte denkend, überhaupt seelisch durchmacht – und ich sagte: Wirksam ist in uns vernünftiges Wesen in den ersten sieben Lebensjahren, von der Geburt bis zum Zahnwechsel, Vernünftiges waltet in uns, aber dasjenige, was da als Vernünftiges waltet, und auch dasjenige, was wir schon in diesen ersten Lebensjahren lernend aufnehmen, wir begreifen es noch nicht durch unsere eigenen Menschenkräfte, wenn wir die eine Strömung nur ins Auge fassen, von der wir zu reden haben. Wäre der Mensch lediglich auf sich als Mensch, als Erdenmensch angewiesen, er würde erst im hohen Lebensalter, Ende der Fünfzigerjahre und Anfang der Sechzigerjahre, begreifen können, was er als Kind bis zum Zahnwechsel denkt, fühlt und will. Also man wird erst im höchsten Alter gewissermaßen zur Selbsterkenntnis mit Bezug auf sein inneres Kindheitsleben reif. Die Kräfte im Menschen, die erfassen können, was man in dem ersten Kindheitsalter innerlich vernünftig durchlebt, die werden eben erst so spät in dem menschlichen Leben geboren.

Dann haben wir eine zweite Lebensepoche, die vom Zahnwechsel bis zur Geschlechtsreife dauert. Denken Sie nur – wir haben es dargestellt in dem Büchelchen *Die Erziehung des Kindes vom Gesichtspunkte der Geisteswissenschaft* –, was da der Mensch vorstellend, fühlend, wollend durchmacht bis zur Geschlechtsreife. Durch eigene menschliche

Kräfte, durch menschliche Erdenkräfte würde der Mensch erst Ende der Vierzigerjahre, Anfang der Fünfzigerjahre begreifen können, was er da durchlebt.

Und wiederum, was wir durchleben von der Geschlechtsreife bis in die Zwanzigerjahre hinein: erst in den letzten Dreißigerjahren, Anfang der Vierzigerjahre würden wir es durch die eigenen menschlichen Kräfte begreifen. Was wir ausdenken, meinetwillen auch an Idealen ausbilden, die Tragweite davon, den Lebenswert, wir würden ihn erst erfassen, wenn wir nur auf unsere menschlichen Lebenskräfte angewiesen wären, in den Dreißigerjahren. Nur dasjenige, was wir vom achtundzwanzigsten bis fünfunddreißigsten Jahre etwa erleben, das steht für sich, das können wir ungefähr begreifen. Dieses mittlere Glied des menschlichen Lebenslaufes, das hat ein gewisses Gleichgewicht, da können wir ausdenken und begreifen zu gleicher Zeit; in den andern Lebensaltern nicht.

Sie bekommen einen Begriff von menschlicher Entwickelung in einem Lebenslauf, wenn Sie das, was wir so angeführt haben, durchdenken; wie der Mensch in der Zeit als Erdenmensch sich entwickelt, davon bekommen Sie eine Vorstellung. Selbsterkenntnis, insofern wir an die Zeit gebunden sind, wäre eigentlich nur in dieser Weise möglich, dass wir immer warteten, bis das entsprechende Lebensalter eintritt, um dasjenige zu begreifen, was wir in einem andern, früheren Lebensalter denken. Das ganze menschliche Leben gehört zusammen. Wir würden als Persönlichkeit, wenn wir nur Erdenmensch in der Zeit wären, gar nicht von uns etwas Schlagkräftiges wissen, wenn wir nicht im Alter zurückschauten auf dasjenige, was sich in der Jugend in uns heranentwickelt hat.

Dies ist die eine Seite des Menschen, die eine Strömung des Menschenlebens. Mit Bezug auf diese Strömung ist der Mensch ganz und gar der Zeit unterworfen, mit Bezug auf diese Strömung kann er einfach nichts machen, als warten, bis die Zeit der Reife da ist. Aber ich habe Sie schon aufmerksam darauf gemacht: So, wie wir es durchleben im Majadasein, nimmt sich das menschliche Leben ja nicht aus; so nimmt sich das menschliche Leben aus, wenn wir es in der Zeit sich abspielend betrachten. Dennoch ist das, was man so ausführt über den zeitlichen Verlauf des Menschenlebens, die wahre Wirklichkeit. Denn mit demjenigen, was wir sonst erleben zwischen Geburt und Tod, ich sagte Ihnen, mit dem kann man zur Not, wenn man oberflächlich bleiben will, leben, aber man kann damit nicht sterben. Denn alles dasjenige, was man sonst weiß, was man lernt dadurch, dass es uns andere beibringen, was man lernt dadurch, dass es sich die Menschheit im Lauf der Geschichte angeschafft hat, kurz, was man als zeitlicher Mensch auf eine andere Weise lernt, als dass man im Alter auf die Jugend zurückblickt, das vergeht im Tode, das tragen wir von der einen Strömung zunächst nicht durch des Todes Pforte durch. Nur das, was wir uns so erworben haben, dass es dieser Entsprechung gemäß ist, das tragen wir durch die Todespforte durch. Glauben Sie auch nicht, dass Sie das gar nicht tun, was ich damit kennzeichne! Derjenige von Ihnen, der in ein späteres Lebensalter gekommen ist, sieht schon selber in seinem Unterbewussten auf die früheren Lebensalter zurück. Es spielt sich das schon ab, wenn es sich auch im Unterbewussten abspielt, was ich so charakterisiert habe. Und Sie würden nichts von dem äußeren zeitlichen Leben durch die Todespforte tragen, wenn es sich nicht so abspielte. Im Zeitalter des Materialismus beachten das ja allerdings die Menschen nicht, aber alles dasjenige, was den Menschen das Zeitalter des Materialismus beibringen kann, kann ja nicht mitgenommen werden durch die Todespforte hindurch. Für die Welt hat nur das Bedeutung, was Sie in diesem Sinne durchmachen, dass Sie im Alter begreifen, was in der Jugend sich abgespielt hat in Ihrem ganzen Menschen. Das ist die eine Strömung.

Die andere Strömung ist aber dadurch herbeigeführt, dass der Mensch nicht bloß ein leiblich-seelisches Wesen ist. Als leiblich-seelisches Wesen verläuft sein Dasein so in der Zeit, wie wir es jetzt wieder dargestellt haben. Aber der Mensch ist auch ein geistig-seelisches Wesen. Und durch dieses geistig-seelische Wesen ist er nicht bloß im Reiche der Zeit, wie wir es eben charakterisiert haben, sondern er ist als geistig-seelisches Wesen im Reiche der Dauer. Da ist er allerdings auch wiederum etwas ganz anderes – wir haben es ja dargestellt –, als es ihm erscheint. Da macht er keine Entwickelung durch, da ist er dasselbe Wesen von der Geburt bis zum Tode. Aber sein Denken, Fühlen und Wollen ist etwas ganz anderes, als was es ihm selber erscheint. Sein Denken und auch ein Teil seines Fühlens ist ein Sich-Versetzen in kosmische Regionen, wo Götterkampf stattfindet, wie ich es Ihnen dargestellt habe vor acht Tagen, und wiederum ist das Wollen und ein Teil des Fühlens das Sich-Versetzen in eine andere Region des Kosmos, wo Götterkampf stattfindet. Sinnen, sagte ich Ihnen, heißt, sich in eine gewisse Region der Geistigkeit versetzen und teilnehmen an gewissen Kämpfen der einen Geistesart gegen die andere; ebenso heißt Wollen teilnehmen an gewissen Kämpfen, wenn auch in dem einen oder in dem andern Fall diese Kämpfe zur Ruhe gekommen sind. Es ist eine tiefe Wahrheit, was Sie dargestellt finden in der *Pforte der Einweihung*, dass, während sich in uns geistig-seelische Vorgänge abspielen, große kosmische Dinge geschehen.

Ebenso wie der Mensch nichts ahnen will im Zeitalter des Materialismus von seinem Leiblich-Seelischen, das in der Zeit verläuft, so will der Mensch nichts wissen von diesem Geistig-Seelischen, das im Reich der Dauer spielt, das aber ganz anders aussieht als sein Denken, Fühlen, Wollen im gewöhnlichen Leben, und das sich, wenn man es wirklich betrachtet, abspielt als Geisteskämpfe. So paradox es für den materialistisch denkenden Menschen klingt: Wenn Sie einen Gedanken fassen, ist es etwas ganz anderes als dasjenige, als was Sie es selber in der Maja ansehen. Nehmen wir nur an, Sie fassen einen Gedanken, sagen wir wie einen derjenigen, die wir gestern erwähnt haben: Sie fassen den Gedanken an den Raum. In dem Augenblick, wo Sie an den Raum denken – auch nur in der Abstraktheit, wie die Gegenwart an den Raum denkt –, in dem Augenblicke, wo Ihr Geist sich mit dem Raumgedanken erfüllt, stecken Sie mit Ihrer Seele in einer geistigen Region drinnen, wo Ahriman einen mächtigen Kampf kämpft gegen andersgeartete Hierarchien. Und Sie könnten den Gedanken an den Raum nicht haben, ohne dass Sie lebten in einer Region, wo Ahriman gegen andere Hierarchien kämpft. Und wenn Sie ein Wollen entfalten, wenn Sie zum Beispiel sagen: Ich will spazierengehen! – selbst wenn es ein so unbedeutendes Wollen ist, sobald Sie dieses Wollen in die Tat umsetzen, stecken Sie geistig in einer Region drinnen, wo die luziferischen Geister kämpfen gegen Geister anderer Hierarchien. Das Weltengeschehen ist eben, vom Gesichtspunkte der Wissenschaft der Initiation betrachtet, etwas wesentlich anderes als der schattenhafte Abglanz, den wir von ihm wahrnehmen, indem wir als Menschen zwischen Geburt und Tod in der Maja leben. Denn dasjenige, was wir als Maja so wahrnehmen, das ist nichts anderes als ein Etwas, das sich vergleichen lässt mit dem Wellenkräuseln an der Oberfläche des Meeres. Ich habe Ihnen gestern das Bild dargestellt: Das Wellenkräuseln an der Oberfläche des Meeres, es ist eigentlich im Grunde genommen etwas, was nicht da wäre, wenn nicht unter ihm das Meer wäre, über ihm die Luft. Die Kräfte, welche dieses Wellenkräuseln hervorrufen, sind innerhalb des Meeres, sind in der Luft, und das Wellenkräuseln ist nur das Abbild desjenigen, was an Kräften von oben und unten zusammenschlägt. So ist unser Leben in der Maja zwischen Geburt und Tod nichts anderes, als was zusammenschlägt aus diesen Geisterkämpfen, die sich in Wahrheit, wenn wir denken, fühlen oder wollen, im Reiche der Dauer abspielen, und aus jenem Entwickelungsverlaufe in der Zeit, der sich so abspielt, dass wir erst im späten Alter dasjenige erfassen, was wir in der Jugend ausdenken. Unser Leben ist im Grunde ein Nichts, wenn wir es nicht aus dem Zusammenfluss und Zusammenschluss dieser beiden wahren Wirklichkeiten betrachten. Hinter unserem Leben sind diese beiden wahren Wirklichkeiten.

Nun ist nicht nur hinter unserem Leben auf der einen Seite der zeitliche Verlauf, der uns nötigen würde, zu warten und zu warten, um etwas zu begreifen, was wir vorher erdacht haben, und sind nicht nur die Vorgänge in der Dauer, die sich abspielen unser ganzes Leben hindurch in gleicher Weise zwischen Geburt und Tod, sondern wir selbst stehen drinnen in dieser Wirklichkeit, und unser Drinnenstehen erscheint uns auch nur in seinem Abbilde. Unser ganzes Verhältnis zur Welt erscheint uns nur in seinem Abbilde. Die Wahrheit erkennen, erfordert immer, dass man sich erkrafte, sie zu erkennen; sie kommt nicht zu uns, wenn wir bloß passiv bleiben wollen. Die Wahrheit erkennen, heißt, sich stehend erkennen in den beiden Strömungen, die ich angedeutet habe: im Reiche der Zeit und im Reiche der Dauer. Und indem wir drinnenstehen in diesen beiden Reichen und sich auch mit uns ein Leben abspielt, das gegenüber den wahren Kräften keine andere Bedeutung hat als das Meeresgekräusel gegenüber den Stürmen der Luft und gegenüber dem auf und ab wogenden Flusse unten, verbringen wir unser Leben zwischen Tod und Geburt, und dann auch wieder zwischen Geburt und Tod. Die Kräfte und Mächte machen sich mit uns zu tun, während wir das Leben so verbringen. Denn immer sind mächtige Kräfte da, welche auf der einen Seite sich Mühe geben, uns dem gewöhnlichen Erdenleben, wie es in der Maja verläuft, zu entreißen; aber ebenso sind andere Kräfte da, welche sich alle Mühe geben, uns dem Reiche der Dauer zu entreißen.

Auf der einen Seite – halten wir das gut fest – haben wir unseren zeitlichen Lebensverlauf, wo wir im Begreifen erst spät reif werden für das, was sich mit uns in der Zukunft abspielt. Es gibt Kräfte und Mächte, welche uns beschränken wollten auf das, was wir so als Mensch sind, welche uns als Menschen so gestalten möchten, dass sich dies mit uns abspielt. Das heißt also: Es gibt Kräfte und Mächte, welche wollen, dass unser Leben wirklich so verläuft, auch in der Maja, auch im Erdenverlaufe so verläuft, dass wir als Kind dies oder jenes erleben, aber nichts davon begreifen, gleichsam ein Schlafesleben führen bis zum achtundzwanzigsten Lebensjahre, dann anfangen, das Gleichzeitige an uns etwas zu begreifen, und dann, wenn wir über das fünfunddreißigste Jahr hinaus sind, anfangen, das Frühere zu begreifen. Es gibt Kräfte und Mächte, welche uns zu einem bloß zeitlichen Menschen machen möchten, zu einem Menschen, der die erste Hälfte seines Lebens mehr oder weniger ein Pflanzen-, ein Schlafesleben führt, und in der zweiten Hälfte seines Lebens rückschauend begreift, was sich während dieses Schlafes abgespielt hat. Kräfte und Mächte gibt es, welche den Menschen in der ersten Hälfte seines Lebens zum Träumer, in der zweiten Hälfte seines Lebens zu einem Wesen machen möchten, das sich dieser Träume erinnert und dadurch erst in der zweiten Hälfte seines Lebens zum Selbstbewusstsein komme. Praktisch würde sich, wenn diese Kräfte und Mächte allein auf uns wirken könnten, das so ausnehmen, dass wir eigentlich erst in dem Anfang der Dreißigerjahre, oder höchstens im achtundzwanzigsten Lebensjahre, seelisch geboren werden. Vorher würden wir wie schlaftrunken auf der Erde herumgehen.

Wenn das so wäre, wie diese Wesen wollen, würden wir losgerissen werden von unserer ganzen kosmischen Vergangenheit. Unser jetziges Dasein beruht ja darauf, dass wir in dem Sinne, wie ich es in der *Geheimwissenschaft im Umriss* dargestellt habe, eine kosmische Vergangenheit durch Saturn-, Sonnen- und Mondenzeit durchgemacht haben. Während dieses Durchgangs durch die Saturn-, Sonnen- und Mondenzeit haben Wesen der höheren Hierarchien – die ein besonderes Interesse haben, dass im Kosmos Menschen entstehen –, Wesen, welche die Schöpfer der Menschheit sind, uns entwickelt und in das Erdendasein hereingestellt. Im Erdendasein sind wir nun nach der einen Strömung solche Menschen, wie wir es da geschildert haben. Die Kräfte und Mächte sind da, die uns nur als solche Erdenmenschen gestalten wollten. Würden sie siegen, dann würden sie uns losreißen von unserer Saturn-, Sonnen- und Mondenvergangenheit. Sie würden uns im Erdenleben konservieren, sie würden uns nur zu Erdenmenschen machen. Das streben gewisse Mächte an. Es sind die ahrimanischen Mächte. Ahriman strebt an, uns zu bloßen Zeitenmenschen zu machen, strebt an, unser Erdenleben loszureißen von unserer kosmischen Vergangenheit. Er strebt an, die Erde ganz und gar zu einem Wesen für sich zu machen und uns mit ihr ganz tellurisch, ganz irdisch zu machen.

Andere Kräfte und Mächte gibt es, die streben das gerade Gegenteil an. Die streben an, uns diesem zeitlichen Leben ganz zu entreißen, uns solches Denken, Fühlen und Wollen zu geben, das ganz und gar nur einträufelt aus der Region der Dauer. Diese Wesen streben an, uns ohne unser Zutun von der Kindheit an ein gewisses Quantum von Denken, Fühlen und Wollen gewissermaßen zu inspirieren und es uns dann durch den ganzen Lebenslauf zu erhalten. Würden sie siegen, so würde unser ganzes zeitliches Leben verdorren. Wir würden endlich – sogar sehr bald, es wäre schon längst geschehen, wenn diese Wesen gesiegt hätten – abstreifen, ablegen die physische Körperlichkeit, das leiblich-geistige Wesen, und wir würden reine Geister werden. Aber es würde unsere Aufgabe nicht erfüllt werden, insoferne diese Aufgabe vom Erdensein kommt. Wir würden hinweggezogen werden vom Erdensein. Diesen Wesen ist die Erde zu schlecht, sie hassen die Erde, sie mögen die Erde nicht. Sie möchten den Menschen von der Erde hinwegheben, sie möchten ihm ein Dasein rein im Reiche der Dauer geben; sie möchten, dass er ausschalte von sich all dasjenige, was so in der Zeit verläuft, wie ich es dargestellt habe. Das sind die luziferischen Wesenheiten. Die luziferischen Wesenheiten streben das Gegenteil von den ahrimanischen Wesenheiten zunächst an. Die ahrimanischen Wesenheiten suchen den Menschen mit dem ganzen Erdendasein loszureißen von der kosmischen Vergangenheit und das Irdische zu konservieren. Die luziferischen Wesenheiten streben, die Erde wegzuwerfen, alles Irdische vom Menschen wegzuwerfen, und den Menschen ganz und gar zu spiritualisieren, sodass nichts Irdisches auf ihn wirkt, sodass er nicht durchsetzt und durchkraftet werde von dem Irdischen. Sie möchten in ihm nur ein kosmisches Wesen haben, sie möchten, dass die Erde abfiele von der Evolution, dass sie verworfen würde im Weltenall. Während Ahriman will, dass gerade die Erde sich verselbstständige, gewissermaßen für den Menschen die ganze Welt werde, streben die luziferischen Wesenheiten an, dass die Erde verworfen werde, weggeworfen werde von der Menschheit, und die Menschheit hinaufgehoben werde in das Reich, in welchem die luziferischen Wesenheiten selber sind, in welchem die luziferischen Wesenheiten ihr Dasein haben in der reinen Welt der Dauer. Um dieses zu erreichen, versuchen die luziferischen Wesenheiten fortwährend, uns die Intelligenz, die wir als Menschen haben, automatisch zu machen, und sie versuchen, den freien Willen in uns zu unterdrücken. Würde die Intelligenz rein automatisiert werden, würde der freie Wille unterdrückt werden, dann würden wir mit automatischer Intelligenz, und nicht aus unserem Wollen, sondern aus Götterwollen heraus dasjenige vollbringen können, was uns obliegt. Wir würden rein kosmische Wesen werden können. Das streben die luziferischen Geister an. Sie streben an, uns gewissermaßen zu reinen Geistern zu machen, solchen, die nicht eigene Intelligenz haben, sondern nur kosmische Intelligenz, die nicht eigenen freien Willen haben, sondern in denen alles dasjenige, was Denken und Handeln ist, automatisch verläuft, wie bei der Hierarchie der Angeloi und in vieler Beziehung in der Hierarchie der luziferischen Wesenheiten selber, aber da in anderer Beziehung. Zu reinen Geistern wollen uns die luziferischen Wesenheiten machen; den Erdeneinschlag wollen sie verwerfen. Dazu wollen sie uns eine Intelligenz schaffen, die ganz und gar unbeeinflusst ist von jeglichem Gehirn, und in der ganz und gar kein freier Wille webt.

Die Wesen, die sich um Ahriman scharen, die ahrimanischen Wesenheiten, die wollen im Gegenteil gerade den menschlichen Intellekt ganz besonders pflegen, und ihn immer mehr und mehr so pflegen, dass er in immer größere und größere Abhängigkeit von allem Erdendasein kommt; und sie wollen den menschlichen Willen, den Eigenwillen ganz besonders ausbilden: also alles dasjenige, was gerade die luziferischen Wesenheiten unterdrücken wollen. Die ahrimanischen Wesenheiten, oder besser gesagt, die dienenden Geister des Ahriman, die wollen dieses gerade voll ausbilden. Das ist ganz besonders wichtig zu berücksichtigen. Der Mensch würde dadurch zu einer Art Selbstgenügsamkeit kommen. Er würde zwar ein Träumer sein in seiner Jugend, aber er würde ein ganz gescheiter Mensch in seinem Alter werden und würde manches verstehen durch eigene Erfahrung; doch er bekäme nichts geoffenbart aus den geistigen Welten. Verhehlen wir uns das nicht: Alles, durch was man in der Jugend klug ist, ist nur aus Offenbarung erstanden, eigene Erfahrung tritt erst im Alter ein. Und die ahrimanischen Wesenheiten wollen uns auf diese eigene Erfahrung beschränken. Wir würden frei wollende Wesen sein, aber wir würden als geistig-seelische Wesen höchstens erst im achtundzwanzigsten Lebensjahre geboren werden. Denken Sie nur einmal: als Mensch stehen wir eigentlich zwischen diesen beiden Willensrichtungen der geistigen Welten drinnen. Und wir haben als Mensch in einem gewissen Sinne die Aufgabe, uns so hindurchzuleben in der Welt, dass wir weder Ahriman noch Luzifer folgen, sondern ein Gleichgewicht finden zwischen den beiden Strömungen.»[110]

Die Schwierigkeit eines wahren Verständnisses der Zeit hängt also damit zusammen, dass Luzifer und Ahriman uns auf jeweils nur einen Bereich der Polarität von Dauer und Entwicklung beschränken wollen. Wollen wir also das Geheimnis der Zeit wirklich lösen, so müssen wir uns den Widersachermächten entgegenstellen und ein Gleichgewicht zwischen beiden herzustellen versuchen.

In dem nun folgenden Vortrag führt Steiner das Verhältnis des Ahrimanischen und des Luziferischen zum Menschen weiter aus und bringt dieses in Zusammenhang mit dem räumlichen und zeitlichen Erleben des

Menschen. Dabei wird die eigentliche Dimension des Geheimnisses der Zeit nun erst voll erfassbar, weil deutlich wird, wie Luzifer und Ahriman selbst in der Evolution als ganzer, auf die wir im abschließenden Teil noch genauer eingehen werden, darinnen stehen.

«Nun wissen wir, dass das Menschenwesen, so wie es uns zunächst im Leben zwischen Geburt und Tod entgegentritt, uns darbietet dasjenige, was wir gewohnt worden sind, den physischen Leib zu nennen, dann darüber hinaus dasjenige, was wir Ätherleib nennen, oder was ich versuche, um gewissermaßen einen gangbareren Ausdruck zu gewinnen, Bildekräfteleib zu nennen, dann dasjenige, was schon Bewusstseinscharakter hat, was wir gewohnt worden sind, den astralischen Leib zu nennen, was aber noch nicht jenen Bewusstseinscharakter hat, der unser uns zunächst stehendes heutiges Bewusstsein durchzieht. Dasjenige, was wir heute das Unterbewusste nach dem Brauch vieler Leute nennen, das würde dem astralischen Leib angehören. Dann das, was wir als unser gewöhnliches Bewusstsein bezeichnen, welches wechselt zwischen Schlaf- und Wachzuständen, welches in die Schlafzustände hinein nur die chaotischen Träume sendet, welches in den Wachzuständen sich nicht mit Anschauungen begnügt, sondern zu Urteilen und Begriffen, die abstrakt sind, Zuflucht nimmt, das alles bezeichnen wir als jenes Glied der menschlichen Wesenheit, welches wir das Ich nennen. Nur in diesem letzten Gliede der menschlichen Wesenheit, im eigentlichen Ich, könnte man sagen, kennt sich der Mensch der Gegenwart aus. Dieses Ich wird ihm gespiegelt von seinem Bewusstsein. Dieses Ich ist dasjenige, in dem sich alles Denken, Fühlen und Wollen der Seele eigentlich abspielt. Alles übrige, astralischer Leib, Ätherleib und der physische Leib in seiner wahren Gestalt, liegt unterhalb des Bewusstseins und auch unterhalb des Ich. Denn dasjenige, was die gewöhnliche Wissenschaft, Anatomie, Physiologie und so weiter, vom physischen Leib konstatieren kann, das ist ja nur seine Außenseite; das ist im Grunde genommen auch nichts anderes als unser Bewusstseinsinhalt von dem menschlichen physischen Leib, den wir geradeso gewinnen, wie wir einen andern sinnenfälligen Inhalt gewinnen. Das ist das äußere Bild des physischen Leibes für unser Bewusstsein, das ist aber nicht der physische Leib selber.

Also, die drei Glieder der menschlichen Wesenheit, die wir nach der Entwickelung als vorirdisch bezeichnen – Sie kennen diese Entwickelung aus meiner *Geheimwissenschaft im Umriss* –, diese drei Glieder sind zunächst außerhalb des Feldes menschlicher Bewusstheit gelegen. Nun wissen Sie, dass wir bezüglich der geistigen Ordnung hinweisen auf Wesenheiten, die sich nach oben hin als Hierarchien, als Mitglieder der Hierarchien so anschließen an den Menschen, wie sich nach unten hin die drei Naturreiche, das tierische, pflanzliche, mineralische Reich anschließen. In dem Augenblicke, wo wir nun geistig den Menschen betrachten, können wir nicht mehr nur von denjenigen Inhalten des astralischen, des ätherischen, des physischen Leibes sprechen, von denen die gewöhnliche Wissenschaft oder auch die Anthroposophie spricht, wenn sie nur Rücksicht nimmt auf dasjenige Leben des Menschen, das in der sinnenfälligen Welt offenbar wird. Und ich habe deshalb schon in früheren Betrachtungen dieses Herbstes erwähnt, dass mit diesen, nennen wir sie nun untere Glieder der menschlichen Natur, dass mit diesen unteren Gliedern der menschlichen Natur, wenn wir sie ihrer Wahrheit nach betrachten, im Wesentlichen verbunden sind die Geister der einzelnen Hierarchien.

weiss

Nun können wir, im Sinne dessen, was ich Ihnen gerade in Anknüpfung an Goethes Weltanschauung neulich vorbrachte, sagen: Insofern sich der Mensch durch diese seine drei Glieder in der Zeit entwickelt, insofern er jene Entwickelung durchmacht, welche man verfolgen kann von seiner Geburt bis zu seinem Tode, insofern hängt er zusammen mit gewissen geistigen Kräften, die hinter seiner Entwickelung liegen. Ich habe es Ihnen dadurch klarzumachen versucht, dass ich sagte: Wenn wir dieses (siehe Zeichnung) als Wesenheit des heutigen Menschen betrachten, so müssen wir rückgängig in der Entwickelung mit dieser seiner Wesenheit verbunden denken die geistigen Kräfte, die wir als die Glieder der höheren Hierarchien erkannt haben. Diese geistigen Kräfte wirken ja nun, wie Sie wissen, unmittelbar in sein Ich beim normalen Menschen nicht herein, außer den Geistern der Form, denjenigen, die man Exusiai nennt. Also außer diesen Geistern der Form, jenen Kräften, welche dem Menschen seine ihm ureigene Form geben, wirken in das gegenwärtige Bewusstsein des Menschen die andern geistigen Kräfte nicht herein. Wir bekommen einen zwar spärlichen, aber doch immerhin einigermaßen möglichen Begriff von den Geistern der Form, wenn wir den Blick wenden auf diejenige Formung des Menschen – es ist nur ein Teil, ein Glied seiner allgemeinen Formung –, die er noch während der Zeit seines physischen Lebens annimmt. Wir werden alle geboren als mehr oder weniger kriechende Wesen. Wir haben die Vertikale nicht in unserer Gewalt. Nun hängt mit dem Aufrechten des Menschen – nicht gerade mit dem mathematisch Aufrechten, aber mit der Kraft, die aufrechte Lage als seine Lage zu haben – ungeheuer viel in der Gesamtwesenheit des Menschen zusammen. Und wenn man den Unterschied des Menschen vom Tiere betrachtet nach rein äußeren Merkmalen, so sollte man nicht auf diejenigen Dinge sehen, auf die gewöhnlich gesehen wird, auf die Zahl der Knochen und der Muskeln und so weiter, die ja der Mensch im Wesentlichen mit dem Tiere gemein hat, sondern man sollte gerade auf diese Aufrichtekraft, die dem werdenden Menschen seine Formung gibt, achten. Es ist nur ein Teil dessen, was in Betracht kommt, aber es ist ein wesentlicher Teil. Dieselbe Kraft, die da als Aufrichtekraft in unser physisches Werden eingreift, sie ist von der Art wie alle die Kräfte, die uns als Menschen, als Erdenmenschen unsere Form geben. Und nur diese Kräfte, die von solcher Art sind, greifen in unser Ich ein.

Dagegen greifen andere Kräfte, wir nennen sie die Kräfte der kosmischen Bewegung, der kosmischen Weisheit, des kosmischen Willens, bezeichnen sie als Dynamis, Kyriotetes, Throne, alte Namen gebrauchend für diese im modernen Geiste gesehenen Dinge, ein in dasjenige, was nicht ins Bewusstsein des Menschen hereinfällt, was also angehört seinem astralischen Leibe, seinem Bildekräfteleib oder Ätherleib und seinem physischen Leib. Sodass man, wenn man diese Glieder der Menschennatur ohne diesen geistigen Inhalt betrachtet, den ich eben angeführt habe, dann eigentlich von einer bloßen Illusion, von einem bloßen Scheingebilde redet. In Wahrheit stecken wir nicht in dem, was sich als äußerer Schein darbietet, sondern in den angedeuteten geistigen Kräften darinnen.

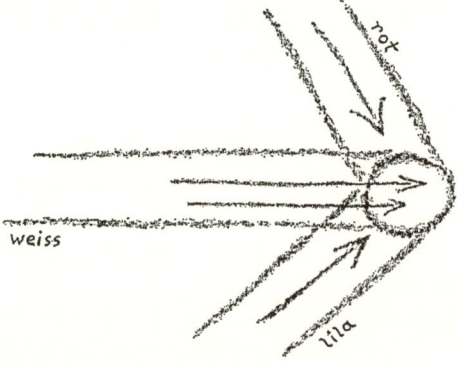

Nun wirken aber auf den Menschen gewissermaßen zeitlich – wie ich neulich in Anknüpfung an Goethes Weltanschauung gesagt habe –, ohne dass sie mit seiner Entwickelung unmittelbar zusammenhängen, jene beiden Kräftearten herein, die wir als luziferische oder ahrimanische bezeichnen. Wir können sagen: mehr geistig die luziferischen Kräfte (siehe Zeichnung, rot), mehr vom Unterbewussten her die ahrimanischen Kräfte (lila). Daher haben wir eine Dreigliedrigkeit im kosmischen Hineingestelltsein des Menschen in das Dasein. Sodass wir sagen: Es gibt in der Menschennatur gewisse geistige Kräfte, die unmittelbar mit seiner Entwickelungsströmung zusammenhängen. Es gibt zwei andere Kräfteströmungen, die luziferische und die ahrimanische, die nicht mit seiner unmittelbaren Entwickelungsströmung zusammenhängen, sondern zeitlich auf ihn einwirken, die also hinzukommen zu dem, was eigentlich zum Menschen gehört.

Betrachten wir nun das Leben. Wenn wir das Leben betrachten – denken Sie doch, wir sehen nicht nur den Kräftestrom, der eigentlich zu uns gehört, wir sehen immer etwas, was aus den drei Kräfteströmen zusammengeflossen ist. Was immer wir überschauen, sei es die äußere Sinneswelt, sei es das zwischen Lust und Leid, Freude und Schmerz, Tat und Trägheit verlaufende menschliche geschichtliche Leben, wir sehen es so, dass die drei Strömungen ineinandergeflossen sind. Wir unternehmen im gewöhnlichen Leben nicht dasjenige, was zum Beispiel der Chemiker unternimmt, wenn er Wasser nicht einfach als die Flüssigkeit hinnimmt, als die sie sich im Äußeren darbietet, sondern es zerlegt in Wasserstoff und Sauerstoff. Geisteswissenschaft muss diese Zerlegung unternehmen. Geisteswissenschaft muss sich einlassen auf diese geistige Chemie, sonst wird niemals das menschliche Leben durchdrungen werden können.

Nun haben wir ja von den verschiedensten Gesichtspunkten aus hingewiesen auf die besondere Eigenart jener Wesenheit, die wir als luziferisch bezeichnen, und die besondere Eigenart jener Wesenheit, die wir als ahrimanisch bezeichnen. Es handelt sich nun darum, noch von einem andern Gesichtspunkte, von dem Gesichtspunkte des unmittelbaren Menschenlebens auch einmal auf diese Dinge einzugehen. Wir können dann fragen: Wo ist denn eigentlich im Menschenleben der Punkt, wo die luziferischen Kräfte besonderen Einfluss gewinnen, und wo ist wiederum der Punkt, wo die ahrimanischen Kräfte besonderen Einfluss gewinnen?

Ja, wenn sich der Mensch überlassen könnte seiner ruhigen, in seinem ureigenen Wesen gelegenen Entwickelung – er kann es aber nicht, Sie wissen es aus früheren Betrachtungen, er würde erst in der zweiten Lebenshälfte zu einiger Selbsterkenntnis kommen können –, dann würde er nicht ausgesetzt sein dem zeitlichen Eingreifen der luziferischen und ahrimanischen Mächte. Aber im wirklichen Leben, so wie wir es zu durchleben haben, ist der Mensch eben diesem zeitlichen Eingreifen der luziferischen und ahrimanischen Mächte ausgesetzt, ja, er muss sogar mit den luziferischen und ahrimanischen Mächten rechnen. In alldem nun, was beim Menschen mehr in das Gebiet des Bewussten gehört, aber so, dass der Mensch diese Bewusstheit nicht durch Natur bloß anstrebt, sondern über diese Natur hinausgeht – wir gehen über die Natur hinaus, wenn wir zum Beispiel in der ersten Lebenshälfte schon Selbsterkenntnis haben –, in alldem, was der Mensch durch sein Bewusstsein anstrebt, liegt etwas, was wir nicht anders nennen können als Überbewusstes. Unser Bewusstsein würde ganz anders aussehen, wenn nicht in diesem Bewusstsein eben Überbewusstes liegen würde. Überbewusstheit ist es, was den Menschen dazu veranlasst, mehr hereinzutragen in das geschichtliche Leben, als er hereintragen würde, wenn er sich nur seiner bloßen physischen Entwickelung überließe. Wir wären heute in diesem Zeitpunkte der menschlichen Erdenentwickelung in einer ganz andersgearteten Kultur darinnen, wenn nicht eingeflossen wäre in dasjenige, was sich nur durch die Menschheit an Bewusstheit entwickelt hat, Überbewusstes. Aber mit diesem Überbewussten ist schon durchaus gegeben die Möglichkeit des Eingriffes luziferischer Mächte. Man muss nur in der richtigen Weise erkennen, wie luziferische Mächte ins Bewusstsein hereinwirken. Der Mensch würde niemals veranlasst sein, ein anderes Denken zu entwickeln als ein solches, welches ich Ihnen als das Ideal der Goethe'schen Weltanschauung neulich charakterisiert habe, wenn nicht luziferische Mächte hereinspielten. Durch die luziferischen Mächte bildet der Mensch Hypothesen, durch die luziferischen Mächte bildet der Mensch Fantasien über die Wirklichkeit. Er ergreift nicht bloß die Wirklichkeit, er vereint mit dem Bewussten das Überbewusste. Er macht sich allerlei Ideen über die Wirklichkeit, Ideen, die ihn dann wiederum befähigen, gründlicher mit dieser Wirklichkeit zusammenzuwachsen, als er sonst zusammenwachsen würde. Und wenn wir erst das ganze Gebiet der Kunst ins Auge fassen, müssen wir ja betonen, dass innerhalb der Kunst, in der das Überbewusste eine so große Rolle spielt, wenn die Kunst nicht ausarten will in reinen Naturalismus, das luziferische Element im höchsten Grade sich wirksam erweisen muss. Es geht nicht an – das habe ich immer wieder und wiederum betont –, einfach zu sagen, der Mensch soll in seinem Leben sich dem Luziferischen fernhalten. Wenn er sich dem Luziferischen fernhielte, würde der Mensch nicht ein wirkliches Leben führen können, sondern er würde zum Urphilister werden müssen. Dasjenige, was immer wieder und wiederum wie ein Sauerteig wirkt und die Menschheit rettet, sie aus dem Philistertum herauszustreben anspornt, das ist schon die luziferische Regsamkeit.

Aber diese ganze luziferische Regsamkeit, sie verursacht zu gleicher Zeit, dass der Mensch in einer gewissen Weise, man kann sagen, die Welt aus der Vogelperspektive zu betrachten geneigt ist. Alles das, was im Laufe der Zeit auftritt als Programme, als sehr schöne Ideen, mit denen man immer glaubt, das goldene Zeitalter in der einen oder in der andern Weise herbeiführen zu können, alles das rührt von den in den Menschen einströmenden luziferischen Neigungen her. Alles das, wodurch der Mensch aus dem Zusammengewachsensein mit der Wirklichkeit herausstrebt, durch das er gewissermaßen seine Schwingen höher heben würde, als es der Zusammenhang ist, in den er als Mensch hineingestellt ist, alles das weist auf Luziferisches. Luziferisch in der Menschennatur ist derjenige Trieb, der uns immerfort veranlasst, unser Interesse gegenüber unseren Mitmenschen zu verringern. Wenn wir unserer ureigenen Menschennatur folgen würden, also denjenigen Entwickelungskräften, die in des Menschen eigener Strömung liegen, würden wir ein weit über das Maß dessen hinausgehendes Interesse für unsere Mitmenschen haben, als wir es in Wirklichkeit haben. Die luziferische Wesenheit in der Natur des Menschen, die bewirkt eine gewisse Interesselosigkeit gegenüber den andern Menschen. Und man sollte, wenn man den Menschen in seiner Wesenheit studiert, gerade auf diesen Punkt einen großen Wert legen. Vieles in der Welt würde anders sein, wenn wir seiner Realität nach anerkennen würden diesen unseren Drang, ein viel zu großes Interesse für dasjenige zu haben, was wir selber auskochen, und ein viel zu geringes Interesse für dasjenige, was andere Menschen denken und fühlen und wollen. Menschenkenntnis in rechtem Sinne erlangt man nur, wenn man seine Menschenanschauung durchstrahlt mit der Frage: Was treibt mich hinweg von dem Interesse, das ich an andern Menschen entwickeln kann? Und es muss eine Aufgabe der Menschenkultur in der Zukunft sein, gerade diese Menschenkenntnis zu entwickeln. Heute nennt man vielfach noch Menschenkenntnis dasjenige, was einer sagt über die Menschen, je nachdem er sich einbildet, sie seien so oder so, oder sie sollten so oder so sein. Die Menschen nehmen, wie sie sind, und sich klar darüber sein, dass jeder, wie er ist, selbst der Verbrecher – auch das muss gesagt werden –, noch immer etwas Wichtigeres uns sagt über die Welt, als es die Einbildungen sind, die wir uns über die Menschenwesenheit machen, wenn wir uns noch so schöne Gedanken aushecken: dieses sich sagen, das heißt, dem Luziferischen die richtige Gleichheitslage in uns geben. Es würde ein solches Streben nach Menschenkenntnis unendlich viel offenbaren. Und aus der Natur der menschlichen Erdenentwickelung war eigentlich keine Zeit weiter entfernt von dem wirklichen, echten Interesse an der unmittelbaren Menschennatur als die heutige Zeit. Man verwechsle dasjenige, was hier gemeint ist, nicht mit einer Kritiklosigkeit gegenüber dem Menschen. Wer freilich wiederum von der Idee ausgeht: Alle Menschen musst du als gut ansehen und alle Menschen gleich lieben –, der macht sich die Sache ja allerdings recht luziferisch bequem, denn er geht erst recht von seinen Fantasien aus. Alle Menschen gleich zu betrachten, das ist erst recht eine luziferische Fantasie. Es handelt sich nicht darum, eine allgemeine Idee zu pflegen, sondern gerade darum, auf das Konkrete jedes einzelnen Menschen einzugehen und dafür ein liebevolles, vielleicht besser gesagt, interessevolles Verständnis zu entwickeln.

Nun können Sie fragen: Was soll denn dann eigentlich diese ganze luziferische Kraft in uns, wenn sie uns abhält davon, gegen die Menschennatur im weisheitsvollen Sinne tolerant zu sein und Interesse zu entwickeln? Sie hat ihre gute Berechtigung im Haushalte des Geistes, wenn ich mich des philiströsen Ausdruckes bedienen darf. Diese luziferische Kraft muss schon auch da sein, weil wir, wenn wir nur in der fortlaufenden Strömung wären und die natur- und geistgemäße Hinneigung zur Erkenntnis eines jeden Menschen entwickeln würden, in unserer Menschenkenntnis – verzeihen Sie den harten Ausdruck – ersaufen würden. Wir würden ertrinken, wir würden nicht recht zu uns kommen können. Gerade das ist zusammenhängend mit vielen Geheimnissen des Daseins, dass in diesem Dasein nichts eigentlich ist, was nicht, wenn es in der Konsequenz verfolgt wird, bis in seine Extreme in der Konsequenz verfolgt wird, dann zum Bösen wird, zum Unglück. Dasjenige, was uns so recht mit Menschen zusammenbringt, was uns finden lässt den andern Menschen in uns selbst, das würde bewirken, dass wir ertrinken in unserer Menschenkenntnis, wenn nicht fortwährend der luziferische Stachel da wäre, der uns immer wieder und wiederum hinweghebt vom Ertrinken, der uns immer wieder und wiederum an die Oberfläche heraufhebt und zu uns bringt und das Interesse nachher an uns selbst erweckt. Gerade in unseren Beziehungen zu den Menschen leben wir in einem fortwährenden Wechselspiel zwischen unserer ureigenen Kraft und der luziferischen Kraft. Und derjenige, der da sagt, es wäre gescheiter, wenn die Menschen nur ihrer ureigenen Kraft folgen und gar nicht vom Luziferischen berührt würden –, der soll auch gleich behaupten, wenn er eine Waage hat mit dem Waagebalken und zwei Waagschalen, er nehme lieber die eine Waagschale weg und Wiege bloß mit der andern, mit einer Waagschale also. Das Leben geht eben in Gleichgewichtszuständen ab, nicht in absoluten dinglichen Verhältnissen. Das ist dasjenige, was man zunächst mit Bezug auf das menschliche Leben vom luziferischen Einschlag sagen kann: Er ergreift das Bewusstsein, aber so, dass sich Überbewusstes in das Bewusstsein hereinmischt.

Der ahrimanische Einschlag ergreift zunächst hauptsächlich das Unterbewusste im menschlichen Leben. In all dasjenige, was die unterbewussten, oftmals so raffinierten Triebe der Menschennatur sind, da hinein mischen sich die ahrimanischen Kräfte. In all das, was im Menschenleben spielt aus dem Unterbewussten heraus, da mischen sich hinein die ahrimanischen Kräfte. Will man, ich möchte sagen, persönlich Ahriman und Luzifer charakterisieren, so kann man sagen: Luzifer ist ein hochmütiger Geist, der am liebsten in die Vogelperspektive hinauf enteilt und vieles überblickt; Ahriman ist ein moralisch einsamer Geist, der sich nicht leicht sehen lässt, der im Unterbewussten des Menschen sein Wesen treibt, auf das Unterbewusste des Menschen wirkt, Urteile heraufzaubert aus diesem Unterbewussten. Die Menschen glauben dann, dass sie aus ihrem Bewusstsein urteilen, während sie nur aus ihren unterbewussten Trieben und aus ihren unterbewussten, raffinierten Impulsen oftmals das Urteil heraufzaubern, oder auch heraufzaubern lassen eben durch die ahrimanischen Kräfte.

Religiöse Darstellungen sind ja, wie wir wissen, oftmals aus alten, heute überholten geisteswissenschaftlichen Anschauungen hervorgegangen. Und Petrus nennt nicht mit Unrecht gerade Ahriman den herumschleichenden Löwen, der zu verschlingen sucht, wen er nur erhaschen kann. Aus diesem Grund nennt Petrus den Ahriman so, weil in der Tat Ahriman im Verborgenen, das heißt, im Unterbewussten der menschlichen Natur herumschleicht und dadurch sein Weltenziel zu erreichen strebt, dass er die unterbewusste Kraft des Menschen an sich heranlost, um mit ihr in der Weltenentwickelung geistig andere Ziele zu erreichen, als sie in der geradlinigen Menschenströmung selbst liegen.

In Bezug auf das geschichtliche Leben sind es immer luziferische Kräfte, die uns große, aber mit der Menschennatur nicht rechnende

Weltenträume aushecken lassen. Wie viel ist ausgeheckt worden im Laufe des menschlichen Denkens an Weltbeglückungsideen! Und nach der Überzeugung derjenigen, die solche Weltbeglückungsideen aushecken, kann die Welt eben nur glücklich werden durch diese Ideen. Es rührt das davon her, dass solch luziferisches Denken perspektivischer Art ist, sich in die Vogelperspektive erhebt und all dasjenige, was da drunten herumwimmelt, unberücksichtigt lässt und glaubt, nach den Linien der Gedanken, die in der Vogelperspektive gefasst werden, ließe sich die Welt einrichten. Solche Weltbeglückungsideen, die eben immer auf mangelnder Menschenkenntnis beruhen, sind luziferischer Art. Weltmachtsträume, die aus gesonderten menschlichen Gebieten herkommen, sind ahrimanischer Art. Denn aus dem Unterbewussten heraf entwickeln sich diese Weltmachtsträume. Ahrimanisch ist es, ein gewisses Gebiet des menschlichen Daseins zu umfassen und in diesem einzelnen Gebiet eigentlich die ganze Welt umspannen und umfassen zu wollen. Alles, was mit Herrschaftsgelüsten des Menschen über andere Menschen zusammenhängt, alles, was einem gesunden sozialen Wollen widerstrebt, ist ahrimanischer Natur. Derjenige Mensch, von dem man sagen könnte – aber jetzt nicht im abergläubischen, sondern in unserem Sinne –, dass er von Luzifer besessen ist, verliert das Interesse für seine Mitmenschen. Derjenige Mensch, der von Ahriman besessen ist, möchte möglichst viele Menschen beherrschen, geht dann darauf aus, wenn er klug ist, die menschliche Schwäche zu benützen, um gerade durch die menschliche Schwäche die Menschen zu beherrschen. Denn das ist ahrimanisch: im Unterirdischen, im Unterbewussten menschliche Schwächen aufzusuchen, um die Menschen zu beherrschen.

Nun müssen wir fragen: Woher kommt denn das alles? Das ist ja vor allem die Frage, die uns interessieren muss: Woher kommt denn das alles? Welcher Art sind denn solche Wesenskräfte wie die ahrimanischen und die luziferischen? Nicht wahr, wir wissen, unsere Erde ist die Metamorphose – um diesen Goethe'schen Ausdruck zu gebrauchen – vorhergehender kosmischer Weltenkörper, die vierte Metamorphose. Und um Ausdrücke zu haben, haben wir gesagt: Die Erde war zuerst verkörpert als Saturn, dann als Sonne, dann als Mond und ist jetzt als Erde verkörpert. Also wir wissen, diese Erde ist die vierte Verkörperung ihrer kosmischen Wesenheit, die vierte Metamorphose. Sie wird weitere Metamorphosen durchmachen. Das alles müssen wir in Erwägung ziehen, wenn wir nun weiter fragen wollen: Welche Bedeutung im ganzen kosmischen Zusammenhange, in dem der Mensch drinnen steht, haben die ahrimanischen und die luziferischen Kräftewesenheiten? – Wir wissen, mit der Gestaltung, welche der uns zunächst berührende Teil des Kosmos, unsere Erde, angenommen hat, hängen die Geister der Form zusammen. Und wenn man das ganz besonders Charakteristische der Erdenbildung ins Auge fasst, so ist es identisch mit dem Wesenhaften, was – wie ich vorhin sagte – allerdings nur zum kleinsten Teile, aber doch in dem liegt, wie wir die Schwerkraft überwinden in unserer eigenen Aufrichtekraft. Diese Geister der Form sind gewissermaßen die regierenden Kräfte des irdischen Daseins, der gegenwärtigen Metamorphose unseres Planeten. Diese Geister der Form, sie wirken aber, wie wir wissen, durch andere Geister, die wir Archai, Archangeloi, Angeloi nach alten Benennungen in unserer modernen Weise benennen.

Nun interessieren uns von diesen Wesenheiten zunächst die Archai oder Urkräfte, die Urbeginne. Wir wissen, in der Rangordnung der geistigen Wesenheiten stehen gewissermaßen die Geister der Form unmittelbar über den Urkräften. Dadurch ist in dem Entwickelungsgange, der des Menschen ureigener ist – den ich hier weiß schematisiert habe mit einfachen Kreidestrichen (siehe Zeichnungen, S. 295/296) –, die Sache so, dass die Kräfte der Archai gewissermaßen dienende Kräfte sind der Geister der Form. In unserer menschlichen Wesenheit wirken Archai, wirken Exusiai: Geister, die wir als Urkräfte bezeichnen, Geister, die wir als Geister der Form bezeichnen. Aber außerdem ist immer noch das Folgende vorhanden: Da sind gewisse geistige Kräfte der Form, Formgeister vorhanden, die sich maskieren als Urkräfte, als Archai. Die könnten also Exusiai sein, machen sich aber nicht als Exusiai geltend, sondern machen sich als Archai geltend; sie maskieren sich. Das ist das Wesentliche, dass wir dahinterkommen, wie in der Welteneinrichtung geistige Wesenheiten, die eigentlich auf einer andern Stufe der Entwickelung stehen, sich maskieren.

Das hat aber eine ganz bestimmte Folge. Diese Urkräfte, die eigentlich nicht Urkräfte sind, sondern Geister der Form, von denen kann nun ebenso abhängig sein dasjenige, was in der äußeren Erdenform lebt, wie es abhängig ist von den eigentlichen Geistern der Form. Aber das Bedeutsame ist, dass in unserem irdischen Dasein alles das, was mit dem Raume zusammenhängt, indem es im Raum sich gestaltet, aus dem Raumlosen heraus sich gestaltet. Das Räumliche begreifen wir nur vollständig, wenn wir es in seiner Bildhaftigkeit auf Urbilder zurückführen, die raumlos sind. Das ist ja natürlich das Schwierige für das abendländische Denken, dass es sich das Raumlose so schwer vorstellen kann. Aber dennoch ist es so, dass sich alles dasjenige, was mit unserem ureigenen Menschentum zusammenhängt, was hervorgeht aus den Geistern der Form, indem es Gestaltung im Raume annimmt, die Wirkung ist des Raumlosen. Konkret gesprochen, indem wir uns als einzelner Mensch, der wir zuerst auf allen vieren kriechen, aufrichten, die Schwerkraft im aufrechten Gestalten überwinden, stellen wir uns in den Raum hinein; aber die Kraft, die dem zugrunde liegt, die strebt aus dem Raumlosen in den Raum hinein. Also wenn wir als Menschen nur unterworfen wären den zu uns gehörigen Geistern der Form, so würden wir in aller Art, uns in den Raum hineinzustellen, verwirklichen das Raumlose im Raume; denn die Geister der Form leben nicht im Raume. Wer das Göttliche im Raume sucht, findet es nicht; selbstverständlich findet er es nicht. Dasjenige, was im Raume als Gestaltung auftritt, ist eine Verwirklichung des Raumlosen.

Diejenigen Wesenheiten, welche eigentlich Geister der Form sind, aber sich als Archai, als Urkräfte maskieren, die wären also eigentlich nach ihrer Wesenheit bestimmt für das Raumlose. Aber sie treten in den Raum ein, sie wirken im Raume. Und das ist der eigentliche ahrimanische Charakter, dass geistige Wesenheiten, die durch ihre Wesenheit bestimmt sind, raumlos zu sein, vorgezogen haben, im Raume zu wirken. Dadurch entsteht im Raume die Möglichkeit, so zu gestalten, dass die Gestaltung nicht aus dem Raumlosen direkt hereinstrahlt, sondern dass das Räumliche im Räumlichen wieder abgebildet wird, das eine durch das andere im Raume.

Wenn ich einen konkreten Fall sagen darf: Wir Menschen sind alle voneinander verschieden, weil wir alle aus dem Raumlosen ins Leben hereingestellt sind. Unsere Urbilder sind im Raumlosen. Alles ist überhaupt verschieden. Sie kennen die berühmte Erzählung, wie unter der Anleitung *Leibnizens* – Prinzessinnen haben manchmal nichts anderes zu tun – Prinzessinnen gesucht haben im Garten nach zwei vollständig sich gleichenden Baumblättern und keine gefunden haben, weil es wirklich nicht einmal zwei gleiche Blätter gibt. Wir alle also sind in gewisser Beziehung Gestalten aus dem Raumlosen heraus, insofern wir uns nicht gleichen. Aber dennoch gleichen wir uns; namentlich wenn wir blutsverwandt sind, gleichen wir uns. Wir gleichen uns, weil es auch geistige Wesenheiten gibt, die das Räumliche nach dem Räumlichen bilden, die nicht bloß das Räumliche nach dem Raumlosen bilden, sondern das Räumliche nach dem Räumlichen bilden. Wir gleichen uns, indem ahrimanische Kräfte uns durchziehen. Das muss schon der Mensch sich gestehen, sonst wird er immer bloß über ahrimanische und luziferische Kräfte schimpfen, aber sie nicht verstehen wollen.

An diesem Beispiel sehen Sie am anschaulichsten, wie Ahriman ins Leben hereinspielt. Sofern Sie sich getrauen, sich zu sagen: Ich bin ein Mensch für sich meiner Gestalt nach, und ich gleiche keinem andern –, insofern liegen Sie in der geraden Entwickelungslinie. Und wenn nur die geltend wäre in der Welt, wenn nicht die ahrimanische Seitenströmung ankommen würde, dann könnte keine Mutter sich freuen darüber, dass ihr das Töchterchen so furchtbar ähnlich sieht, denn es würde ihr auffallen, wie jeder einzelne Mensch ein räumliches Abbild eines Raumlosen ist, und kein Räumliches einem andern Räumlichen gleicht. Das Eintreten von gewissen Geistern der Form in den Raum gibt Veranlassung zum Ahrimanischen. Natürlich beschränkt sich dieses Ahrimanische nicht bloß auf das Gleiche der Menschen, sondern es erstreckt sich auf vieles; aber wir konnten das aus einem Beispiele anführen.

Nun bitte ich Sie, sich an diejenige Betrachtung zu erinnern, die ich angeknüpft habe, nicht zu Ihrem Troste, sondern aus der Sache heraus, nachdem ich ausgeführt habe, dass der Mensch eigentlich zur Selbsterkenntnis erst gescheit wird in der zweiten Hälfte seines Lebens. Ich habe gesagt: Insofern unser Leben einen solchen zeitlichen Verlauf hat, und wenn es nur diesen zeitlichen Verlauf hätte und nichts anderes auf uns wirkte, so könnten wir in der Tat zur Selbsterkenntnis erst kommen in unserer zweiten Lebenshälfte. Aber nun wirken, sagte ich dazumal, in der ersten Lebenshälfte luziferische Kräfte und erzeugen eine Selbsterkenntnis, die nicht aus unserer ureigenen Menschennatur folgt. Ich habe aber entgegengestellt dem, was das menschliche Leben wäre, wenn es nur seiner ureigenen Natur folgte, dasjenige, was ich genannt habe das Reich der Dauer. In Bezug auf alles dasjenige, was zu der ureigenen Menschennatur gehört, sind wir als Fünfzigjähriger ein anderer Mensch, als wir als Zwanzigjähriger sind; wir entwickeln uns. Mit Bezug auf alles dasjenige, in dem wir uns nicht entwickeln, gehören wir nicht unserer Leiblichkeit, sondern dem Geistig-Seelischen an und hängen zusammen mit dem Reich der Dauer, mit jenem Reich, in dem die Zeit keine Rolle spielt. So wie zugrunde liegt allem Räumlichen ein Raumloses, so liegt zugrunde allem Zeitlichen ein Dauerndes. Wir wären ganz andere Menschen, wenn wir nicht zusammenhingen mit dem Reich der Dauer. Wir würden gewissermaßen mit dem achtundzwanzigsten oder neunundzwanzigsten Jahre erst, wie ich vor einiger Zeit sagte, aus einer gewissen Lebensträumerei heraus aufwachen. Aber wir leben im Reich der Dauer, und so wird ausgeglichen das Hindösen der ersten Lebenshälfte und das furchtbare Gescheitsein in der zweiten Lebenshälfte durch das Reich der Dauer.

Diesem Reich der Dauer gehören nun an alle geistigen Wesenskräfte der höheren Hierarchien, die wir kennen, mit einziger Ausnahme der Geister der Form. Die spielen herein in das Reich der zeitlichen Entwickelung. Aber sie schaffen herein – indem sie raumlos-räumlich leben, indem sie gewissermaßen ihr Leben zwischen der Raumlosigkeit und Räumlichkeit zubringen – die Gestalten aus dem Raumlosen ins Räumliche. Das unterliegt einem Zeitprozesse, es spielt ihr Leben in die Zeit hinein. Aber die andern Wesenheiten, die in der Hierarchienordnung höher hinauf liegen als die Geister der Form, die sind rein der Dauer angehörige Wesenheiten. Von ihnen als Zeitwesenheiten zu sprechen, kann nur vergleichsweise geschehen; meint man es der Wirklichkeit nach, so ist es ein Unsinn. Es ist eben schwierig, über diese Dinge zu reden, aus dem einfachen Grunde, weil in der gegenwärtigen Zeitentwickelung die wenigsten Menschen eine regsame Empfindung haben für Begriffe und Ideen, die man entwickelt, indem man aus dem Raum und aus der Zeit hinausgeht. Raumloses werden die meisten Menschen heute überhaupt nur für Fantasie erklären, ebenso Zeitloses, Dauerndes, Unvergängliches, aber dann auch Unwandelbares.

Nun gibt es also über den Wesenheiten der Exusiaiordnung hinauf nur Wesenheiten, die dem Reich der Dauer angehören. Aber es gibt solche unter ihnen, die sich als Zeitenwesen maskieren, die in die Zeit eintreten. So wie die andern Wesen, die ahrimanischen, die ich charakterisiert habe, in den Raum eintreten, so gibt es Wesenheiten, die in die Zeit eintreten. Das sind luziferische Wesenheiten, Wesenheiten, die eigentlich in der Hierarchienordnung zu den Geistern der Weisheit gehören, aber als Geister der Form wirken, weil sie in der Zeit wirken. Und dasjenige, was sonst im Leben zeitlos in der Menschenseele wirken würde, das wird durch diese Geister in die Zeit hereingerückt. Daher kommt es, dass zum Beispiel gewisse Dinge, die für uns immer da sein könnten, wenn wir nur dem Reich der Dauer folgen dürften, auch der Zeit unterliegen; zum Beispiel von uns vergessen werden können, oder besser oder schlechter erinnert werden können und dergleichen, was ja nur mit unserer leiblich-seelischen Natur zusammenhängt, nicht mit unserer geistig-seelischen Natur; das Erinnern, das Gedächtnis.

Also Geister der Dauer, die sich als Geister der Zeit maskieren, sind die luziferischen Kräfte; eigentlich Wesenheiten, Wesenskräfte in der kosmischen Ordnung von einer sehr hohen Natur, höhere Kräfte als diejenigen, von denen, wenn sie auch noch so theologisch durchgebildet zu sein glauben, manche Pastoren reden, wenn sie vom Göttlichen sprechen. Nun, das, wovon die Pastoren sprechen, sind in Wirklichkeit viel geringere Kräfte, wie wir ja schon gerade auch hier an diesem Orte erwähnt haben.

Diese luziferischen Kräfte haben in sich die Möglichkeit, dasjenige, was sonst für unsere menschliche Anschauung uns rein geistig dauerhaft erscheinen würde, gewissermaßen in die Zeit zu übersetzen, ihm den Schein des zeitlichen Verlaufes zu geben. Und durch diesen Schein des zeitlichen Verlaufes gewisser Erscheinungen in uns selbst kommt einzig und allein die Behauptung des Menschen, dass seine geistige Betätigung zusammenhinge mit stofflichen Vorgängen. Würden wir nicht in unserer Seele gewissermaßen durchsetzt sein von luziferischer Wesenheit, dann würde uns unsere geistige Betätigung als Geistiges unmittelbar erscheinen. Wir würden gar nicht auf die Idee kommen, dass dasjenige, was geistige Betätigung ist, am Stoffe hängen könnte. Wir würden uns bewusst werden, dass das einzige Bild, welches ich oftmals gebrauche, auch das einzig richtige ist: dass der, welcher glaubt, seine geistige Betätigung gehe aus dem Stoffe hervor, einem Menschen gleicht, der sich vor einen Spiegel hinstellt und glaubt, dass das Spiegelbild von einer Wesenheit hinter dem Spiegel herrührt. Gewiss, das Bild ist davon abhängig, wie der Spiegel geformt ist; so ist unser Denken abhängig von unserer Leiblichkeit. Aber der Leib wirkt nicht anders als ein Spiegel. Das würde dem Menschen in der Anschauung selbst unmittelbar sich offenbaren, wenn nicht der luziferische Schein da wäre, dass aus dem Stofflichen heraus die geistige Betätigung gestaltet wird. So sehr Luzifer sich hineinmischt ins Überbewusste, so sehr ruft er wieder den Schein hervor, der uns in ähnlicher Weise nasführt, wie wenn wir einem Spiegel entgegengehen und den Spiegel zerschlagen, um zu sehen, wie sich der angreift, der dahinter ist.

Dieser Schein, dass Geistiges aus dem Stofflichen stammen könne, das ist im Wesentlichen ein luziferischer Schein. Und man kann sagen: Der, welcher behauptet, Geistiges sei stoffliches Produkt, erklärt, wenn er es auch nicht ausspricht, Luzifer zu seinem Gott. – Die Behauptung, Geistiges gehe hervor aus Stofflichem, die ganz identisch ist mit der Behauptung, der Spiegel bringt die Spiegelbilder hervor in dem Sinne, als ob die Wesenheiten hinter dem Spiegel wären, diese Behauptung, Stoff bringt Geistiges hervor, menschliches Geistiges, die ist ganz identisch mit der Erklärung, wenn sie auch nicht ausgesprochen wird: Luzifer ist Gott.

Wir können auch nach dem Gegenpol fragen. Eine luziferische Vorspiegelung ist diese, dass der Spiegel, das Stoffliche, ein Geistiges aus sich herausströmen lasse. Der Gegenpol ist der, dass auch die Täuschung beim Menschen vorhanden ist, als ob das, was in der sinnenfälligen Welt ist, jemals auf das menschliche Innere wirklich wirken könnte. Wäre nicht die ahrimanische Illusion da, die durch Kräfte entsteht, welche aus dem Raumlosen in das Räumliche eintreten, dann würde der Mensch durchschauen, wie niemals auf seine Wesenheit die Kräfte Einfluss gewinnen können, die im Stofflichen verankert sind. Die Behauptung, dass im Stofflichen Kräfte verankert sind, Energien verankert sind, die im Menschen weiterwirken können, diese Behauptung ist eine rein ahrimanische, und der sie tut, erklärt Ahriman zu seinem Gotte, auch wenn er es nicht ausspricht.

Dennoch, der Mensch schwebt zwischen diesen beiden Illusionen; der Mensch schwebt zwischen der einen Illusion, die ihm immer wieder und wiederum vorgaukelt, dass der Spiegel die Bilder als Wesenheiten aus sich herausströmen lässt, als ob der Stoff geistige Betätigungen hervorbringen könnte. Die andere Illusion ist diese, dass in dem äußeren sinnenfälligen Dasein Energien enthalten sind, die irgendwie umgesetzt zu der menschlichen Betätigung führen können. Das eine ist die luziferische, das andere ist die ahrimanische Illusion.

Dasjenige, was unsere heutige Zeit so charakterisiert, ist, dass sie keine Neigung hat, auf das Geistige ebenso einzugehen, wie sie auf die Naturordnung eingeht. Es ist ja allerdings leichter, so über den Geist vom Standpunkt eines nebulosen Mystizismus oder vom Standpunkt abstrakter Naturbegriffe zu reden, als sich in wirklich wissenschaftlicher Weise, so wie man das für die Natur selber tut, auf die geistigen Vorgänge und geistigen Impulse konkret einzulassen. Wir leben nun einmal in dem Zeitalter, in dem der Mensch anfangen muss, bewusst sich über das aufzuklären, was in seinem Seelischen wirkt. Wir kennen die Gründe, warum die Zeit abgelaufen ist, in welcher der Mensch im Unbewussten die Impulse finden konnte, die ihn weiter lenkten; heute muss der Mensch beginnen, bewusst einzutreten in das Feld, in dem eben sein Seelisches lebt, und dieses Seelische die Bewusstheit erzeugt.

Wir können also sagen, dass der Mensch eigentlich ein ganz anderes Wesen wäre, wenn er nur seiner ureigenen Natur und den guten geistigen Kräften in der Welt folgen würde in seiner Entwickelung, als er jetzt ist, da er in Wirklichkeit dieser urzeitlichen Entwickelung folgt im Zusammenwirken mit den zeitlich auf ihn wirkenden luziferischen und ahrimanischen Kräften. Die Frage ist nun diese: Wie stellt sich ein

Gleichgewichtszustand her zwischen diesen drei Kräften? Um diesen Gleichgewichtsaustand herzustellen, oder wenigstens, um zu erkennen, wie er herzustellen ist, muss man auf Folgendes sehen.

Die äußere Naturwissenschaft macht es sich sehr bequem, indem sie für gewisse Gebiete so nach dem Prinzip urteilt: Ein Messer gehört zum Essen, also nimmt man, indem man zum Rasieretui geht, ein Rasiermesser heraus und schneidet sich damit dasjenige, was auf den Tisch kommt. So sind sehr viele heutige naturwissenschaftliche Urteile gebildet, zum Beispiel das über den Tod. Nicht viel mehr verwendet die heutige Naturwissenschaft von zunächstliegenden Begriffen für die Erscheinung des Todes, als das Aufhören eines Organismus. Das ist bequem, denn man kann dann, wie das ja heute manche, die sich Forscher nennen, in grotesker Weise machen, vom Pflanzentode, vom Tiertod und Menschentod im gleichen Sinne sprechen. Aber das ist wirklich nichts anderes, als wenn man sprechen würde vom Messer und meinte das Tischmesser und das Rasiermesser in einer Kategorie. In Wahrheit ist dasjenige, was Tod genannt werden kann, etwas anderes bei der Pflanze, etwas anderes beim Tier, etwas anderes beim Menschen. Nur weil man bei allen dreien das Aufhören der organischen Funktionen sieht, generalisiert man.

Wenn man den Tod in der Menschennatur studiert – und wir haben ja öfter von der Erscheinung des Menschentodes gesprochen –, dann zeigt innerhalb der Menschennatur dieser Tod ein solches Wesen, dass man ihn als die Ausgleichskraft für die luziferischen Kräfte in einer gewissen Weise ansehen kann. Nicht wahr, der Tod ist ja nicht nur die einmalige Erscheinung, denn der Mensch beginnt eigentlich zu sterben, indem er geboren wird; indem die Impulse des Sterbens schon in ihm liegen, vollzieht der Tod sich in einem gewissen Zeitpunkte. Alles was an Kräfteimpulsen zum Tode führt, das sind zugleich diejenigen Kräfte, welche das Gleichgewicht herstellen mit den luziferischen Kräften. Denn durch den Tod wird der Mensch aus dem Zeitlichen hinausgeführt in das Reich der Dauer.

Nun wissen wir, dass die luziferischen Kräfte gerade darinnen ihr Wesen haben, dass sie eigentlich dem Reich der Dauer angehören und das, was sie im Reich der Dauer machen sollten, ins Reich der Zeitlichkeit hereintragen. Das würde keinen Ausgleich haben, wenn nicht dem Reich der Zeitlichkeit der Tod eingefügt wäre, der den Menschen wiederum herausführt aus dem Reich der Zeitlichkeit in das Reich der Dauer. Der Tod ist der Ausgleicher gegenüber dem Luziferischen. Das Luziferische trägt die Dauer in die Zeit herein; der Tod trägt die Zeit in die Dauer hinaus. So ist es abstrakt ausgesprochen, allein in dieser Abstraktion liegt eben eine Unsumme von Konkretem.

Was haben wir sagen müssen von Ahriman? Er macht ähnlich das Ähnliche. Ich habe Ihnen den konkreten Fall des Ähnlichen in der Menschennatur angeführt, das mit dem Ahrimanischen zusammenhängt. Diesem Ähnlichen, dem muss ebenso ein Gegengewicht geschaffen werden oder geschaffen sein – man kann natürlich nicht teleologisch sprechen, also geschaffen sein –, es muss da sein dieses Gegengewicht, welches eigentlich gegen die Ähnlichkeit wirkt. Nur führt man sonderbarerweise vielfach die Ähnlichkeit zurück auf dieses Gegengewicht durch einen der verworrenen Begriffe, die da kommen, wenn man sich nicht einlässt auf tiefere Zusammenhänge. Das Gegengewicht für die Ähnlichkeit ist die Vererbungskraft: wir sind nicht nur ähnlich in der Form, die auf unsere Gestaltung führt, sondern wir tragen in uns innere Vererbungskräfte. Durch diese Vererbungskräfte, die wir in uns tragen, wirken wir eigentlich der Ähnlichkeit der Form entgegen. Nur eine verworrene Wissenschaft schiebt Ähnlichkeit und Vererbung zusammen. Wir sehen unseren Eltern ähnlich, bekommen aber zu gleicher Zeit von unseren Eltern in unserem inneren Menschen gewisse Kräfte mit vererbt, die danach streben, uns wiederum zum Urbilde des Menschen zurückzuführen. Eigentlich ist das, was wir vererbt bekommen, im Kampfe gegen die Ähnlichkeit. Eine feinere Betrachtung des Menschenlebens kann schon darauf kommen, selbst ohne übersinnliche Betrachtung, ganz durch äußerliche Betrachtung. Versuchen Sie einmal, das Leben in der rechten Weise zu fragen, versuchen Sie einmal, Menschen zu betrachten, die ihren Eltern, Großeltern und so weiter nach dieser oder jener Formeigenschaft besonders ähnlich sehen, und sehen Sie dann auf die vererbten moralischen Impulse: dann werden Sie sehen, dass die vererbten moralischen Impulse in der Regel entgegengesetzt wirken den gleichen Formgestaltungen.

Wenn Sie gerade bei den von der Geschichte verzeichneten hervorragenderen Persönlichkeiten sich die Bilder ansehen, welche deren Formgestaltung als ähnlich dem Vorfahren erscheinen lassen, so werden Sie überall sehen, dass zu gleicher Zeit in der Biografie seelische Eigenschaften verzeichnet sind – und die gerade vererbte Eigenschaften sind –, die sich auflehnen gegen diejenigen, von denen diese Formähnlichkeiten hergekommen sind. Dies ist wesentlich eines der Geheimnisse des Lebens. Und es würden Vorfahren ihre Nachkommen, es würden Eltern ihre Kinder viel, viel besser verstehen, wenn sie in völliger Vorurteilslosigkeit solch ein Faktum ins Auge fassen könnten.

Wenn zum Beispiel – verzeihen Sie, dass ich solche Dinge sage, aber wir sind ja nicht in einer Philistergesellschaft – eine Mutter ein Söhnchen hat, das ihr ganz besonders ähnlich ist, so kann sie sich darüber freuen, dass ihr das Söhnchen ähnlich ist; aber für die Erziehung könnte es sehr nützlich sein, wenn sie sich nun sagt: Was wollen sich da in diesem Söhnchen für Eigenschaften entwickeln, die ähnlich denen sind, weswegen ich mich mit meinem Manne so oft zanken muss? – Auf solche konkreten Impulse, die im Leben eine ungeheure Bedeutung haben, sollte man den Blick richten. Man wird die Erkenntnis solcher Impulse für die Erziehungsaufgabe der Zukunft, der zukünftigen menschlichen Entwickelung, ganz besonders nötig haben. Denn man wird nicht aus abstrakten Grundsätzen heraus in der Zukunft erziehen können, sondern man wird nach Unterlagen, nach empirischen, konkreten Unterlagen erziehen müssen. Und diese konkreten, empirischen Unterlagen ergeben sich nicht, wenn man das Leben nicht lesen kann. Man muss es lesen können; aber dazu muss man die Buchstaben kennen. Im Konkreten sind es ja, wie Sie wissen, viel mehr, aber zum notwendigsten Buchstabieren für die nächste Zukunft genügt schon, wenn man die drei Buchstaben: die normale Entwickelung, das Ahrimanische und das Luziferische kennt. Aber wer sie nicht kennt, kann nicht lesen, so wie derjenige, der nicht das Abc kennt, kein Buch lesen kann. Das sind einfach die Buchstaben, durch die man das Leben kennen, das Leben lesen lernt. Und der Geist des Utopischen, der in der Menschheit so vielfach verbreitet ist, er wird sich nur besiegen lassen dadurch, dass man das Leben wird lesen lernen. Dann muss man sich aber einlassen darauf, die im Leben spielenden Kräfte zu studieren.»[111]

Hier kommt Steiner nun auf das eigentliche Geheimnis der Zeit zu sprechen. Dieses verbirgt sich zunächst hinter dem des Raumes. Die Illusion des Raumes entsteht aus dem Wirken von Geistern der Form, die sich als Geister der Zeit maskieren. Dadurch, dass geistige Wesen aus dem rein Geistigen, das natürlich raumlos ist, in den Raum hineinwirken, dadurch erscheint der Raum. Das aber sind die ahrimanischen Geister, die das bewirken.

Nun kommt dasjenige, was Steiner bereits in den *Einleitungen zu Goethes Naturwissenschaftlichen Schriften* ausgeführt hatte, wiederum zur Geltung. Alles, was im Raum erscheint, tritt in einer bestimmten Reihenfolge, das heißt eben zeitlich in Erscheinung:

«Aber die Zeit ist ja nicht ein Gefäß, in dem die Veränderungen sich abspielen; sie ist nicht *vor* den Dingen und *außerhalb* derselben da. Die *Zeit* ist der sinnfällige Ausdruck für den Umstand, dass die Tatsachen ihrem Inhalte nach voneinander in einer Folge abhängig sind. Nehmen wir an, wir hätten es mit dem wahrzunehmenden Tatsachenkomplex $a_1 b_1 c_1 d_1 e_1$ zu tun. Von diesem hängt mit innerer Notwendigkeit der andere Komplex $a_2 b_2 c_2 d_2 e_2$ ab; ich sehe den Inhalt dieses letzteren ein, wenn ich ihn ideell aus dem ersteren hervorgehen lasse. Nun nehmen wir an, beide Komplexe treten in die Erscheinung. Denn was wir früher besprochen haben, ist das ganz unzeitliche und unräumliche Wesen dieser Komplexe. Wenn $a_2 b_2 c_2 d_2 e_2$ in der Erscheinung auftreten soll, dann muss $a_1 b_1 c_1 d_1 e_1$ ebenfalls Erscheinung sein, und zwar so, dass nun $a_2 b_2 c_2 d_2 e_2$ auch in seiner Abhängigkeit davon erscheint. D.h. die Erscheinung $a_1 b_1 c_1 d_1 e_1$ muss da sein, der Erscheinung $a_2 b_2 c_2 d_2 e_2$ Platz machen, worauf diese letztere auftritt. Hier sehen wir, dass die Zeit erst da auftritt, wo das *Wesen* einer Sache in die *Erscheinung* tritt. Die Zeit gehört der Erscheinungswelt an. Sie hat mit dem Wesen selbst noch nichts zu tun.»[112]

Das Erscheinen von Wesen in zeitlicher Reihenfolge geschieht nun mithilfe luziferischer Wesen, die eigentlich dem Reich der Dauer angehören, die sich aber als Geister der Form maskieren. Denn aus dem Bereich der Dauer wirken ansonsten berechtigterweise nur die Geister der Form in den Bereich zeitlicher Entwicklung herein.

Die ahrimanischen Wesen, die eigentlich Geister der Form sind, maskieren sich als Geister der Zeit und bewirken dadurch den Raum (wobei die Namen im Deutschen hier etwas irritierend wirken). Die luziferischen Wesen sind eigentlich Geister der Weisheit, maskieren sich aber als Geister der Form und bewirken so die Zeit:

«So wie die andern Wesen, die ahrimanischen, die ich charakterisiert habe, in den Raum eintreten, so gibt es Wesenheiten, die in die Zeit eintreten. Das sind luziferische Wesenheiten, Wesenheiten, die eigentlich in der Hierarchienordnung zu den Geistern der Weisheit gehören, aber als Geister der Form wirken, weil sie in der Zeit wirken. Und dasjenige, was sonst im Leben zeitlos in der Menschenseele wirken würde, das wird durch diese Geister in die Zeit hereingerückt. Daher kommt es, dass zum Beispiel gewisse Dinge, die für uns immer da sein könnten, wenn wir nur dem Reich der Dauer folgen dürften, auch der Zeit unterliegen; zum Beispiel von uns vergessen werden können, oder besser oder schlechter erinnert werden können und dergleichen, was ja nur mit unserer leiblich-seelischen Natur zusammenhängt, nicht mit unserer geistig-seelischen Natur; das Erinnern, das Gedächtnis.»

Unser Gedächtnis als Grundlage zeitlichen Erlebens ist also bewirkt durch luziferische Geister der Weisheit, die sich als Geister der Form maskieren. Damit kommen wir zu einer der zentralen, die Zeit betreffenden Aussagen, wenn nicht zu der markantesten Aussage Rudolf Steiners überhaupt:

«Diese luziferischen Kräfte haben in sich die Möglichkeit, dasjenige, was sonst für unsere menschliche Anschauung uns rein geistig dauerhaft erscheinen würde, gewissermaßen in die Zeit zu übersetzen, ihm den Schein des zeitlichen Verlaufes zu geben. Und durch diesen Schein des zeitlichen Verlaufes gewisser Erscheinungen in uns selbst kommt einzig und allein die Behauptung des Menschen, dass seine geistige Betätigung zusammenhinge mit stofflichen Vorgängen. Würden wir nicht in unserer Seele gewissermaßen durchsetzt sein von luziferischer Wesenheit, dann würde uns unsere geistige Betätigung als Geistiges unmittelbar erscheinen. Wir würden gar nicht auf die Idee kommen, dass dasjenige, was geistige Betätigung ist, am Stoffe hängen könnte. Wir würden uns bewusst werden, dass das einzige Bild, welches ich oftmals gebrauche, auch das einzig richtige ist: dass der, welcher glaubt, seine geistige Betätigung gehe aus dem Stoffe hervor, einem Menschen gleicht, der sich vor einen Spiegel hinstellt und glaubt, dass das Spiegelbild von einer Wesenheit hinter dem Spiegel herrührt.»

So, wie unser Bewusstsein allgemein einem Spiegelbild, das durch unsere Leiblichkeit erzeugt wird, gleicht, so auch unser zeitliches Bewusstsein: Es ist eine Spiegelung unseres eigentlich im Reich der Dauer liegenden geistigen Wesens!

Und nun folgt die entscheidende Konsequenz:

«Nicht wahr, der Tod ist ja nicht nur die einmalige Erscheinung, denn der Mensch beginnt eigentlich zu sterben, indem er geboren wird; indem die Impulse des Sterbens schon in ihm liegen, vollzieht der Tod sich in einem gewissen Zeitpunkte. Alles was an Kräfteimpulsen zum Tode führt, das sind zugleich diejenigen Kräfte, welche das Gleichgewicht herstellen mit den luziferischen Kräften. Denn durch den Tod wird der Mensch aus dem Zeitlichen hinausgeführt in das Reich der Dauer. […] Der Tod ist der Ausgleicher gegenüber dem Luziferischen. Das Luziferische trägt die Dauer in die Zeit herein; der Tod trägt die Zeit in die Dauer hinaus. So ist es abstrakt ausgesprochen, allein in dieser Abstraktion liegt eben eine Unsumme von Konkretem.»

Das Vergängliche, das dem Leben Entgegengesetzte bildet den Ausgleich dafür, dass luziferische Wesen uns in das Zeitliche hineinversetzt haben. Wir müssen sterben, um in unseren eigentlichen Wesensbereich, den Bereich der Dauer wieder zurückkehren zu können.

Abschließend kommt Rudolf Steiner in diesen für sein Zeitverständnis so zentral wichtigen Vorträgen noch einmal auf den Scheincharakter unseres Zeiterlebens zurück:

«Nehmen wir an, dies wäre das menschliche Leben und dies wäre, was der Mensch als das vorstellende, als das denkende Wesen in sich erlebt durch das Leben hindurch: dann ist dieses nur ein Scheingebilde, es geht eigentlich wie eine hohle Röhre von Geburt bis zum Tode (siehe Zeichnung, rot), denn die Wahrheit, die liegt vorher. Vor der Geburt, oder sagen wir vor der Empfängnis, da liegt die Wahrheit; da sind wir wirklich in der geistigen Welt im Übersinnlichen, da sind wir wirklich, und an der Grenze, wo wir in die sinnliche Welt eintreten, da wird nur ein Bild durchgelassen. Wir sind nur ein Bild unseres Lebens vor der Geburt oder vor der Empfängnis. Die Wahrheit ist gar nicht diese, dass dasjenige, was jetzt lebt, zu Ihnen spricht; wenn ich zu Ihnen spreche, so sind das nur die durchgelassenen Bilder davon. In Wahrheit spricht dasjenige, was in der geistigen Welt war, noch heute. Wir sind nicht ewig dadurch, dass wir dauern, sondern dadurch, dass wir heute noch immer das sind, was wir in Wahrheit vor der Geburt oder Empfängnis waren, was hereinspricht in die Gegenwart.

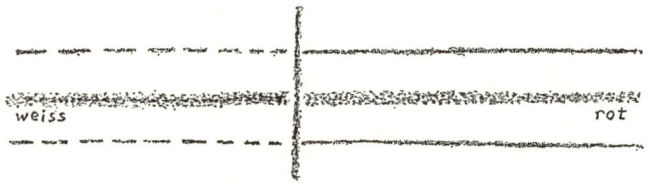

Dadurch, dass wir in unsere Leiblichkeit eingezogen sind, sind wir eigentlich zu einem Scheinbilde unseres Wesens für die Zeit des Erdenlebens geworden. Ich denke, also bin ich nicht – über diese tiefe Wahrheit wollte von Augustinus bis zu Cartesius die Philosophie Finsternis breiten. In dieser Finsternis wird man niemals die Geheimnisse von Geburt und Tod erkunden. Denn man frägt: Wann hat die Seele angefangen? Mit der Geburt. Wann hört sie auf? Mit dem Tode. Man sollte, wenn man die übersinnliche Wahrheit kennt, anders reden: Wann hat die Seele aufgehört, ihr Leben als Seele zu entfalten? Als wir geboren, beziehungsweise empfangen worden sind. Wann wird sie wieder anfangen, ihr Leben als übersinnliches Wesen zu entfalten? Wenn wir sterben werden. – Hier auf Erden unterbrechen wir das, damit nicht dasjenige in unserem Leben allein wirkt, was übersinnlich ist, sondern dass wir die Errungenschaften des Sinnlichen aufnehmen können und mitnehmen können in unserem Gesamtleben. Nicht von einer schwärmerischen Asketik wird gesprochen, sondern selbstverständlich davon, dass das Erdenleben etwas absolut Notwendiges ist für das Gesamtleben des Menschen. Aber dieses Erdenleben ist gerade dadurch so bedeutsam und tritt mit dem Schein der Materialität auf, weil unser eigentliches Menschenleben als übersinnlicher Mensch aufhört, indem wir in das Erdenleben eintreten, und wieder beginnt, indem wir durch den Tod weiterleben.

Die Geheimnisse von Geburt und Tod, sie beginnen sich erst zu enthüllen, wenn wir uns als übersinnliches Wesen wissen, und wissen, dass wir nur Bild sind von dem, was wir vor der Geburt waren und nach dem Tode sind als seelisches Wesen. Dann müssen wir aber den Mut haben, darauf hinzuschauen, was in uns ist. Wenn da (siehe Zeichnung) nur eine hohle Röhre ist, nur ein Bild, dann müssen wir den Mut haben, uns zu sagen: Lassen wir uns vom Bilde nicht blenden, sondern stellen wir uns in unserer Erkenntnis Luzifer gegenüber. Erkenntnis zu sammeln, die wirklich ersprießlich ist für das Leben, erfordert Mut, inneren Mut. Das muss immer wieder und wieder betont werden. – Das ist das eine: ein Wissen, das sich bezieht auf Geburt und Tod.

Das zweite ist ein Wissen, das sich bezieht auf unseren Lebenslauf selber. Dadurch, dass wir unser Verhältnis als Seele zum Leib falsch anschauen, berechtigt falsch anschauen aus den Gründen, die Sie in meiner *Geheimwissenschaft im Umriss* finden können, dadurch hat der Mensch auch eine falsche Anschauung über seinen Lebensverlauf. Den stellt er auch so vor nach dem Bilde, das ich vor einigen Tagen hier bei Ihnen angeführt habe vom «Vater Rhein». Sie erinnern sich, wie ich das Bild vom Vater Rhein gebraucht habe. Jemand stellt sich hin, schaut von der Brücke in Basel hinunter und sagt: Da sehe ich den alten Rhein. Den alten Rhein – ja, ich frage ihn dann: Was ist denn das, der alte Rhein? Das Wasser, das du da unten fließen siehst, das ist ganz gewiss nicht alt, denn das wird in der nächsten Stunde schon weit unten sein und in ein paar Tagen irgendwo im weiten Meere sein; alt ist es aber ganz sicher nicht. Und dasjenige, wovon du sprichst, das scheint mir nicht die bloße Ausgrabung und Ausbauchung der Erde zu sein zwischen den schweizerischen Bergen und der Nordsee. Also, was ist der Vater Rhein, der alte Rhein, von dem man oftmals spricht? Substanziell ist er gar nichts, es bleibt nichts Substanzielles übrig, wenn Sie den Begriff des Vater Rhein nehmen. Ebenso wenig bleibt in Wahrheit etwas Substanzielles übrig, wenn Sie Ihre eigene Leiblichkeit nehmen. Diese eigene Leiblichkeit ist ein fortgehender Strom: Zerstörung, Wiedererneuerung der Säfte, Zerstörung, Wiedererneuerung der Säfte. Da bleibt nichts übrig als die Form, die ein Ergebnis des Geistes ist. In diese Form ergießt sich immer wiederum hinein dasjenige, was als Substanz erscheint, gießt sich hinein, wird zerstört, gerade just wie das Wasser im Vater Rhein.

Durch dasjenige, was in der äußeren Maja, in der Illusion in Wirklichkeit entsteht, schauen wir nicht diesen Fluss von stetiger Auflösung und Wiedererneuerung an, der die Wahrheit ist in Bezug auf das äußere sinnliche Leben, sondern wir schauen etwas an, was geboren sein soll, Fleischklumpen ist mit Knochen und Blut gefüllt, was dann größer werden soll, wächst, bis es ganz ausgewachsen ist und dann stehen bleibt bis zum Tode. Das ist ungefähr so vorgestellt, wie wenn wir uns den Vater Rhein als ein Wasserstück – was es natürlich nicht gibt –, aber wie wenn wir uns ein Wasserstück, nicht wahr, von den Schweizer Bergen bis zur Nordsee hin vorstellten und dazu ihn noch extra so vorstellten, dass er dann als ruhiges Wasserstück liegen bleibt in seinem Strombette drinnen; so stellen wir uns diese menschliche Leiblichkeit vor. Während sie in fortwährendem Flusse ist, glauben wir, dass sie irgendetwas Starres ist – man kann es nicht einmal in ein richtiges Wort fassen – zwischen Geburt und Tod. Würden wir uns richtig sehen, dann würden wir uns in fortwährendem Flusse sehen und gar nicht die Idee schöpfen können, dass das etwas zu tun hat mit unserem wahren Wesen, was da in fortwährendem Flusse ist. Würde man dasjenige aber sehen, was da fortwährend als Kräfte dem Auflösungs- und Erneuerungsprozess zugrunde liegt, dann würde mit dem gegeben sein eine medizinische Wissenschaft, jene geistige medizinische Wissenschaft, die allerdings eine andere Gestalt haben würde, als die heutige medizinische Wissenschaft sie schon hat. Jene medizinische Wissenschaft können Sie nicht etwa danach beurteilen, dass Sie sagen: Nun ja, mit dieser medizinischen Wissenschaft werden also Krankheiten geheilt! – Es werden nicht Krankheiten geheilt, weil es sich nicht darum handeln kann, Krankheiten so zu heilen, wie es die heutigen Menschen haben wollen. Man kann mit wirklicher geistiger medizinischer Wissenschaft nur die gesundenden Kräfte in ihrer Totalität erhalten. Die wahre Heilkunde würde darinnen bestehen, das Leben so einzurichten, dass der Mensch die Kräfte beherrscht, die seine fortwährende Ausscheidung, Auflösung und Wiedererneuerung bewirken. Dann brauchte man keine Apothekerwaren, wenn nicht nur ein einzelner Mensch dies auf seine menschliche Persönlichkeit anzuwenden weiß, sondern mit den andern Menschen zusammen so lebt, dass es Eingang gewinnen könnte in das ganze menschliche Geschlecht. Ich habe das öfters erwähnt. — Das ist das zweite.

Das dritte, was mit dieser Erkenntnis verbunden wäre, das ist nun eine wahre Naturwissenschaft. Ja, was ist nun wahre Naturwissenschaft? Ich habe es öfter betont, Geisteswissenschaft bekämpft nicht die Naturwissenschaft, wie sie heute ist, aber sie weiß, dass diese Naturwissenschaft nicht die Naturwirklichkeit gibt, sondern ein Gespenst. Und nicht darauf kommt es an, dass man dieses Gespenst bekämpft. Wir müssen schon nach unseren menschlichen Veranlagungen uns das Gespenst gefallen lassen. Nicht darauf kommt es an, dass man, so wie ich das gestern bei dem Philosophen *Richard Wahle* erzählt habe, dann ein Gift ersinnt — wenn auch nur ein Gift gegen eine Philosophie, ein philosophisches, kein äußeres Gift —, um alle, die etwa naturwissenschaftlich denken, aus der Welt zu schaffen, sondern darauf kommt es an, dass man gerade herausfindet, in welchem Sinne sie recht haben. Man sollte den Naturwissenschaftern sagen: Wenn ihr behaupten würdet, ihr forscht richtig, so geben wir euch vollständig recht, aber ihr müsst zu gleicher Zeit zugeben: Mit diesem im Sinne des Naturforschens richtigen Forschen kommt ihr nur zu Vorstellungen eines Naturgespenstes, nicht der Naturwirklichkeit. — Das muss man aber durchschauen. Das ist gerade die Aufgabe des Bewusstseinszeitalters, dass man die Dinge in ihrer Wirklichkeit durchschaut.

Nun wird der Naturforscher sagen: Ja, diese und jene Gründe habe ich, mir mein Naturwissen nicht zum Gespenst machen zu lassen! — Der Geistesforscher muss einwenden: Aber du tust ganz recht, ein gespenstisches Naturwissen zu haben. Denn wenn du irgendeine Natursubstanz suchst außerhalb des Gespenstes, dann tust du ja unrecht. Du tust nur recht, wenn du hinter dem Gespenst allerlei Ahrimanisches suchst, wenn du Geistiges dahinter suchst. Also du hast recht, wenn du ein gespenstisches Wissen suchst. — Nun, was ich Ihnen gerade über die Leiblichkeit des Menschen gesagt habe, das nimmt schon stark einen gespenstischen Charakter an. Und derjenige, der nun eindringt in die Natur von einem höheren Gesichtspunkte aus, der betrachtet als eine richtige Naturerscheinung, über die er sich nicht täuscht, eine ganz andere als jene, die gewöhnlich als robuste Naturerscheinungen aufgeführt werden. Es ist ja das Eigentümliche — und ich werde über diese Erscheinung noch morgen sprechen —, dass uns die Welt trotzdem überall an irgendwelchen Punkten, ich möchte sagen, mit Fingern auf das Richtige hinweist. Irgendwo findet sich schon ein Hinweis auf das, was das Richtige ist, wenn man wissen will, wie man über die Realität von Naturerscheinungen, die um unsere Sinne herum sind, denken soll. Was soll man denn eigentlich betrachten? Gibt es in der Natur selbst etwas, was uns aufklärt?

Ja, es gibt etwas: zum Beispiel den Regenbogen; der Regenbogen ist so richtig ein Bild von einer Naturerscheinung. Denken Sie – Sie wissen, es ja selbst – wenn Sie hinaufkommen würden, wo der Regenbogen ist, Sie könnten da ganz bequem durchgehen, er ist nur durch das Zusammenwirken von gewissen Vorgängen bewirkt. So spektral wie der Regenbogen, so gespenstisch wie der Regenbogen – nur dass man es nicht merkt – sind alle Naturvorgänge; sie sind nicht das, was sie dem Auge oder dem Ohre oder den andern Sinnen sind, sondern sie sind der Zusammenfluss durch andere Vorgänge, die dann geistig sind. Wir treten auf den Boden, glauben da drunten die Materie; in Wirklichkeit ist es nur dasjenige, was wir als Kraft wahrnehmen, so wie der Regenbogen, und indem wir auf das Feste zu treten glauben, ist es Ahriman, der von unten herauf die Kraft sendet.

Sobald wir über das bloß Spektrale, über das bloße Gespenstische der Naturerscheinungen herauskommen, treffen wir Geistiges. Das heißt, alles Forschen nach der sogenannten groben Materie ist überhaupt ziemlich unsinnig. Wird man einmal aufgeben – und die Menschheit wird es vor dem 4. Jahrtausend tun – das Suchen nach dem Grobsinnlichen als der Natur zugrunde liegend, dann wird man auf etwas ganz anderes kommen, dann wird man überall in der Natur Rhythmen finden, rhythmische Ordnungen. Diese rhythmischen Ordnungen sind vorhanden, nur macht sich die heutige materialistische Wissenschaft über diese rhythmischen Ordnungen in der Regel lustig. Wir haben diese rhythmische Ordnung bildhaft ausgedrückt in unseren sieben Säulen, in der ganzen Konfiguration unseres Baues hier. Aber diese rhythmische Ordnung ist in der ganzen Natur vorhanden. Rhythmisch wächst an der Pflanze ein Blatt nach dem andern; rhythmisch sind die Blumenblätter angeordnet, rhythmisch ist alles angeordnet. Rhythmisch tritt das Fieber ein bei einer Krankheit, flutet wieder ab; rhythmisch ist das ganze Leben. Das Durchdringen der Naturrhythmen, das wird wahre Naturwissenschaft sein.»[113]

Auf diese hier nur angedeutete praktische Konsequenz des Steiner'schen Zeitverständnisses werden wir im letzten Teil unserer Betrachtung noch genauer eingehen. Folgen wir der Darstellung daher noch weiter, so sehen wir, wie Steiner das von ihm gemeinte Verständnis der Zeit als grundlegend für die soziale Erneuerung und den Fortschritt der Menschheit überhaupt auffasst.

«Aber durch das Durchdringen der Naturrhythmen kommt man auch zu einer gewissen Benützung der Rhythmik in der Technik. Das ist dann das Ziel der künftigen Technik: durch zusammenstimmende Schwingungen, Schwingungen, die man im Kleinen erregt und die sich dann ins Große übertragen, durch das einfache Zusammenstimmen ungeheuere Arbeit zu verrichten.

Nun werde ich Ihnen morgen des Ausführlicheren zeigen, warum es wirklich weisheitsvoll ist von der christlichen Weltordnung, die in diesem Sinne die weisheitsvolle göttliche Weltordnung ist, die Menschheit im Laufe von Jahrhunderten reif werden zu lassen für diese Erkenntnisse, von denen ich jetzt gesprochen habe, während sie die Akademie von Gondishapur dem Menschen einfach hat hinwerfen wollen. Denn die Menschheit muss etwas anderes anstreben, wenn diese Erkenntnisse über sie kommen sollen. Diese Erkenntnisse dürfen nur in die Menschheit hineinkommen, wenn erstens, gleichzeitig mit der Entwickelung nach diesen Erkenntnissen hin, stattfindet in dem breitesten Umfange innerhalb der Menschheit eine vollständig selbstlose soziale Ordnung für den dritten Punkt. Man kann nicht eine rhythmische Technik einrichten, ohne in die Menschheit weiteres Unheil zu bringen, wenn nicht zugleich eine selbstlose soziale Ordnung angestrebt wird. Eine egoistische Menschheit würde nur zu ihrem eigenen Unheil die rhythmische Technik erlangen. Und man kann jene mit der Heilkraft des Menschen identische Kraft, die ich an zweiter Stelle genannt habe, da, wo man Auflösungs- und Wiedererneuerungsprozesse, Ausscheidungs- und Aufnahmeprozesse unter dem Einflusse dieser Kraft sieht, nicht ohne Weiteres an die Menschheit ausliefern. Man kann diese Kraft nicht ohne Weiteres der Menschheit überliefern – wie ich schon von andern Gesichtspunkten aus sagte –, wenn man nicht gleichzeitig züchtet innerhalb der Menschheit die absolute Gewissenhaftigkeit, die sich nicht nur bezieht auf das Verhalten des Menschen in Bezug auf das äußerlich Bemerkbare, sondern auch in Bezug auf das äußerlich Unbemerkbare; wenn der Mensch sich nicht nur dasjenige verbietet, was äußerlich sichtbar wird, sondern sich nach einer gewissen Gewissensregel auch das verbietet, was äußerlich nicht sichtbar wird: das Denken, das Fühlen. Denn mit der Erkenntnis dieser Kraft, die verborgen wird dadurch, dass wir unseren Lebensstrom zwischen Geburt und Tod wie einen starren Körper anschauen, mit der Beherrschung dieser Kraft würde man ungeheures Unheil wiederum anrichten können, wenn sie nicht sich entwickeln würde in dem Lichte der absoluten Gewissenhaftigkeit auch für das Unbemerkbare.

Und das dritte würde dasjenige sein, was entsprechend ist meinem ersten Punkt, was entspricht der Erkenntnis der Geheimnisse von Geburt und Tod. Ja, diese Geheimnisse von Geburt und Tod, sie setzen in ähnlicher Weise voraus, dass die Menschheit erst einen gewissen Reifezustand durchmacht; denn sie setzen voraus, dass der Mensch sich wirklich bewusst gegenüberstellen kann Ahriman und Luzifer. Und derjenige, der ganz erwägen kann, was unter diesem ersten Punkt gemeint ist, der weiß das Folgende, das ich jetzt zum Schlusse vor Sie hinstellen will; morgen wird es weiter ausgeführt. Er weiß das Folgende: Man kann Naturwissen treiben als bloß gespenstisches Wissen, und nicht wissen, dass es bloß gespenstisches Wissen ist; man kann sich begnügen mit dem, was eine unwahre Erkenntnis ist. Das hilft einem, es hilft einem wirklich, denn man steht dann nicht vor der Gefahr, an Ahriman heranzukommen. Sie können sich den Ahriman unsichtbar machen; aber Sie müssen sich dann Naturerkenntnis bloß im heutigen Sinne, die aber nicht Wahrheit enthält, sammeln. Es ist eine gute Barriere gegen Ahriman, bei der Naturerkenntnis, also auch bei der Unwahrheit, stehen zu bleiben. Sie haben nur die Wahl, entweder Wahrheit zu wollen – dann müssen Sie auch Bekanntschaft machen mit dem, was als Ahrimanisch-Übersinnliches in der Welt wirkt – oder Unwahrheit zu haben. Züchten Sie die Unwahrheit, sagen Sie: Das gespenstische Naturwissen gibt die wirkliche Natur –, gut, dann bleiben Sie bei dem, was dem Ahriman recht ist; der will nämlich die Lüge, und er lebt von der Lüge. Und von dieser geheimen Lüge kann er erst recht leben; und nichts ist ihm lieber, als wenn diese Lüge waltet, die in der Anschauung besteht: das gespenstische Naturwissen ist wirkliches Naturwissen.

Und wiederum, ich habe über das gesprochen, was nur ein Schein ist von dem, was im Übersinnlichen ist; ich habe es dargestellt als das durchgelassene Bild. Da hat man auch die Wahl: Entweder man dringt zum Übersinnlichen vor – gut, dann muss man aber auch Auge in Auge, geistig natürlich, dem Luzifer sich gegenüberstellen –, oder man bleibt bei der Unwahrheit und betrachtet den Schein des Seelischen als das Wirkliche. Dann kann man aber niemals Aufschluss gewinnen über Geburt und Tod und über die Unsterblichkeit, denn man betrachtet gar nicht die Seele, die unsterblich ist, sondern bloß ein Bild. Das ist es, was ich heute vorläufig vor Ihre Seele hinstellen möchte. Morgen werden wir an diesen Gedanken anknüpfen.

Es ist ein wichtiger Gedanke: Der Erdenmensch hat die Wahl in dem heutigen Zeitalter der Bewusstseinsseele, die Wahrheit anzustreben; dann muss er mutig sich dem Geistigen gegenüberstellen. Oder er wählt, das Geistige zu meiden, dann kann er bei der Illusion bleiben, bei der Nichtwahrheit bleiben.»[114]

Fassen wir auch hier die wesentlichen Aussagen noch einmal zusammen:

- Das, was wir zwischen Geburt und Tod von uns erfassen, ist ein nur ein Bild unseres eigentlichen Wesens, dass durch das Tor der Geburt in das Irdische herein scheint.
- Das, was wir von uns im Laufe des Lebens erfassen, ist in einem fortwährenden Fluss von Werden und Vergehen, das mit unserem eigentlichen Wesen etwas zu tun hat (Beispiel: Die Realität des Rheins). Unser eigentliches Wesen liegt hinter der äußeren Anschauung des Werdens und Vergehens.
- Das eigentlich Reale in aller Materialität, auch der unseres physischen Leibes, ist nicht die Stofflichkeit, sondern das sind die ihnen zugrunde liegenden rhythmischen Erscheinungen.
- Hinter dem Schein des Bildes, das wir als Menschen von uns haben, verbirgt sich Luzifer: Wenn wir ihn nicht wahrnehmen wollen, dann wird uns unser irdisches Bewusstsein nicht als Spiegelbild, sondern als Erzeugnis unserer Leiblichkeit erscheinen.
- Hinter der Gespenstigkeit der äußeren Naturerscheinungen, zu der auch unsere Leiblichkeit zählt, verbirgt sich Ahriman. Wenn wir ihn nicht erkennen, werden wir die Natur nur als Lüge, nicht in ihrer Wahrheit erkennen können.

Die Einsicht in den eigentlichen Charakter alles Zeitlichen gehört also zu den entscheidenden Erkenntnissen des Menschen überhaupt, die ihn über sein eigenes Wesen und das der äußeren Natur erst wahrhaft aufklären.

9. Luzifer und Ahriman im Verhältnis zum Zeiterleben des Menschen

Wenn wir von unserem irdisch-zeitlichen Dasein als Spiegel unseres höheren, geistig-seelischen Wesens sprechen, dann spüren wir, jedoch unbewusst, dass sich hinter unserem irdischen Dasein doch mehr verbirgt als lediglich ein Spiegelbild. Wir empfinden dieses Dasein so, als ob das Spiegelbild in sich eine Eigendynamik hätte, beziehungsweise unser zeitliches Erleben in sich mehr enthalten würde als ein bloßes Spiegelbild.

Wie kommt es zu dieser Eigendynamik des zeitlich-räumlichen Erlebens? Hinter dieser Eigendynamik stecken die ahrimanischen und luziferischen Wesen, die, wie wir in den vorangehenden Vorträgen aus dem Jahr 1918 schon gesehen haben, einen entscheidenden Anteil an allem Zeitlichen haben. Gehen wir diesem Zusammenhang in den beiden nachfolgenden Aufsätzen, die Rudolf Steiner 1913 in dem Buch *Die Schwelle der geistigen Welt* veröffentlicht hat, noch etwas weiter nach.

«*Von den wiederholten Erdenleben und vom Karma. Von dem astralischen Leib des Menschen und von der geistigen Welt. Von ahrimanischen Wesenheiten*»
«Die Anerkennung, dass im Seelenleben etwas waltet, was dem Bewusstsein der Seele so Außenwelt ist wie die im gewöhnlichen Sinne sogenannte Außenwelt, wird der Seele besonders schwer. Sie sträubt sich – unbewusst – dagegen, weil sie ihr Eigensein durch diesen Tatbestand gefährdet glaubt. Sie wendet instinktiv den geistigen Blick von diesem Tatbestand ab. Dass die neuere Wissenschaft theoretisch die Sache als solche zugesteht, ist noch nicht ein Voll-Erleben dieser Tatsache mit allen Konsequenzen des inneren Erfassens derselben und des Sich-Durchdringens mit ihr. Kann das Bewusstsein dazu gelangen, diese Tatsache lebensvoll zu erfühlen, dann lernt es im Seelenwesen einen inneren Kern erkennen, welcher selbständig wesenhaft gegenüber allem ist, was im Bereich des bewussten Seelenlebens zwischen Geburt und Tod sich entwickeln kann. Es lernt das Bewusstsein in seinem Untergrunde ein Wesen kennen, als dessen Geschöpf es sich selber fühlen muss. Und als dessen Geschöpf es auch den Leib mit allen seinen Kräften und Eigenschaften fühlen muss, der der Träger dieses

Bewusstseins ist. Die Seele lernt im Verfolg eines solchen Erlebens das Heranreifen einer in ihr befindlichen geistigen Wesenheit empfinden, welche sich den Einflüssen des bewussten Lebens entzieht. Sie kommt dazu, zu fühlen, wie diese innere Wesenheit im Verlaufe des Lebens zwischen Geburt und Tod immer kraftvoller, aber auch selbstständiger wird. Sie lernt erkennen, dass diese Wesenheit innerhalb dieses Lebens zwischen Geburt und Tod zu dem übrigen Erleben sich so stellt, wie der im Pflanzenwesen sich entwickelnde Keim zu der Gesamtheit der Pflanze, in welcher er sich entwickelt. Nur ist der Pflanzenkeim ein physisches Wesen, der Seelenkeim ein geistiges. – Der Verfolg eines solchen Erlebens führt dann zur Anerkennung des Gedankens von den wiederholten Erdenleben des Menschen. Die Seele kann in ihrem von ihr bis zu einem gewissen Grade unabhängigen Wesenskern den Keim zu einem neuen Menschenleben erfühlen, in das dieser Keim die Früchte des gegenwärtigen hinübertragen wird, wenn er in einer geistigen Welt nach dem Tode jene Lebensbedingungen in einer rein geistigen Weise erfahren haben wird, die ihm dann nicht zuteil werden können, wenn er von einem physischen Erdenleib zwischen Geburt und Tod umhüllt ist.

Aus diesem Gedanken ergibt sich dann mit Notwendigkeit der andere, dass das gegenwärtige Sinnesleben zwischen Geburt und Tod das Ergebnis ist anderer lang vergangener Erdenleben, in denen die Seele einen Keim entwickelt hat, der nach dem Tode in einer rein geistigen Welt weitergelebt hat, bis er gereift war, ein neues Erdenleben durch eine neue Geburt anzutreten, wie der Pflanzenkeim zur neuen Pflanze wird, nachdem er, losgelöst von der alten Pflanze, in der er sich gebildet hat, eine Zeitlang unter anderen Lebensbedingungen gewesen ist.

Das übersinnliche Bewusstsein lernt durch die entsprechenden Seelenvorbereitungen in den Vorgang untertauchen, der darin besteht, dass sich in einem Menschenleben ein in gewisser Weise selbstständiger Kern ausbildet, welcher die Früchte dieses Lebens in folgende Erdenleben hinüberführt. – Bilderhaft, wesenhaft, wie wenn es sich als Eigenwesen offenbaren wollte, taucht aus den Seelenfluten ein zweites Selbst auf, das dem Wesen, das man vorher als sein Selbst angesprochen hat, wie selbstständig, übergeordnet erscheint. Es nimmt sich wie ein Inspirator dieses Selbstes aus. Der Mensch fließt als dieses letztere Selbst zusammen mit dem inspirierenden, übergeordneten.

Was das übersinnliche Bewusstsein so als Tatbestand durchschaut, in dem lebt das gewöhnliche Bewusstsein, ohne dass es davon weiß. Wieder bedarf es der Seelenstärkung, um sich aufrechtzuerhalten jetzt nicht nur gegenüber einer geistigen Außenwelt, mit der man verschmilzt, sondern sogar mit einer geistigen Wesenheit, die man in einem höheren Sinne selber ist, und die doch außerhalb dessen steht, was man in der Sinnenwelt *notwendig* als sein Selbst erfühlen muss. (Die Art, wie dieses zweite Selbst sich aus den Seelenfluten bilderhaft, wesenhaft erhebt, ist für die verschiedenen Menschenindividualitäten ganz verschieden. In meinen szenischen Seelengemälden *Die Pforte der Einweihung, Die Prüfung der Seele, Der Hüter der Schwelle* und *Der Seelen Erwachen* versuchte ich darzustellen, wie verschiedene Menschenindividualitäten sich zu dem Erleben dieses ‹anderen Selbstes› hindurcharbeiten.)

Wenn nun auch die Seele im gewöhnlichen Bewusstsein nichts weiß von der Inspiration durch ihr ‹anderes Selbst›, so ist diese Inspiration aber doch in den Seelentiefen vorhanden. Nur ist diese Inspiration keine solche in Gedanken oder inneren Worten; sie *wirkt durch Taten*, durch Vorgänge, durch ein Geschehen. Dieses ‹andere Selbst› ist es, welches die Seele hinführt zu den Einzelheiten ihres Lebensschicksals, und welches in ihr die Fähigkeiten, Neigungen, Anlagen usw. hervorruft. – Dieses ‹andere Selbst› lebt in der Gesamtheit des Schicksals eines Menschenlebens. Es geht neben dem Selbst, das zwischen Geburt und Tod seine Bedingungen hat, einher und gestaltet das menschliche Leben mit allem, was Erfreuliches, Erhebendes, Schmerzvolles in dasselbe einschlägt. Das übersinnliche Bewusstsein lernt, indem es mit diesem ‹anderen Selbst› sich zusammenfindet, zu der Gesamtheit des Lebensschicksals so ‹Ich› zu sagen, wie der physische Mensch zu *seinem* Eigenwesen ‹Ich› sagt. Was man mit einem morgenländischen Worte ‹Karma› nennt: es wächst in der angedeuteten Art mit dem ‹anderen Selbst›, mit dem ‹geistigen Ich-Wesen› zusammen. Der Lebenslauf eines Menschen erscheint inspiriert von seiner eigenen Dauerwesenheit, die von Leben zu Leben sich weiterführt; und die Inspiration erfolgt so, dass die Lebensschicksale eines folgenden Erdenseins als die Folge sich ergeben der vorangehenden Erdenleben.

So lernt der Mensch sich selbst erkennen als eine ‹andere Wesenheit›, eine solche, welche er nicht im Sinnensein ist, und die sich in diesem Sinnensein nur durch ihre Wirkungen zum Ausdruck bringt. Wenn das Bewusstsein in *diese* Welt eintritt, so ist es in einem Gebiete, das dem elementarischen gegenüber als das Geistgebiet bezeichnet werden kann.

Solange man sich in diesem Gebiete erfühlt, findet man sich vollkommen außer dem Kreise stehend, in dem alle Erlebnisse und Erfahrungen der Sinnenwelt sich abspielen. Man sieht aus einer anderen Welt auf diejenige zurück, welche man gewissermaßen verlassen hat. Man gelangt aber zu der Erkenntnis, dass man als Mensch den beiden Welten angehört. Man empfindet die Sinnenwelt wie eine Art Spiegelbild der Geisteswelt. Doch als ein Spiegelbild, in welchem die Vorgänge und Wesenheiten der Geisteswelt nicht bloß gespiegelt werden, sondern das, obgleich es Spiegelbild ist, ein selbstständiges Leben in sich führt. Wie wenn ein Mensch sich in einem Spiegel sähe und, indem er sich sieht, das Spiegelbild selbstständiges Leben gewänne. – Und man lernt geistige Wesenheiten kennen, welche dieses selbstständige Leben des Spiegelbildes der Geisteswelt bewirken. Diese geistigen Wesenheiten empfindet man als solche, welche ihrem Ursprunge nach der Geisteswelt angehören, die aber den Schauplatz dieser Welt verlassen haben und in der Sinneswelt ihr Wirkensfeld entwickeln. So sieht man sich zweien Welten gegenüber, welche aufeinander wirken. Es soll die geistige Welt hier als die *obere*, die Sinnenwelt als die *untere* Welt bezeichnet werden.

Man lernt in der unteren Welt die gekennzeichneten geistigen Wesenheiten dadurch kennen, dass man gewissermaßen seinen Gesichtspunkt selbst in die obere Welt verlegt hat. Eine Art dieser geistigen Wesenheiten stellt sich so dar, dass man in ihr den Grund findet, warum der Mensch die Sinnenwelt als eine stoffliche, materielle erlebt. Man erkennt, dass alles Stoffliche in Wahrheit geistig ist, und dass die geistige Wirksamkeit jener Wesen das Geistige der Sinneswelt zum Stofflichen verfestigt, verhärtet. So unbeliebt gewisse Namen in der Gegenwart auch sind, man braucht sie für dasjenige, was man in der Geisteswelt als wirklich erschaut. Deshalb seien hier die Wesen, welche dieses Verstofflichen der Sinneswelt bewirken, die *ahrimanischen* Wesenheiten genannt. Nun zeigt sich in Bezug auf diese ahrimanischen Wesenheiten auch, dass sie ihr ureigenes Gebiet im Reiche des Mineralischen haben. Im Mineralreiche herrschen diese Wesenheiten so, dass sie in diesem Reiche voll zur Offenbarung bringen, was sie ihrer Natur nach sind. – Im Pflanzenreiche und in den höheren Naturreichen vollbringen sie etwas anderes. Verständlich wird dieses andere erst, wenn man das Gebiet der elementarischen Welt in Betracht zieht. Auch diese elementarische Welt erscheint, von dem Geistgebiete aus gesehen, wie eine Spiegelung dieses Geistgebietes. Doch ist die Selbstständigkeit des Spiegelbildes in der elementarischen Welt keine so große wie diejenige der physischen Sinneswelt. In der ersteren herrschen die geistigen Wesenheiten von der Art der ahrimanischen weniger als in der Sinneswelt. Doch entwickeln diese ahrimanischen Wesenheiten von der elementarischen Welt aus unter anderem diejenige Wirksamkeit, welche in Vernichtung und Tod des Daseins ihren Ausdruck findet. Man kann geradezu sagen, dass für die höheren Naturreiche die ahrimanischen Wesenheiten die Aufgabe haben, den Tod herbeizuführen. Insoferne der Tod zur notwendigen Ordnung des Daseins gehört, ist die Aufgabe der ahrimanischen Wesenheiten in dieser Ordnung begründet.

Man erfährt aber, wenn man die Wirksamkeit der ahrimanischen Wesenheiten vom Geistgebiet aus beobachtet, dass mit ihrem Wirken in der unteren Welt noch etwas anderes zusammenhängt. Indem sie in dieser Welt ihren Schauplatz haben, fühlen sie sich nicht an die Ordnung gebunden, die ihren Kräften zukäme, wenn sie in der oberen Welt wirkten, in welcher sie ihren Ursprung haben. Sie streben in der unteren Welt nach einer Selbstständigkeit, welche sie in der oberen niemals haben könnten. Dies äußert sich insbesondere in der Wirksamkeit der ahrimanischen Wesenheiten auf den Menschen, insoferne der Mensch das höchste Naturreich der Sinneswelt bildet. Sie streben das menschliche Seelenleben, soweit dieses an das Sinnessein des Menschen gebunden ist, zu verselbstständigen, es loszureißen von der oberen Welt und es ganz ihrer eigenen Welt einzuverleiben. Der Mensch als denkende Seele hat seinen Ursprung in der oberen Welt. Die geistig schauend gewordene, denkende Seele tritt auch in diese obere Welt ein. Das in der Sinneswelt zur Entfaltung kommende und an diese gebundene Denken hat in sich dasjenige, was als Einfluss der ahrimanischen Wesenheiten zu bezeichnen ist. Diese Wesenheiten wollen gewissermaßen dem Sinnesdenken innerhalb der Sinneswelt eine Art dauernden Daseins geben. Indem ihre Kräfte den Tod bringen, wollen sie die denkende Seele dem Tode entreißen und nur das andere Wesenhafte am Menschen in die Vernichtung einströmen lassen. Die Menschendenkkraft aber soll, nach ihren Intentionen, im Sinnesbereich zurückbleiben und ein Sein annehmen, das der Natur des Ahrimanischen immer ähnlicher werden soll.

In der unteren Welt drückt sich das eben Geschilderte nur durch seine *Wirkung* aus. Der Mensch kann danach streben, in seiner denkenden Seele sich mit den Kräften durchdringen zu lassen, welche die geistige Welt anerkennen, welche in derselben sich lebend und wesend wissen. Er kann aber auch sich mit seiner denkenden Seele von solchen Kräften abwenden, kann sein Denken nur dazu benützen, die Sinneswelt zu ergreifen. Die Verlockungen zu dem Letzteren kommen von den ahrimanischen Kräften.»[115]

Bis hierhin können wir die Darstellung gut in Übereinstimmung mit dem bringen, was Rudolf Steiner in den oben zitierten Vorträgen aus dem Jahr 1918 ausgeführt hat. Doch wird hier noch einmal deutlich, dass der Ausgleich dafür, dass der Mensch überhaupt dem zeitlichen Dasein unterworfen ist, dass der Tod, das Vergehen ebenso von ahrimanischen Wesen herbeigeführt wird wie das irdische Dasein. Ahriman hat die Tendenz in sich, den Menschen im Irdischen zu halten, das versucht er dadurch, dass er das Denken des Menschen irdisch macht. Es gelingt ihm aber nicht, den Menschen im Irdischen festzuhalten, denn der Tod, den er durch sein Dasein mitbewirkt, führt den Menschen wiederum heraus aus der Welt des Irdisch-Zeitlichen in den Bereich der Dauer. Nur das Denken, das Bewusstsein des Menschen kann Ahriman befallen und daran hindern, das Überzeitliche seines Menschenwesens zu erkennen.

Nun aber folgen in dem zweiten Aufsatz noch weiterführende Aspekte, die uns nun die Natur der Spiegelbilder des oberen Wesens des Menschen, Astralleib und Ich, in seinem unteren Wesen, Ätherleib und physischer Leib, offenbaren. Denn bei genauer Untersuchung, so führt Steiner hier nun aus, zeigt sich, dass das, was wir als Spiegelbilder erleben, eben keine wahren Spiegelbilder, sondern durch Luzifer und Ahriman verzerrte Spiegelbilder unseres höheren Wesens sind.

«Von dem astralischen Leib und von luziferischen Wesenheiten. Von dem Wesen des ätherischen Leibes»
«Eine andere Art von geistigen Wesenheiten, welche, von dem Geistgebiet aus, in der Sinneswelt (und auch in der elementarischen Welt) als auf ihrem angenommenen Schauplatze wirksam beobachtet werden, sind diejenigen, welche die fühlende Seele ganz von der Sinneswelt befreien wollen; sie also gewissermaßen vergeistigen wollen. Das Leben in der Sinneswelt gehört der Weltenordnung an. Indem die menschliche Seele in der Sinneswelt lebt, macht sie in derselben eine Entwickelung durch, welche zu dem Bereiche ihrer Daseinsbedingungen gehört. Dass sie einverwoben ist in dieses Sinnesgebiet, ist ein Ergebnis der Wirksamkeit von Wesenheiten, welche man in der oberen Welt kennenlernt. Dieser Wirksamkeit entgegen arbeiten die Wesenheiten, welche die fühlende Seele von den Bedingungen der Sinneswirksamkeit losreißen wollen. Diese Wesenheiten seien hier die *luziferischen* Wesenheiten genannt.

So stehen die luziferischen Wesenheiten in der Sinneswelt, gewissermaßen alles erspähend, was in dieser *seelisch* (fühlend) ist, um dies aus dieser Sinneswelt herauszuziehen und einem eigenen Weltgebiet einzuverleiben, das ihrer Natur ähnlich ist. Von der oberen Welt aus gesehen, ist die Wirksamkeit dieser luziferischen Wesenheiten auch in der elementarischen Welt bemerkbar. Sie streben innerhalb derselben ein Kräftegebiet an, das von der Schwere der Sinneswelt, nach ihren Intentionen, nicht berührt werden soll, trotzdem es von den Wesen der oberen Welt dazu vorbestimmt ist, in diese Sinneswelt einverwoben zu werden. Wie die ahrimanischen Wesenheiten innerhalb ihres Kreises blieben, wenn sie nur die in der Weltenordnung begründete zeitweilige Vernichtung des Daseins herbeiführten, so überschritten die luziferischen Wesenheiten das Gebiet ihres eigenen Reiches nicht, wenn sie die fühlende Seele mit Kräften durchsetzten, in welchen diese immer wieder den Antrieb empfindet, sich über die Nötigungen in der Sinneswelt zu erheben und sich gegenüber diesen Nötigungen als selbstständiges, freies Wesen zu erfühlen. Doch überschreiten die luziferischen Wesen ihr Gebiet, indem sie gegenüber der allgemeinen Ordnung der oberen Welt ein besonderes Reich des Geistes schaffen wollen, zu dem sie die seelischen Wesenheiten in der Sinneswelt umgestalten wollen.

Man kann sehen, wie die Wirkung der luziferischen Wesenheiten in der Sinneswelt nach zwei Seiten hindrängt. Auf der einen Seite ist es diesen Wesen zu verdanken, dass der Mensch sich über das bloße Erleben des sinnlich Wirklichen zu erheben vermag. Er zieht seine Freude, seine Erhebung nicht nur aus der Sinneswelt. Er kann sich erfreuen, erheben an dem, was bloß im Scheine lebt, was als *schöner Schein* über das Sinnliche hinausgeht. Von dieser Seite her hat die luziferische Wirksamkeit die bedeutsamsten Kulturblüten, vor allem die künstlerischen, mitbewirkt. Der Mensch kann auch im freien Denken leben, er braucht nicht bloß die Sinnesdinge zu beschreiben und in Gedanken porträtartig nachzubilden; er kann über die Sinneswelt hinaus schöpferisches Denken entfalten; er kann über die Dinge philosophieren. – Auf der anderen Seite wird die Überspannung der luziferischen Kräfte in den Seelen zum Quell vieler Schwärmereien und Verworrenheiten, welche in seelischen Tätigkeiten sich entfalten wollen, ohne sich an die Bedingungen der höheren Weltenordnung zu halten. Das Philosophieren ohne die Grundlagen gediegenen Einlebens in die Weltordnung, das eigensinnige Sich-Einspinnen in willkürliche Vorstellungen, das übertriebene Pochen auf die angenommene, liebgewordene persönliche Meinung: alles dieses sind die Schattenseiten der luziferischen Wirksamkeit.

Die Menschenseele gehört mit ihrem ‹anderen Selbst› der oberen Welt an. Sie ist aber auch zugehörig zu dem Sein in der unteren Welt. Das übersinnliche Bewusstsein erfühlt sich wissend, wenn es die entsprechende Vorbereitung durchgemacht hat, in der oberen Welt. Doch ändert sich für das übersinnliche Bewusstsein kein Tatbestand, sondern es wird zu dem, was für *jede* Menschenseele ein Tatbestand ist, eben nur das Wissen über diesen Tatbestand hinzugefügt. – Jede Menschenseele gehört der oberen Welt an und ist, wenn der Mensch in der Sinneswelt lebt, einem Sinnesleib zugeordnet, welcher den Vorgängen dieser Sinneswelt unterliegt; sie ist ferner einem feinen, ätherischen Leib zugeordnet, welcher innerhalb der Vorgänge der elementarischen Welt lebt. In dem Sinnesleib und in dem ätherischen Leib wirken die Kräfte der ahrimanischen und luziferischen Wesenheiten. Diese Kräfte sind geistiger, übersinnlicher Natur.

Insoferne die Menschenseele in der oberen (Geistes-) Welt lebt, ist sie eine – um diesen Ausdruck zu gebrauchen – astralische Wesenheit. Zu den mancherlei Gründen, welche diesen Ausdruck rechtfertigen, gehört auch der, dass die astralische Wesenheit des Menschen als solche *nicht* unterliegt den Bedingungen, welche innerhalb der Erde wirksam sind. Die Geisteswissenschaft erkennt, dass innerhalb der Astralwesenheit des Menschen nicht die Naturgesetze der Erde, sondern diejenigen Gesetze wirksam sind, welche für die Vorgänge der Sternenwelt in Betracht kommen. Deshalb kann die Namengebung gerechtfertigt erscheinen. Zu der Anerkennung des physisch-sinnlichen Leibes des Menschen und des ätherischen, feinen Leibes kommt so diejenige des dritten, des *astralischen Leibes* hinzu. Es muss aber durchaus das Folgende berücksichtigt werden: In Bezug auf seine ureigene Wesenheit wurzelt der astralische Menschenleib in der oberen Welt, in dem eigentlichen Geistgebiet. Innerhalb dieses Gebietes ist er eine Wesenheit, welche von der gleichen Art mit anderen Wesenheiten ist, welche den Schauplatz ihrer Wirksamkeit in dieser Geisteswelt haben. Insofern die elementarische und die Sinnes-Welt Spiegelungen der Geisteswelt sind, müssen auch der ätherische und der physisch-sinnliche Menschenleib als Spiegelungen der astralischen Wesenheit des Menschen angesehen werden. Es walten aber in diesem ätherischen und in dem physisch-sinnlichen Leibe Kräfte, die von den luziferischen und ahrimanischen Wesenheiten herrühren. Da diese Wesenheiten geistigen Ursprungs sind, so ist es naturgemäß, dass man im Gebiete des sinnlich-physischen und des ätherischen Leibes selbst eine Art astralischer Wesenheit des Menschen findet. Einer Geistesanschauung, welche nur die Bilder des übersinnlichen Bewusstseins hinnimmt und ihre Bedeutung nicht richtig zu verstehen vermag, kann es leicht geschehen, dass der astralische Einschlag des physischen und des ätherischen Leibes als der eigentliche astralische Leib genommen wird. Doch ist dieser ‹astralische Leib› gerade das Glied in der menschlichen Wesenheit, welches in seiner Wirksamkeit sich gegen die Gesetzmäßigkeit richtet, die dem Menschen in der Weltordnung wahrhaft zukommt. – Verwechslungen und Verworrenheiten auf diesem Gebiete sind umso leichter möglich, als für das gewöhnliche menschliche Bewusstsein zunächst ein Wissen von der astralischen Wesenheit der Seele ganz unmöglich ist. Aber auch für die ersten Stufen des übersinnlichen Bewusstseins ist dieses Wissen noch nicht erreichbar. Dieses Bewusstsein wird erreicht, wenn sich der Mensch in seinem ätherischen Leibe erlebt. In demselben erschaut er aber die Spiegelbilder seines ‹anderen Selbstes› und der oberen Welt, der er angehört. Er erschaut so das ätherische Spiegelbild seines astralischen Leibes und erschaut es mit den in ihm enthaltenen luziferischen und ahrimanischen Wesenheiten. – Es wird sich in den späteren Aphorismen dieser Schrift zeigen, dass auch das ‹Ich›, welches der Mensch in seinem gewöhnlichen Leben als seine Wesenheit anspricht, nicht das ‹wahre Ich› ist, sondern die Spiegelung des ‹wahren Ich› in der physisch-sinnlichen Welt. Für die ätherische Anschauung kann so die ätherische Spiegelung des astralischen Leibes zu der Illusion des ‹wahren astralischen Leibes› werden.

Im weiteren Verfolg des Sich-Einlebens in die obere Welt kommt das übersinnliche Bewusstsein auch dazu, eine wahre Ansicht über die Natur der Spiegelung der oberen Welt in der unteren in Bezug auf das Menschenwesen zu gewinnen. Da zeigt sich vor allem, dass der ätherische, feine Leib, wie ihn der Mensch in seinem gegenwärtigen Erdendasein an sich trägt, nicht in Wahrheit ein Spiegelbild ist von dem, was ihm in der oberen Welt entspricht. Er ist ein Spiegelbild, verändert durch die Wirksamkeit der luziferischen und ahrimanischen Wesenheiten. Das geistige Urbild des ätherischen Leibes kann durch die Natur der Erdenwesenheit, in welcher die genannten Wesenheiten wirksam sind, sich gar nicht im irdischen Menschen vollkommen spiegeln. Verfolgt das übersinnliche Bewusstsein seinen Weg über die Erde hinaus zu einem Gebiete, auf dem eine vollkommene Spiegelung des Urbildes des ätherischen Leibes möglich ist, so sieht es sich über den gegenwärtigen Erdenzustand, ja auch noch über den diesem vorangegangenen Mondenzustand in eine ferne Vergangenheit zurückversetzt. Es kommt dazu, Einsicht zu gewinnen, wie die gegenwärtige Erde sich aus einem Mondenzustande, dieser aber aus einem Sonnenzustande heraus entwickelt hat. Warum der Name Sonnenzustand gerechtfertigt ist, darüber findet man in meiner *Geheimwissenschaft* das Nähere.

Die Erde war also einmal in einem Sonnenzustand; sie hat sich aus diesem zu einem Mondenzustande hin entwickelt, und ist dann ‹Erde› geworden. Während des Sonnenzustandes war der ätherische Leib des Menschen eine reine Spiegelung der geistigen Vorgänge und Wesenheiten der Welt, in welchen er seinen Ursprung hat. Es ergibt sich für das übersinnliche Bewusstsein, dass diese Wesenheiten ganz aus lauterer Weisheit bestehen. So kann man sagen, dass während der Sonnenzeit der Erde in urferner Vergangenheit der Mensch in sich aufgenommen hat seinen ätherischen Leib als reine Spiegelung der kosmischen Weisheitswesen. Während der folgenden Monden- und Erdenzeit hat sich dann dieser ätherische Leib verändert und ist zu demjenigen geworden, was er gegenwärtig in der menschlichen Wesenheit ist.»

«*Zusammenfassung des Vorangehenden*»
«Der Mensch trägt in sich einen seelischen Wesenskern, welcher einer geistigen Welt angehört. Dieser seelische Wesenskern ist das menschliche Dauerwesen, welches in wiederholten Erdenleben sich so auslebt, dass es sich in einem Erdenleben innerhalb des gewöhnlichen Bewusstseins als eine diesem Bewusstsein gegenüber selbständige Wesenheit heranbildet, nach dem physischen Tode des Menschen in einer rein geistigen Welt erlebt, und nach entsprechender Zeit die Ergebnisse des vorangehenden Erdenlebens in einem neuen darlebt. Es wirkt dieses Dauerwesen so, dass es zum Inspirator des Schicksals des Menschen wird. Es inspiriert dieses Schicksal so, dass sich ein Erdenleben als die durch die Weltordnung begründete Folge der vorangehenden ergibt.
 Der Mensch ist dieses Dauerwesen selbst; er lebt in ihm als in seinem ‹anderen Selbst›. Insoferne er als Wesen dieses ‹andere Selbst› ist, lebt er in einem astralischen Leibe, wie er in einem physischen und ätherischen Leibe lebt. Wie die Umgebung des physischen Leibes die physische, diejenige des ätherischen Leibes die elementarische Welt ist, so ist die Umgebung des astralischen Leibes das Geistgebiet.
 Wesen, welche derselben Art und desselben Ursprungs sind wie das ‹andere Selbst› des Menschen, wirken in der physischen und elementarischen Welt als ahrimanische und luziferische Kräfte. Durch die Art, wie diese wirken, wird das Verhältnis des astralischen Menschenleibes zu dem ätherischen und dem physischen verständlich.
 Der Urquell des ätherischen Leibes ist in einem langvergangenen Zustand der Erde, ihrer sogenannten Sonnenzeit, zu suchen.
 Schematisch kann man nach dem Vorangehenden den Menschen so betrachten:

I. *Den physischen Leib* in der physisch-sinnlichen Umwelt. Durch ihn erkennt sich der Mensch als selbstständiges Eigenwesen (Ich).
II. *Den feinen (ätherischen) Leib* in der *elementarischen Umwelt*. Durch ihn erkennt sich der Mensch als Glied des Erdenlebensleibes und dadurch mittelbar als Glied dreier aufeinanderfolgender planetarischer Zustände.
III. *Den astralischen Leib* in einer rein *geistigen Umwelt*. Durch ihn ist der Mensch ein Glied einer geistigen Welt, von welcher die elementarische und die physische Welt Spiegelungen sind. In ihm liegt das ‹andere Selbst› des Menschen, welches sich in wiederholten Erdenleben zum Ausdrucke bringt.»[116]

Durch diese Ausführungen wird nun deutlich, dass das, was wir als das Untere erleben, worin auch unser zeitliches Erleben begründet liegt, keine wahrhaftige Spiegelung unseres oberen Wesens darstellt und dass eine Gefahr auch des ersten übersinnlichen Wahrnehmens darin besteht, dass die Spiegelung unseres Oberen, des Astralleibes, für das Wahre unseres Wesens gehalten wird. Es ist in Wirklichkeit aber eben nur das ätherische Spiegelbild des Astralleibes, verzerrt durch die Wirksamkeit Luzifers.

Damit wird konturiert, wodurch die in den obigen Vorträgen immer wieder beschriebene Täuschung des zeitlichen Erlebens bewirkt wird. Nicht nur unser im Ätherleib sich abspielendes Denken und Vorstellen, auch unser im Ätherleib befindliches Gedächtnis wäre mithin Bestandteil einer verzerrten Spiegelung unseres eigentlichen Wesens. Dieser Natur unseres Ätherleibes, die wie gesagt einer verzerrten Spiegelung unseres höheren Wesens entspricht, wollen wir im Folgenden noch weiternachgehen, indem wir die Frage nach der wahren Natur des Ätherischen und damit des Zeitlichen weiterverfolgen.

10. Das Ätherische als Medium des Zeitlichen – Die Akasha-Chronik

Wenn Rudolf Steiner einerseits davon spricht, dass unser Ätherleib für unser Bewusstsein zunächst nur eine verzerrte Spiegelung unseres höheren Wesens darstellt, dann drückt sich diese für unser zeitliches Erleben darin aus, dass wir die Perspektivität alles Zeitlichen nicht wahrnehmen können. In Wirklichkeit, so Steiner, müsste man von der Zeit als einer Art Räumlichkeit sprechen, in der die Ereignisse perspektivisch zu erleben sind und daher nicht vergehen, sondern «stehen bleiben». Was für eine Art Medium bildet die Grundlage für diese Form der Räumlichkeit?

Ganz offensichtlich müssen wir hier doch an das Medium des Ätherischen denken. Aber wie können wir dieses Medium als einen Raum in seiner Wirklichkeit, jenseits der Täuschungen unseres irdischen Bewusstseins noch besser verstehen? Mit was für einer Art von «Räumlichkeit» haben wir es hier zu tun? Oder noch genauer gefragt: Wie lässt sich das Ätherische als Medium begreifen, durch das ein Überzeitliches, Dauerndes, sich dem Zeitlich-Vergänglichen mitteilen kann? Gibt es dazu Hinweise im Werk Rudolf Steiners?

Ein Beispiel:

«Dieser ätherische Leib ist nicht eine Nebelwolke, die in den physischen Leib eingegliedert ist und vielleicht über ihn da oder dort etwas herausragt. Man kann sie zunächst bildhaft so darstellen, diese ätherische Menschenwesenheit; aber in Wirklichkeit tritt sie demjenigen, der sich anthroposophischer Methoden bedient, in ganz anderer Art entgegen. Sie ist zunächst nur eine Art Regulativ, das hinweist auf dasjenige, was nun im Menschen nicht nur räumlich organisch, sondern zeitlich organisch ist.

Wenn wir den Menschen nach heutiger naturwissenschaftlicher Methode zunächst physisch-leiblich studieren, wissen wir, wie irgendein Wesensglied, zum Beispiel die Leber oder der Magen oder das Herz nicht bloß für sich studiert werden können, sondern im Zusammenhange mit dem ganzen Organismus. Wir können nicht verstehen, sagen wir, gewisse Gebiete des menschlichen Gehirnes, ohne dass wir ihre Zuordnung kennen, zum Beispiel zu der Leber, dem Magen und so weiter, durch die sie ihre Ernährung geregelt erhalten. Wir betrachten den räumlichen Organismus als etwas in sich Zusammengeordnetes, als etwas, dessen einzelne Glieder in Wechselwirkung stehen.

So betrachtet Anthroposophie dasjenige, was sie den menschlichen ätherischen Leib nennt, dem sie zunächst ein zeitliches Dasein zuschreiben muss, nicht als ein Räumliches, wie es der physische Leib, der physische Körper des Menschen hat. Dasjenige, was in dieser Beziehung Ätherleib des Menschen genannt wird, es offenbart sich zunächst, indem der Mensch geboren, sagen wir sogar, indem der Mensch konzipiert, indem er empfangen wird; es entwickelt sich bis hin zu dem Tode des Menschen.

Wir wollen heute absehen davon, dass der Mensch nun auch frühzeitig sterben kann; wir wollen heute auf das normale Lebensverhältnis des Menschen sehen und wollen uns sagen, dass dieser ätherische Leib nun eben sich entwickelt bis zum normalen Alterstode des Menschen hin.

In dem, was sich da entwickelt, sieht derjenige, der den Menschen anthroposophisch betrachtet, durchaus ein Ganzes. Und so wie der räumliche Leib des Menschen in Glieder zerfällt, in das Haupt als den Träger des Gehirnes, in die Brustorgane als die Träger der Sprachorgane, der Atmungsorgane und so weiter, so zerfällt dasjenige, was in der Zeit sich als ätherische Organisation darstellt, in aufeinanderfolgende Lebensepochen. Wir gliedern diesen Ätherleib des Menschen, der, wie gesagt, im zeitlichen Laufe beobachtet werden muss, nicht in einer räumlichen gegenwärtigen Abgeschlossenheit, wir betrachten diesen Ätherleib so, dass wir zunächst dasjenige Glied ins Auge fassen, das etwa von der Geburt bis zum Zahnwechsel hin sich entwickelt. Wir sehen dann ein wichtiges Glied dieses Ätherleibes, geradeso wie wir eben den physischen Leib, das Haupt oder die Lunge sehen, wir sehen am Ätherleib dann das zweite Glied vom Zahnwechsel bis zur Geschlechtsreife, und sehen dann, wenn auch weniger deutlich voneinander geschieden, auch noch im folgenden Leben des Menschen Lebensabschnitte. So zum Beispiel beginnt mit dem zwanzigsten Jahre eine ganz andere Art, wenn auch nicht scharf geschieden von der früheren, eine ganz andere Art des seelisch-leiblichen Lebens, als das früher vorhanden war. Aber geradeso wie zum Beispiel gewisse Kopfschmerzen von dem menschlichen Magen oder der menschlichen Leber konstatiert werden können, so kann auch konstatiert werden, dass gewisse Vorgänge in den Zwanzigerjahren oder in viel späteren Lebensaltern organisch zusammenhängen mit demjenigen, was beim Kinde sich entwickelt von der Geburt bis zum Zahnwechsel.

So wie man hinaufwirken sehen kann die Prozesse der Verdauungsorgane in die Prozesse des Gehirnes, so kann man hinüberwirken sehen dasjenige, was sich im kindlichen Lebensalter bis zum Zahnwechsel um das siebente Jahr herum entwickelt, in die spätesten Lebensalter des Menschen.

Wir beobachten nun, wenn wir Psychologie, Seelenkunde treiben, eigentlich immer das Gegenwärtige des Seelenlebens. Wir sagen uns, das Kind hat diese oder jene Eigentümlichkeiten in Bezug auf Auffassungsgabe, Gedächtnis und so weiter. Derjenige, der Anthroposophie studiert, frägt nicht nur, obwohl er das durchaus nicht vernachlässigt: Was geschieht in dem Kinde, sagen wir im neunten Lebensjahre, mit Erinnerungskraft, mit Fassungskraft, mit Verstandeskraft? – und so weiter, sondern er sagt: Wenn das Kind meinetwillen im neunten Lebensjahre diesen oder jenen Einfluss erfährt, wie tritt dieser Einfluss nun in die Untergründe des ganzen ätherisch-seelischen Lebens, und wie kann er später wiederum erscheinen?» [117]
Hier spricht Rudolf Steiner vom Ätherleib als einem zeitlich gegliederten Organismus und damit jenem Element, über das er in den vorher zitierten Vorträgen von 1918 als das Element der zeitlichen Entwicklung des Menschen, die sich in Jahrsiebten vollzieht, gesprochen hat.

Ein zweites Beispiel:

«Außer derjenigen Welt, in die der Mensch hineinsieht mit seinen physischen Sinnen, und der Welt, die er empfindet als die zweite, als die ätherische Welt, außer diesen beiden Weltensphären, Weltenterritorien, der physisch-sinnlichen und der ätherischen Welt, ist eben dasjenige, was uns umgibt, auch rein geistige Welt, in der sich geistige Wesen, die niemals auf die Erde heruntersteigen, lebend bewegen, in der solche Wesen lebend tätig sind. Aber diese Wesenheiten, die in der rein geistigen Welt lebend tätig sind, die müssen eingreifen in das Erdenleben. Deshalb müssen sie das, was sie in der rein geistigen Welt tun, dem Erdenäther mitteilen. Sodass wir es schematisch so zeichnen müssen (Zeichnung nicht erhalten): Hier ist die Erde, umgeben, durchdrungen auch von ihrem Erdenäther; außerhalb – ich kann es nur räumlich zeichnen, aber eigentlich ist es außerräumlich – die Welt der geistig tätigen Wesenheiten. Diese Welt der geistig tätigen Wesenheiten, die geht herein in das irdische Gebiet. Die Erde ist das, was sie ist, nur durch die Tätigkeit der geistig tätigen Wesenheiten.

Diese Tätigkeit strahlt herein in das irdische Gebiet, strahlt aber wiederum zurück und bildet sich ab im Erdenäther. Und diese Kräfte des Erdenäthers, die sind tatsächlich ätherische Realisierungen des Geistigen, das über ihnen steht. Wenn wir den Erdenäther um uns betrachten, so finden wir darinnen durchaus Tätigkeit geistiger Wesenheiten, aber in Ätherbildern. Die eigentliche Tätigkeit ist darüber oder darinnen. Das, was uns unmittelbar auf der Erde umgibt, ist die Tätigkeit, die herunterprojiziert wird, eigentlich zuerst in die Erde projiziert wird und von der Erde rückprojiziert wird in den Erdenäther. Es ist geradeso, wie wenn die Spiegelbilder nicht bloße Bilder blieben, sondern wie wenn sie anfingen, eine eigene Tätigkeit zu entwickeln. So ist geistige Tätigkeit, die eigentlich von der Erde in den Äther hinaus zurückgestrahlt wird, da vorhanden. Diese geistige Tätigkeit ist eine reale Projektion der geistigen Tätigkeit.»[118]

Hier geschieht also innerhalb des Erdorganismus Ähnliches wie im menschlichen Organismus. Das Ätherische erscheint als Spiegelbild des darüber liegenden Gebietes geistiger Wesenheiten.

Die Erfahrung des Ätherischen als Raum, in dem die Zeit räumlich erlebt werden kann, wird auch in dem folgenden Vortrag von 1924 deutlich beschrieben:

«Zunächst kann man diese innere Kräfte-Entfaltung nur wahrnehmen an sich selber durch ein inneres Erleben. Wenn man aber die Meditation weiter treibt, wenn man nicht nur das innerlich tut, dass man Vorstellungen selber schafft, von einer Vorstellung zur anderen übergeht, um so das Denken zu erkraften, sondern wenn man, nachdem man ein solches kraftvolles Denken sich errungen hat, es innerlich wieder abschafft, sich ganz leer im Bewusstsein macht, dann erreicht man etwas Besonderes. Ja, wenn man sich von den gewöhnlichen Gedanken, die man passiv erwirbt, freimacht, schläft man ein. In dem Augenblick, wo der Mensch nicht mehr wahrnimmt, nicht mehr denkt, schläft er ein, weil das gewöhnliche Bewusstsein eben passiv erworben ist. Ist es nicht da, schläft er ein. Aber wenn man die Kräfte entwickelt, durch die man das Ätherische sieht, hat man einen innerlich erstarkten Menschen. Man fühlt die Gedankenkräfte, wie man sonst die Muskelkräfte fühlt. Wenn man diesen erstarkten Menschen wiederum wegsuggeriert, dann schläft man nicht ein, dann exponiert man sein leeres Bewusstsein der Welt. Dann tritt dasjenige objektiv in den Menschen herein, was der Mensch spürt, indem er seine Arme bewegt, indem er geht, indem er seinen Willen entfaltet. In der Welt des Raumes ist dasjenige nirgends zu finden, was da als Kräfte im Menschen wirkt. Aber es tritt in den Raum herein, wenn man in der Weise, wie ich es geschildert habe, leeres Bewusstsein erzeugt. Dann entdeckt man auch objektiv diesen dritten Menschen im Menschen. Schaut man dann wiederum in die äußere

Natur hinaus, dann merkt man: Ja, der Mensch hat einen Ätherleib, die Tiere haben einen Ätherleib, die Pflanzen haben einen Ätherleib. Die Mineralien haben keinen. Die erinnern nur an den ursprünglichen Erdenäther. Aber überall ist Äther. Wo man hinschaut, hingeht, überall ist Äther. Aber er verleugnet sich. Warum? Weil er sich nicht als Äther gibt.

Sehen Sie, wenn Sie mit dem meditativen Bewusstsein, wie ich es zunächst geschildert habe, an die Pflanzen herantreten, so haben Sie ein Ätherbild. Treten Sie an den Menschen heran, Sie haben ein Ätherbild. Wenn Sie aber an den allgemeinen Äther in der Welt herantreten, dann sind Sie so, wie wenn Sie im Meere schwimmen würden: Überall ist nur der Äther. Er gibt kein Bild; aber er gibt in dem Momente ein Bild, wo ich nur die Kreide erhebe: da erscheint im Ätherischen ein Bild, wo mein dritter Mensch seine Kraft entwickelt.

Stellen Sie sich dieses Bild vor: Die Kreide liegt da zunächst, meine Hand ergreift die Kreide, hebt sie auf. Das Ganze kann ich ja meinetwillen nachbilden in Augenblicksaufnahmen. Das, was sich da entwickelt, das hat im Äther ein Gegenbild. Aber dieses Gegenbild im Äther wird erst in dem Momente gesehen, wo ich durch das leere Bewusstsein wahrnehmen kann, wo ich den dritten Menschen wahrnehmen kann, nicht den zweiten ätherischen Menschen, sondern wo ich den dritten Menschen wahrnehmen kann. Das heißt, der allgemeine Weltenäther wirkt nicht als Äther, er wirkt so wie der dritte Mensch.

Und ich kann sagen: Ich habe zunächst den physischen Leib (oval), dann den ätherischen Leib, den ich wahrnehme durch das meditative Bewusstsein (gelb), dann den dritten Menschen, ich nenne ihn den astralischen Menschen (rötlich). Ringsherum überall habe ich aber dasjenige, was hier das zweite war in der Welt, den Weltenäther (gelb). Dieser Weltenäther, er ist zunächst wie ein unbestimmtes Äthermeer.

Nun, in dem Moment, wo ich irgendetwas, was von meinem dritten Menschen kommt, in diesen Äther hineinstrahle, da antwortet er mir, wie wenn er gleich wäre meinem dritten Menschen; da antwortet er mir nicht ätherisch, da antwortet er mir astral. Sodass ich überall im weiten Äthermeere durch meine eigene Tätigkeit etwas entfessle, was meinem eigenen dritten Menschen ähnlich ist.

Wenn ich mich nun frage: Was ist denn das, was ich da entfessle? Was ist denn das, was da sonst im Ätherischen als ein Gegenbild ist? Ich hebe die Kreide auf, meine Hand geht von unten nach oben. Das Ätherbild geht von oben nach unten. Es ist das richtige Gegenbild. Es ist eigentlich ein astralisches Bild, aber es ist ein bloßes Bild. Aber dasjenige, durch das dieses Bild hervorgerufen wird, ist der heutige reale Mensch. Lerne ich nun durch dasjenige, was ich früher gesagt habe, zurückschauen in der Erdenentwickelung, lerne ich dasjenige, was kurz wiederholt wird auf die Art, wie ich es beschrieben habe, anwenden auf die große Entwickelung, da stellt sich mir dann das Folgende heraus:

Ich habe den heutigen Erdenzustand (siehe Zeichnung, S. 339). Ich gehe zurück zu einer Äthererde. In der finde ich noch nicht dasjenige, was da durch mich entfesselt wird im umliegenden Äther. Ich muss noch weiter zurückgehen und komme zu einem noch früheren Erdenzustand, in dem die Erde gleich meinem eigenen Astralleib war, in dem die Erde astralisch war, in dem die Erde ein Wesen war, wie mein dritter Mensch selber ist. Und dieses Wesen, ich muss es suchen in längst vergangenen Zeiten, in viel mehr vergangenen Zeiten, als diejenigen sind, in denen die Erde eine Äthererde war. Aber indem ich da weit zurückgehe in der Zeitenentwickelung, ist es wirklich nicht anders, als wenn ich im Raume einen fernen Gegenstand sehe, meinetwillen ein Licht, das bis hierher leuchtet. (Es wird gezeichnet.)

Es ist dort, es leuchtet bis hierher, entwickelt Bilder, geht bis hierher. Hier habe ich es verlassen; hier habe ich für den Raum nur die Zeit. Dasjenige, was meinem eigenen Astralleib gleich ist, war in uralten Zeiten vorhanden, aber es ist immer noch da. Die Zeit hat nicht aufgehört zu sein, sie ist noch da. Und wie im Raume das Licht bis hierher leuchtet, so wirkt dasjenige, was in einer längst vergangenen Zeit liegt, in die

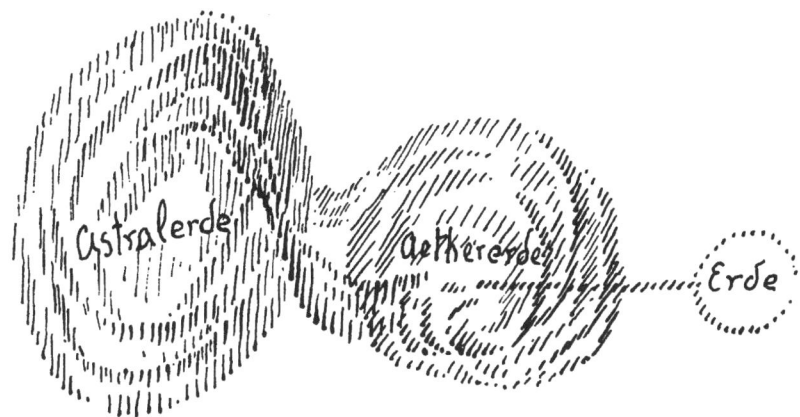

heutige Gegenwart herein. Es ist also im Grunde genommen die ganze Zeitentwickelung noch da. Es ist nicht verschwunden, was einmal da war, wenn es so etwas ist, wie dasjenige, was im äußeren Äther meinem eigenen astralischen Leibe ähnlich ist.

Ich komme da also zu etwas, was im Geiste vorhanden ist und die Zeit zum Raume macht. Und es ist nicht anders, als wenn ich meinetwillen durch einen Telegrafen weithin korrespondiere; so korrespondiere ich, indem ich die Kreide aufhebe und ein Bild im Äther erzeuge, mit demjenigen, was für die äußere Anschauung längst vergangen ist.

Wir sehen, wie der Mensch in die Welt hineingestellt wird in einer ganz anderen Weise, als ihm das zunächst erscheint. Aber wir begreifen auch, warum für den Menschen Welträtsel auftauchen. Der Mensch fühlt in sich, wenn er sich das auch nicht klarmacht – heute macht es ja nicht einmal die Wissenschaft sich klar –, der Mensch fühlt in sich, dass er ein Ätherisches hat, das die Speisen umwandelt und wiederum zurückverwandelt. Er findet das in den Steinen nicht, sondern die Steine waren in uralten Zeiten noch vorhanden als allgemeiner Äther. Aber in diesem allgemeinen Äther ist wirksam dasjenige, was noch weiter zurückliegt. Der Mensch trägt also eine uralte Vergangenheit schon, wie wir sehen, in zweifacher Weise in sich: eine spätere Vergangenheit in seinem Ätherleib und eine noch weiter zurückreichende Vergangenheit in seinem Astralleibe.

Wenn der Mensch sich heute der Natur gegenübersteht, betrachtet er eigentlich gewöhnlich nur das Leblose. Das Lebendige selbst in den Pflanzen betrachtet er nur dadurch, dass er die Substanzen und die Gesetze in den Substanzen, die er im Laboratorium erkundet hat, dann auf die Pflanzen anwendet. Das Wachsen lässt er aus, er kümmert sich nicht um das Wachsen, um das Leben in den Pflanzen. Die heutige Wissenschaft betrachtet ja schon die Pflanzen so wie einer, der ein Buch in die Hand nimmt und bloß die Buchstabenformen anschaut und nicht liest. So betrachtet die heutige Wissenschaft alle Dinge der Welt.

Ja, im Grunde genommen, wenn man so ein Buch aufschlägt und nicht lesen kann, müssen einem die Formen sehr rätselhaft erscheinen. Man kann doch wirklich nicht begreifen, warum da eine Form ist, die just so ausschaut: *b, a,* dann eine solche: *l,* und eine solche: *d – – bald.* Was tut das nebeneinander? Es ist ja rätselhaft. Das ist ja ein Welträtsel. Das, was ich Ihnen dargelegt habe als eine Betrachtungsart, ist ein Lesenlernen in der Welt und im Menschen. Und durch das Lesenlernen kommt man allmählich der Lösung der Rätsel nahe.»[119]

Fassen wir die beiden letzten Zitate zusammen, dann können wir einerseits sagen: Der physische Leib wird beim Menschen das, was für die Götter im vorhergehenden Beispiel die Erde ist. Geistige Tätigkeit spiegelt sich am Physisch-Irdischen, wird dadurch dem allgemeinen Weltenäther eingeschrieben und kann dort nun abgelesen werden. Dadurch wird das, was im Irdischen zeitlich nacheinander als Auswirkungen geistiger Tätigkeit in Erscheinung tritt, quasi räumlich festgehalten, der Weltenäther wird zur Akasha-Chronik.

Andererseits bietet der Weltenäther die Möglichkeit, durch hellseherische Forschung das Vergangene als gegenwärtig Wirksames zu erleben. Das Geistige einer vergangenen Epoche, das astralisch Wirksame, ist nicht vergangen, es wirkt im Weltenäther nur von einem sehr weit entfernten Ort aus weiter. Wenn wir die Zeit als Raum vorstellen, dann kommen wir zu solchen Vorstellungen.

Damit kommen wir nun zu demjenigen Medium, das gewissermaßen wie eine Art von Chronik alles Zeitliche aufbewahrt und das von Rudolf Steiner immer wieder als die «Akasha-Chronik» bezeichnet wird.[120]

Wir greifen hier nur ein Beispiel heraus, in dem Steiner deutlich macht, wie die Akasha-Substanz als ein Raum erlebt werden kann, in dem zeitlich Vergangenes wie räumliche Bilder erlebt werden kann.

«Aber wir können uns noch genauer unterrichten, gerade aus den Erfahrungen derjenigen heraus, die heute schon in gewisser Weise das erreicht haben, was gestern als erreichbar geschildert worden ist: eine Art von höherem Bewusstseinszustand, durch den sie hellseherisch hineinsehen können in die höheren Welten. Sie können ja leicht begreifen, dass von einer solchen Umwandlung nicht nur die Denkkraft betroffen ist, sondern dass auch andere Seelenkräfte andere Formen annehmen werden, wenn sich die Denkkraft verändert.

Wir haben uns also etwa zu fragen: Wenn nun jemand durch die geisteswissenschaftliche Schulung zu einer höheren Stufe des Erkennens sich hinaufarbeitet, wenn er fortschreitet von der Logik des Kopfes, des Verstandes, zu der Logik des Herzens, vom Denken des Kopfes zum Denken des Herzens, ändern sich dann auch die andern Fähigkeiten der Seele? – Nehmen wir irgendeine Fähigkeit heraus – wir können ja diese Dinge, die so kompliziert sind, nur an Beispielen erläutern –, nehmen wir als Beispiel das Gedächtnis. Das Gedächtnis ist eine Seelenkraft, wie das Denken eine Seelenkraft ist. Das Denken ändert sich; es wird von einem Denken des Kopfes zu einem Denken des Herzens, wenn der Geistesschüler sich vorwärtsentwickelt. Wie ist es denn nun mit dem Gedächtnis? Das Gedächtnis tritt uns ja im gewöhnlichen Leben beim normalen Bewusstsein in folgender Weise entgegen: Der Mensch hat zunächst ein Bewusstsein des Gegenwärtigen. Er sieht die Dinge, die ihn in der Gegenwart im Raume umgeben, er macht seine Wahrnehmungen, macht sich daraus seine Vorstellungen. Alles das kann er seinem Bewusstsein einverleiben. Aber der Mensch kann auch ein Bewusstsein haben von dem, was räumlich vorhanden war, aber zeitlich getrennt ist. Dessen wird er sich durch das Gedächtnis bewusst; durch das Gedächtnis schreitet der Mensch aus der Gegenwart in die Vergangenheit zurück. Wenn Sie sich an etwas erinnern, was Sie gestern erlebt haben, so schauen Sie in der Zeit zurück. Sie schauen etwas, was jetzt nicht mehr in Ihrer Umgebung ist, was aber einmal in Ihrer Umgebung war. Jeder, der das Gedächtnis nach dieser Richtung hin prüft, merkt, dass das Gedächtnis nicht an den Raum gebunden ist wie das Gegenwartsbewusstsein, sondern das Gedächtnis ist an die Zeit gebunden. Wenn wir mit unserem Gedächtnis tätig sind, schauen wir in der Zeit rückwärts. Diese Art der Bewusstseinstätigkeit ändert sich nun für den Geistesschüler ganz gewaltig.

Nun muss ich ausdrücklich bemerken, dass ja der Geistesforscher selbstverständlich nicht in jedem Moment seines Lebens seine höheren Fähigkeiten anzuwenden braucht. Er hat sie, aber er setzt sie nur dann in Tätigkeit, wenn er forschen will in den höheren Welten. Wenn er in den höheren Welten forscht, dann geht sein Kopfdenken in das Denken des Herzens über. Aber für die gewöhnlichen Tageserlebnisse braucht der Geistesforscher natürlich diese Seelenfähigkeiten nicht, mit denen er sich in das höhere Bewusstsein versetzt; im Alltagsleben denkt er geradeso wie andere Menschen auch. Es ist also ein Sich-versetzen-Können von einem normalen in einen übernormalen Bewusstseinszustand, dessen der Geistesforscher fähig sein muss. Das müssen wir uns immer vorhalten. Wir dürfen nicht sagen, der Geistesforscher müsse immer die Merkmale [des höheren Bewusstseins] zeigen, die geschildert worden sind.

Das Gedächtnis des Geistesforschers nun ändert sich in all den Fällen, wo er in dem Bewusstseinszustand ist, mit dem er in der geistigen Welt forscht so, dass er in der geistigen Welt durch eine ähnliche Fähigkeit wahrnimmt, wie sie das gewöhnliche Gedächtnis ist, nur dass er nun nicht zeitlich wahrnimmt, sondern räumlich. Es ist eine vollständige Verwandlung, die mit dem Gedächtnis vorgeht. Während der Mensch, wenn er im gewöhnlichen Bewusstsein sich an etwas erinnern will, was er gestern erlebt hat, in der Zeit zurückblickt und die Ereignisse von gestern gleichsam heraufzuholen sucht, ist es beim Fortschreiten in der geistigen Erkenntnis des Geistesschülers so, dass er das Vergangene gleichzeitig mit dem Gegenwärtigen erlebt, nur räumlich von ihm getrennt, etwa so, wie wenn man hier steht und durch die Türe in den Raum nebenan schaut. Es ist also so, dass die gestrigen Ereignisse gleichzeitig im Raume dastehen, nur wie durch eine Entfernung von den heutigen Ereignissen getrennt; und dasjenige, was in der Zeit weiter zurückliegt, ist nur im Raume entsprechend weiter entfernt als das Gegenwärtige. Man kann also sagen: Für den Geistesforscher treten die sonst für das Gedächtnis in der Zeitform hintereinander erscheinenden Ereignisse nebeneinander auf, und er muss gleichsam von einem Ereignis zum andern wandern.

Sie werden erkennen, wenn Sie genau durchdenken, was schon in den vorhergehenden Vorträgen gesagt worden ist, dass das jetzt Auseinandergesetzte ganz gut übereinstimmt mit dem früher Gesagten. Es wurde gesagt, dass man sich in der geistigen Welt mit den Dingen und Wesenheiten vereinigen muss. Wenn diese Dinge und Wesenheiten nun in der Zeit fern von einem liegen, dann muss man zu ihnen hingehen, um sich mit ihnen zu vereinigen. Man muss zurückgehen, man muss die Zeitenlinie abschreiten wie eine Linie im Raum, um sich mit den Wesen und Dingen vereinigen zu können. Man kann sagen, dass sich in Bezug auf die Seelenfähigkeit des Gedächtnisses die Zeit zu einer Art von Raum verwandelt, sobald man die geistige Welt betritt. Also das Gedächtnis ist für den Geistesschüler eine wesentlich neue Fähigkeit geworden. Er sieht ein vergangenes Ereignis so, wie wenn es in der Gegenwart noch da wäre, und er beurteilt die Zeit, die vergangen ist, nach der Distanz, in der es getrennt von ihm ist. Sodass Sie daraus entnehmen können, dass die Vergangenheit für den Geistesschüler sich hinstellt wie etwas, was räumlich nebeneinander steht. Es ist tatsächlich, wenn diese Form des Gedächtnisses errungen ist, das Forschen in der Vergangenheit wie ein Ablesen der stehen gebliebenen Ereignisse. Man nennt dieses Ablesen der stehen gebliebenen Ereignisse das Lesen in der Akasha-Chronik. Es ist eine Welt, in der die Zeit zum Raum geworden ist. Wie man unsere Welt, in der wir leben, als die physische Welt bezeichnet, so kann man die Welt, in der die Zeit zum Raum geworden ist, als die Akasha-Welt bezeichnen. Das verändert die ganze innere Seelenverfassung des echten, wahren Mystikers, denn was im gewöhnlichen Leben Zeit genannt wird, gibt es hier gar nicht mehr in dieser Form.

Es ist gerade an diesem Beispiel in einer wunderschönen Weise zu erkennen, wie die Dinge, wenn man sie subtil von ihrem wahren Gesichtspunkt aus betrachtet, wunderbar im Einklang stehen. Denken Sie einmal, was aus dem Menschen im gewöhnlichen Leben würde, wenn er sein Denken nicht mit seinem Gedächtnis in Einklang bringen könnte, wenn er seine Logik des Verstandes in Widerspruch fände mit dem, was sein Gedächtnis sagt. Sie können sich einen solchen Fall leicht konstruieren. Denken Sie einmal, Sie würden vor sich haben irgendein Dokument, das meinetwillen das Datum vom 26. März trägt. Das ist eine Wahrnehmung, die Sie in Ihrem Gegenwartsbewusstsein haben. Aber Sie waren dabei, als das Ereignis stattgefunden hat, das in diesem Dokument aufgeschrieben ist, Sie gehen die Tage zurück, und Ihr Gedächtnis sagt Ihnen, es muss einen Tag früher gewesen sein. Da haben Sie sozusagen einen grobklotzigen Fall, wo Ihr Gegenwartsbewusstsein mit Ihrem Gedächtnisbewusstsein in Widerspruch gerät. Solche Fälle können in der Regel in der physischen Welt sehr leicht korrigiert werden. Viel schwieriger ist es in der geistigen Welt, einen Irrtum zu korrigieren, denn man kann durch die eigene Natur selbst Irrtümer in die geistige Welt hineintragen. In der physischen Welt ist im Allgemeinen ein Irrtum des Denkens nicht gar so schlimm, denn die äußeren Verhältnisse der physischen Welt korrigieren die Irrtümer von selbst. Wenn jemand zum Beispiel, sagen wir, der Straße nicht gehörige Aufmerksamkeit zuwendet, wenn er vergisst, dass er die rechte Straße nehmen muss, um nach Hause zu kommen, und stattdessen die linke Straße nimmt, so wird er den Irrtum bald einsehen. Also auf dem physischen Plan ist ein Irrtum nicht gar so schlimm. Aber auf dem geistigen Plan haben wir so bequeme Korrekturen der Irrtümer nicht; da muss man in sich die Sicherheit haben, um solche Fehler zu vermeiden. Da muss man die sorgfältigste Vorbereitung darauf verwenden, dass man diese Sicherheit bekommt. Ein Irrtum in der geistigen Welt würde viel teurer zu stehen kommen, ein einziger Fehler würde einen ins Bodenlose hineinführen können. Es muss ein bestimmter Einklang bestehen zwischen der Logik des Herzens und dieser eben beschriebenen Art des Gedächtnisses, geradeso wie ein Einklang besteht zwischen der Logik des Kopfes und dem Gedächtnis des gewöhnlichen Bewusstseins.

Nun ist aber durch die Art, wie wir uns nach den Angaben der Geisteswissenschaft höherentwickeln, eine Garantie gegeben, dass ein solcher Einklang besteht. Und hier kommen wir zu einem Satz, den der Geistesschüler eigentlich immer beherzigen soll: dass alles äußere Physische eigentlich nur dann verstanden wird, wenn es nicht direkt genommen wird, sondern als Gleichnis eines Übersinnlichen, eines Geistigen aufgefasst wird. In der Tat haben wir ein physisches Werkzeug für unsere Logik des Kopfes in unserem Gehirn. Das ist ja etwas, was ein jeder durch die gewöhnliche Wissenschaft wissen kann. In derselben Weise können wir allerdings nicht sagen, dass wir an unserem physischen Herzen ein Werkzeug haben für die Logik des Herzens. Denn die Logik des Herzens ist etwas viel Geistigeres als die Logik des Kopfes, und unser Herz ist nicht in demselben Grade physisches Organ für das Denken des Herzens, wie unser Gehirn physisches Organ ist für das Denken des Verstandes. Aber ein Gleichnis liegt uns in gewisser Weise doch in unserem physischen Herzsystem vor. Wenn nämlich das Denken des Herzens die Zeit in den Raum verwandelt, so muss man in dem Augenblick, wo man in die geistige Welt eindringt, eigentlich mit seinem ganzen Wesen fortwährend herumwandern, muss in einem fortwährenden Kreislauf begriffen sein. Das ist auch entschieden die Empfindung, welche derjenige hat, der von dem gewöhnlichen Gedächtnis zu dem höheren Gedächtnis des Geistesforschers hinaufsteigt. Während der Mensch mit dem gewöhnlichen Gedächtnis glaubt, in der Gegenwart festzustehen und zurückzublicken auf die Vergangenheit, hat der Geistesforscher das innere Erlebnis, dass er in der Zeit zurück spazieren geht, dass er die Zeit abschreitet. Und dieses Bewusstsein drückt sich äußerlich aus in dem Erleben unseres Blutsystems, das auch in einer fortwährenden Bewegung sein muss, wenn wir überhaupt leben wollen. In unserem Blute machen wir fortwährend die Bewegung vom Herzen durch den Körper und wiederum zurück. Der Kreislauf des Blutes gibt Ihnen das Bild einer Bewegung. Das Blut ist in einer fortwährenden Bewegung, sodass also dasjenige, was zum Herzen gehört, eigentlich in einer fortwährenden Bewegung ist. Was zum Kopf gehört, das werden Sie nicht in einer entsprechenden fortwährenden Bewegung finden. Die Teile des Gehirns bleiben immer an dem Ort, wo sie sind, sodass in der Tat das Gehirn ein physisches Gleichnis ist für dasjenige Bewusstsein, das im Raum sich abspielt. Das rinnende Blut, der Saft des Herzens, ist in seiner Zirkulation ein Bild der Beweglichkeit des Herzdenkens des Geistesforschers. So ist ein jegliches Physisches ein Gleichnis für das entsprechende Geistige. Das ist in der Tat eine außerordentlich interessante Tatsache, dass wir in unserem Blutsystem ein Bild haben von gewissen Fähigkeiten des Geistesforschers und auch von den Welten, in denen der Geistesforscher sich bewegt.

So also blicken wir, indem wir aufsteigen zu dem Begreifen eines höheren Bewusstseins, förmlich in einen anderen Raum hinein, in einen Raum, den das gewöhnliche Bewusstsein gar nicht kennt, in einen Raum, der dann entstehen würde, wenn der Zeitenfluss immer gerinnen würde. Denken Sie: Wenn Sie dasjenige vor sich haben wollten, was Sie gestern erlebt haben, dann müsste ein Augenblick dessen, was gestern erlebt worden ist, wie erstarrt sein. Im nächsten Augenblick ist die ganze Welt schon wieder anders; der Augenblick, der jetzt ist und schon wieder nicht ist, müsste sozusagen wie in einer Moment-Fotografie festgehalten werden. Jeder Augenblick müsste so festgehalten werden, und dann müssten diese aufeinanderfolgenden Fotografien nebeneinander im Raum aufgestellt werden. Dann hätten Sie das, was der Geistesforscher tatsächlich lebendig vor sich hat. Nicht nur den gewöhnlichen Raum hat er vor sich, sondern einen Raum, der ganz anderer Natur ist. Ein solcher Raum unterscheidet sich ganz wesentlich von dem Raum, in dem wir gewöhnlich leben. Sie können unmöglich in dem gewöhnlichen Raum ein Abbild des geistigen Raumes entwerfen. Denn wenn Sie den physischen Raum nehmen und versuchen, irgendwohin eine Linie zu ziehen, so können Sie diese Linie nur innerhalb dieses Raumes ziehen. Sie kommen gar nicht über diesen Raum hinaus. Sie können also dasjenige, was der Geistesforscher im geistigen Raum durchschreitet, gar nicht in den gewöhnlichen Raum hineinzeichnen. Dem Geistesforscher wird die Zeit zum Raum, in dem er von einem Punkt zum andern Punkt schreitet.

Sie sehen also, dass das gewöhnliche Bewusstsein im Raum eingeschlossen ist; es kann gar nicht heraus. Aber der Geistesforscher kommt dennoch heraus. Er weiß, wie er sich zu bewegen hat, wenn er zum Beispiel zu Ereignissen kommen will, die meinetwillen vier oder fünf Tage vorher stattgefunden haben. Er geht durch die Bilder der Ereignisse der letzten vier oder fünf Tage zurück, wie auf einer Linie. Diese Linie ist so beschaffen, dass sie weder zweidimensional gezeichnet, noch dreidimensional im Raume dargestellt werden kann. Sie ist überhaupt für das gewöhnliche Bewusstsein nicht vorstellbar, denn das gewöhnliche Bewusstsein kann aus dem dreidimensionalen Raum nicht heraus. Der Geistesforscher bewegt sich aber aus dem gewöhnlichen Raum heraus und betritt einen Raum, der eine weitere, eine im wahren Sinne vierte Dimension hat. Der Raum, den der Geistesforscher betritt, wenn er das neue Gedächtnis bekommt, hat eine Dimension mehr als der gewöhnliche Raum; das ist eine Dimension, die Sie im physischen Raum nicht finden können. Daher müssen wir davon sprechen, dass der Geistesforscher in dem Augenblick, wo er dieses höhere Gedächtnis bekommt, aus den drei Dimensionen des Raumes heraustritt. Wir haben nun nicht nur darauf hingedeutet, dass ein solcher Begriff vom vierdimensionalen Raum denkbar ist, sondern dass es eine ganz bestimmte Fähigkeit gibt, nämlich das höhere Gedächtnis des Menschen, für welche dieser vierdimensionale Raum eine Wirklichkeit ist.

Eine jede Sache hat in gewisser Beziehung auch ihre Kehrseite, und diese Kehrseite ist auch bei der Entwickelung jener Seelenfähigkeit vorhanden, welche eben geschildert worden ist. Wenn nun jemand Anleitungen bekommt, sich in die höheren Welten hinaufzuentwickeln, so liegt ihm als Ziel vor Augen, dieses geistige Raumgedächtnis zu erlangen. Aber wenn Sie eine solche Entwickelung durchmachen oder sich erzählen lassen von anderen, welche eine solche Entwickelung begonnen haben, werden Sie erfahren, dass solche Leute vielleicht klagen, wenn sie die Sache noch nicht durchschauen – denn wenn sie sie durchschauen, so klagen sie nicht, sondern betrachten die Sache als etwas ganz Natürliches –: Früher habe ich ein so ausgezeichnetes Gedächtnis gehabt, und seit ich begonnen habe, mich vorzubereiten, hat mein Gedächtnis nachgelassen. – Das ist etwas, was einem ganz richtigen Erlebnis entspricht. Das gewöhnliche Gedächtnis erleidet in der Tat bei dieser Stufe der Entwickelung zunächst eine Einbuße. Das ist eine Erfahrung, die durchgemacht werden kann. Wer das weiß, der wird sich keine Skrupel darüber machen, denn er weiß ja, dass er gerade dann einen vollkräftigen Ersatz dafür erhält, wenn er fast an der Grenze sein könnte, wo die Sache gefährlich werden könnte. Gerade da wird er bemerken, dass er einen Ersatz bekommt für das Gedächtnis. Er wird es zwar sehr schwer haben, wenn er sich erinnern soll an etwas, was er gestern erlebt hat, dafür aber wird er den Ersatz bekommen, dass ein Bild vor seiner Seele auftritt. In diesem Bild stehen lebendig da vor dem geistigen Auge die Ereignisse, die er erlebt hat; es drängen sich seinem Bewusstsein in Bildern diese vergangenen Tatsachen auf. Und das ist ein viel treueres, sichereres Gedächtnis als dasjenige, welches man gewöhnlich hat im Leben. Daher können Sie wohl auch hören von solchen, die eine gewisse Entwickelung durchgemacht haben, dass sie durch eine Art von Verdunkelung ihres Gedächtnisses gegangen sind und dass sie dann wieder eine Aufhellung dieses Gedächtnisses in neuer Form bekommen haben. Und dieses neue Gedächtnis ist sehr merkwürdig, weil es die vergangenen Dinge bildhaft vor Augen stellt. Dieses Gedächtnis ist besser als das gewöhnliche Gedächtnis, denn das gewöhnliche Gedächtnis hat einen großen Mangel: es zeigt die Dinge sehr schattenhaft und abgeblaßt, und die Einzelheiten gehen verloren. Für das Gedächtnis aber, das sie wie in Raumbildern hinstellt, tauchen die Einzelheiten wieder auf. Da schattiert sich und nuanciert sich alles, und die Treue des Gedächtnisses nimmt ungeheuer zu.

So also sehen wir auftreten eine neue Seelenfähigkeit, die allerdings jetzt nicht wie die Erinnerung, wie die Gedankenerinnerung, die Vorstellungserinnerung an Verflossenes dasteht, sondern die dasteht wie das Anschauen des Verflossenen. Wir sehen eine neue Seelenfähigkeit auftauchen; aber wir sehen zwischen dem, was heute dieser Seelenfähigkeit entspricht, und dem, was diese Seelenfähigkeit werden kann, etwas wie eine Art von Verdunkelung der entsprechenden Fähigkeit. Um das neue Gedächtnis zu bekommen, nimmt das alte in gewisser Weise ab, verdunkelt sich. Dann kommt das neue immer mehr und mehr in Aufschwung. Es liegt also etwas wie eine Verdunkelung zwischen den zwei Seelenfähigkeiten. Wir haben also jetzt gleichsam drei Seelenzustände des Gedächtnisses zu unterscheiden: den des gewöhnlichen Gedächtnisses, das einen bestimmten Grad von Treue haben kann, dann eine Art von Verdunkelung, dann ein Wiederaufleuchten des Gedächtnisses in einer neuen Form. Man nennt nun den Zustand, der eine solche Seelenfähigkeit auf ihrer Höhe zeigt, mit einem Ausdruck der orientalischen Philosophie ein ‹Manvantara›, und bei demjenigen Zustand, wo eine Verdunkelung eintritt, sprechen wir von einem ‹Pralaya›. Zunächst haben wir ein starkes Gedächtnis, ein Manvantara, dann tritt eine Verdunkelung desselben ein, ein Pralaya des Gedächtnisses, und danach wieder ein Manvantara, wo die Fähigkeit des Gedächtnisses auf einer höheren Stufe wieder auftritt.

Wenn wir uns nun erinnern an dasjenige, was über die menschliche Entwickelung gesagt worden ist, so können wir hinweisen darauf, dass der Mensch in früheren Zeiten eine Art Logik des Herzens schon hatte, dass er in der Gegenwart durchgeht durch die Logik des Verstandes und dass in der Zukunft ihm wieder eigen sein wird eine

Logik des Herzens, die wie eine Frucht der Logik des Verstandes sein wird. Dann muss aber auch in jenem früheren Zustande den Seelenfähigkeiten des Menschen etwas Ähnliches entsprochen haben wie dasjenige, was in der Zukunft mit der Logik des Herzens wiedererlangt werden wird. Wir haben also nicht nur zurückgewiesen auf den alten Zustand der Seele, in dem das Denken des Verstandes noch nicht vorhanden war, sondern auch auf etwas, was dem eben geschilderten höheren Gedächtnis ähnlich ist, nur auf einer unteren Stufe. Es war mit dem Urzustand des Denkens verknüpft eine Art von Gedächtnis, das in Bildern schaute, geradeso wie mit dem zukünftigen Zustand der Menschheit verknüpft sein muss ein Gedächtnis, das in Bildern schaut. Und jetzt können Sie sich das Wesen eines ursprünglichen Menschen geradezu vorstellen. Er hat nicht so gedacht wie der heutige Mensch, denn das Denken in Begriffen ist erst später erworben worden. Er hatte die Logik des Herzens nicht durchleuchtet von Vernunft und Wissenschaft im heutigen Sinne. Damit war aber verbunden eine Art von Raumgedächtnis, sodass die Zeit zum Raum geworden ist. Heute muss der Mensch, wenn er zurückschauen will in vergangene Zeiten, sein Gedächtnis anstrengen, soweit es reicht. Wo es nicht reicht, muss er Dokumente zur Hand nehmen und darin forschen. Sie wissen, wie die Vergangenheit heute erforscht wird. Sie wird erforscht aus dem, was sich im einzelnen menschlichen Gedächtnis erhalten hat, erforscht aus dem, was Völker in ihrer Tradition noch erhalten haben, und aus dem, was in steinernen Dokumenten, zum Beispiel in Denkmälern und so weiter, aufbewahrt ist; und wenn wir weiter zurückgehen, aus dem, was meinetwillen da ist an Knochenresten, Muschelschalen, an Steinen, welche ihre Verwendung heute noch in ihrem Aussehen zeigen. All das weist uns auf frühere Stufen der Entwickelung hin. Kurz, alles, was da ist, wird durchforscht, damit man auf diese Weise ein Bild bekommt von der Vergangenheit. Man muss durchaus den Standpunkt der Gegenwart nehmen und von da aus sich die Vergangenheit rekonstruieren.

Wir sehen jetzt in einen Urzustand der Menschheit hinein, wo das nicht so war, wo der Mensch das Vergangene wie ein Gegenwärtiges raumhaft, bildhaft vor sich hatte. Und damit haben wir eine Art von Erklärung für eine frühere Art der menschlichen Seelenverfassung. Der Mensch hat früher seinen Ursprung nicht zu erforschen gebraucht, sondern er hat ihn sehen können. Je nach dem Grade seiner Entwickelung hat er mehr oder weniger weit in die Vergangenheit zurückschauen können. Und indem er darauf zurückgeschaut hat, hat er dasjenige gesehen, aus dem er selber hervorgegangen war. Daraus können wir uns erklären die Pietät, mit der der Mensch zurückgeblickt hat in die Vergangenheit, und das unmittelbare Wissen, das der Mensch von der Vergangenheit hatte.»[121]

Hier schließt sich nun ein Kreis, denn Rudolf Steiner beschreibt hier, dass das Lesen in der Akasha-Chronik durch eine Umwandlung unseres Gedächtnisses erreicht werden kann. Der wahre Charakter des Zeitlichen wird also dadurch einsehbar, dass die Täuschung über alles Zeitliche, die uns durch unser Gedächtnis gegeben ist, und die wir oben ausführlich behandelt haben, durch geistige Schulung überwunden werden kann. Die für unseren Zusammenhang zentralen Aussagen lauten:

– Während der Mensch, wenn er im gewöhnlichen Bewusstsein sich an etwas erinnern will, was er gestern erlebt hat, in der Zeit zurückblickt und die Ereignisse von gestern gleichsam heraufzuholen sucht, ist es beim Fortschreiten in der geistigen Erkenntnis des Geistesschülers so, dass er das Vergangene gleichzeitig mit dem Gegenwärtigen erlebt, nur räumlich von ihm getrennt, etwa so, wie wenn man hier steht und durch die Türe in den Raum nebenan schaut. Es ist also so, dass die gestrigen Ereignisse gleichzeitig im Raume dastehen, nur wie durch eine Entfernung von den heutigen Ereignissen getrennt; und dasjenige, was in der Zeit weiter zurückliegt, ist nur im Raume entsprechend weiter entfernt als das Gegenwärtige.

– Man nennt dieses Ablesen der stehen gebliebenen Ereignisse das Lesen in der Akasha-Chronik. Es ist eine Welt, in der die Zeit zum Raum geworden ist. Wie man unsere Welt, in der wir leben, als die physische Welt bezeichnet, so kann man die Welt, in der die Zeit zum Raum geworden ist, als die Akasha-Welt bezeichnen.

Steiner setzt also die Welt des Ätherischen, die er sonst genauso kennzeichnet wie hier, gleich mit der Akasha-Welt, die er auch als Weltenäther bezeichnet.

Interessant ist hier auch der Hinweis auf die Bewegung unseres Blutes. Sie wird nämlich hier gleichgesetzt mit der zeitlichen Bewegung, die der Geistesforscher unternehmen muss, um den geistigen Raum der Zeit zu erforschen.

Hierzu gehört auch die weiter oben getroffene Bestimmung der Bewegung der Sonne:

«Die physische Wissenschaft spricht von einer Bewegung der Sonne. Sie kann das. Denn man kann ja innerhalb des Raumesbildes, das uns als Kosmos umgibt, an gewissen Erscheinungen sehen, dass die Sonne in Bewegung ist. Aber es ist eben nur das in den Raum hereinragende Abbild der Sonnenbewegung. Und wenn man von der wirklichen

Sonne spricht, so ist es einfach ein Unsinn, zu sagen, die Sonne bewegt sich im Raume. Weil der Raum von der Sonne ausgestrahlt wird! Die Sonne strahlt nicht nur das Licht aus, die Sonne macht auch den Raum. Und die Bewegung der Sonne selber ist nur innerhalb des Raumes eine räumliche; außerhalb des Raumes ist sie eine zeitliche.»[122]

Und hier erwähnt er nun auch die Beziehung dieser Art von Räumlichkeit zur vierten Dimension:

«Der Raum, den der Geistesforscher betritt, wenn er das neue Gedächtnis bekommt, hat eine Dimension mehr als der gewöhnliche Raum; das ist eine Dimension, die Sie im physischen Raum nicht finden können. Daher müssen wir davon sprechen, dass der Geistesforscher in dem Augenblick, wo er dieses höhere Gedächtnis bekommt, aus den drei Dimensionen des Raumes heraustritt. Wir haben nun nicht nur darauf hingedeutet, dass ein solcher Begriff vom vierdimensionalen Raum denkbar ist, sondern dass es eine ganz bestimmte Fähigkeit gibt, nämlich das höhere Gedächtnis des Menschen, für welche dieser vierdimensionale Raum eine Wirklichkeit ist.»[123]

Aber ist die Gleichsetzung von Akasha-Chronik und Ätherischem wirklich statthaft? Diese Frage lässt sich im jetzigen Zusammenhang nicht endgültig beantworten. Hierzu wäre eine genauere Untersuchung der vier Ätherarten erforderlich, die zeigen würde, wie das Ätherische immer den Übergang zwischen der physischen und der seelisch-geistigen Welt herzustellen in der Lage ist. Das geschieht vor allem dadurch, dass das Ätherische in sich viergliedrig ist und aus den vier Ätherarten des
- Lebensäthers
- Klang- oder chemischen Äthers
- Lichtäthers und des
- Wärmeäthers

besteht. Wie wir im zweiten Teil unserer Untersuchung gesehen haben, verwandeln sich in der menschlichen Organisation Lebenskräfte in Denk- und Vorstellungskräfte. Damit, so kann man hier nur als Hypothese äußern, geht offensichtlich eine Verwandlung von Lebens- und chemischen Äther in Licht- und Wärmeäther einher. Aber das kann hier nicht weiter untersucht werden.

Mit dieser Wandelbarkeit des Ätherischen hängt offensichtlich auch die Schwierigkeit zusammen, die Ebene der Akasha-Chronik, der Akasha-Substanz, des Weltenäthers eindeutig zu charakterisieren. Sie neigt aber aufgrund ihrer Beziehung zum Astralisch-Seelischen vermutlich eher zum Astralischen hin und wird von Rudolf Steiner daher mit diesem in engem Zusammenhang betrachtet.

Fassen wir zunächst die Erkenntnisse des im Vorangehenden Behandelten zusammen, so ergibt sich daraus, dass wir das Ätherische als einen geistigen Raum anzusehen haben, als eine vierte Dimension, in der alles Zeitliche wie räumlich erlebt werden kann. Dieses durch übersinnliche Schulung erreichbare Erleben hängt zusammen mit unserem rhythmischen Organismus, insbesondere dem Blutkreislauf. Wir kommen auf diesen Zusammenhang des Ätherischen mit dem Zeitlich-Rhythmischen im 6. Abschnitt des abschließenden vierten Teiles wieder zurück, weil sich daraus vor allem auch die praktischen Konsequenzen des Steiner'schen Zeitverständnisses ergeben.

Erwähnen wir aber der Vollständigkeit halber noch ein weiteres Problem, das sich aus dem vorhergehend zitierten Vortrag vom 20. Januar 1924 ergibt: Hier scheinen Ätherisches und Astralisches im Hinblick auf ihr Entstehen wie verwechselt zu sein. Spricht Steiner hier doch davon, dass das Astralische älter sei, weiter zurückreichen würde als das Ätherische:

«Der Mensch trägt also eine uralte Vergangenheit schon, wie wir sehen, in zweifacher Weise in sich: eine spätere Vergangenheit in seinem Ätherleib und eine noch weiter zurückreichende Vergangenheit in seinem Astralleibe.»[124]

Üblicherweise aber schildert Steiner die Evolution so, dass zuerst der physische Leib, dann der Ätherleib, dann der Astralleib und zuletzt das Ich entstanden sind. Gibt es denn auch eine umgekehrte Perspektive, in der zuerst das Astralische und dann das Ätherische entstanden sind? Gibt es auch eine gewissermaßen umgekehrte Pespektive, in der das Ich als Erstes gedacht werden kann? Was hat es mit dieser ungewohnten Perspektive auf sich?

Stellen wir diese Frage jedoch hier zunächst noch zurück[125] und wenden uns im Hinblick auf die Frage nach dem Medium des Zeitlichen wieder der Frage nach der Evolution zu, also der Erscheinung des Wesenhaften in der Zeit. Dazu müssen wir offensichtlich unterscheiden:

- In der *Geheimwissenschaft* und an vielen anderen Stellen wird von Steiner beschrieben, wie in der Evolution zuerst unser physischer Leib mit den Sinnen entstanden ist. Dieser Zustand wird Saturn genannt. Dann entstehen auf der Sonne der Ätherleib, der Astralleib auf dem Mond und das Ich auf der Erde. Die niederen Wesensglieder werden in jedem neuen Zustand dabei weiter verfeinert und vervollkommnet.
- Da wir aber im Reich der hierarchischen Wesen gar nicht von einem zeitlichen Verlauf sprechen können, da diese Wesen, mit Ausnahme der Geister der Form, dem Reich der Dauer angehören, wie können

wir dann von einem zeitlichen «Zuerst» in der Evolution des Menschen überhaupt sprechen?

Wir können, um hier weiterzukommen, zunächst einmal vom individuellen menschlichen Leben, der Ontogenese ausgehen. Da ist eindeutig, dass in der Welt der physischen Erscheinungen mit der Geburt zuerst der physische Leib in die Erscheinung tritt, dann der Ätherleib, dann der Astralleib und zuletzt das Ich. Das ist also der Bereich des «Unteren» und der zeitlichen Entwicklung.

Im Vorgeburtlichen, im Bereich der Dauer also hingegen ist es genau umgekehrt: Hier schildert Rudolf Steiner den Verlauf immer so, dass zuerst das Ich als geistiger Wesenskern da ist, das Ich bildet dann seinen zukünftigen Astralleib, der wiederum einen Ätherleib um sich herum erschafft, um mit der Konzeption dann mit der Bildung des physischen Leibes zu beginnen.

Hierbei ist zudem aufgrund unserer bis hierher errungenen Erkenntnisse zu beachten, dass Astralleib und Ich eigentlich nicht in die Erscheinung treten, sondern bei der Geburt «stehen bleiben». Was im irdischen Lebenslauf erscheint, ist lediglich eine Spiegelung von Ich und Astralleib am ätherischen und physischen Leib.

Aufgrund dieser Erkenntnisse könnte man nun im Hinblick auf die Phylogenese, wenn man sich zunächst einmal nur auf die Erdentwicklung, also nicht auf die kosmischen Vorstufen von Mond, Sonne und Saturn bezieht, sagen: In der materiellen Erscheinungswelt, die mit dem Erdzustand gegeben ist, erscheinen zunächst physische und ätherische Leiber. Diese werden im Laufe der ersten Erdepochen ausgebildet. Dann beginnen mit der nachatlantischen Zeit auch die höheren Wesensglieder sich auszubilden. Aber, so könnte man jetzt hinzufügen, sie erscheinen nicht in der irdischen Welt, sondern spiegeln sich lediglich in den physischen und ätherischen Leibern. Diese Spiegelungen aber sind es, die wir mit fortlaufender Evolution sich nun immer weiter entwickeln sehen.

Die niederen Wesensglieder, das «Untere» bildet sich also immer feiner aus und kann aufgrund dessen die höheren Wesensglieder, das «Obere» im Laufe der Erdentwicklung immer genauer spiegeln, was dazu führt, dass der Mensch diese Wesensglieder nun auch bewusster wahrnehmen kann. Das heutige Zeitalter der Bewusstseinsseele wäre dann dasjenige, in dem die niederen Wesensglieder so weit verfeinert worden sind, dass sie nun nicht nur den Astralleib und dessen seelische Komponenten Empfindungsseele und Verstandesseele, sondern nun auch das Ich spiegeln können. Diese bewusst wahrgenommene Spiegelung unseres Ich nennt Rudolf Steiner daher «Bewusstseinsseele».

Wenn wir aber nun die Evolution über den Erdzustand hinaus zurückverfolgen wollen und Mondenzustand, Sonnenzustand und Saturnzustand mit einbeziehen, so ließe sich erneut fragen, ab wann wir von einem Räumlich-Zeitlichen überhaupt sprechen können und was der Begriff der Evolution dann bedeutet, wenn eine räumlich-zeitliche Erscheinungswelt noch gar nicht vorhanden war?

Wir müssen also nun versuchen, alle bisher gewonnenen Erkenntnisse über Rudolf Steiners Zeitverständnis in einer abschließenden Zusammenschau miteinander in Beziehung zu setzen, um so zu einem Gesamtverständnis der Steiner'schen Zeitanschauung zu gelangen.

Teil IV

Die «Ich-Dimension» der Zeit –
Praktische Konsequenzen von
Rudolf Steiners Zeitanschauung

Um nun zu einer abschließenden Zusammenschau der Steiner'schen Zeitanschauung und zu einem Gesamtverständnis der Zeit zu kommen, müssen wir die bisher verfolgten Gesichtspunkte zusammentragen.
– Wir haben gesehen, wie sich in Rudolf Steiners Werk zunächst ein neues Zeitverständnis geltend macht, das Entwicklung so begreift, dass diese aus zwei einander entgegengesetzten Zeitströmen besteht, einer evolutiven und einer devolutiven Entwicklungsströmung, die sich im Menschen selber als dreigliedriger Organismus wiederfinden.
– Wir haben auch gesehen, dass sich dieser Entwicklungsgedanke eigentlich nur auf die Welt des Zeitlichen beziehen lässt, die, was den Menschen betrifft, nur aus seinen niederen beiden Wesensgliedern, dem Ätherleib und dem physischen Leib, besteht. Steiner unterscheidet hiermit ein «Unteres» von einem «Oberen». Denn die höheren Wesensglieder, Astralleib und Ich, nehmen an der zeitlichen Entwicklung gar nicht teil, sie treten nicht ins Erdenleben ein, sondern bleiben jenseits des Zeitlichen «stehen». Die unteren Wesensglieder dienen den oberen Wesensgliedern lediglich als Spiegel. Hiernach unterliegt das «Untere» dem Bereich der Entwicklung, das «Obere» dem Bereich der Dauer. Zu diesem Bereich der Dauer gehören ebenso alle hierarchischen Wesen, wobei Steiner deutlich macht, dass die Geister der Form, die eigentlichen Schöpfer des Menschen, sehr wohl auch in den Bereich der Entwicklung hineingehören, dass aber vor allem die luziferischen und ahrimanischen Wesen in den Bereich der Entwicklung, also des Zeitlichen beständig hineinwirken. Sie sind daher als die eigentlichen Verursacher alles Zeitlichen aufzufassen.
– Dennoch können wir Steiner folgend nicht davon sprechen, dass das Obere, das Dauernde, keiner Entwicklung unterliegen würde. Denn welchen Sinn sollte dann die Verkörperung der menschlichen Iche in physischen Leibern, genauer gesagt, die Spiegelung des Ich an einem physischen Leib überhaupt haben?
– Wir müssen also, um zu einem Gesamtverständnis des Zusammenhanges von «unterer» und «oberer» Entwicklung zu kommen, zunächst nach dem Sinn der Erdentwicklung als ganzer fragen. Diese liegt, wenn

man Steiners *Geheimwissenschaft* folgt, darin, auf der Erde aus einem «Kosmos der Weisheit» einen «Kosmos der Liebe» entstehen zu lassen. Wie ist das zu verstehen? Mit dem «Kosmos der Weisheit» bezeichnet Rudolf Steiner alles, was sich bis zum Erdenzustand der Evolution hin entwickelt hat, was also auf Erden an natürlichen Formen, Mineralien, Pflanzen, Tieren und Menschen entstanden ist, und was wir allgemein als «Natur» bezeichnen. Der Natur aber kann der Mensch dadurch, dass er in der Lage ist, als freies Wesen zu handeln, also über die Natur hinaus, ein neues Element hinzufügen, das nur aus Freiheit heraus entstehen kann: die Liebe. In dieser Perspektive bedeutet die Liebe: Überwindung des durch die Freiheit entstandenen Getrenntseins. Der Mensch als freies Wesen trennt sich nicht nur von der Natur, sondern letztlich auch von allen anderen menschlichen Wesen und, so muss man hinzufügen, auch von seinem eigenen Wesen.

– Diese Trennung des menschlichen Wesens versetzt es schließlich in die Lage, zu einer aus Freiheit neu sich bildenden Gemeinschaft untereinander und im Hinblick auf die Natur zu kommen und damit einen neuen «Kosmos der Liebe» entstehen zu lassen. Dieser wäre dann die Folge der von Menschen aus Liebe neu geschaffenen Beziehungen.

– Rudolf Steiners Evolutionsverständnis lässt sich auch in der von ihm selbst gegebenen «goldenen Regel» zusammenfassen: «Jedes Ideal ist Keim für zukünftiges Naturgeschehen; jedes Naturgeschehen ist Frucht vergangenen Geistgeschehens.»

– Legen wir dieses Evolutionsverständnis aber zugrunde, wie hängen dann «obere» und «untere» Entwicklung tatsächlich zusammen? Offensichtlich so, dass das «Obere» sich im «Unteren» spiegelt, dass also ein Naturgeschehen aus einem vorangehenden Ideal oder Geistkeim hervorgeht. So hängen jedenfalls die aufeinanderfolgenden Erdenleben des Menschen miteinander zusammen. Ein Erdenleben bildet sich dadurch aus, dass es die Folge eines Keimes ist, der sich in einem vorangegangenen Erdenleben gebildet hat. Zum Ausdruck kommt dieser Zusammenhang wiederum in der dreigliedrigen Menschengestalt, die der Schlüssel zu Steiners Zeitanschauung schlechthin ist: Die Kopforganisation des Menschen erweist sich einer geistigen Anschauung als Folge dessen, was der Mensch in einem vorangegangenen Erdenleben mit seinen Gliedmaßen willentlich an Idealen entwickelt hat. Die Kopforganisation verweist somit immer auf die Vergangenheit, die Gliedmaßenorganisation auf die Zukunft eines Menschen. Nur in seiner Brustorganisation lebt der Mensch wirklich in der Gegenwart des Irdischen.

- Und wie der einzelne Mensch, so verweist also auch die Menschheit in ihrer Entwicklung auf einen vorangegangenen Erdenzustand hin, den Steiner als «Mondenzustand» bezeichnet, und auf einen zukünftigen Zustand, den er als «Jupiter» beschreibt.
- Entwicklung in diesem Sinne wechselt also ab zwischen zwei Phasen, die polar miteinander in Beziehung stehen: Die eine Phase spielt sich im Bereich des «Unteren» ab, und wir können sie als «Evolution» oder «Entwicklung» beschreiben, wobei daran sowohl aufbauende, evolutive als auch zerstörende, devolutive Kräfte im Sinne der beiden Zeitströme beteiligt sind.
- Die zweite polare Phase aber, spielt sich im Bereich des «Oberen», der «Dauer» ab. Hier werden die geistigen Keime, die sich aus den im «Unteren» entwickelten Idealen herausgebildet haben, weiter getragen, also «entwickelt» im Sinne des «Oberen». Und zwar so, dass diese Keime zum Antrieb zukünftiger Entwicklung werden. An dieser Entwicklung sind die zum Menschen gehörenden Geister der dritten Hierarchie beteiligt, die sich aber geleitet finden von den Schöpfermächten des Menschen.
- Die in diesem Sinne wirksamen Geister nennt Steiner die «Geister der Form». Sie sind die eigentlichen Schöpfer und Behüter aller menschlichen Entwicklung. Aber sie mussten zur Erreichung ihres Zieles, nämlich eines Wesens, dass aus Freiheit die Liebe entwickeln kann, die Gegenmächte Luzifer und Ahriman zulassen. Diese bewirken nun eine stärkere Beziehung des Menschen zu seiner Leiblichkeit. Diese führt dazu, dass der Mensch den Charakter alles Zeitlichen nicht durchschauen kann, dass er also im Hinblick auf den Sinn des Irdischen einer Täuschung unterliegt, einer doppelten Täuschung: Ahriman will dem Menschen nämlich weismachen, dass es nur das Irdische, das «Untere» gibt. Er will ihn im Irdischen festbinden und damit alles, was an Idealen für die Zukunft sich bilden will, zerstören. Luzifer dagegen strebt danach, dem Menschen nur das «Obere» anzubieten und ihn damit dem Irdischen so zu entfremden, dass er dieses nicht weiterentwickeln kann, also gewissermaßen in seiner Entwicklung zurückbleibt.
- Die Täuschung über alles Zeitliche besteht vor allem darin, den Charakter des «Unteren» gegenüber dem «Oberen» im Hinblick auf alles Zeitliche nicht zu erkennen: Alles, was im «Unteren» als zeitliches Nacheinander in Erscheinung tritt, ist als Wesen im «Oberen» nicht nacheinander, sondern wie in einem «Raum» nebeneinander zu finden. Die geistigen Ursachen alles Irdischen Nacheinanders, also des Irdisch-Zeitlichen» sind im «Oberen» durch eine quasi räumliche

Suchbewegung aufzufinden. Diese Suchbewegung hat in der «Perspektivität» der Zeit ihre Ursache. Den Raum, in dem alles Zeitliche seine Ursachen findet, nennt Rudolf Steiner die «Akasha-Chronik». Sie hat mit dem Weltenäther zu tun. Wobei alles Ätherische, auch in der menschlichen Wesengliederkonfiguration, die Aufgabe hat, den Bereich der Dauer, des «Oberen» mit dem Bereich der Vergänglichkeit und Entwicklung, also des «Unteren» zu verbinden.

– Innerhalb der menschlichen Wesensgliederkonfiguration findet die Akasha-Chronik ihr Äquivalent in Form unseres Gedächtnisses, wobei dieses zunächst nur dem «Unteren» zugehört, die Akasha-Chronik jedoch dem «Oberen». Das macht es auch schwierig, die Akasha-Chronik eindeutig der Sphäre des Ätherischen zuzuschreiben, letztlich muss sie im Bereich des Astralischen zu suchen sein, sonst würde sie nicht dem Bereich der Dauer angehören können.

– Dauer und Entwicklung wirklich zusammenzuschauen, setzt daher voraus, zwischen den beiden Ebenen des zeitlichen Nacheinanders und des zeitlich-räumlichen Nebeneinanders unterscheiden zu können und den Zusammenhang der beiden Ebenen wirklich zu durchschauen. Dieses geistige Erkenntnisvermögen bezeichnet Steiner als eine der wichtigsten Voraussetzungen, um im Zeitalter der Bewusstseinsseele mit den sozialen Entwicklungen, die sich in der Menschheit von jetzt an entwickeln, überhaupt noch zurechtzukommen. Luzifer und Ahriman dagegen versuchen ihrerseits, einen solchen Fortschritt an menschlicher Selbsterkenntnis zu verhindern. Darin besteht die Hauptursache aller sozialen Konflikte in der Gegenwart.

– Mit dem oben bezeichneten Evolutionsziel haben wir also noch nicht alles umfasst, was Rudolf Steiner als Entwicklungsaufgabe der Menschheit beschrieben hat. Um nämlich dieses Ziel auf Erden erreichen zu können, und das hat nun eben für das Ich, das sich im Bereich der Dauer befindet, entscheidende Konsequenzen, muss sich dieses Ich selbst immer mehr selbst erkennen können, denn nur ein Ich, das sich selbst erkannt hat, ist zu wirklicher Liebe fähig.

– Deshalb ist zunächst bei aller höheren Entwicklung, die wir gewohnt sind, den anthroposophischen Schulungs- oder Einweihungsweg zu nennen, Selbsterkenntnis das eigentliche Entwicklungsziel wie in allen vorangegangenen Mysterienschulen der Menschheit.

– Zur Selbsterkenntnis aber braucht das Ich als im «Oberen» lebend eben das irdische Leben, das «Untere» als Spiegelfläche. Nur muss dieser Spiegel dazu eben von allen Verzerrungen, die durch Luzifer und Ahriman herbeigeführt werden, befreit werden. Damit haben

wir das Stichwort schon genannt, um das es hier eigentlich geht: Freiheit.
- Freiheit und Liebe sind daher das eigentliche Entwicklungsziel der Erdentwicklung für die Menschheit. Und zur Freiheit gehört eben ein «verzerrungsfreier Spiegel», der letztlich darin besteht, dass er durchsichtig wird für das sich in ihm spiegelnde Wesen. Übersinnliche Erkenntnis ist nichts anderes, als das Wesen alles Irdisch-Vergänglichen eben als Spiegelungen zu durchschauen und damit zur Erfassung des sich im Spiegel wahrnehmenden Ichwesens zu kommen.
- Damit ist aber auch gesagt, dass zu wahrer Selbsterkenntnis eben gehört, das Verhältnis des «Oberen», Dauernden, das nicht der zeitlichen Entwicklung des Irdischen unterliegt, sondern «stehen bleibt», zu allem zeitlich sich Entwickelnden, «Unteren» zu durchschauen, das heißt, eine wahre Erkenntnis der Zeit auszubilden.
- Wir sehen daraus aber auch, wie schwierig unser Thema, nämlich das Verständnis der Zeit im Werk Rudolf Steiners eigentlich ist, setzt es doch voraus, dass wir wahre Selbsterkenntnis mindestens anstreben.
- Die Schwierigkeit unseres Themas zeigt sich aber auch daran, dass Steiner mit Ausnahme der von uns im dritten Teil zitierten Vorträge von 1918 niemals ausführlicher über das Thema gesprochen hat, weil er erstens dabei von niemandem verstanden worden wäre und zweitens es offensichtlich ist, dass es dazu kaum die passenden Ausdrucksformen in unserer Sprache gibt. An einer Stelle macht Steiner ja darauf aufmerksam, indem er andeutet, dass er sich in physikalisch-mathematischer Weise hätte besser ausdrücken können, unterlässt dies aber, weil er wusste, dass es eben keine ausgebildeten Physiker oder Mathematiker unter seinen Zuhörern gab: «Und weiter weiß die Geisteswissenschaft, dass die Quellen zu andern großen Täuschungen in menschlichen Weltanschauungen davon herrühren, dass der Mensch in Bezug auf die Zeit der Täuschung unterliegt. Wenn unter Ihnen viele Physiker wären, würde ich selbst rein physikalisch mich hier aussprechen können. Ich würde Ihnen an physikalischen Formeln zeigen können, dass so, wie der Physiker die Zeit – das t, wie er es bloß nennt – in die physikalischen Formeln einführt, diese Zeit nur eine Zahl ist, also etwas ganz Unbekanntes, keine Wirklichkeit, sondern ein reiner Schein ist. Ein Wirkliches ist immer nur die Geschwindigkeit, aber die gerade sieht der Physiker als eine Folge der Zeit an. Da Sie ja keine Physiker sind und sich wahrscheinlich auf das Verständnis der Sache nicht einlassen werden, will auch ich mich nicht weiter darauf einlassen.»[126]

- Da es sich bei unserer Untersuchung ebenfalls um keine physikalisch-wissenschaftliche, sondern um eine sich an alle Interessierten richtende, geisteswissenschaftliche Abhandlung handelt, kann die physikalische Darstellung des Zeitbegriffes auch nicht Gegenstand dieser Untersuchung sein. Dennoch versuchen wir zu einem wirklichen Zeitverständnis zu kommen. Unternehmen wir dazu also einen weiteren Versuch.
- Alle genannten Perspektiven setzen, wie wir gesehen haben, ein «Oberes» und ein «Unteres» bereits voraus. Wie aber, so lässt sich nun abschließend fragen, ist es zu dieser Polarität, die die Ursache alles Zeitlichen überhaupt ist, gekommen? Gab es einen Zustand, in dem das «Obere» und das «Untere» noch nicht getrennt waren? Wir wollen damit versuchen, Rudolf Steiners Verständnis der Zeit vollends zu durchdringen und zu einer für uns nachvollziehbaren Zeitvorstellung abzurunden.

1. Der Sinn alles Zeitlichen im Rahmen der Erdenentwicklung

Wenn wir uns nun dem Motiv der Evolution zuwenden und nochmals auf das Grundmotiv der Erdenentwicklung blicken, die Entwicklung von Freiheit und Liebe, dann können wir sehen, dass diese beiden Grundsäulen unseres Menschseins ohne ein irdisches, zeitlich sich entwickelndes Dasein nicht möglich gewesen wären. Denn die Grundkonstante dieses irdischen Daseins ist die Vergänglichkeit, das Zeitliche schlechthin.

Steiner schildert nun in seinem Grundwerk *Wie erlangt man Erkenntnisse der höheren Welten?* einen Zeitpunkt im Verlauf der Erdenevolution – wann dieser genauer anzusetzen ist, muss sich noch zeigen –, an dem die Entwicklung ohne das Entstehen des Zeitlichen, des Vergänglichen, nicht weitergegangen wäre. «Oberes» und «Unteres» waren zuvor noch vereinigt, nun musste das «Untere» vom «Oberen» getrennt werden. Die nachfolgende Stelle, die wir bei Betrachtung des rosenkreuzerischen Einweihungsweges im ersten Teil bereits ansatzweise zitiert haben, ist aus der Perspektive der Einweihung geschrieben und stellt das Erleben des Eingeweihten dar, das dieser hat, wenn er gewissermaßen seine eigene Entwicklung so weit abgeschlossen hat, dass er keiner weiteren Verkörperungen auf Erden mehr bedarf. Der Wechsel zwischen «Oberem» und «Unterem» wäre nun für ihn eigentlich nicht mehr erforderlich, und er könnte sich nun ausschließlich nur noch dem Bereich des «Oberen», der «Dauer» zuwenden und somit alles «Untere», alles Zeitliche hinter sich zurücklassen.[127]

An dieser Stelle aber tritt der «große Hüter der Schwelle» vor den Eingeweihten hin, in dem man wohl die Macht zu suchen hat, die Steiner später[128] als das Wesen alles Zeitlichen bezeichnet, also die Christus-Wesenheit. Sie macht den Eingeweihten nun auf den Sinn alles Zeitlichen, den Sinn der Trennung von «Oberem» und «Unterem» aufmerksam. In gewissem Sinne könnte man diese Schilderung bezeichnen als die Begegnung des Eingeweihten mit dem Wesen der Zeit selbst.

«Es ist geschildert worden, wie bedeutsam für den Menschen die Begegnung mit dem sogenannten kleineren Hüter der ‹Schwelle› dadurch ist, dass er in diesem ein übersinnliches Wesen gewahr wird, das er gewissermaßen selbst hervorgebracht hat. Der Leib dieses Wesens ist zusammengesetzt aus den ihm vorher unsichtbaren Folgen seiner eigenen Handlungen, Gefühle und Gedanken. Aber diese unsichtbaren Kräfte sind die Ursachen geworden seines Schicksals und seines Charakters. Es wird nunmehr dem Menschen klar, wie er in der Vergangenheit selbst die Grundlagen für seine Gegenwart gelegt hat. Sein Wesen steht dadurch bis zu einem gewissen Grade offenbar vor ihm. Es sind z. B. bestimmte Neigungen und Gewohnheiten in ihm. Jetzt kann er sich klarmachen, warum er diese hat. Gewisse Schicksalsschläge haben ihn getroffen; nun erkennt er, woher diese kommen. Er wird *gewahr*, weshalb er das eine liebt, das andere hasst, warum er durch dies oder jenes glücklich oder unglücklich ist. Das sichtbare Leben wird ihm durch die unsichtbaren Ursachen verständlich. Auch die wesentlichen Lebenstatsachen, Krankheit und Gesundheit, Tod und Geburt, entschleiern sich vor seinen Blicken. Er merkt, dass er vor seiner Geburt die Ursachen gewoben hat, die ihn notwendig wieder ins Leben hereinführen mussten. Er kennt nunmehr die Wesenheit in sich, welche in dieser sichtbaren Welt aufgebaut ist auf eine unvollkommene Art und die auch *nur* in derselben sichtbaren Welt ihrer Vollkommenheit zugeführt werden kann. Denn in keiner anderen Welt gibt es eine Gelegenheit, an dem Ausbau dieser Wesenheit zu arbeiten. Und ferner sieht er ein, dass der Tod ihn zunächst nicht für immer von dieser Welt trennen kann. Denn er muss sich sagen: ‹Ich bin dereinst zum ersten Male in diese Welt gekommen, weil ich damals ein solches Wesen war, welches das Leben in dieser Welt brauchte, um sich Eigenschaften zu erwerben, die es sich in keiner anderen Welt hätte erwerben können. Und ich muss so lange mit dieser Welt verbunden sein, bis ich alles in mir entwickelt habe, was in ihr gewonnen werden kann. Ich werde dereinst nur dadurch ein tauglicher Mitarbeiter in einer anderen Welt werden, dass ich mir in der sinnlich sichtbaren alle die Fähigkeiten dazu erwerbe.› – Es gehört nämlich zu den wichtigsten Erlebnissen des Eingeweihten, dass er die sinnlich sichtbare Natur in ihrem wahren Werte besser kennen und schätzen lernt, als er dies vor seiner Geistesschulung konnte. Diese Erkenntnis wird ihm gerade durch seinen Einblick in die übersinnliche Welt. Wer einen solchen Einblick nicht getan hat und sich deshalb vielleicht nur der Ahnung hingibt, dass die übersinnlichen Gebiete die unendlich wertvolleren sind, der kann die sinnliche Welt unterschätzen. Wer aber diesen Einblick getan hat, der weiß, dass er ohne die Erlebnisse in der sichtbaren Wirklichkeit ganz ohnmächtig in der unsichtbaren wäre. Soll er in der letzteren *leben,* so muss er Fähigkeiten und Werkzeuge zu diesem Leben haben. Die kann er sich aber nur in der sichtbaren erwerben. Er wird geistig *sehen* müssen, wenn die unsichtbare Welt für ihn bewusst werden soll. Aber diese Sehkraft für eine ‹höhere› Welt wird durch die Erlebnisse in der ‹niederen› allmählich ausgebildet. Man kann ebenso wenig in einer geistigen Welt mit geistigen Augen geboren werden, wenn man diese nicht in der sinnlichen sich gebildet hat, wie das Kind nicht mit physischen Augen geboren werden könnte, wenn diese sich nicht im Mutterleibe gebildet hätten.

Von diesem Gesichtspunkte aus wird man auch einsehen, warum die ‹Schwelle› zur übersinnlichen Welt von einem ‹Hüter› bewacht wird. Es darf nämlich auf keinen Fall dem Menschen ein wirklicher Einblick in jene Gebiete gestattet werden, bevor er dazu die notwendigen Fähigkeiten erworben hat. Deshalb wird jedes Mal beim Tode, wenn der Mensch, noch unfähig zur Arbeit in einer anderen Welt, diese betritt, der Schleier vorgezogen vor ihren Erlebnissen. Er soll sie erst erblicken, wenn er ganz dazu reif geworden ist.

Betritt der Geheimschüler die übersinnliche Welt, dann erhält das Leben für ihn einen ganz neuen Sinn, er sieht in der sinnlichen Welt den Keimboden für eine höhere. Und in einem gewissen Sinne wird ihm diese ‹höhere› ohne die ‹niedere› als eine mangelhafte erscheinen. Zwei Ausblicke eröffnen sich ihm. Der eine in die Vergangenheit, der andere in die Zukunft. In eine Vergangenheit schaut er, in welcher diese sinnliche Welt noch nicht war. Denn über das Vorurteil, dass die übersinnliche Welt sich aus der sinnlichen entwickelt habe, ist er längst hinweg. Er weiß, dass das Übersinnliche zuerst war und dass sich alles Sinnliche aus diesem entwickelt habe. Er sieht, dass er selbst, *bevor* er zum ersten Male in diese sinnliche Welt gekommen ist, einer übersinnlichen angehört hat. Aber diese einstige übersinnliche Welt *brauchte* den Durchgang durch die sinnliche. Ihre Weiterentwickelung wäre ohne diesen Durchgang nicht möglich gewesen. Erst wenn sich innerhalb des sinnlichen Reiches Wesen entwickelt haben werden mit entsprechenden Fähigkeiten, kann die übersinnliche wieder ihren Fortgang nehmen. Und diese Wesenheiten sind die Menschen. Diese sind somit, so wie sie jetzt leben, einer unvollkommenen Stufe des geistigen Daseins entsprungen und werden selbst innerhalb derselben zu derjenigen Vollkommenheit geführt, durch die sie dann tauglich sein werden zur Weiterarbeit an der höheren Welt. – Und hier knüpft der Ausblick in die Zukunft an. Er weist auf eine höhere Stufe der übersinnlichen Welt. In dieser werden die Früchte sein, die in der sinnlichen ausgebildet werden. Die letztere als solche wird überwunden; ihre Ergebnisse aber einer höheren einverleibt sein.

Damit ist das Verständnis gegeben für Krankheit und Tod in der sinnlichen Welt. Der Tod ist nämlich nichts anderes als der Ausdruck dafür, dass die einstige übersinnliche Welt an einem Punkte angekommen war, von dem aus sie durch sich selbst nicht weitergehen konnte. Ein allgemeiner Tod wäre notwendig für sie gewesen, wenn sie nicht einen neuen Lebenseinschlag erhalten hätte. Und so ist dieses neue Leben zu einem Kampf gegen den allgemeinen Tod geworden. Aus den Resten einer absterbenden, in sich erstarrenden Welt erblühten die Keime einer neuen. Deshalb haben wir Sterben und Leben in der Welt. Und langsam gehen die Dinge ineinander über. Die absterbenden Teile der alten Welt haften noch den neuen Lebenskeimen an, die ja aus ihnen hervorgegangen sind. Den deutlichsten Ausdruck findet das eben im Menschen. Er trägt als seine Hülle an sich, was sich aus jener alten Welt erhalten hat; und innerhalb dieser Hülle bildet sich der Keim jenes Wesens aus, das zukünftig leben wird. Er ist so ein Doppelwesen, ein sterbliches und ein unsterbliches. Das Sterbliche ist in seinem End-, das Unsterbliche in seinem Anfangszustand. Aber erst *innerhalb* dieser Doppelwelt, die ihren Ausdruck in dem Sinnlich-Physischen findet, eignet er sich die Fähigkeiten dazu an, die Welt der Unsterblichkeit zuzuführen. Ja, seine Aufgabe ist, aus dem Sterblichen selbst die Früchte für das Unsterbliche herauszuholen. Blickt er also auf sein Wesen, wie er es selbst in der Vergangenheit aufgebaut hat, so muss er sich sagen: Ich habe in mir die Elemente einer absterbenden Welt. Sie arbeiten in mir, und nur allmählich kann ich ihre Macht durch die neuauflebenden unsterblichen brechen. So geht des Menschen Weg vom Tode zum Leben. Könnte er mit vollem Bewusstsein in der Sterbestunde zu sich sprechen, so müsste er sich sagen: ‹Das Sterbende war mein Lehrmeister. Dass ich sterbe, ist eine Wirkung der ganzen Vergangenheit, mit der ich verwoben bin. Aber das Feld des Sterblichen hat mir die Keime zum Unsterblichen gereift. Diese trage ich in eine andere Welt mit hinaus. Wenn es bloß auf das Vergangene ankäme, dann hätte ich überhaupt niemals geboren werden können. Das Leben des Vergangenen ist mit der Geburt abgeschlossen. Das Leben im Sinnlichen ist durch den neuen Lebenskeim dem allgemeinen Tode abgerungen. Die Zeit zwischen Geburt und Tod ist nur der Ausdruck dafür, wie viel das neue Leben der absterbenden Vergangenheit abringen konnte. Und die

Krankheit ist nichts als die Fortwirkung der absterbenden Teile dieser Vergangenheit.›

Aus all dem heraus findet die Frage ihre Antwort, warum der Mensch erst allmählich sich aus Verirrung und Unvollkommenheit zu der Wahrheit und dem Guten durcharbeitet. Seine Handlungen, Gefühle und Gedanken stehen zunächst unter der Herrschaft des Vergehenden und Absterbenden. Aus diesem sind seine sinnlich-physischen Organe herausgebildet. Daher sind diese Organe und alles, was sie zunächst antreibt, selbst dem Vergehen geweiht. Nicht die Instinkte, Triebe, Leidenschaften usw. und die zu ihnen gehörigen Organe stellen ein Unvergängliches dar, sondern erst das wird unvergänglich sein, was als das Werk dieser Organe erscheint. Erst wenn der Mensch aus dem Vergehenden alles herausgearbeitet hat, was herauszuarbeiten ist, wird er die Grundlage abstreifen können, aus welcher er herausgewachsen ist und die ihren Ausdruck in der physisch-sinnlichen Welt findet.

So stellt der erste ‹Hüter der Schwelle› das Ebenbild des Menschen in seiner Doppelnatur dar, aus Vergänglichem und Unvergänglichem gemischt. Und klar zeigt sich an ihm, was noch fehlt bis zur Erreichung der hehren Lichtgestalt, welche wieder die reine geistige Welt bewohnen kann.

Der Grad der Verstricktheit mit der physisch-sinnlichen Natur wird dem Menschen durch den ‹Hüter der Schwelle› anschaulich. Diese Verstricktheit drückt sich zunächst in dem Vorhandensein der Instinkte, Triebe, Begierden, egoistischen Wünsche, in allen Formen des Eigennutzes usw. aus. Sie kommt dann in der Angehörigkeit zu einer Rasse, einem Volke usw. zum Ausdruck. Denn Völker und Rassen sind nur die verschiedenen Entwickelungsstufen zur reinen Menschheit hin. Es steht eine Rasse, ein Volk um so höher, je vollkommener ihre Angehörigen den reinen, idealen Menschheitstypus zum Ausdrucke bringen, je mehr sie sich von dem physisch Vergänglichen zu dem übersinnlich Unvergänglichen durchgearbeitet haben. Die Entwickelung des Menschen durch die Wiederverkörperungen in immer höherstehenden Volks- und Rassenformen ist daher ein Befreiungsprozess. Zuletzt muss der Mensch in seiner harmonischen Vollkommenheit erscheinen. – In einer ähnlichen Art ist der Durchgang durch immer reinere sittliche und religiöse Anschauungsformen eine Vervollkommnung. Denn jede sittliche Stufe enthält noch die Sucht nach dem Vergänglichen neben den idealistischen Zukunftskeimen.

Nun erscheint in dem geschilderten ‹Hüter der Schwelle› nur das Ergebnis der verflossenen Zeit. Und von den Zukunftskeimen ist nur dasjenige darinnen, was in dieser verflossenen Zeit hineingewoben worden ist. Aber der Mensch muss in die zukünftige übersinnliche Welt alles mitbringen, was er aus der Sinnenwelt herausholen kann. Wollte er nur das mitbringen, was in sein Gegenbild bloß aus der Vergangenheit hineinverwoben ist, so hätte er seine irdische Aufgabe nur teilweise erfüllt. Deshalb gesellt sich nun zu dem ‹kleineren Hüter der Schwelle› nach einiger Zeit der größere. Wieder soll in erzählender Form dargelegt werden, was sich als Begegnung mit diesem zweiten ‹Hüter der Schwelle› abspielt.

Nachdem der Mensch erkannt hat, wovon er sich befreien muss, tritt ihm eine erhabene Lichtgestalt in den Weg. Deren Schönheit zu beschreiben ist schwierig in den Worten unserer Sprache. – Diese Begegnung findet statt, wenn sich die Organe des Denkens, Fühlens und Wollens auch für den physischen Leib so weit voneinander gelöst haben, dass die Regelung ihrer gegenseitigen Beziehungen nicht mehr durch sie selbst, sondern durch das höhere Bewusstsein geschieht, das sich nun ganz getrennt hat von den physischen Bedingungen. Die Organe des Denkens, Fühlens und Wollens sind dann die Werkzeuge in der Gewalt der menschlichen Seele geworden, die ihre Herrschaft über sie aus übersinnlichen Regionen ausübt. – Dieser so aus allen sinnlichen Banden befreiten Seele tritt nun der zweite ‹Hüter der Schwelle› entgegen und spricht etwa Folgendes:

‹Du hast dich losgelöst aus der Sinnenwelt. Dein Heimatrecht in der übersinnlichen Welt ist erworben. Von hier aus kannst du nunmehr wirken. Du brauchst um deinetwillen deine physische Leiblichkeit in gegenwärtiger Gestalt nicht mehr. Wolltest du dir bloß die Fähigkeit erwerben, in dieser übersinnlichen Welt zu wohnen, du brauchtest nicht mehr in die sinnliche zurückzukehren. Aber nun blicke auf mich. Sieh, wie unermesslich erhaben ich über all dem stehe, was du heute bereits aus dir gemacht hast. Du bist zu der gegenwärtigen Stufe deiner Vollendung gekommen durch die Fähigkeiten, welche du in der Sinnenwelt entwickeln konntest, solange du noch auf sie angewiesen warst. Nun aber muss für dich eine Zeit beginnen, in welcher deine befreiten Kräfte weiter an dieser Sinnenwelt arbeiten. Bisher hast du nur dich selbst erlöst, nun kannst du als ein Befreiter alle deine Genossen in der Sinnenwelt mit befreien. Als Einzelner hast du bis heute gestrebt; nun gliedere dich ein in das Ganze, damit du nicht nur dich mitbringst in die übersinnliche Welt, sondern alles andere, was in der sinnlichen vorhanden ist. Mit meiner Gestalt wirst du dich einst vereinigen können, aber ich kann kein Seliger sein, solange es noch Unselige gibt! Als einzelner Befreiter möchtest du immerhin schon heute in das Reich des Übersinnlichen eingehen. Dann aber würdest du hinabschauen müssen auf die noch unerlösten Wesen der Sinnenwelt. Und du hättest dein Schicksal von dem ihrigen getrennt. Aber ihr seid alle miteinander verbunden. Ihr musstet alle hinabsteigen in die Sinnenwelt, um aus ihr heraufzuholen die Kräfte für eine höhere. Würdest du dich von ihnen trennen, so missbrauchtest du die Kräfte, die du doch nur in Gemeinschaft mit ihnen hast entwickeln können. Wären sie nicht hinabgestiegen, so hättest es auch du nicht können; ohne sie fehlten dir die Kräfte zu deinem übersinnlichen Dasein. Du musst diese Kräfte, die du *mit* ihnen errungen hast, auch mit ihnen teilen. Ich wehre dir daher den Einlass in die höchsten Gebiete der übersinnlichen Welt, solange du nicht *alle* deine erworbenen Kräfte zur Erlösung deiner Mitwelt verwendet hast. Du magst mit dem schon Erlangten dich in den unteren Gebieten der übersinnlichen Welt aufhalten; vor der Pforte zu den höheren stehe ich aber ‹als der Cherub mit dem feurigen Schwerte vor dem Paradiese› und wehre dir den Eintritt so lange, als du noch Kräfte hast, die unangewendet geblieben sind in der sinnlichen Welt. Und willst du die deinigen nicht anwenden, so werden andere kommen, die sie anwenden; dann wird eine hohe übersinnliche Welt alle Früchte der sinnlichen aufnehmen; dir aber wird der Boden entzogen sein, mit dem du verwachsen warst. Die geläuterte Welt wird sich über dich hinaus entwickeln. Du wirst von ihr ausgeschlossen sein. So ist dein Pfad der *schwarze,* jene aber, von welchen du dich gesondert hast, gehen den *weißen* Pfad.›

So kündigt sich der ‹große Hüter› der Schwelle bald an, nachdem die Begegnung mit dem ersten Wächter erfolgt ist. Der Eingeweihte weiß aber ganz genau, was ihm bevorsteht, wenn er den Lockungen eines vorzeitigen Aufenthaltes in der übersinnlichen Welt folgt. Ein unbeschreiblicher Glanz geht von dem zweiten Hüter der Schwelle aus; die Vereinigung mit ihm steht als ein fernes Ziel vor der schauenden Seele. Doch ebenso steht da die Gewissheit, dass diese Vereinigung erst möglich wird, wenn der Eingeweihte alle Kräfte, die ihm aus dieser Welt zugeflossen sind, auch aufgewendet hat im Dienste der Befreiung und Erlösung dieser Welt. Entschließt er sich, den Forderungen der höheren Lichtgestalt zu folgen, dann wird er beitragen können zur Befreiung des Menschengeschlechts. Er bringt seine Gaben dar auf dem Opferaltar der Menschheit. Zieht er seine eigene vorzeitige Erhöhung in die übersinnliche Welt vor, dann schreitet die Menschheitsströmung über ihn hinweg. Für sich selbst kann er nach seiner Befreiung aus

der Sinnenwelt keine neuen Kräfte mehr gewinnen. Stellt er ihr seine Arbeit doch zur Verfügung, so geschieht es mit dem Verzicht, aus der Stätte seines ferneren Wirkens selbst für sich noch etwas zu holen.»[129]
Hier erfahren wir nun über den Zusammenhang und das Vorhandensein von «Oberem» und «Unterem» Entscheidendes:
– Der Mensch war einst nur mit der oberen Welt verbunden, das Untere, Niedere gab es noch nicht. Aber der Mensch und somit die Evolution als Ganzes wäre nicht weitergekommen, wenn das Untere, das Irdisch-Zeitliche, also auch der Tod nicht entstanden wären.
– «Der Tod ist nämlich nichts anderes als der Ausdruck dafür, dass die einstige übersinnliche Welt an einem Punkte angekommen war, von dem aus sie durch sich selbst nicht weitergehen konnte. Ein allgemeiner Tod wäre notwendig für sie gewesen, wenn sie nicht einen neuen Lebenseinschlag erhalten hätte. Und so ist dieses neue Leben zu einem Kampf gegen den allgemeinen Tod geworden. Aus den Resten einer absterbenden, in sich erstarrenden Welt erblühten die Keime einer neuen. Deshalb haben wir Sterben und Leben in der Welt.»
– Der Wechsel zwischen «Unterem» und «Oberen», zwischen Erdenleben und Leben in den geistigen Welten war also die Folge eines drohenden Stillstandes in der Evolution als solcher. Wie das genauer zu verstehen ist, werden wir weiter unten noch sehen. Das heißt aber auch, dass die goldene Regel: «Jedes Ideal ist Keim für zukünftiges Naturgeschehen; jedes Naturgeschehen ist Frucht vergangenen Geistgeschehens» mit diesem Zeitpunkt, mit dem der Wechsel zwischen äußerem Naturgeschehen auf der Erde und Leben in den geistigen Welten entstanden ist, in Verbindung gebracht werden muss.
– Der Eingeweihte sieht nun, dass ihm der «kleine Hüter der Schwelle» als Ergebnis seiner bisherigen Erdenleben, seiner zeitlich-vergänglichen Erdenzeit erscheint. Sein Oberes erscheint ihm vom Unteren entstellt.
– Hat er diese Entstellung nun aber durchschaut und somit sein eigentliches Wesen, sein Ewiges, sein wahres Selbst, erkannt, tritt der «große Hüter der Schwelle» vor ihn hin, um ihm deutlich zu machen, dass er zwar für sich selbst nicht mehr an der unteren Welt teilnehmen müsste, dass aber der Sinn der Erdenentwicklung als ganzer damit nicht erfüllt wäre. Er muss nun, will er dem «weißen Pfad» folgen, in der unteren Welt weiterhin mitarbeiten, um deren Zusammenhang mit der oberen Welt für alle Menschen wiederherzustellen, er kann mithin zu einem Diener des Christus selbst werden.
– Das bedeutet zugleich, dass der Eingeweihte nunmehr das «Untere»,

also alles, was der Vergänglichkeit und mithin der irdischen Entwicklung unterliegt und damit dem Tod, dass er also alles dieses jetzt in seiner wahren Bedeutung erkennen und schätzen lernt. Denn nur durch den Durchgang durch das Zeitlich-Irdisch-Vergängliche kann die Evolution als Ganzes sich weiterentwickeln. Das ist das Geheimnis der Polarität von Dauer und Entwicklung, also das Geheimnis der Zeit, das sich nun mehr und mehr vor unserem inneren Auge zu enthüllen beginnt.

Die Wesenheit aber, die hier vor den Eingeweihten hintritt, können wir als die Christus-Wesenheit selbst anschauen. Sie wird ja von Steiner, wie oben bereits zitiert[130], mit dem Wesen alles Zeitlichen in Verbindung gebracht. Im Vortrag vom 4. Juni 1924 heißt es ja wörtlich:

«Um in die Zeit als Wirklichkeit hineinzukommen, muss man aus dem Raume heraus, alles Räumliche wegschaffen – und das heißt: sterben!»

«Indem wir zur Sonne hinaufblicken, müssen wir an dem Sonnenschein die für das Räumliche verborgene Zeit erblicken. Im Inneren der Sonne ist die Zeit.»

«Und indem sich das Menschenherz, die Menschenseele, der Menschengeist mit dem Christus verbinden, gewinnen sie wiederum den Strom der Zeit von Ewigkeit zu Ewigkeit. Was können wir Menschen anderes tun als, wenn wir sterben, also aus der Raumeswelt hinausgehen, uns anklammern an dasjenige, was uns dann wieder die Zeit gibt, da die Menschheit zur Zeit des Mysteriums von Golgatha so stark Raumeswesen geworden ist, dass ihr die Zeit abhandengekommen war! Der Christus hat den Menschen wiederum die Zeit gebracht.»

«Die Sonne strahlt nicht nur das Licht aus, die Sonne macht auch den Raum. Und die Bewegung der Sonne selber ist nur innerhalb des Raumes eine räumliche; außerhalb des Raumes ist sie eine zeitliche.»

«Nehmet ihr mich auf, sagte der Christus, so nehmet ihr die Zeit auf und verfallt nicht dem Raume.»

Durch den Christus kann mithin die Täuschung über alles Zeitliche, die Luzifer und Ahriman, wie oben beschrieben, erzeugt haben, überwunden werden. Das Wesen des Zeitlichen wird also erst durch eine Begegnung mit dem Christus selbst anschaulich. Eine solche Begegnung hat für Rudolf Steiner im Laufe seines Lebens eindeutig stattgefunden, wenn sich auch über den Zeitpunkt dieser Begegnung die Biografen nicht einig sind. Dies ist jedoch für unsere Thematik nicht von Belang.

Können wir nun aus Steiners sonstigen Schilderungen den hier bezeichneten Zeitpunkt, an dem gewissermaßen eine Art Stillstand der Evolution einzutreten drohte, noch genauer erfassen? Können wir damit auch das Wesen der Sonne, wie sie Rudolf Steiner als Ausdruck der Zeit und somit der Christus-Wesenheit beschrieben hat, noch besser verstehen?

2. Die Evolution des Menschen unter Berücksichtigung der Zeitanschauung Rudolf Steiners – Der Ursprung der Zeit

Im Hinblick auf den zuvor beschriebenen Gesichtspunkt können wir von einer «Krise» der geistigen Welt sprechen, in der ein Stillstand aller Entwicklung im Überzeitlich-Geistigen drohte. Um diese Krise zu überwinden, traten die geistigen Schöpferwesen – um welche es sich dabei handelt, werden wir später noch sehen –, aus sich heraus und ließen das Zeitlich-Räumliche, die Welt des Entstehens und Vergehens, mithin die Welt, in der wir unser irdisches Dasein erleben, entstehen.

Mit nachfolgenden Textauszügen aus dem Werk Steiners wollen wir den Zeitpunkt dieser «Krisis» noch genauer ins Auge fassen. Nun ist die Sache jedoch nicht so einfach, weil unser Vorstellungsvermögen eben zunächst sehr beschränkt ist. Wir müssen nämlich erhebliche Anstrengungen unternehmen, um diesen Evolutionszusammenhang zu verstehen. Und dazu gehört nun zunächst die Schilderung, in der Rudolf Steiner den Zeitpunkt beschreibt, in dem aus einem Zustand der reinen Leere, des Nichts, dem alten Saturnzustand, die Zeit hervorgegangen ist. Damit ist aber noch nicht der Moment jener oben bezeichneten «Krisis» erreicht. Wir werden noch sehen, wie sich die Dinge zueinander verhalten.

Wir greifen zunächst zurück auf die Vorträge, die Steiner im Herbst 1911 unter dem Titel *Die Evolution vom Gesichtspunkte des Wahrhaftigen* als Ergänzung und Vertiefung seiner zwei Jahre zuvor erschienenen *Geheimwissenschaft im Umriss* in Berlin gehalten hat. In keinem anderen Vortragszyklus ging Steiner auf die hier gefragten Zusammenhänge detaillierter und expliziter ein.

Rudolf Steiner beginnt seine Betrachtungen unmittelbar mit einem Blick auf die von uns bereits behandelte «Akasha-Chronik» und, ohne es weiter zu benennen, also implizit, auf die Frage der «Perspektivität der Zeit», die uns nunmehr bereits geläufig geworden ist. Auch hier wird wieder deutlich, wie das einmal Gewesene im Geistigen zwar «räumlich» entfernt, deswegen aber nicht unwirksam, sondern vielmehr wirksam bis in die Gegenwart herein geblieben ist:

«Wenn wir uns fragen: Woher stammen alle die Angaben, die da gemacht worden sind? – so wissen wir, dass sie von den sogenannten Eintragungen in die Akasha-Chronik stammen. Wir wissen, dass das, was einmal geschehen ist oder vorgeht im Verlaufe der Weltentwickelung, gewissermaßen zu lesen ist wie durch eine Eintragung in eine feine geistige Substanz, in die Akasha-Substanz. Von allem, was sich abgespielt hat, gibt es eine solche Eintragung, aus welcher entnommen werden kann, wie die Dinge einmal waren. Nun werden wir natürlich annehmen können, dass, ebenso wie dem gewöhnlichen Blick, der irgendetwas von unserer physischen Welt überblickt, die Dinge, die in der Nähe sind, in ihren Einzelheiten mehr oder weniger klar und deutlich, und je weiter sie entfernt sind, mehr oder weniger unklar und undeutlich erscheinen, so werden auch die Dinge, die zeitlich in unserer Nähe sind, die der Erden- oder der Mondentwickelung angehören, sich genauer angeben lassen; wogegen die Dinge, die zeitlich weiter entfernt sind, undeutlichere Umrisse bekommen, so zum Beispiel, wenn wir in das Saturn- oder Sonnendasein hellseherisch zurückblicken.

Warum tun wir das überhaupt, dass wir einen gewissen Wert darauf legen, so weit hinter uns liegende Zeiträume zu verfolgen? Es könnte ja jemand sagen: Wozu bringen diese Anthroposophen allerlei so uralte Dinge heute noch zur Sprache? Man braucht sich doch in der Welt nicht um diese ururalten Dinge zu kümmern, denn man hat doch genügend zu tun mit dem, was gegenwärtig vorgeht.

Es wäre sehr unrichtig, so zu sprechen. Denn, was einmal vorgegangen ist, das vollzieht sich heute noch fortwährend. Was in der Saturnzeit sich abgespielt hat, das ist nicht bloß dazumal gewesen, sondern das geht heute noch vor, nur wird es überdeckt, unsichtbar gemacht durch das, was heute äußerlich um den Menschen auf dem physischen Plan ist. Und recht, recht stark unsichtbar wird gerade das alte Saturndasein gemacht, das vor so langer Zeit sich abgespielt hat. Aber es geht den Menschen noch etwas an, heute noch, das alte Saturndasein. Und um uns eine Vorstellung zu machen, wie es uns angeht, wollen wir uns Folgendes vor die Seele stellen.

Wir wissen, dass der innerste Kern unseres Wesens uns entgegentritt als das, was wir unser ‹Ich› nennen. Dieses Ich, der innerste Kern unseres Wesens, ist wahrhaftig für den heutigen Menschen eine recht übersinnliche, eine recht unwahrnehmbare Wesenheit. Wie unwahrnehmbar sie ist, kann schon daraus geschlossen werden, dass es heute Seelenlehren gibt, die sogenannten offiziellen Psychologien, die überhaupt keine Ahnung mehr davon haben, worin das Wesen dieses Ich besteht, die keine Ahnung haben sogar, dass auf ein solches Ich hinzudeuten ist.

Ich habe schon öfter darauf aufmerksam gemacht, dass sich nach und nach im 19. Jahrhundert in der deutschen Psychologie der schöne Ausdruck herausgebildet hat ‹Seelenlehre ohne Seele›. Namentlich war tonangebend für diese ‹Seelenlehre ohne Seele› – obwohl das Wort nicht von ihr geprägt worden ist – die heute weltberühmte Schule *Wundts*, die ja nicht bloß in den deutschen Landen ausschlaggebend ist, sondern die überall, wo von Psychologie geredet wird, mit großen Ehren genannt wird. ‹Seelenlehre ohne Seele› könnte man so ausdrücken: eine Beschreibung der seelischen Eigenschaften, ohne auf ein selbstständiges Seelenwesen Rücksicht zu nehmen, in dem sich alle Eigenschaften der Seele erst sammeln in einer Art von Brennpunkt, sich versammeln im Ich. – Das ist der größte Unsinn, der überhaupt in die Seelenlehre hineingeschleudert worden ist, man kann sich einen größeren Unsinn gar nicht denken; dennoch steht die heutige Psychologie ganz unter dem Eindruck dieses Unsinns. Und diese ‹Seelenlehre ohne Seele› ist heute in der ganzen Welt berühmt. Künftige Kulturgeschichtsschreiber unserer Zeit werden viel zu tun haben, wenn sie es unseren Nachkommen einigermaßen plausibel machen wollen, wie so etwas überhaupt möglich war, dass im 19. Jahrhundert und weit ins 20. hinein so etwas als die größte Leistung auf psychologischem Gebiete angestaunt worden ist. Das alles soll nur gesagt werden, um anzudeuten, wie unklar sich gerade die offizielle Psychologie über das Ich ist, den Mittelpunkt des menschlichen Wesens.

Wenn man das Ich in seiner wahren Wesenheit erfassen und so vor sich hinstellen könnte wie den äußeren physischen Leib, und wenn man die Umgebung, von der das Ich so abhängt, wie der physische Leib von dem abhängt, was von außen durch die Augen gesehen, durch die Sinne sonst wahrgenommen werden kann, wenn man ebenso die Umgebung des Ich suchen könnte, wie man im physischen Reich die Umgebung in den Wolken, Bergen und so weiter hat – wenn man das ebenso suchen wollte für das Ich, wovon das Ich abhängt, wie zum Beispiel der physische Leib abhängt von seinen Nahrungsmitteln –, so käme man zu einer Weltcharakteristik, zu einem Weltentableau, heute noch, das gleichsam imprägniert unsere sonstige Umgebung, unsichtbar drinnensteckt und das gleich ist dem Weltentableau des alten Saturn. Das heißt, wer das Ich in seiner Welt kennenlernen will, der muss sich eine solche Welt vor Augen stellen können, wie die alte Saturnwelt war. Diese Welt ist verdeckt, ist eine übersinnliche Welt für den

Menschen. Der Mensch könnte sie auch in dem heutigen Grade seiner Entwickelung durchaus nicht ertragen. Sie ist ihm durch den Hüter der Schwelle zugedeckt, damit sie zunächst vor ihm verborgen bleibe, und es gehört ein gewisser Grad spiritueller Entwickelung dazu, um einen solchen Anblick aushalten zu können.»[131]

Hier taucht nun, wie wir oben bereits bemerkt hatten,[132] tatsächlich die umgekehrte Perspektive der Wesensgliederreihenfolge wieder auf. Der Saturnzustand wird als die Umgebung des Ich, also des geistigsten Wesensgliedes des Menschen, seines eigentlichen Wesenskerns beschrieben. Das steht aber im Gegensatz zu der von Steiner sonst beschriebenen Reihenfolge, in der zuerst der physische Leib des Menschen auf dem Saturn entstanden, und das Ich als Letztes erst auf der Erde dem Menschen verliehen worden ist. Stellen wir diese Frage hier aber zurück,[133] und verfolgen wir den Vortrag weiter:

«Es ist ja in der Tat ein Anblick, an den man sich erst gewöhnen muss. Sie müssen sich vor allen Dingen von alledem eine Vorstellung machen, was notwendig ist, um überhaupt dahin zu kommen, ein solches Weltentableau als etwas Wirkliches noch empfinden zu können. Alles, was Sie mit den Sinnen wahrnehmen können, müssten Sie sich wegdenken aus der Welt, müssten sich auch fortdenken Ihre Innenwelt, insofern dieselbe aus den gewöhnlichen Gemütsbewegungen des Menschen besteht; müssten sich weiter wegdenken von dem, was in der Welt ist, auch alles, was Vorstellungen sind im Menschen. Also von der Außenwelt müssten Sie alles wegnehmen, was Sinne wahrnehmen können, und vom Inneren alles, was Gemütsbewegungen, Vorstellungen sind. Und wenn Sie jetzt von jener Seelenverfassung sich einen Begriff machen wollen, in die der Mensch kommen muss, wenn er den Gedanken real fasst: Alles das wäre weggeschafft, aber der Mensch wäre noch da –, dann kann man nicht anders sagen als, der Mensch muss lernen, Schauder, Furcht empfinden zu können vor der unendlichen Leere, die sich da auftut um uns herum. Man muss gleichsam seine Umgebung empfinden können wie ganz und gar gesättigt, tingiert mit dem, was uns von allen Seiten Schauder, Furcht erregt, und muss zu gleicher Zeit in der Lage sein, diese Furcht durch innere Festigkeit und Sicherheit seines Wesens überwinden zu können. Ohne diese zwei Gemütsstimmungen, Schauder und Furcht vor der unendlichen Leere des Daseins und der Überwindung dieser Furcht, kann man überhaupt gar keine Ahnung empfinden von dem, was unserem Weltendasein als das alte Saturndasein zugrunde liegt.

Beide Empfindungen, wie sie jetzt charakterisiert worden sind, kultivieren ja die Menschen wenig bei sich selber. Daher findet man sogar in der Literatur wenig Beschreibungen von diesem Zustand. Es kennen diesen Zustand natürlich die, welche durch hellseherische Kräfte den Dingen auf den Grund zu gehen versuchten im Laufe der Zeiten. Aber in der äußeren Literatur, der geschriebenen oder gedruckten, finden sich nur wenig Angaben darüber, dass Menschen so etwas empfunden haben wie das Schaudern vor der unendlichen Leere oder gar die Überwindung dieses Schauderns. Um eine Art äußeren Einblick in die Sache zu haben, versuchte ich ein wenig nachzugehen in der jüngeren Literatur, wo so etwas auftreten könnte wie dieses Schaudern vor der unermesslichen Leere in einem Menschen. Die Philosophen sind ja gewöhnlich ungeheuer klug, reden in ihren Begriffen abgeklärt und vermeiden es, von den großen, imponierenden Eindrücken zu sprechen. Dort findet man nicht so leicht etwas darüber. Nun will ich nicht davon sprechen, wo ich überall nichts gefunden habe. Aber einmal habe ich doch einen kleinen Anklang an diese Empfindungen gefunden, und zwar in dem Tagebuch des Hegelianers *Karl Rosenkranz*, wo er manchmal ganz intime Gefühle schildert, wie er sie gehabt hat beim Durchleben der Hegel'schen Philosophie. Ich habe auf eine merkwürdige Stelle stoßen können, die bei ihm so herauskommt wie eine unschuldige Stelle, die er in sein Tagebuch fixierte. Karl Rosenkranz macht sich klar, dass die Hegel'sche Philosophie ausgeht von dem ‹reinen Sein›. Von diesem ‹reinen Sein› *Hegels* ist viel geschwätzt worden in der philosophischen Literatur des 19. Jahrhunderts, aber man muss sagen, es ist wenig verstanden worden. Man möchte fast sagen, in der Philosophie der zweiten Hälfte des 19. Jahrhunderts – das kann man natürlich nur im intimsten Kreise sagen! – versteht man von dem ‹reinen Sein› Hegels soviel wie der Ochs vom Sonntag, wenn er die ganze Woche hindurch Gras gefressen hat. Es ist ein durchgesiebter Begriff, dieses ‹reine Sein› Hegels – nicht das Seiende, sondern das Sein –, es ist ein Begriff, der wahrhaftig noch nicht das ist, was ich jetzt charakterisiert habe als die schauervolle, Furcht einflößende Leere, aber es ist der ganze Raum im Hegel'schen Sein tingiert mit der Eigenschaft, die nichts hat, was vom Menschen erlebt werden kann: die Unendlichkeit, mit Sein erfüllt. Und Karl Rosenkranz empfindet es einmal wie ein schauervolles Durchschütteltsein von der Kälte des Weltenraumes, der von nichts erfüllt ist, als vom leeren Sein.

Um zu begreifen, was der Welt zugrunde liegt, genügt es nicht, dass man in Begriffen darüber redet, sich Begriffe, Ideen davon macht; sondern es ist viel notwendiger, dass man sich eine Vorstellung hervorrufen kann von dem Empfinden, das entsteht gegenüber der unendlichen Leere des alten Saturndaseins. Das Gemüt ergreift dann, wenn es nur eine Ahnung davon erhält, das Gefühl des Schauderns. Wenn man hellseherisch aufsteigen will, damit man dann zum Schauen dieses Saturnzustandes kommt, muss man sich in der Weise vorbereiten, indem man sich in der Tat ein Gefühl erwirbt, das in gewisser Beziehung ausgeht von dem jedem Menschen mehr oder weniger bekannten Gefühl des Schwindels auf hohem Berge, wenn der Mensch über einem Abgrunde steht und keinen sicheren Boden unter den Füßen zu haben glaubt; ein Gefühl, dass er an keinem Orte verbleiben könnte, sodass er sich übergeben fühlt an Mächte, an Kräfte, über die er keine Macht mehr hat. Das ist aber erst das Elementare, das Anfangsgefühl. Denn man verliert nicht nur den Boden unter den Füßen, sondern auch das, was Augen sehen, Ohren hören, Hände greifen können, überhaupt das, was in der räumlichen Umgebung ist; und es kann nicht anders sein, als dass man entweder jeden Gedanken verliert, dass man in eine Art von Dämmerung oder Schlafzustand verfällt, in dem man auch zu keiner Erkenntnis kommen kann; oder aber man lebt sich hinein in jene Empfindung, und dann gibt es nichts anderes, als dass man zu jenem Schauerzustande kommt. Aber man muss vorbereitet sein, sonst ist es ein Erfasstwerden von einem Schwindelzustand, der nicht besiegt werden kann.

Nun gibt es zwei Möglichkeiten für den heutigen Menschen. Die eine sichere Möglichkeit ist die, dass jemand die Evangelien verstanden hat, das Mysterium von Golgatha verstanden hat. Wer sie wirklich in ihrer vollen Tiefe verstanden hat – natürlich nicht so, wie die modernen Theologen heute darüber reden, sondern so, dass er daraus herausgesogen hat das Tiefste, was der Mensch daraus innerlich erfahren kann –, der nimmt etwas mit in jene Leere hinein, das sich wie von einem Punkte aus vergrößert und die Leere ausfüllt mit etwas, was mutähnlich ist, was ein Gefühl von Mut, von Geborgensein ist durch das Vereintsein mit jener Wesenheit, die auf Golgatha das Opfer vollbracht hat. Das ist der eine Weg. – Der andere Weg ist der, dass wir ohne die Evangelien eindringen in die geistigen Welten, dass wir durch wahre, echte Anthroposophie in die geistigen Welten eindringen. Das kann auch geschehen. Sie wissen, dass wir zunächst immer betonen: wir gehen nicht von den Evangelien aus, wenn wir das Mysterium von Golgatha betrachten, sondern wir kämen dazu auch, wenn es gar keine Evangelien gäbe. Das hat, bevor das Mysterium von Golgatha geschehen ist, nicht sein können; das ist aber heute der Fall, weil etwas in die Welt gekommen ist durch das Mysterium von Golgatha, wodurch der Mensch die geistige Welt unmittelbar aus den Impressionen heraus selber begreifen kann. Das ist das, was wir das Walten des Heiligen Geistes in der Welt nennen können, das Walten der Weltgedanken in der Welt.

Wenn wir eines oder das andere mitnehmen, können wir uns nicht verlieren und können nicht sozusagen abstürzen in den unendlichen Abgrund, wenn wir der schauervollen Leere zunächst gegenüberstehen. Wenn wir uns nun dieser schauervollen Leere nähern mit den anderen Vorbereitungen, welche uns durch die verschiedenen Mittel gegeben sind, wie es zum Beispiel in *Wie erlangt man Erkenntnisse der höheren Welten?* ausgeführt ist und in dem, was sich weiter darauf aufbaut, und eindringen in die geistige Welt, in eine Welt, aus der alles heraus ist, was unser Gemüt erschüttern, was unsere Vorstellung erfassen kann, wenn wir uns einleben in diese Welt, dann lernen wir, indem wir uns sozusagen einstellen auf das Saturndasein, zunächst Wesenheiten kennen, jetzt aber nicht etwas, was ähnlich schaut dem Tierreich, Pflanzenreich oder Mineralreich, sondern Wesenheiten – es ist ja eine Welt, in der keine Wolken sind, auch kein Licht ist, in der es auch ganz tonlos ist –, aber wir lernen kennen Wesenheiten, und zwar jene Wesenheiten lernen wir kennen, die in unserer Terminologie genannt werden die Geister des Willens oder die Throne. Diese Geister des Willens – sie lernen wir gerade so kennen, dass es wie eine richtige Gegenständlichkeit für uns wird, man könnte sagen: ein wogendes Meer des Mutes.

Was sich der Mensch zunächst nur vorstellen kann, das wird hellseherisch Gegenwart. Denken Sie sich getaucht in das Meer, aber jetzt getaucht als geistiges Wesen, welches sich eins fühlt mit der Christus-Wesenheit, getragen von der Christus-Wesenheit, schwimmend, aber jetzt nicht in einem Meere von Wasser, sondern in einem den unendlichen Raum erfüllenden Meere von – es gibt keine andere Bezeichnung dafür – flutendem Mute, flutender Energie! Das ist nicht etwa bloß ein gleichgültiges, undifferenziertes Meer, sondern alle Möglichkeiten und Unterschiedlichkeiten dessen, was man bezeichnen kann mit dem Gefühl des Mutes, treten uns da entgegen. Wir lernen kennen Wesenheiten, die zwar aus Mut bestehen, die aber sehr wohl spezifiziert sind, die wir, wenn sie auch nur aus Mut bestehen, sehr wohl als konkrete Wesenheiten treffen. Es erscheint natürlich ganz sonderbar, wenn man sagt, man treffe Wesenheiten, die ebenso real sind wie der Mensch aus Fleisch, und die nicht aus Fleisch, sondern aus Mut bestehen. Aber es ist so. Als solche Wesenheiten treffen wir die Geister des Willens, und zunächst bezeichnen wir nur das als Saturndasein, was die Geister des

Willens, die aus Mut bestehen, darstellen; nichts sonst. Das ist zunächst Saturn. Das ist eine Welt, von der wir nicht sagen könnten, sie sei eine Welt, die kugelförmig, sechseckig oder viereckig ist. Alle diese Bestimmungen des Raumes passen nicht darauf, denn es gibt dort nicht die Möglichkeit, ein Ende zu finden. Wenn wir noch einmal das Bild vom Schwimmen gebrauchen wollen, so können wir sagen: es ist nicht ein Meer, wo man an eine Oberfläche kommen würde, sondern nach allen Seiten findet man immer Geister des Mutes oder des Willens.

Ich werde in späteren Vorträgen charakterisieren, wie man nicht gleich auf einmal zu dieser Sache kommt, ich will jetzt nur dieselbe Ordnung einhalten wie früher: Saturn, Sonne, Mond; denn es ist viel besser, wenn man die umgekehrte Richtung einhält: von der Erde zum Saturn, wie es in Wirklichkeit hellseherisch geschieht. – Jetzt charakterisiere ich umgekehrt, das macht aber nichts.

Das Eigentümliche ist: wenn man sich bis zu diesem Anschauen erhoben hat, tritt eines ein, was für den ungeheuer schwer ist, sich vorzustellen, der sich nicht bemüht, langsam und allmählich zu solchen Vorstellungen zu kommen. Denn es hört etwas auf, was mit dem gewöhnlichen menschlichen Vorstellen so verquickt ist wie nur irgendetwas: der Raum hört auf. Es hat keinen Sinn mehr, zu sagen, man schwimme oben oder unten, vorn oder hinten, rechts oder links oder überhaupt Raumverhältnisse anzuwenden. Es hat keinen Sinn bei dem alten Saturn; es ist überall gleich in dieser Beziehung. Aber das Wichtige ist: wenn man in die ersten Zeiten des Saturndaseins kommt, so hört auch die Zeit auf. Es gibt kein Früher oder Später mehr. Das ist natürlich für den Menschen heute sehr schwer vorzustellen, weil sein Vorstellen selbst in der Zeit verfließt: ein Gedanke ist vor oder nach dem anderen. Dass die Zeit aufhört, das ist nun wieder nur durch ein Gefühl zu charakterisieren. Dieses Gefühl ist wahrhaftig nicht angenehm. – Denken Sie sich einmal Ihre Vorstellungen erstarrt, sodass alles, woran Sie sich erinnern können und was Sie sich vornehmen, wie zu einem starren Stabe erstarrt, sodass Sie sich festgehalten fühlen in Ihrem Vorstellen und sich nicht mehr rühren können. Dann werden Sie nicht mehr sagen können, Sie haben etwas, was Sie früher erlebt haben, ‹früher› erlebt. Sie sind angebunden daran, es ist da, aber es ist erstarrt. Die Zeit hört auf, eine Bedeutung zu haben. Sie ist überhaupt nicht mehr da. Deshalb ist es auch ziemlich unsinnig, wenn man fragt: Du schilderst da das Saturndasein, das Sonnendasein und so weiter, sage doch, was vor dem Saturndasein war! ‹Vorher› hat da keinen Sinn mehr, weil die Zeit aufhört, sodass man auch aufhören muss mit allen Zeitbestimmungen.

Es ist wirklich beim alten Saturndasein – in einem sehr vergleichsweisen Sinn kann man das sagen – die Welt wie mit Brettern verschlagen, indem man mit dem Gedanken stille stehen muss. Mit dem Hellsehen auch. Die gewöhnlichen Gedanken muss man schon lange zurücklassen, die gehen nicht bis dahin. Bildlich, vergleichsweise ausgedrückt, müssten Sie sich sagen, dass Ihr Gehirn einfriert. Und indem Sie diese Starrheit gewahr werden, würden Sie ungefähr eine Vorstellung haben von dem Bewusstsein, das sich nicht mehr in der Zeit abschließt.

Nun wird man, wenn man so weit gekommen ist, eine merkwürdige Abwechslung in dem ganzen Bilde gewahr. Es zeigt sich jetzt, dass aus der Starrheit, der Zeitlosigkeit, durch welche dieses unendliche Meer des Mutes mit seinen Wesenheiten, die wir die Geister des Willens nennen, charakterisiert ist, Wesen anderer Hierarchien wie durchschlagen, wie hineinspielen. Erst in dem Moment, wo man dieses Nichtmehrvorhandensein der Zeit spürt, merkt man es, dass da andere Wesen hineinspielen. Man merkt nämlich ein unbestimmtes Erleben, von dem man nicht sagen kann, dass man es selbst erlebt, sondern dass es da ist, kann man nur sagen, dass es in dem ganzen unendlichen Meere des Mutes drinnen ist. Man merkt etwas wie ein durch dieses Feld gehendes Aufblitzen, wie ein Hellerwerden, aber nicht eigentlich ein Blitzen, sondern mehr ein Aufglimmen. Es ist eine erste Differenzierung. Ein Aufglimmen – aber ein Aufglimmen, das nicht den Eindruck macht des aufglimmenden Lichtes, sondern – man muss ja bei diesen Dingen zu mancherlei greifen – wenn Sie es sich begreiflich machen wollen, so denken Sie sich Folgendes. Sie treten einem Menschen gegenüber, der Ihnen etwas sagt, und Sie bekommen das Gefühl: Wie ist doch der klug! – und indem er weiterredet, steigert sich dieses Gefühl, und Sie empfinden: Der ist weise, hat Unendliches erlebt, dass er so weise Dinge sagen kann! – und diese Persönlichkeit wirkt außerdem so, dass Sie förmlich etwas wie einen Zauberhauch von ihr ausgehen fühlen. Denken Sie sich diesen Zauberhauch unendlich gesteigert – und denken Sie sich das in dem Meer des Mutes auftauchen wie Wolken, die darinnen nicht aufblitzen, sondern aufglimmen. Wenn Sie das alles zusammennehmen, haben Sie eine Vorstellung davon, dass hineinspielen in die Hierarchie der Geister des Willens Wesenheiten, welche ganz Weisheit sind, aber eine solche Weisheit, die da hineinspielt strahlend, die nicht bloß Weisheit ist, sondern hinstrahlende Weisheit ist. Kurz, Sie bekommen eine Vorstellung zunächst dessen, was hellseherisch Wahrnehmung ist von dem, was die Cherubim sind. Die Cherubim spielen da hinein.

Jetzt denken Sie sich gar nichts um sich als das, was ich eben beschrieben habe. Ich sagte vorhin, indem ich darauf einen gewissen Wert legte: Man kann nicht sagen, man habe es um sich –, sondern man kann nur sagen, es ist eben da –, wie ich es jetzt beschrieben habe. Man muss sich da hineindenken. Nun aber die Vorstellung, dass etwa da ein Aufblitzen sei, ist nicht ganz richtig; deshalb sagte ich, es ist nicht ein Blitzen, sondern ein Glimmen, weil alles gleichzeitig ist. Es ist eben nicht etwa so, dass eines entsteht und vergeht, sondern alles ist gleichzeitig. Aber man bekommt jetzt ein Gefühl von einer Beziehung dieser Geister des Willens und der Cherubim. Man bekommt das Gefühl, dass die ein Verhältnis zueinander gewinnen. Dieses Bewusstsein erlangt man. Und zwar erlangt man das Bewusstsein, dass die Geister des Willens oder die Throne ihre eigene Wesenheit den Cherubim opfern. Das ist die letzte Vorstellung, zu der man überhaupt kommt, wenn man sich, rückwärtsgehend, dem Saturn nähert – die sich opfernden Geister des Willens, die ihre Opfer hinauflenken zu den Cherubim –, weiter geht es nicht, da ist die Welt wie mit Brettern verschlagen. Und indem man erleben kann dieses Opfern der Geister des Willens gegenüber den Cherubim, presst sich etwas los aus unserem Wesen. Das kann man jetzt nur mit dem Worte sagen: Durch das Opfer, das die Geister des Willens den Cherubim bringen, wird die Zeit geboren. – Aber die Zeit ist jetzt nicht jene abstrakte Zeit, von der wir gewöhnlich sprechen, sondern sie ist selbstständige Wesenheit. Jetzt kann man anfangen zu reden von etwas, was beginnt. Die Zeit beginnt mit dem, was da zunächst als Zeitwesenheiten geboren wird, die nichts sind als lauter Zeit. Es werden Wesenheiten geboren, die nur aus Zeit bestehen; das sind die Geister der Persönlichkeit, die wir dann als Archai in der Hierarchie der geistigen Wesenheiten kennenlernen. Im Saturndasein sind sie nur Zeit. Bei uns haben wir sie auch beschrieben als Zeitgeister, als Geister, welche die Zeit regeln. Aber die da geboren werden als Geister, sind wirklich Wesenheiten, die überhaupt nur aus Zeit bestehen.

Das ist etwas außerordentlich Wichtiges: teilzunehmen an diesem Opfer der Geister des Willens gegenüber den Cherubim und an der Geburt der Geister der Zeit. Denn erst jetzt, indem die Zeit geboren wird, tritt etwas anderes auf, was uns jetzt überhaupt erst möglich macht, von dem Saturnzustande als von etwas zu sprechen, was sozusagen einige Ähnlichkeit hat mit dem, was uns jetzt umgibt. Gleichsam der Opferrauch der Throne, der die Zeit gebiert, ist das, was wir die Wärme des Saturn nennen. Daher sagte ich früher immer, der Saturn ist im Wärmezustand, indem ich beschrieb, was da ist. Gegenüber all den Elementen, die wir gegenwärtig um uns haben, können wir bei dem alten Saturnzustand nur sprechen als von einem Wärmezustand. Aber diese Wärme entsteht als Opferwärme, welche die Geister des Willens darbringen den Cherubim. Nun gibt uns das zugleich eine Anleitung, wie wir in Wahrheit über das Feuer denken sollen. Wo wir Feuer sehen, wo wir Wärme empfinden, sollten wir nicht so materialistisch denken, wie es dem heutigen Menschen natürlich und gewöhnlich ist, sondern wo wir Wärme auftreten sehen und fühlen, da ist auch heute noch in unserer Umgebung unsichtbar vorhanden, geistig zugrunde liegend, das Opfer von den Geistern des Willens gegenüber den Cherubim. Dadurch gewinnt die Welt erst ihre Wahrheit, dass wir wissen, dass hinter jeder Wärmeentwickelung ein Opfer ist.

In der *Geheimwissenschaft* ist, um die Menschen draußen nicht gar zu sehr vor den Kopf zu stoßen, zunächst mehr der äußere Zustand des alten Saturn geschildert. Es sind ja schon genug dadurch vor den Kopf gestoßen, und die Menschen, die nur im heutigen wissenschaftlichen Sinne denken können, sehen das Buch als reinen Unsinn an. Aber nun denken Sie sich, was es hieße, wenn man gar sagen würde: Der alte Saturn hat in seiner innersten Wesenheit, in dem, was ihm zugrunde liegt, das, dass die Wesenheiten, welche den Geistern des Willens angehören, den Cherubim opferten; dass aus dem Opferrauch die Zeit geboren wird, aus dem Opfer, welches sie den Cherubim bringen; dass daraus die Archai, die Zeitgeister, hervorgegangen sind und dass die Wärme nur ein äußerer Abglanz, eine Maja ist gegenüber dem Opfer der Geister des Willens. Aber es ist so: Die äußere Wärme ist nur eine Maja, und wollen wir in Wahrheit sprechen, so müssen wir sagen: Überall, wo Wärme ist, haben wir in Wahrheit Opfer – Opfer der Throne gegenüber den Cherubim.

Und nun ist eine gute Imagination das Folgende. Es wird in *Wie erlangt man Erkenntnisse der höheren Welten?* sehr häufig davon gesprochen, und auch sonst ist es gesagt worden, dass die zweite Stufe der rosenkreuzerischen Einweihung die Bildung von Imaginationen ist. Diese Imaginationen muss sich der Anthroposoph bilden aus den richtigen Vorstellungen gegenüber der Welt. So kann er sich, was wir heute besprochen haben, umgewandelt denken in eine fantasieartige Imagination: die Throne, die Geister des Willens, kniend in voller Hingebung, voller mutartiger Hingebung vor den Cherubim, aber so, dass die Hingebung nicht hervorgeht aus der Empfindung der Kleinheit, sondern aus dem Bewusstsein, dass man etwas hat, was man opfern kann. Die Throne in dieser Opferwilligkeit, der die Stärke, der Mut zugrunde liegt, wie kniend vor den Cherubim und das Opfer zu ihnen hinaufschickend, und dieses Opfer schicken sie hinauf wie brodelnde Wärme, flammende Wärme, sodass der Opferrauch hinaufflammt zu den geflügelten Cherubim! So könnte das Bild sein. Und von diesem Opfer ausgehend – als wenn wir in die Luft hinein das Wort sprechen könnten und dieses Wort die Zeit wäre, aber die Zeit als Wesenheiten –, von dem ganzen Vorgange ausgehend: die Geister der Zeit, die Archai. Dieses Hinaussenden der Archai, das gibt ein grandioses, mächtiges Bild. Und dieses Bild, vor unsere Seele hingestellt, ist außerordentlich impressionierend für gewisse Imaginationen, die uns dann immer weiter und weiter auf dem Gebiete des okkulten Erkennens bringen können.

Das ist es ja überhaupt, was wir erreichen müssen: umzuwandeln die Vorstellungen, die wir bekommen, in Imaginationen, in Bilder. Wenn die Bilder auch von uns ungeschickt gemacht sind, wenn sie auch anthropomorphistisch sind, wenn sie auch ausschauen wie geflügelte Menschen, diese Wesen, darauf kommt es nicht an. Das andere wird uns zuletzt schon gegeben, und was sie nicht haben sollen, fällt schon ab. Wenn wir uns nur hingebend vertiefen in solche Bilder, dann tun wir das, was uns allmählich hinaufführt zu solchen Wesen.»[134]

In dieser gewaltigen Imagination vom Beginn aller Schöpfung, steht ein Bild der Entstehung der Zeit als Wesenheiten der Archai vor uns. Wir werden im Folgenden nun versuchen, den Zusammenhang zu allen bisherigen Vorstellungen, dem Doppelstrom der Zeit, der Polarität von Dauer und Entwicklung, der Wirksamkeit Luzifers und Ahrimans im zeitlichen Erleben des Menschen und der Bedeutung der Christus-Wesenheit für das Wesen der Zeit herzustellen, und dazu aber zunächst der Steiner'schen Darstellung in diesem Vortragszyklus weiter folgen, weil sich dadurch jetzt erstmals im Laufe unserer Betrachtungen ein, wie wir hoffen, wirklich vollständiges Bild der Zeit im Sinne Rudolf Steiners ergeben kann.

Wir wollen dabei außerdem unsere jetzige Fragestellung nicht aus dem Auge verlieren, nämlich die nach der «Krisis der geistigen Welt», also eines Zustandes, an dem die Evolution nicht mehr weitergegangen wäre, wenn nicht das äußere physisch-räumliche, mit der Zeit verbundene Dasein entstanden wäre.

3. Die mit dem Christus verbundene neue Dimension der Zeit – Die Liebe als Evolutionsprinzip

Im zweiten Vortrag der *Evolution vom Gesichtspunkte des Wahrhaftigen* verdeutlicht Rudolf Steiner nochmals, was er unter «Zeit» im Sinne des Saturnzustandes versteht:
«Dann haben wir gesehen, dass aus dieser Tat des Opfers, das die Throne gegenüber den Cherubim darbringen, gleichsam herausgeboren wird – aber ich habe schon darauf aufmerksam gemacht, dass es wieder ein modernes Wort ist, das nicht recht passt –, das, was wir die ‹Zeit› nennen. Aber die Zeit ist damals noch nicht das ‹Früher oder Später›, nicht jenes Abstraktum, als welches sie heute der Mensch wahrnimmt, sondern eine Summe von geistigen Wesenheiten: das sind die Geister der Persönlichkeit, die wir dann auch kennengelernt haben als die Zeitgeister. Die Zeitgeister sind die wirkliche alte Zeit, und sie sind die Kinder der Throne mit den Cherubim.»[135]
Es ist nun allerdings in unserem Zusammenhang nicht möglich und auch nicht die Aufgabe, die Steiner'sche Darstellung in ihrer Vollständigkeit hier wiederzugeben. Das muss dem eigenen Studium überlassen bleiben. Wir beschränken uns also hier, soweit das möglich ist, auf jene Aussagen, die für unsere Fragestellung nach dem Wesen der Zeit von Bedeutung sind. Deshalb folgt nun hier aus dem oben zitierten Vortrag nur ein weiterer Auszug, der uns nun veranschaulicht, wie auf der nächsten Entwicklungsstufe, der Sonne, aus dem Zustand, der zur Entstehung der Zeit als Geister der Zeit geführt hatte, nun der Raum geboren wird, aber ebenfalls wesenhaft, als die Hierarchie der Erzengel:
«Und wenn wir jetzt von all diesen Vorgängen wieder eine Vorstellung gewinnen wollen in der Weise, wie wir es das letzte Mal getan haben, wo das Bild der opfernden Throne vor unsere Seele trat, die Zeitgeister gebärend, so werden wir nicht hinmalen einen Körper, der aus Licht besteht, denn nach außen strahlt dieses Licht noch nicht, es ist nur im Widerstrahlen im Inneren vorhanden. Eine Kugel als inneren Raum haben wir uns zu denken, in dem Mittelpunkt zunächst sich wiederholend das Bild des Saturn: die Throne als Geister wie kniend vor den

Cherubim, den geflügelten Wesen, opfernd ihr eigenes Wesen; und hinzukommend die Geister der Weisheit, in dem Anblick des Opfers versinkend. Und nun kann man als Anblick haben, dass die Glut, die im Opfer liegt, sich in der Hingabe der Geister der Weisheit verwandelt, sodass sie sinnenfällig vorzustellen ist als Opferrauch, als Luft, die aufsteigt von der Opfertat als Opferrauch. Und wir bekommen ein vollständiges Bild, wenn wir uns vorstellen: Die opfernden Throne kniend vor den Cherubim, und zu dem Opfer hinzukommend wie im Reigen die Geister der Weisheit, hingegeben in ihrer Stimmung dem, was sie erblicken im Mittelpunkte der Sonne an dem Opfer der Throne; dadurch in ihrer Stimmung erwachsend zu dem Bilde des Opferrauches, der sich verbreitet nach allen Seiten, der ausströmt, sich am Ende ballt und aus seinen Wolken herausschafft die Gestalten der Erzengel, die zurückstrahlen von der Peripherie das Geschenk des Opferrauches als Licht, das Innere der Sonne durchleuchtend, das Geschenk der Geister der Weisheit zurückgebend und die Sphäre der Sonne in dieser Weise schaffend. Sie besteht schenkend aus Glut und Opferrauch. An der äußeren Peripherie sitzen die Erzengel, die Schöpfer des Lichtes, die das, was zuerst auf der Sonne da ist, später abbilden; es braucht Zeit, dann aber kommt es zurück als Licht. Was bewahren also die Erzengel? Sie bewahren das Frühere; die Gaben der Geister der Weisheit, die sie nehmen, strahlen sie zurück; aber was in der Zeit war, geben sie zurück als Raum, und indem sie es als Raum zurückstrahlen, geben sie zurück das, was sie selbst durch die Archai, die Anfänge, erhalten haben. Dadurch sind sie die Engel des Anfanges, weil sie das in späteren Zeiten wirksam machen, was früher war. Archangeloi, Boten des Anfanges sind sie!»[136]
Nun aber folgt für unseren Zusammenhang Entscheidendes. Denken wir noch einmal zurück an die bereits oben zitierten Worte Rudolf Steiners über die zentrale Wesenheit der Sonne, die Christus-Wesenheit, wo es hieß:

«Und wir blicken jetzt zur Sonne hinauf und sagen uns: Indem wir zur Sonne hinaufblicken, müssen wir an dem Sonnenschein die für das Räumliche verborgene Zeit erblicken. Im Inneren der Sonne ist die Zeit. Und aus dieser im Inneren der Sonne webenden Zeit heraus ist der Christus in den Raum hineingekommen auf die Erde.»[137]

So erfahren wir hier nun, wie auf der Sonne aus dem beschriebenen Vorgang des Opfers der Geister der Weisheit und dem daraus entstehenden Licht die Christus-Wesenheit selbst hervorgegangen ist:

«Es ist ganz wunderbar, wenn aus der wirklichen okkulten Erkenntnis heraus ein solches Wort wieder auftaucht und wir uns dann überlegen, wie dieses Wort aus uralten Traditionen – auf dem Wege über die Schule *Dionysius' des Areopagiten*, der ein Schüler des Paulus war – uns überkommt. Es ist wunderbar zu sehen, dass dieses Wort so geprägt ist, dass, wenn wir es unabhängig von dem, was da steht, wiederentwickeln, das entsteht, was da war. Das muss mit der größten Ehrfurcht erfüllen, und wir fühlen uns dann verbunden mit den alten heiligen Schulen der Weiheweisheit, der Weihewissenschaft, sodass wir gleichsam fühlen, wie wenn dieses Alte in uns einströmen würde, indem wir es verständnisvoll ergreifen, nachdem wir uns selbst die Möglichkeit geschaffen haben, es unabhängig von dem Alten aufzunehmen. Wer nur ein wenig fühlen kann das Stimmen der alten Ausdrücke, die uns überliefert sind, ohne dass wir auf diese Ausdrücke Rücksicht nehmen, der fühlt sich hineingestellt in das Walten der Zeitengeister durch den Menschengeist hindurch. Es ist eine wunderbare Art des Sich-verbunden-Fühlens mit der ganzen menschlichen Evolution, was da herauskommt; ein Sich-sicher-Fühlen bei diesen Dingen.

Das Andenken an die Urbeginne bewahren die Erzengel. Was aber auf irgendeinem der Planeten vorhanden war, das wiederholt sich in einer späteren Zeit, nur dass das Spätere immer anderes noch hinzufügt, sodass uns das Wesen der Sonne in gewisser Weise wieder entgegentritt in dem, was uns auf unserer Erde entgegentritt.

Die ganze Vorstellung, die ganze Empfindung, die wir uns hier aneignen konnten, die uns ein Bild gibt von den opfernden Thronen, von den opferempfangenden Cherubim, von der Glut, die aus dem Opfer ausströmt, von dem Opferrauch, der sich luftartig verbreitet, von dem Licht, das zurückgestrahlt wird von den Erzengeln, die das bewahren, was in den Anfängen geschehen ist, für die späteren Zeiten: diese Empfindung ist etwas, was in uns hervorrufen kann ein richtiges Verständnis alles dessen, was zusammenhängt mit den Schöpfungen, die aus einer solchen Empfindung hervorgehen.

So haben wir an diesem Milieu, das ich eben als Seelenmilieu geschildert habe, mehr geistig aufgefasst, was wir früher an einem mehr physischen Bilde gewonnen haben. Und wir werden nun sehen, dass aus diesem Milieu heraus geboren wird, was auf der Erde als Christus-Wesenheit aufgetreten ist; und wir werden nur verstehen, was auf die Erde durch die Christus-Wesenheit gebracht wird, wenn wir uns aneignen den Begriff der schenkenden Tugend, der Gnade wirkenden Tugend in ihrer Zurückstrahlung in dem Lichte des Weltenalls in der inneren Substanz des Sonnenmäßigen, die durchdrungen und durchleuchtet ist von diesem Licht. Wenn wir dies zum Bilde erheben, was wir eben beschrieben haben, und in eine Imagination umwandeln und uns denken, dass das alles von diesem Wesen mitgebracht wird auf die Erde, auf der Erde sich auslebt, dann werden wir das eigentliche geistige Wesen des Christus-Impulses wieder noch tiefer empfinden können. Wir werden dann verstehen, welche dunkle Ahnung in der Menschenseele leben kann, wenn diese Menschenseele gegenüber irgendeiner Darstellung empfindet, dass das, was eben beschrieben worden ist, in einer gewissen Weise wieder lebendig werden kann auf der Erde.

Denken wir uns einmal, es könnte das, was eben von der Sonne beschrieben worden ist, in eines Wesens Seele ganz und gar sich konzentrieren, könnte sich zusammendrehen und mitgenommen werden, um später wieder zu erscheinen. Und es würde wieder erscheinen auf der Erde und so wirken, dass es aus dem, was aus der uralten Opfertat und dem Opferrauch, der Licht schaffenden Zeit und der schenkenden Tugend geschaffen ist, den Extrakt der Gnadewirkung überbringen und ihn widerspiegeln würde aus dem Weltall der Wärmeseligkeit, der Lichtesherrlichkeit. Denken wir das alles in einer Seele konzentriert, es gebend dem Erdendasein, um sich versammelt die, welche jetzt als Erdenwesen berufen sein sollen, dies wieder zurückzustrahlen, dies zu bewahren für den Rest des Erdendaseins: In der Mitte der aus dem Opfer heraus und durch das Opfer Schenkende, um ihn herum die, welche es empfangen sollen; damit verbunden zugleich das, was das Opfer ist, und alles, was damit zusammenhängt, gleichsam übersetzt in irdisches Dasein. Und andrerseits die Möglichkeit, dieses Opfer zu zerstören, sodass alles, was dem Menschenwesen gegeben werden kann als Gnadewirkung, ebenso gut angenommen wie zurückgewiesen werden kann. Denken wir uns das alles in eine Intuition verkörpert, dann kann man eine solche Empfindung haben gegenüber dem ‹Abendmahl› des *Leonardo da Vinci:* die ganze Sonne mit den Opferwesen, mit den Wesen der schenkenden Tugend, mit den Wesen der Wärmeseligkeit, der Lichtesherrlichkeit seelisch gefasst – zurückgestrahlt von denen, die erkoren sind, zu bewahren aus den früheren Zeiten in die späteren Zeiten; für die Erde hergerichtet dadurch, dass es auch zurückgewiesen werden kann in dem Verräter.

Das Wesen der Erde, insofern das Wesen der Sonne auf der Erde wiedererscheint, man kann es so empfinden. Und wenn dies nicht in äußerlicher, intellektueller Weise, sondern in wahrhaft künstlerischer Weise gefühlt wird, dann hat man etwas von dem empfunden, was die eigentlich treibende Kraft in einem so großen Kunstwerke ist, das gleichsam den Extrakt des Erdendaseins wiedergibt. Und wenn wir das nächste Mal sehen werden, wie herauswächst aus dem Sonnenmilieu der Christus, dann werden wir noch besser das verstehen, was schon öfter gesagt ist: Wenn ein Geist aus dem Mars herunterkäme auf die Erde und alles sehen würde, was er nicht verstehen würde, dann würde er vielleicht kein Stück der Erde begreifen, aber er würde die eigentliche Erdenmission verstehen, wenn er das ‹Abendmahl› von Leonardo da Vinci auf sich wirken lassen könnte. Da würde ein solcher Marsbewohner sehen können, wie das Sonnendasein hineingeheimnisst sein muss in das Erdendasein, und alles, wovon man ihm sagen würde, dass es die Erde bedeutet, würde ihm dadurch klar werden. Dass die Erde etwas bedeutet, das würde er verstehen, und er würde wissen, um was es sich auf der Erde handelt. Er würde sich sagen: Da mag sonst auf der Erde vorgehen, was nur für irgendeinen Winkel des Erdendaseins Bedeutung hat. Aber konnte diese Tat wirklich dargestellt werden – die Tat, die mir hier entgegenstrahlt aus den Farben, wenn ich die Mittelgestalt mit den umgebenden zusammenhalte –, dann fühle ich, was die Geister der Weisheit empfunden haben auf der Sonne, was uns hier wieder entgegentönt in dem Wort: ‹Dies tut zu meinem Angedenken!› Die Bewahrung des Früheren in dem Späteren: dieses Wort wird uns erst verständlich, wenn wir es begreifen aus dem ganzen Weltenzusammenhange heraus, den wir jetzt kennengelernt haben. – Ich wollte nur andeuten, wie so etwas wie eine künstlerische Tat allerersten Ranges zusammenhängt mit dem ganzen Weltenwerden.»[138]

An diese Schilderung der Geburt der Christus-Wesenheit auf der Sonne schließt nun der darauf folgende Vortrag nicht unmittelbar an, sondern es wird zunächst geschildert, wie auf der Sonne sich das Opfer der Throne den Cherubim gegenüber dadurch verwandelt, dass gewisse Cherubim dieses Opfer nicht mehr annehmen, also darauf verzichten. Steiner macht hier darauf aufmerksam, dass ein Verzicht im Geistigen schöpferische Wirkungen hervorbringen kann und dass im Geistigen dadurch am meisten erreicht wird, dass nicht etwas begehrt, sondern dass verzichtet wird, «schöpferische Resignation» nennt er das.

Damit aber wird nun die aus dem Opfer ursprünglich geborene Zeit verändert:

«Was wird nun dadurch bewirkt, dass auf der Seite gewisser Cherubim ein solcher Verzicht auf das Opfer eintritt? – Es ist ein außerordentlich schwieriges Kapitel, dem wir uns da nähern, und Sie werden nur in langsamem Meditieren erfassen können, was in den Begriffen liegt, die jetzt auseinandergesetzt werden. Nur wenn man lange über die Begriffe, die gegeben werden, nachdenkt, wird man herausfinden, welche

Realitäten diesen Begriffen zugrunde liegen. Die Resignation, von der wir gesprochen haben, müssen wir in Verbindung bringen mit etwas, dessen Entstehung wir auf dem alten Saturn kennengelernt haben: mit der Entstehung der Zeit. Wir haben gesehen, dass mit den Geistern der Zeit, den Archai, die Zeit eigentlich erst auf dem alten Saturn entsteht, und dass es keinen Sinn hat, vor dem alten Saturn von einer ‹Zeit› zu sprechen. Nun liegt zwar eine Wiederholung darin, aber wir können doch sagen: die Zeit dauert fort. ‹Dauern› ist schon ein Begriff, der die Zeit in sich enthält. Wenn also gesagt wird, ‹die Zeit dauert fort›, so bedeutet das: Wenn wir in der Akasha-Chronik Saturn und Sonne betrachten, so finden wir auf dem Saturn die Entstehung der Zeit, und auf der Sonne, dass die Zeit auch vorhanden ist. Wenn nun alle Verhältnisse so fortgingen, wie wir sie in den beiden letzten Betrachtungen charakterisiert haben in Bezug auf Saturn und Sonne, so würde die Zeit ein Element bilden für alles Geschehen in der Evolution. Wir könnten uns die Zeit von keinem Geschehen in der Evolution wegdenken. Wir haben ja gesehen, dass die Geister der Zeit entstanden sind auf dem alten Saturn, und dass die Zeit allem eingepflanzt ist. Und alles, was wir in Bildern, in Imaginationen bisher über die Evolution gedacht haben, müssen wir uns mit der Zeit in Verbindung denken. Wäre also nur geschehen, was wir angeführt haben: Opferung und schenkende Tugend, so wäre alles der Zeit unterworfen gewesen. Nichts wäre nicht der Zeit unterworfen gewesen. Das heißt, es würde alles dem Entstehen und Vergehen, was ja der Zeit angehört, unterworfen sein.

Diejenigen Cherubim nun, welche verzichtet haben auf das Opfer, auf das, was gleichsam im Opferrauch liegt, sie haben darauf verzichtet aus dem Grunde, weil sie sich damit den Eigenschaften dieses Opferrauches entziehen. Und zu diesen Eigenschaften gehört vor allem die Zeit und damit Entstehen und Vergehen. In dem ganzen Verzicht der Cherubim auf das Opfer liegt daher ein den Zeitverhältnissen-Entwachsen der Cherubim. Sie gehen über die Zeit hinaus, entziehen sich dem Unterworfensein unter die Zeit. Damit trennen sich gleichsam die Verhältnisse während der alten Sonnenentwickelung so, dass gewisse Verhältnisse, die in der geraden Linie vom Saturn aus weiter fortgehen, als Opferung und schenkende Tugend der Zeit unterworfen bleiben, während die anderen Verhältnisse, die von den Cherubim dadurch eingeleitet wurden, dass diese Cherubim auf das Opfer verzichteten, sich der Zeit entreißen und damit sich die Ewigkeit, die Dauer, das Nichtunterworfensein dem Entstehen und Vergehen einverleiben. Das ist etwas höchst Merkwürdiges: wir kommen da während der alten Sonnenentwickelung zu einer Trennung in Zeit und Ewigkeit. Es ist durch die Resignation der Cherubim während der Sonnenentwickelung die Ewigkeit errungen worden als eine Eigenschaft gewisser Verhältnisse, die während der Sonnenentwickelung eintraten.»[139]

Das ist nun für das Verständnis der Zeit im Sinne der Anthroposophie Rudolf Steiners etwas ganz Entscheidendes: Auf dem alten Saturn sehen wir zuerst die Zeit entstehen, Werden und Vergehen, Evolution und Devolution. Erst auf der alten Sonne tritt durch den Verzicht gewisser Cherubim auf das Opfer der Throne die Unvergänglichkeit, die Dauer, das Ewige in Erscheinung. Erst jetzt können wir von der oben beschriebenen Polarität von Dauer und Entwicklung sprechen. Steiner präzisiert das allerdings im Folgenden noch weiter, indem er erwähnt, dass sich dieses Resignieren und damit die Entstehung der Dauer auf dem Saturn bereits vorbereitet hat:

«Sahen wir also, indem wir in unsere eigene Seele blickten, gewisse Wirkungen aus dieser Seele dadurch erwachsen, dass der Mensch Verzicht und Resignation in der Seele sich aneignet, so sehen wir, wenn wir zunächst nur von der alten Sonne sprechen, dass von gewissen göttlich-geistigen Wesenheiten Unsterblichkeit, Ewigkeit dadurch errungen ist, dass sie resignierten auf das Opfer und auf das, was aus den sich verbreitenden Gaben der schenkenden Tugend kommen konnte. Sahen wir auf dem Saturn die Zeit entstehen, so sehen wir gewisse Verhältnisse sich der Zeit entreißen während der Sonnenentwickelung. Ich habe allerdings gesagt – ich bitte, das wohl zu beachten –, es bereitet sich dies schon vor während der Saturnzeit, sodass die Ewigkeit nicht erst beginnt während der Sonnenzeit. Aber klar und deutlich zu sehen, sodass man es aussprechen kann in Begriffen, ist es erst während der Sonnenzeit. Es ist auf dem Saturn so schwach erkennbar, dieses Abtrennen der Ewigkeit von der Zeit, dass unsere Begriffe und Worte sich nicht als scharf genug erweisen, um so etwas schon für den alten Saturn und seine Entwickelung zu charakterisieren.

So haben wir die Bedeutung der Resignation kennengelernt, den Verzicht der Götter während der alten Sonnenzeit und die Errringung der Unsterblichkeit. Was war nun die weitere Folge davon?

Aus der *Geheimwissenschaft im Umriss*, die in gewisser Beziehung noch im Bereich der Maja bleiben musste, wissen wir, dass auf die Sonnenentwickelung die Mondentwickelung folgte, dass am Ende der Sonnenzeit alle Verhältnisse in eine gewisse Dämmerung, in ein kosmisches Chaos eintauchten und wieder als Mond auftauchten. So haben wir denn wieder auftauchen zu sehen die Opferung als Wärme. Also, was auch auf der Sonne blieb als Wärme, das sehen wir auch auf dem Monde als Wärmeverhältnisse auftauchen. Was schenkende Tugend ist, sehen wir als Gas, als Luft auftauchen. Aber auch die Resignation dauert fort, der Verzicht auf die Opferung. Was wir ‹Resignation› nannten, ist in all diesem drinnen, was auf dem alten Monde vorgeht. Es ist wirklich so: was wir als Resignation erleben können, müssen wir uns ebenso als Kraft in allem auf dem alten Monde denken, von der Sonne herübergekommen, wie wir uns etwas anderes denken, was in der äußeren Welt vorhanden ist. Was Opfer war, erscheint als Wärme in der Maja; was schenkende Tugend war, erscheint in der Maja als Gas oder Luft. Was nun Resignation ist, das erscheint in der äußeren Maja als Flüssigkeit, als Wasser. Wasser ist Maja, und es wäre nicht da in der Welt, wenn nicht geistig zugrunde läge Verzicht oder Resignation. Überall, wo Wasser ist in der Welt, ist Götterverzicht! Ebenso wahr wie Wärme eine Illusion ist, und wie dahinter das Opfer ist, wie Gas oder Luft eine Illusion ist, und dahinter die schenkende Tugend ist, so ist das Wasser als Substanz, als äußere Wirklichkeit nur eine sinnliche Illusion, ein Spiegelbild, und was im Wahrhaftigen davon existiert, ist Resignation irgendwelcher Wesenheiten auf das, was sie von anderen Wesenheiten erhalten. Man möchte sagen, es kann nur Wasser in der Welt rieseln, wenn zugrunde liegt Resignation. Nun wissen wir, dass, während die Sonne zum Monde fortschritt, die Luftverhältnisse sich verdichteten zu den Wasserverhältnissen, Wasser entsteht erst auf dem Monde, auf der Sonne gab es noch kein Wasser. Was wir während der alten Sonnenentwickelung als sich ballende Wolkenmassen sehen, das gerinnt, indem es sich ineinander drängt zu einem Dichteren, zum Wasser, das auf dem Monde auftritt, zum Mondenmeere.

Wenn wir dies ins Auge fassen, wird es uns immerhin möglich sein, eine Frage, die aufgeworfen werden kann, zu begreifen. Aus der Resignation wird Wasser; Wasser ist eigentlich in Wahrheit Resignation. Wir bekommen also einen geistigen Begriff ganz sonderbarer Art für das, was das Wasser eigentlich ist. Aber wir können die Frage aufwerfen: Es ist doch ein gewisser Unterschied zwischen dem Zustande, der eingetreten wäre, wenn die Cherubim nicht resigniert hätten, und zwischen dem Zustande, der nun dadurch eingetreten ist, dass sie resigniert haben? Drückt sich dieser Unterschied in irgendeiner Weise aus? – Ja, das tut er. Er drückt sich nämlich dadurch aus, dass nunmehr während der Mondenverhältnisse deutlich die Folgen jener Resignation auftreten. Wenn nämlich diese Resignation nicht eingetreten wäre, wenn die betreffenden verzichtenden Cherubim das ihnen gebrachte

Opfer angenommen hätten, so hätten sie – jetzt bildlich gesprochen – den Opferrauch in ihrer eigenen Substanz drinnen gehabt; was sie selber getan hätten, das hätte sich in dem Opferrauch zum Ausdruck gebracht. Nehmen wir an, diese Cherubim hätten dieses oder jenes vollzogen. Dann wäre es erschienen, äußerlich ausgedrückt, durch die sich verändernden Wolken der Luft, das heißt, in der äußeren Gestalt der Luft würde sich ausgedrückt haben, was die nicht resignierenden Cherubim mit der Opfersubstanz gemacht hätten. Nun aber haben sie dieselbe zurückgewiesen und sind dadurch allerdings aus der Sterblichkeit in die Unsterblichkeit, aus der Vergänglichkeit in die Dauer übergegangen. Aber die Opfersubstanz ist zunächst da, sie ist sozusagen entlassen aus den Kräften, die sie sonst aufgenommen hätten, und braucht jetzt nicht zu folgen den Antrieben, den Impulsen der Cherubim, denn diese haben sie entlassen, haben sie zurückgewiesen. Was geschieht nun mit dieser Opfersubstanz? – Es geschieht das, dass andere Wesen sich ihrer bemächtigen, die dadurch, dass sie jetzt diese Opfersubstanz nicht in den Cherubim haben, von den Cherubim unabhängig werden, selbstständige Wesen werden, die neben den Cherubim da sind, während sie sonst dirigiert würden von den Cherubim, wenn diese die Opfersubstanz aufgenommen hätten. Darauf beruht die Möglichkeit, dass das Gegenteil von Resignation eintritt: dass Wesenheiten die ausgeflossene Opfersubstanz an sich heranziehen und in ihr handeln. Und das sind die Wesenheiten, die zurückbleiben, sodass das Zurückbleiben eine Folge der Resignation der Cherubim ist. Die Cherubim liefern durch das, worauf sie resignieren, den zurückbleibenden Wesenheiten selbst erst die Möglichkeit zum Zurückbleiben. Dadurch, dass ein Opfer abgewiesen wird, können andere Wesenheiten, die nicht resignieren, die den Wünschen und Begierden sich hingeben und ihre Wünsche zum Ausdruck bringen, sich des Gegenstandes des Opfers, der Opfersubstanz, bemächtigen und sind damit in der Möglichkeit, als selbstständige Wesenheiten neben die anderen Wesen hinzutreten.

So ist mit dem Hinübergehen der Entwickelung von der Sonne zum Mond, mit dem Unsterblichwerden der Cherubim die Möglichkeit gegeben, dass andere Wesenheiten sich abtrennen in eigener Substanzialität von der fortlaufenden Entwickelung der Cherubim, überhaupt von den unsterblichen Wesenheiten. Wir sehen also, indem wir jetzt den tieferen Grund des Zurückbleibens kennenlernen, dass eigentlich die Urschuld, wenn wir von einer solchen Urschuld sprechen wollen, an diesem Zurückbleiben gar nicht diejenigen haben, welche zurückgeblieben sind. Das ist das Wichtige, dass wir das auffassen. Hätten die

Cherubim die Opfer angenommen, so hätten die luziferischen Wesenheiten nicht zurückbleiben können, denn sie hätten keine Gelegenheit gehabt, sich in dieser Substanz zu verkörpern. Damit die Möglichkeit vorhanden war, dass Wesenheiten in dieser Weise selbstständig werden, trat vorher der Verzicht ein. Es ist also von der weisen Weltenlenkung so eingerichtet, dass die Götter sich ihre Gegner selbst hervorgerufen haben. Hätten Götter nicht verzichtet, so hätten sich Wesenheiten nicht widersetzen können. Oder wenn wir trivial sprechen wollen, können wir sagen, die Götter hätten gleichsam vorausgesehen: Wenn wir nur so fortschaffen, wie wir es getan haben vom Saturn zur Sonne herüber, so werden niemals freie, aus ihrer Willkür heraus handelnde Wesenheiten entstehen. Es muss, damit solche Wesenheiten entstehen können, die Möglichkeit gegeben sein, dass uns Gegner im Weltenall erstehen, dass wir Widerstände finden in dem, was der Zeit unterworfen ist. Würden wir nur selbst alles anordnen, so würden wir einen solchen Widerstand nicht finden können. Wir könnten es uns sehr leicht machen, dadurch dass wir alles Opfer annähmen, dann würde alle Evolution uns unterworfen sein. Das werden wir aber nicht machen; wir wollen Wesenheiten, die frei von uns sind, die sich widersetzen können. Daher nehmen wir das Opfer nicht an, sodass jene Wesenheiten durch unsere Resignation und dadurch, dass sie das Opfer nehmen, unsere Gegner werden!»[140]

Hiermit wird nun Entscheidendstes gesagt: Nur durch den Verzicht der Cherubim auf das Opfer der Throne war es möglich, dass andere Wesenheiten sich der Opfersubstanz bemächtigten und die luziferischen Wesen zurückblieben. Das sogenannte Böse entsteht nicht aus sich heraus, sondern durch schöpferischen Verzicht, weil nur dadurch die Weltentwicklung zur Freiheit führen konnte.

Gleichzeitig wird der Verzicht auf das Opfer aber auch in Zusammenhang mit der Polarität von Dauer und Entwicklung gebracht. Die Dauer, Unsterblichkeit, entsteht zugleich mit der Möglichkeit der Freiheit. Die Möglichkeit des Wechselns von Werden und Vergehen zum Zustand der Dauer, wie sie die menschliche Entwicklung von Erdenleben zu Erdenleben kennzeichnet, hängt innerlich zusammen mit der Möglichkeit der Freiheit! Und diese ist auf das Engste mit der Christus-Wesenheit verbunden, wie Steiner hinzufügt:

«Aber noch an einer anderen Stelle unserer irdischen Geschichte können wir dieses Resignieren höherer Wesenheiten finden, und auch da dürfen wir wieder hinweisen auf etwas, worauf wir schon das letzte Mal hingewiesen haben: auf das Bild von *Leonardo da Vinci*, auf das

‹Abendmahl›. Stellt es doch die Szene vor, wo wir gleichsam den Sinn der Erde vor uns haben, den Christus. Erinnern wir uns, indem wir den ganzen Sinn des Bildes durchdringen wollen, an jene Worte, die wir auch im Evangelium finden: ‹Könnte ich nicht ein ganzes Heer von Engeln herbeirufen, wenn ich entgehen wollte dem Opfertode?› Was in diesem Moment der Christus annehmen könnte, was ihm selbstverständlich eine leichte Möglichkeit wäre, das wird in Resignation, in Verzicht zurückgewiesen. Und der größte Verzicht des Christus Jesus tritt uns da entgegen, wo er durch seinen Verzicht den Gegner selber in seine Sphäre kommen lässt: den Judas. Wenn wir in dem Christus Jesus dasjenige sehen, was wir in ihm sehen können, so müssen wir in ihm ein Abbild derjenigen Wesenheiten sehen, die wir jetzt eben auf einer gewissen Entwickelungsstufe kennengelernt haben, derjenigen, die auf das Opfer verzichten mussten, derjenigen, deren Natur Resignation ist. – Der Christus resigniert auf das, was geschehen würde, wenn er nicht den Judas als seinen Gegner auftreten lassen würde, wie die Götter einst während der Sonnenzeit selber durch Resignation ihre Gegner hervorgerufen haben. So sehen wir diesen Vorgang wiederholt im Bilde auf der Erde: der Christus in der Mitte unter den Zwölfen, mit Judas, der dasteht als der Verräter so, wie die Gegner der kosmischen Mächte auftraten. Damit das in die Entwickelung eintreten kann, was der Menschheit unendlich wert ist, muss sich der Christus selbst seinem Gegner entgegenstellen. Weil wir an einen so gewaltigen kosmischen Augenblick erinnert werden beim Anblick des Abendmahles, wenn wir uns die Worte vorhalten: ‹Wer mit mir den Bissen in die Schüssel tauchen wird, der wird mich verraten›, weil wir da im irdischen Abbilde sehen den Gegner der Götter selbst den Göttern gegenübergestellt, deshalb macht dieses Bild einen so gewaltigen Eindruck. Deshalb durfte ich oft sagen: Alles, was ein Marsbewohner sehen würde, wenn er heruntersteigen könnte auf die Erde, würde er vielleicht mehr oder weniger interessant finden, wenn er es auch nicht recht verstehen würde. Beim Anblick aber jenes Bildes von Leonardo da Vinci würde er aus einer Stelle des Kosmischen, die mit dem Mars ebenso zusammenhängt wie mit der Erde, mit der das ganze Sonnensystem zusammenhängt, etwas kennenlernen, woraus er den Sinn der Erde erkennen würde. Was da im irdischen Bilde abgebildet ist, das hat für den ganzen Kosmos eine Bedeutung: das Sich-Entgegenstellen gewisser Mächte den unsterblichen göttlichen Mächten. Und indem inmitten seiner Apostel der Christus erscheint, der auf der Erde den Tod überwindet, also den Triumph der Unsterblichkeit zeigt, muss auf jenen bedeutungsvollen universellen Moment hingewiesen werden, der da eintrat, als sich überhaupt Götter absonderten vom zeitlichen Sein und den Sieg über die Zeit errangen, das heißt, unsterblich wurden. Das kann unser Herz fühlen, wenn wir das ‹Abendmahl› von Leonardo da Vinci anschauen.»[141]

Damit ist im Kern das ausgesprochen, was Rudolf Steiner von dem Christus sagt:

«Und indem sich das Menschenherz, die Menschenseele, der Menschengeist mit dem Christus verbinden, gewinnen sie wiederum den Strom der Zeit von Ewigkeit zu Ewigkeit. Was können wir Menschen anderes tun als, wenn wir sterben, also aus der Raumeswelt hinausgehen, uns anklammern an dasjenige, was uns dann wieder die Zeit gibt, da die Menschheit zur Zeit des Mysteriums von Golgatha so stark Raumeswesen geworden ist, dass ihr die Zeit abhandengekommen war! Der Christus hat den Menschen wiederum die Zeit gebracht.»[142]

Im Hinblick auf unsere jetzige Fragestellung, nach der «Krisis der geistigen Welt», dem Zeitpunkt, an dem das irdisch-physisch-menschliche Dasein eingeleitet wurde, haben wir es in der jetzigen Schilderung offenbar noch nicht mit diesem Zeitpunkt, sondern mit Vorstufen desselben zu tun.

Und zunächst verkompliziert sich unsere Frage auch noch, weil Steiner ja in *Wie erlangt man Erkenntnisse der höheren Welten?* von einer Krisis im Hinblick auf das Unvergängliche spricht, die durch das Entstehen des Irdisch-Vergänglichen überwunden wurde:

«Aber diese einstige übersinnliche Welt *brauchte* den Durchgang durch die sinnliche. Ihre Weiterentwickelung wäre ohne diesen Durchgang nicht möglich gewesen. Erst wenn sich innerhalb des sinnlichen Reiches Wesen entwickelt haben werden mit entsprechenden Fähigkeiten, kann die übersinnliche wieder ihren Fortgang nehmen. Und diese Wesenheiten sind die Menschen.»

Die den Menschen führenden Mächte wollten diesen ursprünglich nicht irdisch werden lassen, ließen dann aber Luzifer zu, der den Menschen der Vergänglichkeit zuführte.[143] In der jetzigen Schilderung, bei der ja noch nicht von der Erschaffung des Menschen die Rede ist, stellt sich die Entwicklung aber umgekehrt dar: Zuerst entsteht die Vergänglichkeit und erst danach die Ewigkeit. Wie steht diese Entstehung der Polarität von Dauer und Entwicklung aber im Verhältnis zu der Schilderung vom «großen Hüter der Schwelle» und der Entstehung von Geburt und Tod in *Wie erlangt man Erkenntnisse der höheren Welten?*.

Ganz offensichtlich haben wir es bei der Schilderung der ersten Stufen der Evolution noch mit Vorstufen des von uns befragten Zeitpunktes der Entstehung von Geburt und Tod zu tun. Denn die Zeit, wie Rudolf Steiner sie für den alten Saturn beschreibt, wird ja zunächst auch «die alte Zeit» genannt:

«Aber die Zeit ist damals noch nicht das ‹Früher oder Später›, nicht jenes Abstraktum, als welches sie heute der Mensch wahrnimmt, sondern eine Summe von geistigen Wesenheiten: das sind die Geister der Persönlichkeit, die wir dann auch kennengelernt haben als die Zeitgeister. Die Zeitgeister sind die wirkliche alte Zeit, und sie sind die Kinder der Throne mit den Cherubim.»[144]

Wir haben es also mit einer stufenweisen Entwicklung, nicht mit einem spontanen Entstehen von Geburt und Tod zu tun. Aber wir können uns auch klarmachen, warum zuerst in der Evolution Werden und Vergehen und nicht die Dauer da sein musste.

Denn was bedeutet denn Evolution? Was bedeutet die Stufenfolge von Saturn-, Sonnen- und Mondenentwicklung? Gemäß des im ersten Teil geschilderten Zeitverständnisses ist jegliche Evolution einer Gesetzmäßigkeit, die in sieben Stufen verläuft, unterworfen, wobei die ersten drei Stufen eine aufsteigende, die letzten drei Stufen eine entsprechend absteigende und die mittlere Stufe eine mittlere Entwicklung darstellen. Jede Stufe stellt in sich wiederum eine Untereinheit der gesamten Evolution in ebenfalls sieben Stufen dar. Diese Stufenfolge aber wurde auf dem alten Saturn gewissermaßen erst geboren.

Wir erfahren von dem darauf folgenden Zustand der Sonne nun aber von einer gegenüber der in *Wie erlangt man Erkenntnisse der höheren Welten?* beschriebenen Krisis (umgekehrten Krisis, wenn man es denn so nennen will, Steiner gebraucht diesen Ausdruck nicht): Wenn es auf der Sonne so weitergegangen wäre wie auf dem Saturn, dann hätte es nur das Werden und Vergehen gegeben. Durch den Verzicht der Cherubim auf das Opfer der Throne auf der Sonne aber entsteht nun etwas Neues, ein außerhalb von Werden und Vergehen Stehendes: die Dauer, die Unsterblichkeit.

Und es entstehen zugleich damit die luziferischen Wesen und die Christus-Wesenheit.[145] Sie sind also aufs Engste verbunden mit der nun entstandenen Polarität von Dauer und Entwicklung. Luzifer ist der Geist, der den Menschen über das mit der Zeit verbundene Rätsel, nämlich die Polarität von Dauer und Entwicklung und die damit verbundene Perspektivität der Zeit täuschen will. Christus dagegen will den Menschen aus dem nur Räumlich-Physischen in den Bereich der eigentlichen Zeit wieder zurückbringen. Christus steht dadurch in der Mitte zwischen den luziferischen Wesen, die den Menschen zu einem reinen, ewigen Wesen machen wollen,[146] und den ahrimanischen Wesen, die den Menschen im Bereich des Vergänglichen festzuhalten versuchen.

Der von Christus getragene Mensch aber steht in der Mitte zwischen diesen beiden Mächten, er hält das Gleichgewicht in der Polarität zwischen Dauer und Entwicklung. Mit Christus ist offensichtlich ein Verständnis des Wesens der Zeit verbunden, das einen Gleichgewichtszustand zwischen Dauer und Entwicklung darstellt. Davon spricht ja «der große Hüter der Schwelle» auch zum Eingeweihten, wie wir oben gesehen haben. Dieser soll sich eben nicht in den Bereich der Dauer zurückziehen. Auch er muss ein Opfer, einen Verzicht leisten, damit die Evolution weitergehen kann. Er soll aus Freiheit solange im Bereich von Werden und Vergehen mitarbeiten, bis die damit verbundenen Aufgaben für alle Menschen erfüllt werden können. Und das ist eben das christliche Urmotiv: die Liebe, die schenkende Tugend, die auf der Sonne entstanden ist. Der Eingeweihte, der vor dem «großen Hüter» steht, verzichtet auf die endgültige Rückkehr in den Bereich der Dauer, die ihm von Luzifer in verlockender Weise angeboten wird und setzt an ihre Stelle das Opfer:

«Der Eingeweihte weiß aber ganz genau, was ihm bevorsteht, wenn er den Lockungen eines vorzeitigen Aufenthaltes in der übersinnlichen Welt folgt. Ein unbeschreiblicher Glanz geht von dem zweiten Hüter der Schwelle aus; die Vereinigung mit ihm steht als ein fernes Ziel vor der schauenden Seele. Doch ebenso steht da die Gewissheit, dass diese Vereinigung erst möglich wird, wenn der Eingeweihte alle Kräfte, die ihm aus dieser Welt zugeflossen sind, auch aufgewendet hat im Dienste der Befreiung und Erlösung dieser Welt. Entschließt er sich, den Forderungen der höheren Lichtgestalt zu folgen, dann wird er beitragen können zur Befreiung des Menschengeschlechts. Er bringt seine Gaben dar auf dem Opferaltar der Menschheit. Zieht er seine eigene vorzeitige Erhöhung in die übersinnliche Welt vor, dann schreitet die Menschheitsströmung über ihn hinweg. Für sich selbst kann er nach seiner Befreiung aus der Sinnenwelt keine neuen Kräfte mehr gewinnen. Stellt er ihr seine Arbeit doch zur Verfügung, so geschieht es mit dem Verzicht, aus der Stätte seines ferneren Wirkens selbst für sich noch etwas zu holen. Man kann nun nicht sagen, es sei selbstverständlich, dass der Mensch den weißen Pfad wählen werde, wenn er so vor die Entscheidung gestellt wird. Das hängt nämlich ganz davon ab, ob er bei dieser Entscheidung schon so geläutert ist, dass keinerlei Selbstsucht ihm die Lockungen der Seligkeit begehrenswert erscheinen lässt. Denn diese Lockungen sind die denkbar größten. Und auf der anderen Seite sind eigentlich gar keine besonderen Lockungen vorhanden. Hier spricht gar nichts zum Egoismus. Was der Mensch in den höheren Regionen des Übersinnlichen erhalten wird, ist nichts, was zu ihm kommt, sondern lediglich etwas, das von ihm ausgeht: die Liebe zu seiner Mitwelt. Alles, was der Egoismus verlangt, wird nämlich durchaus nicht entbehrt auf dem schwarzen Pfade. Im Gegenteil: die Früchte dieses Pfades sind gerade die vollkommenste Befriedigung des Egoismus. Und will jemand nur für sich die Seligkeit, so wird er ganz gewiss diesen schwarzen Pfad wandeln, denn er ist der für ihn angemessene. – Es darf daher niemand von den Okkultisten des weißen Pfades erwarten, dass sie ihm eine Anweisung zur Entwickelung des eigenen egoistischen Ich geben werden. Für die Seligkeit des Einzelnen haben sie nicht das allergeringste Interesse. Die mag jeder für sich erreichen. Sie zu beschleunigen ist nicht die Aufgabe der weißen Okkultisten. Diesen liegt lediglich an der Entwickelung und Befreiung aller Wesen, die Menschen und Genossen des Menschen sind. Daher geben sie nur Anweisungen, wie man seine Kräfte zur Mitarbeit an diesem Werke ausbilden kann. Sie stellen daher die selbstlose Hingabe und Opferwilligkeit allen anderen Fähigkeiten voran.»[147]

Wir nähern uns damit zugleich aber dem eigentlichen Geheimnis der Zeit, das eben in dem schon beschriebenen Gleichgewichtszustand in der Polarität von Dauer und Entwicklung besteht. Offensichtlich geht es bei aller irdischen Entwicklung nämlich nicht um einen Fortbestand der bisherigen Polarität von Dauer und Entwicklung, sondern der Mensch, hier zunächst der fortgeschrittene, eingeweihte Mensch, fügt zur Polarität von Dauer und Entwicklung etwas Neues, eine «neue Dimension der Zeit» hinzu, denn auch er bringt, wie hier beschrieben wird, ein Opfer, leistet einen Verzicht. Und wie Steiner ja betont, wirkt solcher Verzicht schöpferisch.

Wie auf dem Saturn durch Opfer die Zeit als Werden und Vergehen, auf der Sonne durch Verzicht die Dauer, so entsteht auf der Erde durch Verzicht eines Eingeweihten, nach dem Vorbild des Christus, dem «großen Hüter der Schwelle», eine neue Art von Zeit, die «geschenkte Zeit». Was ist damit gemeint?

«Geschenkte Zeit» bedeutet weder ein Werden und Vergehen, aber eben auch nicht die Dauer, sondern eine «Schöpfung aus dem Nichts»[148], so nennt Steiner dieses Dritte, auf das wir hier gestoßen sind. Es ist diese aus dem Opfer, aus dem Verzicht auf die endgültige Rückkehr in den Bereich der Dauer, die ja Luzifer für den Menschen anstrebt, entstehende neue Dimension der Zeit ein Abbild der mit dem Christus verbundenen, auf der Sonne entstandenen Zeitqualität.

Der hier geschilderte Verzicht des Eingeweihten ist aber, wie sich noch zeigen soll, nur ein Vorbild oder Urbild für das allgemein-menschliche Leben, in dem es von Erdenleben zu Erdenleben gerade um das Erschaffen dieser Zeitqualität geht, weil der Mensch zwischen dem Zeitlich-Vergänglichen und dem Ewigen sich selbst umwandelt und damit eine neue Form der Zeit entstehen lässt. Der sich wiederverkörpernde Mensch entwickelt nämlich im Laufe seiner Verkörperungen das, was ihm sein Urbild, der Christus, bei seiner einmaligen Inkarnation auf Erden gezeigt hat. Daher wird der Christus auch als das «Ich der Menschheit» bezeichnet. Reinkarnation aber bedeutet nicht die Wiederholung eines Gleichen, sondern im Wechsel von irdischer Entwicklung und überirdischer Dauer eine eigenständige Entwicklung, die Entwicklung des Ich.

Wir kommen auf diese dritte Dimension der Zeit, die «menschliche» oder «christliche» Zeit noch zurück, denn wir müssen hier zunächst unsere Fragestellung noch zu Ende führen: Was hat es mit der «Krisis in der geistigen Welt» auf sich, die zur Entstehung des irdischen Menschen führte, welcher Zeitpunkt der Evolution ist hiermit gemeint und wie steht er in Beziehung zu der nunmehr aufscheinenden neuen Qualität der Zeit, die durch eine «Schöpfung aus dem Nichts» entsteht? Hat diese nicht auch etwas zu tun mit der Christustat auf Golgatha – der Überwindung des Todes, der Auferstehung? Was beuten diese Tatsachen für die Qualität der Zeit und des Zeiterlebens?

Machen wir uns noch einmal deutlich, worum es jetzt geht: Wir sehen vor uns, wie auf dem altem Saturn und der alten Sonne zunächst die Zeit im Sinne von Werden und Vergehen, dann die Dauer und mithin die Polarität von Dauer und Entwicklung entstanden sind. Auch ein Räumliches entsteht mit der alten Sonne, das aber noch nicht einem Physisch-Räumlichen entspricht. Erst mit der Erdenentwicklung entsteht physisch-räumlich-sichtbare Materie, entsteht eben auch der Mensch in seiner irdischen Gestalt. Und dieser «Durchgang durch die sinnliche Welt» war für die übersinnliche Welt notwendig, um nicht stehen zu bleiben. Es drohte gewissermaßen ein Gleichgewicht, was mit der Sonne entstanden war, nämlich das Gleichgewicht von Dauer und Entwicklung, umzuschlagen in ein Übergewicht der Dauer.

Um das zu vermeiden, musste das Gegengewicht geschaffen werden auf der Seite von Werden und Vergehen, und dieses Gegengewicht war und ist die Entstehung der sinnlich-sichtbaren, physisch-materiellen Welt! Diese wiederum befand sich zur Zeit des Mysteriums von Golgatha in einer erneuten Krise, nämlich dem drohenden Übergewicht der Seite des Werdens und Vergehens, also der materiellen Welt. Diese Krisis nun, so zeigt es uns die Christologie Rudolf Steiners, konnte nur durch das Eingreifen des Christus, durch seine Inkarnation in dem Jesus von Nazareth überwunden werden. Die auf der Sonne geborene Zeitwesenheit, die schenkende Tugend, das Liebeprinzip, das schöpferische Prinzip einer Schöpfung aus dem Nichts durch Resignation, als Drittes zwischen den bisherigen Gegensätzen von Dauer und Entwicklung, trat nun in die Erdenentwicklung selber ein und machte damit die Überwindung des Todes (Ahriman), also des Prinzips von Werden und Vergehen, aber auch die Überwindung des Prinzips der reinen Dauer (Luzifer) und damit die Entwicklung des Ich als eigentlichen Kern der Erdentwicklung erst möglich.

Wie wir bereits angedeutet haben, schält sich aus dieser meditativen Betrachtung immer mehr und mehr ein neues Zeitprinzip heraus, das Prinzip der «Schöpfung aus dem Nichts». Die Erdenverkörperung, die Stufe der sinnlichen Welt, wo die übersinnliche Welt in die sinnliche Welt eintauchen musste, stellt also die Überwindung einer Krise dar, die sich zu der auf der Sonne entstandenen Polarität von Dauer und Entwicklung umgekehrt verhält, weil damals ebenfalls ein Ausgleich hergestellt wurde gegenüber der Einseitigkeit des reinen Zeitprinzips von Werden und Vergehen.

Uns ist aber jetzt deutlich geworden, warum. Weil alle Entwicklung immer in Gegensätzen verläuft, das hat uns ja gerade die Entwicklung des neuen Zeitverständnisses im Lebensgang Rudolf Steiners, die zur Entdeckung der Dreigliederung des menschlichen Organismus auf der Grundlage des Doppelstroms der Zeit führte, gezeigt.

Diese Gesetzmäßigkeit ist mit aller Evolution, also mit der gesamten Erdenevolution seit dem Saturn, seit der Entstehung der Zeit verbunden. Und wir sehen zugleich, dass diese Entwicklung zu Krisen hinführt, die aus dem Zustand eines Gleichgewichtes in den Zustand eines Ungleichgewichtes führen. Diese Krisen werden dann von den die Evolution leitenden Wesen durch Opfer und Verzicht überwunden, wodurch aber jeweils neue Wesenheiten ins Spiel kommen, die sich als Gegenspieler der Schöpfermächte erweisen. Diese Gegenmächte, Luzifer und Ahriman, aber sind von den Schöpfermächten selbst gewollt, denn ohne sie könnten auch die Schöpfermächte die intendierte Entwicklung des Menschen als freies Wesen nicht erreichen.

Die dritte Zeitqualität aber, die mit dem Christus auf der Sonne verbunden ist, die schenkende Tugend der Liebe, sie kommt weder durch

Luzifer noch durch Ahriman zustande, sie kommt eben durch den Christus als Evolutionsprinzip hinzu: Die Liebe als Evolutionsprinzip neben den beiden schon vor der Erdenzeit bestehenden Prinzipien von Dauer und Entwicklung, sie ist die eigentliche Evolutionsaufgabe des jetzigen Evolutionszeitpunktes, also der Erdenentwicklung. Ihr gelten aber auch die weiteren Evolutionsschritte der Zukunft, wie eine Betrachtung der weiteren Evolution im Sinne von Rudolf Steiners Apokalypse-Vorträgen zeigen kann.[149] An die mit der Zukunft verbundenen Fragen reichen wir somit hier schon heran, werden darauf aber erst ganz am Ende dieser Untersuchungen zurückkommen.

Wenden wir uns wieder der Frage nach dem Zeitpunkt zu, an dem nun alles Irdisch-Materielle und mithin der irdisch-sterbliche Mensch tatsächlich in die Erscheinung getreten sind. Können uns die Vorträge zur *Evolution vom Gesichtspunkte des Wahrhaftigen* im Hinblick auf diese Zusammenhänge nun noch weiter führen?

Steiner führt nun in dem auf die bisher zitierten Vorträge folgenden vierten Vortrag weiter aus, wie aus dem Verzicht auf das Opfer der Throne, aus der Resignation, eine Art von Zurückweisung bei den Wesen erlebt wird, die opfern wollten, aber zurückgewiesen wurden. Und es entsteht daraus so etwas wie Sehnsucht. Rudolf Steiner beschreibt an dieser Stelle ausführlich das Gefühl, das der Sehnsucht zugrunde liegt, nämlich das Getrenntsein, das Abgesondertsein.

Dieses Abgesondertsein wiederum hat zur Folge die Ausbildung von Egoität, die aber in sich wie gefangen bliebe, wenn nun nicht andere Geister entstehen würden, die dieses Gefangensein in *Bewegung* bringen, die Geister der Bewegung. Äußerer Ausdruck dieser neuen Stufe der Evolution ist nun die Bewegung der Planeten. Innerer Ausdruck aber solcher Bewegung war nun für die sich weiter ausbildende Menschenwesenheit das Entstehen innerer Bilder. Die damalige Menschheit lebte daher ausschließlich in einer Bilderwelt. Was aber musste darauf folgen? Warum musste nun ein irdisch-materielles Erdendasein entstehen?

«Wenn wir solche Worte ernst nehmen, haben wir zu gleicher Zeit das, was geistig zugrunde liegt dem, was sich während der Mondphase unserer Erde entwickelt hat und was wir jetzt, weil sich darübergelagert hat die Erdenphase unseres Wesens, in den tiefen Untergründen unseres Bewusstseins haben. Aber wir haben es – und in einer populären Weise soll das übermorgen im öffentlichen Vortrage gezeigt werden – so in den Untergründen unserer Seele, dass es, wie das, was unten wirbelt unter der Oberfläche des Meeres und nach oben Wellen treibt, sich abspielen kann, ohne dass man weiß, was die Gründe dessen sind, was dann ins Bewusstsein eintritt. Unter der Oberfläche unseres gewöhnlichen Ich-Bewusstseins haben wir ein solches Seelenleben, das da heraufspielen kann. Und was sagt dieses Seelenleben dem Menschen, wenn es heraufspielt? Wenn wir ins Auge fassen den kosmischen Untergrund dieses unterbewussten Seelenlebens, so können wir sagen: Das Seelenleben, das wir so heraufkommen spüren aus seelischen Untergründen, ist ein Heraufschlagen dessen, was sich da aus der Mondenphase der Entwickelung hineinbewegt hat in das, was während der Erdenphase selbst in uns hineingekommen ist. Und wenn wir so recht ins Auge fassen das Zusammenspiel der Mondennatur mit unserer Erdennatur, dann haben wir den eigentlichen Grund dessen, was von dem alten Monde geistig herübergeführt hat zum Erdendasein.

Fassen Sie ins Auge, dass es, wie wir es charakterisiert haben, notwendig war, dass immer Bilder auftauchen mussten, die eine Öde zu befriedigen hatten. Dann kommt Ihnen ein Begriff von einem schweren Gewicht, von einer großen Bedeutung: die sehende Menschenseele in ihrer sehnsuchtvollen, quälenden Leerheit, die diese Sehnsucht befriedigt oder harmonisiert erhält durch das Hereinspielen von Bildern, die wiederum nur an die Stelle von anderen Bildern treten können. Und wenn die Bilder da sind und eine Weile dagewesen sind, dann dämmert sie wieder auf aus den Untergründen, die alte Sehnsucht, und nach neuen Bildern führen sie die Geister der Bewegung. Und sind die neuen Bilder wieder eine Weile dagewesen, so schlägt die Sehnsucht wieder an nach neuen Bildern. Und das gewichtige Wort müssen wir aussprechen in Bezug auf solches Seelenleben: Wenn die Sehnsucht nur befriedigt wird durch Bilder, welche neuen Bildern nachjagen, so ist das die fortfließende Unendlichkeit ohne Ende. Da hinein kann nur das kommen, was kommen muss, wenn an die Stelle der in die Unendlichkeit fortfließenden Bilder etwas tritt, was die Sehnsucht erlösen kann durch etwas anderes als bloß durch Bilder, nämlich durch Realitäten. Das heißt mit anderen Worten: diejenige planetarische Verkörperung unserer Erde, in der wir durchgemacht haben die Phase, dass die Bilder, die herbeigeführt werden durch die Tätigkeit der Geister der Bewegung, die Befriedigung der Sehnsucht sind, sie muss abgelöst werden von derjenigen planetarischen Phase der Erdenverkörperungen, welche wir die Phase der Erlösung nennen müssen. Und wir werden noch sehen, dass die Erde der ‹Planet der Erlösung› zu nennen ist, wie wir die vorherige Verkörperung der Erde, das Mondendasein, den ‹Planeten der Sehnsucht› nennen können, der zwar zur stillenden Sehnsucht, die aber in der Stillung in eine nie endende Unendlichkeit ausläuft. Und während wir leben im Erdenbewusstsein – das uns, wie wir gesehen haben, durch das Mysterium von Golgatha die Erlösung bringt –, steigt herauf während dieses Lebens aus den Untergründen unserer Seele das, was fortwährend nach Erlösung verlangt. Es ist, wie wenn wir oben die Wellen des gewöhnlichen Bewusstseins hätten, und unten in den Tiefen des Meeres des Seelenlebens lebt der Untergrund unserer Seele als Sehnsucht, als etwas, was da immer herauf will nach dem Vollbringen des Opfers, zu dem universellen Wesen, das auf einmal die Begierde befriedigt, nicht in der unendlichen Aufeinanderfolge der Bilder, sondern auf einmal gibt die Befriedigung.»[150]

Das irdisch-materielle Dasein entsteht aus diesem Milieu der Sehnsucht, des reinen Bilderbewusstseins, das nur dadurch befriedigt und weiterentwickelt werden kann, indem aus der Bilderwelt eine reale, materielle Welt wird. Das war also, von diesem Gesichtspunkt aus, den Steiner hier darstellt, die «Krise der geistigen Welt», die sich letztlich aus der Verweigerung des Opfers auf der Sonne und dem daraus folgenden Mondenzustand entwickelt hat. Dem dauerhaften, unendlichen Bilderreigen musste folgen das konkret-materielle, irdische, dem Werden und Vergehen unterworfene Dasein.

Dessen Entwicklung können und brauchen wir an dieser Stelle, weil es den Rahmen unserer Untersuchung sprengen würde, nicht weiter zu verfolgen. Wir können uns aber sagen, dass nun auf der Erdenstufe der Evolution, natürlicherweise möchte man sagen, eine neue Krise hervorgehen musste, die Krise des Materialismus, des Steckenbleibens im Reich der Vergänglichkeit.

Das Mysterium von Golgatha war die einzig mögliche Antwort auf dieses Dilemma. Denn die Krise alles Irdisch-Materiellen konnte nun nicht durch eine Rückkehr zum Reich der Dauer beantwortet werden. Das wäre eine luziferische Falle: ein reines, von Bildern erfülltes Reich der Dauer. Nein, es musste durch den Christus selber eingegriffen und zwischen dem Reich der Vergänglichkeit und dem Reich der Dauer ein neues Reich erschaffen werden, eine Schöpfung aus dem Nichts und damit eine neue Zeitdimension, die Zeit des Menschen, der in wiederholten Erdenleben aus Freiheit und Liebe heraus handelt.

4. Die «Ich-Dimension» der Zeit – Reinkarnation als Ausdruck eines dritten Zeitprinzips

Wir sind nun beim eigentlichen Kern des Geheimnisses der Zeit angelangt und verstehen damit mehr und mehr das, was mit unserer Entwicklung als Menschen auf der Erde verbunden ist, die Polarität von Entwicklung und Dauer und die Möglichkeit einer dritten Dimension der Zeit, der «Schöpfung aus dem Nichts», die Liebe als Evolutionsprinzip.

Wir haben gesehen, wie im Laufe der Evolution die Zeit überhaupt, das Prinzip von Werden und Vergehen entstanden ist, wie darauf folgend das polare Prinzip der Unsterblichkeit, der Dauer entstand und im Zusammenhang damit die den göttlichen Schöpfermächten widerstrebenden luziferischen Geister. Durch sie tritt die Möglichkeit der Freiheit aus der sich herausbildenden Egoität auf.

Mit dem luziferischen Prinzip zugleich entsteht aber auch das Christus-Prinzip der Resignation, das aus Liebe besteht, und damit eine neue Dimension der Zeit, die geschenkt wird und die durch das Erscheinen des Christus auf Erden dem Menschen als Entwicklungsprinzip offen steht.

Welches Wesensglied ist aber nun einerseits Ausdruck der Freiheit, andererseits aber Träger der Liebefähigkeit? Es ist das menschliche Ich. Nur das menschliche Ich verfügt wie kein anderes Wesen über sämtliche nun vor uns stehenden Dimensionen der Zeit: das Werden und Vergehen, die Unsterblichkeit und die «Schöpfung aus dem Nichts». Dieses mit dem Ich verbundene Entwicklungspotenzial sehen wir zugleich in der von Rudolf Steiner (siehe die im dritten Teil ausführlich zitierten Vorträge über die Polarität von Dauer und Entwicklung) beschriebenen Dreiheit von Luzifer, Ahriman und Christus, die in jeder menschlichen Entwicklung zum Ausdruck kommt.[151]

Schauen wir daher zum noch genaueren Verständnis weiter auf diese Dreiheit, die Rudolf Steiner in einem Vortrag mit dem Titel «Evolution, Involution und Schöpfung aus dem Nichts» bereits 1909 dargestellt hat. Im Laufe dieses Vortrages wird deutlich, dass das ganze Geheimnis der Zeit, von dem wir zuletzt gesprochen haben, zusammenhängt mit dem menschlichen Ich. Denn dieses Ich ist einerseits geistiger Natur und damit unvergänglich, dauernd. Andererseits inkarniert es sich immer wieder in der Welt von Werden und Vergehen. Dabei aber entwickelt sich das ewige, unvergängliche Ich weiter, es bleibt nicht, sondern es nimmt etwas von der Welt des Irdischen in sich auf.

«Weil also im Menschen von allem Anfang an etwas da ist, was dann vom einundzwanzigsten Jahre an frei wird, deshalb ist der Mensch von Anfang an keine tierische Wesenheit, sondern es arbeitet in ihm von Anfang an dieses Ich, wenn auch unfrei. Und dieses Ich ist es, was eigentlich erzogen werden kann. Denn dieses Ich, mit dem, was es erarbeitet am astralischen, ätherischen und physischen Leib, ist es, was von Inkarnation zu Inkarnation schreitet. Würde diesem Ich in einer neuen Inkarnation nichts Neues dazugegeben werden, so würde der Mensch bei seinem physischen Tode nichts mitnehmen können aus seinem letzten Leben zwischen Geburt und Tod. Und wenn er nichts mitnehmen könnte, würde er in dem folgenden Leben auf genau derselben Stufe stehen wie im vorigen. Dadurch, dass man den Menschen während seines Lebens eine Entwickelung durchlaufen sieht und dadurch, dass er sich erwirbt, in sich aufnimmt das, was das Tier nicht aufnehmen kann, weil die Entwickelungsmöglichkeit des Tieres mit seinen Anlagen abgeschlossen ist, bereichert er fortwährend sein Ich, dadurch steigt er von Inkarnation zu Inkarnation immer höher und höher. Deshalb, weil der Mensch in sich das Ich trägt, das mit dem einundzwanzigsten Jahre erst geboren wird, aber schon vorher arbeitet, deshalb ist bei ihm eine Erziehung anwendbar, deshalb kann aus ihm noch etwas anderes gemacht werden, als was er seiner Anlage nach war von allem Anfang an. Der Löwe bringt seine Löwennatur mit und lebt sie aus. Der Mensch bringt seine Natur nicht nur als allgemeine Menschen-Gattungsnatur mit, sondern er bringt mit auch das noch, was er schon als Ich erworben hat in der letzten Inkarnation. Das kann aber immer weiter und weiter durch Erziehung und durch das Leben umgewandelt werden, sodass es mit einem neuen Einschlag versehen ist, wenn der Mensch durch die Pforte des Todes geht und dann sich vorzubereiten hat für eine neue Inkarnation. Das ist es, was wir festhalten müssen: dass der Mensch neue Entwickelungstatsachen in sich aufnimmt und sich fortwährend bereichert.»[152]

Und nun erläutert Rudolf Steiner den Begriff des Werdens und Vergehens und bringt dazu nochmals die bekannten Tatsachen von Evolution und Involution:

«… betrachten Sie zunächst die ganze ausgewachsene Pflanze, nehmen Sie meinetwegen ein Maiglöckchen. Da haben Sie die Pflanze in einer Form vor sich. Dann können Sie aber dieselbe Pflanze noch in einer anderen Form vor sich haben, als kleines Samenkörnchen. Denken Sie,

Sie nehmen das Samenkorn, da haben Sie ein ganz kleines Gebilde vor sich. Wenn Sie das vor sich hinlegen, da können Sie sagen: Ja, in dem Samenkorn steckt alles drinnen, was ich später sehe als Wurzel, Stängel, Blätter und Blüten. Ich habe also einmal die Blume vor mir als Samenkorn und dann auch als ausgewachsene Pflanze. Aber ich könnte das Samenkorn nicht vor mir haben, wenn es nicht durch ein vorhergehendes Maiglöckchen hervorgebracht worden wäre. – Doch für das hellseherische Bewusstsein ist noch etwas anderes der Fall. Wenn das hellseherische Bewusstsein das ausgewachsene Maiglöckchen betrachtet, sieht es das physische Maiglöckchen durchzogen von einem Ätherleib, einer Art Lichtströmungsleib, der es von oben bis unten durchzieht. Aber es ist beim Maiglöckchen so, dass der Ätherleib nicht sehr weit herausragt aus diesem physischen Pflanzenleib und sich nicht stark von demselben unterscheidet. Wenn Sie aber das kleine Samenkörnchen des Maiglöckchens nehmen, so finden Sie das physische Samenkorn klein, aber ein wunderschöner Ätherleib gliedert sich ein in dieses Korn, strahlig rings herum, und zwar so, dass an dem einen Ende des Ätherleibes das Samenkorn sitzt, so wie sich bei einem Kometen der Kern zum Schweif verhält. Das physische Samenkorn ist eigentlich nur ein verdichteter Punkt in dem Licht- oder Ätherleib des Maiglöckchens. Wenn der, der auf dem Boden der Geisteswissenschaft steht, das ausgewachsene Maiglöckchen vor sich hat, dann ist für ihn das Wesen, das zuerst verborgen war, entwickelt. Wenn er das Samenkörnchen vor sich hat, wo das Physische ganz klein und nur das Geistige groß ist, sagt er: Das eigentliche Wesen des Maiglöckchens ist im physischen Samenkorn eingewickelt. So haben wir, wenn wir das Maiglöckchen anschauen, zwei Zustände zu unterscheiden. Ein Zustand ist, wo das ganze Wesen des Maiglöckchens Involution ist: der Same enthält das Wesen eingewickelt, involviert. Indem es herauswächst, geht es in die Evolution über, dann aber schlüpft das ganze Wesen des Maiglöckchens wieder in das werdende, neue Samenkorn hinein. So wechseln Evolution und Involution in der Aufeinanderfolge der Zustände des Wesens einer Pflanze. Während der Evolution verschwindet das Geistige immer mehr und mehr und das Physische wird mächtig, während der Involution wird das Physische immer mehr schwinden, und das Geistige wird mächtiger und mächtiger.»[153]

Hierbei ist zu beachten, dass Rudolf Steiner das Vergehen als Involution bezeichnet, dieses aber gleichsetzt mit dem Bereich der Dauer, mit dem Geistigen.

Entscheidend für unseren Zusammenhang ist aber nun das dritte Element, die «Schöpfung aus dem Nichts». Sie entsteht erst durch das Ich, indem dieses sich heraushebt aus dem, was in Evolution und Involution gegeben ist, denn aus diesen beiden würde immer nur das, was schon entwickelt ist, sich wieder einwickeln, verschwinden, um dann wie bei einer Pflanze aufs Neue zu erscheinen. Aber es würde eben nichts Neues dabei entstehen, sondern nur die Wiederholung des schon Entwickelten.

Beim Menschen jedoch, das zeigt Rudolf Steiner im Folgenden auf, tritt ein Drittes hinzu:

«In einer gewissen Beziehung können wir davon sprechen, dass beim Menschen die Evolution und Involution abwechselt, nur noch krasser. Da haben Sie den Menschen vor sich zwischen Geburt und Tod: ein physischer Leib und ein Ätherleib decken sich als das Physische, das Geistige deckt sich auch in einer gewissen Weise – der Mensch ist als irdisches Menschenwesen evolviert. Wenn Sie aber den Menschen durch die Pforte des Todes gehen sehen – hellseherisch beobachtet –, da lässt er im physischen Leben nicht einmal so viel übrig, wie das Samenkorn eines Maiglöckchens ist, da verschwindet für Sie auch das Physische so vollständig, dass Sie es nicht mehr sehen, und es ist alles in das Geistige hineingewickelt. Der Mensch geht jetzt durch das Devachan, da ist er in seiner Involution in Bezug auf seine irdische Wesenheit. Evolution ist zwischen Geburt und Tod, Involution zwischen dem Tode und einer neuen Geburt in Bezug auf die irdische menschliche Wesenheit. Aber es ist nun ein gewaltiger Unterschied zwischen dem Menschen und der Pflanze. Wir können bei der Pflanze sprechen von Evolution und Involution, aber wir müssen beim Menschen auch noch von einem Dritten sprechen, was dazukommt. Würden wir nicht von einem Dritten sprechen, so würden wir die ganze Entwickelung eines Menschen nicht vollständig umfassen können. Weil die Pflanze immer durch Involution und Evolution geht, deshalb geschieht es, dass jede neue Pflanze eine Wiederholung der alten ist, ganz gleich ist der alten. Es wickelt sich immer das Wesen des Maiglöckchens in das Samenkorn hinein und wieder heraus. Was ist nun aber beim Menschen der Fall?

Wir haben gerade erkannt, dass der Mensch neue Elemente der Entwickelungsmöglichkeit während seines Lebens zwischen Geburt und Tod aufnimmt. Da bereichert er sich. Deshalb ist es beim Menschen nicht so wie bei der Pflanze. Des Menschen folgende Evolution auf der Erde ist nicht eine bloße Wiederholung der vorhergehenden, sondern es ist eine Erhöhung seines Daseins damit verknüpft. Das, was der Mensch aufnimmt zwischen der Geburt und dem Tode, das wickelt er auch ein zu dem, was schon früher da war. Und deshalb kommt nicht eine bloße Wiederholung vor, sondern es erscheint dasjenige, was evolviert, auf einer höheren Stufe. Woher kommt eigentlich das, was der Mensch aufnimmt? Wie ist es zu verstehen, dass er etwas Neues bekommt und aufnimmt? Ich bitte jetzt ganz genau zu folgen, wir kommen zu einem allerwichtigsten und auch allerschwierigsten Begriff. Und nicht umsonst sage ich das in einer der letzten Stunden, denn Sie haben den ganzen Sommer Zeit, um darüber nachzudenken. Man soll über solche Begriffe Monate und Jahre nachdenken, denn dann kommt man nach und nach auf die ganze Tiefe, die darin liegt. Woher kommt das, was sich da dem Menschen immerfort einfügt? Wir wollen uns einmal begreiflich machen durch ein einfaches Beispiel, woher das kommt.

Nehmen Sie an, Sie hätten einen Menschen vor sich, der zwei anderen gegenübersteht. Nehmen wir alles das, was zur Entwickelung gehört, zusammen. Nehmen wir den einen Menschen, der die zwei anderen betrachtet, vor uns und sagen wir: er ist durch frühere Inkarnationen hindurchgegangen, er hat das herausentwickelt, was frühere Inkarnationen in ihn hineingelegt haben. Das ist auch bei den beiden anderen Menschen der Fall, die vor ihm stehen. Nehmen wir nun aber an, dieser Mensch sagt sich jetzt Folgendes: Der eine Mensch neben dem anderen nimmt sich hier doch sehr schön aus. – Es gefällt ihm, dass gerade diese zwei Menschen nebeneinanderstehen. Ein anderer Mensch brauchte gar nicht dieses Wohlgefallen zu haben. Das Wohlgefallen, das der eine an dem Zusammenstehen hat, das hat gar nichts zu tun mit den Entwickelungsmöglichkeiten der beiden anderen, denn das haben sie sich nicht erworben, dass sie nebeneinanderstehend dem dritten gefallen. Das ist etwas ganz anderes, das hängt allein davon ab, dass *er* gerade den beiden Menschen gegenübersteht. Sie sehen also, der Mensch bildet sich im Innern das Gefühl der Freude über das Zusammenstehen der beiden, die vor ihm stehen. Dieses Gefühl ist durch gar nichts bedingt, was mit der Entwickelung zusammenhängt. Solche Dinge gibt es in der Welt, die nur dadurch entstehen, dass die Tatsachen zusammengeführt werden. Es handelt sich nicht darum, dass die beiden Menschen durch ihr Karma verbunden sind. Diese Freude, die er daran hat, dass die beiden Nebeneinanderstehenden ihm gefallen, wollen wir in Betracht ziehen.

Nehmen wir noch einen anderen Fall. Nehmen wir an, der Mensch stehe hier an einem bestimmten Punkte der Erde und richte seine Blicke in den Himmelsraum hinein. Da sieht er eine gewisse Sternenkonstellation. Würde er fünf Schritte weiter stehen, würde er etwas anderes sehen. Dieses Anschauen ruft in ihm das Gefühl der Freude hervor, die ganz etwas Neues ist. So macht der Mensch eine Summe von Tatsachen durch, die ganz neu sind, die gar nicht durch seine frühere Entwickelung bedingt sind. Alles, was das Maiglöckchen bringt, liegt in der früheren Entwickelung bedingt. Das ist aber nicht der Fall mit dem, was aus der Umgebung auf die Menschenseele wirkt. Der Mensch hat eine ganze Menge Angelegenheiten, die nichts zu tun haben mit einer früheren Entwickelung, sondern die dadurch da sind, dass der Mensch durch gewisse Verhältnisse in Berührung kommt mit der Außenwelt. Aber dadurch, dass der Mensch diese Freude hat, ist sie in ihm etwas geworden, ist sie für ihn ein Erlebnis geworden. Es ist etwas entstanden in der Menschenseele, was durch nichts Früheres bestimmt ist, was aus dem Nichts heraus entstanden ist. Solche Schöpfungen aus dem Nichts entstehen fortwährend in der menschlichen Seele. Es sind die Erlebnisse der Seele, die man nicht durch Tatsachen erlebt, sondern durch Relationen, durch Beziehungen zwischen den Tatsachen, die man sich selber herausbildet. Ich bitte, wohl zu unterscheiden zwischen Erlebnissen, die man aus den Tatsachen, und denjenigen, die man aus den Beziehungen zwischen den Tatsachen hat.

Das Leben zerfällt wirklich in zwei Teile, die ohne Grenze ineinanderlaufen: in solche Erlebnisse, die streng durch frühere Ursachen, durch Karma bedingt sind, und in solche, die nicht durch Karma bedingt sind, sondern neu in unseren Gesichtskreis hereintreten. Es gibt zum Beispiel ganze Gebiete im menschlichen Leben, die in dieses Kapitel fallen. Nehmen Sie an, Sie hören, irgendwo habe jemand gestohlen. Nun natürlich ist dasjenige, was da geschehen ist, diese ganze Tat also, durch diese oder jene karmischen Vorgänge bedingt. Nehmen wir aber an, Sie wissen bloß vom Diebstahl, kennen nicht den, der gestohlen hat; deshalb ist es doch in der objektiven Welt eine ganz bestimmte Persönlichkeit, die gestohlen hat. Sie wissen aber nichts von ihr. Aber der Dieb kommt nicht zu Ihnen, um zu sagen: ‹Sperrt mich ein, ich habe gestohlen›, sondern Sie müssen sich aus allerlei Indizien Tatsachen zusammenstellen, die Ihnen den Beweis liefern können, dass dieser oder jener der Dieb ist. Das, was Sie da für Begriffe durchmachen, hat nichts zu tun mit den objektiven Tatsachen. Das hängt von ganz anderen Dingen ab, auch davon, wie gescheit oder nicht gescheit Sie sind. Das, was Sie sich da zurechtlegen, macht auch nicht, dass das der Dieb ist, sondern es ist ein Vorgang, der ganz in Ihnen abläuft, der sich zugesellt zu dem, was äußerlich da ist. Im Grunde ist alle Logik etwas, was äußerlich zu den Dingen hinzukommt. Und alle Geschmacksurteile, alle Urteile, die wir über das Schöne fällen, sind solche Dinge, die hinzukommen. Fortwährend bereichert also der Mensch sein Leben durch das, was nicht durch vorhergehende Ursachen bedingt ist, was er erlebt dadurch, dass er sich in diese oder jene Beziehung zu den Dingen bringt.

Wenn wir nun rasch in unseren Gedanken das ganze Menschenleben durchgehen und vor unser Auge treten lassen, wie es sich entwickelt hat durch den alten Saturn, Sonne und Mond bis zu unserer Erdenentwickelung hin, so finden wir, dass auf dem Saturn noch nicht die Rede davon sein konnte, dass der Mensch sich in solcher Weise Beziehungen gegenüberstellen konnte. Da war bloß Notwendigkeit. So war es auf der Sonne und auch auf dem Monde, und wie es auf dem Monde mit dem Menschen war, so ist es heute noch mit dem Tier. Das Tier erlebt nur das, was durch vorhergehende Ursachen bedingt ist. Ganz neue Erlebnisse, die nicht bedingt sind durch vorhergehende Ursachen, hat nur der Mensch. Deshalb ist nur der Mensch im wahrsten Sinne des Wortes einer Erziehung fähig. Der Mensch allein fügt zu dem, was karmisch bedingt ist, immer Neues hinzu. Erst auf der Erde erlangt der Mensch die Möglichkeit, Neues hinzuzufügen. Auf dem Monde war seine Entwickelung noch nicht so weit, dass er zu dem, was in seiner Anlage war, Neues hätte hinzufügen können. Da stand er, obwohl er kein Tier war, auf der Stufe der tierischen Entwickelung. Er war in dem, was er vornahm, durch äußere Ursachen bedingt. Aber er ist es auch heute, bis zu einem gewissen Grade; denn nur langsam schleichen sich in den Menschen diejenigen Erlebnisse hinein, welche freie Erlebnisse sind. Und sie schleichen sich umso mehr hinein, als der Mensch auf einer hohen Entwickelungsstufe steht. Nehmen Sie die Bilder des Raffael und denken Sie, ein Hund stünde davor. Er sieht das, was objektiv da ist, er sieht das, was sich ergibt aus den Bildern selber, insoferne sie sinnliche Objekte sind. Nehmen Sie aber an, ein Mensch tritt diesen Bildern gegenüber, so sieht dieser etwas ganz anderes darin; er sieht das, was er sich nur bilden kann dadurch, dass er sich in früheren Inkarnationen schon höherentwickelt hat. Und nun nehmen Sie einen genialen Menschen, zum Beispiel einen Goethe; der sieht noch viel mehr, der weiß, was das zu bedeuten hat, warum das eine so und das andere so gezeichnet ist. Je höher der Mensch entwickelt ist, desto mehr sieht er. Also je mehr der Mensch in seiner Seele schon bereichert ist, desto mehr fügt er solche Relationen von Seelenerlebnissen hinzu. Diese werden Eigentum seiner Seele, sie werden das, was in seiner Seele sich ablagert. Das alles ist aber erst seit der Erdenentwickelung mit der Menschheit möglich geworden. Nun geschieht aber Folgendes.

Der Mensch entwickelt sich in seiner Weise durch die folgenden Zeiten. Wir wissen, dass die Erde abgelöst wird von Jupiter, Venus und Vulkan. Während dieser Entwickelung wird beim Menschen die Summe der Erlebnisse, die er also über die früheren Ursachen hinaus erlebt hat, immer größer und größer, sein Inneres wird immer reicher und reicher. Immer weniger Bedeutung wird das haben, was er sich aus alten Ursachen, aus der Saturn-, Sonnen- und Mondenzeit mitgenommen hat. Er entwickelt sich heraus aus früheren Ursachen, er streift das ab. Und wenn der Mensch mit der Erde auf dem Vulkan angelangt sein wird, dann wird er abgestreift haben alles das, was er aufgenommen hat während der Saturn-, Sonnen- und Mondenentwickelung. Das wird er alles abgeworfen haben.»[154]

Durch das Ich des Menschen entsteht auf der Erde fortwährend Neues, das aus der bisherigen Entwicklung und auch aus seinem Karma heraus nicht ableitbar ist. Die menschliche Natur fügt der gesamten Evolution durch das logische Denken, durch Gefühlsurteile und durch moralisches Handeln etwas hinzu, das auf keine andere Weise hätte entstehen können.

Denken wir uns die Götter ohne die Menschen, sie hätten nur etwas schaffen und wieder vernichten können, aber es wäre alles aus ihnen heraus entstanden, aus den Gesetzmäßigkeiten ihrer Natur heraus. Die Götter wollten jedoch einen Kosmos, indem etwas Neues aus dem Nichts, also nicht aus ihnen selbst heraus entsteht. Und dazu erschufen sie den Menschen als freies Wesen.

Mit dem Menschen aber entsteht zugleich jenes Element der Zeit, das hinausgeht über das Element der Götter, das Ewig-Dauernde und das Element des Werdens und Vergehens, denn beide liegen in der Natur der Schöpfung durch die Evolutionsstufen von Saturn, Sonne und Mond schon darinnnen. Erst durch die Erdentwicklung und die Entwicklung des Menschen aber entsteht die dritte Qualität der Zeit, die Schöpfung aus dem Nichts, die uns bisher schon aus der Entwicklung des Eingeweihten urbildlich sichtbar geworden ist.

In dem vorher zitierten Vortrag entwickelt Steiner nun diesen Kern des Zeitgeheimnisses, die «menschliche Zeit» und bringt sie in Verbindung mit jenen Geistern, die mit der Entstehung der Zeit zusammenhängen, mit den Archai, den Geistern der Zeit, die aber auch als «Geister der Persönlichkeit» bezeichnet werden. Damit schließt sich der Kreis dessen, was wir zu verstehen versuchen, den Kern der Zeitanschauung Rudolf Steiners:

«Jetzt kommen wir zu einem schwierigen Begriff; er soll durch einen Vergleich erläutert werden. Denken Sie, Sie sitzen in einem Wagen, denken Sie, Sie haben ihn geschenkt bekommen oder geerbt. Sie fahren in diesem Wagen aus. Ein Rad am Wagen wird schadhaft. Sie ersetzen das alte Rad durch ein neues. Jetzt haben Sie den alten Wagen, aber ein neues Rad. Nehmen wir an, nach einiger Zeit wird wieder ein zweites Rad schadhaft, Sie wechseln es aus und haben jetzt den alten Wagen und schon zwei neue Räder. In ähnlicher Weise ersetzen Sie das dritte, vierte Rad und so weiter, und Sie können sich doch leicht vorstellen, dass Sie eines Tages tatsächlich nichts mehr haben von dem alten Wagen, sondern alles durch Neues ersetzt haben. Sie haben nichts mehr von dem, was Sie geerbt oder geschenkt erhalten haben, Sie sitzen wieder da drinnen, aber im Grunde genommen ist es ein ganz neues Fahrzeug. Und jetzt übertragen Sie das auf die menschliche Entwickelung. Während der Saturnzeit hat der Mensch erhalten die Anlage seines physischen Leibes, er hat sie nach und nach ausgebildet, auf der Sonne den Ätherleib, auf dem Monde den Astralleib, auf der Erde das Ich. Er bildet sie nach und nach aus. Aber er entwickelt immer mehr und mehr in diesem Ich, was neue Erlebnisse sind, und streift ab das, was er geerbt hat, was ihm früher gegeben worden ist durch Saturn, Sonne und Mond. Und es wird eine Zeit eintreten – das ist die Zeit der Venusentwickelung –, wo der Mensch alles abgeworfen haben wird, was ihm gegeben haben die Götter auf der Monden-, Sonnen-, Saturn- und der ersten Hälfte der Erdenentwickelung. Alles das wird er abgeworfen haben, wie in unserem Vergleiche die einzelnen Stücke abgeworfen sind von dem Wagen. Und ersetzt hat er alles nach und nach durch das, was er aufgenommen hat aus den Verhältnissen heraus, was vorher nicht da war. Der Mensch wird also nicht auf der Venus ankommen können und sagen: Jetzt ist alles das noch in mir aus der Saturn-, Sonnen- und Mondenentwickelung – denn das wird er nun schon alles abgestreift haben. Und er wird am Ende seiner Entwickelung noch das an sich tragen, was er nicht erhalten, sondern sich selber erarbeitet hat, was er aus dem Nichts herausgebildet hat. Da haben Sie das Dritte, was zu Evolution und Involution hinzukommt, da haben Sie die Schöpfung aus dem Nichts. Evolution, Involution und die Schöpfung aus dem Nichts heraus, das ist es, was wir ins Auge fassen müssen, wenn wir die ganze Größe und Majestät menschlicher Entwickelung ins Auge fassen wollen. Und so können wir verstehen, wie uns die Götter erst als Fahrzeug gegeben haben unsere drei Leiber, wie sie nach und nach aufgebaut haben dieses Fahrzeug und dann uns die Fähigkeit gegeben haben, dieses Fahrzeug nach und nach wieder zu überwinden, wie wir wieder Stück für Stück vom Fahrzeug wegwerfen dürfen, weil die Götter uns Stück für Stück zu ihrem Ebenbilde machen wollen, zu dem, was sich sagen kann: Mir ist die Anlage gegeben zu dem, was ich werden soll, aber aus dieser Anlage heraus habe ich mir eine neue Wesenheit geschaffen.

Das, was der Mensch also in einer fernen Zukunft als ein großes wunderbares Ideal erblickt, nicht nur das Bewusstsein seiner selbst zu haben, sondern das Bewusstsein von der Schöpfung seiner selbst zu haben, das haben große, höherstehende Geister schon früher entwickelt. Und das, was der Mensch erst in einer fernen Zukunft erleben wird, das entwickeln gewisse Geister, die an unserer Entwickelung vorher beteiligt waren, schon jetzt in dieser Zeit. Da haben wir gesagt, dass während der Saturnentwickelung die Throne ausgegossen haben dasjenige, was wir nennen die Menschheitssubstanz, und dass hineingegossen haben in diese Menschheitssubstanz die Geister der Persönlichkeit das, was wir die Kräfte der Persönlichkeit nennen. Aber die Geister der Persönlichkeit, die damals mächtig genug waren, ihren Persönlichkeitscharakter einzugießen in diese von den Thronen ausgegossene Substanz, diese Geister sind seitdem höher und höher gestiegen. Heute sind sie so weit, dass sie zu ihrer Weiterentwickelung nicht mehr physische Substanz brauchen. Sie haben auf dem Saturn gebraucht, um überhaupt leben zu können, die physische Saturnsubstanz, die zugleich die Anlage war zur menschlichen Substanz, sie haben auf der Sonne gebraucht die ätherische Substanz, die ausgeflossen ist zum Ätherleib des Menschen, auf dem Monde die astralische Substanz, hier auf der Erde brauchen sie unser Ich. Aber nunmehr werden sie weiterhin brauchen das, was dieses Ich selber ausgestaltet, was der Mensch aus den reinen Verhältnissen Neues schafft, das, was nicht mehr physischer, Äther-, astralischer Leib, nicht mehr Ich als solches ist, sondern was vom Ich ausgeht, was das Ich hervorbringt. Das werden die Geister der Persönlichkeit benutzen, und sie benutzen es schon heute, um darin zu leben. Sie haben auf dem Saturn gelebt in dem, was heute unser physischer Leib ist, auf der Sonne in dem, was heute unser Ätherleib ist, auf dem Monde in dem, was heute unser Astralleib ist. Seit der Mitte der atlantischen Zeit haben sie begonnen zu leben in dem, was die Menschen aus ihrem Ich als ein Höheres hervorbringen können.

Was bringen die Menschen aus ihrem Ich Höheres hervor? Dreierlei. Erstens das, was wir nennen das gesetzmäßige Denken, unser logisches Denken. Es ist etwas, was der Mensch zu den Dingen hinzubringt. Wenn der Mensch nicht bloß in die Außenwelt hinausschaut, nicht bloß beobachtet, wenn er nicht bloß dem Dieb nachläuft, um ihn zu finden, sondern so, dass sich ihm die Gesetzmäßigkeit der Beobachtung ergibt, sich Gedanken macht, die nichts mit dem Dieb zu tun haben, aber doch den Dieb einfangen, dann lebt der Mensch in der Logik, der wahren Logik. Diese Logik ist etwas, was durch den Menschen hinzukommt zu den Dingen. Indem der Mensch sich hingibt dieser wahren Logik, schafft das Ich über sich selbst hinaus.

Das Ich schafft zweitens über sich hinaus, indem es Wohlgefallen und Missfallen entwickelt an dem Schönen, Erhabenen, Humoristischen, Komischen, kurz an dem, was der Mensch selber hervorbringt. Sagen wir, Sie erblicken draußen in der Welt etwas, was Ihnen dumm vorkommt. Sie lachen darüber. Dass Sie darüber lachen, hängt ganz und gar nicht von Ihrem Karma ab. Es könnte ein Dummer dazukommen, dem könnte gerade das, worüber Sie lachen, gescheit vorkommen. Das ist etwas, was sich aus der eigentümlichen Stellung von Ihnen selbst ergibt. Oder sagen wir, Sie sehen einen Helden, gegen den die Welt anstürmt, der sich zunächst erhält, aber doch zuletzt tragisch zugrunde geht. Das, was Sie da sehen, ist durch Karma bestimmt, was Sie aber als Gefühl der Tragik dabei empfinden, das ist neu.

Denknotwendigkeit ist das Erste, Wohlgefallen, Missfallen ist das Zweite. Das Dritte ist die Art, wie Sie sich gedrängt fühlen zu handeln unter den Einflüssen von Verhältnissen. Auch das ist nicht bloß karmisch bedingt, wie Sie sich gedrängt fühlen zu handeln, sondern von Ihrem Verhältnis zur Sache. Nehmen wir an, es wären zwei Menschen auf der einen Seite so zueinander gestellt, dass sie durch ihr Karma bestimmt wären, etwas zusammen abzutragen. Aber zugleich sei die Entwickelung des einen weiter vorgeschritten als die des anderen. Der eine, der weiter vorgeschritten ist, wird abtragen, der andere wird sich das für später aufbewahren und wird später abtragen. Der eine wird Herzensgüte entwickeln, der andere wird nicht mitempfinden. Das ist etwas Neues, was zur Entwickelung kommt. Sie dürfen nicht alles als bedingt betrachten, sondern es hängt davon ab, ob wir uns in unseren Handlungen von den Gesetzen der Gerechtigkeit und Billigkeit lenken lassen oder nicht. Es kommen immer neue Dinge dazu in unserer Moralität, in der Art unserer Pflichterfüllung und in unserem moralischen Urteil. In unserem moralischen Urteil insbesondere liegt das Dritte, wodurch der Mensch über sich hinausschreitet, wodurch sich das Ich immer mehr erhöht. Das schafft das Ich in unsere Erdenwelt herein und das geht nicht zugrunde, was so in die Erde hereingeschafft wird. Was die Menschen hereinschaffen von Epoche zu Epoche, von Zeitalter zu Zeitalter an Ergebnissen des logischen Denkens, des ästhetischen Urteilens, der Pflichterfüllung, das bildet einen fortlaufenden Strom, das gibt die Materie und den Stoff ab, in den sich einbetten die Geister der Persönlichkeit in ihrer heutigen Entwickelung.

So leben Sie Ihr Leben, so entwickeln Sie sich selber. Und während Sie sich entwickeln, da schauen auf Sie herunter die Geister der Persönlichkeit und fragen Sie fortwährend: Gibst du mir auch etwas, was ich gebrauchen kann zu meiner eigenen Entwickelung? Und je mehr der Mensch an Gedankeninhalt, Gedankenreichtum entwickelt, je mehr er versucht, sein ästhetisches Urteil zu verfeinern, seine Pflicht zu erfüllen über das, was Karma ergibt, hinaus, desto mehr Nahrung haben die Geister der Persönlichkeit, desto mehr opfern wir ihnen hin, desto leibdichter werden diese Geister der Persönlichkeit. Was stellen sie dar, diese Geister der Persönlichkeit? Etwas, was man in der menschlichen Weltanschauung nennt ein Abstraktum: den Zeitgeist, den Geist der verschiedenen Epochen. Für den, der auf dem Boden der Geisteswissenschaft steht, ist dieser Zeitgeist eine wirkliche Wesenheit. Es schreiten die Zeitgeister, die nichts anderes sind als die Geister der Persönlichkeit, durch die Zeiten. Wenn wir zurückblicken in alte Zeiten, in die indische, persische, chaldäisch-babylonische, griechisch-lateinische bis in unsere Zeit herein, so finden wir, dass sich, abgesehen von den Nationen, abgesehen von allen anderen Verschiedenheiten der Menschen, immer ändert das, was wir den Zeitgeist nennen. Anders dachte und fühlte man vor fünftausend Jahren, anders vor dreitausend Jahren, anders heute. Und das, was da sich wandelt, das sind die Geister der Zeit oder Geister der Persönlichkeit, wenn wir im Sinne der Geisteswissenschaft sprechen. Diese Geister der Persönlichkeit machen eine Entwickelung durch im Übersinnlichen so, wie das Menschengeschlecht eine Entwickelung durchmacht im Sinnlichen. Aber das, was das Menschengeschlecht ins Übersinnliche hinein entwickelt, das ist Speise und Trank für diese Geister der Persönlichkeit, das genießen sie. In einer Zeit, in der die Menschen dahinleben würden ohne Entfaltung eines Gedankenreichtums, ohne Gefallen oder Missfallen, ohne ein Pflichtgefühl, das hinausgeht über den bloßen karmischen Trieb, in einer solchen Zeit hätten die Geister der Persönlichkeit nichts zu essen, sie würden mager werden. So steht unser Leben in Beziehung zu solchen Wesen, die unsichtbar unser Leben durchweben und durchleben.»[155]

Die Geister der Zeit, die die Zeit erschaffen haben, erleben durch die Entwicklung des Menschen etwas Neues, das heißt, zu den bisherigen Dimensionen der Zeit, dem Werden und Vergehen und der Dauer, tritt durch den Menschen die Schöpfung aus dem Nichts hinzu. Dadurch entsteht auch für die Geister der Zeit tatsächlich etwas völlig Neues, die Zeit bekommt quasi eine dritte Dimension.

Dieses Dritte, das durch den Christus in die Menschheitsentwicklung hineingelegt worden ist, nennt Rudolf Steiner nun den «Heiligen Geist»: «Ich sagte Ihnen, dass der Mensch Neues hinzufügt zur Entwickelung, gleichsam zur Involution und Evolution hinzu aus dem Nichts heraus schafft, dass er aber nichts herausschaffen könnte aus dem Nichts, wenn er nicht vorher die Ursachen bekommen hätte, in die er sich hineingelegt hat wie in ein Fahrzeug. In der Saturnentwickelung ist ihm dieses Fahrzeug gegeben worden; Stück für Stück wirft er es über Bord und entwickelt sich in die Zukunft hinein. Er muss aber die Grundlage dazu empfangen haben, und wenn ihm nicht von den Göttern zuerst die Grundlage geschaffen worden wäre, hätte er nichts ausführen können, was aus dem Nichts geschaffen werden kann. Dass die Verhältnisse der Umwelt auf uns so wirken können, dass sie wirklich fruchtbar sind für unsere Weiterentwickelung, das hängt an einem solchen Ereignisse, an einer guten Grundlegung. Denn was ist denn dadurch möglich geworden, dass der Mensch Neues aus den Verhältnissen heraus schaffen kann, dass der Mensch die Beziehungen, in die er hineingestellt ist, zu einer Grundlage machen kann für neue Dinge, die er sich selber schafft, dass der Mensch imstande geworden ist, etwas zu denken, was über die Dinge hinausgeht, die er in der Umwelt erlebt, mehr zu fühlen, als was rein objektiv vor ihm steht? Was ist dadurch geworden, dass der Mensch imstande ist, über sein drängendes Karma hinaus zu wirken und zu leben in der Pflicht der Wahrheit, Billigkeit und Herzensgüte?

Dadurch, dass der Mensch imstande geworden ist, logisch zu denken, Denknotwendigkeit auszubilden, ist auch die Möglichkeit des Irrtums geschaffen worden. Dadurch, dass der Mensch Gefallen finden kann am Schönen, ist auch die Möglichkeit geschaffen, dass er das Hässliche, das Schmutzige der Weltentwickelung einfügt. Dadurch, dass der Mensch imstande ist, über das bloße Karma den Begriff einer Pflicht sich zu setzen und zu erfüllen über das Karma hinaus, ist auch die Möglichkeit des Bösen, der Pflichtwidrigkeit geschaffen worden. So ist der Mensch dadurch gerade, dass er die Möglichkeit hat, aus den bloßen Verhältnissen heraus zu schaffen, hineinversetzt worden in eine Welt, in der er auch schaffen und weben kann an seinem Geistigen, sodass dieses Geistige voll wird von Irrtum, Hässlichkeit und Bösem. Und es musste nun nicht nur die Möglichkeit geschaffen werden, dass der Mensch aus diesen Verhältnissen heraus überhaupt schafft, sondern es musste die Möglichkeit gegeben werden, dass der Mensch aus diesen Verhältnissen heraus durch sein Ringen und Streben allmählich das Richtige, das Schöne schafft, allmählich diejenigen Tugenden schafft, die wirklich weiterführen in der Entwickelung.

Das Schaffen aus Verhältnissen heraus nennt man in der christlichen Esoterik das Schaffen im Geiste. Und das Schaffen aus richtigen, schönen und tugendhaften Verhältnissen heraus nennt man in der christlichen Esoterik den Heiligen Geist. Der Heilige Geist beseligt den Menschen, wenn er imstande ist, aus dem Nichts heraus das Richtige oder Wahre, das Schöne und Gute zu schaffen. Damit aber der Mensch imstande geworden ist, im Sinne dieses Heiligen Geistes zu schaffen, musste ihm ja erst die Grundlage gegeben werden, wie zu allem Schaffen aus dem Nichts. Diese Grundlage ist ihm gegeben worden durch das Hereintreten des Christus in unsere Evolution. Indem der Mensch auf der Erde das Christus-Ereignis erleben konnte, wurde er fähig, aufzusteigen zum Schaffen im Heiligen Geist. So ist es Christus selbst, welcher die eminenteste, tiefste Grundlage schafft. Wird der Mensch so, dass er feststeht auf dem Boden des Christus-Erlebnisses, dass das Christus-Erlebnis der Wagen ist, in den er sich begibt, um sich weiterzuentwickeln, so sendet ihm der Christus den Heiligen Geist, und der Mensch wird fähig, im Sinne der Weiterentwickelung das Richtige, Schöne und Gute zu schaffen.

So sehen wir, wie gleichsam als letzter Abschluss dessen, was dem Menschen eingeprägt worden ist durch Saturn, Sonne und Mond, auf der Erde das Christus-Ereignis gekommen ist, welches dem Menschen das Höchste gegeben hat, was ihn fähig macht, in die Perspektive der Zukunft hinein zu leben und immer mehr heraus zu schaffen aus den Verhältnissen, aus dem, was nicht da und nicht dort ist, sondern davon abhängt, wie der Mensch sich stellt zu den Tatsachen seiner Umwelt, was im umfassendsten Sinne der Heilige Geist ist. Das ist wiederum solch ein Aspekt der christlichen Esoterik. Es hängt die christliche Esoterik zusammen mit dem tiefsten Gedanken, den wir haben können von aller Entwickelung, mit dem Gedanken der Schöpfung aus dem Nichts.

Deshalb wird auch jede wahre Entwickelungstheorie niemals den Gedanken der Schöpfung aus dem Nichts fallen lassen können. Nehmen wir an, es wäre nur Evolution und Involution, so wäre eine ewige Wiederholung da, wie es bei der Pflanze ist, so würde auf dem Vulkan nur dasjenige da sein, was auf dem Saturn seinen Anfang genommen hat. So aber kommt zur Evolution und Involution die Schöpfung

aus dem Nichts hinzu und in die Mitte unserer Entwickelung hinein. Nachdem Saturn, Sonne und Mond vergangen sind, tritt auf die Erde der Christus als das große Bereicherungselement, welches bewirkt, dass auf dem Vulkan etwas ganz Neues da ist, etwas, was noch nicht da war auf dem Saturn. Derjenige, der nur von Evolution und Involution spricht, der wird von der Entwickelung so sprechen, als wenn sich alles nur wiederholen würde wie ein Kreislauf. Solche Kreisläufe aber können nimmermehr die Weltenentwickelung wirklich erklären. Nur wenn wir zur Evolution und Involution diese Schöpfung aus dem Nichts hinzunehmen, die den Verhältnissen, die da sind, Neues einfügt, dann kommen wir zu einem wirklichen Verständnis der Welt.»[156]
Anders gesagt kommen wir dadurch zu einem wirklichen Verständnis der Zeit! Und das Vorbild für diese dritte Dimension der Zeit ist eben der Christus selber:
«Die niederen Wesenheiten zeigen höchstens einen Anflug von dem, was wir nennen könnten die Schöpfung aus dem Nichts. Ein Maiglöckchen wird immer wieder Maiglöckchen; höchstens könnte der Gärtner von außen etwas hinzufügen, wozu das Maiglöckchen niemals aus sich selbst gekommen wäre. Dann gäbe es etwas, was in Bezug auf das Maiglöckchen-Wesen eine Schöpfung aus dem Nichts wäre. Der Mensch aber ist selber imstande, sich einzufügen diese Schöpfung aus dem Nichts. Der Mensch wird aber erst dadurch dazu imstande, dass er sich zu dieser Freiheit des Selbstschaffens durch die freieste Tat, die sein Vorbild werden kann, hinauferhebt. Was ist die freieste Tat? Die freieste Tat ist diese, dass das schöpferische weise Wort unseres Sonnensystems selber in sich beschlossen hat, in einen menschlichen Leib hineinzugehen und an der Erdenentwickelung teilzunehmen durch eine Tat, die in keinem vorhergehenden Karma lag. Als der Christus beschloss, in einen Menschenleib zu gehen, wurde er nicht durch ein vorhergehendes Karma gezwungen, sondern er tat es als eine freie Tat, die lediglich begründet war in der Vorschau zur künftigen Menschheitsentwickelung, die aber vorher noch nie dagewesen war, die zuerst in ihm entstand als ein Gedanke aus dem Nichts heraus, aus der Vorschau. Es ist ein schwerer Gedanke, aber die christliche Esoterik wird das niemals außer Acht lassen, und alles beruht darauf, dass man den Gedanken der Schöpfung aus dem Nichts zu Evolution und Involution hinzuzufügen vermag.»[157]
Mit diesen zentralen Gedanken kehren wir zurück zu der bereits im zweiten Teil berührten Frage nach dem Erleben der Zeit im Menschen und erinnern uns an die bereits zitierte Aussage:

«Und indem sich das Menschenherz, die Menschenseele, der Menschengeist mit dem Christus verbinden, gewinnen sie wiederum den Strom der Zeit von Ewigkeit zu Ewigkeit. Was können wir Menschen anderes tun als, wenn wir sterben, also aus der Raumeswelt hinausgehen, uns anklammern an dasjenige, was uns dann wieder die Zeit gibt, da die Menschheit zur Zeit des Mysteriums von Golgatha so stark Raumeswesen geworden ist, dass ihr die Zeit abhandengekommen war! Der Christus hat den Menschen wiederum die Zeit gebracht.»[158]

Und auch an dieser Stelle geht Rudolf Steiner dann über zum dritten Prinzip, dem Prinzip des Heiligen Geistes. Dem Vater ordnet er die Raumeswelt zu, die Welt des Entstehens und Vergehens, dem Sohn die Zeit von Ewigkeit zu Ewigkeit, aber für den Menschen gibt es eben noch ein Drittes, das mit seiner Freiheit zusammenhängt und das sich durch die wiederholten Erdenleben, den Wechsel zwischen der Welt des Raumes, des Irdischen, und der Welt der Dauer, des Geistigen, ergibt. Und diese Zeitdimension hat tatsächlich kein anderes kosmisches oder irdisches Wesen, weder in der geistigen Welt der Hierarchien, noch in der irdischen Welt der Steine, Pflanzen und Tiere, noch in der elementarischen Welt. Nur der Christus hat sich als kosmische Wesenheit mit dem Erdendasein verbunden, aber er hat dies nur einmalig getan, er reinkarniert sich nicht, das tut tatsächlich nur der Mensch. Insofern ist in der Reinkarnation des Menschen eine Zeitdimension erreicht, die eben der Ausdruck des eigentlich Menschlichen, die der Ausdruck der menschlichen Freiheit ist.

5. Das Herz als Organ der Zeit

Kommen wir zurück auf die Fragestellung, die wir im zweiten Teil bereits behandelt haben. Wenn wir dem nachgehen, inwiefern die Zeit im Menschen zum Ausdruck kommt, dann finden wir innerhalb der menschlichen Organisation den Ausdruck für die dritte Dimension des Zeitlichen in dem Organ des menschlichen Herzens, das damit zum eigentlichen Organ für das Ich wird. Die Dreigliederung hatten wir oben bereits als Ausdruck der Polarität des Werdens und Vergehens, der Erscheinung des Zeitlichen im Räumlichen betrachtet. Verfolgen wir nun den Zusammenhang der menschlichen Organisation weiter, so zeigt sich für die dritte Dimension der Zeit, die Reinkarnation das Folgende:

«Studieren wir in eben demselben Sinne das Herz. Das Herz ist auch in Bezug auf die geisteswissenschaftlichen Untersuchungen ein außerordentlich interessantes Organ. Sie wissen ja, dass unsere triviale Wissenschaft die Herzerkenntnis sich ungeheuer leicht macht. Sie sieht das Herz als eine Pumpe an, eine Pumpe, die das Blut durch den Körper pumpt. Nun, man kann nichts Unsinnigeres meinen als dieses, denn das Herz hat überhaupt nichts zu tun mit irgendeinem Pumpen des Blutes, sondern das Blut wird durch die ganze Regsamkeit des astralischen Leibes, des Ich, in Tätigkeit versetzt, und das Herz ist nur der Reflex dieser Bewegungen. Die Bewegung des Blutes ist eine Eigenbewegung, und das Herz bringt nur zum Ausdruck, was die Bewegung des Blutes, die Kräfte verursachen. Das Herz ist tatsächlich nur das Organ, das ausdrückt die Blutsbewegung; das Herz hat gar keine Aktivität in Bezug auf die Blutsbewegung. Die gegenwärtigen Naturwissenschaftler werden ganz fuchswild, wenn man von dieser Sache spricht. Ich habe einmal vor vielen Jahren, ich glaube 1904 oder 1905, auf einer Reise nach Stockholm einem Naturforscher, einem Mediziner, diese Sache auseinandergesetzt, und er wurde fast tobsüchtig darüber, dass man das Herz nicht mehr als Pumpe ansehen soll, sondern dass es das Blut selber ist, das durch seine Vitalität in Bewegung kommt und dass das Herz eben nur eingefügt ist in die allgemeine Blutsbewegung und sie mitmacht im Schlage und so weiter.

Nun, an dem Herzen wird allerdings etwas reflektiert, was schon nicht mehr bloß eigentlich Gedächtnis- oder Gewohnheitssache ist, sondern es spiritualisiert sich da schon, wenn es an die Außenwand des Herzens kommt, das Leben. Denn was da zurückgeworfen wird vom Herzen, das sind die Gewissensbisse. Das ist einfach, ich möchte sagen, ganz physischerseits zu nehmen: die Gewissensbisse, die in unser Bewusstsein hereinstrahlen, sie sind dasjenige, was von unseren Erlebnissen durch das Herz reflektiert wird. So lehrt es einen die spirituelle Erkenntnis des Herzens. Wenn wir aber in das Innere des Herzens hineinschauen, so sammeln sich da auch Kräfte durch den ganzen Stoffwechsel- und Gliedmaßenorganismus. Und weil das spiritualisiert ist, was mit dem Herzen, mit den Herzkräften zusammenhängt, spiritualisiert sich da hinein auch dasjenige, was mit unserem äußeren Leben, mit unseren Handlungen zusammenhängt. Und so paradox, so sonderbar es klingt für einen Menschen, der sehr gescheit ist im Sinne der Gegenwart, es ist einmal so: Was da im Herzen an Kräften zubereitet wird, das sind die karmischen Anlagen, das sind die Anlagen des Karma. Es ist geradezu empörend töricht, vom Herzen zu sprechen als einem bloßen Pumpwerk, denn das Herz ist dasjenige Organ, das aus dem Gliedmaßen-Stoffwechselorganismus, durch die Vermittlung des Gliedmaßen-Stoffwechselorganismus hineinträgt in die nächste Inkarnation, was wir gerade als Karma auffassen.

Sie sehen, lernt man diese Organisation kennen, dann lernt man sie differenzieren und sie erscheint einem dann im Zusammenhange mit dem ganzen Leben, das über Geburt und Tod hinausgeht; man sieht dann hinein in dieses ganze Gefüge des Menschen. Von dem Haupt konnten wir nicht reden, indem wir von Umformungen sprachen, denn das Haupt wird einfach abgeworfen; diese Kräfte sind mit dieser Inkarnation erfüllt, sie sind eben umgewandelt von der vorigen Inkarnation her. Dasjenige aber, was wir in diesen vier Hauptsystemen, im Lungen-, Nieren-, Leber- und Herzsystem haben, das geht auf dem Umwege durch den Stoffwechsel-Gliedmaßenorganismus formbildend hinüber und bildet unser Haupt in allen seinen Anlagen in der nächsten Inkarnation. Und wir müssen innerhalb der Organe die Kräfte suchen, welche dasjenige, was wir jetzt durchmachen, hinübertragen in die nächstfolgende Inkarnation.

Der Stoffwechsel des Menschen, der ist keineswegs jenes bloße retortuale Brodeln und Kochen, von dem die heutige Physiologie spricht. Sie brauchen ja nur einen Schritt zu machen, so wird ein Stoffwechsel vollführt. Dieser Stoffwechsel, der da vollführt wird, der ist nicht bloß der chemische Vorgang, den man untersuchen kann mit den Mitteln der Physiologie, der Chemie, sondern der ist zugleich moralisch gefärbt, der trägt eine moralische Nuance. Und diese moralische Nuance wird tatsächlich aufgespeichert im Herzen und als karmische Kraft hinübergetragen in die nächste Inkarnation. Und den ganzen Menschen studieren, heißt, in ihm die Kräfte finden, die durchaus über das Erdenleben hinausreichen. Unser Haupt selbst ist ja eine Kugel. Nur dadurch, dass der übrige Organismus daran hängt, ist die Kugelgestalt beeinträchtigt. Unser Haupt wird ganz aus dem Kosmos herausgebildet. Wir müssen ja, wenn wir durch den Tod durchgehen, in unserer Organisation, wie sie uns dann geistig-seelisch bleibt, eigentlich uns anpassen dem ganzen Kosmos. Der ganze Kosmos nimmt uns dann auf. Und ungefähr bis zu dem Zeitpunkte, der in der Mitte drinnen liegt zwischen zwei Inkarnationen – ich habe ihn in einem meiner Mysteriendramen die Mitternachtsstunde des Daseins genannt –, bis zu diesem Zeitpunkt, wenn ich mich so ausdrücken darf, vergrößern wir uns immer in die Umwelt hinein. Wir werden nach und nach ganz identisch mit der Umwelt. Und was da von uns in die Umwelt hinausgeht, das gibt die Konfiguration für das Astralische und das Ätherische der nächsten Inkarnation.

Das ist dasjenige, was im Wesentlichen aus dem Kosmos herein die Mutter bestimmt. Durch den Vater und die Befruchtung kommt dasjenige, was im physischen Leibe konfiguriert ist und was im Ich ist. Dieses Ich geht, so wie es dann ist, nach der Mitternachtsstunde des Daseins eigentlich in eine ganz andere Welt über. Es geht in diejenige Welt über, durch die es dann diesen Weg nehmen kann durch die väterliche Natur. Das ist ein außerordentlich bedeutsamer Vorgang. Es ist wirklich so, dass die Zeit bis zur Mitternachtsstunde und von der Mitternachtsstunde an – beide Teile sind ja zwischen Tod und neuer Geburt – eigentlich sehr verschieden sind voneinander. Ich habe diese Erlebnisse in meinem Wiener Vortragszyklus von 1914 von innen aus geschildert. Wenn wir sie mehr von außen anschauen, müssen wir eben sagen: Das Ich wird in der ersten Hälfte, bis zur Mitternachtsstunde, mehr kosmisch und bereitet dasjenige vor im Kosmos, was dann auf dem Umwege durch die Mutter in die nächste Inkarnation hineingeht. Und von der Mitternachtsstunde des Daseins bis zur nächsten Geburt geht das Ich in dasjenige über, was eigentlich in den alten Mysterien Unterwelt genannt wurde, und auf dem Umwege durch diese Unterwelt nimmt es den Weg durch die Befruchtung. Und da kommen im Grunde genommen die zwei Pole des Menschen zusammen durch die Mutter und den Vater, von der Oberwelt und von der Unterwelt.

Dieses, was ich jetzt sage, war aus der instinktiven älteren Erkenntnis heraus, wenigstens soviel mir bekannt ist, ein wesentlicher Inhalt der ägyptischen Mysterien. Die ägyptischen Mysterien führten ja ganz besonders die Menschen zu der Erkenntnis gerade dessen, was sie damals die oberen und die unteren Götter nannten, die obere und die untere Götterwelt. Und man kann schon sagen, in dem Befruchtungsakte vollzieht sich ein polarischer Ausgleich der oberen und der unteren Götterwelt, und das Ich geht zwischen dem Tod und einer neuen Geburt zuerst durch diese obere Welt und dann durch die untere Welt. Es ist durchaus in älteren Zeiten nicht diese eigentümliche Nuance schon dagewesen, die heute manche verbinden mit Ober- und Unterwelt. Die obere ist bei den heutigen Menschen immer die gute, und die untere ist immer die schlechte. Diese Nuance war ursprünglich nicht damit verbunden, sondern es waren eben nur die zwei Polaritäten, die an der Gesamtweltbildung teilnehmen mussten. Sodass man in der unmittelbaren Erfahrung die Oberwelt mehr als die Lichtwelt wahrnahm, schaute, die untere Welt mehr als die Welt der Schwere: Schwere und Licht als die beiden Polaritäten, mehr nach außen die Sache ausgedrückt. So sehen Sie, dass man im Konkreten die Dinge schildern kann.

Ich habe Ihnen für die anderen Organe gesagt, dass das Ausfließen halluzinatorisches Leben werden kann, insbesondere was aus dem Lebersystem herausgepresst wird. Wenn aber das Herz seinen Inhalt auspresst, dann ist es also eigentlich das System von Kräften, herausgedrängt und ins Bewusstsein gebracht, das in der nächsten Inkarnation jene eigentümliche Veranlagung, sein Karma auszuleben, hervorruft. Wenn man beobachtet, wie das Karma sich auswirkt, so kann man ja sagen: Es lässt sich eigentlich dieses Ausleben des Karma von der Seite der Menschen nur schildern wie eine Art von Hunger und Sättigung. – Das muss man so auffassen. Gehen wir zunächst vom Standpunkt der gewöhnlichen Lebensanschauung aus, nehmen wir ein markantes Ereignis: Eine Frau begegnet einem Mann und fängt an, ihn zu lieben. – Nun ja, das ist wirklich ungefähr so angesehen, wie wenn Sie aus der Sixtinischen Madonna ein Stückchen herausschneiden würden, zum Beispiel gerade ein Fingerchen vom Jesusknaben herausschneiden und das anschauen würden. Sie haben natürlich ein Stück von der Sixtinischen Madonna, aber Sie sehen nichts. So sehen Sie auch nichts, wenn Sie anschauen: Eine Frau begegnet einem Mann und fängt an, ihn zu lieben. – Denn so ist es nicht, das muss man nach vorne zurückverfolgen. Bevor die Frau an den Mann herangekommen ist, ist sie an andere Orte der Welt gegangen, ist früher woanders gewesen, noch früher wieder woanders gewesen. Sie können überall Gründe finden, warum die Frau von dem einen Ort zu dem andern gegangen ist. Das verbirgt sich natürlich im Unterbewussten, aber es ist Vernunft darinnen, es ist durchaus Zusammenhang darinnen, und man kann, wenn man zurückgeht bis in die Kindheit, den Weg zurückverfolgen. Die betreffende Frau – dabei soll niemandem etwas aufgemutzt werden –, die geht durchaus die Wege vom Anfange an, die dann landen in dem betreffenden Ereignis. Der Mensch, wenn er geboren wird, hat Hunger, das zu tun, was er tut, und er lässt nicht früher nach, bis die Sättigung kommt. Das Hindrängen zum karmischen Ereignis ist eine Folge eines solchen allgemeinen spirituellen Hungergefühles; man wird hingetrieben. Das ist einmal der ganze Mensch: er hat solche Kräfte in sich zu späteren Ereignissen trotz der Freiheit, die trotzdem vorhanden ist, aber die spielt ja auf einem andern Gebiete. Der Mensch trägt diese Kräfte in sich. Nun, diese Kräfte, die da als ein solcher Hunger sich äußern, der dann zur karmischen Erfüllung führt, diese Kräfte, die so sich ausleben, die werden im Herzen konzentriert.»[159]

Das Herz also ermöglicht uns das Herübertragen dessen, was wir in dem einen Erdenleben getan und erlebt haben, in ein nächstes Erdenleben. Es ist unser Schicksalsorgan und bildet damit die Grundlage für die Entwicklung des Ich, der eigentlich menschlichen Zeit. Es verbindet mithin den Bereich des irdischen Werdens und Vergehens mit dem Bereich der überirdischen Dauer. In dem einen Erdenleben bildet das Herz das Wahrnehmungsorgan für das, was dann wie in einem über das Erdenleben hinausgehenden Gedächtnis für ein nächstes Erdenleben aufbewahrt wird, um sich dann als Schicksal auszuleben.

«Im Herzen haben Sie, insofern die ätherische Welt in Betracht kommt, einen zusammengezogenen Kosmos; aber zugleich auch, insofern die astralische Welt in Betracht kommt, eine Zusammenziehung desjenigen, was der Mensch tut. Hier schließen sich der Kosmos mit seinem Geschehen und das Karma des Menschen zusammen. Es ist eine so innige Korrespondenz des astralischen Leibes und des ätherischen Leibes mit dem ganzen menschlichen Organismus nur in der Gegend des Herzens vorhanden. Da ist es in der Tat so, dass die ganze Welt, von der sich der Mensch durch die Geburt in seinem Ätherleib ein Abbild hereingebracht hat, dass diese ganze Welt, die da wie in einer Essenz darinnen ist, alles das, was der Mensch tut, in sich aufnimmt, sich damit durchdringt. Und nun ist Gelegenheit durch diese Zusammenschlüsse, durch diese Zusammenschaltung, dass während des ganzen menschlichen Lebens fortwährend das menschliche Tun in die Essenz der Abbilder des Kosmos eingeschaltet wird.

Wenn dann der Mensch durch die Pforte des Todes geht, da ist nun in diesem ätherisch-astralischen Gebilde, in dem das Herz, ich möchte sagen, schwimmt, alles das, was der Mensch, wenn er den physischen Leib und jenes Äthergebilde abgelegt hat, in sein weiteres geistig-seelisches Leben mitnimmt. Und indem er jetzt geistig immer größer und größer wird, kann er – weil ja die Substanz des ganzen Kosmos da drinnen ist, es ist nur zusammengezogen im Herzen im Ätherleib – sein ganzes Karma dem Kosmos übergeben. Dasjenige, was aus dem Kosmos gekommen und zum Äthergebilde geworden ist, was im Herzen sich zusammengezogen hat und Essenz geworden ist, das will wiederum nach dem Kosmos hin. Der Mensch breitet sich im ganzen Kosmos aus und wird dann in die Seelenwelt aufgenommen und macht dasjenige durch, was ich in meiner *Theosophie* als den Durchgang durch die Seelenwelt und dann durch das Geisterland beschrieben habe. Aber es ist tatsächlich so, dass, wenn wir die menschliche Organisation in ihrem Werden betrachten, wir uns sagen können: Es findet in der Gegend des Herzens ein Zusammenschluss des Kosmischen mit dem Irdischen statt, und zwar so, dass das Kosmische in seiner kosmischen Konfiguration in das Ätherische hereingenommen wird und sich da bereit macht, unsere Taten, alles, was wir tun, aufzunehmen. Und mit dem, was da durch eine innige Durchdringung des Ätherischen mit dem menschlichen Tun sich gebildet hat, gehen wir heraus und treten wiederum ein in ein neues kosmisches Dasein, wenn wir durch die Pforte des Todes gegangen sind.

Damit beschreibt man in der Tat in einer ganz konkreten Gestaltung die Art und Weise, wie der Mensch sich heranlebt an seinen physischen Leib und wie er wiederum sich aus diesem physischen Leib herausziehen kann, weil seine Taten ihm die Kraft geben, zusammenzuhalten, was er aus dem Kosmos nur als eine Essenz herausgebildet hat.

Der physische Leib wird ja innerhalb der physisch-irdischen Welt durch die Vererbungskräfte gebildet, also durch die Kräfte der Embryonalbildung, der Keimesbildung. Mit diesen verbindet sich das, was der Mensch herunterbringt aus der geistigen Welt, nachdem er zunächst seinen Ätherleib herangezogen hat. Mit diesem verbindet sich der Mensch auf der einen Seite. In dem Astralischen, das er sich als ein so wunderbares Gebilde mitgebracht hat, da lebt nun aber auch sein Ich darinnen, das durch viele Erdenleben gegangen ist und überhaupt eine Entwickelung hinter sich hat. Und dieses Ich lebt in einer gewissen Sympathieverbindung – indem ich das Wort gebrauche, bezeichne ich wiederum etwas sehr Wirkliches – mit alledem, was da als Gebilde im astralischen Leibe ist. Und indem diese Gebilde in die Organe des physischen Leibes hineinschlüpfen, so wie ich es beschrieben habe, behält das Ich die Sympathie und entwickelt diese innere Sympathie auch zu den Organen, breitet sich immer mehr und mehr auch in den Organen aus und nimmt Besitz von ihnen. Gewiss, es ist das Ich auch früher schon vom ersten Kindesalter an in einer gewissen Beziehung zu den Organen. Aber da sind eben diese Vererbungsverhältnisse da, von denen ich früher gesprochen habe, da ist die Beziehung des Ich eine äußerliche. Das Ich schlüpft aber nach und nach schon mit seinem astralischen Leibe in die Organe des physischen Leibes hinein, und indem es da hineinschlüpft, geschieht das Folgende: während vorher das Ich längs des Blutlaufes, ich möchte sagen, äußerlich beim Kinde vorhanden war, verbindet es sich jetzt intensiv innerlich immer mehr und mehr mit dem Blutkreislauf, bis es bei der Geschlechtsreife im vollen Sinne eingetreten ist. Und während Sie hier ein astralisches Gebilde um das ätherische, um das physische Herz herum haben, während Sie hier also ein astralisches Gebilde haben, macht das Ich den anderen Weg durch: es schlüpft, sagen wir, in die Organe der Lunge hinein; mit den Adern, die von der Lunge zum Herzen hingehen, nähert sich das Ich immer mehr dem Herzen. Das Ich folgt immer mehr und mehr, innig verbunden mit dem Blutkreislauf, dem Wege dieses Blutkreislaufes. Sodass wiederum auf dem Umwege durch diese mit dem Blutkreislaufe laufenden Ich-Kräfte das Ich eingreift in dasjenige, was aus dem Zusammenschluss des ätherischen und des astralischen Herzens gebildet worden ist, wobei überhaupt ein Ätherisches aus dem Kosmos mit einem Astralischen von uns selbst zusammenwächst. Ich sagte vorhin: Dieser astralische Leib enthält nach und nach außerordentlich viel, weil sich alle die Taten in ihm einschreiben. Aber indem das Ich in einer Sympathiebeziehung zu allem steht, was der astralische Leib macht, schreiben sich auch die Absichten, die Ideen ein, aus denen der Mensch heraus seine Handlungen vollzieht. Sodass tatsächlich hier ein voller Zusammenschluss des Karmas mit den Gesetzmäßigkeiten des Kosmos stattfindet.

Man weiß von all dem, was da innerlich im Menschen vor sich geht, eigentlich heute, man möchte, da die Verhältnisse so sind, mit Emphase sagen: ‹herzlich wenig›; denn es bezieht sich alles das, was man nämlich nicht weiß, auf das Herz. Man weiß heute davon ‹herzlich wenig›. Man weiß das, was hier in der physischen Welt geschieht und betrachtet es nach Naturgesetzen; und man weiß das, was der Mensch moralisch vollzieht und betrachtet es nach moralischen Gesetzen. Aber alles das, was im Menschenleben moralisch geschieht, und das, was auf der anderen Seite physisch geschieht, das schließt sich gerade im Menschenherzen zusammen; sodass man diese zwei Dinge, die heute so selbstständig nebeneinanderherlaufen beim Menschen, moralisches Geschehen und physisches Geschehen, in ihrem Zusammenschluss findet, wenn man wirklich die Gesamtkonfiguration des menschlichen Herzens verstehen lernt, das heißt, wenn man verstehen lernt, was sich da in diesem Herzen in einer natürlich viel verborgeneren Weise vollzieht, als es sich offen vollzieht beim Zahnwechsel. Wir erben Zähne, und wir bilden dann aus unserem Organismus heraus Zähne. Die ersteren fallen ab, die anderen bleiben uns. Die ersteren haben eine gewisse Tendenz unterzugehen, sie würden sich in sich nicht halten können, wenn sie nicht ausfallen würden. Die bleibenden Zähne werden vorzugsweise durch die äußeren Verhältnisse zerstört, wozu natürlich auch die äußeren Verhältnisse im Organismus selbst gehören. In einer unsichtbaren Weise wird unser ätherisches Herz mit der Geschlechtsreife dem Zerfall übergeben, und eine Art bleibenden Herzens, eine Art Ätherherz, gewinnen wir. Dieses bleibende Ätherherz, das ist aber erst ganz geeignet, unsere Tätigkeit voll aufzunehmen. Deshalb ist es in der Tat etwas ganz anderes, ob der Mensch vor der Geschlechtsreife stirbt oder erst nach der Geschlechtsreife. Wenn der Mensch vor der Geschlechtsreife stirbt, dann ist in ihm nur die Tendenz vorhanden, dass sich dasjenige, was er hier auf der Erde getan hat, karmisch weitervererbt. Es kann sich einzelnes, auch wenn Kinder vor der Geschlechtsreife sterben, dem Karma einverleiben, aber es hat das immer etwas Unbestimmtes und Schillerndes. Das richtige Bilden des Karma geschieht eben erst von dem Momente an, wo das astralische Herz in das ätherische Herz voll eingreift, wo sich diese zusammenschalten. Aber es ist das auch, wenn ich so sagen darf, der Organismus der Karmabildung. Denn mit dem Tode wird das, was da im Menschen konzentriert ist, was sich da zusammengeschlossen hat, immer mehr und mehr kosmisch und wird dann aus dem Kosmos heraus später beim nächsten Erdenleben dem Menschen wiederum einverleibt, sodass alles, was wir tun, nicht uns selbst allein angeht. Sondern es ist so, dass sich uns etwas einverleibt, was aus dem Kosmos kommt und was auch die Tendenz behält, nach dem Tode unsere Taten dem Kosmos zu übergeben, aus dem heraus aber sich die karmischen Gesetze für die Gestaltung unseres Karmas wirksam erweisen, sodass wir dann dasjenige, was der Kosmos aus unseren Taten macht, in seiner Wirkung wiederum ins Erdenleben hereintragen beim Beginn eines nächsten Erdenlebens.»[160]

So wie das Herz uns also von Erdenleben zu Erdenleben führt, bildet es das Ausgleichsorgan für unser Schicksal. Zugleich aber bildet es während eines Erdenlebens das Ausgleichsorgan innerhalb unseres Organismus zwischen dem zum Absterben neigenden Nerven-Sinnes-System und dem uns belebenden Stoffwechsel-Gliedmaßen-System. Dadurch wird der Mensch herausgehoben aus den Naturwirkungen von Werden und Vergehen, die in der äußeren Natur als Sommer- und Winterzustand zu erleben sind. Im Menschen sind Sommerwirkungen (Stoffwechsel-Gliedmaßen-System) und Winterwirkungen (Nerven-Sinnes-System) immer gleichzeitig vorhanden, während sie sich in der Natur im Jahreslauf abwechseln. Daran aber knüpft sich nun die menschliche Freiheit, aus der heraus der Mensch über die Natur hinaus in die Zukunft hineinschaffen kann. Dieses Schöpferische im Menschen, das zur Grundlage der zukünftigen Evolution wird, hat sich uns im Verlaufe unserer Betrachtungen ja mehr und mehr als der eigentliche Kern der Zeitanschauung Rudolf Steiners gezeigt, was auch in der folgenden Vortragsstelle zum Ausdruck kommt.

«Dasjenige Organ im Menschen, in dem der Ausgleich stattfindet, in dem eigentlich von unten nach oben und von oben nach unten fortwährend nach Gleichgewicht gestrebt wird, das ist das menschliche Herz, das nicht etwa im Sinne der heutigen Physiologie eine Pumpe ist, die das Blut durch den Leib pumpt, sondern welches darstellt das Gleichgewichtsorgan für das obere und untere System des Menschen. Sodass sich auch im äußeren physischen Organismus des Menschen das, was geistig in ihm bewirkt wird, dadurch ausdrückt, dass immer gleichzeitig in ihm sich Sommer- und Winterwirkungen aufheben.

Auf irgendeinem Erdengebiete kann nur dadurch Winter sein, dass nicht gleichzeitig Sommer ist, sonst würde der Sommer den Winter in einen Gleichgewichtszustand bringen, das heißt, es wäre kein Sommer und kein Winter da, sondern ein Gleichgewichtszustand. So ist es aber wirklich im Menschen. Der Mensch ist in sich ein Stück Natur, aber weil die Naturwirkungen im menschlichen Organismus einander entgegengesetzt gerichtet sind, heben sie sich auf, und der Mensch ist so, wie wenn er gar nicht Natur wäre. Dadurch ist der Mensch aber ein freies Wesen. Man darf auf ihn nicht die Gesetze der Naturnotwendigkeit anwenden, denn es gibt nicht eine Naturnotwendigkeit, sondern zwei einander entgegengesetzt orientierte Naturwirkungen, und die heben sich im Menschen auf. Und in diesem Gebiete sich aufhebender Naturwirkungen ist nun das Geist-Seelische des Menschen, unbeeinflusst von den Naturwirkungen, und muss aus seiner eigenen

Gesetzlichkeit heraus erkannt werden. Sie sehen daraus, wie wir zu fundamentaler umfassender Beobachtung gehen müssen, wenn wir den Menschen verstehen wollen, und wie eigentlich die bloße Anwendung der äußeren Naturgesetze, die immer nur nach einer Richtung orientiert sind, auf den Menschen nicht angängig ist.

Nun aber, nachdem wir uns auf der einen Seite die eigentliche menschliche Wesenheit vor die Seele gestellt haben, betrachten wir einmal, was das für eine Konsequenz hat. Man lernt den Menschen erst kennen, wenn man ihn so betrachtet: er trägt ein Stück Natur in sich, sodass sich die entgegengesetzten Naturwirkungen aufheben. Lernt man aber nun dieses Stück Natur durch geisteswissenschaftliche Anschauung kennen, so zeigt es sich für den Schlafzustand des Menschen in Bezug auf den physischen und den Ätherleib als in sich durchdrungen von mineralischen und pflanzlichen Wirkungsweisen, die, wenn wir nur auf das hinschauen, was beim schlafenden Menschen im Bette zurückgeblieben ist, den sommerlichen Zustand darstellen. Aber jetzt lernt man dadurch, dass man in der richtigen Weise dieses sprießende, sprossende Leben betrachten kann, es erst in seiner wahren Bedeutung kennen. Wann sprießt es, wann sprosst es? Wenn das Ich und der astralische Leib nicht dabei sind, wenn das Ich und der astralische Leib während des Schlafens draußen sind. Und woher kommt denn das Sprießen und Sprossen? Das zeigt sich gerade durch geisteswissenschaftliche Betrachtung.

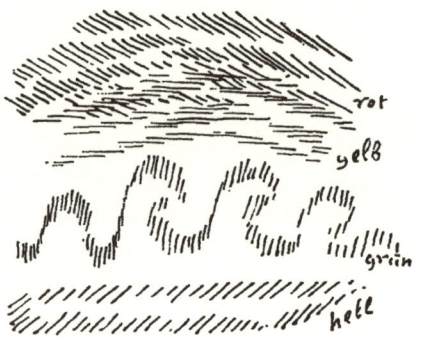

Wenn ich Ihnen dies schematisch zeichnen wollte, so müsste ich es in folgender Art tun. Das wäre das Schema des schlafenden Menschen (hell, grün, gelb, rot). Die untere hell-grüne Linie ist der im Bette liegende physische Leib und der Ätherleib, der sich für die geisteswissenschaftliche Anschauung zeigt wie Erdboden, Mineralisches, aus dem herausprießt das pflanzliche Leben, natürlich in anderer Form, aber erkennbar für die geisteswissenschaftliche Anschauung. Darüber glimmen wie eine Flamme, die sich nicht nähern kann, das Ich und der astralische Leib, dargestellt in der rot-gelben Linie, die darüber ist. Man hat also gewissermaßen, wenn man den Menschen im Schlafe betrachtet, sprießendes, sprossendes Erdenstück im Bette und zu ihm gehörendes, abgesondertes glimmendes Astral-Ichliches.

Wie ist es im Wachen? Nun, da müsste ich das Schema in folgender Weise (hell, rot, grün, gelb) gestalten: welkendes, untenliegendes Mineralisches, Pflanzliches, und gleichsam dieses Mineralische, Pflanzliche verbrennend, in es hineinglimmend, das Astralisch-Ichliche. Da haben wir also den wachenden Menschen mit in sich zerbröckelndem Mineralischen. Es zerbröckelt das Mineralische während des Tagwachens im Menschen. Das vegetabilische Wirken macht gleichsam überall einen solchen Eindruck – wenn es auch ganz anders ausschaut – wie die Bäume im Herbste, wie die niederhängenden, welkenden Pflanzenblätter, alles ersterbend, abnehmend, aber wie von Flammen, von Flämmchen durchglüht und durchglimmt. Diese Flammen und Flämmchen, die das durchglühen und durchglimmen, sind der im physischen Leibe und Ätherleib lebende astralische Leib und das Ich. Und die Frage taucht auf: Ja, wie ist es denn nun eigentlich mit dem flammenden Glimmen während des Schlafes, wo es abgesondert ist im Ich und astralischen Leib von dem physischen und Ätherleibe?

Wenn man dem nun mit geisteswissenschaftlicher Forschung zu Leibe rückt – und das können Sie aus der Zusammenhaltung verschiedener Darstellungen, die ich im Laufe der Zeit gegeben habe, gewissermaßen sich selber als Konsequenz bilden –, so kommt man auf das Folgende. Dasjenige, was da zunächst vor allen Dingen das Flammen und Glimmen des Ich und astralischen Leibes herausstößt und was dann das sprießende, sprossende, vegetabilische Leben des sommerlichen, schlafenden physischen Leibes und dieses in sich auch eine Art Leben entwickelnde Mineralische anregt, was da bewirkt, dass die Bröselchen, möchte ich sagen, die Teilchen, das Atomisierende des Mineralischen im physischen Leibe wiederum so ausschaut, als ob sich die Atome auflösen würden, als ob sich aus dem Ganzen eine kontinuierliche, in sich bewegliche, überall regsame, mineralflüssigluftförmige Masse bildete, die überall von sprossendem Leben durchzogen ist – diese innere Kraft, die das bewirkt, was ist sie? Nun, das, was da drinnen vibriert, während wir schlafen, im physischen und im Ätherleibe, das ist die noch nachklingende Welle unseres Lebens vom vorirdischen Dasein. Die bringen wir während unseres wachen Erdenlebens zum Stillstand.

Wenn dieses flammende Flimmern des astralischen Leibes und des Ichs eins sind mit dem physischen und Ätherleib, dann bringen wir jene Anregungen, die während des Schlafes aus dem vorirdischen Leben vorhanden sind, zur Ruhe. Und jetzt lernen wir erst aus dem, was wir an uns selber lernen, in richtiger Weise auf die äußere Natur hinzuschauen, lernen hinzuschauen auf diese äußere Natur so, dass wir uns sagen: Alles, was in der äußeren Natur regsam ist an Naturgesetzen, an Naturkräften im mineralischen und im vegetabilischen Leben, das ist gleich demjenigen, was in uns während des Schlafes mineralisches und vegetabilisches Leben ist, sommerliches, sprießendes, sprossendes Leben. – Das heißt, gerade so, wie wir, wenn wir unseren schlafenden physischen und Ätherleib betrachten, auf unsere Vergangenheit gewiesen werden, auf das Geistleben, das wir im vorirdischen Dasein gehabt haben, so weist uns die äußere Natur, insofern sie mineralisch und vegetabilisch ist, hin auf die Vergangenheit.

Wenn wir richtig verstehen wollen die wirksamen Naturkräfte und Naturgesetze in der uns umgebenden Natur, mit Ausnahme des Tierischen und des Physisch-Menschlichen, dann müssen wir uns sagen: In den Naturgesetzen und Naturkräften werden wir hingewiesen auf die Vergangenheit der Erde, auf das Ersterben der Erde. – Wenn wir uns also Gedanken über die äußere Natur machen, so sind diese Gedanken gewidmet dem ersterbenden Elemente des Erdendaseins. Soll dieses ersterbende Erdendasein wiederum belebt werden, Zukunftsimpulse in sich haben, dann kann es nur auf dieselbe Weise geschehen, wie es beim Menschen geschieht, dadurch, dass sich in das Mineralische und Vegetabilische Seelisches und Geistiges hineinschiebt. Seelisches schiebt sich bei den Tieren hinein, Geistiges dann beim Menschen.

Dadurch aber teilt sich uns das gesamte Weltenwesen eigentlich in zwei Glieder. Wir schauen in die äußere Natur hinaus, und insofern sie – und das ist die Hauptsache in der äußeren Natur – mineralischer und pflanzlicher Art ist, dürfen wir sie nur vergleichen mit unserem schlafenden physischen und ätherischen Organismus. Wenn wir auf die äußeren physischen Wirkungen sehen, so müssen wir uns auch sagen: Von diesen Wirkungen der äußeren Natur im Mineralischen und Vegetabilischen hängen auch alle andern physischen Wirkungen ab. – Denn wenn Sie die physischen Wirkungen ansehen, die sich an die Ernährung der Wesen knüpfen, so müssen Sie sagen: Es beginnt die Ernährung mit der Aufnahme der mineralischen und pflanzlichen Stoffe. Das Tier verarbeitet sie dann weiter mit der Ernährung für den Menschen. – Aber zunächst hängt alles, was äußere Natur ist, in ihren äußeren physischen und auch ätherischen Wirkungen von solcher Wesenheit ab, die wir in unserem schlafenden physischen und ätherischen Organismus finden. Was wir aber in uns tragen als das Ich und den astralischen Organismus, was zum Beispiel während des Wachzustandes – wo der physische und ätherische Organismus in ihrem Winterschlafe sind, wenn ich mich so ausdrücken darf, es ist natürlich paradox zu der Wirklichkeit, wie Sie verspüren – in dem Sommerzustand ist, angeregt durch die äußeren Sinneswirkungen und durch die sich bildenden Gedanken, das bildet mit dem Winterzustand des physischen und ätherischen Leibes ein Gleichgewicht.

Aber wer nun geisteswissenschaftlich zu Werke geht, findet, wenn auch das, was er beim Menschen in Gleichzeitigkeit zu denken hat, für den Zeitenjahreslauf getrennt ist, immer doch zu dem Winterzustand der Erde einen geistigen Sommerzustand dazugehörig, zu dem Sommerzustand einen geistigen Winterzustand. Nur dass diese auf der Erde nicht einen Gleichgewichtszustand bilden, sondern sich an entgegengesetzten Erdenhälften geltend machen, sodass bei der Erde es so ist, dass der physische Winterzustand gestärkt wird durch den seelisch-geistigen Winterzustand, der physische Sommerzustand verstärkt wird durch den geistigen Sommerzustand. Damit aber ist darauf hingedeutet, dass so, wie der Mensch seine Vergangenheit und seine Gegenwart in sich trägt, auch die ganze uns umgebende Natur ihre Vergangenheit und ihre Gegenwart in sich trägt.

Wir haben Gegenwart eigentlich nur in unserem physischen Leibe in Bezug auf die ihn durchdringende Tätigkeit und Gesetzmäßigkeit, wenn wir wachen. Wir haben das Hereinwirken der Vergangenheit, und zwar einer Vergangenheit, die im Geistigen zugebracht worden ist, für den physischen und ätherischen Organismus im Schlafzustand.

Das Entsprechende finden wir auch in der uns vorliegenden, auf uns wirkenden mineralischen und vegetabilischen Natur: sie sind im Grunde genommen die Ergebnisse vergangenen Daseins, und Gegenwart werden sie nur dadurch, dass die Erde ebenso umhüllt wird von Geistig-Seelischem, wie der Mensch durchdrungen wird von Geistig-Seelischem. Und in der Gegenwart ist bereits der Keim zur Zukunft.

Aber wenn es wahr ist – und es ist wahr, was ich Ihnen dargestellt habe –, dass wir im physischen und im ätherischen Organismus, gerade wenn sie unabhängig von geistig-seelischer Tätigkeit sind, Wirkungen der Vergangenheit in uns haben, dann dürfen wir das Hinüberwirken in die Zukunft nur in unserem Ich und in unserem astralischen Leibe suchen, dürfen aber auch für die Erde die Zukunft nur im Geistigen suchen.

Der Mensch ist heute so weit, dass er durch selbstverständliche elementarische Gewalten das Ich und den astralischen Leib hinzugesellt hat zum physischen und ätherischen Organismus. Die mineralische und pflanzliche Erdenwelt hat das noch nicht hinzugesellt. Sie umhüllen geistig und seelisch die Erde, aber sie durchdringen nicht die mineralische und vegetabilische Wirkungsweise der Erde. Die mineralische Wesenheit der Erde zeigt sich, so wie wir sie vor uns haben, wie etwas, das den Geist und die Seele nicht in sich hineinlässt, sondern sich nur umglimmen und umhüllen lässt von Geist und Seele.

Die pflanzliche Natur zeigt sich so, dass sie das Seelische auch nicht in sich hineinlässt, aber sich in ihren obersten Partien in gewisser Weise, ich möchte sagen, berührt mit dem Geistig-Seelischen. Denn für die geisteswissenschaftliche Forschung zeigt sich bei der Pflanze das Folgende: Wenn ich unten die Wurzel, in der Mitte den Stängel und oben die Blüte der Pflanze habe, so habe ich diese Blüte so anzusehen, dass sich in der Blüte die nach oben strebende Pflanze mit dem Astralischen berührt, das nicht in sie eindringt, aber sie berührt. Dadurch entsteht die Blüte, dass eine Berührung zwischen dem obersten Teil der Pflanze und dem Astralischen, das die Erde umhüllt, eintritt. Ich habe das öfters ausgesprochen in einem Vergleiche, der aber natürlich entsprechend dezent genommen werden muss, dass das Blühen der Pflanze im Wesentlichen der Kuss ist, den die Sonne, das Sonnenlicht, mit der Pflanze selber austauscht. Das ist eine Astralwirkung, die aber ein bloßes Berühren ist.

Wenn wir also hinausschauen in die uns umgebende Natur, dann sehen wir nicht unmittelbar in dem Mineralischen, in dem Pflanzlichen dasselbe, was wir in uns als Menschen sehen. In uns als Menschen sehen wir zusammengehörig eine mineralische Natur, eine pflanzliche Natur, eine astralische Natur, eine Ich-Natur. Die Tiere müssen wir jetzt abrechnen. Wir werden in der Zukunft noch über sie sprechen. Aber das, wovon die physischen Wirkungen im Wesentlichen abhängen, müssen wir in der mineralischen und pflanzlichen Welt finden. Die zeigt sich uns, ich möchte sagen, in der äußeren Natur entblößt vom Astralgedanklichen und von dem, was Erlebnis des Ichs ist: dem selbstbewussten Geistsinn. Die sind nicht draußen, nicht im Mineralischen, nicht im Pflanzlichen. Das Mineralische und Pflanzliche sind im Grunde genommen Ergebnisse der Vergangenheit.

Wer richtig den mineralischen Boden, die herausprießenden Pflanzen auf der Erde betrachtet, muss sich eigentlich gegenüber dem Erdenleben sagen: In euch Kristallformen, in euch Bergesgebilden, in euch sprießenden und sprossenden Pflanzen schaue ich die Denkmäler des einstmals Schaffenden, Lebenschaffenden, das ersterbend ist. Aber im Menschen selber – wenn wir in der richtigen Weise dieses Ersterbende zu gliedern verstehen, dieses aus dem vorirdischen Dasein Hereinkraftende und im physischen und ätherischen Leibe sich Abhämende, Ersterbende – sehen wir den physischen und ätherischen Organismus von demjenigen durchsetzt, was in die Zukunft hinüberleuchtet von dem astralischen und Ich-Wesen, was als gedanklich vorstellungsgemäßes Leben sich auf der Gleichgewichtslage der Naturwirkungen in freier Weise im Menschen entfaltet.

Wir sehen gewissermaßen im Menschen nebeneinander Vergangenheit und Zukunft. Wenn wir in die Natur hineinschauen, insofern sie mineralisch und vegetabilisch ist, sehen wir bloße Vergangenheit. Dasjenige, was im Menschen schon in der Gegenwart als Zukunft wirkt, das gibt ihm gerade das Wesen der Freiheit. Dieses Wesen der Freiheit ist in der äußeren Natur nicht vorhanden. Wäre die äußere Natur dazu verurteilt, so zu bleiben, wie sie durch ihr mineralisches und pflanzliches Reich ist, so wäre sie auch dazu verurteilt, zu sterben, so wie der bloß physische und ätherische Organismus des Menschen stirbt im Weltenall. Der physische und der ätherische Organismus sterben, der Mensch stirbt nicht, weil die astralische Wesenheit und die Ich-Wesenheit in ihm nicht den Tod, sondern das Werden, das Entstehen in sich tragen.

Soll daher die äußere Natur nicht ersterben, dann muss ihr das gegeben werden, was der Mensch durch seinen astralischen und durch seinen Ich-Leib hat. Das heißt, da er durch seinen astralischen Leib und durch seinen Ich-Leib selbstbewusste Vorstellungen hat, so muss der Mensch, wenn er der sonst ersterbenden Erde die Zukunft sichern will, dasselbe in sie hineinstellen, was in ihm übersinnlich-unsichtbar ist. So wie er erwarten muss von dem, was in ihm übersinnlich und unsichtbar ist, die Wiederverkörperung in einem nächsten Erdendasein, dieses nicht erwarten kann von seinem absterbenden physischen und ätherischen Leibe, so kann auch nicht von dem, was mineralische und pflanzliche Erdkugel ist und als solche uns umgibt, eine Zukunft der Erde entstehen. Einzig und allein, wenn wir in diese Erde hineinzustellen vermögen etwas, was sie nicht hat, kann eine Zukunfterde entstehen. Das, was nicht von selbst da ist auf der Erde, das sind die wirksamen Gedanken des Menschen, die in seinem durch den Gleichgewichtszustand von der äußeren Natur unabhängigen Organismus leben und weben. Verwirklicht er diese selbstständigen Gedanken, dann gibt er der Erde Zukunft. Aber dazu muss er sie erst selber haben, diese selbstständigen Gedanken, denn alle Gedanken, wie wir uns machen über das, was ersterbend in der gewöhnlichen Naturerkenntnis ist, sind Spiegelgedanken, sind keine Wirklichkeiten. Die Gedanken, die wir aufnehmen aus der Geistesforschung, werden belebt in Imagination, Inspiration, Intuition. Nehmen wir sie auf, dann sind sie selbstständig im Erdenleben existierende Gebilde.

Von diesen schöpferischen Gedanken konnte ich einstmals in meinem kleinen Büchelchen über die *Erkenntnistheorie der Goetheschen Weltanschauung* sagen: Dieses Denken stellt dar die geistige Form des Kommunizierens der Menschheit. – Denn indem der Mensch sich überlässt seinen Spiegelgedanken über die äußere Natur, wiederholt er nur die Vergangenheit, lebt er in Leichnamen des Göttlichen. Indem er seine Gedanken selber belebt, verbindet er sich durch seine eigene Wesenheit, kommunizierend, die Kommunion empfangend, mit dem die Welt durchdringenden, ihre Zukunft sichernden Göttlich-Geistigen.

So ist spirituelle Erkenntnis eine wirkliche Kommunion, der Beginn eines der Menschheit der Gegenwart gemäßen kosmischen Kultus, der dann wachsen kann dadurch, dass der Mensch nun gewahr wird, wie er seinen physisch-mineralischen und seinen vegetabilischen Organismus mit seinem astralischen und Ich-Organismus durchzieht, wie er dadurch, dass er in sich selber den Geist lebendig macht, nun auch in das, was sonst als Totes, als Ersterbendes ihn umgibt, den Geist hineinbannt.»[161]

Der Mensch vereinigt durch seine Organisation in sich Vergangenheit und Zukunft, er trägt in sich das Wesen der Zeit, das organisch gesehen in seinem Herzen zum Ausdruck kommt. Damit aber ist nichts anderes gesagt, als dass die Zukunft der Evolution einzig und allein von der Entwicklung des Menschen abhängt.

Zusammenfassend können wir sagen: Rudolf Steiners Verständnis der Zeit ist ein vollkommen neues, insofern es durch und durch an ein wahres Verständnis des Menschen gebunden ist. Es gibt in seinem Werk keinerlei abstrakte Zeitanschauung, Zeit wird konkret nur durch eine wahre Anschauung und das eigene Erleben des Menschen, durch das Zusammenwirken seiner geistig-seelischen mit seiner leiblich-physischen Organisation.

So sah Steiner auch die eigentliche Aufgabe der Geisteswissenschaft in einem neuen Verständnis der Zeit. Das Zeitalter des Materialismus brachte eine neue Anschauung des Raumes, der Materie, das mit dem 20. Jahrhundert anbrechende spirituelle Zeitalter aber sollte ein erneuertes Verständnis der Zeit mit sich bringen.

«Wir leben in der Zeit, in der hart aneinanderstoßen diese zwei scharf voneinander zu unterscheidenden Epochen. Immer mehr wird es hervortreten, dass die Art des neuen Denkens erst sich zur Wirklichkeit zu stellen hat, dass das Denken bei den Menschen ein ganz anderes werden wird, als dasjenige der letzten vier Jahrhunderte sein musste, weil die Menschen lernen mussten, naturwissenschaftlich zu erkennen. In den letzten vier Jahrhunderten hat es sich darum gehandelt, den Blick des Menschen hinaus zu weiten in den Weltenraum. Öfter habe ich aufmerksam gemacht auf jenen bedeutsamen Moment in der Geistesentwickelung des Abendlandes, als Kopernikus, Galilei, Kepler, Giordano Bruno im Zusammenwirken sozusagen das blaue Himmelsgewölbe zersprengt haben. Bis dahin glaubte man, dass um unsere Erde herumhinge diese blaue Schale. Dann traten jene Geister auf, die diese Schale als ein Nichts erklärten und den Blick der Menschen hinauslenkten in unendliche Weltenfernen des Raumes. Was war eigentlich das Bedeutsame darin, dass, sagen wir, Bruno die Menschen schauen gelehrt hat, den Menschen klar gemacht hat, wie dasjenige, was sie als blaue Schale sich als Grenze ihres eigenen Sehvermögens gesetzt hatten, ein Nichts sei, dass er ihnen sagte: Dies ist nicht wirklich da, erkennt nur, dass ihr diese blaue Schale selbst in den Raum hinaussetzet? – Dass es der Anfang war, das war das Bedeutsame. Das Ende war die Tatsache im 19. Jahrhundert, als die Menschen lernten, die stofflichen Zusammensetzungen der fernsten Himmelskörper mit dem Spektroskop zu untersuchen. Eine wunderbare Epoche, die Epoche des Materialismus! Jetzt stehen wir am Ausgangspunkte einer anderen Epoche. Sie geht aus denselben Gesetzen hervor, sie ist aber die Epoche der Spi-

ritualität. Wie durch Brunos Arbeit die naturwissenschaftliche Epoche vorbereitet ist, die blaue Schale des Himmelsgewölbes durchbrochen worden ist, so wird in dem Zeitalter, das jetzt beginnt, durchbrochen werden das Zeitenfirmament. Die Menschen werden lernen, indem sie das Menschenleben eingeschlossen glauben zwischen Geburt und Tod oder Empfängnis und Tod, dass dies Grenzen sind, selbstgemachte Grenzen der menschlichen Seele. Wie früher die Menschen sich die Grenzen der Sinne selbst gemacht hatten als blaue Himmelsschale, wie der Blick damals erweitert wurde in die unendlichen Raumessphären, so werden die Zeitgrenzen durchbrochen werden, die zwischen Geburt und Tod liegen, und losgelöst von Geburt und Tod werden liegen im unendlichen Zeitenmeere die Verwandlungen des Menschenkernes, die wir verfolgen in den immer wiederkehrenden Inkarnationen. Ein neues Zeitalter beginnt, das Zeitalter des spirituellen Denkens.»[162]
Das Verständnis für Reinkarnation und Karma aber ist, wie wir oben gesehen haben, verbunden mit dem Verständnis der «Ich-Dimension» der Zeit.

Wenn auch unausgesprochen, so zeigt sich damit aber auch, wie zentral das Verständnis der Zeit für Rudolf Steiner gewesen ist. Und damit kehren wir zurück zum Anfang unserer Untersuchung, in dem wir die Anfänge von Steiners Geisteswissenschaft zusammen geschaut haben mit seinem Bestreben einer Korrektur des Zeitbegriffs. Das Verständnis der Zeit erweist sich aus dieser Perspektive als der eigentliche Kern der anthroposophischen Geisteswissenschaft.

Verfolgen wir gegen Ende unserer Untersuchung, bevor wir zu einer Betrachtung der praktischen Konsequenzen und einer abschließenden Zusammenschau kommen, noch einen spezifischen Aspekt, nämlich die Frage nach der Zeitdynamik, der Beschleunigung und Verlangsamung von zeitlichen Prozessen. In diesem Zusammenhang insbesondere die Bedeutung der menschlichen Atmung und der mit ihr zusammenhängenden Rhythmen.

6. Zeitdynamik – Verlangsamung und Beschleunigung der Zeit – Der Zusammenhang der Atmung mit dem Kosmos

Unser bisheriges Fazit zum Zeitverständnis Rudolf Steiners lautet, dass es eine von Wesen unabhängige Zeit, eine abstrakte Zeit also, nicht gibt. Zeit entsteht da, wo geistige Wesen miteinander in Beziehung treten, urbildlich am Beginn unserer Evolution durch das Opfer der Throne:
«Die Throne in dieser Opferwilligkeit, der die Stärke, der Mut zugrunde liegt, wie kniend vor den Cherubim und das Opfer zu ihnen hinaufschickend, und dieses Opfer schicken sie hinauf wie brodelnde Wärme, flammende Wärme, sodass der Opferrauch hinaufflammt zu den geflügelten Cherubim! So könnte das Bild sein. Und von diesem Opfer ausgehend – als wenn wir in die Luft hinein das Wort sprechen könnten und dieses Wort die Zeit wäre, aber die Zeit als Wesenheiten –, von dem ganzen Vorgange ausgehend: die Geister der Zeit, die Archai.»[163]

Und für den Menschen entsteht Zeit erst auf der Erde durch die Inkarnation, die Verbindung seines Ich mit der physischen Leiblichkeit. Dort, wo sein Wesen irdisch erscheint, entsteht Zeit, erlebt der Mensch seine Entwicklung und die Entwicklung seiner irdischen Umgebung.

Wir haben auch gesehen, dass wir das Zeitliche, also Werden und Vergehen immer in Beziehung zu setzen haben zu dem Dauernden, Ewig-Unvergänglichen. Und auch dieses Verhältnis ist Ausdruck der Beziehung von Wesen, nämlich die Zurückweisung des Opfers der Throne durch die Cherubim, wodurch diese sich dem Zeitlichen entziehen und den Bereich der Dauer erschaffen.

Die fortlaufende Evolution vom Saturn zur Sonne, zum Mond und zur Erde kommt alleine dadurch zustande, dass hierarchische Wesen Beziehungen untereinander entwickeln, die einmal mehr in den Bereich der Dauer, einmal mehr in den Bereich des Werdens und Vergehens eintreten.

In diesem Sinne also kann man sich nun klarmachen, wodurch eine Dynamik der Zeit entsteht. Tritt nämlich ein Übergewicht auf Seiten der Dauer ein, so verlangsamt sich die Zeit bis hin zur Gefahr eines Stillstandes, einer Krisis, über die wir oben in den ersten beiden Kapitel des vierten Teils ausführlich gesprochen haben. Eine solche Krisis bestand vor Beginn der Menschheitsentwicklung auf der Erde und war die eigentliche Ursache für die irdische Verkörperung des geistigen Wesens der Menschen.

Beschleunigt sich dagegen die Entwicklung, dann herrscht ein Übergewicht auf Seiten des Werdens und Vergehens, ein Zustand, den wir in unserer jetzigen Epoche der Erdentwicklung beobachten können: Werden und Vergehen wechseln immer zügiger miteinander ab, historische Entwicklungen vollziehen sich in immer schnellerer Folge. Die Menschen sind offensichtlich dem Bereich des Irdischen so stark verbunden, dass sich Entwicklungen in immer rascherer Folge abspielen.

Das Irdisch-Werden des Menschen, seine fortschreitende Verflochtenheit mit dem Materiellen, erscheint somit auch als Ursache für die Beschleunigung, der die jetzige Epoche der Erdentwicklung unterliegt. Gleichzeitig ist diese Tatsache Ausdruck der Wirksamkeit jener geistigen Wesen, die mit dem Werden und Vergehen alles Irdischen aufs Engste verbunden sind und dieses alleine für sich geltend machen wollen, der ahrimanischen Wesen.

Eine Verlangsamung der Entwicklung bis hin zur Gefahr eines Stillstandes tritt dagegen dann ein, wenn der Bereich der Dauer überwiegt, sich also jene Wesen stärker geltend machen, die nur die Dauer für sich haben wollen, die luziferischen Wesen.

Das Gleichgewicht innerhalb dieser Polarität wurde dadurch möglich, dass eine geistige Wesenheit, der Christus, sich mit dem Irdischen verbunden, sich verkörpert und den Tod als Ausdruck des irdischen Werdens und Vergehens überwunden hat. Und die Entwicklung des Menschen von Inkarnation zu Inkarnation ist, wie wir gesehen haben, Ausdruck des Wechsels zwischen diesen beiden Bereichen. Durch den Menschen wird, nach dem Vorbild des Christus, Zeit zu etwas Drittem, zu einer neuen Dimension jenseits von Werden und Vergehen oder Dauernd-Ewigem.

Zugleich kommt dieses Gleichgewicht zwischen zu schnell und zu langsam in der Dreigliederung des Menschen und der Polarität von Nerven-Sinnes- und Stoffwechsel-Gliedmaßenorganisation zum Ausdruck. Sie wird durch die rhythmische Organisation, also durch das Organ des Herzens und des Blutkreislaufes und den damit im Zusammenhang stehenden Atemrhythmus ausgeglichen.[164]

Kommen wir zunächst zu einer Frage, die immer wieder aufgeworfen worden ist,[165] nämlich zu den zeitlichen Angaben Rudolf Steiners im Hinblick auf die Evolution. Wenn Steiner Angaben über zeitliche Verhältnisse innerhalb der Erdentwicklung macht – so können wir aufgrund unserer Ergebnisse jetzt sagen –, dürfen wir uns diese Entwicklung nicht als eine gleichförmig strömende nach dem Muster einer abstrakten Zeit vorstellen. Vielmehr müssen wir uns die Zeit in der Evolution als ein dynamisches Geschehen, als einen ständigen Wechsel zwischen dem Zustand des Werdens und Vergehens und dem Zustand der Dauer vorstellen. Überwiegt der eine Zustand, verlaufen Entwicklungen schneller, überwiegt der andere Zustand, verlaufen diese langsamer. Denn letztlich ist die Zeit im Rahmen der Evolution nur als Ausdruck der Entwicklung des Menschen und des menschlichen Ich und der damit zusammenhängenden geistigen Wesen zu verstehen.

Wir selber leben heute in einem Zustand extremer Beschleunigung. Wir erleben Zeit anders als Menschen früherer Entwicklungsepochen.[166] Folglich besteht die Gefahr, dass wir unser Zeiterleben auch auf die Länge von Erdepochen übertragen, wie sie Steiner noch in seiner theosophischen Zeit angegeben hat.[167] Diese Schematisierung nach theosophischem Muster hat Rudolf Steiner jedoch im Hinblick auf die Evolution der Erde nicht beibehalten. So antwortet er auf eine diesbezügliche Frage eines Waldorflehrers in einer Konferenz der ersten Waldorfschule:

«Sie dürfen da nie pedantisch parallelisieren. Ja, wenn Sie zu der Primitivform, zum Urgebirge, gehen, haben Sie die polarische Zeit. Die paläozoische entspricht der hyperboräischen Epoche, auch da dürfen Sie nicht pedantisch die einzelnen Tierformen nehmen. Dann haben Sie das mesozoische Zeitalter dem lemurischen im Wesentlichen entsprechend. Dann die erste und zweite Säugetierfauna oder das känozoische Zeitalter, das ist das atlantische Zeitalter. Das atlantische ist nicht älter als etwa neuntausend Jahre. – Diese fünf Zeitalter, das primitive, paläozoische, mesozoische, känozoische, anthropozoische können Sie also geradezu parallelisieren, aber nicht pedantisch.»[168]

Steiner bezieht sich hier also eindeutig auf die üblichen geologischen Zeitepochen. Nimmt man beispielsweise das mesozoische Zeitalter und parallelisiert dieses mit der lemurischen Epoche, dann ergäbe dies auf der geologischen Zeitskala einen Zeitraum von 250 Millionen Jahren bis 66 Millionen Jahren vor unserer Zeit, also von 184 Millionen Jahren. Das atlantische Zeitalter wiederum entspräche dem känozoischen Zeitalter, das von 66 Millionen Jahren bis 7000 Jahre vor unserer Zeit reichen würde.

Schon hier sieht man, dass die nach theosophischer Anschauung gleich verlaufenden Zeitalter der Lemuris und Atlantis von Steiner der geologischen Zeitskala parallel gesetzt werden, die also demgemäß ganz unterschiedliche Längen aufweisen, nämlich 184 Millionen Jahre für die Lemuris und 66 Millionen Jahre für die Atlantis.

Würden wir jedoch der abstrakt-theosophischen Berechnung folgen, und die Zeitalter mit gleicher Länge ansetzen, so ergäbe sich folgende Rechnung: Unsere nachatlantische Zeit beginnt etwa 7000 Jahre vor unserer Zeit. Ein Zeitalter wie das nachatlantische besteht nach der theosophischen Auffassung jeweils aus sieben Epochen von jeweils 2160 Jahren, die Zeit, die der Frühlingspunkt, an dem die Sonne zu Frühjahrsbeginn aufgeht, benötigt, um durch ein Zeichen des Tierkreises zu gehen. Schon hier wird aber die Abstraktheit dieser Zeitvorstellung deutlich, denn real geht die Sonne durch keinen abstrakten Raum am Himmel, sondern durch den realen Raum des Tierkreises, dessen Bilder ganz unterschiedliche Größen aufweisen. Folgen wir jedoch der abstrakten Vorstellung, so ergäben die sieben Epochen eines Zeitalters einen Zeitraum von 15.120 Jahren.

Würde man nun das atlantische Zeitalter unserem nachatlantischen Zeitalter gleichsetzen, so ergäbe das nach abstrakt-theosophischem Muster eine Länge von ebenfalls 15.120 Jahren! Nach naturwissenschaftlichen Vorstellungen eine völlig unsinnige Aussage. Aber eine solche Aussage macht Rudolf Steiner nicht, indem er auf die Frage des Waldorflehrers sich konkret an die naturwissenschaftlichen Tatsachen hält, demgemäß also von annähernd 66 Millionen Jahren anstelle von 15.120 Jahren ausgeht.

Rudolf Steiner wird also bewusst gewesen sein, dass die Zeitalter der geologischen Zeitskala nicht gleicher Länge sind. Gerade wenn man aber diese Skala berücksichtigt, könnte man wohl von einer Beschleunigung der Entwicklung sprechen. So umfasst beispielsweise das Paläozoikum innerhalb von 365 Millionen Jahren die Entstehung der Weichtiere, Fische, Insekten und Reptilien, das Mesozoikum innerhalb von 180 Millionen Jahren die Entstehung eines großen Teiles der Säugetiere, das Känozoikum bis zum Erscheinen des Menschen innerhalb von 64 Millionen Jahren die Entstehung der Huf- und Raubtiere, während der Mensch erst vor 1,6 Millionen Jahren auf der Erde erscheint. Je näher wir also der Entwicklung des Menschen auf der Erde kommen, desto mehr verkürzen sich die Entwicklungszeiträume, beschleunigt sich also die Entwicklung. Diese könnte folglich Ausdruck des Irdisch-Werdens der Menschheit verstanden werden, des sich immer mehr Verbindens des geistigen Menschen mit dem Reich des Werdens und Vergehens. Die Phylogenese des Menschen mündet so gesehen in eine Beschleunigung der Entwicklungsschritte der Evolution, je mehr der Mensch seine irdische Gestalt annimmt.[169]

Gibt es nun aber auch umgekehrt Beispiele für eine Verlangsamung von Entwicklung, also eines sich stärker Verbindens mit dem Reich des Geistigen, der Dauer? Zunächst können wir da auf die Ontogenese des Menschen blicken und sie mit der aller anderen Arten von Säugetieren vergleichen. Dabei sehen wir eine deutliche Verlangsamung der Entwicklung, denn der Mensch braucht für die Entfaltung seiner grundlegenden Fähigkeiten viel längere Zeit als die Säugetiere – eine aus der Evolutionsbiologie bekannte Tatsache.[170]

Im Sinne unserer Fragestellung nach Beschleunigung und Verlangsamung als Ausdruck einer mehr dem Werden und Vergehen bzw. der Dauer zuneigenden Entwicklung käme darin die Verbundenheit der irdisch-leiblichen Entwicklung jedes Menschen mit seiner geistigen Individualität zum Ausdruck, die ja den Tieren nicht zur Verfügung steht. Wo also wie beim Menschen ein individuelles geistiges Wesen sich verkörpert, benötigt die leibliche und seelische Entwicklung längere Zeiten als dort, wo ein nicht individuelles Gruppenwesen sich verkörpert wie bei den Tieren.

In diesem Sinne unterscheidet Rudolf Steiner beim einzelnen Menschen die Entwicklung des Gattungsmäßigen von der Entwicklung des Individuellen beim Menschen:

«Die Geisteswissenschaft zeigt heute durch die Art, wie sie die Seelenerscheinungen zu betrachten vermag, dass es einer ungenauen Beobachtung entspricht, wenn man glaubt, dass das, was mit einem Menschen an innerem Seelenleben ins Dasein tritt, etwa herrühren könnte zum Beispiel von der Vererbung, von den Eltern oder Großeltern usw. herauf, oder nur aus dem herrühren könnte, was die Seele des Menschen durch äußere Erfahrung, durch äußeres Erleben der Umwelt in sich aufnimmt. Die Geisteswissenschaft hat zu zeigen, dass der Glaube, es könnte so sein, genau ebenso auf ungenauer Beobachtung beruht, wie der Glaube, dass aus unlebendiger Substanz sich ein gestaltetes Lebendiges zusammenformen könnte. Wie die unorganische Materie sozusagen nur von einem lebendigen Keim zusammengezogen werden kann, so kann alles, was an vererbten Merkmalen und Eigenschaften die Menschenseele in sich gestaltet, alles, was sie aus der äußeren Welt durch die Sinne und durch den Verstand aufnimmt, nur zu dem, was als unmittelbar lebendiges Seelenwesen in uns lebt und webt, zusammengefügt werden, wenn ein lebendiger Geisteskeim da ist, ein Geisteskeim, der in sich zusammenfügt sowohl die vererbten Merkmale, wie alles, was aus der äußeren Umgebung aufgenommen wird.

Diesen Geistes- oder Seelenkeim fasst die Geisteswissenschaft ins Auge, und sie steht damit allerdings einem sehr, sehr verbreiteten Vorurteile der Gegenwart gegenüber. Wenn man heute von dem Gepräge der menschlichen Seele spricht, wenn man von allem spricht, was der Mensch darlebt, dann wird man – und es ist dies durch gewissenhafteste Forschungen geschehen, die durchaus in ihrer Art anerkannt werden sollen – auf dieses oder jenes hinweisen, was von den Vorfahren ‹vererbt› ist. Man wird immer versucht sein, was in der menschlichen Seele lebt, und was der Mensch ausgestaltet, sozusagen zusammenzufügen durch diese oder jene Ursachen, welche innerhalb der Vererbungslinie liegen, auf die man nur einwirken lassen will, was von außen auf den Menschen einstürmt zur Gesamtgestaltung der menschlichen Seele.

Es wird einmal eine gewisse Harmonie zwischen der Naturwissenschaft und der Geisteswissenschaft auf diesem Gebiete zustande kommen, wenn man eine Frage berücksichtigen wird, welche der Geisteswissenschaft stets vorschweben muss, wenn vom menschlichen Seelenkern und von vererbten Anlagen die Rede ist, die Frage, die sich knüpft an die Erhaltung der ganzen menschlichen Gattung. Innerhalb des Gattungslebens, innerhalb dessen, was im Generationenwesen vom Großvater und Vater auf den Sohn und so weiter vererbt wird, sehen wir allerdings Merkmale von Generation zu Generation übergehen. Aber eines tritt uns fragestellend entgegen, wenn wir diese Aufeinanderfolge des Menschendaseins im Laufe der Generationen ins Auge fassen: dass der Mensch in einer gewissen Zeit sozusagen die Mannbarkeit, die Geschlechtsreife erlangt, und in der Zeit, in welcher er diese erlangt hat, ist er in der Lage, sozusagen gattungsmäßig wieder einen vollständigen Menschen ins Dasein zu stellen. Das heißt mit anderen Worten, der Mensch ist mit erlangter Geschlechtsreife fähig, seinesgleichen hervorzubringen, hat also die Fähigkeiten, welche da sein müssen, damit er seinesgleichen hervorbringen kann.

Was also menschliche Entwickelung ist, das geht bis zur Geschlechtsreife hin so, dass der Mensch bis zu derselben in sich alle Fähigkeiten entwickelt, die es möglich machen, dass er ein Wesen seinesgleichen hervorbringen kann. Aber der Mensch entwickelt sich nach der Geschlechtsreife weiter. Neue Gestaltungen, neuer Inhalt der Seele treten auch nach der Geschlechtsreife auf, und es ist unmöglich, das, was die Seele in ihrer Entwickelung nach der Geschlechtsreife durchmacht, in derselben Weise mit der ganzen Entwickelung der menschlichen Gattung in Zusammenhang zu bringen wie das, was der Mensch bis zur Geschlechtsreife zur Herstellung der menschlichen Gattung durchmacht. Ein scharfer Unterschied muss gemacht werden in des Menschen ganzer Stellung zur Welt in Bezug auf seine Entwickelung bis zur

Geschlechtsreife, und in Bezug auf die Zeit nachher. Das ist eine Frage, die, wie wir gleich sehen werden, nur von der Geisteswissenschaft richtig ins Auge gefasst werden kann. [...]

Wenn wir das menschliche Leben betrachten, dann zeigt es sich uns sogar in jedem Punkte so, dass wir durch eine gesunde Lebensbetrachtung das eben Gesagte erhärtet fühlen. Fassen wir doch das einmal ins Auge, was wir nennen können menschliche Entwickelung über das Gattungsmäßige hinaus, was sich im Menschen also auch dann noch entwickelt, wenn sozusagen die Kräfte innerhalb der Vererbung voll ausgebildet sind, wenn er mannbar geworden ist, um durchaus die Kräfte in sich zu tragen, die ein Wesen seinesgleichen hervorbringen können. In ganz anderer Art zeigen sich uns die Seelenkräfte, welche die menschliche Entwickelung ausmachen, wenn wir sie denjenigen Kräften gegenüber betrachten, welche das ganze Menschenleben hindurch als die vorhanden sind, die sich zum Beispiel in der Erhaltung der Gattung, in der Fortpflanzung ausprägen. Innerhalb dessen, was in den Fortpflanzungskräften liegt, sehen wir, wie sich sozusagen alles von innen nach außen entfaltet, wie der Mensch durch die Kräfte, die auf diesem Gebiete spielen, Wesen seinesgleichen neben ihm hervorbringt, das heißt also wie das, was in ihm ist, den Weg nach außen macht. Den genau umgekehrten Weg nehmen die Kräfte, welche der inneren menschlichen Entwickelung angehören. Man muss nur überhaupt Geistiges als Wirkliches ansehen können. Dann wird man die Betrachtung, die jetzt angestellt werden soll, von vornherein als eine berechtigte hinnehmen.

Wie leben wir unser Leben hin, wenn wir das innerlich Seelische ins Auge fassen? Im gerade entgegengesetzten Sinne leben wir es, als wir das Leben innerhalb der Gattung hinleben: in der Gattung geschieht alle Entwickelung nach außen, in dem individuellen Leben geht alle Entwickelung nach innen. Das geht so vor sich, dass wir das, was von außen an uns herantritt, in uns aufnehmen, in uns verarbeiten, und nicht nach außen drängen wie bei der Fortpflanzung, sondern dass wir das, was wir so durchleben, immer intensiver und intensiver in uns selbst konzentrieren, es immer intensiver sozusagen seines Charakters als Außenwelt entkleiden und zum Inhalt unseres eigenen Ichs machen.

Wer das menschliche Leben unbefangen betrachtet, wird finden, wie es zum Beispiel unserem Seelenleben unmöglich wäre, jemals in einem Augenblicke alles, was die Seele durchlebt hat, woran sie sich erinnern kann, wirklich jeweilig in der Erinnerung zu haben. Denken wir uns, dass irgendeiner der hier sitzenden Menschen in diesem Augenblicke in seiner Seele alles lebend haben sollte, was jemals an Begriffen, Vorstellungen, Empfindungen, Affekten und so weiter in der Seele gelebt hat. Das wäre eine reine Unmöglichkeit. Aber ist das, was wir früher durchlebt haben, was wir innerlich seelisch aufgenommen haben, deshalb verloren gegangen, weil wir uns in diesem Momente nicht daran erinnern können? Es ist nicht verloren. Wenn wir unser Seelenleben in aufeinanderfolgenden Zeitmomenten vergleichen, so werden wir finden, dass vielleicht wichtiger als das, woran wir uns erinnern, dasjenige ist, was wir scheinbar vergessen haben, was aber an uns gearbeitet hat und uns zu einem anderen Menschen gemacht hat.

Wir sind ja im Laufe unserer Entwickelung immer ein anderer Mensch, fühlen uns mit immer anderem Inhalt durchtränkt. Wenn wir uns einmal beobachten, wie wir jetzt sind, und uns vergleichen mit dem, was wir etwa vor zehn Jahren waren, so werden wir nicht leugnen können, dass wir ein anderer Mensch sind, und dass das, was dies bewirkt hat, die verarbeiteten Erlebnisse sind, was in uns hereingeströmt ist, von uns aufgenommen worden ist und gerade den entgegengesetzten Weg gemacht hat als die Kräfte, welche zur Fortpflanzung dienen. Wir vernichten gleichsam mit unserm Anschauen, mit unserm vorstellungsmäßigen Erinnern dasjenige, was wir erleben, nehmen es aber dafür in unser Ich herein. Unser Ich wird ein fortwährend anderes. Daher können wir sagen: Eine genaue Lebensbetrachtung zeigt uns, wie dieses Ich sich das ganze Leben hindurch verändert, und wie das, wodurch es sich verändert hat, die aufgenommenen Erlebnisse sind. Wir fühlen, wie das Ich innerlich voller wird, sich immer mehr und mehr durchkraftet, immer reicher und reicher wird als es war, da wir jugendlich ins Leben getreten sind. Dem liegt eine sehr bedeutsame Erscheinung des Lebens zugrunde, die gewöhnlich nur nicht genug beachtet wird.»[171]

Wir haben es hier nunmehr am Beispiel der individuellen Entwicklung des Menschen wiederum mit dem oben schon erfassten Gesichtspunkt von Evolution und Involution zu tun. Evolution wird hier verstanden als Entwicklung nach außen, in das Materielle des Gattungsmäßigen, Involution als Entwicklung nach innen, als Entwicklung des Ich.

«So können wir in der Tat sagen: Indem der Mensch sein Leben durchlebt, gestaltet er in seiner Individualität etwas aus, was die entgegengesetzte Richtung nimmt, als die Fortpflanzungsrichtung ist. Er gebiert nichts aus sich; er konzentriert etwas in sich, lässt nicht aus seinem Ich etwas heraustreten, sondern durchtränkt etwas in sich, was der Mystiker ganz gut als einen zweiten Menschen bezeichnet, welcher sich gleichsam innerhalb der Haut des ersten Menschen ausgestaltet und immer mehr und mehr geistig-seelische Bestimmtheit erlangt. Das ist beim einen Menschen mehr, beim anderen weniger naheliegend; aber der Sinn des werdenden Menschen beruht darauf, dass wir einen entgegengesetzten Keimprozess durchmachen, wo wir nicht entfalten, sondern im Gegenteil etwas in uns hineinkonzentrieren. Nennen wir die Fortpflanzungsrichtung eine Evolution, eine Entwickelung, so können wir das, was da das Ich durchmacht, eine Involution, eine Einwickelung, eine innere Gestaltung der Erlebnisse nennen. Und es ist selbstverständlich, dass die innere Spannkraft, welche das Ich, das herangewachsen ist, als zweites Ich in sich trägt, am größten ist, wenn wir am Ende unseres physischen Lebens sind, wenn wir also durch die Pforte des Todes schreiten.»[172]

Im Sinne unserer Fragestellung nach Beschleunigung und Verlangsamung, die hier nur am Beispiel des individuellen menschlichen Lebens erläutert werden kann, wäre alle Evolution, also Entwicklung nach außen, tendenziell als Beschleunigung, alle Involution als Verlangsamung anzusehen.

«Wenn wir das einmal prüfen und uns genauer ansehen, was sich so als ein zweites Ich ausgestaltet hat, dann müssen wir allerdings sagen: Der Mensch ist nicht immer geneigt, sich dieses genauer anzusehen. Das Leben nimmt ihn in Anspruch, und er lenkt nicht die genügende Aufmerksamkeit auf das zweite Wesen, das er da ausgestaltet. Wenn er aber die genügende Aufmerksamkeit darauf verwendet, dann wird er finden, dass dieses zweite Wesen ganz bestimmte Eigenschaften hat, vor allem einen bedeutsamen Drang in sich trägt, selbstständig und frei zu sein gegenüber dem, was wir im weiteren Leben aufnehmen können. Im weiteren Leben leben wir in einem gewissen Sprachzusammenhange. Dadurch haben unsere Begriffe immer eine bestimmte Färbung von diesem Sprachzusammenhange. Was wir aber im Innern entwickelt haben, das strebt danach, sich von dem freizumachen, was nur ein bestimmter Sprachzusammenhang geben kann, und eine Lebensanschauung auszugestalten, die frei und unabhängig von einem jeglichen Sprachzusammenhange ist. Hinauswachsen wollen wir über das, was ein bestimmter Sprachzusammenhang geben kann, und damit wachsen wir auch über das hinaus, worin wir von Jugend an heranwuchsen. Da müssen wir uns von Jugend an zum Beispiel schon eine gewisse Gestaltung des Ohres entwickeln. Von dem, was wir uns in unserem Ich heranentwickeln, merken wir, dass es etwas ist, was immer freier und freier werden will von der äußeren Körperlichkeit. Einen neuen Menschenkeim bilden wir heran, der unabhängig ist gegenüber dem, der sich aus unserer äußeren Körperlichkeit gestaltet hat, wenn der Mensch erwachsen ist.

Das ist es, worauf die Geisteswissenschaft die Seele hinlenken will: dass sich aus dem menschlichen Ich im Laufe des Lebens ein zweites Ich ausgestaltet, dessen Wesen gerade darin besteht, dass es sich um so voller, um so intensiver fühlt, je unabhängiger es sich fühlen kann von dem, was seit der Jugend herangewachsen ist. Und wenn man dieses in unserem Ich gestaltete zweite Ich genauer ins Auge fasst, dann wird man sehen, dass es so in sich kräftebegabt ist, dass wir etwa sein ganzes Wesen damit charakterisieren können, dass wir sagen: Dieses Ich trägt die Kräfte in sich, um einen neuen, einen anderen Menschen zu gestalten als den, durch welchen es selbst herangebildet ist.

Es ist nicht eine Analogie, sondern nur verdeutlicht, wenn wir sagen: Das Ich, welches wir in uns haben, lässt sich mit dem Pflanzenkeime vergleichen, der sich von der Wurzel durch den Stängel und die grünen Blätter bis zur Blüte herangebildet hat. Dann ist er am meisten lebensbegabt und kann die Grundlage für eine neue Pflanze bieten. Da hat sich das ganze Pflanzenwesen im Keime zusammengezogen, und wenn der Keim reif ist, dann stirbt ab, was an Stängel, grünen Blättern und Blüte herangewachsen ist. So reift in uns heran ein geistig-seelischer Kern. Wie der Keim der Pflanze immer mehr und mehr heranwächst, wenn die Blätter verwelken und die äußere physische Gestalt der Pflanze dem Tode entgegengeht, so reift der geistig-seelische Kern im Menschen heran, indem das Äußere immer mehr und mehr abstirbt, indem die Hüllen der Organe nach und nach welk werden und dem Tode entgegengehen. Daher haben wir einer richtigen Seelenbeobachtung gegenüber die eigentümliche Tatsache vor uns, die sich darin ausspricht, dass die inneren Spannkräfte eines neuen Ichs am stärksten sind, wenn wir durch die Pforte des Todes durchgehen. Da tragen wir die Kräftesysteme, die Kraftzusammenhänge durch die Pforte des Todes in eine Welt hinüber, welche nichts mit der Welt in unserem Leibe zu tun haben kann.»[173]

Verlangsamung des Lebens bis hin zum Tod ist also Ausdruck von Involution, von geistiger Entwicklung. Das Ich tritt dann aus dem Bereich des Werdens und Vergehens heraus, wenn seine Spannkräfte am größten sind, damit aber kommt das Irdische zu einem Stillstand und stirbt ab.

Kommen wir abschließend noch einmal zurück auf die Frage von Beschleunigung und Verlangsamung im Rahmen der Evolution, so setzt Rudolf Steiner diese in Beziehung zu den Kräften der Sonne und des

Mondes. Wir kommen damit noch einmal auf die Evolutionsstufen der Erde zurück und betrachten den Erdenzustand zu Beginn seiner Entwicklung. Da ist die Erde noch ein Körper, aus dem aber sich nach und nach Sonne und Mond herauslösen. Dieses Herauslösen steht nun im Zusammenhang mit unserer Frage nach Beschleunigung und Verlangsamung im Laufe der Evolution.

«Nun fragen wir uns: Was ist der Sinn dieser Trennung im geistigen Leben? Wir wollen absehen von der ersten Trennung in der alten Mondenzeit und wollen nur jene Trennungen betrachten, die während der eigentlichen Erdenentwickelung stattgefunden haben. Gerade so wie auf unserer Erde gewisse Wesenheiten ihre Entwickelung finden, gerade so finden auf der Sonne und durch den Mond andere Wesenheiten ihre Entwickelung. Wesenheiten, welche ihr Fortkommen nicht auf der Erde hätten finden können, weil sie eine andere Entwickelungsstufe hatten als der Mensch, die trennten sich mit der Sonne von der Erde ab; sie sind sozusagen nicht mit der Erdenentwickelung weitergegangen, sondern mussten auf einem Schauplatz abseits von der Erde, eben auf der Sonne ihre Entwickelung fortsetzen, sodass wir also in dem Zeitpunkt der Sonnentrennung von der Erde die Tatsache vorliegen haben, dass der Mensch auf der Erde zurückgelassen wird als ein Wesen, welches die Bedingungen der Erdenentwickelung brauchte zu seiner eigenen Entwickelung. Andere Wesenheiten aber, welche nicht auf der Erde sich weiterentwickeln konnten, die trennten sich die Substanzen, die sie brauchten, ab und bildeten sich den Sonnenwohnplatz. Sie wirkten dann von der Sonne aus auf die Erde ein. Denn wie die physischen Sonnenstrahlen auf die Erde fallen und die Erde erleuchten und erwärmen, so strahlen die Taten, die Wirkungen der Geister der Sonne auf unsere Erde herab. Die physischen Sonnenstrahlen sind nur der äußere körperhafte Ausdruck der Taten der geistigen Sonnenwesen. Das war der Sinn der Sonnentrennung.

Was war denn nun der Sinn der Mondentrennung? Wenn die Sonne mit der Erde verbunden geblieben wäre, dann hätten die Wesen, die später auf der Sonne wohnten, ihr gutes Fortkommen finden können, der Mensch aber nimmermehr. Der Mensch hätte nicht Schritt halten können mit dem Entwickelungstempo der Sonnenwesen; er hätte sich viel schneller entwickeln müssen, wenn nicht die Sonnenwesen aus der Erde hinausgegangen wären und von außen schwächer gewirkt hätten. Dadurch also ist das Entwickelungstempo auf der Erde verlangsamt worden, dass die Sonne sich abgetrennt hat. Aber es war noch nicht das dem Menschenwesen angemessene Entwickelungstempo; es war zu langsam. Der Mensch wäre verhärtet, mumifiziert, wenn der Mond, der ja damals noch mit der Erde verbunden war, mit ihr verbunden geblieben wäre. Es würde sich der Mensch entwickelt haben nicht als eine Wesenheit wie er heute ist, der aus dem äußeren physischen Leib und dem inneren Geist-Seelenleben besteht, sondern der Mensch würde sich verhärtet, mumifiziert haben. Es lag dadurch, dass der Mond mit der Erde verbunden war, in dieser die Tendenz, den Menschen und die Erde sozusagen zu verhärten, zu vertrocknen, zu verholzen. Die Erde wäre nach und nach ein Weltenkörper geworden, aus dem heraus sich wie tote Mumien die Gestalten des Menschen gebildet hätten. Es musste der Mond getrennt werden von der Erde. Dadurch ist die Möglichkeit gegeben worden, gerade das richtige Tempo der Entwickelung einzuhalten. Was zu langsam war, konnte beschleunigt werden. So wurde der Mensch, was seinem Wesen entspricht; während er zu einem äußeren Leben und zu einer äußeren Regsamkeit, die er nicht hätte vertragen können, angeregt worden wäre durch das Verbleiben der Sonne bei der Erde. Wenn der Mond bei der Erde verblieben wäre, so wäre der Mensch gar nicht angeregt worden, er wäre vertrocknet, es wäre ihm genommen worden die Möglichkeit sich zu beleben. Die Anregung, die der Mensch durch das Sonnenleben erhalten hat, war eine äußere. Die Sonne hätte gewirkt anregend auf alles menschliche Leben, allerdings in einem zu schnellen Tempo. So wie die Sonne anregend wirkt auf das Leben der Blumen des Feldes von außen, so wäre der Mensch, wenn die Sonne verbunden geblieben wäre mit der Erde, angeregt worden zu allem Fühlen, Denken und Wollen von außen, aber in so schneller Weise, dass er sozusagen verbrannt wäre in dem physischen und geistigen Sonnenfeuer. Aber die Anregerin, die von außen wirkt, war hinausgegangen, war ferngerückt und daher in ihrer Wirkung abgeschwächt worden. Sie war aber zunächst durch dasjenige, was die Erde in sich selber an verhärtenden Tendenzen hatte, zu schwach, und es musste ein Teil dieser verhärtenden Tendenzen in Form des Mondes herausgeholt werden. Dadurch kam in die Erdenentwickelung und in den Menschen ein neues, belebendes Prinzip hinein, und dieses wirkte in genau entgegengesetzter Weise anregend als die Sonne. Während die Sonnenanregung von außen wirkt, wirkt das, was jetzt eintritt, von *innen* belebend. Alles dasjenige, was Seelenleben in der physischen Welt ist, so wie es auf der Erde erlebt wird, konnte nur dadurch sich entwickeln, dass der Mensch vor dieser Verhärtung, vor dieser Mumifizierung gerettet worden ist durch das Hinausgehen des Mondes. Alles innere Leben, alle innere Regsamkeit, alles dasjenige, was beschrieben werden kann als Gefühle, Empfindungen, als Gewissen und Gedanken, alle diese Lebensquellen des Innern, sie machten sich von innen heraus geltend durch die Abtrennung des Mondes von der Erde; sie wären sonst versiegt in der menschlichen Natur, sie wären untätig geblieben.

Fragen Sie also denjenigen, der mit geistigem Blick unseren Kosmos durchmisst: Woher kommt die Fähigkeit, dass wir irgendetwas *Äußerliches* wahrnehmen, irgendetwas schauen oder sehen, dass der Mensch zum Schauen angeregt wird? Sie müssen sich sagen: Von dem, was physisch oder geistig in der *Sonne* vorhanden ist. Fragen Sie aber: Woher kommen die Gründe des *inneren* Erlebens, die Gründe des Denkens, die Gründe des Fühlens, die Gründe zum Beispiel für das Gewissen und so weiter? Dann müssen Sie dankbar hinaufblicken zum *Mond* und sich sagen: Dank den Wesenheiten, die hinweggenommen haben seine Substanzen aus der Erdensubstanz. Die Mondensubstanzen in der Erde hätten die innere Regsamkeit des Seelenlebens verhindert.»[174] Evolution, also äußerliche Entwicklung und Beschleunigung hängt demgemäß mit der Sonne zusammen, Involution, also innere Entwicklung und Verlangsamung, mit dem Mond. Und die eigentliche Erdentwicklung ist dadurch der Ausdruck eines gewissen Gleichgewichtes zwischen diesen beiden Kräften.

«Wenn wir nun diese unsere Erdenentwickelung selbst verfolgen, dann können wir uns fragen: Wie beteiligen sich denn die einzelnen geistigen Wesenheiten an deren weiterem Fortgang? Dieser Fortgang besteht darin, dass sich die Sonne von der Erde loslöste, und dann der Mond. Bei diesen Vorgängen sind geistige Wesenheiten beteiligt; die leiten diese Vorgänge. Geistige Wesenheiten ziehen die Sonne von der Erde heraus, und ebensolche ziehen den Mond aus der Erde heraus. Wie beteiligen sich denn die einzelnen geistigen Wesenheiten des alten Saturn, die der alten Sonne, die des alten Mondenreiches an den verschiedenen Vorgängen? Sie stehen ja auf verschiedenen Entwickelungsstufen; sie werden sich also in verschiedener Weise daran beteiligen. Da haben wir zunächst eine Gruppe von geistigen Wesenheiten – das sind diejenigen, die vorzugsweise während der alten Sonnenentwickelung eine gewisse Entwickelung durchgemacht haben, eine Entwickelung, die für sie so wichtig war wie für den Menschen die Erdenentwickelung ist –, Wesenheiten also, welche eine solche Entwickelung durchgemacht haben, dass geradezu die alte Sonne ausersehen war, ihnen den Schauplatz zu bieten für sie, die gleichsam angepasst sind der alten Sonne, die zusammengehören mit ihr. Das sind diejenigen Wesenheiten, die auch während der Erdenentwickelung die Sonne aus der Erde herausgeholt haben, weil sie schon während der alten Sonne so weit waren, dass sie damals so mit dieser verbunden waren wie die Menschheit jetzt mit der Erde verbunden ist. Sie sind so weit, dass sie die Sonne brauchen zu ihrem weiteren Fortkommen. Mit der Abtrennung der Sonne gingen auch die Sonnengeister von der Erde heraus, um von außen auf unsere Erde hereinzuwirken. Nun blieben bei der Erde noch, da die Sonnengeister weggegangen waren, die Saturngeister und die Mondengeister. Von diesen zwei Gruppen von geistigen Wesenheiten sind es nun die Saturngeister, welche so weit waren in ihrer Entwickelung, dass sie leiten und lenken konnten das Hinaustreten des Mondes aus unserer Erde. Diese Geister waren dadurch reif für diese Tat, dass sie in einer gewissen Beziehung vorangegangen waren in ihrer Reife den Sonnengeistern, dass sie schon während der Saturnzeit durchgemacht haben das, was die Sonnengeister während der Sonnenzeit durchgemacht haben. Daher waren sie fähig, den Mond herauszutreiben aus der Erde und die innere Entwickelung des Menschen anzuregen, den Menschen, der sonst verhärtet, mumifiziert wäre, von innen heraus zu beleben. So kann man sagen: Es haben die Tat der Sonnentrennung die Sonnengeister, die Tat der Mondentrennung die Saturngeister bewirkt. – Die Sonne ist kosmisches Symbol für die Tat der Sonnengeister, der Mond ist kosmisches Symbol für die Tat der Saturngeister. Was bleibt der Erde selber? Was eigentlich alte Mondengeister waren, die bleiben der Erde selber.

Für die nächsten Tage wird es nützlich sein, einen ganz bestimmten Moment der Erdenentwickelung ins Auge zu fassen. Ich meine den, wo eben gerade der Mond aus der Erde herausgegangen war. Da war die Erde zurückgeblieben. Die Sonne war schon früher fortgegangen. Die Erde ist jetzt in einem ganz bestimmten Zustand, sie ist dazumal noch nicht so wie heute. Wäre die Erde bei der Mondentrennung schon so gewesen wie sie heute ist, dann wäre der ganze Geschichtsverlauf nicht notwendig gewesen. Die Erde war also nicht so; sie war im Verhältnis zu ihrem heutigen Zustand, wo sie bedeckt ist mit einem heutigen mineralischen, mit einem heutigen pflanzlichen, mit einem tierischen und physisch-menschlichen Reiche, in einem unvollkommenen Zustand. Alles das war noch nicht klar hervorgetreten. Es waren noch nicht die einzelnen Kontinente voneinander geschieden. Alles war in einem, man könnte sagen, Wirrwarr. Das Spätere musste sich erst entwickeln. Sie würden vergebens suchen, wenn Sie mit übersinnlichem Schauen den Entwickelungsverlauf überblicken, beim damaligen Erdenzustand etwa eine Pflanzendecke und Mineralien wie die heutigen; ver-

gebens würden Sie suchen solche tierische und menschliche Gestalten, wie die heutigen sind. Wodurch hat sich denn das alles erst gebildet? Dadurch, dass von außen Sonne und Mond gewirkt haben. Die waren ja dazu hinausgegangen, dass sie von auswärts auf die Erde wirken konnten. Hervorgezaubert hat unsere Erde dasjenige, was durch Hereinwirken von Sonne und Mond hat entstehen können: alles das, was wir heute um uns herum auf der Erde sehen. So müssen wir also eine unvollkommene, chaotische Erde uns vor die Seele rücken, wenn wir sprechen von dem Zeitpunkte, wo der Mond hinausgegangen war, und müssen sagen: Nach und nach bedeckte sich die Erde mit denjenigen Gebilden, die wir heute um uns wahrnehmen, mit der Pflanzendecke, mit den verschiedenen Tiergruppen, den Menschenrassen im heutigen physischen Sinne. – Das alles sprießt und sprosst durch die Einwirkung der Wesenheiten, die von der Sonne und dem Monde her wirken. Von denjenigen Wesenheiten, die von der Sonne her wirken, sind namentlich die äußeren Gestaltungen hervorgerufen, die Gestaltungen der Mineralien, der Pflanzen, der Tiere und der physischen Menschen; von den Wesenheiten, die vom Monde her wirken, wird insbesondere das seelische Leben angeregt in den Tieren und Menschen. So also schaffen von außen her diese Wesenheiten an unserer Erdenentwickelung. Das, was ich Ihnen jetzt dargestellt habe, ist ungefähr in ganz wenigen Worten das Bild, welches die Erdenentwickelung charakterisiert von der sogenannten lemurischen Zeit an bis in die atlantische hinein. Erst während der atlantischen Zeit stellt sich ganz langsam und allmählich das Bild der Erde so, wie wir es jetzt erblicken in unserer Umgebung. So müssen wir unterscheiden sozusagen im Laufe der Erdenentwickelung seit der Mondentrennung zwischen einer chaotischen und einer geordneten Erde, einer Erde, welche die Wirkungen der geistigen Wesenheiten ihrer Umgebung bereits erfahren hat.»[175]
Und dennoch kommt die Erdentwicklung zwischen diesen beiden Kräften der Entwicklung wiederum an den Punkt eines Stillstandes. Knüpfen wir dazu an die eben zitierte Darstellung eine weitere, in der nun die Erdentwicklung mit der menschlichen Entwicklung zusammen geschaut und die Gefahr einer erneuten Verfestigung der Evolution wiederum an der Physiologie des menschlichen Herzens aufgezeigt und mit der Christus-Wesenheit in Beziehung gesetzt wird.

«Wie ist nun der Mensch als Ergebnis der Saturn-, Sonnen- und Mondenentwickelung auf unserer Erde angekommen? Wir haben uns diese Frage von den verschiedensten Seiten her schon beantwortet. Wir wollen heute noch eine neue Seite hinzufügen. Denn das, was eigentliche okkulte Tatsachen sind, kann man nicht dadurch erkennen, dass man ein paar abstrakte Begriffe hinpfahlt, sondern indem man es sich von allen Seiten beleuchtet und so sich dem nähert, was die Wahrheit ist. Der höheren Wahrheit Wege sind verworren, und nur der kann sie gehen, der in Geduld durch Labyrinthe wandern will. Wie ist der Mensch, als er sein Ergebnis von dem Monde herübergebracht hat, innerhalb der Erdenentwickelung angekommen? Alles das, was des Menschen heutiger physischer Leib ist, war, als die Erde im Beginne ihrer Entwickelung war, so wie wir es heute im physischen Leibe wahrnehmen, im Grunde genommen noch gar nicht vorhanden. Wenn auch auf dem alten Saturn schon die erste Anlage zu diesem physischen Leibe vorhanden war, wenn auch auf der Sonne und dem Monde diese Anlage sich weiterentwickelte und auf dem alten Monde schon eine hohe Stufe erlangt hatte, so müssen Sie sich doch vorstellen, dass in der Zwischenzeit zwischen Saturn- und Sonnenentwickelung, zwischen Sonnen- und Mondenentwickelung, zwischen Monden- und Erdenentwickelung alles das, was sich als Anlage des physischen Leibes und der anderen Leiber entwickelt hatte, wiederum sich vergeistigt hat. Es ist wieder in übersinnliche Substanzialität übergegangen, als der Mond seine Entwickelung abgeschlossen hatte. Da war das Physische, das sich auf dem Saturn entwickelt und sich weitergestaltet hatte, natürlich nicht ein Physisches, sondern das alles war wiederum in den Geist zurückgenommen, war gleichsam aufgelöst, war darin als Kräfte vorhanden, welche physische Gestaltungen hervorrufen konnten – aber Physisches war nicht vorhanden. Als die Erdenentwickelung begann, war das, was wir den physischen Leib nennen, nicht als ein physischer Leib vorhanden, sondern es war geistig vorhanden, sodass es sich nach und nach zum physischen Leibe verdichten konnte. Es enthielt die Kräfte, die dann zur Verdichtung des physischen Leibes führen konnten. Das müssen wir in Erwägung ziehen. Ja, wir können noch weiter gehen.

Wir wissen, dass wir jetzt in der nachatlantischen Zeit stehen, wissen, dass dieser die atlantische Zeit und die lemurische Zeit vorangegangen sind. Und wir kommen dann, wenn wir hinter die lemurische Zeit zurückgehen, zu noch älteren Zeiten der Erdenentwickelung. Als aber die lemurische Zeit heranrückte, da war der Mensch noch immer nicht als physischer Leib in seiner heutigen Gestalt vorhanden. Da war das, was heute physisch ist, in seinen dichtesten Gebieten im Grunde genommen als Ätherleib vorhanden, das heißt, die Kräfte unseres jetzigen physischen Leibes waren damals wie aufgelöst im Ätherleib. Dieser Ätherleib hatte nur eben solche Kräfte, dass, wenn sie sich ihrer eigenen Natur nach verdichteten, sie dann zu unserem physischen Leibe führen konnten; sie waren also in gewisser Beziehung die Kräfte des physischen Leibes, aber sie waren nicht als physischer Leib vorhanden. Also noch als der Mensch seine lemurische Entwickelung antrat, war im Grunde genommen seine dichteste Leiblichkeit eine ätherische, und alle Verdichtung zu dem physischen Leibe ist erst von der lemurischen Zeit an geschehen. Und diese Verdichtung zum physischen Leib hat sich in einer komplizierten Art vollzogen. Der Mensch war also zunächst für die geistige Anschauung in einem Ätherleibe vorhanden. In diesem Ätherleibe waren jene Kräfte des physischen Leibes, die durch die Saturn-, Sonnen- und Mondenentwickelung erworben waren. Sie hatten die Tendenz, sich zu verdichten, sodass der physische Leib nach und nach entstehen konnte, aber sie waren noch nicht physischer Leib. Der Mensch würde aber nicht so geworden sein, wie er heute ist, wenn sich die Kräfte seines physischen Leibes einfach so verdichtet hätten, wie sie damals veranlagt waren. Wenn das alles, was dazumal im Beginne der lemurischen Zeit Anlage war, im physischen Leibe des Menschen zum Ausdrucke gekommen wäre, dann würde der Mensch auch äußerlich physisch ganz anders aussehen.

Das müssen wir uns gegenwärtig halten, dass in der Tat der Mensch heute anders aussieht, als er veranlagt war in jener Zeit, die wir hinter die alte lemurische Zeit zurückzuverlegen haben. Es haben eben im Laufe der lemurischen, der atlantischen und nachatlantischen Zeit nicht nur diejenigen Kräfte in der menschlichen Natur gewirkt, die dazumal als Anlagen im Menschen vorhanden waren, sondern es haben auch noch andere Kräfte gewirkt. Wenn wir uns nun eine Vorstellung machen wollen, wie die Kräfte des Ätherleibes weiter gewirkt haben, dann können wir uns das am besten veranschaulichen an einem bestimmten Organsystem des menschlichen physischen Leibes. Wir wollen einmal darauf eingehen, wie aus dem Ätherleib heraus zunächst ein Teil der menschlichen Wesenheit seit der alten lemurischen Zeit geworden ist.

Nehmen wir einmal an, es würde uns diese Zeichnung vergegenwärtigen den Ätherleib des Menschen, wie er war, als die Erdenentwickelung vor der lemurischen Epoche begann. In diesem Ätherleibe sind die mannigfaltigsten Strömungen, sind die mannigfaltigsten Kräfterichtungen, die das Ergebnis der alten Saturn-, Sonnen- und Mondenentwickelung sind. Von diesen Kräften, die da darin sind, von diesen Strömungen wollen wir etwas herausheben. Eine gewisse Summe von Strömungen tendierte dahin, richtete ihre Ziele dahin, alles das in dem menschlichen physischen Organismus zustande zu bringen,

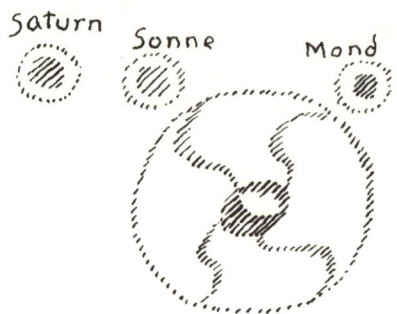

was wir nennen können die Blutzirkulation mit ihrer Zentralisierung, mit ihrem Mittelpunkt im Herzen. Also, es sind Kräfte, die im alten Saturn-, Sonnen- und Mondenzustand erworben worden sind, die aber im Ätherleib vor der lemurischen Zeit verankert waren, welche sich gleichsam so verdichteten, dass das Blutsystem mit seinem Mittelpunkt, dem Herzen, als Physisches herauskommen konnte. So haben wir jenes Organsystem ins Auge gefasst, das aus einer bestimmten Art von Kräften unseres Ätherleibes als physische Verdichtung nach und nach von der alten lemurischen Zeit an hervorgegangen ist. Wie Sie sehen können, dass aus einer Lösung von Kochsalz in Wasser sich bei entsprechender Behandlung das Kochsalz herauskristallisiert, eine Kristallgestalt wird, die sich heraushebt aus der Lösung, so ist es im höheren Sinn bei dem, was wir das Blutsystem und das Herz nennen. Es kristallisiert sich heraus aus Kräften des menschlichen Ätherleibes, die eben die Tendenz haben, sich zu diesem physischen Organsystem zu verdichten. Erst im Verlaufe dieser Erdenentwickelung konnten sie sich zu diesem physischen Herzen herausentwickeln.

Wir werden noch sehen, warum das erst im Verlaufe der Erdenentwickelung geschah und nicht zum Beispiel schon im Verlaufe der Mondenentwickelung. Was ist denn eigentlich für uns das Blutsystem und das Herzsystem? Verdichtete Ätherwelt, verdichtete Kräfte der Ätherwelt. Für die Erdenentwickelung nun würde für diejenigen Kräfte, die sich da zu unserem Herz- und Blutsystem verdichtet haben, eine Art von Ende, eine Art von Tod eingetreten sein mit dem Momente, wo sie jene Dichte erlangt hätten, die eben unser physisches Herz und das physische Blut, dieses ganze System heute zeigt. Das ist das Bedeutungsvolle und Geheimnisvolle der Erdenentwickelung, dass nicht nur diese Verdichtung stattfand, dass nicht nur die Kräfte, die herübergebracht worden sind von dem alten Saturn, der alten

Sonne und dem alten Mond, sich zu einem solchen Organsystem verdichtet haben, dass also nicht nur dasjenige, was im Ätherleibe war, physischer Leib wurde, sondern dass für jedes unserer Organsysteme in der Erdenentwickelung ein Impuls eintritt, durch welchen das, was früher Äther war und sich zu Physischem verdichtet hatte, wiederum aufgelöst, wiederum zurück in den Äther verwandelt wird. So gehört es also zu den wichtigsten Impulsen unserer Erdenentwickelung, dass die Ätherkräfte, nachdem sie sich zu einem Organsystem verdichtet haben, nicht bei diesem Ziel- und Endpunkt gelassen werden, sondern dass gleichsam andere Kräfte, andere Impulse eingreifen, die wiederum auflösen. In demselben Momente, wo unsere menschlichen Organe ihre stärkste Dichtigkeit in der Erdenentwickelung erlangt haben, da lösen gewisse Mächte des Makrokosmos die Substanzialitäten dieser Organsysteme wieder auf, sodass das, was früher gleichsam hineingeschlüpft ist in die Organsysteme, jetzt wiederum herauskommt, wiederum sichtbar wird.»[176]

Hier wird nun deutlich, dass es in der Evolution hauptsächlich um die Evolution des Menschen und seiner leiblichen Organisation ging, die auf der Erde nunmehr den oben schon angesprochenen Kräften einer zu schnellen oder zu langsamen Entwicklung ausgesetzt war. Um hier das Gleichgewicht herzustellen, griffen «gewisse Mächte des Makrokosmos» so in die Entwicklung ein, dass eine zu starke Verhärtung der menschlichen Organe verhindert wurde. Am Beispiel des Blutes und der Herzorganisation macht Steiner hier nun erstmals auf die im zweiten Teil bereits besprochene «Ätherisation des Blutes» aufmerksam, die ja die Grundlage dafür bildet, dass der Mensch ein mit seiner Umwelt in Beziehung stehendes Wesen, ein kommunizierendes und nicht in sich verhärtetes Wesen sein kann.

«Wir können nun okkult gerade am genauesten bei unserem Herzen und dem durch dasselbe strömenden Blute verfolgen, wie diese Auflösung geschieht, wie also die Erdenimpulse eingreifen in die Substanzen eines solchen Organsystems. Fortwährend strömt, für den hellseherischen Blick wahrnehmbar, von unserem Herzen etwas aus. Wenn Sie das Blut hellseherisch durch den menschlichen Leib pulsieren sehen, dann sehen Sie auch, wie dieses Blut sich gleichsam im Herzen wiederum verdünnt, wie da das Blut wiederum in seinen feinsten Teilen, also nicht in seinen gröberen, sondern in seinen feinsten physischen Teilen sich auflöst und in die Ätherform zurückgeht. Wie das Blut im Äther sich nach und nach gebildet hat, so haben wir jetzt auch schon wiederum im gegenwärtigen Menschenleib den umgekehrten Prozess. Das

Blut ätherisiert sich, und es strömen fortwährend vom Herzen Ätherströme aus, welche gegen den menschlichen Kopf hinströmen, sodass wir den Ätherleib zurückgebildet sehen auf dem Umweg des Blutes. Dasjenige also, was sich kristallisiert hat in der vorlemurischen Zeit aus dem Äther heraus zum menschlichen Blutsystem und dem Herzen, das sehen wir jetzt wiederum sich zurückätherisieren und heraufströmen im menschlichen Ätherleibe zu dem Kopfe. Und würde dieser Teil der menschlichen Ätherströmungen nicht fortwährend vom Herzen nach dem Kopfe strömen, so könnten wir noch so viel versuchen, über die Welt zu denken und von der Welt zu erkennen, wir würden nichts mit dem bloßen Instrumente unseres Gehirns denken können. Unser Gehirn wäre für die Erkenntnis ein ganz unbrauchbares Organ, wenn es nur als physisches Gehirn wirken würde. Man kann sich aus dem Okkultismus heraus eine Vorstellung davon machen, wie das Gehirn wirken würde, wenn es heute auf sich selbst angewiesen wäre. Da würde der Mensch nur das denken können, was sich auf die inneren Bedürfnisse seines Leibes bezieht. Er würde denken können zum Beispiel: Ich habe jetzt Hunger, ich habe jetzt Durst, ich will jetzt diesen oder jenen Trieb befriedigen. – Der Mensch würde nur das denken können, was sich auf seine eigenen leiblichen Bedürfnisse bezieht, würde, wenn er bloß auf sein physisches Gehirn angewiesen wäre, der denkbar größte Egoist sein. So aber wird unser Gehirn fortwährend durchströmt von jenen feinen substanziellen Ätherströmungen, die vom Herzen herauf fließen.»[177]

Die im zweiten Teil besprochene und von Rudolf Steiner selber in späteren Darstellungen ausführlich dargestellte Funktion des Liqours oder Gehirnwassers, das ja in den Gehirnventrikeln aus arteriellem Blut herausgefiltert wird, wird hier bereits implizit, jedoch noch nicht explizit, beschrieben. Worauf aber beruht diese physiologische Tatsache evolutionsgeschichtlich gesehen? Auf einer Verlangsamung eines zu schnell verlaufenden Prozesses!

Die Gefahr einer zu starken Verdichtung der menschlichen Organisation bestand nun aber nicht nur einmal, sondern wie Steiner in späteren Vorträgen ausführlich darstellt, mehrmals. Und in diesen Vorträgen stellt er nun auch dar, dass es die die Christus-Wesenheit war, die in diesen Prozess heilsam eingreifen konnte. Dieses Eingreifen war allerdings nur dadurch möglich, dass es eine menschliche Wesenheit gab, die dem Prozess der Verhärtung, der seit der lemurischen Zeit immer wieder drohte, nicht unterworfen war. Diese identifiziert Rudolf Steiner mit jener Wesenheit, die sich zur Zeit des Mysteriums von Golgatha als Jesus von Nazareth inkarnierte, die also die leibliche Grundlage für die spätere Inkarnation des Christus auf der Erde bildete. Diese Inkarnation wurde nun durch ein dreifaches Geschehen, das Steiner als «Vorstufen des Mysteriums von Golgatha» bezeichnet, vorbereitet. Erst dadurch aber wurde die menschliche Organisation so gebildet, dass der Mensch als geistig-seelisches Wesen in seiner Leiblichkeit nicht erstickt, das heißt sich von seiner Umwelt absondert, sondern mit dieser Umwelt so kommunizieren kann, dass die oben besprochene «Schöpfung aus dem Nichts» ermöglicht wird.

«Die drei vorhergehenden sind Ereignisse, die sich nicht auf der Erde abgespielt haben, sondern in der überirdischen Welt, aber die Kraft dieser Ereignisse ist auf die Erde herunter gedrungen. Wir wollen versuchen zu verstehen, wie die Kräfte der drei, das Mysterium von Golgatha vorbereitenden überirdischen Ereignisse in die Menschheitsentwickelung herein gewirkt haben.

In Bezug auf unser sittliches Leben, unser Weltverständnis und in Bezug auf dasjenige, was innerhalb unserer Bewusstseinsseele sich abspielt, müssen wir erst selbstlos werden. Das ist eine Aufgabe der jetzigen Kultur gegen die Zukunft hin. Die Menschheit muss immer selbstloser und selbstloser werden, darin liegt die Zukunft der richtigen sittlichen Lebenstaten, die Zukunft aller Liebestaten, die durch die Erdenmenschheit geschehen können. Unser bewusstes Leben ist auf dem Wege zur Selbstlosigkeit oder muss auf dem Wege zur Selbstlosigkeit sein. In einer gewissen Beziehung aber gibt es in uns schon wesenhaft Selbstloses. Und es wäre das größte Unglück des Erdenmenschen, wenn er mit Bezug auf gewisse Teile seines Wesens so selbstsüchtig sein müsste, wie er es in vieler Beziehung heute noch sein muss in Bezug auf sein moralisches, intellektuelles und gefühlsmäßiges Leben. Wenn die Selbstsucht zum Beispiel in demselben Grad unsere Sinne ergreifen würde oder ergreifen könnte, wie sie unsere Moral ergreift, so wäre dies das größte Unglück für den Erdenmenschen. Denn unsere Sinne wirken an unserem Leibe so, dass in dieser Sinneswirkung sich Selbstlosigkeit ausspricht.

Wir haben Augen in unserm Leibe. Durch diese Augen sehen wir. Aber wir sehen nur dadurch, dass tatsächlich die Augen selbstlos sind, dass wir sie gar nicht spüren. Wir tragen sie in uns, wir sehen gleichsam durch die Augen hindurch die Dinge, aber die Augen selbst sind ausgelöscht als solche in unserem Wahrnehmen. So ist es auch mit den anderen Sinnen. Wir nehmen die Welt dadurch wahr, dass unser Sinnensystem selbstlos ist. Nehmen wir einmal an, unsere Augen wären selbstsüchtig. Was würde dann mit dem Menschen geschehen? Wir würden uns zum Beispiel einer blauen Farbe nähern, und indem wir uns ihr nähern, würde unser Auge, weil das Auge so wirken würde, dass es nicht die Farbe durchlassen, sondern sie unmittelbar im Auge selbst erschöpfen würde, von dem Blau, indem es sich ihm näherte, ausgesogen werden. Wie eine Saugkraft würde man es im Auge empfinden, wenn das Auge so selbstsüchtig werden könnte, wie wir in unserem moralischen, intellektuellen und Gefühlsleben sind. Wenn wir uns einer roten Farbe nähern und unser Auge sich nicht selbstlos verhalten würde, sondern Anspruch darauf machen würde, die Wirkung des Rot in sich zu erleben, so würde das Rot wie stechend auf unser Auge wirken. Und wenn unser Auge selbstsüchtig würde, so wäre es so, dass wir gegenüber allen Eindrücken einen Saug- oder Stechschmerz hätten. Wir wären uns bewusst, dass wir Augen haben, aber wir würden bloß Saug- oder Stechschmerzen wahrnehmen. In Wirklichkeit ist es für den heutigen Menschen so, dass er durch die Welt geht und weiß, dass Farben- und Lichtwirkungen da sind. Aber er braucht nicht an das Auge zu denken. Es löscht sich selbstlos aus während des Wahrnehmens. Und ebenso ist es mit den andern Sinnen.

In unseren Sinnen waltet Selbstlosigkeit. Aber zu dieser Selbstlosigkeit wären die Sinne nicht gekommen, schon in der lemurischen Zeit wäre ihnen die Selbstlosigkeit genommen worden, wenn Luzifer frei für sich hätte wirken können in dieser alten lemurischen Zeit. Der Geist, von dem mit Recht das biblische Wort gesagt wird: Euer Auge wird geöffnet sein –, dieser Geist hat notwendig gemacht, dass der Mensch in eine Sphäre des Erdenlebens versetzt worden ist, in welcher seine Augen, wenn sie sich so entwickelt hätten, wie sie sich unter dem Einflusse Luzifers hätten entwickeln müssen, selbstsüchtig geworden wären. Und bei jedem Eindruck – und so würde es auch für die andern Sinne sein – hätte der Mensch gerufen: Ach, hier sticht es! – und er hätte nicht die rote Farbe in seiner Umgebung wahrgenommen, oder er hätte gesagt: Ach, es saugt an mir – und hätte nicht die blaue Farbe wahrgenommen, sondern im Auge die saugende Wirkung. Abgewendet worden ist noch in der lemurischen Zeit diese Gefahr von der Menschheitsentwickelung dadurch, dass sich – aber jetzt nicht auf der Erde, sondern in den überirdischen Welten – diejenige Wesenheit, die später durch das Mysterium von Golgatha sich in dem Leib des Jesus von Nazareth verleiblicht hat, dazumal verseelt – ich kann nicht sagen verleiblicht – hat in ein Erzengelwesen, ein Wesen aus der Hierarchie der Archangeloi. So lebte, während die Erde ihr lemurisches Zeitalter durchmachte, in geistigen Höhen ein Wesen, welches – man möchte sagen, durch eine Art Vorbotschaft der Johannestaufe – dadurch entstanden ist, dass ein Erzengel seine Seelischheit hingeopfert hat und der Christus dieses Erzengelwesen durchdrang. Dadurch aber löste er eine Kraft aus, die in die menschliche Erdenentwickelung hereinwirkte. Und das Ergebnis dieser Einwirkung war eine Beruhigung der Sinne, ein Harmonischwerden der Sinne. Und wenn wir uns heute unserer Sinne so bedienen können, dass diese Sinne selbstlos sind, werden wir – wenn wir in Bezug auf diese Tatsache verstanden haben und der Weltenordnung dankbar gemacht worden sind – hinschauen in alte Zeiten und werden sagen: Das, was wir als Sinnenmenschen sind, was möglich macht, dass wir nicht Schmerz durch unsere Sinne, sondern die herrliche Natur um uns herum empfinden, das rührt von dem ersten Christus-Opfer her. Dadurch, dass er sich verseelt hat in einem Erzengel, bringt er die Wirkung hervor, welche die Gefahr der Selbstsucht der Sinne von der Menschheitsentwickelung ablenkte. Das war die erste Vorstufe des Mysteriums von Golgatha.

Lernen wird der Mensch allmählich das tiefe, bedeutsame religiöse Gefühl entwickeln, wenn er hinschaut auf die Herrlichkeit der Natur, wenn er hinaufschaut zum Sternenhimmel, auf alles dasjenige, was das Sonnenlicht bescheint, was im tierischen, im mineralischen, im pflanzlichen Reich um uns herum ist, sagen lernen wird der Mensch: Dass ich so die Welt um mich herum schauen kann, dass ich so hineingestellt bin in diese Welt, dass meine Sinne nicht Quellen von Schmerzen sind, sondern das Werkzeug der Wahrnehmung der Herrlichkeit der Welt, das verdanke ich dem ersten Opfer, das vonseiten des Christus als Vorbereitung vorangegangen ist dem Mysterium von Golgatha. – Und vor uns erblicken wir perspektivisch eine Zeit, in der die Naturbetrachtung, der Naturgenuss durchchristet sein wird, wo die Menschen fühlen werden, sich sagen werden, wenn sie hinausgehen und sich erlaben an dem herrlichen Frühling, an den Schönheiten des Sommers oder an sonstigen Herrlichkeiten der Natur: Indem wir das alles aufnehmen können, was Herrliches die Natur um uns ausbreitet, müssen wir uns bewusst sein: Nicht wir, der Christus in unseren Sinnen ist es, der uns geeignet macht, also die herrliche Natur zu empfinden.

Und es war in den ersten Zeiten der atlantischen Entwickelung, da wollte sich – jetzt durch Luzifer und Ahriman bewirkt – die Selbstsucht eines andern Systems der menschlichen Organisation bemächtigen, nämlich der Lebensorgane. Versuchen wir einmal, uns das Wesentliche unserer Lebensorganisation von diesem Gesichtspunkt aus vor Augen zu führen. Was ist denn dieses Wesentliche? Man braucht nur zu denken, wie es dem Menschen ergeht, wenn dieses Wesentliche der Lebensorgane beeinträchtigt ist. Und es ist beeinträchtigt, wenn organische Erkrankungen der Lebensorgane auftreten. Da beginnt der Mensch zu erleben die Selbstsucht seiner Lunge, seines Herzens, Magens und anderer Organe. Da beginnen die Zeiten, wo der Mensch, erst indem er den Schmerz fühlt, weiß, er hat einen Magen, ein Herz, wo er es weiß im unmittelbaren Bewusstsein: Kranksein heißt, ein Organ ist selbstsüchtig geworden, führt ein eigenes Leben in unserem Organismus. In dem gewöhnlichen normalen Menschenleben ist das nicht der Fall. Da leben in der Gesamtorganisation des Menschen die einzelnen Organe des Menschen selbstlos. Und unsere alltägliche Verfassung hält uns nur dann sicher in der Welt aufrecht, wenn wir mit selbstlosen Organen durch die Welt gehen können, wenn wir nicht spüren, dass wir Magen, Lunge und so weiter haben, sondern wenn wir sie haben, ohne sie zu spüren, wenn sie nicht selbst sich gleich geltend machen, sondern wenn sie im ganzen Organismus dienende Glieder sind.

Bei anderer Gelegenheit, ein andermal werden wir davon sprechen, warum Krankheit durch die Selbstsucht der Organe bewirkt wird, heute soll nur auf den normalen Zustand hingewiesen werden. Wäre es nur auf Ahriman und Luzifer angekommen, so wären ganz andere Zustände eingetreten schon in der atlantischen Entwickelung. Jedes einzelne menschliche Organ wäre selbstsüchtig geworden und etwas ganz Merkwürdiges hätte sich ereignet. Nehmen wir an, der Mensch näherte sich irgendeiner Frucht, also etwas, was in der Außenwelt ist und was von uns genossen werden kann oder was in irgendeiner Beziehung zu unserer Leibesorganisation steht. Es wird einmal gerade diese Beziehung zu unseren Lebensorganen ein Gegenstand des medizinischen Studiums sein, wenn die Wissenschaft sich wird anregen lassen von der Geisteswissenschaft. Dann wird man wissen, dass, wenn der Mensch zum Beispiel sich Kirschen pflückt vom Baum und sie isst, gerade das, was mit den Kirschen in die Organisation übergeht, eine besondere Beziehung zu gewissen Organen hat, andere Früchte haben andere Beziehungen zu andern Organen. Alles was in die menschliche Organisation hineinkommt, hat gewisse Beziehungen zu dieser Organisation. Wenn das erfüllt worden wäre, was durch Ahriman und Luzifer hätte geschehen sollen in der atlantischen Zeit, dann hätten wir zum Beispiel Kirschen gepflückt, und im höchsten Maße hätte das Organ, das zu den Kirschen Beziehung hat, eine Gier gehabt. Eine unendliche Gier wäre da zum Ausdruck gekommen, und der Mensch hätte gespürt das betreffende Organ, das selbstsüchtig sich herausstellen würde aus dem Gesamtorganismus, aber die andern Organe würden dafür ebenso selbstsüchtig dagegen streiten in seinem Organismus. Oder nehmen wir einen andern Fall: es sei irgendetwas da, was dem Menschen schädlich ist. Geradeso wie die Dinge der Außenwelt gewisse Beziehungen zum Menschen haben im guten Sinn, so haben andere Dinge der Außenwelt nachteilige Beziehungen. Wenn der Mensch sich irgendeiner giftigen Pflanze näherte oder etwas anderem, was nur nachteilige Beziehungen zu diesem oder jenem Organ hätte, so würde er diese Beziehung durch die innere Tätigkeit des Organes spüren, und dies würde sich ausdrücken in einem furchtbaren, quälenden Angstgefühl. Der Mensch würde fühlen: vor ihm ist etwas, was da auf sein Organ so wirkt, dass es sich gleichsam ausgebrannt fühlt.

Nehmen wir jetzt nicht dasjenige, was der Mensch isst, nehmen wir die Luft, die uns umgibt. Alles was in der Luft auftritt, hat Beziehung zu unseren Organen. Wenn das in Erfüllung gegangen wäre, was Ahriman und Luzifer gewollt haben, wenn der Mensch nur so auf sich angewiesen wäre, so würde er gejagt werden durch die Welt zwischen tierischster Begierde nach dem, was dem einen oder andern Organ zuträglich ist, und furchtbarem Ekel vor dem, was dem einen oder andern Organ schädlich ist. Stellen wir uns vor, wenn wir so hineingestellt wären in die Welt, mit solchen Leibesorganen, dass wir im höchsten Maße ein Spielball wären für jedes angenehme Aroma, dem wir, wennschon es eine Stunde entfernt ist, nachlaufen würden, oder ein Ekelgefühl nötigte uns schon von weither, dass wir entflöhen. Wenn wir so wie ein Kautschukball hin- und hergeworfen würden, denken Sie sich, wie könnten wir uns da entwickeln in der Welt? Dass das nicht so kam, dass unsere Lebensorgane abgedämpft worden sind, dass sie harmonisiert worden sind, ist die Folge davon, dass sich in der Zeit, in der der Mensch die erste atlantische Entwickelung durchmachte, in überirdischen Sphären die zweite Vorstufe des Mysteriums von Golgatha ereignete. Wieder verseelte sich die Christus-Wesenheit in einer Erzengelwesenheit, und das, was dadurch bewirkt wurde, das strahlte in die Erdenatmosphäre herunter. Da entstand jene Harmonisierung, jene Abdämpfung der Lebensorgane, die die Organe im Menschen selbstlos macht. In unserem Zusammensein mit der Außenwelt würden wir fortwährend die Ursache haben von den schlimmsten Erkrankungen, wir könnten gar nicht gesund sein, wenn nicht dieses zweite Christus-Ereignis eingetreten wäre. Und wiederum wird sich – das tritt uns als eine Perspektive für die Zukunft entgegen – die Menschheit, wenn sie sich wird durchdringen können mit einem wirklichen Verständnis von der geistigen Welt, ein Dankbarkeitsgefühl aneignen gegenüber den geistigen Wesenheiten, von denen der Mensch abhängt. Es wird sich die Menschheit erfüllen mit jenem wahren Frommsein, durch das sie sagen wird: Ich empfinde es, dass ich ein physischer Mensch mit der Selbstlosigkeit der Organe nur sein kann dadurch, dass nicht ich allein in der Welt mich entwickelt habe, sondern der Christus in mir, der mir meine Organe so gestaltet hat, dass ich Mensch sein kann! – So lernen wir immer mehr und mehr, dass wir im Grunde genommen alles dasjenige, was uns zum Menschen macht, im allerumfassendsten Sinne so auffassen müssen, dass wir sagen: Nicht ich, der Christus in mir. – Der Christus hat gesorgt für die ganze Menschheitsentwickelung in den drei Vorstufen des Mysteriums von Golgatha, die er verrichtet hat vor dem eigentlichen Mysterium von Golgatha.

Es war in den letzten Zeiten der atlantischen Entwickelung, da stand die Menschheit vor einer dritten Gefahr. Da sollte in Unordnung kommen Denken, Fühlen und Wollen. Die Selbstsucht sollte einziehen in Denken, Fühlen und Wollen. Was würde dadurch entstanden sein? Nun, der Mensch würde dieses oder jenes gewollt haben, würde diesen oder jenen Willensimpulsen nachgegangen sein, einem andern Impuls würde sein Denken, wieder einem andern sein Fühlen nachgegangen sein. Notwendig war es für die Menschheitsentwickelung, dass Denken, Fühlen und Wollen sich als selbstlose Dinge der Gesamtheit der Seele einfügten. Unter dem bloßen Einfluss von Luzifer und Ahriman würden sie das nicht gekonnt haben. Da würden Denken, Fühlen, Wollen selbstsüchtig geworden sein, sie hätten gleichsam das harmonische Wirken der Seele zerrissen. Da trat dann, gegen Ende der atlantischen Entwickelung, das dritte Christus-Ereignis ein. Wiederum verseelte sich die Christus-Wesenheit in einem Erzengelwesen, und die Kraft, die in der überirdischen Welt dadurch entstand, dass der Christus ein Erzengelwesen durchdrang, die ermöglichte die Harmonisierung von Denken, Fühlen und Wollen. Wahrhaftig, so wie die physischen Sonnenstrahlen auf die Erde wirken müssen, damit nicht alles Pflanzenleben verdorrt, so muss von überirdischen Welten der Sonnengeist spiegelnd auf die Erde herein wirken, wie ich es jetzt geschildert habe. Auf der dritten Stufe hat er harmonisiert Denken, Fühlen und Wollen, so wie sie für das normale Menschenleben harmonisiert werden mussten.»[178]

Die zuvor angesprochene Ätherisation des Blutes kann hier unschwer in der Rettung der Lebensorgane, in diesem Falle des Herzens, wiedergefunden werden. Deutlich wird im Ganzen aber, worauf wir hier den Akzent gelegt haben: Die menschliche Organisation ist Ausdruck eines

Gleichgewichtes zwischen einer zu schnellen und einer zu langsamen Entwicklung und bietet gerade dadurch die Grundlage zur Entfaltung jener Fähigkeit, die wir als die dritte Qualität der Zeit, als die freie Schöpfung aus dem Nichts, moralisch gesprochen als Selbstlosigkeit, das heißt zugleich als Ich-Entwicklung, bezeichnen können. Und wiederum ist dabei deutlich geworden, wie diese Qualität mit der Christus-Wesenheit zusammenhängt.

Es wäre nun reizvoll, an einzelnen Phänomenen der menschlichen Organisation dieses hier angesprochene Gleichgewicht zwischen zu schnell und zu langsam aufzuzeigen, das muss jedoch anderen Studien überlassen bleiben.[179] Deutlich wird aber schon bei einem ersten Hinsehen, dass wir diese Funktion des Gleichgewichtes hauptsächlich im Herzen und in der rhythmischen Organisation zu suchen haben, worauf wir oben ja bereits hingewiesen haben.

Rudolf Steiner hat diesen Zusammenhang in konzentrierter mantrischer Form – und an keiner anderen Stelle klarer – in der sogenannten Grundsteinmeditation für die Anthroposophische Gesellschaft zum Ausdruck gebracht:

> «Menschenseele!
> Du lebest in dem Herzens-Lungen-Schlage,
> Der dich durch den Zeitenrhythmus
> Ins eigne Seelenwesensfühlen leitet:
> Übe Geist-Besinnen
> Im Seelengleichgewichte,
> Wo die wogenden
> Welten-Werde-Taten
> Das eigne Ich
> Dem Welten-Ich
> Vereinen;
> Und du wirst wahrhaft fühlen
> Im Menschen-Seelen-Wirken.
>
> Denn es waltet der Christus-Wille im Umkreis
> In den Weltenrhythmen Seelen-begnadend.»[180]

Für die Meditation fasste Rudolf Steiner einzelne Zeilen des Grundsteinspruches in sogenannte Rhythmen zusammen. Der unseren Zusammenhang betreffende Rhythmus lautet:

«Du lebest in dem Herzens-Lungen-Schlage

Denn es waltet der Christus-Wille im Umkreis
In den Weltenrhythmen Seelen-begnadend.»[181]

Zu der eigentümlichen Wortschöpfung «Herzens-Lungen-Schlage» äußert sich Rudolf Steiner folgendermaßen:
«Und man kann sich überzeugt halten, dass wenn der Mensch erkennt das wundervolle Geheimnis, das da waltet zwischen Lunge und Herz – in dem innerlich wahrnehmbar ausgedrückt wird, wie die Weltenrhythmen, die durch Jahrtausende, durch Äonen wirken, in Puls- und Blutrhythmus hereinschlagen und Weltbeseelung im Menschen erwecken –, man kann hoffen, dass, indem dieses weisheitsvoll mit dem Herzen als Erkenntnisorgan erfasst wird, dann der Mensch erfahren kann, wie die Weltenbilder, die gottgegebenen, den Kosmos aus sich heraus tatkräftig offenbaren. Wie man im wirkenden Sich-Bewegen erfasst die waltende Weltenliebe, so wird man die Urbilder des Weltenseins erfassen, wenn man in sich fühlt den geheimnisvollen Übergang zwischen Weltenrhythmus und Herzensrhythmus und durch diese wiederum den Menschenrhythmus, der geheimnisvoll seelisch-geistig sich abspielt zwischen Lunge und Herz.»[182]

Wir haben praktisch alle Aspekte, die in den Worten der Grundsteinmeditation angesprochen werden, bereits ausführlich behandelt, aber was meint Rudolf Steiner, wenn er vom «Menschenrhythmus» spricht, der «geheimnisvoll seelisch-geistig sich abspielt zwischen Lunge und Herz»?

Über diesen Aspekt hat er sich an anderen Stellen mehrfach geäußert. Wir wollen diesen deshalb abschließend noch weitergehend betrachten. Zum einen spricht Rudolf Steiner darüber im Zusammenhang mit der Entstehung des Dichterisch-Künstlerischen:

«Zwei Elemente sind es, welche im Menschen zusammenwirken müssen durch die Gewalt des Geistes und der Seele, wenn überhaupt Dichterisches sich gestalten, sich formen soll. Es ist nicht der Gedanke, selbst in den Gedankendichtungen ist es noch etwas anderes als der Gedanke selber, der von dem dichterischen Künstler gestaltet wird. Es ist das Zusammenwirken, das wunderbare Zusammenwirken von Atmung und Blutzirkulation. In der Atmung steht der Mensch ganz und gar mit dem Kosmos in Verbindung. Die Luft, die ich jetzt in mich eingeatmet habe, war vorher noch ein Bestandteil des Kosmos und wird danach wiederum ein Bestandteil des Kosmos werden. Ich nehme den Kosmos in seiner Substanzialität in mich herein, gebe das, was eine kurze Weile mein war, wiederum dem Kosmos zurück, indem ich atme. Derjenige, der empfindend erkennen kann diese Atmung, für den ist sie eines der wunderbarsten Geheimnisse in der ganzen Gestaltung der Welt. Aber das, was sich da abspielt zwischen Mensch und Welt, findet seine innere Ausgestaltung in der ja eng an den Atmungsrhythmus gebundenen Blutzirkulation, in dem Rhythmus der Blutzirkulation. Und es ist beim erwachsenen Menschen approximativ, durchschnittlich das Verhältnis von eins zu vier, das sich ausdrückt zwischen dem Atemzuge und dem Pulsschlag: achtzehn Atemzüge, ungefähr achtzehn Atemzüge in der Minute, zweiundsiebzig Pulsschläge. Zwischen beiden wird jene innerliche Harmonie herbeigeführt, die das ganze innerlich schaffende, sich musikalisch erschaffende Menschenleben ausmacht.

Man möchte sagen – damit will ich nicht eine besondere Erkenntnis andeuten, sondern ein Bild: Vor einem entsteht der Lichtgeist, der auf den Fluten der Luft in den Menschen hereinspielt durch die Atmung. Die Atmung greift ein in die Blutzirkulation wie in das geheime Funktionieren des menschlichen Organismus selbst. Apollo, der Lichtgott, getragen von den flutenden Luftmassen im Atmungsprozess; seine Leier, das Funktionieren der Blutzirkulation selber. Alles dasjenige, was sich dichterisch abspielt, dichterisch gestaltet, beruht in Wirklichkeit auf diesem Verhältnis von Atmung, die innerlich erlebt wird, zur Blutzirkulation, die innerlich erlebt wird. Der Atem zählt die Pulsschläge unterbewusst; die Pulsschläge zählen die Atemzüge unterbewusst, teilen und gliedern, gliedern und teilen damit das Maß und die Zahl der Silben. Nicht als ob etwa sich anpassen würde das dichterische Offenbaren, das Sprechen den Atemzügen oder der Blutzirkulation, aber dem Verhältnisse zwischen beiden. Sie können ganz herausfallen, die Silbengestaltungen, aber sie stehen in einem innerlichen Verhältnis zueinander in der dichterischen Kunst, wie Atemwesen und Zirkulationswesen.

Und so sehen wir denn da, wo zuerst heraufkommt die Dichtung in der für uns am leichtesten noch verständlichen Gestalt, im Hexameter, wie in den drei ersten Versgliedern des Hexameters und in der Zäsur die vier zu eins sich in ein Verhältnis stellen. Der Hexameter wiederholt zweimal dieses Verhältnis von Blutzirkulation zu Atmung. Der Mensch nimmt das Geistige auf in sein innerliches Funktionieren, in sein innerlich ureigenstes Betätigen, indem er dichterisch gestaltet, was er in jedem Augenblicke seines Lebens hier auf der Erde ist: das Produkt von Atmung und Blutzirkulation.»[183]
Und wie in der Dichtung das Verhältnis von Atem und Puls im Hexa-

meter zum Ausdruck kommt, so im Musikalischen im Erleben des Rhythmischen:

«Nun beruht aller Rhythmus, gleichgültig in welchem Verhältnis der Mensch zum Rhythmus steht, auf dem geheimnisvollen Zusammenhang zwischen Puls und Atem, auf jenem Verhältnis, das besteht zwischen dem Atem – achtzehn Atemzüge in der Minute – und dem Puls – durchschnittlich zweiundsiebzig Pulsschläge in der Minute –, auf diesem Verhältnis von eins zu vier, das natürlich in der mannigfaltigsten Weise erstens modifiziert werden kann, zweitens auch individualisiert werden kann. Daher hat jeder Mensch seine eigene Empfindung beim Rhythmus; weil sie aber annähernd gleich ist, verstehen sich die Menschen in Bezug auf den Rhythmus. Also alles Rhythmuserleben beruht auf dem geheimnisvollen Zusammenhang des Atmens mit der Herzbewegung, mit der Blutzirkulation.»[184]

Physiologisch schließt ja die Atmung, wie wir im zweiten Teil schon gesehen haben, an das Nervensystem an, der Puls mit der Blutbewegung an das Stoffwechsel-Gliedmaßen-System, sodass in dem Zusammenhang von Atem und Puls der dreigliedrige Mensch sein Gleichgewicht findet. Dieses hier angesprochene Geheimnis zusammenfassend äußert sich Rudolf Steiner dann so:

«Alles, was seelisch im Menschen ist, drückt sich auch in der Körperlichkeit aus, prägt sich der Körperlichkeit ein. Der Mensch ist organisiert dazu, dass er durch das Aufwachen anfacht Gedächtnis, Fantasie, logisches Denken, dass er sie gewissermaßen wiederum in sich ruhen lässt während des Schlafens. Das ist eine Art Rhythmus. Dieser Rhythmus stellt sich einem andern gegenüber: der Willensströmung, die ich hier als in den Organen befindlich angegeben habe. Was sich da einander gegenübersteht als zwei Strömungen, Sie können es, ich möchte sagen, abgebildet im Menschen wiederfinden: Sie können es finden, indem Sie hinblicken auf jenes System, das gegeben ist durch den menschlichen Atmungsrhythmus. Ich habe schon vor einigen Tagen darauf aufmerksam gemacht, wie der Atmungsrhythmus wirklich im Zusammenhang gedacht werden kann mit dem Einschlafen und Aufwachen. Wenn auch das Atmen natürlich das Schlafen überdauert, so merkt man den Zusammenhang dennoch in alldem, was zum Beispiel während des Schlafens irgendwie eine Beeinträchtigung des ruhigen Atmens bewirkt. Es liegt dieser Zusammenhang zwischen dem Atmen und dem Rhythmus des Aufwachens, Einschlafens, Aufwachens, Einschlafens nicht so offen, aber es ist dieser Zusammenhang, dieses Verhältnis doch da. Und wir haben, wenn wir den Menschen in Bezug auf sein Nach-aufwärts-Streben betrachten, als etwas Wesentliches, was mit diesem Aufwärtsstreben zusammenhängt, den Atmungsrhythmus ins Auge zu fassen, das ganze Atmungssystem, auch insofern es sich ausdrückt in dem Sprechsystem. Wir atmen, wir sprechen als Menschen nach oben im Wesentlichen, wenn auch das sich gerade durch die Lage unseres Halses umformt zum Sprechen nach vorne. Da haben wir den einen Rhythmus, einen einheitlichen Rhythmus.

Wir haben einen andern Rhythmus, wir haben den Rhythmus der Zirkulation, den Rhythmus, der uns im Pulsschlag gegeben ist, und wir wissen ja, dass der Pulsrhythmus zum Atmungsrhythmus sich ungefähr verhält wie vier zu eins. Sie brauchen nur ein wenig im Sinne des Anatomischen, Physiologischen nachzudenken, so werden Sie sich sagen: Im Pulsrhythmus, im Rhythmus der Zirkulation haben wir dasjenige, was sich nach unten innig zusammenschließt mit dem Stoffwechsel-Gliedmaßen-System des Menschen. Das eigentliche rhythmische System haben wir für sich, ich möchte sagen, herausgegliedert in dem Atmungssystem. Je mehr man sich einlässt auf eine Charakteristik des Atmungssystems einerseits und auf eine Charakteristik des Pulssystems andererseits, um so mehr merkt man, dass man alles dasjenige, was da als Organ vorhanden ist für die Bildung von Gedächtnis, Fantasie, von logischem Denken sogar, in Zusammenhang bringen darf mit dem Atmungsrhythmus, und dass man all das andere, was da zusammenhängt mit dem Willen, der die Organe durchströmt, in Zusammenhang bringen darf mit dem Pulsrhythmus, indem es sich nach oben äußert. So wie der Wille, der in unseren Organen ist, zusammenschlägt mit dem Willen, den wir beim Aufwachen aus dem Kosmos heraus mitbringen, so schlägt der Atmungsrhythmus mit dem Pulsrhythmus, mit dem Zirkulationsrhythmus zusammen. Und da haben wir in dem Ineinanderwirken von Atmungsrhythmus und Pulsrhythmus förmlich leiblich gegeben dasjenige, was dem Menschen von unten heraufstößt und was von oben herunterschlägt, aber so, dass das von oben Herunterschlagende viermal langsamer ist als das von unten Heraufschlagende. Würde ich diesen Strich machen als die Zeitbetrachtung für den Atmungsrhythmus, so müsste ich für den Pulsrhythmus vier annehmen.

In der Tat beruht alles, was der Mensch an Kunst, an rhythmischer Kunst entwickelt, auf diesem Verhältnis des Pulsrhythmus zum Atmungsrhythmus. Ich habe das bei Gelegenheit der Auseinandersetzung über Rezitationskunst schon gesagt. Sie können noch mehr ins Einzelne gehen. Sie können denken, wenn Sie den Pulsrhythmus mehr zugrunde legen, so bekommen Sie: kurze Silbe, lange Silbe. Wenn Sie den Atmungsrhythmus kombinieren mit dem Pulsrhythmus, bekommen Sie zum Beispiel das Versmaß des Hexameters und so weiter. Alle Versmaße beruhen auf diesem Verhältnisse der Rhythmen, die im Menschen selber sind.

Nun sieht man, wenn man auf den Blutrhythmus sieht, gewissermaßen mehr auf das Körperliche, wenn man mehr auf den Atmungsrhythmus sieht, sieht man auf das Seelische. Der Atmungsrhythmus ist mit dem Seelischen viel mehr verwandt als der Blutrhythmus. Der Atmungsrhythmus öffnet sich auch nach außen, wie sich die Logik, das logische Denken nach außen öffnet. Nun, auf Unregelmäßigkeiten dieser Rhythmen beruhen Unregelmäßigkeiten des menschlichen Lebens. Sie können sich ja denken, wenn wirklich ein solches Verhältnis des Rhythmus vier zu eins besteht oder eins zu vier, dann muss es etwas bedeuten, wenn, sagen wir, der Atmungsrhythmus zu lang oder der Pulsrhythmus zu kurz wird. Und dennoch kann das beim Menschen der Fall sein. Es kann sogar in einer sehr unbedeutenden Weise der Fall sein; dann äußert es sich gleich.

Nun will ich einmal die radikalen Fälle hinstellen. Denken Sie sich, ein Mensch gerät in Aufregung. Er fängt an, leidenschaftlich zu werden. Über irgendetwas fängt er an zu schimpfen. Das kann gehen bis zum Toben. Oder ein Mensch gerät in den Zustand, den man so bezeichnet: die Gedanken, sie wollen nicht, sie stehen still; man kann nicht recht denken, sie bleiben aus. So wie das Toben vorhin der radikalste Aufschluss war, wie es vom Leidenschaftlichwerden durch Schimpfen, durch Fauchen zum Toben kommt, so kommt es, wenn die Gedanken stillstehen, nach und nach zu einer Art von Ohnmacht. Das Erstere, das Leidenschaftlichwerden, das Emotionellwerden, das beruht auf einem Zuschnellwerden des Pulsrhythmus. Das Gedankenaufhalten, das Ohnmächtigwerden beruht auf einem Zulangsamwerden des Atmungsrhythmus.

Sie sehen also, der Mensch selber ist eingesponnen in den ganzen Weltenrhythmus, und von dem, wie er da drinnen ist in diesem Weltenrhythmus, hängt es ab, wie er uns körperlich, seelisch entgegentritt. Das Emotionelle drückt sich ja auch körperlich aus: die Strömung, die durch den Organismus von unten nach oben geht, wird zu schnell, sie durchschüttelt die Organe, und wenn es zum Toben kommt, sieht man, wie die Organe durchschüttelt werden. Die Strömung, die von oben nach unten geht, wird zu langsam, die Gedanken wollen nicht von oben nach unten gehen. Sie sehen da wiederum, wie es darauf ankommt, dass wir uns eine Vorstellung machen können, wie der Mensch drinnen steht in dem ganzen Weltenzusammenhang, wie er sich eingliedert, wie es nur eine kindische Vorstellung ist, wenn man die Knochen, die Muskeln und so weiter abzählt und sagt: Der Mensch ist nur ein höheres tierisches Gebilde –, und nicht Rücksicht nimmt darauf, dass es auf dieses Hineinstellen in den ganzen kosmischen Zusammenhang ankommt.»[185]

Das ganze Geheimnis der Zeit stellt sich also im Zusammenhang des rhythmischen Systems des Menschen selbst, wenn wir dieses richtig verstehen lernen, wie als dessen eigentlichster Ausdruck deutlich vor uns hin.

Was aber meint Rudolf Steiner, wenn er bezüglich des Verhältnisses von Lunge und Herz sagt: «... das wundervolle Geheimnis, das da waltet zwischen Lunge und Herz – in dem innerlich wahrnehmbar ausgedrückt wird, wie die Weltenrhythmen, die durch Jahrtausende, durch Äonen wirken, in Puls- und Blutrhythmus hereinschlagen und Weltbeseelung im Menschen erwecken»? Wie schlagen die Weltenrhythmen in den Puls-Atemrhythmus hinein? Was ist hiermit gemeint?

Rudolf Steiner weist an zahlreichen Stellen immer wieder darauf hin, dass der Mensch am Tage im Durchschnitt so viele Atemzüge macht, wie der Frühlingspunkt der Sonne an Jahren benötigt, um einmal durch den Tierkreis zu gehen, nämlich 25920! Er betont diesen Aspekt immer wieder im Zusammenhang mit der Frage, wie der Mensch als geistiges Wesen kein Eremit im Kosmos ist, sondern durch seine rhythmische Organisation eben mit dem Kosmos direkt verbunden ist.

«In Wahrheit ist es schon so, wie der Mensch auch in der Urzeit angenommen hat, dass er nicht so verloren, gewissermaßen wie ein Welten-Eremit, auf der Erde herumgeht, was jetzt geglaubt wird. Sondern wahr ist es schon, was der Mensch der Urzeit angenommen hat, dass er ein Glied ist in dem ganzen großen kosmischen Zusammenhang, wie ein Finger ein Glied ist an unserem Organismus. Dieses Gefühl hat man heute nicht mehr, wenigstens die Mehrzahl der Menschen hat es nicht, ein Glied zu sein im großen Weltenorganismus, soweit er als Geistiges sich in einem Sichtbaren auslebt. Trotzdem könnte heute ein gewöhnliches wissenschaftliches Nachdenken den Menschen schon lehren, dass er mit seinem Leben ein solches Glied der ganzen Weltenordnung ist, in der er als Organismus drinnen steht. Nehmen Sie etwas sehr Einfaches, was jeder durch eine einfache Rechnung sich sagen kann.

Nicht wahr, wir wissen alle, dass die Sonne im Frühling, am 21. März, an einem bestimmten Punkt des Himmels aufgeht. Wir nennen diesen Punkt den Frühlingspunkt. Wir wissen aber auch, dass dieser Frühlingspunkt nicht jedes Jahr derselbe ist, sondern dass er fortrückt. Wir wissen, dass jetzt die Sonne in den Fischen aufgeht. Vor dem fünfzehnten Jahrhundert ist sie im Widder aufgegangen. Die Astronomie hat das beibehalten, ‹im Widder› zu sagen, aber das stimmt nicht mit der Wirklichkeit. – Diese Nebenbemerkung ist in diesem Augenblick nicht wichtig. – Also dieser Frühlingspunkt rückt vor; immer ein Stück weiter vorgerückt im Tierkreis geht die Sonne im Frühling auf. Daraus ist leicht zu sehen, dass sie in einer gewissen Zeit durch den ganzen Tierkreis wandelt, dass der Aufgangspunkt durch den ganzen Tierkreis wandelt. Nun, die Zeit, die notwendig ist, damit die Sonne so durch den ganzen Tierkreis wandelt, ist etwa 25920 Jahre. Also wenn Sie den Frühlingspunkt in einem gewissen Jahr nehmen: im nächsten Jahr ist er vorgerückt, im nächsten Jahr wieder vorgerückt. Vergehen 25920 Jahre, so kommt der Frühlingspunkt wieder auf denselben Punkt zurück. Also 25920 Jahre ist ein für unser Sonnensystem außerordentlich bedeutungsvoller Zeitraum: Die Sonne vollendet einen Weltenschritt, möchte ich sagen, indem sie in ihrem Frühlingsaufgang auf denselben Punkt zurückkehrt. Nun hat *Plato*, der große griechische Philosoph, diese 25920 Jahre ein Weltenjahr genannt – das große platonische Weltenjahr. Merkwürdig ist nun – schon sehr merkwürdig, aber wenn man auf diese ganze Merkwürdigkeit eingeht, unendlich tief bedeutungsvoll erscheinend – das Folgende.

Normal hat der Mensch in der Minute 18 Atemzüge. Sie ändern sich: In der Kindheit sind sie etwas zahlreicher, im Alter weniger zahlreich, aber durchschnittlich sind beim normalen Menschen 18 Atemzüge richtig. Rechnen wir uns einmal aus, wie viel Atemzüge das in einem Tage macht. Es ist eine einfache Rechnung: 18 mal 60, dann haben wir in einer Stunde 1080; das mal 24, die Stunden am Tage, ergibt 25920 Atemzüge in einem Tage. Sie sehen daraus, dass dieselbe Zahl gewissermaßen regiert den menschlichen Tag mit Bezug auf seine Atemzüge, wie das große Weltenjahr durch diese Zahl regiert wird im Umgang des Frühlingspunktes durch den Tierkreis.

Das ist eines der Zeugnisse, welches uns zeigt, dass wir nicht bloß so eine allgemeine, verschwommene, dunkel-mystische Redensart gebrauchen, wenn wir sagen: Mikrokosmos – Abbild des Makrokosmos, sondern dass der Mensch wirklich in einer wichtigen Tätigkeit, von der sein Leben in jedem Augenblick abhängt, von derselben Zahl regiert wird, von demselben Maß regiert wird, wie der Sonne Umlauf, in den er hineingestellt ist.

Aber jetzt nehmen wir einmal noch etwas anderes: Nicht wahr, das

Patriarchenalter, wie es gewöhnlich genannt wird, ist 70 Menschenjahre. 70 Menschenjahre sind natürlich nicht eine unbedingt bindende Zahl für den Menschen. Man kann selbstverständlich viel älter werden, aber der Mensch ist eben ein freies Wesen und übersteigt zuweilen weit solche Grenzpunkte. Aber halten wir uns an diese Patriarchenzeit und sagen wir: Der Mensch lebt durchschnittlich, normal, 70 bis 71 Jahre. Und untersuchen wir, wie viel Tage das sind, dann haben wir, nicht wahr, 365,25 Tage für das Jahr. Nehmen wir zunächst dieses mal 70, da haben wir 25567,5; und nehmen wir 71, so hätten wir 365,25 mal 71 = 25932,75. Sie sehen, bei 70 Jahren bekommen wir 25567,5 Tage, bei 71 Jahren 25932,75 Tage. Daraus ersehen Sie aber, dass zwischen 70 und 71 Jahren eben der Zeitpunkt liegt, wo das menschliche Leben genau 25920 Tage umfasst, sodass das Patriarchenalter eben dasjenige ist, welches 25920 Tage umfasst. Sie haben also den menschlichen Tag dadurch bestimmt, dass er 25920 Atemzüge hat. Sie haben die menschliche Lebenszeit dadurch bestimmt, dass sie 25920 Tage zählt.

Nun wollen wir noch etwas untersuchen. Und das ist jetzt nicht schwer. Sie werden leicht einsehen, dass, wenn ich 25920 Jahre, die der Sonnen-Frühlingspunkt braucht, um durch den Tierkreis hindurchzugehen, dividiere durch 365,25, so muss ich herausbekommen ungefähr 70 oder 71. Da bekomme ich 70 bis 71 heraus, denn ich habe es durch Multiplikation auch erhalten. Das heißt, wenn ich das platonische Jahr so behandle, dass es eben ein großes Jahr ist, und ich es dividiere, sodass ich einen Tag herausbekomme, so werde ich bekommen, was dann der Tag für das platonische Jahr ist. Was ist das? Das ist ein menschlicher Lebenslauf. Ein menschlicher Lebenslauf verhält sich zum platonischen Jahr wie ein Tag des Menschen zu einem Jahr.

Die Luft ist um uns herum. Wir atmen sie ein und atmen sie aus. Sie ist zahlenmäßig so geregelt, dass sie, indem sie 25920 mal geatmet wird, unseren Lebenstag abgibt. Was ist denn aber eigentlich dasjenige, was nun ein Lebenstag ist? Ein Lebenstag besteht ja darin, dass unser Ich und Astralleib aus unserem physischen Leib und Ätherleib herausgehen und wieder hineingehen. Sodass Tag auf Tag sich das folgt: Das Ich und der Astralleib gehen hinaus, gehen hinein, gehen hinaus, gehen hinein, so wie der Atem aus- und eingeht. Viele unserer Freunde werden sich erinnern, dass ich sogar, um die Sache klarzumachen, in öffentlichen Vorträgen diesen Wechsel von Wachen und Schlafen mit einem langen Atemzug verglichen habe. So wie wir beim Atemzug die Luft aus- und einatmen, so gehen, indem wir aufwachen und einschlafen, Astralleib und Ich in den Ätherleib und physischen Leib hinein und hinaus. Damit aber ist nichts anderes gesagt, als: Es gibt ein Wesen, es kann ein Wesen vorausgesetzt werden, welches atmet, so wie wir atmen in einer achtzehntel Minute, ein Wesen, welches atmet, und dessen Atmen unser Aus- und Eingehen des Astralleibes und des Ich bedeutet. Dieses Wesen ist nichts anderes als das wirklich lebendige Erdenwesen. Indem die Erde Tag und Nacht erlebt, atmet sie, und ihr Atemprozess trägt unser Schlafen und Wachen auf seinen Flügeln. Das ist der Atmungsprozess eines größeren Wesens. Und jetzt nehmen Sie den Atmungsprozess eines größeren Wesens, der Sonne, die da herumgeht. So wie die Erde einen Tag zubringt mit dem Herauslassen und Hereinholen des Ich und Astralleibes in den Menschen, so bringt das große, aber geistig der Sonne entsprechende Wesen uns Menschen hervor; denn die 70 bis 71 Jahre sind ja, wie wir nachgewiesen haben, ein Tag des Sonnenjahres, des großen platonischen Jahres. Unser gesamtes Menschenleben ist eine Aus- und Einatmung dieses großen Wesens, dem das platonische Jahr zugeteilt ist. Sie sehen: Wir haben einen kleinen Atem in einer achtzehntel Minute, der unser Leben regelt; wir stehen im Leben der Erde drinnen, deren Atemzug Tag und Nacht umfasst: das entspricht unserem Hinaus- und Hereingehen des Ich und Astralleibes in den physischen und Ätherleib; und wir sind selber hereingeatmet von dem großen Wesen, dem der Sonnenumlauf entspricht als sein Leben, und unser Leben ist ein Atemzug dieses großen Wesens. Nun sehen Sie, wie wir im Makrokosmos drinnen stehen, wirklich drinnen stehen als ein Mikrokosmos, derselben Gesetzmäßigkeit in Bezug auf die universellen Wesen unterliegend, wie der Atemzug in uns unserem menschlichen Wesen unterliegt. Da regiert Zahl und Maß. Aber was das Großartige, Bedeutungsvolle und uns tief zu Herzen Gehende ist: Zahl und Maß regiert in gleicher Art den großen Kosmos, den Makrokosmos und den Mikrokosmos. Es ist nicht eine bloße Redensart, es ist nicht bloß etwas mystisch Erfühltes, sondern etwas, was uns gerade die weisheitsvolle Betrachtung der Welt lehrt, dass wir als Mikrokosmos in dem Makrokosmos drinnen stehen.

Wenn man solche ja ganz einfache Rechnungen macht – denn sie sind natürlich mit den allergebräuchlichsten wissenschaftlichen Zahlen zu erreichen –, und hat nicht ein Herz wie ein Holzklotz, sondern ein für die Geheimnisse des Weltendaseins fühlendes Herz, dann hört auch der Satz: Wir sind in das Weltenall hineingestellt – auf, ein bloß abstrakter Satz zu sein; er wird ein sehr lebendiger. Ein Wissen blüht auf, ein Fühlen, und trägt seine Früchte in den Willensimpulsen, und der ganze Mensch lebt das große Leben des göttlichen Weltenseins mit. Das ist aber der Weg, auf dem wir gewissermaßen den Anschluss finden in die geistige Welt hinein, und der muss gefunden werden in der Zeit, auf die wir ja hinweisen in der letzten Betrachtung, in der der Christus auf der Erde ätherisch wandelt.»[186]

Der Mensch ist in seinem rhythmischen System nicht nur durch sein Herz, sondern auch durch seine Atmung mit der Sonne verbunden! Denn die Sonne atmet gewissermaßen im Großen in gleicher Art wie der Mensch im Kleinen. Sonnenatem und Menschenatem stimmen zusammen. So haben wir nun dem Aspekt des Zusammenhanges des Herzens mit dem Kosmos noch den Aspekt des Zusammenhanges der Atmung mit dem Kosmos hinzugefügt.

Auf die hiermit angesprochene Frage des Zusammenhanges des Menschen mit der Welt des Rhythmischen, mit dem Ätherischen, und damit mit dem Christus, kommen wir im abschließenden Abschnitt nochmals zurück. Die Frage nach der Zeitdynamik aber, die wir ja in diesem Abschnitt betrachtet haben, zeigt sich unter den angesprochenen Gesichtspunkten mehr und mehr auf den Menschen in seiner eigenen Entwicklung konzentriert, denn die Evolution als Ganzes läuft, wie wir gesehen haben, auf die Evolution des Menschen hinaus.

Das bedeutet aber, dass die Frage nach der Dynamik der Evolution heute ganz in die Hände des Menschen und der Menschheit selbst gelegt ist. Das hat wiederum zur Konsequenz, dass von der praktischen Handhabung zeitlich-rhythmischer Prozesse durch den Menschen mehr oder weniger die Zukunft der Evolution als ganzer abhängig ist. Dieser Aspekt besitzt also eine enorme Bedeutung für die Entwicklung der Menschheit als Ganzes.[187] Richten wir deshalb abschließend unseren Blick auf die praktische Handhabung alles dessen, was wir bisher an Aspekten für das Zeitverständnis Rudolf Steiners erarbeitet haben.

7. Praktische Konsequenzen der Steiner'schen Zeitanschauung – Das Ätherische und die Bedeutung einer rhythmischen Gestaltung des Lebens

Immer deutlicher ist uns im Verlauf unserer umfangreichen Betrachtung des Zeitverständnisses im Werk Rudolf Steiners geworden, wie die Zeit nur in Zusammenhang mit dem Menschen und seiner Evolution aufgrund von Beziehungen höherer geistiger Wesen zu verstehen ist. Der Mensch selbst ist in seiner gesamten Konstitution in diesem Sinne Ausdruck des Wesens der Zeit. Fragen wir uns nun abschließend, welche praktischen Konsequenzen sich für Rudolf Steiner aus dieser Einsicht ergeben, so könnten wir auf alle praktischen Gebiete, die durch sein Wirken befruchtet worden sind, hinblicken, auf die Medizin, die Pädagogik, die Landwirtschaft, überall würden wir das Streben nach Ausgleich von entgegengesetzten Entwicklungsrichtungen, zwischen Verhärtung und Auflösung, zwischen zu schnell und zu langsam, erblicken können. Aufgrund der Fülle von möglichen Beispielen für Steiners praktisches Wirken müssen wir uns hier auf einige wenige Beispiel beschränken. Im Folgenden zunächst aus dem Bereich der Waldorfpädagogik.

Im ersten Vortrag der *Allgemeinen Menschenkunde*, der den Lehrern der ersten Waldorfschule die Grundlage für ihre pädagogische Arbeit geben sollte, kommt Rudolf Steiner auf die Natur des Menschen als der Zusammenklang von Geist-Seele und Körperleib zu sprechen. Er stellt damit das Urmotiv seiner anthroposophischen Forschung, den Leib-Seele-Zusammenhang vor die Lehrer hin, um daran anknüpfend nun auf die pädagogische Aufgabe schlechthin aufmerksam zu machen, nämlich die Gestaltung zweier rhythmischer, also zeitlicher Prozesse. Diese Stelle haben wir oben im zweiten Teil in Abschnitt 3 im Zusammenhang mit der Leib-Seele-Thematik und der Bildung des Gedächtnisses bereits ausführlich zitiert. Zusammenfassend führt Steiner dort aus:

«Die wichtigsten Maßnahmen in der Erziehung werden daher liegen in der Beobachtung alles desjenigen, was in der rechten Weise den Atmungsprozess hineinorganisiert in den Nerven-Sinnesprozess. Im höheren Sinne muss das Kind lernen, in seinen Geist aufzunehmen dasjenige, was ihm geschenkt werden kann dadurch, dass es geboren wird zum Atmen. Sie sehen, dieser Teil der Erziehung wird hinneigen zu dem Geistig-Seelischen: dadurch, dass wir harmonisieren das Atmen mit dem Nerven-Sinnesprozess, ziehen wir das Geistig-Seelische in das physische Leben des Kindes herein. Grob ausgedrückt, können wir sagen: Das Kind kann noch nicht innerlich richtig atmen, und die Erziehung wird darin bestehen müssen, richtig atmen zu lehren. [...]

Das Kind kann das noch nicht in den Schlaf hineintragen, was es erfährt zwischen Aufwachen und Einschlafen, und es lebt sich daher noch so in die allgemeine Weltenordnung mit dem Schlafen hinein, dass es nicht mitbringt in diese Weltenordnung während des Schlafes dasjenige, was es äußerlich in der physischen Welt erfahren hat. Dahin muss es gebracht werden durch die richtiggehende Erziehung, dass das, was der Mensch auf dem physischen Plan erfährt, hineingetragen wird in dasjenige, was der Seelengeist oder die Geistseele tut vom Einschlafen bis zum Aufwachen. [...]

So wird zunächst alle Unterrichts- und Erziehungstätigkeit gelenkt auf ein recht hohes Gebiet, auf das Lehren des richtigen Atmens und auf das Lehren des richtigen Rhythmus im Abwechseln zwischen Schlafen und Wachen.»[188]

Die richtige Handhabung zeitlicher Prozesse bildet also die Grundlage der Waldorfpädagogik, die Rudolf Steiner deshalb auch als Erziehungs*kunst* bezeichnet hat, weil alles Künstlerische im Grunde genommen in der richtigen Verbindung von etwas Seelisch-Geistigem mit etwas Physisch-Leiblichem besteht, also in der Ausbildung dieses Mittleren im Menschen, dem rhythmischen System.

Als ein weiteres Beispiel für dieses Prinzip sei hier nur auf die Einführung des Schreibens und Lesens in der Waldorfschule eingegangen, weil es Steiner auch hier auf ein zeitliches Element, nämlich den richtigen Zeitpunkt ankommt.

«Wenn wir das Kind in die Volksschule hereinbekommen, ist es ja so, dass sein Intellekt zunächst noch schlummert. Die Fähigkeit zu abstraktem Denken, die erst von anderem belebt werden muss, diese Fähigkeit tritt erst später auf. Daher können wir mit den abstrakten Schreibe- und Leseformen an das Kind, wenn es in die Schule kommt, noch nicht herankommen. Da können wir nur das nehmen, womit wir lebendig an das Kind herankommen können, denn im Kinde selbst wirkt ja ein künstlerisches seelisches Prinzip, das vollkommener und großartiger ist als jede andere Kunst. Das wirkt auf unbewusste Art. Diese müssen wir fortsetzen und müssen versuchen, für das kindliche

Alter besondere Formen zu erfinden, wodurch das Kind auf künstlerische Art in das Schreiben, das heißt in die Betätigung seines gesamten Menschen hereinkommt und dann zum Lesen übergeht. Man muss in Bezug auf die Pädagogik, wenn die Kinder heute im achten oder neunten Jahre noch nicht lesen oder schreiben können, den Mut haben, sagen zu können: Gott sei Dank, dass die Kinder in diesen Jahren noch nicht lesen oder schreiben können! – denn es kommt nicht darauf an, dass der Mensch dieses oder jenes [früh] lernt, sondern dass er es im richtigen Lebensalter und auf eine richtige Art lernt.

So ist in der Waldorfschule der Unterricht auf künstlerische Gestaltung hin eingerichtet. Aus pädagogisch-künstlerischen Prinzipien heraus wird zunächst vorgegangen und erst allmählich zum Intellektualistischen übergeleitet.»[189]

Nun ließen sich diesen Beispiele auch aus anderen Gebieten zahlreiche weitere hinzufügen, die auf eine rhythmische Gestaltung des Lebens hinzielen, was aber nicht die Aufgabe unserer vorliegenden Untersuchung zum Verständnis der Zeit im Werk Rudolf Steiners sein kann, weil es hier tatsächlich mehr um das Grundsätzliche gehen sollte. Nur ein Beispiel sei hier noch ergänzend angefügt, weil es mehr grundsätzlicher Art ist. Dieses stammt aus dem Gebiet der eurythmischen Kunst, die ja schon im Namen ihren Zusammenhang mit der rhythmischen Gestaltung des Lebens trägt, und die auch die einzige Kunst ist, die durch Rudolf Steiner selbst neu geschaffen wurde.

«Nun ist dasjenige, was einstmals, ich möchte sagen, einheitliche menschliche Offenbarung in der Gesanges-Bewegungskunst war, für die man nur eine Bezeichnung hatte, innig zusammenhängend wiederum mit dem menschlichen Atmungsrhythmus. Und es ist das Eigentümliche, man kann sagen, was eigentlich vom Innersten der menschlichen Wesenheit spielt von diesem Ineinander-Zusammenspielen von Geistig-Seelischem, Physisch-Leiblichem, wie es sich besonders so fein ausdrückt im Atmungsrhythmus und im Puls als in dem, was überhaupt menschlicher Rhythmus ist. Man kann sehen, wie auf der einen Seite, indem dasjenige, was gewissermaßen nach dem Kopfe geht, zu dem Verstandesmäßigen in dem Worte wird, wie dadurch, wenn auch in einer leisen Weise Arrhythmie eintritt, Arrhythmie in dem rhythmischen System des Menschen. Und ebenso tritt Arrhythmie ein, wenn die Beweglichkeit des Menschen sich nur nach dem Nützlichen hin entwickelt.

Wenn man nun das Bestreben hat, dasjenige zu erlauschen, durch sinnlich-übersinnliches Schauen, was sich nun herausdifferenziert hat als eine einzelne Organgruppe in der Betätigung des Sprechens, dann kann man besonders gut überschauen, wie dieses Sprechen mit dem Atmen zusammenhängt, wie die Atembewegungen gewissermaßen mit dem Sprechen in eines zusammenspielen, wie aber das Hineinspielen des Gedanklichen, Verstandesmäßigen, Arrhythmie bewirkt. Und Arrhythmie finden wir bei, ich möchte sagen einem zu stark entwickelten verstandesmäßigen Sprechen. Wir finden aber auch Arrhythmie bei einem Sprechen, das zu stark nach dem bloßen Nützlichkeitsprinzip hingeht.

Indem wir nun zurückzugreifen versuchen zur inneren Wesenheit des Menschen, zu jener inneren Wesenheit, die sich, wenn ich es so sagen darf, im rein menschlichen Rhythmus ausdrückt, und damit auch wiederum zurückkommend darauf, wie sich das Tonliche diesem reinen menschlichen Rhythmus anpasst, so finden wir, dass der wahre Dichter ganz unbewusst seine Sprachbehandlung so einrichtet, dass er in der Aufeinanderfolge der Laute und Worte und in der ganzen Satzgestaltung der Sprache eine solche Gestalt gibt, dass sie sich an den reinen menschlichen Atmungsrhythmus anschließt oder wenigstens zu diesem reinen menschlichen Atmungsrhythmus in einem ganz bestimmten Verhältnisse steht. Aber so wie heute unsere Zivilisation ist, würde, wenn man zunächst vom Gedanklich-Verstandesmäßigen ausgehen würde, noch immer viel Arrhythmisches hineinkommen in das menschliche Wesen. Dagegen kann man heute schon, wenn man ausgeht auf das Seelisch-Geistige, was aus dem Vollmenschen im Willen sich herausentwickelt, wiederum zurückwirken in die Bewegungen menschlicher Glieder, namentlich in die Bewegung der Arme, sodass sich in der Armbewegung ausdrücken lässt das Seelisch-Geistige, wie es dereinst aus der menschlichen Natur heraus gebildet war. Dadurch bekommt man in derselben Weise, nur nach einer anderen Seite hin, in den Bewegungen der menschlichen Glieder, namentlich der Arme, etwas ganz Ähnliches, wie vorhanden ist in der Gestaltung der Luftbewegungen, die aus dem rhythmischen Atmungsprozess mit entlassen werden. Man drückt dann in einer sichtbaren Sprache das Gleiche aus, was sich in der Luft gestaltet beim tönenden Worte. Und man bekommt dadurch die Möglichkeit, was musikalisch dem Gesange, was dichterisch zugrunde liegt der gestalteten Sprache, auch ins Sichtbare überzuführen. Sodass man also hier nicht etwa eine gewöhnliche Dichtung, nicht eine Gebärdenkunst, eine mimische oder pantomimische Kunst, sondern dass man hier einen wirklichen Ausdruck des menschlich Geistig-Seelischen im Physisch-Leiblichen hat, wie sie am schönsten zusammenstimmen in jenen Sprachformungen, die nicht dem äußeren Nützlichkeitsprinzip entlehnt sind, sondern die heraus sich offenbaren aus der menschlichen Natur selber. All dasjenige, was da durch die Eurythmie angestrebt wird, offenbart eigentlich das, was einem Gedichte, was einem Gesanglichen zugrunde liegt auf der einen Seite von der musikalischen, auf der anderen Seite von der Bildseite, von der plastisch gestaltenden Seite her. Und es kommt dasjenige, was in dem Dichter als Vollmenschen gelebt hat, sichtbarlich nach außen zur Offenbarung. Man sieht das auch darinnen, dass zum Beispiel all die Unarten des Rezitierens und Deklamierens, die sich heute in einer unkünstlerischen Zeit ganz besonders üppig entwickeln, wegbleiben müssen. All das Hineinnehmen namentlich des Inhaltlich-Prosaischen, des wortwörtlichen Elementes in das Rezitieren und Deklamieren, wo man besonders das gefühlsmäßige innere Betonen hat, womit gar nicht etwa ein Schatten geworfen werden soll auf das Gefühlsmäßige, muss übergehen in Rhythmus, Takt, eben in Musikalisches oder was plastisch, bildähnlich ist. All dasjenige, was von Prosa ganz besonders betont wird in Rezitation und Deklamation, kann nicht zu demjenigen Deklamieren und Rezitieren gebraucht werden, das diese sichtbare Sprache begleiten soll, welche durch die Eurythmie dargeboten wird. Denn es wird gerade aus dem Dichterischen herausgeholt, was das echte, wahre Künstlerische ist. Und das ist eben in der Dichtung nicht das Wortwörtliche, sondern was als Takt, als Rhythmus zugrunde liegt, was sich dann ausdrückt in der Formgestaltung der Sprache.»[190]

Neben der Eurythmie war es Rudolf Steiner ein großes Anliegen, wie er hier andeutet, die Rezitationskunst in Form der Sprachgestaltung zu erneuern. Auch hier geht es im künstlerischen Gestalten der Sprache im Wesentlichen um ein Ergreifen des Rhythmischen und um die richtige Gestaltung der Atmung im Sprechen.[191]

Es folgen nun noch Beispiele aus dem Bereich der meditativen Schulung, wo es ebenfalls um eine rhythmische Gestaltung geht. Steiner knüpft diese Darstellung an den alten Yogaweg an, der auf einer Ausgestaltung des Rhythmischen, nämlich der physischen Atmung, beruhte, und führt dieses Prinzip nun über in den Bereich eines seelisch-geistigen Atmens.

«Der heutige Erkenntnisweg muss ein durchaus anderer sein. Wir haben ja gesehen: der eine Weg, der Jogaweg, versuchte gewissermaßen auf dem Umweg durch das Atmen zu dem Denken zu kommen, um dieses Denken in einer anderen Weise zu erleben, als es im gewöhnlichen Leben wahrgenommen wird. Wir können aus dem schon angeführten Grunde diesen Umweg durch das Atmen nicht machen. Daher müssen wir versuchen, auf eine andere Weise zu einer Umgestaltung des Denkens zu kommen, um durch das umgestaltete Denken dann zu Erkenntnissen zu gelangen, die eine Art Fortsetzung der Naturerkenntnisse sind. Deshalb gehen wir heute, wenn wir uns richtig verstehen, davon aus, das Denken nicht durch den Umweg des Atmens zu bearbeiten, sondern es direkt zu bearbeiten, indem wir gewisse Übungen machen, durch die wir das Denken innerlich kraftvoller, energischer gestalten, als es im gewöhnlichen Bewusstsein ist.

Im gewöhnlichen Bewusstsein geben wir uns einem mehr passiven Denken hin, das sich an den Verlauf der äußeren Vorgänge hält. Wenn wir einen neueren übersinnlichen Erkenntnisweg gehen wollen, dann setzen wir gewisse leicht überschauliche Vorstellungen in den Mittelpunkt unseres Bewusstseins. Wir bleiben innerhalb des bloßen Gedankens. Ich weiß, dass manche Menschen dasjenige, was ich jetzt schildern werde, schon im späteren Jogaweg, zum Beispiel in dem des *Patanjali,* finden wollen. Aber so, wie das heute gemacht wird, ist es durchaus innerhalb orientalischer Geistesschulung noch nicht enthalten; deshalb nicht enthalten, weil selbst, wenn heute ein Mensch die Jogaübungen ausführte, sie anders wirkten – wegen der Veränderung, die der menschliche Organismus durchgemacht hat –, als sie bei den Menschen früherer Epochen gewirkt haben.

Wir wenden uns also heute direkt an das Denken und zwar dadurch, dass wir Meditation pflegen, dass wir uns konzentrieren auf gewisse Gedankeninhalte durch längere Zeiten. Wir machen seelisch etwas durch, was sich vergleichen lässt mit der Erkraftung eines Muskels. Wenn wir einen Muskel in fortdauernder Arbeit immer wieder und wiederum gebrauchen, ganz gleichgültig, welches Zweck und Ziel dieser Arbeit sind, muss er erkraften. Dasselbe können wir mit dem Denken ausführen. Statt dass wir uns mit diesem Denken immer nur hingeben dem Verlauf der äußeren Vorgänge, bringen wir mit starker Willensanstrengung von uns selbst gebildete oder von einem auf diesem Gebiet Kundigen uns gegebene, überschaubare Vorstellungen, in denen keine Erinnerungsreminiszenzen leben können, deren wir uns nicht bewusst sind, in den Mittelpunkt unseres Bewusstseins, schalten alles andere Bewusstsein aus, konzentrieren uns nur auf einen solchen Bewusstseinsinhalt. Ich möchte mit einem Goethe'schen Faust-Wort sagen: Zwar ist es leicht – es sieht nämlich so aus –, doch ist das Leichte schwer! Denn das muss von dem einen wochenlang, von dem andern monatelang vollzogen werden. Wenn dann das Bewusstsein lernt, auf demselben Gedankeninhalt so zu ruhen und immer wieder zu ruhen, dass er einem völlig gleichgültig ist, und man alle innere Aufmerksamkeit und alles innere Erleben auf die Erkraftung, auf die seelische Energisierung des Gedankenlebens wendet, dann gelangen wir zuletzt zu dem entgegengesetzten Vorgang gegenüber dem, den der Jogi durchmachte. Wir reißen nämlich unser Denken von dem Atmungsprozess los.

Es erscheint das heute noch dem Menschen als etwas Absurdes, als etwas Fantastisches. Allein, geradeso wie der Jogi gewissermaßen sein Denken nach dem Innern des Leibes getrieben hat, um es mit dem Rhythmus seines Leibesatems zu verbinden und so sein Selbst, seine innere Geistigkeit zu erleben, geradeso lösen wir das Denken los auch von dem Rest des Atmungsprozesses, der unbewusst in all unserem gewöhnlichen Denken lebt. – Die genaueren Übungen, in allen Einzelheiten, die ein streng exaktes System darstellen, finden Sie geschildert in meinem Buche *Wie erlangt man Erkenntnisse der höheren Welten?* oder in dem anderen, *Geheimwissenschaft*, oder auch in *Von Seelenrätseln* und in anderen meiner Schriften. – Man gelangt allmählich auf diese Weise dazu, den Gedankengang nicht nur aus dem Atmungsprozess herauszuziehen, sondern völlig frei von der Leiblichkeit zu machen. Jetzt sieht man erst ein, welch großen Dienst auch die sogenannte materialistische, besser gesagt mechanistische Weltanschauung der Menschheit geleistet hat. Sie hat uns aufmerksam gemacht, dass das gewöhnliche Denken auf dem Untergrunde leiblicher Vorgänge steht. Dadurch kann gerade die Anregung kommen, ein Denken zu suchen, das nicht mehr auf leiblichen Vorgängen ruht. Das kann aber nur gefunden werden, indem das gewöhnliche Denken erkraftet wird in der geschilderten Weise. Dadurch gelangen wir zu einem leibfreien Denken, zu einem Denken, das in bloß seelischen Vorgängen besteht. Ja, wir lernen auf diese Weise das, was in uns Bildnatur war, zwar zunächst nur als Bilder kennen, aber als Bilder, die selbstständiges, von unserer Leiblichkeit unabhängiges Leben uns zeigen.

Das ist der erste Schritt zu einem Erkenntnisweg, wie er dem modernen Menschen heute angemessen ist. Dadurch aber gelangen wir zu einem Erlebnis, das dem gewöhnlichen Bewusstsein verborgen ist. Wie der indische Jogi sich in seinem Denken verbunden hat mit dem, was innerer Atmungsrhythmus war, und dadurch auch mit seinem geistigen Selbst, das in dem Atmungsrhythmus lebt, ebenso wie er also nach innen stieg, so gehen wir nach außen. Indem wir das logische

Denken losreißen von dem Organismus, an den es eigentlich gebunden ist als logisches Denken, dringen wir mit diesem Denken in den äußeren Rhythmus der Welt ein, ja wir erfahren jetzt erst, dass es einen solchen äußeren Rhythmus gibt. Wie sich der Jogi den inneren Rhythmus seines Leibes zum Bewusstsein brachte, so kommt uns auf geistige Art ein äußerer Weltrhythmus zum Bewusstsein. Wenn ich mich bildlich ausdrücken darf: wir stehen im gewöhnlichen Bewusstsein so da, dass wir unsere Gedanken logisch zusammensetzen und uns damit des Denkens als eines Mittels zur Erkenntnis der äußeren sinnlichen Welt bedienen. Jetzt lassen wir das Denken einlaufen in eine Art musikalischen Elementes, das aber durchaus ein Erkenntniselement ist, wir gewahren einen Rhythmus, der auf dem Grund aller Dinge als ein geistiger Rhythmus vorhanden ist, wir dringen ein in die Welt, indem wir sie im Geiste beginnen wahrzunehmen. Unser Denken wird aus dem abstrakten toten Denken, aus dem bloßen Bilddenken ein in sich selbst belebtes Denken. Das ist der bedeutsame Übergang, der durchgemacht werden kann von dem abstrakten, bloß logischen Denken zu einem lebendigen Denken, von dem wir durchaus das Gefühl haben, dass es fähig ist, eine Realität zu bilden, wie unser Wachstumsprozess als lebendige Realität von uns erkannt wird.»[192]

Was Rudolf Steiner mit dem äußeren Rhythmus, dem Weltenrhythmus, meinte, lässt sich exemplarisch wohl am besten an seinem Kalenderimpuls von 1912/13 ablesen. In dem in diesem Kalender enthalten *Anthroposophischen Seelenkalender* haben wir den wohl deutlichsten Hinweis auf die zentrale Bedeutung des Rhythmischen und den richtigen Umgang mit der Zeit im Steiner'schen Sinne. *Der anthroposophische Seelenkalender*, der zu einem Zeitpunkt erschien, als das künstlerische Schaffen Steiners seinem Höhepunkt zustrebte,[193] ist seine umfangreichste und gleichzeitig am weitesten verbreitete mantrische Dichtung.[194] Diese Dichtung wendet sich direkt an das seelische Erleben, wie es im Zeitenrhythmus erfahrbar werden kann. Wir zitieren nachfolgend das Vorwort der ersten Ausgabe von 1912/13.

«Mit der Welt und ihrem Zeitenwandel verbunden fühlt sich der Mensch. In seinem eigenen Wesen empfindet er das Abbild des Welten-Urbildes. Doch ist das Abbild nicht sinnbildlich-pedantische Nachahmung des Urbildes. Was die große Welt im Zeitenlaufe offenbart, entspricht einem Pendelschlage des Menschenwesens, der nicht im Elemente der Zeit abläuft. Es kann vielmehr fühlen der Mensch sein an die Sinne und ihre Wahrnehmungen hingegebenes Wesen als entsprechend der licht- und wärme-durchwobenen Sommernatur. Das

Gegründetsein in sich selber und das Leben in der eignen Gedanken- und Willenswelt kann er empfinden als Winterdasein. So wird bei ihm zum Rhythmus von Außen- und Innenleben, was in der Natur in der Zeiten Wechselfolge als Sommer und Winter sich darstellt. Es können ihm aber große Geheimnisse des Daseins aufgehen, wenn er seinen zeitlosen Wahrnehmungs- und Gedankenrhythmus in entsprechender Weise zum Zeitenrhythmus der Natur bringt. So wird das Jahr zum Urbilde menschlicher Seelentätigkeit und damit zu einer fruchtbaren Quelle echter Selbsterkenntnis. In dem folgenden Seelen-Jahres-Kalender wird der Menschengeist in derjenigen Lage gedacht, in welcher er an den Jahreszeiten-Stimmungen von Woche zu Woche das eigene Seelenweben im Bilde an den Eindrücken des Jahreslaufes *erfühlen* kann. Es ist an ein *fühlendes* Selbsterkennen gedacht. Dieses fühlende Selbsterkennen kann an den angegebenen charakteristischen Wochensätzen den Kreislauf des Seelenlebens als zeitlosen an der Zeit erleben. Ausdrücklich sei gesagt, es ist damit eine Möglichkeit eines Selbsterkenntnisweges gedacht. Nicht ‹Vorschriften› nach dem Muster theosophischer Pedanten sollen gegeben werden, sondern vielmehr auf das lebendige Weben der Seele, wie es einmal sein kann, wird hingewiesen. Alles, was für Seelen bestimmt ist, nimmt eine individuelle Färbung an. Gerade deshalb aber wird auch *jede* Seele ihren Weg im Verhältnis zu einer individuell gezeichneten finden. Es wäre ein Leichtes zu sagen: so, wie hier angeführt, *soll* die Seele meditieren, wenn sie ein Stück Selbsterkenntnis pflegen will. Es wird *nicht* gesagt, weil der eigne Weg des Menschen sich Anregung holen soll an einem gegebenen, nicht sich pedantisch einem ‹Erkenntnispfade› fügen soll.»[195]

Ansonsten hat sich Rudolf Steiner nur in drei Vorträgen in wenigen Worten zu seiner wohl bedeutendsten Dichtung und der Art, wie diese meditiert werden kann, geäußert, weil er wollte, dass jeder Mensch seinen individuellen Zugang zum Wesen der Zeit findet. An einer Stelle äußert er sich jedoch sehr deutlich über den Bezug des *Seelenkalenders* zum Wesen der Zeit:

«Sie finden dann für die einzelnen Wochen des Jahres Meditationsformeln. Diese Meditationsformeln seien Ihnen ganz besonders ans Herz gelegt, denn sie enthalten das, was in der Seele lebendig gemacht werden kann und was dann wirklich entspricht einem lebendigen Verhältnis von Seelenkräften zu Kräften des Makrokosmos. Was wir nennen können den Fortgang der Zeit, das wird gelenkt und geleitet von geistigen Wesenheiten, von geistigen Wesenheiten, die in ihren gegenseitigen Beziehungen, in ihren lebendigen gegenseitigen Verhältnissen eigentlich die Zeit bedingen, die Zeit machen, könnte man sagen. Nun ist es ganz abstrakt und bloß allegorisch, wenn das, was auch beim Menschen Zeiterlebnissen entspricht, das Zeitliche in der Menschenseele, ohne Weiteres parallelisiert würde mit Vorgängen, die sich auf die Zeit im Makrokosmos beziehen. Sie werden sehen, dass ganz andere Erlebnisse der Menschenseele, die in gewisser Beziehung gar nichts mit Zeit zu tun haben, dort gegeben sind. Wenn Sie diese Dinge in der Seele lebendig machen, so werden Sie das Verhältnis kennenlernen, das die Seele erleben kann zwischen Zentrum und Peripherie der Sinneserlebnisse. Dieses eigentümliche Verhältnis, es kann geändert werden durch diese Meditationen. Es kann dadurch hervorgerufen werden eine Imagination des Verhältnisses der Wesenheiten, die den Fortgang der Zeit bedingen, sodass man durch diese zweiundfünfzig Formeln in der Tat den Weg finden kann aus dem Mikrokosmos zum Makrokosmos.»[196]

Hier findet sich nun ganz explizit der Bezug zu jenen geistigen Wesen, über die wir im Laufe unserer Untersuchung mehrfach gesprochen haben[197]: die Geister der Zeit, die zugleich die Geister der Persönlichkeit sind. Sie sind einerseits verbunden mit der Entstehung der Zeit auf dem alten Saturn, andererseits leben sie in dem Element der vom Menschen selbst erschaffenen Zeit, der Schöpfung aus dem Nichts. Damit sind sie aber auch aufs Engste verbunden mit dem Christus-Prinzip. Auch das kommt nun im Kalender von 1912/13 zum Ausdruck. Denn dieser enthielt neben dem *Seelenkalender* ein Kalendarium für das Jahr 1912/13, das nicht von Januar bis Dezember, sondern von Ostern 1912 bis Ostern 1913 lief und das die Überschrift «Im Jahre 1879 nach des Ich Geburt» trug.

«Was der Kalender als Äußeres hat, ist nur die exoterische Seite, denn in Wahrheit schreiben wir 1879. Die Zeitverhältnisse, die geschaut werden können durch okkulte Beobachtung, sollen wirklich hier zum Ausdruck gebracht werden. Damit soll hier begonnen werden, denn es ist natürlich nur ein erster Anfang. Mit dem Mysterium von Golgatha ist gegeben die Geburt des Ich-Bewusstseins innerhalb der Menschheit. Und diese Tatsache wird allmählich immer mehr und mehr in der geistigen Kultur unserer Erde erkannt werden als bedeutsam für alle Zukunft der Menschheit. So wird man nach und nach verstehen, dass es gerechtfertigt ist, das Jahr 1879 zu zählen heute, das heißt 1912 weniger 33. Damit ist auch gegeben, dass die Zeit gerechnet wird von Ostern zu Ostern, dass wir nicht mit dem Januar beginnen, weil, wenn man in der Geburt des Ich-Bewusstseins etwas Wesentliches sieht für die geistige Menschheitsentwickelung, es auch gerechtfertigt ist, jedes Jahr daran erinnert zu werden, indem diese Geburt des Ich-Bewusstseins selber bezogen wird auf Verhältnisse des Mikrokosmos und Makrokosmos. Ein bedeutsamer Zug des Verhältnisses von Mikrokosmos und Makrokosmos ist gegeben, wenn das Osterfest in Zusammenhang mit der Geburt des Ich-Bewusstseins gedacht wird. Dass heute gesucht wird, das Osterdatum auf einen bestimmten Tag zu verlegen, statt es vom Himmel abzulesen, das gehört ganz selbstverständlich zur Signatur unserer Zeit, die für alle äußeren Verhältnisse immer mehr in den Materialismus hineinstürmt und vergisst, was mit dem Spirituellen zusammenhängt. Es wird notwendig sein vielleicht, dass in der anthroposophischen Strömung bewahrt werde gegenüber dem Industrialismus, dem Kommerzialismus, dem Materialismus überhaupt, die Erinnerung an die konkreten Daten, die nicht gegeben werden durch Geld- und Scheckauszahlen, sondern durch Verhältnisse des Weltenalls. Es wird das erste große Zeichen sein, dass die äußere und innere Kultur, der ganz materialistischen und der spiritualistischen Bahnen gründlich nebeneinanderher gehen müssen, wenn es der äußeren Kultur gelingen sollte, das Osterdatum loszureißen von der Bestimmung aus der Sternenwelt heraus. Man würde vor einer Hoffnungslosigkeit stehen, wenn man glauben wollte, dass aus der materialistischen Kultur heraus ein wirklicher Aufschwung zu spirituellen Tatsachen möglich sein sollte. Es ist ein erster Versuch für dieses Jahr; ich hoffe, dass, indem die Anthroposophen den Kalender benutzen, sie uns unterstützen werden, ihn in immer vollkommenerer Gestalt vor die Welt hintreten zu lassen.»[198]

Damit stellte Rudolf Steiner den Impuls des Kalenders direkt in Verbindung zum Mysterium von Golgatha, als wollte er damit zum Ausdruck bringen, dass das Erleben der Zeit unmittelbarer Ausdruck der Christus-Wesenheit sein kann.

Noch an zahlreichen anderen Stellen kommt dieser Bezug des Miterlebens des Jahreslaufes zum Erleben der Christus-Wesenheit zum Ausdruck. So insbesondere in den Vorträgen zum Jahreslauf als Atmungsvorgang der Erde von 1923 und in den Jahreszeitenimaginationen zu den Jahresfesten, ebenfalls im Jahre 1923. Daraus ein Beispiel, dem zahlreiche weitere hinzugefügt werden könnten:

«So sehen wir, dass man sagen kann: Zur Weihnachtszeit hat die Erde ihr Seelisches in sich aufgenommen, hat die Erde ihr Seelisches in dem großen Jahresatemzug in sich aufgenommen. Der Christus-Impuls wird in dem von der Erde aufgenommenen Erdenseelischen im Innern der Erde geboren. Er flutet hinaus in das Kosmische mit dem Ausatmen der Erde gegen die Frühlingszeit hin. Er wird dessen ansichtig, was sternenhaft ist, und tritt mit ihm in Wechselwirkung, aber so, dass er nicht mehr räumlich bloß in Beziehung tritt, sondern zeitlich, sodass das Zeitliche aus dem Räumlichen herausgenommen ist.

Ostern ist am ersten Sonntag nach dem Frühlingsvollmond. Der Mensch erhebt sich mit seinem Seelischen innerhalb der Vollausatmung hinaus in das Kosmische, durchtränkt und durchdringt sich mit dem Sternenhaften, nimmt den Atem der Welt mit dem Erdenatem selber auf, durchdringt sich mit dem Österlichen. Und mit dem, womit er begonnen hat sich zu durchdringen seit der Osterzeit, steht er am stärksten drinnen zur Johannizeit, muss dann zurückkehren mit der Erdenseele und zugleich mit seinem eigenen Seelenhaften in die Erde, ist aber angewiesen darauf, dass Michael ihm zur Seite steht, damit er in der richtigen Weise eindringen kann in das Irdische nach Besiegung des Ahrimanischen durch die Michael-Kräfte.

Immer mehr und mehr zieht sich das Seelische der Erde mit der eingezogenen Atemkraft in das Irdische selber zurück, bis die Weihnachtszeit da ist, und in der richtigen Weise feiert dann die Weihnachtszeit derjenige heute, welcher sich sagt: Michael hat die Erde gereinigt, damit zur Weihnachtszeit in der richtigen Weise die Geburt des Christus-Impulses stattfinden kann. – Dann findet wiederum das Hinausfluten in das Kosmische statt. Da nimmt Christus bei dem Hinausfluten den Michael mit, damit Michael diejenigen Kräfte, die er verbraucht hat bei seinem Kampfe gegen das Irdisch-Ahrimanische, aus dem Kosmischen sich wiederum aneignen kann. Mit dem Österlichen beginnt auch Michael wiederum in das Kosmische sich zu versenken, durchwebt sich mit dem Kosmischen am stärksten in der Johannizeit. Und ein Mensch, der im rechten Sinne in der Gegenwart erfasst, was ihn verbindet als Menschen mit dem Irdischen, der sagt sich: Es beginnt für uns das Zeitalter, in dem wir den Christus-Impuls richtig sehen, wenn wir ihn im Jahreskreislauf von der Kraft des Michael in der richtigen Weise begleitet wissen, wenn wir gewissermaßen sehen den Christus ziehen, flutend ins Irdische und hinauf in das Kosmische, begleitet in der entsprechenden Weise von dem in der Erde kämpfenden Michael, von dem in den Weltenweiten die Kampfeskraft sich erobernden Michael (siehe Lemniskate).

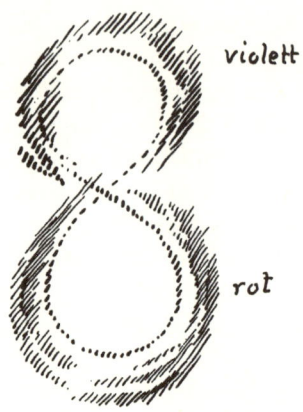

So wird auch der Ostergedanke im richtigen Sinne unserer Zeit dann erfasst werden, wenn der Mensch versteht, zu jenem allergrandiosesten Bilde, das hineingestellt ist, Aufklärung bringend in das Erdendasein, zu dem Bilde des aus dem Grabe erstehenden, den Tod besiegenden Christus heute hinzuzufügen die Wesenheit des Michael, zur Rechten des Christus Jesus, beim Durchwirken der Erdenatemkraft mit Christus-Kraft während eines Jahreskreislaufes in der Erdenatmung.

Versteht man so zu jeder der vier großen Festeszeiten des Jahres, also auch zur Osterzeit, den Christus-Gedanken in sich lebendig zu machen, so macht man ihn heute in dem Sinne lebendig, wie er lebendig werden muss, wenn man sich als Erdenmensch ihn richtig in seine Gegenwart mit vollem Verständnis hereinzustellen vermag. Die Hoffnung auf das Kommen der Michael-Kraft im Dienste der Christus-Kraft beseelte diejenigen, die in der richtigen Weise den Christus-Impuls bis in unsere Zeit herein verstanden.

Die Verpflichtung, im Sinne des Michael-Gedankens sich mit dem Christus-Impuls zu durchdringen, erwächst uns insbesondere für die heutige Zeit. Wir durchdringen uns in der richtigen Weise, wenn wir den Auferstehungsgedanken zu verbinden wissen mit dem wirksamen Michael-Gedanken, wie er sich hereingestellt hat in die Menschheitsentwickelung in der Weise, wie ich das ja öfter auseinandergesetzt habe.»[199]

Hier setzt Rudolf Steiner nun auch die Michael-Wesenheit, also den Zeitgeist unserer Epoche, in Beziehung zum Erleben des Jahreslaufes, weil er der Christus-Wesenheit von allen hierarchischen Wesen am nächsten steht und er es auch ist, der das hier gemeinte Bewusstsein des Rhythmischen, des eigentlichen Elementes der Zeit, am stärksten anspricht.»[200]

«In der Natur wechseln rhythmisch Tag und Nacht, folgen rhythmisch Jahreszeiten und so weiter. Im Menschen erfolgt das Atmen und die Blutzirkulation im Rhythmus. Es geht so der Wechsel von Schlafen und Wachen vor sich und so weiter.

Rhythmische Vorgänge sind weder in der Natur, noch im Menschen etwas Physisches. Man könnte sie halbgeistig nennen. Das Physische als Ding verschwindet im rhythmischen Vorgang. Im Erinnern ist der Mensch mit seinem Wesen in *seinen* und in den Naturrhythmus versetzt. Er lebt in seinem Astralleib.

Indischer Yoga will ganz in dem Erleben des Rhythmus aufgehen. Er will das Gebiet des Vorstellens, des Ich verlassen und in einem inneren Erleben, das dem Erinnern ähnlich ist, in die Welt schauen, die hinter dem liegt, was das gewöhnliche Bewusstsein kennen kann.

Das westliche Geistesleben darf zum Erkennen das Ich nicht unterdrücken. Es muss das Ich an die Wahrnehmung des Geistigen heranbringen.

Es kann das *nicht* geschehen, wenn man von der sinnenfälligen in die rhythmische Welt so vordringt, dass man im Rhythmus nur das Halbgeistig-Werden des Physischen erlebt. Man muss vielmehr *die* Sphäre der Geistwelt finden, die im Rhythmus sich offenbart.

Zweierlei ist also möglich. Erstens: Erleben des Physischen im Rhythmischen, wie dieses Physische halbgeistig wird. Es ist dies ein älterer, heute nicht mehr zu betretender Weg. Zweitens: Erleben der Geist-Welt, die den Weltenrhythmus *in* und außerhalb des Menschen so zu ihrer Sphäre hat, wie der Mensch die Erdenwelt mit ihren physischen Wesen und Vorgängen.

Zu *dieser* Geist-Welt nun gehört alles, was im gegenwärtigen kosmischen Augenblicke durch Michael geschieht. Ein Geist wie Michael bringt dasjenige, was sonst im luziferischen Gebiet liegen würde, dadurch in das der rein menschlichen Entwickelung – die von Luzifer nicht beeinflusst ist –, dass er die rhythmische Welt zu seinem Wohnplatz erwählt.

Angeschaut kann das alles werden, indem der Mensch in die Imagination eintritt. Denn die Seele lebt mit der Imagination im Rhythmus; und Michaels Welt ist diejenige, die im Rhythmus sich offenbart.»[201]

Unschwer lässt sich aber nun an diesen Beispielen erkennen, auf welches Element Rudolf Steiner mit allen seinen Anregungen zur rhythmischen Gestaltung des Lebens hinzielte und wovon er ein Bewusstsein bei den Menschen anregen wollte: Es ist das Gebiet des Ätherischen, das sich uns ja bereits oben am Ende des dritten Teils als der eigentliche Bereich des

Zeitlichen enthüllt hat. Rhythmische Gestaltung des Lebens setzt also bei einem Bewusstsein des Ätherischen, wo alles Zeitliche wie räumlich erscheint, an. Das Ätherische ist aber zugleich, wie wir bereits im zweiten Teil gesehen haben, der eigentliche Vermittler zwischen allem Physischen und dem Seelisch-Geistigen.

Rhythmische Gestaltung bedeutet daher auch nichts anderes, als diese beiden Bereiche, das Untere und das Obere, in ein richtiges Verhältnis zueinander zu setzen, womit wir wieder bei dem zentralen Motiv unserer Betrachtungen angelangt wären, auf das Rudolf Steiner in einem großen Teil seines Werkes immer und immer wieder hingewiesen hat. Ja man könnte es geradezu als das zentrale Anliegen der Geisteswissenschaft bezeichnen, das Bewusstsein der Menschen für die Welt des Rhythmischen, für das Ätherische zu erwecken und zu entwickeln. Hier versteht man nun auch, warum Steiner auf die Beziehung des Menschen zur Michael-Wesenheit so großen Wert legte, gerade gegen Ende seines Lebens. Denn diese Wesenheit lebt als Zeitgeist in der Welt des Rhythmischen, in der aber auch die Christus-Wesenheit zu finden ist, mit der Michael von alters her engstens verbunden ist.

Neben diesem Gebiet des Meditativen, auf dem es um eine rhythmische Gestaltung und Erfahrung des seelisch-geistigen Lebens geht, sei abschließend noch auf ein weiteres Gebiet hingewiesen, auf dem das Bewusstsein vom Ätherischen eine entscheidende Rolle spielt. So war es ein lebenslanges Anliegen Rudolf Steiners, die Beziehung des Seelisch-Geistigen zum Physisch-Leiblichen in einem noch umfassenderen Sinne zu gestalten, nämlich in der Beziehung der Lebenden zu den Verstorbenen. Das ganze Vortragswerk, insbesondere während der Zeit des Ersten Weltkrieges, ist durchzogen von Hinweisen auf die enorme Bedeutung der Pflege eines Bewusstseins von der Welt der Verstorbenen. Auch hier findet sich das Grundmotiv des Zeitverständnisses Rudolf Steiners wieder: die Gestaltung der Polarität von Dauer und Entwicklung – leben die Verstorbenen doch in der Welt der Dauer, die Lebenden im Bereich der Entwicklung, des Werdens und Vergehens.

Steiner weist in zahlreichen Vorträgen nun immer wieder darauf hin, wie einerseits die Verstorbenen, die im Bereich der Dauer leben, auf die Zuwendung durch die Lebenden angewiesen sind, umgekehrt aber die Lebenden im Bereich des Werdens und Vergehens immer mehr die Unterstützung der Verstorbenen benötigen.[202] Die Pflege dieser Beziehung hängt aber nun ihrerseits wieder zusammen mit einer Pflege der Beziehung zum Ätherischen, wie das abschließende Beispiel als nur eines von zahlreichen weiteren, zeigen soll.

«Dann wird der elementarischen Welt übergeben dasjenige, was wir den ätherischen Leib nennen. Er wird wie ein zweiter Leichnam abgelegt. Aber man darf nicht glauben, dass dieser zweite Leib, der da abgelegt ist, sich nun in aller Eile vernichte in der elementarischen Welt. Das ist nicht der Fall, sondern er löst sich allerdings gewissermaßen auf in der elementarischen Welt, aber dieses Auflösen, dieses immer Dünner- und Dünnerwerden, das bedeutet nicht, dass er nicht wahrnehmbar wäre für Wesenheiten, die überhaupt imaginativ wahrnehmen können. So ist vor allen Dingen dieser elementarische Leib, dieser ätherische Leib, immer wahrnehmbar für denjenigen, der selber durch die Pforte des Todes geschritten ist. Der Mensch hat ihn abgelegt, diesen elementarischen Leib, und lebt nun weiter zwischen dem Tode und einer neuen Geburt, aber er steht in einer fortwährenden Verbindung mit diesem abgelegten ätherischen Leib. Es ist nicht so wie mit dem physischen Leib, zu dem der Mensch seine Beziehung verliert, wenn er ihn abgelegt hat; beim elementarischen Leib ist das Gegenteil der Fall: der Mensch behält seine Beziehung, und diese Beziehung, die der Mensch hat zu seinem elementarischen, zu seinem ätherischen Leibe, die kann sich auch fortsetzen bis in die physische Welt herunter.

Wenn nun der Mensch hier in der physischen Welt seine Seele empfänglich gemacht hat dadurch, dass er sich elementarisches, imaginatives Wahrnehmen angeeignet hat, dann kann er auch bewusst eine Verbindung unterhalten in den Vorstellungen – die dann natürlich viel feiner auftreten als die gewöhnlichen Vorstellungen – mit den Toten. Das ist bewusstes Verbundensein mit den Toten. Was aber so bewusst wird, das ist unbewusst eigentlich immer vorhanden, wenn während des Lebens eine Beziehung da war zwischen dem, der hier zurückgeblieben ist in der physischen Welt, und demjenigen, der in die geistige Welt hinaufgestiegen ist. Nehmen wir an, wir haben eine geliebte Persönlichkeit durch den Tod verloren. Ob wir es nun wissen oder nicht – wissen kann es der, welcher die imaginative Wahrnehmung sich erschlossen hat –: der Tote wirkt, wie wenn er, ich möchte sagen seinen Willen schickte in den ätherischen Leib, den er abgelegt hat, als wie in einen Spiegel und der Spiegel wiederum die Strahlen bis zu uns sendet; der Tote wirkt auf dem Umweg durch den elementarischen, durch den ätherischen Leib auf die Lebenden zurück. Dies ist das Wirken, welches gewissermaßen mittelbar ist.

Wollen wir charakterisieren, worinnen sich dieses mittelbare Wirken ausdrückt, so kann ich sagen: Innerhalb unserer Vorstellungen, die wir so durch die Welt tragen. Zumeist weiß ja der Mensch, insbesondere in unserer heutigen materialistischen Zeit, nur von den Vorstellungen, die ihm die äußere physische Wirklichkeit abbildet. Aber unter den Vorstellungen, die wir so durch die Welt tragen, leben fortwährend solche, welche gewissermaßen fein sind, sodass sie nicht direkt wahrnehmbar sind. Man achtet eben einfach nicht darauf. Würde man gewohnt sein, intimer auf sein Seelenleben zu achten, und wenn man sich nicht fortwährend, ich möchte sagen das feinere Seelenleben übertönen ließe durch die groben Vorstellungen, die aus der physischen Umwelt einfließen, so würde man schon sehen, wie feinere Vorstellungen doch immer da sind. Und diese rühren her von denjenigen, die mit uns in Verbindung gestanden haben, die vor uns durch die Pforte des Todes gegangen sind, und die insbesondere in der ersten Zeit, nachdem sie durch die Pforte des Todes gegangen sind, uns ihre Taten, Handlungen, Gedanken auf die geschilderte Weise vermitteln können.

So tragen wir in unseren Vorstellungen selber noch eine Zeitlang dadurch, dass wir als ein Ätherwesen der elementarischen Welt angehören, das Wesen der Toten. Wenn man von einem Monismus spricht und will auf dem Boden der Wirklichkeit stehen, dann müsste man hauptsächlich von diesem Monismus sprechen, den ich jetzt angedeutet habe, von dem Monon, das gebildet wird aus dem Zusammenwirken der Lebenden und der Toten. In Wahrheit sind diejenigen, die durch die Pforte des Todes gegangen sind, gar nicht weg von uns. Sie sind uns viel näher, als man glaubt.»[203]

Zusammenschau und Ausblick

Die Welt des Ätherischen und der Kampf um ein neues Zeitbewusstsein – Die apokalyptische Zeit

Wenn wir die nunmehr gewonnenen Gesichtspunkte des Zeitverständnisses Rudolf Steiners noch einmal zusammenfassen, ergibt sich folgender Zusammenhang:
- Wir haben im ersten Teil gesehen, wie sich in Steiners Werk im Laufe einer 35-jährigen Forschungsarbeit ein neues Zeitverständnis geltend macht, das Entwicklung so begreift, dass diese aus zwei einander entgegengesetzten Zeitströmen besteht, einer evolutiven und einer devolutiven Entwicklungsströmung, die sich im Menschen selber als dreigliedriger Organismus wiederfinden. Zugleich ist für Rudolf Steiner von Anfang an deutlich, dass die Zeit, ebenso wie der Raum keine abstrakten Größen sein können. Zeit ist vielmehr Ausdruck der Tatsache, dass ein geistig Wesenhaftes in die Erscheinung tritt.
- Ein zentrales, wenn nicht das zentrale Lebensmotiv Rudolf Steiners war es mithin, die Beziehung von Wesen und Erscheinung, von Vergänglichem und Unvergänglichem, von Zeitlichem und Ewigem bewusst herstellen und handhaben zu lernen.
- Der sogenannte «Doppelstrom der Zeit» ist dabei als Ausdruck der Vergänglichkeit alles Irdisch-Physisch-Leiblichen zu verstehen. Damit ist aber nur eine Seite des Steiner'schen Zeitverständnisses, das, wie sich später zeigt, eine Polarität von Entwicklung und Dauer umfasst, gekennzeichnet. Der Doppelstrom der Zeit ist dabei vor allem für den Bereich der Entwicklung relevant. Erst durch das Verständnis für die Bedeutung des Zeitlichen im Verhältnis zum Überzeitlich-Dauernden kommt man zu einem umfassenden Bild von Steiners Zeitverständnis.[204]
- Im zweiten Teil haben wir dargestellt, dass der Mensch die Zeit da-

durch erlebt, dass sein Geistig-Seelisches mit seinem Leiblich-Physischen in Verbindung steht. Zeiterleben ist Ausdruck der Tatsache, dass das Wesenhafte des Menschen in die Erscheinung tritt. Der Leib-Seele-Zusammenhang ist somit konstitutionell entscheidend für alles Zeiterleben des Menschen. Diese Tatsache kommt besonders in der Entwicklung und Bedeutung des Gedächtnisses zum Ausdruck.

– Im dritten Teil haben wir dann im Weiteren gesehen, dass Steiner also ein «Unteres», das der zeitlichen Entwicklung von Werden und Vergehen unterliegt, von einem «Oberen, das an einer solchen Entwicklung nicht teilhat, unterscheidet. Denn die höheren Wesensglieder, Astralleib und Ich, treten nicht in das Erdenleben ein, sondern bleiben jenseits des Zeitlichen «stehen». Die unteren Wesensglieder dienen den oberen Wesensgliedern dabei als Spiegel. Hiernach unterliegt das «Untere» dem Bereich der Entwicklung, das «Obere» dem Bereich der Dauer. Zu diesem Bereich der Dauer gehören ebenso alle hierarchischen Wesen. Lediglich die Geister der Form, die eigentlichen Schöpfer des Menschen, wirken berechtigtermaßen in den Bereich der Entwicklung hinein.

– Sie sind die eigentlichen Schöpfer und Behüter aller menschlichen Entwicklung. Aber sie mussten zur Erreichung ihres Zieles, nämlich eines Wesens, das aus Freiheit und Liebe heraus handeln kann, die Gegenmächte Luzifer und Ahriman zulassen. Diese bewirken nun eine stärkere Beziehung des Menschen zu seiner Leiblichkeit. Das wiederum führt dazu, dass der Mensch den Charakter alles Zeitlichen nicht durchschauen kann, dass er also im Hinblick auf den Sinn des Irdischen einer Täuschung unterliegt, einer doppelten Täuschung: Ahriman will dem Menschen weismachen, dass es nur das Irdische, das «Untere» gibt. Er will ihn im Irdischen festbinden und damit alles, was an Idealen für die Zukunft sich bilden will, zerstören. Luzifer dagegen strebt danach, dem Menschen nur das «Obere» anzubieten und ihn damit dem Irdischen so zu entfremden, sodass er dieses nicht weiterentwickeln kann, also gewissermaßen in seiner Entwicklung zurückbleibt.

– Die Täuschung über alles Zeitliche besteht vor allem darin, den Charakter des «Unteren» gegenüber dem «Oberen» im Hinblick auf das Zeitliche nicht zu erkennen: Alles, was im «Unteren» als zeitliches Nacheinander in Erscheinung tritt, ist als Wesen im «Oberen» nicht nacheinander, sondern wie in einem «Raum» nebeneinander zu finden. Die geistigen Ursachen alles irdischen Nacheinanders, also des Irdisch-Zeitlichen sind im «Oberen» durch eine quasi räumliche Such-

bewegung aufzufinden. Diese Suchbewegung hat in der «Perspektivität» der Zeit ihre Ursache.
- Den Raum, in dem alles Zeitliche seine Ursachen findet, nennt Steiner die «Akasha-Chronik». Sie hat mit dem Weltenäther zu tun. Wobei alles Ätherische, auch in der menschlichen Wesengliederkonfiguration, die Aufgabe hat, den Bereich der Dauer, des «Oberen» mit dem Bereich der Vergänglichkeit und Entwicklung, also des «Unteren» zu verbinden.
- Dauer und Entwicklung wirklich zusammenzuschauen, setzt daher voraus, zwischen den beiden Ebenen des zeitlichen Nacheinanders und des zeitlich-räumlichen Nebeneinanders unterscheiden zu können und den Zusammenhang der beiden Ebenen wirklich zu durchschauen. Dieses geistige Erkenntnisvermögen bezeichnet Steiner als eine der wichtigsten Voraussetzungen, um im Zeitalter der Bewusstseinsseele mit den sozialen Entwicklungen, die sich in der Menschheit von jetzt an entwickeln, überhaupt noch zurechtzukommen.
- Im vierten Teil haben wir schließlich gesehen, wie die Zeit im Laufe der Evolution entstanden ist, und wie es in der gesamten Evolution um ein Gleichgewicht in der Polarität von Entwicklung und Dauer geht. Denn zunächst entsteht durch das Opfer der Throne die Zeit auf dem alten Saturn als Entwicklung, als das Grundgesetz von Werden und Vergehen. Diese «alte Zeit» besteht aus Wesenheiten, die der dritten Hierarchie angehören, den Archai, den Geistern der Persönlichkeit oder der Zeit.
- Dann entwickelt sich auf der alten Sonne durch einen Verzicht der Cherubim auf das Opfer der Throne die Dauer. Und schließlich kommt als eine dritte Zeitqualität nach dem Vorbild der Christus-Wesenheit die Möglichkeit einer Schöpfung aus dem Nichts hinzu, welche die eigentliche Zeitqualität der Entwicklung des Menschen, die Zeitdimension des Ich genannt werden kann.
- Wir können also Steiner folgend nicht davon sprechen, dass das Obere, das Dauernde, keiner Entwicklung unterliegen würde. Die göttlichen Wesen entwickeln sich durch die Beziehungen, die sie jeweils zueinander einnehmen. Die menschliche Entwicklung, die Ich-Entwicklung wechselt dagegen ab zwischen zwei Phasen, die polar miteinander in Beziehung stehen: Die eine Phase spielt sich im Bereich des «Unteren» ab, und wir können sie als «Evolution» oder «Entwicklung» beschreiben, wobei daran im Sinne eines doppelten Zeitstromes sowohl aufbauende, evolutive als auch zerstörende, devolutive Kräfte beteiligt sind.

– Die zweite polare Phase aber spielt sich im Bereich des «Oberen», der «Dauer» ab. Hier werden die geistigen Keime, die sich aus den im «Unteren» entwickelten Idealen herausgebildet haben, weiter getragen, also «entwickelt» im Sinne des «Oberen». Und zwar so, dass diese Keime zum Antrieb zukünftiger Entwicklung werden. An dieser Entwicklung, die dadurch nicht eine Wiederholung eines Ewig-Gleichen ist, sind die zum Menschen gehörenden Geister der dritten Hierarchie beteiligt, die sich aber geleitet finden von den Schöpfermächten des Menschen. Die Geister der Zeit, die Archai finden dabei ihre Lebenssubstanz in dem, was von den Menschen im Sinne der Schöpfung aus dem Nichts neu entwickelt wird. Das Wesen der Zeit ist mithin Ausdruck der Entwicklung des Menschen geworden.
– Aus dieser Ich-Dimension der Zeit, die in der Gesetzmäßigkeit von Reinkarnation und Karma zum Ausdruck kommt, ergibt sich weiterhin der Aspekt, dass auch die Zeitdynamik im Laufe der Evolution mehr oder weniger Ausdruck der Entwicklung des Menschen selber, also des menschlichen Ich ist. Dieses befindet sich in einer beständigen Auseinandersetzung mit den Gegenmächten Luzifer und Ahriman, wird zugleich aber geleitet von der Christus-Wesenheit als dem Dreh- und Angelpunkt eines vom Menschen selber herzustellenden Gleichgewichtes zwischen Dauer und Entwicklung.
– Dieses zu suchende Gleichgewicht als Ausdruck der Ich-Entwicklung findet sich folglich auch in der leiblichen Organisation des Menschen gespiegelt, und zwar insbesondere im rhythmischen System des Menschen. Dem Herzorgan und der Atmung kommt in diesem Kontext eine wohl kaum zu überschätzende Bedeutung zu. Die Physiologie des «Geheimnisses, das da waltet zwischen Lunge und Herz» ist für das Steiner'sche Zeitverständnis daher von allererstem Rang. Ebenso kommt dem Verständnis aller chronobiologischen Zusammenhänge des menschlichen Organismus eine zunehmende Bedeutung zu.
– Die zeitliche Dynamik der Erdevolution als ganzer haben wir damit als eine Konsequenz der Entwicklung des menschlichen Ich im Rahmen der Evolution begreifen können. Zeitliche Dynamik wird hierdurch mehr und mehr abhängig von der Entwicklung des Menschen, was wiederum in praktischer Konsequenz eine enorme Verantwortung des Menschen für die Handhabung zeitlicher Prozesse zur Folge hat.
– Zuletzt haben wir gesehen, dass ein Bewusstsein der Zeit im Steiner'schen Sinne gleichzusetzen ist mit einem Bewusstsein für das eigentliche Element aller zeitlich-rhythmischen Vorgänge, dem Ätherischen.

– Da die Entwicklung der Menschheit aber zugleich auch Ausdruck der Dreiheit von Luzifer, Ahriman und Christus ist, können wir leicht begreifen, dass ein Bewusstsein für das Ätherische und damit die eigentliche Qualität der Zeit heute das am meisten umkämpfte Feld der Evolution schlechthin ist. Denn es geht um nichts weniger als die weitere Evolution des Menschen selbst. Schauen wir also im Rahmen unserer abschließenden Zusammenfassung auf die Zukunft des Menschen und damit zugleich auf einen bisher noch nicht betrachteten Aspekt: die apokalyptische Zeit.

Apokalypse bedeutet «Enthüllung» oder «Offenbarung». Wie wir nun sehen konnten, ist die zukünftige Evolution in der Gegenwart mehr oder weniger abhängig davon, wie die Menschheit bewusst mit zeitlichen Prozessen umzugehen lernt. Zeitliche Prozesse sind aber nur durch ein Bewusstsein des Ätherischen, in dem die zeitlich-rhythmischen Vorgänge lebendig sind, erfassbar. Das von Steiner vielfach beschworene neue Bewusstsein vom Ätherischen[205] ist somit gleichzusetzen mit einem neuen Bewusstsein der Zeit.

Dazu muss sich als erste Aufgabe, die mit dem Zeitalter der Bewusstseinsseele zusammenhängt, das menschliche Ich als im Sinne unserer Darstellung durch Reinkarnation und Karma entwickelndes geistiges Wesen erfassen lernen.

Als Zweites muss sich das menschliche Ich vom Bewusstsein der physischen Welt, an der es zu seinem Ich-Bewusstsein zunächst erwachen musste, erheben zur Welt des Ätherischen, in der es mit den zeitlich-rhythmischen Dimensionen des Daseins leben lernen kann. Denn nur in der Welt des Ätherischen kann die Zeit in ihrer eigentlichen Wesenheit, als Polarität von Dauer und Entwicklung, als Beziehung des «Oberen» zu dem «Unteren», kann auch die Leib-Seele-Beziehung des Menschen selber einsehbar werden.

An einer solchen Entwicklung des Menschen ist insbesondere die Michael-Wesenheit, die den Menschen in Beziehung zur Christus-Wesenheit bringen will, interessiert. Sie hat ihren Sitz gewissermaßen in dieser Welt des Rhythmisch-Ätherischen so wie auch die Christus-Wesenheit seit ihrem Tod auf Golgatha in dieser Sphäre erlebt werden kann.

Luzifer und Ahriman dagegen wollen den Menschen von dieser Sphäre und dem damit verbundenen Fortschritt der Evolution mit allen Mitteln abhalten. Da aber die Menschheit mit dem Zeitalter der Bewusstseinsseele dieser Sphäre immer näher gekommen ist, ja gewissermaßen unbewusst in dieser schon lebt, versuchen die Widersachermächte alles, um ein diesbezügliches Erwachen zu verhindern.

Diese Brisanz steckt nun hinter allem, was sich im 20. Jahrhundert an Katastrophen abgespielt hat. Diese sind mithin Ausdruck eines Kampfes um ein geistgemäßes Bewusstsein der Zeit. Rudolf Steiner hat auf diese Brisanz immer wieder hingewiesen[206] und unsere Zeit damit als eine apokalyptische bezeichnet. Durch diese Apokalypse enthüllen sich nämlich nun alle die Hindernisse, die den Menschen von dem hier angesprochenen Erwachen abhalten wollen.

Am deutlichsten hat sich Rudolf Steiner über diese Hindernisse, die ein Erwachen im Ätherischen verhindern, in dem Vortrag «Was tut der Engel in unserem Astralleib?» gegen Ende des Ersten Weltkrieges geäußert.[207] Da dieser jedoch weithin bekannt ist, verzichten wir hier auf ausführliche Zitate und fassen die diesbezüglichen Aussagen nur zusammen.

Machen wir uns zunächst noch einmal klar, worum es bei dem Erwachen für das Wesen der Zeit geht. Zunächst geht es um das Verständnis der Vorgänge des Werdens und Vergehens und mithin auch um das Verständnis von Geburt und Tod. Weiterhin geht es aber um das Verständnis der Polarität von Dauer und Entwicklung, also der Beziehung der Welt des Werdens und Vergehens zur Welt der Dauer, wie sie vor allem in der Natur des menschlichen Ich zum Ausdruck kommt.

Nun führt Steiner in dem besagten Vortrag aus, dass die mit dem Menschen verbundene Hierarchie der Engel, die ihr eigenes Bewusstsein wiederum in der Welt des Ätherischen hat, das Bewusstsein der Menschen vom Ätherischen und mithin für die eigentliche Natur der Zeit erwecken will. Dies versuchen sie in dreifacher Weise, für den Bereich des Willens, den Bereich des Fühlens und den Bereich des Denkens.

Im Willen wollen die Engel Bewusstsein für den Umgang mit dem Prinzip des Lebens, des Werdens erwecken, und zwar dadurch, dass sie ein Prinzip absoluter Brüderlichkeit in den Menschen wachrufen. Verweigern sich die Menschen aber einem diesbezüglichen Erwachen, dann, so Steiner, würde dieses Bestreben der Engel in sein Gegenteil verkehrt und damit ein unberechtigtes Eindringen in die Geheimnisse des Lebens, vor allem der Zeugung und damit zusammenhängend der menschlichen Sexualität entstehen. Seine diesbezügliche Aussage lautete:

«Und zwar drohen schädlich zu werden gewisse instinktive Erkenntnisse, die in die Menschennatur kommen sollen und die zusammenhängen mit dem Mysterium der Geburt und der Empfängnis, der Konzeption, mit dem ganzen sexuellen Leben, wenn die Gefahr eintreten sollte, von der ich gesprochen habe, durch gewisse Engel, die dann selber eine gewisse Veränderung durchmachen würden, von der ich nicht sprechen kann, weil diese Veränderung zu jenen höheren

Geheimnissen der Initiationswissenschaft gehört, von denen heute noch nicht gesprochen werden darf. Wohl aber kann man sagen: Was innerhalb der Menschheitsentwickelung geschieht, das würde darin bestehen, dass, statt in hellem, wachem Bewusstsein in nützlicher Weise, dann in schädlicher Weise, in zerstörerischer Weise gewisse Instinkte aus dem Sexualleben und Sexualwesen auftreten würden, Instinkte, die nicht bloß Verirrungen bedeuten würden, sondern die übergehen würden ins soziale Leben, die Gestaltungen hervorbringen würden im sozialen Leben; vor allen Dingen die Menschen veranlassen würden durch das, was dann in ihr Blut kommen würde infolge des Sexuallebens, jedenfalls nicht irgendwelche Brüderlichkeit auf der Erde zu entfalten, sondern sich immer aufzulehnen gegen die Brüderlichkeit. Das aber würde Instinkt sein. Also es kommt der entscheidende Punkt, wo gewissermaßen nach rechts gegangen werden kann: dann aber muss gewacht werden; oder nach links gegangen wird: dann kann geschlafen werden; aber Instinkte treten dann auf, Instinkte, die grauenvoll sein werden.»[208]

Das 20. Jahrhundert hat nun gezeigt, wie mit 1917, also der russischen Revolution, das Prinzip der Brüderlichkeit durch Sozialismus und Kommunismus zwar beschworen, das Gegenteil davon aber erreicht wurde. Außerdem hat sich gezeigt, wie fernerhin die Geheimnisse von Geburt und Zeugung immer mehr dem technischen Zugriff der Medizin eröffnet wurden und dadurch eine alle Bereiche der Gesellschaft ergreifende Sexualisierung eingetreten ist.[209]

Weiterhin weist Rudolf Steiner auf ein zweites Ideal hin, dass die Engel erreichen wollen, und das ist die Einsicht in die geistige Natur des Ich. Damit aber würde einhergehen eine neue Art alles Religiösen, weil die Zuwendung zum Göttlichen gleich werden würde mit der Zuwendung und dem Interesse für den anderen Menschen. Träte aber dieses Erwachen wiederum nicht ein, würde auch hier ein Gegenteiliges bewirkt. Dieses bezeichnet Steiner als Verirrungen der Medizin im Hinblick auf Gesundheit und Krankheit.

In dem hier beschriebenen Gegenbild lassen sich bei genauerem Hinsehen die Verirrungen des Nationalsozialismus wiederfinden, denn die Rassenideologie der Nazis war nichts anderes als eine auf materialistische Medizin gegründete Ideologie, die alles, was nicht bestimmten genetischen Merkmalen entsprach, für krank und damit für lebensunwert erklärte. Gesundheit und Krankheit wurden auf Grundlage einer materialistischen Genetik gesellschaftlich in grausamster Weise wirksam festgelegt. Dadurch aber wurde auch eine neue Art von Religion begründet, die in letzter Konsequenz zu einem kollektiven Massenwahn, den Vernichtungslagern für sechs Millionen Menschen jüdischer Herkunft, weitere Vernichtungsmaßnahmen für Menschen mit Behinderung sowie in die Zerstörungen des Zweiten Weltkrieges führte. Hier wurde die Dimension des Apokalyptischen nun besonders drastisch erlebbar. Eine Tatsache, die in der Literatur nach 1945 auf vielfache Weise beschrieben worden ist und durch die die Dimension der Widersachermächte als Erfahrung des Bösen besonders deutlich wurde und im Laufe des 20. und nunmehr 21. Jahrhunderts auch weiterhin deutlich wird.[210]

Als Drittes weist Steiner nun auf die Auseinandersetzung mit den Kräften des Todes hin, also mit jenem anderen Zeitstrom, der dem des Werdens entgegengesetzt ist, dessen Erkenntnis aber gleichzusetzen ist mit der Erkenntnis des Geistigen schlechthin. Eine Verfehlung dieses Erwachens zur Geisterkenntnis aber würde, so Steiner, zu einer enormen Beschleunigung technologischer Entwicklungen führen. In einem benachbarten Zusammenhang äußerte Rudolf Steiner diesbezüglich: «Diese Kräfte, diese ersterbenden Kräfte, sie werden immer mächtiger und mächtiger werden. Und es wird die Verbindung hergestellt werden zwischen den im Menschen ersterbenden Kräften, die verwandt sind mit elektrischen, magnetischen Kräften und den äußeren Maschinenkräften. Der Mensch wird gewissermaßen seine Intentionen, seine Gedanken hineinleiten können in die Maschinenkräfte. Noch unentdeckte Kräfte in der Menschennatur werden entdeckt werden, solche Kräfte, welche auf die äußeren elektrischen und magnetischen Kräfte wirken.»[211]

Deutlich lässt sich hieran wahrnehmen, dass die Menschen anstelle einer Einsicht in die geistige Natur des Menschen auf dem Hintergrund einer materialistischen Neurobiologie, die den Leib und insbesondere das Gehirn nicht als Spiegel des Geistig-Seelischen begreifen kann, eine Form von künstlicher Intelligenz erschaffen haben. Diese wird seit dem Ende des 20. Jahrhunderts besonders in Form der Technologie des Internets immer mächtiger und hat mittlerweile einen großen Teil der Menschheit erfasst.[212]

Alle drei beschriebenen Verirrungen hängen mit dem Nichterwachen im Ätherischen und damit dem Wesen der Zeit gegenüber zusammen. Es sind damit zugleich die drei Seelenkräfte des Wollens, des Fühlens und des Denkens angesprochen. Ein Erwachen im Willen bedeutet den rechten Umgang mit den Kräften des Lebens im Ideal der Brüderlichkeit. Ein Erwachen im Fühlen bewirkt ein Erwachen für die geistige Natur des Ich im anderen Menschen, und ein Erwachen im Denken die Erkenntnis der

Grundlagen der Intelligenz im Menschen, mithin ein Erwachen für die absterbenden, todbringenden Kräfte.

Gerade durch das zuletzt beschriebene Gegenbild eines Erwachens für das Ätherische im Denken erblicken wir in der unmittelbaren Gegenwart eine Form der Technologie, durch die die Menschheit nun, nach den bereits gekennzeichneten apokalyptischen Katastrophen im 20. Jahrhundert, besonders hinterhältig über die eigentliche Natur des Ätherischen getäuscht werden soll. Damit aber geht auch eine Degeneration des Empfindens für einen gesunden Umgang mit allem Rhythmischen einher.

Denn die digitale Art der Technologie ist auf eine noch weitere Beschleunigung aller gesellschaftlichen Prozesse und damit noch stärkere Annäherung alles menschlichen Lebens an von Maschinen vorgegebene Rhythmen ausgerichtet. Nunmehr werden aber nicht nur die körperlichen Verrichtungen, Bewegungen usw. den Maschinen angepasst wie noch zu Beginn des 20. Jahrhunderts; jetzt wird auch das Bewusstsein des Menschen selber von maschinellen Vorgaben bestimmt. Dies kommt insbesondere in der immer intensiver werdenden Nutzung des Internets bei allen kommunikativen, vor allem aber auch allen Vorgängen des Lernens zum Ausdruck. Information ist permanent und zu jeder Zeit sofort verfügbar. Damit tritt eine Beschleunigung von Bewusstseinsvorgängen in Gang, die auf fatale Art der Welt des Ätherischen ähnelt, in der die Dinge nicht in einem zeitlichen Nacheinander, sondern in einem quasi räumlichen Nebeneinander erscheinen. Die Technologie des Internets versucht auf subtile Weise, die Welt des Ätherischen zu imitieren, täuscht den Menschen dabei über seine eigene geistig-seelische Natur hinweg, die alle materiellen Vorgänge immer nur als Spiegel des Geistig-Seelischen erscheinen lässt. Ein Geistig-Seelisches aber gibt es in der technologischen Welt des Internets nicht mehr. Dieses erscheint vielmehr nur noch als Produkt materieller, technologisch zu beherrschender Vorgänge.[213]

Die Zeit und das Bewusstsein der Zeit stehen mithin in der Gefahr, immer mehr von digital-technologischen Prozessen gesteuert zu werden. Die bereits angesprochene Beschleunigung aller gesellschaftlichen Prozesse ist nur ein Ausdruck dieser Entwicklung, die von vielen Zeitgenossen auch kritisch gesehen und beleuchtet wird.[214] Gleichzeitig geht aber mit der digitalen Revolution eine Vorherrschaft der Neurobiologie, die alles menschliche Bewusstsein auf materielle Vorgänge im Gehirn zurückführen möchte, einher. Dadurch aber wird der dreigliedrige Mensch, der aus Nerven-Sinnes-System, rhythmischem System und Stoffwechsel-Gliedmaßen-System besteht, beschränkt auf sein Nerven-Sinnes-System.

Das Verständnis der menschlichen Dreigliederung ist aber für das Verständnis des Wesens der Zeit, wie wir nunmehr wissen, fundamental notwendig. Das Wesen der Zeit kommt ja gerade in dieser Dreigliederung zum Ausdruck, insbesondere aber im mittleren Menschen, im Zusammenhang von Atmung und Herz-Kreislauf-Vorgängen. Wie also kommen wir aus dieser mit dem Materialismus verbundenen Krise des Zeitbewusstseins heraus? Dieser Frage wollen wir uns nun schließlich aus unserer heutigen Perspektive noch zuwenden.

Nachwort

Die meditative Erfahrung der Zeit als Zukunftsaufgabe

Fragen wir uns also nochmals, wie den beschriebenen apokalyptischen Zeichen gegenüber, die den Menschen in seiner eigentlichen Wesenheit auslöschen und einem wesenhaften Verständnis alles Zeitlichen entgegenwirken wollen, begegnet werden kann.

Viele Kritiker der beschriebenen, zur Beschleunigung führenden Prozesse setzen auf ein Gegengewicht, die Entschleunigung oder das Prinzip der Langsamkeit. Auch von einer Rückkehr zu einer Erfahrung der Ganzheitlichkeit, eines universellen Prinzips usw. wird dabei gesprochen. Alle spirituellen Erfahrungen eines Transzendenten, wie es im Eingang unserer Untersuchung schon erwähnt wurde, alle nur auf die Erfahrung eines Ewigen gerichteten Bemühungen, werden aber letztlich zu einem Rückzug aus dem Irdischen führen, solange nämlich die Menschen dabei ihr Bewusstsein nicht in die Sphäre des Ätherischen, ihr Verständnis für alles Rhythmische im Sinne unserer Untersuchung der Zeit nicht weiterentwickeln. Es bleiben diese Versuche einer Entschleunigung dann doch nur Ausdruck einer luziferischen Tendenz, die natürlicherweise allem Ahrimanischen entgegenwirkt, das sich wiederum in der beschriebenen Tendenz zur Beschleunigung und damit zur Materialisierung alles Bewusstseins äußert.

Wie aber sähe ein Umgang mit der Zeit in einem weder luziferisch noch ahrimanisch gefärbten Sinne aus? Wie richten wir unser Leben auch praktisch so ein, dass sich dabei ein ausgeprägtes Gefühl für das Wesen der Zeit entwickeln kann? Anthroposophisch orientierte Leser werden unschwer erkennen, dass sich dahinter auch die Frage nach dem Verhältnis des Menschen zu der Christus-Wesenheit verbirgt, denn sie ist letztlich identisch mit dem Wesen der Zeit in dem von uns gemeinten Sinn.

Nicht umsonst ist es ja die Christus-Wesenheit selbst, die dem Schreiber der Apokalypse alles das offenbart, was sich dann in diesem abschließenden Teil des Neuen Testaments an Zukunftsvisionen findet. Was aber bedeutet das im Hinblick auf den zukünftigen Umgang mit der Zeit?

Der Leser könnte an dieser abschließenden Stelle auch fragen: Ja was hast Du als Autor denn nun selbst für eine Auffassung von der Zeit? Was ist denn nun die Zeit Deinem Verständnis nach angesichts alles dessen, was Du uns über Rudolf Steiners Verständnis der Zeit gezeigt hast? Wie lautet Dein persönliches Fazit?

Zeit ist, wie ich in den gewählten Auszügen aus dem Werk Rudolf Steiners gezeigt habe, in seinem Verständnis ein Ausdruck der Ich-Natur des Menschen. Das Ich lebt als Seele in den drei Gliedern des menschlichen Organismus in verschiedenen Zeitströmungen, in einer aufbauenden Strömung im unteren Menschen, in einer abbauenden Strömung im oberen Menschen und in einer die beiden vermittelnden Tätigkeit im mittleren Menschen. Meditativ erfahrbar drückt sich das aus in den Worten:

> «Menschenseele!
> Du lebest in dem Herzens-Lungen-Schlage,
> Der dich durch den Zeitenrhythmus
> Ins eigene Seelenwesensfühlen leitet: ...»

Auf einen Satz gebracht könnte man daher auch sagen: *Die Zeit, das ist der Atem des Ich.* Dieser wird erfahrbar mit jedem Atemzug, den wir seelisch zwischen Wahrnehmen (Einatmen) und Denken (Ausatmen) vollziehen. Er wird wahrnehmbar in dem Wechsel von Schlafen und Wachen und schließlich in dem Wechsel zwischen Leben im Irdischen und Leben im Nachtodlichen bzw. Vorgeburtlichen.

Ein Bewusstsein haben wir dabei zunächst nur von dem ersten Rhythmus, die beiden anderen werden erst durch geistige Schulung zugänglich. Diese Schulung wendet sich dabei auch den Rhythmen in der Natur zu, wie sie vor allem im Jahreskreislauf der Erde zum Ausdruck kommen, die ihrerseits in einem makrokosmischen Rhythmus lebt.

Zeit wird daher am intensivsten im meditativen Erleben solcher Rhythmen, die ich einerseits äußerlich wahrnehmbar in der Natur, gleichzeitig aber innerlich seelisch in mir erleben kann, erfahrbar.[215]

Das entsprechende Motiv aus dem Grundsteinspruch lautet dazu:

> «Übe Geist-Besinnen
> Im Seelengleichgewichte,
> Wo die wogenden
> Welten-Werde-Taten
> Das eigne Ich
> Dem Welten-Ich
> Vereinen; …»

Es geht dabei also vor allem um das hier angesprochene Seelengleichgewicht. Worin aber kommt dieses zum Ausdruck?

Im täglichen Leben bedeutet dies zuerst, die Mitte zu halten zwischen Wahrgenommenem und Gedachtem. Was nehme ich denn überhaupt wahr, und wie genau nehme ich es wahr? Und wie reagiert mein Denken darauf: voller Vorurteile oder unvoreingenommen und offen?

Dann geht es um den Tages-Nacht-Rhythmus, der in der Meditation und täglichen Rückschau vertieft werden kann, beides wiederum im Gleichgewicht.

Drittens kann der Jahreslauf in der Meditation der Wochensprüche des *Seelenkalenders* erfahrbar und von Woche zu Woche seelisch erlebt werden. Dabei kann die Erfahrung sich einstellen, dass das seelische Leben, je länger man mit dem *Seelenkalender* arbeitet, mehr und mehr eins wird mit den Erscheinungen des Jahreslaufes.

Und viertens kann der eigene Lebenslauf selbst, je älter man wird, mehr und mehr in seiner Gestalt erlebbar werden, imaginativ schließlich sogar als Lebenspanorama, indem man sich selbst wie aus höherer Warte im Irdischen wie in einem Kleid erfährt, das man angezogen hat, um dem eigenen Wesen Ausdruck zu verleihen – zeitlichen Ausdruck in Form eines Erdenlebens.

Alles Zeiterleben aber soll schließlich hinführen zu dem eigentlichen Wesen der Zeit, das in dem betreffenden Rhythmus der Grundsteinmeditation zum Ausdruck kommt:

> «Du lebest in dem Herzens-Lungen-Schlage
>
> Denn es waltet der Christus-Wille im Umkreis
> In den Weltenrhythmen Seelen-begnadend.»

Das heißt, es bleibt letztlich auch eine Gnade, ob das Wesen der Zeit wirklich erfahrbar wird. Was bedeutet dies aber kulturell und gesellschaftlich gesehen, und wie kann ein neues Zeitbewusstsein real unter den Menschen entstehen?

Die Ursache der als apokalyptisch erfahrenen Krise, die die Menschheit seit etwa hundert Jahren erlebt, haben wir in einem fehlenden Verständnis für das eigentliche Wesen der Zeit ausgemacht. Weil die Zeit als etwas Abstraktes, nicht mit dem Menschen in Zusammenhang Stehendes gedacht wird, verliert die Zeit ihren Bezugspunkt, ihren Halt, und gerät dadurch aus den Fugen, was wir in der immer mehr zunehmenden Beschleunigung der Zeit erleben.[216]

Wird die Zeit jedoch erlebt als Ausdruck der Wesenserscheinung eines Unvergänglichen, des Ich, das mit dem Tod nur aus einem Bereich der Zeit, nämlich dem des Werdens und Vergehens, in den anderen Bereich, den der Dauer, wechselt, dann verwandelt sich die Zeit mehr und mehr zu einem rhythmischen Phänomen.

Somit wird das Erleben des eigenen Lebens als in einem Rhythmus sich entfaltendes Phänomen zu einer Aufgabe. Nicht nur der Rhythmus von Tag und Nacht, die Rhythmen des Jahreslaufes, auch die Rhythmen des menschlichen Lebenslaufes selber müssen bewusst erfahrbar gemacht werden. Das Leben nicht als zielloser Ablauf von sich überstürzenden Ereignissen, auch nicht als Verweilen in sinnloser Dauer, sondern als bewusstes Bezugnehmen von Lebensabschnitten zueinander wird zu einer Bewusstseinsaufgabe. Geburt und Tod werden dadurch als Tore erfahrbar, zwischen denen ein sinnerfülltes Dasein, in Beziehung zu der ewigen Wesenheit des eigenen Ich, als rhythmisches Geschehen sich entfalten kann. Statt als leere, abstrakte Hülle wird die Zeit als *erfüllte Zeit* erlebt. So etwa könnte ein vorläufiges Fazit im Hinblick auf ein zukünftiges Zeitbewusstsein aussehen.

Damit schließen wir die Betrachtungen zum Verständnis der Zeit im Werk Rudolf Steiners in der Hoffnung ab, dass dem Leser durch das Studium der von uns zusammengestellten und kommentierten Textstellen aus dem Steiner'schen Werk ein neues Verständnis der Zeit und damit auch genügend Anregungen für den eigenen, übenden Umgang mit der Zeit gegeben werden konnten.

Anmerkungen

1 *Beiträge zur Rudolf Steiner Gesamtausgabe*, 49/50, Ostern 1975, S. 25.
2 *Beiträge zur Rudolf Steiner Gesamtausgabe*, 49/50.
3 *Rudolf Steiner – Eine Biographie*, Stuttgart 1997.
4 Peter Selg, *Vom Logos menschlicher Physis – Die Entfaltung einer anthroposophischen Humanphysiologie im Werk Rudolf Steiners*, Dornach 2006.
5 Vgl. Hartmut Rosa, *Beschleunigung. Die Veränderung der Zeitstrukturen in der Moderne*, Frankfurt/M. 2005.
6 Notizbucheintrag zum autobiografischen Vortrag vom 4.2.1913, veröffentlicht in *Beiträge zur Rudolf Steiner Gesamtausgabe*, 49/50.
7 *Beiträge*, 83/84, S. 18, Hervorhebungen durch den Autor.
8 Vgl. dazu Hella Wiesbergers Aufsatz zur Zeiterkenntnis Steiners in *Beiträge* 49/50, S. 21 f.
9 Vortrag vom 12.5.1917, noch nicht in der Gesamtausgabe enthalten.
10 *Beiträge*, 49/50, S. 25.
11 GA 28, S. 64 ff.
12 *Beiträge*, 49/50, S. 25.
13 GA 2, S. 103 f.
14 GA 2, S. 9 ff.
15 Vortrag vom 11.6.1917, *Beiträge* 63, S. 12.
16 GA 1, S. 271 ff.
17 Vortrag vom 14.6.1923, in GA 258.
18 Vortrag vom 14.6.1923, in GA 258, S. 100.
19 Vortrag vom 19.2.1906, GA 94, S.198.
20 Vortrag vom 23.8.1906, GA 95, S. 22.
21 Vortrag vom 27.12.1907, GA 101, S. 224.
22 Vortrag vom 26.1.1909, GA 107, S. 222.
23 Vortrag vom 25.3.1910, GA 119, S. 139 ff.
24 Vortrag vom 27.8.1923, GA 227, S. 209 ff.
25 Vortrag vom 15.4.1918, in GA 67, S. 272 f.
26 Vortrag vom 14.1.1921, in GA 73a, S. 292 ff.
27 Vortrag vom 11.4.1922, in GA 82, S. 172 ff.
28 Vortrag 15.4.1918, GA 67, S. 272.
29 Vortrag 14.1.1921, in GA 73a, S. 292.

30 GA 4, S. 146 f.
31 Vortrag vom 14.1.1921, in GA 73a, S. 293.
32 Vortrag vom 14.1.1921, in Ga 73a, S. 298.
33 Vortrag vom 11.4.1922, in GA 82, S. 183 f.
34 GA 10, S. 212.
35 GA 10, S. 213.
36 GA 13, S. 319 f.
37 GA 13, S. 325.
38 GA 10, S. 26 f.
39 GA 10, S. 31.
40 GA 13, S. 338 f.
41 GA 16, S. 62 ff.
42 Vortrag vom 27.8.1923, in GA 227, S. 209 f.
43 GA 10, S. 213.
44 GA 28, S. 366.
45 Vortrag vom 23.11.1919, in GA 194, S. 55 ff.
46 GA 34, S. 600 ff.
47 Vortrag vom 21.5.1907, in GA 284, S. 70.
48 Vortrag vom 24.8.1923, in GA 284, S. 16 ff.
49 GA 284, a.a.O.
50 GA 284, S. 95.
51 GA 284, a.a.O.
52 GA 13, S. 78.
53 GA 13, S. 217 f.
54 Vortrag vom 30.8.1906, in GA 95, S. 83 ff.
55 Vgl. GA 115 und GA 45.
56 Vortrag vom 23.10.1909, in GA 115, S. 15 ff.
57 Vortrag vom 23.10.1909, in GA 115, S. 22 ff.
58 Vortrag vom 28.3.1911, in GA 128, S. 184.
59 GA 21, S. 32.
60 *Beiträge*, 49/50, S. 25.
61 In: *Pacific Philosophical Quarterly*, Bd. 64, Nr. 4, Oktober 1983.
62 In dem von Davies und Humphreys herausgegebenen Sammelband *Consciousness: Psychological and Philosophical Essays*, Oxford 1993.
63 Vgl. Eckart Förster, «Die Wissenschaftlichkeit der Anthroposophie. Anmerkungen zu Rudolf Steiners ‹Bologna-Vortrag›», in *Die Drei*, Juni 2011, S. 27 ff.
64 Vgl. Rudolf Steiner, GA 128, Dornach ³1988.
65 GA 35, S. 139.
66 GA 35, S. 142.

67 GA 35, S. 142 f.
68 Vortrag vom 7.2.1918, in GA 67, S. 51 f.
69 Hierbei stützte sich Rudolf Steiner vor allem auf den Philosophen und Seelenforscher Franz Brentano (1838–1917), dessen Schriften er stets genauestens studierte und deren ungelöste Fragen oder Widersprüche mit zu den wichtigsten Anregungen Rudolf Steiners überhaupt gehörten. Auf die Beziehung Rudolf Steiners zu Franz Brentano einzugehen, wäre in unserem Zusammenhang äußerst reizvoll. Das aber würde einen eigenen Aufsatz erfordern und kann daher hier nicht weiter vertieft werden.
70 GA 4, S. 76 f.
71 Vortrag vom 23.3.1911, GA 128, S. 87.
72 Ebd., S. 107 ff.
73 Vortrag vom 28.3.1911, a.a.O. Zur Ätherisation des Blutes und der Bewusstseinsbildung äußerte sich Steiner im selben Jahr noch zweimal, in den Vorträgen vom 25. und 26.8. in GA 129 und am 1.10. in GA 130. Vgl. dazu unsere späteren Ausführungen im sechsten Abschnitt des vierten Teiles. Weitere Hinweise bei Peter Selg, *Vom Logos menschlicher Physis*, Dornach 2000.
74 Vortrag vom 4.11.1910, in GA 115, S. 186 ff.
75 A.a.O., S. 191 f.
76 A.a.O., S. 196 ff.
77 A.a.O., S. 201 ff.
78 A.a.O., S. 206.
79 GA 26, S. 19 f.
80 GA 21, Dornach 1983, S. 158. Hervorhebung von Rudolf Steiner.
81 Ebd., S. 152.
82 Vortrag vom 6.5.1918 in GA 271, Dornach 1985, S. 158 f.
83 Vortrag vom 1.6.1918, a.a.O., S. 177 f.
84 In dem Vortrag vom 6.5.1918 deutet Rudolf Steiner einige seiner Forschungsmethoden an.
85 Anfang 2011 erschien im Verlag Freies Geistesleben *Der hörende Mensch und die Wirklichkeit der Musik* von Armin J. Husemann. Mancher Leser, der sich nicht für Musik, für das Phänomen des Hörens und damit zusammenhängende Fragen interessiert, wird an dem äußerlich unscheinbaren Werk vorbeigehen. Aber das wäre ein Fehler, denn dieses Werk enthält nicht nur die beeindruckende Zusammenfassung einer an Rudolf Steiner anknüpfenden neunzigjährigen Forschungsarbeit, es enthält im Kern auch eine mögliche Lösung des von der Naturwissenschaft als unlösbar angesehenen Problems der Bewusstseinsforschung, der «Erklärungslücke».

Oben haben wir bereits die Grundlagen beschrieben, auf denen Armin Husemanns Forschungsarbeit beruht. Unmittelbar an die Angaben Rudolf

Steiners knüpften zunächst Eugen Kolisko und später dann Gisbert Husemann an. Der genaue Zusammenhang, den Steiner am Beispiel des Musikerlebens lediglich andeuten konnte, musste, um die Erklärungslücke wirklich zu schließen, nun erst erforscht werden. Die Ergebnisse dieser nochmals neunzigjährigen Forschungsarbeit sind in Husemanns Werk im Ansatz enthalten.

86 GA 21, S. 152.
87 Vortrag vom 1.6.1918, in GA 271, S. 177 f.
88 Vortrag vom 21.8.1919, in GA 293, S. 23 ff.
89 Vortrag vom 22.4.1920, in GA 301, S. 51 ff.
90 Vortrag vom 23.4.1920, in GA 201, S. 104 ff.
91 Vgl. dazu das Standardwerk der neurobiologischen Gedächtnisforschung von Larry R. Squire und Eric R. Kandel, *Gedächtnis. Die Natur des Erinnerns*, Heidelberg 2009.
92 Vortrag vom 4.12.1922, in GA 218, S. 272.
93 Vortrag vom 5.11.1917, in GA 73, S. 40 f.
94 Vortrag vom 7.11.1917, in GA 73, S. 106 f.
95 Vortrag vom 31.3.1917, in GA 66, S. 246 f.
96 Vortrag vom 2.2.1924, in GA 234, S. 87 ff.
97 Vortrag vom 4.6.1924, in GA 236, S. 237 ff.
98 Vortrag vom 1.9.1918, in GA 183, S. 149 ff.
99 Vortrag vom 2.9.1918, in GA 183, S. 160 ff.
100 Vortrag vom 7.9.1918, in GA 184, S. 31 ff.
101 Vortrag vom 8.9.1918, in GA 184, S. 51 ff.
102 A.a.O., S. 71 ff.
103 GA 1, S. 272 ff.
104 Vortrag vom 19.12.1915, in GA 165, S. 19 ff.
105 Vortrag vom 25.8.1918, in GA 183, S. 75 ff.
106 Vortrag vom 14.9.1918, in GA 184, S. 104 ff.
107 Vortrag vom 15.9.1918, in GA 184, S. 122 ff.
108 A.a.O., S. 137 ff.
109 Vortrag vom 20.9.1918, in GA 184, S. 153 ff.
110 Vortrag vom 21.9.1918, in GA 184, S. 157 ff.
111 Vortrag vom 4.10.1918, in GA 184, S. 196 ff.
112 Ga 1, S. 272 f.
113 Vortrag vom 12.10.1918, in GA 184, S. 290 ff.
114 A.a.O., S. 295 ff.
115 GA 17, S. 31 ff.
116 A.a.O., S. 39 ff.
117 Vortrag vom 23.11.1921, in GA 304, S. 137 ff.

118 Vortrag vom 25.8.1923, in GA 227, S. 181 f.
119 Vortrag vom 20.1.1924, in GA 234, S. 36 ff.
120 Der Autor hat in seinem Buch *Die Evolution von Gedächtnis und Erinnerung – Lesen in der Akasha-Chronik*, Stuttgart 2008, dieses Thema ausführlich behandelt. Außerdem hat er die diesbezüglichen Aussagen Rudolf Steiners in einem Themenband umfänglich zusammengestellt. Dieser ist unter dem Titel *Lesen in der Akasha-Chronik* im Rudolf Steiner Verlag erschienen (Dornach 2008). Es wird deshalb hier darauf verzichtet, die diesbezüglichen Aussagen Rudolf Steiners erneut aufzuführen. Hier mögen daher nur einige Beispiele genügen.
121 Vortrag vom 30.3.1910, in GA 119, S. 238 ff.
122 Vortrag vom 4.6.1924, in GA 236, S. 249.
123 GA 119, S. 244 f. Die vierte Dimension ist ebenso wie das Thema der Akasha-Chronik ein umfängliches Gebiet im Gesamtwerk Rudolf Steiners, das wir in unserem Zusammenhang hier nur streifen können. Es gibt einen ganzen Band der GA (GA 324a), der sich ausschließlich mit diesem Thema, über das Steiner bereits 1908 mehrfach ausführlich vorgetragen hat, befasst. Außerdem ist dazu auch ein Heft der *Beiträge zur Rudolf Steiner Gesamtausgabe* erschienen (Nr. 114/115). Wer sich für diese schwierigen mathematischen Fragen interessiert, sei auf diese Veröffentlichungen verwiesen.
124 Vortrag vom 20.1.1924, in GA 234, S. 40.
125 Wir kommen auf diese Frage im 2. Kapitel des vierten Teils wieder zurück.
126 Vortrag vom 8.9.1918, in GA 184, S. 72.
127 Dass diese Stufe der Entwicklung im Buddhismus als die Stufe eines Bodhisattvas bezeichnet wird, hatten wir ebenfalls im ersten Teil bei Besprechung des rosenkreuzerischen Einweihungsweges schon erwähnt.
128 Im oben zitierten Vortrag vom 4.6.1924.
129 GA 10, S. 204 ff.
130 Vgl. oben S. 177 ff.
131 Vortrag vom 31.10.1911, in GA 132, S. 9 ff.
132 Seite 351 f.
133 Dieser scheinbare Widerspruch löst sich auf, wenn man folgende Stelle aus dem Aufsatz «Die erste Anlage des physischen Menschenleibes» aus dem Buch *Die Schwelle der geistigen Welt* von 1913 (GA 17) hinzuzieht. Dort wird der Saturnzustand ähnlich wie in der *Geheimwissenschaft* beschrieben, eben als der Zustand, in dem die erste Anlage des physischen Leibes gebildet wurde. Die andere Perspektive, in der dieser Zustand mit dem Ich in Verbindung gesetzt wird, ergibt sich dadurch, dass Steiner gleichzeitig beschreibt, und das muss man eben unterscheiden können, wodurch sich dieser Zustand erkennen und erleben lässt, und das ist eben nur das geis-

tigste Wesensglied des Menschen, das Ich. Die Saturnumgebung entspricht in ihrer absoluten reinen Geistigkeit unserem Wesenskern, dem Ich. Die Saturnumgebung hat sozusagen nur Ich-Charakter, da ist noch nichts anderes gegeben. Er nennt diese Erlebenssphäre daher auch die «übergeistige Welt». Sie lässt sich nur mit dem Ich erleben. Entstanden ist unser Ich jedoch erst im Erdenzustand. Das muss man eben unterscheiden. Ich zitiere die Stelle aus dem Aufsatz zur Verdeutlichung: «Der physische Leib des Menschen erfordert zu seinem Verständnis noch einer anderen Betätigung des menschlichen Bewusstseins. Zunächst erscheint er wie ein äußerer Abdruck des ätherischen Leibes. Der genauen Betrachtung ergibt sich aber, dass der Mensch im Sinnessein niemals zu einer vollen Entfaltung seiner Wesenheit kommen könnte, wenn der physische Leib nichts anderes wäre als nur die sinnlich-physische Offenbarung des ätherischen Leibes. Es würde, wenn dies der Fall wäre, ein bestimmtes Wollen, Fühlen und Denken des Menschen zustande kommen, nicht aber könnte das Denken, Fühlen und Wollen so zusammengefasst werden, dass in der Seele des Menschen das Bewusstsein entsteht, das sich im ‹Ich-Erlebnis› ausdrückt. Dies zeigt sich ganz besonders klar, wenn sich das Bewusstsein zu der Eigenschaft des Geistschauens hin entwickelt. Für den Menschen kann dieses Ich-Erlebnis zuerst nur in der Sinneswelt eintreten, wenn er von seinem physisch-sinnlichen Leib umhüllt ist. Von da aus kann er es dann in die elementarische Welt und in die geistige Welt hineintragen und seinen ätherischen und astralischen Leib damit durchdringen. Der Mensch hat eben einen ätherischen und astralischen Leib, in welchen sich das Ich-Erlebnis zunächst nicht bildet. Er hat einen physisch-sinnlichen Leib, in dem dieses Erlebnis auftreten kann. Wenn nun der physisch-sinnliche Menschenleib von der geistigen Welt aus betrachtet wird, so zeigt sich, dass in ihm etwas Wesenhaftes vorhanden ist, was selbst von dieser geistigen Welt aus sich nicht völlig in seiner Wahrheit offenbart. Betritt das Bewusstsein als hellsichtiges die geistige Welt, so lebt sich die Seele in die Welt der Gedanken-Wesenhaftigkeit ein; allein das Ich-Erlebnis, wie es durch entsprechend verstärkte Seelenkraft in diese Welt hineingetragen werden kann, ist nicht bloß aus Weltgedanken gewoben; es fühlt in der Welt der Weltgedanken noch nicht dasjenige, welches in dem Umkreis ein Gleiches mit der eigenen Wesenheit zeigt. Die Seele muss, um solches zu fühlen, den Weg in das Übersinnliche noch weiter fortsetzen. Sie muss zu Erlebnissen kommen, in welchen sie auch von Gedanken verlassen ist, sodass alle Sinneserlebnisse und auch alle Erlebnisse des Denkens, Fühlens und Wollens gewissermaßen auf ihrem Wege in das Übersinnliche hinter ihr liegen. Dadurch erst fühlt sie sich dann eins mit einer Wesenhaftigkeit, die so der Welt zugrunde liegt, dass sie allem vorangeht, was der

Mensch als Sinnes-, als ätherisches, als astralisches Wesen beobachten kann. Der Mensch erfühlt sich dann in einem noch höheren Gebiete, als die ihm schon vorher bekannte geistige Welt eines ist. Es soll diese Welt, in welcher sich nur das ‹Ich› erleben kann, die übergeistige Welt genannt werden. Von dieser Welt aus erscheint auch das Gebiet der Gedanken-Wesenhaftigkeit noch als eine äußere Welt. Ist das übersinnliche Bewusstsein in diese Welt versetzt, so macht es eine Erfahrung, welche etwa in der folgenden Art sich charakterisieren lässt. Man gelangt zu dieser Charakteristik, wenn man den Weg des übersinnlichen Bewusstseins durch die verschiedenen Stufen hindurch verfolgt. Erfühlt sich die Seele in ihrem ätherischen Leibe und sind die elementarischen Vorgänge und Wesenheiten ihre Umwelt, so weiß sie sich außer dem physischen Leibe; aber dieser physische Leib bleibt als Wesenheit vorhanden, obwohl er, von außen gesehen, sich verwandelt zeigt. Er löst sich vor dem Geistesblick gewissermaßen auf in einen Teil, der als der Ausdruck von Taten geistiger Wesenheiten sich darstellt, welche vom Beginne des Erdenseins bis zur Gegenwart wirksam waren, und in einen anderen Teil, welcher der Ausdruck ist für etwas, das schon während des alten Mondenzustandes der Erde vorhanden war. So bleibt es, solange das Bewusstsein sich nur in der elementarischen Welt erlebt. Es kann in dieser Welt das Bewusstsein gewahr werden, wie der Mensch als physisches Wesen während des alten Mondenzustandes gebildet war. Betritt das Bewusstsein die geistige Welt, so löst sich von dem physischen Leibe wieder ein Teil ab. Es ist derjenige, welcher während des Mondenzustandes durch die Taten geistiger Wesenheiten gebildet worden ist. Aber es bleibt ein anderer Teil zurück. Es ist derjenige, welcher schon während des Sonnenzustandes der Erde als die damalige physische Wesenheit des Menschen vorhanden war. Doch bleibt auch von dieser physischen Wesenheit noch etwas zurück, wenn alles vom Gesichtspunkte der geistigen Welt aus in Betracht gezogen werden kann, was während der Sonnenzeit durch Taten geistiger Wesenheiten geschehen ist. Was da noch zurückbleibt, offenbart sich erst als die Tat geistiger Wesenheiten von der übergeistigen Welt aus. Es offenbart sich als schon vorhanden im Beginne der Sonnenzeit. Man muss zu einem Zustande der Erde vor ihrer Sonnenzeit zurückgehen. In meiner *Geheimwissenschaft* versuchte ich zu rechtfertigen, warum man diesen Zustand des Erdenseins den ‹Saturnzustand› der Erde nennen kann. Die Erde war in diesem Sinne ‹Saturn›, bevor sie Sonne geworden ist. Und während dieses Saturnzustandes ist die erste Anlage des physischen Menschenleibes aus dem allgemeinen Weltprozesse heraus durch die Taten geistiger Wesenheiten entstanden. Diese Anlage hat sich dann während der folgenden Sonnen-, Monden- und Erdenzeit so umgebildet durch die hinzutretenden Taten anderer geistiger

Wesenheiten, dass der gegenwärtige physische Menschenleib geworden ist.» (GA 17, S. 84 ff.)
134 GA 132, S. 12 ff.
135 Vortrag vom 7.11.1911, in GA 132, S. 25 f.
136 A.a.O., S. 36.
137 Vortrag vom 4.6.1924, in GA 236, S. 245 f.
138 GA 132, S. 37.
139 Vortrag vom 14.11.1911, in GA 132, S. 48 ff.
140 Ebd.
141 Ebd.
142 Vortrag vom 4.6.1924, in GA 236, S. 246 f.
143 Dass es Luzifer war, der den Menschen zum materiellen Dasein auf der Erde verlockte, kann als Widerspruch zu allen sonstigen Charakterisierungen Luzifers als die dem Bereich der Dauer, der Ewigkeit zuneigende Macht gesehen werden. Dieser Widerspruch löst sich aber auf, wenn man versteht, dass Luzifer von den göttlichen Mächten, den Geistern der Form, die den Menschen leiten, gewissermaßen abgesandt wurde, um den «Sündenfall» zu ermöglichen. Luzifers eigentliche Tendenz ist es daher, den Menschen abzusondern, zum Eigensein zu verführen. Ein solches Eigensein besteht aber allem Irdischen gegenüber darin, sich diesem wieder zu entziehen und in den Bereich der Dauer zurückzukehren. Daher erscheint Luzifers Wirksamkeit vom Irdischen aus gesehen umgekehrt wie vom Bereich des Überirdischen, des Paradieses aus.
144 Vortrag vom 7.11.1911, in GA 132, S. 25 f.
145 Dass Luzifer ein «Bruder» Christi und mit ihm der Sonne zugehörig ist, darauf weist Rudolf Steiner in dem Vortragszyklus *Der Orient im Lichte des Okzidents – Die Kinder des Luzifer und die Brüder Christi* (GA 113) deutlich hin. Darauf kann in unserem Zusammenhang aber nicht weiter eingegangen werden. Der interessierte Leser möge die diesbezüglichen Vorträge im Original nachlesen.
146 Zum Verständnis der Wirksamkeit Luzifers vgl. Anmerkung 143.
147 GA 10, S. 213 f.
148 Siehe dazu den Vortrag vom 17.6.1909, in GA 107, den wir weiter unten noch ausführlich besprechen werden.
149 Siehe dazu den Zyklus *Die Apokalypse des Johannes*, GA 104.
150 Vortrag vom 21.11.1911, GA 132, S. 69 ff.
151 Rudolf Steiner hat diese Ich-Dimension in seiner Holzplastik, dem «Menschheitsrepräsentanten» in künstlerischer Form am deutlichsten zum Ausdruck gebracht.
152 Vortrag vom 17.6.1909, in GA 107, S. 317 ff.

153 Ebd.
154 Ebd.
155 Ebd.
156 Ebd.
157 Ebd.
158 Vortrag vom 4.6.1924, in GA 236, S. 246 f.
159 Vortrag vom 2.7.1921, in GA 205, S. 104 ff.
160 Vortrag vom 26.5.1922, in GA 212, S. 123 ff.
161 Vortrag vom 31.12.1922, in GA 219, S. 183 ff.
162 Vortrag vom 1.6.1913, in GA 146, S. 82 f.
163 Vortrag vom 31.10.1911, in GA 132, S. 20 f.
164 Vgl. dazu die Monografie von Bernd Roßlenbroich: *Die rhythmische Organisation des Menschen. Aus der chronobiologischen Forschung*, Stuttgart 1994.
165 Zum Beispiel im Zusammenhang mit dem Erscheinen des Buches von Dankmar Bosse: *Die gemeinsame Evolution von Erde und Mensch: Entwurf einer Geologie und Paläontologie der lebendigen Erde*, Stuttgart 2002. Vgl. dazu auch den zum Thema grundlegenden Sammelband: *Was ist Zeit? Die Welt zwischen Wesen und Erscheinung*, hrsg. von Wolfgang Schad, 3. Auflage Stuttgart 2014.
166 Vgl. zu diesem Aspekt das kulturkritische Werk Hartmut Rosas, *Beschleunigung. Die Veränderung der Zeitstrukturen in der Moderne*, Frankfurt/M. 2005.
167 Vgl. das Schema der Erdentwicklung von 29.10.1904 in GA 93a, S. 264 f. Wobei Steiner hier allerdings keinerlei zeitliche Angaben macht.
168 Konferenz vom 26.9.1919, in GA 300a, S. 107.
169 Diesbezügliche konkrete Aussagen Rudolf Steiners sind dem Autor allerdings nicht bekannt.
170 Siehe hierzu Friedrich A. Kipp, *Die Evolution des Menschen im Hinblick auf seine lange Jugendzeit*, Stuttgart ²1991.
171 Vortrag vom 5.12.1912, GA 62, S. 156-158 und 164 ff.
172 Ebd., S. 167 f.
173 Ebd. S. 168 ff.
174 Vortrag vom 25.8.1909, in GA 113, S. 61 ff.
175 Vortrag vom 26.8.1909, in GA 113, S. 77 ff.
176 Vortrag vom 25.8.1911, GA 129, S. 166 ff.
177 Ebd. S. 170 f.
178 Vortrag vom 1.6.1914, in GA 152, S. 152 ff.
179 Vgl. dazu die zweibändige Monografie von Wolfgang Schad: *Säugetiere und Mensch. Ihre Gestaltbiologie in Raum und Zeit*, Stuttgart 2012. Vgl. außer-

dem die zweibändige Dokumentation *Vom Logos menschlicher Physis* von Peter Selg, Dornach 2000. Vgl. außerdem Steiners Vorträge vom 20. bis 22. November 1914 über *Die Welt als Ergebnis von Gleichgewichtswirkungen* in GA 158, in denen die Wirksamkeit Luzifers und Ahrimans im menschlichen Organismus bis ins Detail dargestellt wird.

180 Ansprache am 25.12.1923, in GA 260, S. 67 f.

181 Ansprache am 1.1.1924, a.a.O., S. 255.

182 25.12.1923, a.a.O., S. 62.

183 Vortrag vom 29.3.1923, in GA 281, S. 148 f.

184 Vortrag vom 8.3.1923, in GA 283, S. 140.

185 Vortrag vom 9.7.1921, in GA 205, S. 160 ff.

186 Vortrag vom 13.2.1917, in GA 175, S. 43 ff. Für das weitere Studium des Zusammenhanges von Zeit und Rhythmus sei auf das diesbezüglich grundlegende Werk von Wilhelm Hoerner hingewiesen: *Zeit und Rhythmus. Die Ordnungsgesetze der Erde und des Menschen*, Stuttgart ⁵2006.

187 Die Bedeutung der Zeitdynamik für die Evolution der Menschheit wird gegenwärtig besonders im Werk von Hartmut Rosa deutlich, auf das hier nochmals hingewiesen werden soll. Vgl. dazu Hartmut Rosa, *Beschleunigung. Die Veränderung der Zeitstrukturen in der Moderne*, Frankfurt/M. 2005. Allerdings widerspricht z.B. der Kulturphilosoph Byung-Chul Han Rosas Anschauung. Er sieht das Problem der Beschleunigung in Zusammenhang mit dem Verlust eines Bezuges zum Dauernden, vor allem aber zu der Tatsache des Todes. Eine Kultur, die den Tod nicht als Grenze akzeptiert, verliert ihren Bezugspunkt. Zeit werde mithin richtungslos. Ihr fehlt der Halt. In dieser Richtungslosigkeit läge die Ursache der Beschleunigung. Vgl. Byung-Chul Han, *Duft der Zeit. Ein philosophischer Essay zur Kunst des Verweilens*, Bielefeld 2009.

188 GA 293, S. 25 f.

189 Vortrag vom 8.3.1922, in GA 81, S. 90 f.

190 Ansprache vom 9.4.1921, in GA 277, S. 217 f. Vgl. dazu auch Hedwig Greiner-Vogel, *Die Wiedergeburt der Poetik aus dem Geist der Eurythmie*, Dornach 1999.

191 Zur Bedeutung der Sprache und ihrer künstlerischen Gestaltung vgl. GA 280, 281 und 282. Vgl. dazu Wilfried Hammacher, *Die Grundelemente der Sprachgestaltung und der Schauspielkunst nach Rudolf Steiner*, Dornach 2005.

192 Vortrag vom 1.6.1922, in GA 83, S. 34 ff.

193 Dabei denken wir vor allem an die vier Mysteriendramen und den Bau des ersten Goetheanums in den Jahren 1910–1914.

194 Die weite Verbreitung zu Lebzeiten rührte vor allem daher, dass Emil Molt

den Seelenkalender in Form einer kleinen Broschüre in 50.000 Zigarettenschachteln beilegen ließ, die am Ende des Ersten Weltkrieges den Soldaten an der Front zugeteilt wurden. Später wurde der Seelenkalender noch von Rudolf Steiner selbst in Buchform veröffentlicht, die einzige Veröffentlichung einer mantrischen Dichtung von seiner Hand.

195 GA 40, S. 21 f.
196 Vortrag vom 23.4.1912, in GA 133, S. 61 f.
197 Vgl. dazu oben die Abschnitte 2, 3 und 4 des vierten Teils.
198 Vortrag vom 23.4.1912, GA 133, S. 62 f.
199 Vortrag vom 31.3.1923, in GA 223, S. 22 ff.
200 Zu allen hier angesprochenen Aspekten ließen sich zahllose weitere Zitate anführen. Dies muss jedoch dem eigenen weiteren Studium überlassen bleiben. Genannt seien hierzu die Bände 223, 224 und 229 der Gesamtausgabe, in denen Steiner das Miterleben des Jahreslaufes ausführlich beschrieben und angeregt hat.
201 GA 26, S. 221 f.
202 Vgl. dazu, Rudolf Steiner, *Das Leben nach dem Tod*, hrsg. v. Frank Teichmann, Stuttgart ⁶2011 und Rudolf Steiner, *Leben nach dem Tod*, hrsg. v. Hans Stauffer, Dornach 2008.
203 Vortrag vom 3.12.1916, in GA 168, S. 203 ff.
204 Vgl. in diesem Zusammenhang Christoph J. Hueck, *Evolution im Doppelstrom der Zeit. Die Erweiterung der naturwissenschaftlichen Entwicklungslehre durch die Selbstanschauung des Erkennens*, Dornach 2012.
205 Vgl. dazu die beiden Publikationen des Autors: Andreas Neider, *Der Mensch zwischen Über- und Unternatur. Das Erwachen des Bewusstseins im Ätherischen und die Gefährdung der freien Kräfte*, Stuttgart 2012 sowie *Michael und die Apokalypse des 20. Jahrhunderts. Das Jahr 1913 im Lebensgang Rudolf Steiners*, Stuttgart 2013. Vgl. außerdem zur Schulung der Wahrnehmung des Ätherischen: Dorian Schmidt, *Lebenskräfte – Bildekräfte. Methodische Grundlagen zur Erforschung des Lebendigen*, Stuttgart 2011.
206 Vor allem in Vorträgen des Jahres 1917, in GA 177 und GA 178.
207 Vgl. Vortrag vom 9.10.1918 in GA 182.
208 A.a.O., S. 154.
209 Vgl. dazu den Aufsatz des Autors «Die historischen Wurzeln der ‹sexuellen Revolution›» in: *Liebe und Sexualität – Ihre Entwicklung und Gefährdung von der Kindheit bis zum Jugendalter*, hrsg. v. Andreas Neider, Stuttgart 2014.
210 Eine weitere Vertiefung in diese Thematik kann nicht Aufgabe dieser Untersuchung sein. Hingewiesen sei hierzu nur beispielhaft auf die Veröffentlichungen von Hannah Arendt, Viktor Frankl, Hans Jonas und vielen anderen.

211 Vortrag vom 25.11.1917, GA 178, S. 219. Siehe auch: *Der elektronische Doppelgänger,* hrsg. v. Andreas Neider, Dornach 2013, S. 135 f.
212 Vgl. dazu das bereits zitierte Werk des Autors: *Der Mensch zwischen Über- und Unternatur,* a.a.O.
213 Die Phänomene hat der Autor im Einzelnen in seinem Buch *Aufmerksamkeitsdefizite – Wie das Internet unser Bewusstsein korrumpiert und was wir dagegen tun können,* Stuttgart 2013, ausführlich dargestellt.
214 Vgl. dazu Byung-Chul Han, *Duft der Zeit,* a.a.O., und auch zahlreiche andere Publikationen, die demgegenüber auf ein neues Zeitbewusstsein hinzielen.
215 Auf den *Anthroposophischen Seelenkalender* haben wir in diesem Zusammenhang bereits in Abschnitt 7 des vierten Teils hingewiesen. Außerdem auf die beiden Auswahlbände aus Rudolf Steiners Angaben zu einem meditativen Leben: *Andacht und Achtsamkeit – Stufen des Wahrnehmens,* Basel 2014 und *Die Chakren – Sinnesorgane der Seele,* Basel 2015.
216 Vgl. dazu nochmals Byung-Chul Han, *Duft der Zeit,* a.a.O.

Literaturverzeichnis

Dankmar Bosse, *Die gemeinsame Evolution von Erde und Mensch: Entwurf einer Geologie und Paläontologie der lebendigen Erde*, Stuttgart 2002.
Consciousness: Psychological and Philosophical Essays, Oxford 1993.
Eckart Förster, «Die Wissenschaftlichkeit der Anthroposophie. Anmerkungen zu Rudolf Steiners ‹Bologna-Vortrag›», in *Die Drei*, Juni 2011.
Hedwig Greiner-Vogel, *Die Wiedergeburt der Poetik aus dem Geiste der Eurythmie*, Dornach 1999.
Wilfried Hammacher, *Die Grundelemente der Sprachgestaltung und Schauspielkunst nach Rudolf Steiner*, Dornach 2005.
Byung-Chul Han, *Duft der Zeit. Ein philosophischer Essay zur Kunst des Verweilens*, Bielefeld 2009.
Christoph J. Hueck, *Evolution im Doppelstrom der Zeit. Die Erweiterung der naturwissenschaftlichen Entwicklungslehre durch die Selbstanschauung des Erkennens*, Dornach 2012.
Armin J. Husemann, *Der hörende Mensch und die Wirklichkeit der Musik*, Stuttgart 2010.
Georg Kniebe (Hrsg.), *Was ist Zeit? Die Welt zwischen Wesen und Erscheinung*, Stuttgart 1993.
Christoph Lindenberg, *Rudolf Steiner – eine Biographie*, Stuttgart 1997.
Andreas Neider, *Die Evolution von Gedächtnis und Erinnerung – Lesen in der Akasha-Chronik*, Stuttgart 2008.
– *Der Mensch zwischen Über- und Unternatur. Das Erwachen des Bewusstseins im Ätherischen und die Gefährdung der freien Kräfte*, Stuttgart 2012.
– *Aufmerksamkeitsdefizite – Wie das Internet unser Bewusstsein korrumpiert und was wir dagegen tun können*, Stuttgart 2013.
– *Michael und die Apokalypse des 20. Jahrhunderts. Das Jahr 1913 im Lebensgang Rudolf Steiners*, Stuttgart 2013.
– «Die historischen Wurzeln der ‹sexuellen Revolution›» in: *Liebe und Sexualität – Ihre Entwicklung und Gefährdung von der Kindheit bis zum Jugendalter*, hrsg. v. Andreas Neider, Stuttgart 2014.
Pacific Philosophical Quarterly, Bd. 64, Nr. 4, Oktober 1983.
Hartmut Rosa, *Beschleunigung. Die Veränderung der Zeitstrukturen in der Moderne*, Frankfurt/M. 2005.

Bernd Roßlenbroich: *Die rhythmische Organisation des Menschen. Aus der chronobiologischen Forschung*, Stuttgart 1994.

Peter Selg, *Vom Logos menschlicher Physis – Die Entfaltung einer anthroposophischen Humanphysiologie im Werk Rudolf Steiners*, Dornach 2006.

Dorian Schmidt, *Lebenskräfte – Bildekräfte. Methodische Grundlagen zur Erforschung des Lebendigen*, Stuttgart 2011.

Larry R. Squire und Eric R. Kandel, *Gedächtnis. Die Natur des Erinnerns*, Heidelberg 2009.

Rudolf Steiner,
- *Andacht und Achtsamkeit – Stufen des Wahrnehmens*, Basel 2014.
- *Beiträge zur Rudolf Steiner Gesamtausgabe*, 49/50.
- *Beiträge zur Rudolf Steiner Gesamtausgabe* 63.
- *Beiträge zur Rudolf Steiner Gesamtausgabe* Nr. 114/115.
- *Das Leben nach dem Tod*, hrsg. v. Frank Teichmann, Stuttgart ^{6}2011.
- *Leben nach dem Tod*, hrsg. v. Hans Stauffer, Dornach 2008.
- *Der elektronische Doppelgänger*, hrsg. v. Andreas Neider, Dornach 2013.
- *Die Chakren – Sinnesorgane der Seele*, Basel 2015.
- *Einleitungen zu Goethes Naturwissenschaftlichen Schriften*, GA 1, Dornach ^{4}1987.
- *Grundlinien einer Erkenntnistheorie der Goetheschen Weltanschauung*, GA 2, Dornach ^{8}2003.
- *Die Philosophie der Freiheit*, GA 4, Dornach ^{16}1995.
- *Wie erlangt man Erkenntnisse der höheren Welten?*, GA 10, Dornach ^{24}1993.
- *Die Geheimwissenschaft im Umriss*, GA 13, Dornach ^{30}1989.
- *Ein Weg zur Selbsterkenntnis des Menschen*, GA 16, Dornach ^{8}2004.
- *Die Schwelle der geistigen Welt*, GA 17, Dornach ^{8}2009.
- *Von Seelenrätseln*, GA 21, Dornach ^{5}1983.
- *Anthroposophische Leitsätze*, GA 26, Dornach ^{10}1998.
- *Mein Lebensgang*, GA 28, Dornach ^{9}2000.
- *Lucifer-Gnosis*, GA 34, Dornach ^{2}1987.
- *Philosophie und Anthroposophie*, GA 35, Dornach ^{2}1984.
- *Anthroposophie – Ein Fragment*, GA 45, Dornach ^{5}2009.
- *Ergebnisse der Geistesforschung*, GA 62, Dornach ^{2}1988.
- *Geist und Stoff, Leben und Tod*, GA 66, Dornach ^{2}1988.
- *Das Ewige in der Menschenseele – Unsterblichkeit und Freiheit*, GA 67, Dornach ^{2}1992.
- *Fachwissenschaften und Anthroposophie*, GA 73a, Dornach 2005.
- *Erneuerungsimpulse für Kultur und Wissenschaft*, GA 81, Dornach 1994.
- *Damit der Mensch ganz Mensch werde*, GA 82, Dornach ^{2}1994.
- *Grundelemente der Esoterik*, GA 93a, Dornach ^{3}1987.

- *Kosmogonie*, GA 94, Dornach ²2001.
- *Vor dem Tore der Theosophie*, GA 95, Dornach ⁴1990.
- *Mythen und Sagen – Okkulte Zeichen und Symbole*, GA 101, Dornach ²1992.
- *Geisteswissenschaftliche Menschenkunde*, GA 107, Dornach ⁶2011.
- *Die Beantwortung von Welt- und Lebensfragen durch Anthroposophie*, GA 108, Dornach ²1986.
- *Der Orient im Lichte des Okzidents*, GA 113, Dornach ⁵1982.
- *Anthroposophie, Psychosophie, Pneumatosophie*, GA 115, Dornach ⁴2001.
- *Makrokosmos und Mikrokosmos*, GA 119, Dornach ³1988.
- *Eine okkulte Physiologie*, GA 128, Dornach ⁵1991.
- *Weltenwunder, Seelenprüfungen und Geistesoffenbarungen*, GA 129, Dornach ⁶1995.
- *Das esoterische Christentum und die geistige Führung der Menschheit*, GA 130, Dornach ⁴1995.
- *Die Evolution vom Gesichtspunkte des Wahrhaftigen*, GA 132, Dornach ⁷1999.
- *Der irdische und der kosmische Mensch*, GA 133, Dornach ⁴1989.
- *Die okkulten Grundlagen der Bhagavad Gita*, GA 146, Dornach ⁴1992.
- *Vorstufen zum Mysterium von Golgatha*, GA 152, Dornach ³1990.
- *Der Zusammenhang des Menschen mit der elementarischen Welt*, GA 158, Dornach ⁴1993.
- *Die geistige Vereinigung der Menschheit durch den Christus-Impuls*, GA 165, Dornach ³2006.
- *Die Verbindung zwischen Lebenden und Toten*, GA 168, Dornach ⁴1995.
- *Die spirituellen Hintergründe der äußeren Welt - Der Sturz der Geister der Finsternis*, GA 177, Dornach ⁵1999.
- *Individuelle Geistwesen und ihr Wirken in der Seele des Menschen*, GA 178, Dornach ⁴1992.
- *Der Tod als Lebenswandlung*, GA 182, Dornach ⁴1996.
- *Die Wissenschaft vom Werden des Menschen*, GA 183, Dornach ²1990.
- *Die Polarität von Dauer und Entwickelung im Menschenleben*, GA 184, Dornach ³2002.
- *Die Sendung Michaels*, GA 194, Dornach ⁴1994.
- *Entsprechungen zwischen Mikrokosmos und Makrokosmos*, GA 201, Dornach ²1987.
- *Menschenwerden, Weltenseele und Weltengeist*, GA 205, Dornach ²1987.
- *Menschliches Seelenleben und Geistesstreben*, GA 212, Dornach ²1998.
- *Geistige Zusammenhänge in der Gestaltung des menschlichen Organismus*, GA 218, Dornach ³1992.

- *Das Verhältnis der Sternenwelt zum Menschen und des Menschen zur Sternenwelt,* GA 219, Dornach ⁶1994.
- *Der Jahreskreislauf als Atmungsvorgang der Erde,* GA 223, Dornach ⁷1990.
- *Die menschliche Seele in ihrem Zusammenhang mit göttlich-geistigen Individualitäten,* GA 224, Dornach ³1992.
- *Initiations-Erkenntnis,* GA 227, Dornach ⁴2000.
- *Das Miterleben des Jahreslaufes in vier kosmischen Imaginationen,* GA 229, Dornach ⁸1999.
- *Anthroposophie – Eine Zusammenfassung nach einundzwanzig Jahren,* GA 234, Dornach ⁷2008.
- *Esoterische Betrachtungen karmischer Zusammenhänge.* 2. Band, GA 236, Dornach ⁶1988.
- *Die Geschichte und die Bedingungen der anthroposophischen Bewegung im Verhältnis zur Anthroposophischen Gesellschaft,* GA 258, Dornach ³1981.
- *Kunst und Kunsterkenntnis,* GA 271, Dornach ³1985.
- *Methodik und Wesen der Sprachgestaltung,* GA 280, Dornach ⁴1983.
- *Die Kunst der Rezitation und Deklamation,* GA 281, Dornach ³1987.
- *Das Wesen des Musikalischen und das Tonerlebnis im Menschen,* GA 283, Dornach ⁴1989.
- *Bilder okkulter Siegel und Säulen,* GA 284, Dornach ³1992.
- *Allgemeine Menschenkunde als Grundlage der Pädagogik,* GA 293, Dornach ⁹1992.
- *Konferenzen mit den Lehrern der Freien Waldorfschule in Stuttgart,* GA 300a, Dornach 1975.
- *Die Erneuerung der pädagogisch-didaktischen Kunst durch Geisteswissenschaft,* GA 301, Dornach ⁴1991.
- *Erziehungs- und Unterrichtsmethoden auf anthroposophischer Grundlage,* GA 304, Dornach 1979.
- *Die vierte Dimension,* GA 324a, Dornach 1995.

Andreas Neider

Der Mensch zwischen Über- und Unternatur

Das Erwachen des Bewusstseins
im Ätherischen und die Gefährdung der freien Kräfte
357 Seiten, gebunden mit Schutzumschlag

Zu Beginn des 20. Jahrhunderts hat Rudolf Steiner auf zukünftige, gravierende Veränderungen des Bewusstseins der Menschheit hingewiesen und von einem Erwachen im Ätherischen gesprochen. Zugleich aber machte er auf die ernsthafte Bedrohung einer solchen Bewusstseinsveränderung aufmerksam. Was meinte Rudolf Steiner mit diesem neuen Bewusstsein, und welche Bedrohungen hatte er im Blick? Diesen Fragen geht Andreas Neider in umfassender Weise nach.

Er erarbeitet zunächst ein grundlegendes Verständnis der Bewusstseinskräfte, ihrer Herkunft und ihrer Weiterentwicklung und zeigt, dass unsere Bewusstseinskräfte ihrer Natur nach verwandelte ätherische Lebenskräfte sind, die auch als freie Kräfte bezeichnet werden können. Davon ausgehend entwirft er auf Grundlage der Aussagen Steiners ein umfangreiches Bild der einer Entwicklung der freien Kräfte entgegenstehenden Bedrohung.

Neider führt zahlreiche Beispiele aus der Gegenwartskultur an und verschafft dem Leser dadurch ein grundlegend neues Verständnis für die Tendenzen unserer Zeit.

Verlag Freies Geistesleben

Andreas Neider

Christus-Impuls und Rosenkreuzertum

Rudolf Steiners Weg
zum Fünften Evangelium
116 Seiten, gebunden mit Schutzumschlag

Die Entwicklung eines Eingeweihten geht keine einfachen Wege, und auch heute, mehr als 150 Jahre nach Rudolf Steiners Geburt, sind viele Fragen im Hinblick auf seinen Entwicklungsgang immer noch unbeantwortet. Eine immer wieder gestellte Frage ist die nach der Entwicklung seines Verhältnisses zum Christentum. Dabei richtete sich das Interesse vornehmlich auf die Entwicklung bis 1902, dem Erscheinungsdatum des Buches *Das Christentum als mystische Tatsache*.
Andere Untersuchungen gingen mehr in Richtung Darstellung der Christologie Rudolf Steiners, wie er sie seit 1902 entwickelt hat. Dabei trat aber die Frage nach der inneren Entwicklung Steiners eher in den Hintergrund, wie wenn mit dem Datum 1902 die Frage nach seiner Erfassung des Christus-Impulses endgültig gelöst wäre.

Verlag Freies Geistesleben

Andreas Neider

Michael und die Apokalypse des 20. Jahrhunderts

Das Jahr 1913 im Lebensgang
Rudolf Steiners
165 Seiten, gebunden mit Schutzumschlag

Im Frühjahr 1913 spricht Rudolf Steiner erstmals ausführlich über den Zeitgeist Michael und erwähnt in diesem Zusammenhang einen *Bewusstseinstod* der Christuswesenheit, den er als *Wiederholung des Mysteriums von Golgatha in der ätherischen Welt* charakterisiert. Auch Steiners zweifache Rezeption der *Bhagavad Gita* seit Begründung der Anthroposophischen Gesellschaft zu Beginn des Jahres 1913 wirft ein bedeutsames Licht auf die Wesenheit Michaels und auf dessen Mission im 20. Jahrhundert.

Das mit dem Jahr 1933 einsetzende apokalyptische Geschehen, wie es Steiner vorausschauend vor allem im Vortrag über die Frage «Was tut der Engel in unserem Astralleib?» geschildert hat, hängt mit den Motiven des Jahres 1913 eng zusammen. Diesen Zusammenhang anhand der realen historischen Ereignisse genauer zu untersuchen und zu verstehen ist das Ziel dieser Studie, die als Anregung zur Besinnung auf die Ziele heutiger anthroposophischer Arbeit gedacht ist.

Verlag Freies Geistesleben

Wolfgang Schad

Zeitbindung

in Natur, Kultur und Geist
99 Seiten, kartoniert

Das Leben in seinen verschiedenen Schichten wird vielfältig von der Zeit und den ihr immanenten Qualitäten geprägt. Das zeigt Wolfgang Schad vielseitig an Beispielen aus der natürlichen Evolution, der Kulturentwicklung und der Geistesgeschichte. Immer findet eine Integration der verschiedenen Zeitrichtungen statt, wo auch immer wir auf das Leben treffen.

Verlag Freies Geistesleben